나는
수석교사
입니다

Foreign Copyright:
Joonwon Lee Mobile: 82-10-4624-6629
Address: 3F, 127, Yanghwa-ro, Mapo-gu, Seoul, Republic of Korea
3rd Floor
Telephone: 82-2-3142-4151
E-mail: jwlee@cyber.co.kr

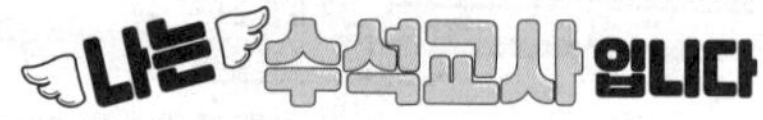

2025. 1. 15. 1판 1쇄 인쇄
2025. 1. 22. 1판 1쇄 발행

지은이 | 조종현 외 61명
펴낸이 | 이종춘
펴낸곳 | BM (주)도서출판 성안당
주소 | 04032 서울시 마포구 양화로 127 첨단빌딩 3층(출판기획 R&D 센터)
10881 경기도 파주시 문발로 112 파주 출판 문화도시(제작 및 물류)
전화 | 02) 3142-0036
031) 950-6300
팩스 | 031) 955-0510
등록 | 1973. 2. 1. 제406-2005-000046호
출판사 홈페이지 | **www.cyber.co.kr**
ISBN | 978-89-315-8350-2 (03370)
정가 | 35,000원

이 책을 만든 사람들
기획 | 최옥현
진행 | 오영미
교정 · 교열 | 이진영
본문 · 표지 디자인 | 임흥순, 이은희
홍보 | 김계향, 임진성, 김주승, 최정민
국제부 | 이선민, 조혜란
마케팅 | 구본철, 차정욱, 오영일, 나진호, 강호묵
마케팅 지원 | 장상범
제작 | 김유석

■ 도서 A/S 안내

성안당에서 발행하는 모든 도서는 저자와 출판사, 그리고 독자가 함께 만들어 나갑니다.
좋은 책을 펴내기 위해 많은 노력을 기울이고 있습니다. 혹시라도 내용상의 오류나 오탈자 등이 발견되면 **"좋은 책은 나라의 보배"**로서 우리 모두가 함께 만들어 간다는 마음으로 연락주시기 바랍니다. 수정 보완하여 더 나은 책이 되도록 최선을 다하겠습니다.
성안당은 늘 독자 여러분들의 소중한 의견을 기다리고 있습니다. 좋은 의견을 보내주시는 분께는 성안당 쇼핑몰의 포인트(3,000포인트)를 적립해 드립니다.

잘못 만들어진 책이나 부록 등이 파손된 경우에는 교환해 드립니다.

수석교사들이 청소년들에게 전하는 감동 메시지!

나는 수석교사입니다

조종현 외 61명 지음

BM (주)도서출판 성안당

경험을 나누고 싶었습니다. 그래서 '엉뚱한 상상'을 하게 되었죠. 대한민국 학교 현장에 차곡차곡 눌러 담았던 우리 수석교사들의 소소하고 평범한 이야기들을 이곳에 감히 담아 봅니다. 수석교사들의 '소중한 글'은 잔잔한 감동과 더불어 '가슴 뭉클함'을 선물하기에 충분합니다. 우리들의 예쁜 아이들에게 말로 다 전할 수 없는 가슴 속 이야기들. 대한민국 전역에 꽃이 되어 널리 퍼질 수석교사들의 삶이 담긴 이야기들이 여러 친구들에게 따뜻한 봄바람처럼 살랑살랑 전해지길 간절히 바랍니다.

글을 부탁드리고, 기다리고, 편집하여 다시 보내고, 또 읽으며 감동했습니다. 이 책은 우리 수석교사들의 약속이자, 작품입니다. 수석교사로서 차근차근 대한민국의 교육을 의미 있게 변화시키고자 하는 '다짐'입니다. 여러 날 깊이 있게 자신과 다시 만나며 또 다시 자기를 찾아가는 과정, 삶을 통해 학교문화에 변화를 주었던 진짜 이야기들을 한 자루에 다양한 방식으로 가득 담았습니다.

세상의 어떤 활동이든 그것을 체험할 수 있는 방식은 매우 다양합니다. 용기 내어 가슴 속의 이야기를 어렵게 꺼내 주신 수석교사들의 글을 통해 상담과 치유의 과정을 경험하고, 다시 힘을 낼 수 있는 색다른 간접 체험을 하게 될 것이라 확신합니다. 유치원, 초등학교, 중학교, 고등학교의 다양한 학교급에서 수석교사로 새롭게 첫 출발을 하게 될 선생님들의 지금과 옛 이야기들은 또 다시 맞이하게 될 출발점과 같습니다. 수줍지만 뜨겁고, 작아 보이지만 크고, 강렬하나 진솔한 교직 에세이. 책 속에 담긴 여러 에피소드를 통해 인생을 돌아보고, 높은 가치를 발견하는 기쁨과 놀라움이라는 보물을 찾아내길. 더불어 내 삶을 튼튼하고 아름답게 채워 가길. 뜨거운 가슴으로 삶의 답을 찾아보길 소망합니다.

2025년

저자 일동

차례

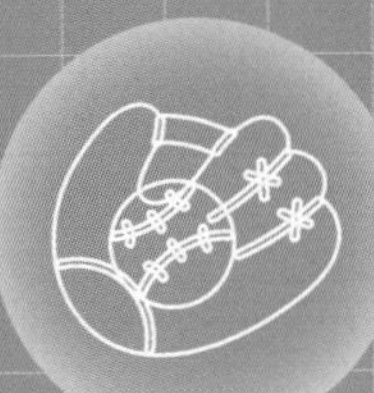

01

처음처럼 다시 시작하는 수석교사

이금애

행동 발달 및 종합 의견

사람 만나기를 좋아하며 수다쟁이가 되기도 하지만, 때론 조용하게 혼자 있는 것도 즐김. 따뜻한 품성으로 학교 분위기를 밝게 조성함. 무엇이든 한없이 나누어 주며 허용하다가도, 냉철하게 상황을 판단하여 추진하는 결단력이 있음. 꼼꼼하게 만들고 꾸미기, 뜨개질, 다듬기 등 손으로 하는 것들을 잘함. 배운 것을 누군가에게 가르칠 때 에너지를 얻기에 교사로서 직업 만족도가 높음. 일을 처리할 때 막바지에 몰아서 급하게 처리하기도 함.

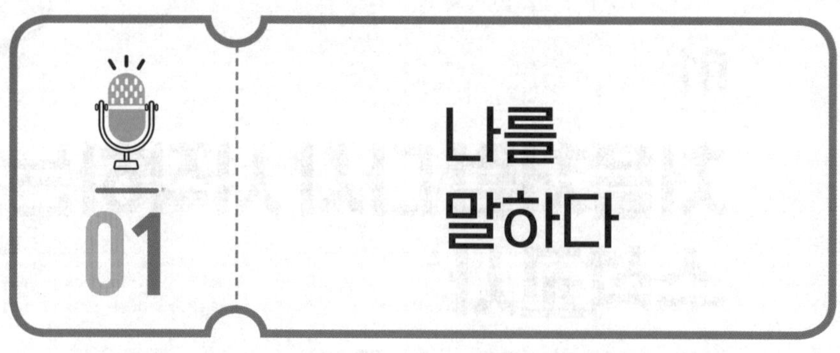

나는 이렇게 유치원 교사가 되었다

"금애야, 친구 왔다!"

모여드는 아이들을 친구라 칭하며 내게 안내해 주는 어머니 덕분이었을까? 동네 꼬맹이들을 집으로 불러 소꿉놀이를 하며 머리를 묶어 주고 간식도 만들어 주는 등, 틈만 나면 아이들과 함께 놀았던 나의 유년 시절이 떠오른다.

고등학교 시절에 교회 주일 학교 교사로 봉사하면서 나의 재능을 발견하여 유아교육을 전공하게 되었다. 교육학과 조별 워크숍, 교재 및 교구 제작 등, 전공 관련 수업의 과제를 밤새 준비해도 얼마나 즐거웠던지! 유치원 실습을 할 때도 시간 가는 줄 모르게 행복했다.

1986년 대학 졸업과 함께 임용고시에 합격한 후 첫 교직 생활이 시작되었다. 아름드리나무가 많아 포근했던 전라북도 진안 ○○초등학교 병설 유치원. 당시는 1학년 교사가 유치원 교사를 겸임하고 있던 터라, 갓 부임한 나는 선생님들의 열렬한 환영을 받았다. 유치원 아이들은 혼합 연령인데, 교실은 일반 초등학교 교실에 의자만 작았고 모든 것을 '개척'해 나가야 했다. 이에 함께 발령 받은 관내 선생님들과 유치원 교사 모임을 만들고, 유치원 교육에 대한 정보를 공유하며 유치원 학급 운영과 행사, 환경 구성과 교재·교구 자료 제작까지 함께 고민하며 연구했다.

시설도 갖추지 않은 장소에서 연합 유치원 한마당 잔치, 연합 캠프 등의 행사를 기획하여 추진했다. 그리고 수업 공개와 교사 연수 등의 연구 활동도 자진해서 활발하게 진행했으며, 개인적으로 교재·교구 전시회에 나가 입상도 했다. 유아들과 놀기 좋아하고 유치원 관련 업무를 즐거워하며 첫 사회생활이 시작된 때는 공립 유치원의 시작점이 된 시기였다. 그렇게 선배들의 도움 없이 수많은 시행착오를 거치며 교육자로서의 길을 개척해 왔던 초임 교사가 '37년'이라는 오랜 경력의 교사가 되었다.

지금은 수몰되어 사라진 나의 첫 부임지. 그곳에서의 추억은 힘들 때마다 용기를 주는, 열정 가득했던 시절의 소중한 경험이다. 현장에서의 성취감과 보람은 말로 표현할 수 없는 희열과 행복감을 안겨 주었다. 하지만 곁에서 수업 컨설팅과 조언을 해 주는 멘토가 있었다면 더 빨리 성장할 수 있지 않았을까 하는 아쉬움이 남는 것도 사실이다.

그래서 동료와 후배 교사들에게 현장에서의 경험을 토대로 조금이나마 도움을 주고 싶어졌다. 담임 교사도 나름대로 보람이 있지만, 수업 관련 전문직의 위치에서 좀 더 고민하며 현장 교사들에게 실질적인 도움을 주고 싶어서 수석교사를 희망하게 되었다. 이는 유치원 교사로서 남은 기간, 좀 더 의미 있는 삶을 고민한 끝에 결정한 도전이기도 하다. 현장 교사들에게 유익하고 선한 영향력을 끼칠 수 있기를 바라며 나의 새로운 도전을 시작해 본다.

02

수석교사를 말하다

수업 역량으로 말하다

행복하게 걸어가는 유치원 교사의 길

'아이들이 있어 좋고, 그 곁에 내가 함께 있어 참 좋다!'

교단에 첫발을 떼며 나만 바라보는 사랑스런 아이들과 보냈던 행복한 시간을 떠올려 보니, 새삼 다시 미소를 짓게 된다. 그때의 그 마음 그대로는 아닐지라도 여전히 아이들이 좋고, 그 안에 내가 있어 좋으니 참 다행이다. 천직으로 여겨 왔던 그 '처음 마음'으로 부족함을 채우려 노력하며 여기까지 왔다. 지금도 행복하게 걸어가고 있는 유치원 교사로서의 나의 길을 돌아본다.

첫째, 유아들의 인성 교육 및 다양성 교육을 위한 노력

나는 아이와 어른을 가리지 않고 사람들을 좋아해서 모두와 잘 어울린다. 어릴 때는 할머니가 계시는 가정에서, 결혼 후에도 부모님과 함께 살면서 상대방을 존중하는 법을 자연스럽게 배웠다. 가정의 형태가 다양해지고 핵가족화된 요즘, 아이들이 따뜻한 인성으로 친구들과 잘 어울리며 자존감 있게 상대방도 존중할 수 있도록 매일 양질의 그림책 읽어 주기를 실천했다. 독서 이후 이어지는 활동으로는 반 영역의 작은 규모로 시작해서 전체 유아들과 함

께 나누었던 동화·동시 발표회와 인형극·동극 공연, 지구사랑 캠페인, 다른 반 친구들을 초청해서 함께 놀기 등의 활동들이 떠오른다. 교사 동화 구연대회, 인성 교육 실천 사례 연구 대회, 교재·교구 전시회 등에 참여하면서 바람직한 인성 교육을 위해 고민했다. 또한, 장애 유아 및 다문화 통합 학급을 운영하며 생명의 다양성을 존중하고 더불어 살아가는 교육을 실천하고 있다.

둘째, 교실 수업 개선을 위한 노력

교실 수업 개선을 위한 상급 기관 지원 활동으로 연령별 누리과정 교사용 지도서, 유아 음악 자료집, 바깥 놀이 자료집 외 다수의 자료 개발에 참여하며 유치원 현장 활용 자료를 지원했다. 또, 개정 누리과정 중심의 유아교육 관련 대학 강의를 통해, 이론과 실제를 접목한 유아교육을 실천하고자 노력하고 있다. 더불어 임용 초기부터 실시해 온 수업 연구회 활동은 신규 교사와 저경력 교사, 고경력 교사가 함께 수업을 연구하는 목적뿐만 아니라, 서로 정보를 공유하며 컨설턴트가 되어 주고 수업 코칭이 있는 자발적인 모임으로 이어가고 있다. 이 모임은 힘든 현장의 다양한 이야기들을 쏟아 내며 위로를 얻고 자연스럽게 서로의 수업을 돌아보게 되는 등, 교실 수업을 바람직하게 변화시키는 계기가 되고 있다. 또, 미래형 거점 유치원 공개 수업, 교사 컨설턴트 지원, 유치원 교사 직무 및 자격 연수 출강 등 지속적인 학습 공동체 참여를 통해 함께 배우고 성장하는 교실 수업 문화 조성에 기여하고 있다.

셋째, 유아교육 공공성 강화를 위한 외부 활동 참여

공·사립 유치원 교원 국외 연수에 참여하고 다수의 수업 참관, 수업 공개 등을 통해 사립 유치원과 우호적인 관계 속에서 함께 성장하는 기회를 마련했다. 유치원 신축과 유치원 개원에 교육 현장 실무자로서 교육과정 수립 및 운영에 참여했으며, 유치원 신축 및 신설 유치원 개원, 유아 종합 학습원 재개발 TF 팀으로 유치원 운영을 지원한 바 있다. 문학 활동 관련 도(道) 지정 연구 시범 유치원 실무를 담당하며 연구 활동 내용을 공유하고 개발된 자료를 일반화시키는 일을 추진했고, 지역 유치원 연합회 회장 등의 임원 활동을 하며 공·사립 유치원 연합 행사와 유·초 연계 수업 나눔, 워크숍 등 유아교육 발전을 위해 노력해 오고 있다.

넷째, 교사 양성 교육 및 교사 역량 강화를 위한 활동

대학교에서 유아교육 관련 과목을 수년째 강의하고 있기에 현장의 상황을 생생하게 전달하고, 상황에 적합한 실천 가능한 지식의 가르침을 통해 현장과 교사 양성 기관을 소통시키고 현실화하며, 실습 협력 유치원 운영으로 실습생을 지도하는 등 유아 교사 양성에도 기여하고 있다. 또한, 유치원 1급 정교사 자격 연수 출강, 유치원 교사 직무 연수 출강, 유치원 교사 연합회 연수 출강 등으로 교사 역량 강화에 도움을 주고 있다.

생활 교육으로 말하다
배움을 나누며 함께 성장한 이야기

현재 근무하고 있는 유치원은 나의 교직 생활에서 다시 한번 새로운 도전을 시도하게 하는 중요한 계기가 되었다. 이곳은 원감 선생님이 계시는 3학급 규모의 병실 유치원으로, 신규 교사와 저경력 교사들의 열정이 가득한 현장이었다. 처음엔 모두 잘하고 있어 나만 잘하면 될 것 같았고, 고경력 교사

로서 좋은 모델이 되어야 한다는 부담감도 있었다. 하지만 새내기 교사 시절의 경험담을 들려주면서 자연스럽게 신규 교사와 저경력 교사의 멘토 역할을 하게 되었다. 유아 주도적 놀이 중심 수업을 준비하고 고민하며 나누었던 협의와 조언, 반에서 시작된 캠핑 놀이가 확산되어 동생들까지 초대하게 되었고, 아이들과 선생님들의 의견을 모아 각 반의 특색을 살려 서로 교실을 돌아가며 즐기는 5월의 축제로 이어진 일, 아이들과 교사 모두가 즐거웠던 열린 놀이 수업 활동, 즐거움과 배움이 있는 놀이 활동을 위해 서로의 생각을 나누고 시도하며 놀이를 기록했던 프로젝트 수업, 부모참관 수업을 위해 나누고 시도했던 교실 수업 이야기, 유아 놀이 관찰 기록을 위한 놀이 기록지 공유 등을 함께할 수 있어 보람 있고 행복했다. 그러면서 동료 장학 수업에 대한 경험 나누기와 다양한 교수·학습 방법 연수 등의 도움을 주고받으며 좀 더 깊이 있게 다가가고 더 많은 경험을 나누고 싶은 욕심이 있던 차에 주변의 소개로 수석교사에 도전해 보기로 결심했다.

교사 성장으로 말하다
새로운 도전의 시작을 꿈꾸며

나는 정말 천직을 얻은 행복한 유치원 교사이다. 나와 행복한 길을 함께했던 아이들을 여전히 금지옥엽(金枝玉葉)의 마음으로 대하며, 이제 새롭게 도전하는 길로 한발 더 내딛고자 한다. 현장의 소리에 더 세심하게 귀 기울이며 시야를 넓혀 현장의 어려움을 공감하고 소통하고자 한다. 아이들과 함께하는 현장에서 성실하게 묵묵히 걸어오며 행복한 꿈을 이루어 낸 것처럼, 모두가 협력하여 행복한 교육 공동체를 만들어 가는 역할에 역량을 마음껏 펼칠 수

서로 성장했던 공개 수업 이야기

"선생님, 저희는 학부모 공개 수업이 처음이에요!"
평소라면 시끌벅적 교실 놀이 수업에 적극성을 보이며 대담하게 활동을 시도했던 저경력 교사들의 말이다. 이들이 학부모 공개 수업을 앞두고 두려움이 앞서자 고민을 털어놓으면서, 공개 수업을 위한 공동체에서의 만남이 자연스레 시작되었다.

▶저경력 교사의 두드림에서 시작된 1차 만남
수업 주제를 놓고 연령별 반 특성을 고려한 다양한 주제를 나열하면서 고민을 거듭했다. 여러 번의 시행착오를 거치며 3세반은 '공룡', 4세반은 '푸드 아트', 5세반은 '전래놀이'로 결정했다. 그 후 수업을 위한 자료를 찾고 교실 환경을 구성하며 학습 물품을 계획하는 등, 서로의 교실에서 수업을 위한 고민과 실행으로 분주했다.

▶공개 수업을 코앞에 둔 2차 만남
수업의 내용과 진행 절차를 이야기하고 피드백을 나누며 수업을 구체적으로 설계하는 시간을 가졌다. 본시에 성취해야 할 목표가 연령, 우리 반 특성, 활동 주제와 적합한지 살피고, 이어서 활동에 들어가기 위한 도입 부분 진행을 의논했다.
본시 활동 진행을 위한 모의 활동처럼 돌아가며 이야기하고, 매끄럽지 못한 부분을 서로 피드백하며 정리했다. 과도한 수업 준비와 친절하게 자세한 안내를 조심해야 한다는 경험담을 들려주며, 수업 준비에서 욕심 내려놓기와 활동 진행 시 교사의 힘은 빼고 유아들의 반응과 태도에 귀 기울이기를 기억하기로 했다.
전개 활동 후 목표에 따른 평가 방법과 확산 활동을 위해 유아의 반응을 고려한 교사의 발문에 대한 이야기를 나누었다. 이렇게 함께 나눈 구체적인 사전 수업 설계를 기록하고 정리하는 것이 본시 학습 과정안으로, 수업 당일 다시 한번 참고하면서 정리할 수 있는 자료가 될 것이라는 이야기를 나누며 2차 만남을 마무리했다.

▶공개 수업 후 수업 돌아보기를 위한 3차 만남
공개 수업 당일 오후, 수업 뒷이야기를 나누며 서로의 수고를 격려하는 시간을 가졌다. 각자 소감을 말하고, 수업에 집중하지 못하는 아이에 대한 바람직한 대처 방법과 수업 진행 과정 중 생긴 상황들에 대해 이야기를 나눌 수 있어 유익한 시간이었다.

있기를 간절히 바라며 새로운 도전이 꿈으로 시작되는 그날을 기대해 본다.

새로운 도전을 위한 각오랄까, 준비랄까. 어떤 마음으로 꾸고 있는 꿈을 실현할지 고민해 본다.

첫째, 건강을 잘 챙기자.

건강은 모든 일을 위한 기본이 되며, 특히 유치원 교사에게 필요한 첫 번째 조건일 것이다. 잘 놀고 잘 먹는 아이가 건강하듯, 건강한 아이가 잘 놀고 잘 먹는다. 유치원 교사 역시 건강해야 밝은 표정으로 아이들과 소통하고 아이들과 잘 놀 수 있다. 일단, 작심 삼일이 되더라도 근력을 키우고 코어 힘을 기르기 위한 스쿼트를 출발점으로 운동을 시작해 보자. 다음으로 체력도 기르고 재미있게 소통할 수 있는 유산소 운동인 탁구를 해 보는 것도 좋겠다.

둘째, 동료와의 관계를 잘 유지하자.

모든 일의 시작점은 원만한 소통을 위한 인성이라 생각한다. 지나 보니 일 잘하는 유능한 사람보다 잘 지냈던 좋은 사람이 기억과 마음에 남는다. 사람들과의 관계가 원만할 때 이루고자 하는 일들을 함께 해낼 수 있음을 잊지 말아야 한다. 적을 만들지 말고 주변 사람들과 화목하게 잘 지내자!

셋째, 교사의 전문성을 위한 나만의 수업 브랜드를 만들자.

전문성을 가지고 수업 잘하는 교사가 되고 싶다. 내가 잘하는 교육 분야를 정리하여 가르치는 일에 대해 생각하고 또 생각하며 반성적 사고를 갖자. 다른 사람의 경험을 경청하고 배운 지식을, 메타인지 교육법으로 누군가에게 가르침으로써 진정한 내 것을 만들자. 이를 아이들에게도 적용하여 내 생각대로만 수업을 계획하기보다, 유아들이 놀이를 선택하고 능동적인 다양한 방법으로 놀이하며 상호작용하는 과정에서 배움이 있는 놀이가 되도록 돕자.

넷째, 멘토를 찾아 역량을 키우자.

내 주변의 모든 사람이 나에게 멘토이다. 모른다고 부끄러워하지 말고 손 내밀어 도움을 청하며, 배움이 있는 곳에 부지런히 찾아가 배우자. 특별히 수석교사 선배들을 가까이에서 눈여겨보며 묻고 배우자.

다섯째, 마음의 근육을 키우며 경험과 배움을 나누자.

바른 인성과 바른 습관을 기르기 위해 그림 동화책을 매개체로 활용하여 유아들에게 많이 읽어 주고 있다. 그림 동화책을 읽어 주며 슬퍼서 함께 울고 따뜻하게 책을 꼬옥 안아 주기도 하는 등 마음 주고받기가 잘 이루어진 것 같다. 내게도 그림 동화책이 위로가 되었듯이, 마음의 근육을 키우기 위해 양질의 독서를 많이 해야겠다는 필요성과 소중함이 느껴진다. 경험하여 알게 된 것, 책을 읽거나 배워서 알게 된 것들을 나눔으로 더 풍성하게 하자.

여섯째, 잘 놀자.

'잘 노는 아이가 인재로 자랍니다'. 교육 기관에서 부모 교육 자료용으로 배부한 팸플릿의 제목이다. 아이를 마음껏 놀게 하며 생각을 키우고, 몸과 마음이 건강하게 자라게 하고, 놀면서 배우게 하라는 내용이다. 건강하니 친구도 잘 사귀고 항상 즐겁다. 교사도 그렇다. 몸과 마음이 건강하도록 잘 노는 취미를 갖자. 나 혼자서 놀기, 동료와 놀기, 가족과 놀기, 지인과 놀기, 자연과 놀기! 가르치는 일도 놀이처럼 즐겁게 하는 교사이고 싶다.

02

선한 영향력을 끼치는 삶을 살고픈 수석교사

강인미

행동 발달 및 종합 의견

항상 말과 행동이 일치되는 삶을 살기 위해 부단히 노력함. 매사에 신중하고 책임감이 강하여 학교의 궂은일도 도맡아 하려는 경향이 있어 건강이 우려됨. 학급 내에서 말썽꾸러기들이나 소외된 아이들을 유독 예뻐하고 이들을 변화시키는 신기한 능력을 지니고 있음. 말하기보다는 경청을 좋아하고 말을 쉽게 전하지 않아, 친구나 동료 교사들이 고민을 털어놓을 때가 많음. 그래서 대화를 통해 위로와 힘을 얻었다는 이야기를 자주 듣는 공감형 교사임.

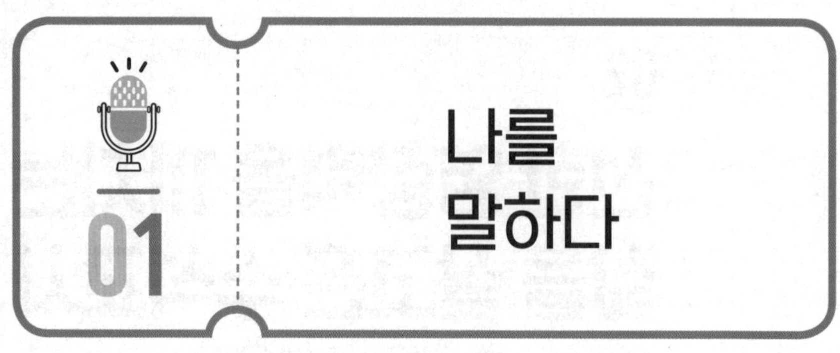

비전이 없던 내가 교사가 되다

학창 시절에 공부를 꽤나 잘했다. 시골 중학교 출신인 내가 고등학교 첫 중간고사에서 받은 성적은 학급에서 24등이었다. 소심하고 왠지 촌티 나고 공부 못하는 아이는 학급에서 작은 점과 같은 존재였다. 자존심이 상했다. 밥 먹는 시간 외에는 온종일 공부만 했고, 시간과 공부의 양이 쌓이니 전교 5등 안에 들 수 있었다.

하지만 당시의 나는 비전이 없었다. 하고 싶은 일도, 가고 싶은 대학도 없었다. 원서를 써야 하는 시기에 마침 부모님께서 저렴한 학비와 안정적인 직장으로 추천한 직업이 '교사'였다. 나쁘지 않을 듯싶어 순종했다. 목적 없이 들어간 대학 생활은 방황과 술로 얼룩져 갔다. 나는 비전 없는 학창 시절이 얼마나 허무하고 무의미한지를 안다. 그렇기에 지금도 늘 우리 학생들과 자녀들에게 비전과 사명에 관해 이야기하고 있는지도 모르겠다.

대학 2학년 무렵, '어린이 글쓰기 교육 연구회'라는 동아리를 만났다. 아이들의 글을 읽으며 그 안에 담긴 아이의 삶과 마음을 읽는 활동이 정말 매력적으로 다가왔다. 그렇게 나는 조금씩 '교육'을, '아이들'을 이해하기 시작했고 내 안에 '좋은 교사'가 되고 싶은 마음이 싹트기 시작했다. 3학년 때는 전국 동아리 회장을 맡아 전국 교대생들과 소통하고, 방학 때는 현장에 계신 선생님들과 밤 세워 교육을 이야기했다. 행복했다.

졸업 후, 지도에도 안 나와 있던 시골의 4학급짜리 학교에 첫 발령을 받았다. 나까지 뛰어야 축구가 가능했기에 7명의 아이들과 참 열심히 놀고 공부했다. 40대 선배 교사가 아이들과 노는 모습이 천사와 같다고 할 정도로 아이들과 하나였던 것 같다. 학교 근처에서 자취를 하던 나는 퇴근 후 아이들과 같이 라면, 떡볶이 등을 해 먹고, 개울가에서 물놀이를 하는 등, 언니나 누나처럼 지냈다. 지금의 교육 환경에서는 상상도 할 수 없는 일이다.

26년차 교사인 지금도 가끔 그때를 떠올리고는 한다. 생각해 보니 현재의 나는 학생, 학교, 교실의 익숙함에 길들어 26년 전 아이들을 바라보던 순수함은 잃어 가는 건 아닌지…. 그 마음을 회복하고 싶었다. 그래서 수석교사를 선택한 면도 있다. '익숙함'에서 벗어나 '설렘'과 '초심'을 다시 찾을 수 있을 거라는 기대를 하며 수석교사로서의 첫발을 내딛고자 한다.

02 수석교사를 말하다

수업 역량으로 말하다
교사의 인생과 함께 성장하는 수업자로 서다

교사로서 20대에는 그냥 열심히 가르쳤다. 결혼을 하고 출산을 경험한 나의 30대에는 누군가의 귀한 자녀라는 생각으로 아이들을 사랑했다. 40대가 되어서야 비로소 '교육'이 무엇인지 '수업'이 왜 교사의 생명이라 하는지 조금씩 알아가기 시작했다.

고민하는 수업자로 서다

2015년 오랜만에 6학년 담임을 맡게 되었다. 6교시 수업, 생활 지도보다 나를 더 힘들게 만든 건 수업 시간마다 고개를 숙이고, 아예 엎드려 자는 아이들을 보며 느끼던 나의 무력감이었다.

이때 만난 게 바로 '거꾸로 수업'이었다. 교사가 제작한 짧은 영상을 사전에 학습하고 온 아이들이 수업에 역동적으로 참여하는 모습은 큰 매력으로 다가왔다. 수학 교과를 중심으로 주 3회 이상 동영상을 제작하면서 3년간 거꾸로 교실 및 연구회를 운영했다. 그 효과는 엄청나게 컸다. 수업 시간을 즐거워하고, 서로 멘토-멘티가 되어 가르치고 배우는 즐거움을 느끼는 모습을 보며 교사로서의 큰 자부심을 느끼게 되었다. 엎드려 자던 아이들도 자신이 배워 온 지식을 친구들에게 나누어 주며 수업에 열심히 참여했고, 한 학생은 학습 부진에서 단원평가 100점까지 실력이 향상되기도 했다. 지금도 유튜브에 올려진 동영상을 보며 도움이 되었다는 학생들의 댓글을 읽으며 흐뭇해하기도 한다.

이를 토대로 뜻을 함께하는 몇몇 선생님들과 혁신 학년을 운영하면서 하브루타, 디베이트, 놀이 등을 접목한 다양한 수업을 아이들에게 적용했다. 날마다 동(同)학년 교사들끼리 모여 잡담 대신 수업 이야기를 했고, 그 안에서 다양한 아이디어들을 얻을 수 있었다. 학교 안에서 같은 철학과 고민을 가진 교사들이 집단 지성의 힘으로 얼마나 많은 일을 할 수 있는지를 깨닫게 되는 소중한 시간들이었다.

특히, 교육지원청 특색 사업인 '디베이트' 교육을 10년간 함께할 수 있게 되었다. 디베이트는 기존 토론과는 다르게 형식과 시간이 제한된 토론 방법으로, 학생 전체가 한 명도 소외되지 않고 참여할 수 있다는 장점이 있다. 또한, 40분의 디베이팅이 끝나면 엄청난 성취감도 얻을 수 있다. 토의·토론 교사 동아리 활동으로 다양한 토론 방법들을 연구했고, 전주시 여름방학 디베이트 캠프에서 지도 강사로 활동하며 많은 학생들을 지도할 수 있었다. 그리고 매해 11월에는 '디베이트 한마당'을 통해 여러 학교 학생들이 한 주제로 디베이트를 축제처럼 즐길 수 있는 행사를 운영했다. 앞으로도 수석교사로서 디베이트 교육을 다양한 방법으로 학교 현장에 적용하고자 노력할 것이다.

수업 너머에 다른 게 있었다

5년 전, 전주시 원도심 학교의 소규모 6학급에 발령을 받았다. 전교생이

100명 이하이고 70% 이상이 복지 지원 대상자로 구성된 학교에서의 교사는 가르치는 일뿐만 아니라, 가정에서 이루어져야 하는 많은 역할까지도 감당해야만 했다. 한 아이의 성장 너머에 있는 가정사를 함께 고민하고, 빈자리를 어떻게 채워 줘야 하는지를 선생님들과 고민하며 시간을 보냈다.

이러한 고민들로 2019년 12월에는 '전교생 크리스마스 산타 행사' 프로젝트를 운영했다. 성탄절 전날 밤 교사들이 산타 분장을 하고, 선물 세트를 들고 80명 되는 전교생의 집을 깜짝 방문했다. 대부분의 집들이 초인종이 없는 작은 단칸방들이라서 11시 넘게 집들을 찾아다녔고, 아이들 이름을 부르느라 목도 다 쉬었다. 하지만 아이들은 정말 행복해했고, 지금도 그때 이야기를 가끔 하고는 한다. 교사들에게는 아이들의 학습 무기력, 부진, 정서적 문제 등을 모두 가슴 깊이 이해하는 시간이었고, 아이들에게는 교사를 따뜻한 가족으로 맞이하는 계기가 되었다.

이곳에서의 5년 덕분에 나는 교육과 수업에 대한 많은 고민을 할 수 있었고, 그 결과 교육 철학에 깊이를 더할 수 있었다. 한 생명, 한 생명의 삶 전체를 가르치고 품는 것이 얼마나 중요한 일인지 깨닫게 된 것이다.

생활 교육으로 말하다

상처 대신 회복을 경험하는 교사가 되다

한 생명을 가슴으로 만났다

전라북도 김제에서 ○○를 만났다. 8평의 영구임대 아파트에 살며 아이들을 방임하는 아버지, 결석을 밥 먹듯이 하는 아이를 묵인한 교사들로 인해 4학년이 되기까지 현장학습도 한 번 가보지 못한 아이였다. ○○의 아버지는 조직(?)에서 활동하시는 분으로 집에는 거의 들어오지 않았고, ○○의 가정은 가장 기본적인 양육도 교육도 받지 못하는 환경이었다. 아침에 일어나지 못해 자주 결석하고 교실에서 늘 엎드려 자던 아이. 4학년 때 ○○를 만나 1년 동안 출근하는 길에 가서 깨웠다. 아침밥을 준비해 와서 학교에서 아침을 먹였다. 그냥 작은 아이에게 엄마의 따스한 온기가 담긴 하루 한 끼라도 꼭 먹게 해 주고 싶었다. 그해 ○○는 10일 이하로 결석을 했을 정도로 학교에 잘 나왔고, 처음으로 친구들과 현장학습에서 놀이기구도 탈 수 있었다.

이 작은 아이는 이후 교사 생활하는 나의 시선을 바꾸어 놓았다. 학급 내에서 공부도 생활도 잘하는 아이들 대신, 교사의 보살핌과 위로가 필요한 아이들을 먼저 생각하게 되었다. 또한, 교사는 지식을 가르치는 사람이 아닌 한 생명의 삶까지 품고 기도해야 하는 사명자임을 배우게 되었다.

교사와 학생 모두 상처받지 않는 방법을 만났다

주로 고학년 담임을 맡으면서, 사건을 조사하고 피의자를 취조하는 형사가 된 기분을 느낄 때가 많았다. 깨톡에 남겨진 수많은 증거물을 수집하고, 한 명씩 불러 사건의 경위를 조사하고, 처벌(?)을 엄하게 내려 교사의 위엄과 단호함을 보여 줌으로 문제를 해결했다.

하지만 이러한 방식의 생활 지도는 늘 학생뿐만 아니라 나에게도 날카로운 상처를 남기고는 했다. '무슨 다른 방법이 있지 않을까?' 하고 고민하던 때, 우연히 '회복적 생활 교육' 연수를 받게 되었다. 문제 상황 발생 시 아이들을 처벌하는 게 아니라, 아이들을 서클로 초대하여 그 안에서 대화를 통해 문제를 해결하는 방법은 너무나 큰 충격을 주었다.

곧바로 학교에 적용했다. 회복적 생활 교육을 학교 교사들에게 소개하고,

같이 실천하고 싶은 교사들 중심으로 혁신 학년을 운영했다. 6학년 전체 학생들과 분기별로 학년 약속을 정했고, 서클실을 만들어 문제가 생겼을 때 언제든지 서클로 모일 수 있도록 했다. 또한, 학부모 설명회를 열어 학급에서 학부모님들과 함께 신뢰 서클을 운영하여 가정에서도 실천할 수 있도록 했다.

처음에는 화를 억누르고 아이들의 이야기를 듣는 일이 너무 힘들었다. 때때로 회복을 위해 열린 서클 안에서 더 큰 문제가 생기기도 했다. 하지만 그 안에서 학생도 교사도 상처가 남지 않았다. 한번은 6학년 남학생 5명이 서로 욕을 하며 싸우다 결국 몸싸움까지 하는 사건이 일어났다. 평소 같았으면 불같이 화를 내며 아이들을 혼내고 적당한 벌을 줬을 것이다.

그러나 나는 서클을 열었다. 서로에게 자신의 마음을 전하고, 그 안에 담긴 진심을 전했다. 서로 싸우다 한 아이가 부모님의 이혼으로 엄마와 사는 아이에게 패드립을 하면서 문제 상황이 커졌고, 그 안에서 받은 상처들로 아이들은 눈물을 보였다. 이후에 모두가 동의하는 약속을 정하고 서클을 닫았다. 이후에 아이들은 자신들이 정한 약속들을 잘 지켰고, 사후 서클을 통해 다시 한번 마음을 다지게 되었다.

그런데 회복적 생활 교육을 실천하는 일에는 참 많은 에너지가 소비되었기에 함께하는 힘이 필요했다. 그래서 20여 명으로 된 교사 동아리를 만들고 한 달에 한 번씩 만나 교사 서클을 열었다. 그 안에서 학교, 교실에서 받은 상처들을 치유하고 다시 한번 마음을 다지는 시간들을 가졌다.

요즘 학교 현장은 서로에 대한 신뢰가 무너졌다. 서로를 오해하고 고소, 고발이 난무한 학교 안에서, 숲에 난 불을 끄기 위해 자신의 일을 묵묵히 했던 작은 벌새처럼 쉬지 않고 작은 날개를 움직이고 싶다.

교사 성장으로 말하다

만남을 통해 성장하는 교사로 서다

'교사의 성장'은 한 인간의 개인 성장과 무관하지 않다. 결혼과 출산을 비롯해 삶에서 겪는 수많은 경험과 고난을 겪는 과정에서 교사로서의 성장도 함께 이루어진다. 이 과정 가운데에는 항상 '만남'이 있다. 만남을 중심으로 나의 성장을 되돌아보고자 한다.

하나님과의 만남

하나님은 사람을 사랑하셔서 그 아들을 이 땅에 보내셨다. 예수님은 한 사람, 한 사람에게 집중하고 그들을 제자 삼아 가르치고 훈련시키셨다. 대학교 3학년 때 하나님은 나를 부르셨고 사명을 주셨다. 어린아이, 작은 들풀조차 귀하게 여기는 예수님의 마음으로 아이들을 섬기고 사랑하시길 원하신 그분의 부르심 때문에 긴 교직 생활을 이어올 수 있었다. 수석교사의 시작 또한 그분의 부르심이었고, 새로운 위치에서 나에게 주신 사명을 찾아가고 싶다.

먼저 떠나보낸 아이들과의 만남

○○은 첫 발령지에서 만난 아이이다. 5명의 누나가 있는 ○○은 귀한 아들이었고, 축구 선수가 꿈이었고, 해맑게 웃는 얼굴이 귀여웠다. 하지만 고2가 되던 해, 비가 내리는 10월 마지막 날에 오토바이 사고로 먼저 떠났다.

△△은 이혼 가정으로, 일주일에 사흘씩 집을 비우는 트럭 운전사 아버지와 함께 지내는 아이였다. 그해 학급 문집을 만들면서 부모님께 편지를 요청드렸다. 새벽에 귀가해서 딸에 대한 미안함과 사랑을 구구절절 써서 보내 주셨던 자상한 아버지는 문집이 채 나오기도 전에 교통사고로 돌아가셨다. 1년

뒤 △△에게 임파선 암이 발견되었고, 항암 치료를 받고 3년을 살다가 15살의 나이에 세상을 등졌다.

□□은 4학년에 이어 6학년 때 가르쳤던 아이이다. 6학년이 되면서 부모님의 불화와 이혼으로 늘 불안해 하며, 작은 일에도 화를 자주 내고 욕으로 화를 표출했다. 그래서 그 아이와 많은 이야기를 나누었고, 이후 큰 문제 없이 졸업을 할 수 있었다. 그러나 코로나가 한참 유행했던 시기, 고2였던 아이는 고열로 응급실에 간 후 집에 돌아오지 못했다.

세 아이들과의 만남과 갑작스러운 헤어짐은 아이들 한 명, 한 명을 소중히 여길 수밖에 없게 만들었다. 나에게 맡겨진 귀한 생명들을 아낌없이 사랑하고 기도하는 일이 나에게 주어진 숙제처럼 여겨지고 있다. 그래서 더 많이 사랑하고 더 많이 행복한 순간들을 선물해 주고 싶다.

작은 학교와의 만남

큰 학교에서의 나는 우리 반, 조금 더 넓게 우리 학년이 중요했다. 하지만 전교생 60여 명의 작은 학교에서 5년을 부장으로 근무하다 보니 학교 전체가 보였다. 학교를 책임지는 교장, 교감 선생님의 어려움, 여러 분야에서 지원하는 교직원들의 어려움과 고마움도 가슴 깊이 느낄 수 있었다. 또한, 아이들 전체가 아닌 한 명, 한 명을 온전히 바라보고 인정하고 가르칠 수 있게 되었다.

이제 여느 교사와는 조금 다른 수석교사로서의 삶을 살게 되었다. 수석교사의 특성상 작은 학교가 아닌 큰 학교에서 또 다른 교육관을 가지고 시작해야 할 것이다. 하지만 이 작은 학교에서의 5년간의 소중한 경험치들이 분명 나를 조금 더 깊고 더 넓은 수석교사로서 많은 이들에게 선한 영향력을 끼치는 삶으로 인도하리라 믿는다.

03

자율성을 존중하는 수석교사 김소영

행동 발달 및 종합 의견

호기심과 겁이 많은 MBTI 'I형'임. 두려움을 이겨내며 여러 활동에 뛰어드는 성격으로 자신의 기대 이상으로 다방면에 성과를 내고 있음. 옳다고 생각하는 일에 최선을 다하여 몰입하는 집중력이 있음. 타인의 입장을 배려하며 주위 사람들과 조화를 이루려는 태도가 모범적임. 수업 연구, 각종 장학 자료 개발 및 소규모 모임에 성실히 참여함. 동물보호단체를 10년 넘게 후원하고 있으며, 퇴직 후 글로벌 NGO 단체에서 일하고 싶은 직업관을 갖고 있음.

01

나를 말하다

수석교사로 성장하다

첫 학교에서의 운동장 조회, 발령 동기 선생님들을 대표하여 재학생과 선배 교사들 앞에서 떨리는 마음으로 마이크를 잡고 부임 인사를 했다. 어느덧 17년이라는 세월이 흘러 이제 신규 교사를 도와주는 수석교사로 성장했다.

나의 꿈 리스트에 한 번도 올려 본 적 없던 직업, '교사'. 나는 스스로 계획한 대로 움직이고 더 넓은 세계와 연결되는 통로를 갈망했었다. 그런 나에게 교사는 결코 매력적인 직업으로 느껴지지 않았다. 매일 같은 장소에서 같은 과목을 가르치는 모습, 단정한 옷차림으로 반복적인 가르침을 주시던 선생님들.

그분들이 고마운 존재임은 분명하지만, 스스로 교단에 서 있는 모습을 한 번도 상상해 보지 않았던 내가 수석교사가 되었다. 진로에 대

한 고민으로 대학교를 두 번 선택하고, 임용 후 남편의 직장 변동에 따라 소속 시교육청이 바뀌는 동안 많은 경험을 했다. 나름대로 긴 시간 동안 다양한 학생, 교사, 학부모, 그리고 학교 관계자들을 만나며 '사람'에 대한 깊은 관심이 생겼다. 교사로서 첫걸음을 내딛던 순간은 신규 임용 부임 인사를 하던 날이 아니라 바로 그날, '사람'에 대한 진지한 관심이 생기던 날이었다.

매일 똑같은 하루라고 생각했던 지난 16년을 되돌아보면, 결코 하루도 같은 날은 없었다. 많은 제자들과 밀어주고 당겨 주며 서로에게 기대어 지내 온 시간은 수석교사로서 성장할 수 있는 밑거름이 되었다. 이제 그 성장의 열매를 다시금 학교 현장에 나누어 주고 싶다. 교사와 학생, 학부모, 동료, 그리고 학교 현장과 교육 정책의 만남을 매끄럽게 연결하는 역할, 사람 간의 소통으로 서로를 이어 주는 플랫폼이 되는 수석교사로 성장하길 희망한다.

02 수석교사를 말하다

수업 역량으로 말하다
시도가 변화를, 변화가 발전을 가져오다

수업의 정석

선생님들과 수업 이야기를 하다 보면 간혹 나오는 주제가 있다. 바로 '교사용 지도서'에 관한 이야기이다. 한 차시 수업 공개를 위해, 또는 개인 수업 연구를 위해 이것저것 고민하다가 마지막에 들춰 본 지도서. 그 속에 나의 아이디어가 그대로 있었다는 이야기, 반대로 지도서를 살펴보고 별 내용이 없음을 확인하고 덮어 버린다는 이야기도 종종 듣는다. 나 역시 그런 경험을 해봤고, 경험에서 무엇을 얻었는지 되돌아보았다.

수업 아이디어를 위해 종일 고민하다가 지도서에서 발견한 그것과 같을 때 허무함을 느꼈다면, 그 시간만큼 나의 수업 역량이 향상되었음을 인지해야 한다. 문제를 풀 때 답안의 예시를 보고 해결하는 것과, 내가 고민하고 힘을 들여 해결하는 것은 전혀 다르기 때문이다. 결국 찾고자 하는 답은 같지만, 답을 찾아가는 여정을 통해 나의 실력은 견고해지고 한층 레벨이 높아졌다.

반면, 지도서에 특별한 내용이 없다고 느껴지면, 나의 아이디어로 특별함을 가미해 보고자 노력할 수 있다. 무(無)에서 유(有)를 창조하는 것은 어렵지만, 지도서를 비계(飛階, 학습자가 새로운 과제를 수행할 때 어려운 부분을 돕는 것. 원래는 높은 곳에서 공사를 할 수 있도록 임시로 설치한 가설물을 가리킴.)로 활용하여 수업의 단서를 찾거나 수업 설계의 구조를 더욱 세련되게 바꿀 수 있기 때문이다. 수업의 정석은 내가 현장에서 고민한 것들을 해결할 수 있는 나만의 노하우를 풀어낸 순간에 찾을 수 있다.

보여 주기 위한 수업 vs 소통하기 위한 수업

'수업은 살아 있는 생물'이라고 생각했던 나는 보여 주기 위한 수업에 대한 거부감을 갖고 있었다. 수업 연구 대회에 참가하고 학교 대표 공개 수업을 준비하면서도 마음 한구석에는 왠지 모를 거부감이 들었다. 마치 거짓인 듯 거짓 아닌 혼란스러움을 느끼며 수업을 마주했던 시간들이었다. '정직이 최선'이라는 삶의 가치관을 가진 개인 성향 때문이었을지 모른다.

지난 교직 생활 동안 반복했던 수업 공개와 수업 연구 대회를 통해 얻게 된 작은 깨달음이 있다면, '시도하면 알게 되고, 아는 만큼 보인다.'라는 것이다. 이 과정에서 가장 중요한 문제는 '소통'이다. 학생과 소통하지 않으면 보여 주기 위한 수업은 그저 보여 주는 수업으로 끝나기 마련이다. 소통은 말로 지식과 정보를 주고받는 것에 그치지 않는다. 학생들과 교사의 마음이 서로 닿고 그 뜻이 통할 때 비로소 어떤 결과물을 내놓을 수 있다는 것을 알게 되었다.

교사가 학생과 소통하지 않고 기술을 통해 보여 주는 수업을 준비한다면, 아이들은 마음 없이 움직이는 기계와 같은 동작만을 되풀이할 것이다. 교사와 학생들의 퍼포먼스는 뛰어나지만, 감흥이 없는 수업, 여운이 남지 않는 수업은 보여 주기 수업에서 멈추었다고 생각한다. 반면에 소통은 있지만 소통의 전략이나 배움의 기반을 높일 수 있는 수업 설계에 대한 과학적인 연구가 뒷받침되지 않으면, 수업의 효과를 높이는 데 한계가 따를 것이다.

이처럼 교사의 수업 역량은 고차원적이고 다각도에서 접근해야 높일 수 있는 교육 전문가의 영역으로 볼 수 있다. 이 모든 것을 어찌 교사가 다 해낼 수 있냐고 묻는다면, 수업 역량의 중심에 항상 사람을 두고 생각하면 한결 가볍게 느껴질 거라 답할 수 있다. 소통을 통해 교사와 학생이 연결되고 수업의 중심에 학생을 두고 수업 설계와 실행을 할 수 있다면, 그 수업은 누구에게나 보여 줄 만한 가치가 있다.

수업에는 정답이 없다고들 한다. 정답을 찾아가는 여정이 교사의 수업 역량을 한 단계씩 높여 가는 기회가 될 것이다. 'Learning by Doing', 즉 '행함으로써 배운다'는 듀이(John Dewey, 1859~1952, 미국의 철학자·교육 사상가)의 말은 단순히 교육학 고전의 한 구절이 아니며, 오늘과 내일을 가르치는 교사에게 여전히 큰 의미를 준다.

생활 교육으로 말하다
디지털 네이티브 세대를 위한 생활 교육을 요구하다

"과거의 직업이 근육과 관계있었다면, 요즘의 직업은 두뇌와 관계가 있다. 그러나 미래의 직업은 심장과 관계있을 것이다."

미노셰 샤피크(Minouche Shafik)의 견해가 학교 현장에 있는 교사에게 어떤 메시지를 던져 주는지 생각해 보았다. 인공지능, 빅데이터의 활용이 일상화된 4차 산업 혁명 시대에 학교의 역할은 무엇일까? 과거의 학교는 지식, 정보, 기술 등을 가르치고 평가하는 핵심적인 기관의 역할을 담당했다. 그런데 개인이 시간을 효율적으로 사용할 수 있다면 학교 밖 어느 곳에도 지식이나 정보를 쉽게 습득할 수 있고, 새로운 내용을 배울 수 있다.

그렇다면 오늘날의 학교는 어떤 역할로 자리매김해야 하는가?

학자들마다 미래 사회의 기술이 인간의 노동력을 대체할 것이라는 의견은 일치하지만, 그 결과에 대한 기대는 각기 다르게 표현한다. '미래 과학 기술은 인간 노동의 필요를 줄일 것이며, 이에 따라 부정적인 영향을 초래할 것이다.'라는 견해가 있다. 반면, '한 명의 인간이 과거보다 몇 배의 성과를 낼 수 있기 때문에 미래 사회의 청사진을 크게 그려 본다.'라는 긍정적인 입장도 있다. 두 견해 모두 같은 결과를 다르게 해석하고 있다.

미래 사회의 변화는 사회의 양극화를 더욱 심화시킬 것이다. 따라서 미래에 대한 긍정 또는 부정적인 예측과 동시에 인간의 고유한 특성, 역할에 대한 새로운 교육적 접근이 시급하다고 생각한다. 교육이 성과를 내기 위해서는 긴 시간과 큰 노력이 필요하다. 하지만 사회의 변화는 매우 빨라지고 있다. 학교는 이러한 변화에 최대한 유연하고 융통성 있게 대응해야 한다.

'OECD 교육 2030 학습 나침반'에서 제시하고 있는 새로운 교육 방향 중, 새로운 가치를 창출함과 동시에 긴장과 딜레마를 조정하고, 개인의 책임감을 토대로 미래를 예측하고 행동하는 웰빙(Well-being)의 삶은 학교 생활 교육을 통해 방향성을 잡고 구체화할 수 있다. 학교에서의 생활 교육은 수업과 떼려야 뗄 수 없는 영역이다.

흔히 학급 운영과 수업 연구를 다른 분야로 생각하는 것을 볼 수 있다. 하지만 교사로서 전문성이 쌓여 가면 수업과 생활 교육은 별개가 아님을 알 수 있다. 일과 중 자신의 역할을 명확히 이해하고 책임을 다하는 행동, 관심 없는 과목일지라도 경청할 수 있는 예의, 나와 다른 사람의 이야기가 듣기 싫지만 비난하지 않고 인정해 주는 태도, 가상의 세계에서 맺는 피상적인 인간관계에서 나아가 생활에서 사람과 대면하며 그의 표정을 읽고 마음을 이해하는 자세를 가르치는 것이 모두 생활 교육이다.

학교에서의 생활 교육은 로봇이 할 수 없는 인간 고유의 감성을 살려 타인을 공감하는 능력, 협업을 존중하는 능력, 디지털 리터러시(Literacy)를 키워 상황을 분별할 수 있는 비판적 사고력 등을 실현해야 한다. 그 역할은 우리 교사의 몫이며, 교사 역시 이와 같은 교육 전문성을 기르기 위한 노력을 해야 할 것이다. 디지털 인공지능을 인간의 웰빙을 위해 효율적으로 활용할 수 있는 미래 사회 인재를 기르는 것은, 인간화 교육과정이 학교에서 전개해야 할 생활 교육의 방향일 것이다.

교사 성장으로 말하다
좋은 사람이 좋은 교사다

나의 교육 경력에 포함된 많은 업적과 표창은 내 삶의 일부만 채워 준다고 생각한다. '노력은 배신하지 않는다.'라는 말은 노력의 결과가 그 사람의 모든 면을 포장한다는 뜻은 아니다. 『꽃들에게 희망을』에서처럼 애씀이 아쉬워서 조용히 지내던 수많은 애벌레가 아닌, 노랑나비가 되는 과정을 하루하루 충실히 살아가며 훨훨 날아오르는 순간을 만끽하는 수석교사가 되고 싶다. 여러분도 '목표(무엇)'보다 더 중요한 것은 '목적(왜)'이라는 사실을 깨닫는 순간, '속도'보다 '방향 설정'이 중요하다는 것을 알게 되는 순간을 맞이하길 바란다.

04

배워서 남 주고 싶은 수석교사 김연숙

행동 발달 및 종합 의견

별이 잘 보이는 산골에서 자라면서 하늘을 보며 경이로움을 느끼고 과학의 흥미, 자연의 섭리에 대해 고민함. 학생들과 같이 축구하고 선생님들과 배구하며 학교생활을 즐기고 있음. 미술 수업도 좋아하고 장구, 리코더, 음악 합주 수업을 재미있게 잘함. 특히, 음악, 국어, 과학 수업을 잘하고 싶어 수석 선생님께 컨설팅을 받아 수업의 질을 개선함. 동료 교사들에게 '열정적인 말'이라고 불림. 머무르지 않고 끊임없이 흘러 바다에 도달하고픈 교사임.

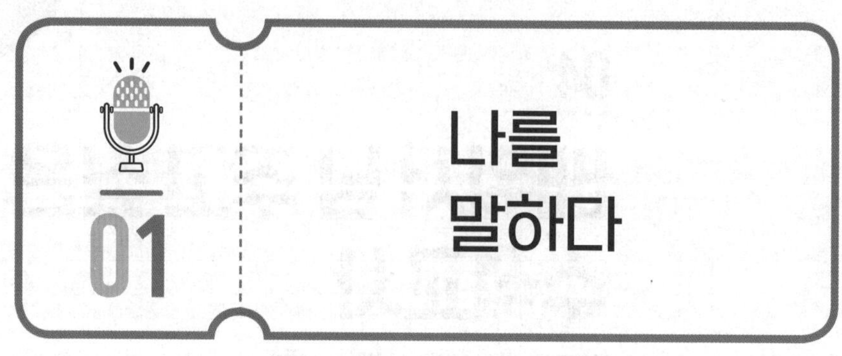

정말 좋은 교사가 되고 싶다

1975년 6월, 감자를 수확하는 하짓날. 경주에서 막내로 태어났다. 태어나 보니 내 위로 10명의 언니, 1명의 오빠가 있었고 엄마는 40대, 아버지는 50대셨다. 가난한 농부의 막내로 태어나 '공부하라'는 소리는 들어 본 적이 없다. 많은 자식을 키워 본 엄마는 나를 1/12의 존재가 아니라 아주 소중한 자식으로 여겨 주셨다. 무엇보다 공부를 잘해서 상장을 많이 받아 오니, 그때마다 상장을 들고 감사 기도를 해 주셨다. 그 인정이 나의 깊은 마음속에 깨지지 않는 바위로 자리 잡고 있다.

부모님은 농사일로 바쁘셔서 모든 일은 내가 결정했다. 고등학교 선택, 대학교 선택까지 모두 스스로 알아보고 결정했다. 독립심, 생활력, 문제 해결력, 추진력이 저절로 길러졌다. 모든 과목을 골고루 잘하고 예체능에서 두각을 나타내니 담임 선생님이 "초등학교 선생님 하면 어떻겠니? 취업 잘되고, 등록금도 싸단다."라며 추천을 해 주셔서 고3 말, 초등 교사가 되고자 결심했다.

교대 실습 수업 때 아이들을 가르쳐 보니 내 적성에 맞다는 생각이 들었다. 아이들에게 나의 말 한마디, 한마디가 큰 영향력을 줄 수 있다는 점에서 이 직업이 인간을 살리는 소중한 일이라는 것을 깨달았다. 한 아이의 어린 시절 한 부분을 아름답게 채워 주는 선생님이 되고 싶었다.

첫 발령지는 경상북도 경산에 자리한 작은 시골 초등학교였다. 버스를 타고 내려 운동장에 첫발을 내딛던 그 순간을 잊을 수가 없다. 그때의 날씨, 바람, 하늘과 햇빛이 아직도 생생하게 기억난다. '꼭 좋은 선생님이 되어야지!' 하고 다짐했었다. 9월 발령이라 중간에 4학년을 맡았는데, 그 반은 내가 3번째 담임이었다. 아이들이 마음을 어디에 두어야 할지 모르는 그런 반이었다.

첫 발령 한 달 후에 시(市) 지역 공개 수업을 맡게 되었다. 음악 합주 수업이었는데, 실습생이 아닌 정식 교사로서 하는 수업이라 정말 떨면서 했다. 지금 생각하면 정말 부끄럽지만, 수업을 고민했던 첫 출발이라서 감사했다.

이후 부산으로 내려와 해마다 다양한 학년과 학생들을 만났다. 음악 전담, 과학 전담을 맡기도 했다. 아이들을 만나서 좋은 일도 있었고, 마음 아픈 일도 있었다. 하지만 여전히 내 꿈은 좋은 선생님이 되는 것이다. 학생들의 초등학교 시절 추억의 한 부분을 아름답게 채워 주는 그런 좋은 교사 말이다.

02

수석교사를 말하다

수업 역량으로 말하다

'우와! 아~, 그래서 그렇구나!' 과학 수업은 감탄사다

초등학교 담임은 여러 과목을 가르친다. 영어는 필수적으로 전담 선생님이 계시지만, 다른 과목은 전담 교과가 되기도 하고 안 되기도 한다. 학교 사정에 따라 바뀔 수 있으니 항상 가르칠 준비가 되어 있어야 한다. 초등학교는 해마다 학년과 학생이 달라지며, 학교를 옮기는 해에는 환경까지 달라지므로 교과 전문성을 기르기가 참 힘들다. 작년에는 1학년을 했어도 올해는 6학년을 할 수 있어야 한다. 담임을 맡으면 내일 1교시부터 6교시까지 가르칠 과목을 다 보고 어떻게 가르칠 것인지 교수·학습 계획까지 다 짜야 해서 퇴근을 늦게 한다. 초등학교 교사로서 전문성을 가지고 싶은데 어떻게 해야 할지 고민이 생겼다. 그래서 내가 좋아하는 과목을 생각해 보니 '과학'이었다.

과학은 자연에서 일어나는 현상을 탐구하는 과목이어서 나에게는 너무 쉬웠다. 어린 시절에 늘 산으로 들로 뛰어다녔고, 학교에서 집까지 4km를 매일 걸어 다녔다. 친구들과 냇가에서 개구리 알과 올챙이도 보고, 개구리 뒷다리가 나오는 것을 자연스럽게 다 보고 자랐다. 집에 늦게 걸어올 때면 해가 질 무렵 서쪽에서 유난히 반짝이는 별을 보며 호기심을 키웠다.

하지만 도시에서 태어나고 자란 학생들에게 자연은 낯설다. 그래서 학교 텃밭 가꾸기를 신청해서 상추, 토마토, 가지 등을 학생들과 함께 심어 가꾸었다. 텃밭이 없는 경우에는 교실에서 씨앗과 화분을 나누어 주고 직접 가꾸도록 했다. 나팔꽃이 얼마나 빨리 자라는지 학생들은 자연스럽게 알았다. 교실에서 거북이, 붕어, 개구리, 배추흰나비도 키워 보았다. 식물의 한살이, 동물의 한살이는 학생들이 자연스럽게 익힐 수 있도록 환경을 마련해 주었다.

초등 과학은 실험 학습, 조사 학습이 대부분이다. 과학 수업은 레시피를 따라 하는 요리 수업처럼 될 경우가 많다. 이렇게 수업하다 보면 학생들은 실험 결과만 외우는 경우가 종종 있다. 준비물을 나누어 주고 실험 안전교육을 하며, 장갑, 보안경 등의 안전 장비까지 착용해야 하니 많은 시간이 걸린다. 40분 수업을 하다 보면 시간이 모자라 결과 정리를 제대로 못하는 경우가 허다하다. 그럼에도 불구하고 어떻게 하면 과학 수업을 재미있게 할까 고민하다가 나름대로 해법을 찾았다. 과학 수업 꿀팁을 정리해 보면 다음과 같다.

첫째, 교사 사전 실험은 꼭 한다.

모든 실험은 '이렇게 되겠지!'라고 생각하면 안 된다. 미리 실험을 해 보지 않으면 실험 결과가 산으로 간다. 교사는 당황하게 되고, 학생은 안전 사고가 난다. 실험이 시작하고 끝나는 시간도 측정해 두어야 수업 단계를 적절히 배분할 수 있다. 꼭 교과서의 실험을 하지 않아도 된다. 성취 기준에 맞는 더 좋은 실험이 있다면 바꾸어도 상관없다.

둘째, 과학은 호기심에서 출발한다.

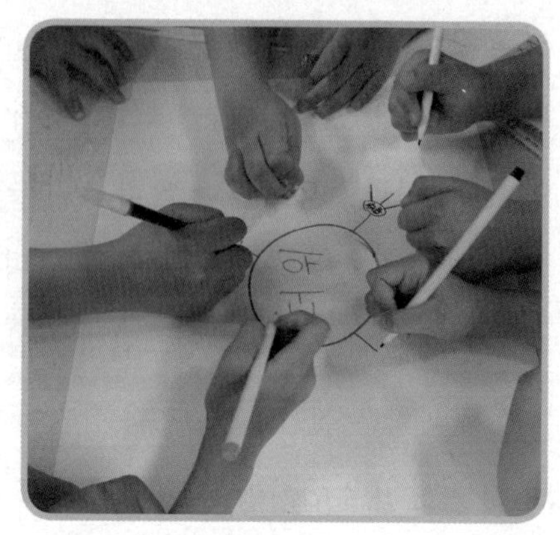

과학은 개념을 가르치는 과목이다 보니, 자칫하면 단순 암기가 될 수 있다. 이렇게 되지 않기 위해서는 생활 속에서 그 해법을 가져와야 한다. 생활 속 문제점이나 당연하다고 생각하는 문제를 가져와 "WHY?"를 외친다. "해는 왜 동쪽에서 뜰까요? 서쪽에서 안 뜨는 이유가 뭘까요?" 교사는 학생들을 끊임없이 자극해서 그 마음에 물음표를 달게 해야 한다.

셋째, 결과 정리를 명확하게 한다.

과학 수업에는 알아야 하는 과학적 개념이 있다. 호기심을 자극하여 실험을 하는 과정도 중요하지만, 성취 기준에서 달성하고자 하는 개념은 꼭 인지시켜야 한다. 학생들 입에서 나온 실험 결과를 바탕으로 공통점을 알아내어 학생들 스스로 개념을 발견하게 해야 한다. 그 개념을 학습 목표와 관련지어 명확하게 판서하며 정리해야 한다.

넷째, 실험 결과를 생활과 관련 지어야 한다.

수업한 개념을 생활 속에서 어떻게 적용할지를 고민해야 한다. 산성 용액과 염기성 용액을 섞어 보고 개념을 배웠다면, 생활 속에서 찾아보고 적용하고 응용해 봐야 살아 있는 수업이 될 수 있다.

성공한 과학 수업에서는 "아~ 우와~ 그래서 그렇구나!" 라는 감탄이 많이 나온다. 자신들의 예상과 다른 결과가 나왔을 때, 학생들은 더 즐거워하며 또 다른 호기심을 품는다. 감탄하는 학생들이 과학자처럼 생각하고 탐구하는 태도를 키워 주는 게 나의 역할이 아닐까 한다.

생활 교육으로 말하다

나에게는 회복적 생활 교육이 정답이었다

첫 발령 받은 지 얼마 지나지 않아, 화가 난 학생이 의자를 던지고 화가 안 풀렸는지 소리까지 질렀던 일이 있었다. 그 학생이 화를 왜 냈는지는 기억나지 않고 당황한 내가 교실을 나와 눈물을 흘렸다는 것만 생각난다. 지금 생각하면 참으로 부끄러운 일이다.

그 이후 그 학생과 잘 지내기는 했지만, 나는 항상 어떻게 하면 학생들의 인성을 잘 다듬어 갈 수 있을까 고민했다. 행동을 잘하면 스티커나 선물을 주고, 더 나아가 모둠이 잘하면 모둠별 상품, 전체 반이 잘되면 피구, 과자 파티 등의 보상을 주어서 학생들의 긍정적인 행동을 이끌어 내고자 했다. 그래서 친구보다 먼저 보상을 받기 위해 스티커가 몇 개인지 도장이 몇 개인지가 우리 반의 주요 이야깃거리였다.

'과연 이 학생들의 인성은 나아졌을까? 보상을 위해 그렇게 행동하는 것은 아닐까?' 하는 고민이 생겨 아무것도 하지 않은 적도 있었는데, 그때는 내 잔소리가 더 심해지고는 했다.

고학년은 보상보다는 내면의 강화를 위해 학생들과 긴밀한 교제를 하고자 했다. 매일 일기 쓰기에 답글을 주어 학생들과 대화를 주고받았다. 여학생들은 이러한 사소한 마음 읽기로 생활 지도가 되었던 반면, 남학생들은 그렇지 않았다. 매번 몸으로 싸우는 남학생의 인성을 바꾸는 것은 나의 한계를 넘어서게 했다. 강압적인 벌이나 규칙 엄수는 일탈하는 학생들의 저항과 관계 악화를 불러올 뿐이었다.

그러다 우연히 연수를 통해 '회복적 생활 교육'이라는 것을 알게 되었다. 이는 수치심과 모욕감으로부터 벗어나고자 하는 바람이 폭력적 행동을 낳는 심리적 동기라고 보는 관점이다. 강압과 체벌 같은 처벌 중심의 생활 지도 방식은 학생의 수치심을 자극해서 폭력의 원인이 된다는 의미이다. 심리적으로 수치심은 관계의 단절을 가져오기 때문에 관계의 연결을 위해 '공감'을 하는 것이다. 학생의 문제 행동에 대해 '공감'하고, 공동체인 학급에서 문제 해결을 위해 협력해야 한다는 것이다. 이 이론에 동의하여 현장에 적용하고자 시도했는데, 그 결과는 성공적이었다.

'회복적 생활 교육'을 교실에서 실천한 내용을 안내하면 다음과 같다.

첫째, 매일 아침 감정을 나눈다.

아이들이 아침에 등교하자마자 자기 이름을 현재의 감정에 붙인다. 수업 시작 10분 전에 자신의 감정을 반 전체 친구들에게 이야기하고 이유도 말한다. "나의 감정은 지금 설렙니다. 아빠가 돌아오시는 날이기 때문입니다." 1년 내내 하다 보니 친구들의 가정에 형제가 있는지, 부모님 성향은 어떤지, 강아지가 있는지 등 사소한 것까지 알게 되었다. 물론 담임 선생님도 같이 나눈다.

둘째, 매주 월요일 5교시에 학급 회의 시간을 갖는다.

일주일 동안 고마운 친구, 미안한 친구를 말하고 이유도 말하면서 회의를 시작한다. 교실 한쪽에 있는 학급 회의 안건 통에서 안건을 꺼내 서로 의논을 나누고, 실천 사항을 학생들이 결정한다. 결정된 것은 칠판에 적어 두고, 교사의 꾸준한 지도로 일주일 동안 실천한다. 다음 주 월요일 학급 회의 시간에는 어떻게 실천했는지에 따라 칭찬하거나 반성을 하게 한다.

셋째, 학기 초에 학급 규칙을 만든다.

이것은 학생들 스스로 필요하다고 생각되는 것을 말하며, 끊임없는 토의를 통해 결정해야 한다. 교사는 하루마다 규칙을 잘 지켰는지 상기시켜서 학생들에게 규칙은 꼭 지켜야 하는 것임을 인지시킨다.

넷째, 몸으로 친해지는 시간을 주기적으로 갖는다.

친한 사이면 어떤 말을 해도 갈등과 오해가 일어나지 않는다는 사실을 깨달았다. 서로 친하게 지내려면 같이 놀게 하면 된다. 반 친구들끼리 몸으로 하는 체육 행사를 주 1회 하려고 노력했다. 피구를 제일 좋아하니 여러 가지 피구를 다 했다. 피구를 잘하지 못하는 학생들을 위해 교실 놀이도 했다.

여러 활동에도 불구하고 갈등이 일어나 싸우는 경우가 있다. 이런 경우 교사는 옳고 그름을 판단하는 재판관이 아니라, 갈등을 평화롭게 전환하는 중재자로서의 역할을 해야 한다. 학급에서 평화가 유지된다면 수업도 저절로 잘되고, 모두 즐거운 학교생활을 할 수 있다. 여러 시도 끝에 성공한 비결, '회복적 생활 교육'을 여러 선생님들도 시도해 보시라고 강력하게 추천한다.

교사 성장으로 말하다

나를 변화시키고 성숙시키는 4가지 방법

졸업식 날, 제자에게 편지를 받았다. 편지글을 그대로 옮기면 이렇다.

'선생님께 매번 감사한 일만 있었네요. 제 초등학교 생활에서 가장 행복했던 일이 언제냐고 누가 묻는다면, 단언컨대 5학년 때 선생님과 같이 수업했던 시간이라고 할 것 같아요. 과장해서 제 삶은 선생님을 만나기 전과 후로 나뉜다고 해도 과언이 아닙니다. 관심 없던 수업에 관심이 생겼어요….'

이 제자의 한마디 한마디가 가슴에 울림이 되어 '교사가 되길 참 잘했다'는 생각이 들었다. 하루아침에 내가 이런 교사가 된 건 아니다. 그럼 나는 어떤 시간과 노력을 했을까? 나의 인생을 곰곰이 되짚어 본다.

첫째, 연구회 가입하기

수업의 문제점을 같이 이야기하고 함께 해결하고 싶어서 '협동 학습 연구회'에 가입했다. 다채로운 수업, 학생 주도의 수업을 하고 싶었다. 그 방법을 몰라 연구회에 들어가서 여러 가지 수업 방법을 책으로 접하고 직접 실습하면서 익혔다.

학교에서 협동 학습을 적용해서 지도안을 짜고, 학생 중 일벌레나 무임승차 학생이 없도록 수업했다. 졸업한 제자가 "선생님은 왜 그렇게 모둠 활동을 많이 했어요?"라고 물었을 정도로 많이 했다. 교사로서 성장하고 싶으면 일단 연구회에 들어가라. 함께 연구하다 보면 저절로 성장을 경험할 것이다.

둘째, 고난에 대한 긍정적인 마음 갖기

고난은 누구나 싫다. 일부러 겪고 싶은 사람은 없다. 그러나 고난이 주는 이로운 점도 있음을 알려 주고 싶다. 인생에 고난이 없는 사람은 없겠지만, 나도 세상 풍파를 여러 번 겪었다. 힘든 일을 겪고 나니 내 마음은 폭풍우가 쏟아진 뒤 더 굳은 땅이 되었다. 이제는 힘든 일이 있어도 긍정적으로 바라볼 수 있게 되었다.

몇 해 전, 감당하기 힘든 학생을 만났다. 그 감정이 쌓이고 쌓여서 어느 날 터지고 말았다. 응급실에도 가고 여러 병원에도 갔었다. 학교를 그만두고 싶었다. 번 아웃(burnout, 일에 몰두하던 사람이 극도의 스트레스로 인하여 정신적·육체적으로 기력이 소진되어 무기력증, 우울증에 빠지는 현상)이 와서 아무것도 할 수 없었다. 나는 이 모든 걸 극복하기 위해 생활 지도 책을 읽고 또 읽었다. 연수도 듣고 또 들었다. 어떻게 하면 그 학생을 변화시킬 수 있을까? 학급 경영을 어떻게 해야 힘든 학생을 받아들일 수 있을까? 그 학생으로 인해 난 공부하게 되었고, 한 뼘 더 성장하는 계기가 되었다. 이제는 어려운 학생을 만나도 자신감 있게 지도할 수 있다.

셋째, 주변의 수석교사 찾아가기

우리 지역에서는 수업 대회를 한다. 내가 나갈 때는 지도안 세안을 짜고 1학기에 1차 수업을 하고, 통과하면 2학기에 2차 수업을 한다. 그 이후 등급을 받게 된다. 한마디로 1년 내내 수업에 대해 고민을 하게 되는 것이다.

처음 대회에 나가게 되었을 때, 어떻게 해야 될지 몰라 근처 학교의 수석교사 분을 찾아갔다. 차시 정하는 것부터 지도안 쓰는 방법, 발문하는 방법, 수업 시 판서하는 것까지 모든 노하우를 가르쳐 주셨다. 그 인연으로 수업에 대한 궁금증이 생기면 전문가이신 그분을 먼저 찾았다. 궁금한 점을 여쭤보면 조언해 주시는 분이 계신 것만으로도 얼마나 감사한지 모른다. 주변에 있는 수석교사 분에게 연락하여 궁금한 것을 물어보라. 자신만의 노하우를 기꺼이 가르쳐 주실 거다.

넷째, 도전하기

나는 성격상 물 흐르듯 순리대로 살아가는 것을 선호하여 튀는 행동은 가급적 하지 않는다. 시키는 대로 하는 것이 제일 편하다. 태생이 막내라서 어릴 적부터 언니, 오빠가 하라는 대로 따라가면 되었기 때문이다.

그런데 내 삶을 자세히 살펴보니, 무수히 많은 도전을 해서 이 자리까지 오게 되었다. 임용고시를 2번 보았고, 고향이 아닌 다른 지역에서 교사 생활을 하고 있으며, 근처가 아닌 먼 대학원을 가게 되었다. 잠자고 있던 내 꿈을 꺼내어 수석교사 시험에 도전했고, 당당하게 지금의 내 모습을 만들었다. 나의 기질대로 살았다고 해도 후회하지는 않았겠지만, 내가 원하고 바라는 모습은 성취하지 못했으리라.

교사는 학생들에게 지나온 축적된 지식을 가르치는 직업이지만, 현재를 잘 살고 미래에도 잘 살아가도록 가르치는 직업이기도 하다. 그래서 교사는 끊임없이 성장해야 한다. 힘든 교직 생활을 같이 고민하는 연구회에서 활동하며, 수석교사들과 함께 고민하기를 추천한다. 당신을 만나 내 인생에 자신감이 생겼다는 제자의 고백을 듣게 되기를 바란다.

05

흥이 많은 수석교사 김현미

행동 발달 및 종합 의견

겉으로는 한없이 강해 보이나 속은 여린 전형적인 외강내유형(外強內柔型). 평소 흥이 많아 음악에 맞춰 몸으로 표현하기를 좋아함. 특히, 국악에 관심이 많아 다양한 국악기를 다룰 줄 알며 한국무용에도 열의를 보임. 타인의 이야기를 귀 기울여 들을 줄 알고 공감하는 능력이 좋은 편이어서, 동료 교사들에게 힘이 되어 주는 역할을 많이 함. 작은 것에도 감사하고 나눔을 실천하며, 사랑을 표현할 줄 아는 마음이 따뜻한 사람임.

내 어릴 적 꿈을 이루다

정기 여객선은 있으나 부두가 좁아서, 작은 배로 갈아타야 들어갈 수 있었던 아주 작은 섬에서 태어난 작은 여자아이. 그 아이의 꿈은 초등학교 교사가 아니었다. 초등학교 1학년 때까지는 대통령이 꿈이었다. 그러다 2학년 때, 권력도 재산도 힘도 없는 집안에 억울한 일이 생기는 것을 보며, 우리 집안에 법조인 하나쯤은 있어야겠다는 생각에 검사를 꿈꾸었다.

그러나 4학년 때, 군 수학 경시대회에 참여하며 인생의 전환점을 맞았다. 내가 풀어 보지 못한 문제 하나를 틀려 2등을 하게 된 것이다. 배를 타고 군내버스를 1시간 가까이 타고 나가야 하는 형편이라, 경시대회 시간에 맞추려면 대회 전날 출발해야 했기에 나 때문에 고생하신 어머니께 면목이 없었다. 무엇보다 자신감으로 똘똘 뭉쳐 있던 나에게는 청천벽력 같은 일이었다.

그런데 읍내에 살고 있던 학생들은 내가 틀린 문제를 풀어 본 경험이 있다고 했다. 왜 똑같은 책으로 공부하는데 나는 그런 종류의 문제를 접해 보지 못했을까? 이 의문을 떨쳐 버릴 수가 없었다. 물론 담임 선생님께서는 분명히 성실하게 잘 가르쳐 주셨다. 시골과 읍내, 도시 학생들과의 격차는 막을 수 없다는 것을 지금은 알지만, 그때는 도저히 이해할 수 없었다.

그래서 결심했다. 대한민국 어디에서 배우든 배움의 질이 달라지지 않도록 가르치는 초등학교 교사가 되어야겠다고. 100여 가구가 사는 섬마을에서 인문계 고등학교에 진학하고, 4년제 대학에 진학한 최초의 학생이 되었다. 다른 친구들은 이공계 고등학교에 진학하고 취업하여 집안 살림에 도움을 주는 상황에서, 넉넉하지 못한 살림에 나의 선택은 그야말로 큰 도박이었다.

부모님께는 정말 정말 죄송했지만 난 이를 악물었다. 이러지 않으면 초등학교 4학년 때 가졌던 내 꿈을 이룰 수 없기에. 교육 대학을 졸업하는 것도 만만치 않았다. 고등학교 때 처음으로 그랜드 피아노를 볼 정도로 문화 예술에 둔재였던 나에게, 오르간을 연주하며 노래 부르고 가르치는 일은 한 학기로 해결될 문제가 아니었다. 지금도 타악기는 잘 다루지만, 현악기와 건반 악기를 다루는 실력은 대학 때보다 나아지지는 않았다.

우여곡절 끝에 교육 대학을 9학기 만에 졸업하고 학위를 받던 날, 나는 자신에게 대견하다, 장하다며 칭찬을 했더랬다. 이러한 나의 마음을 이해해 주시고 보듬어 주시며 끝까지 격려로 지원해 주신 부모님이 아니었다면, 난 아마도 지금 이 자리에 설 수 없었을 것이다. 그 이후 임용고시에 합격한 나는 태어나고 자란 내 고향 고흥에서, 그렇게 꿈에도 바라던 자랑스러운 대한민국의 초등학교 교사가 되었다.

02

수석교사를 말하다

수업 역량으로 말하다

교사는 수업으로 말한다

첫 발령을 받고 난 정말 설레었다. 무엇이든 열심히 잘하고 싶었다. 발령받은 지 1개월 만에 군 장학지도 대표 수업을 할 정도로 나는 겁이 없었다. 그냥 모든 것이 새롭고 흥미로웠다. 선배님들을 졸졸 따라다니며 모르는 것을 묻고, 조언을 실천하기를 주저하지 않았다. 내가 얼마나 집요했는지 나중에는 선배님들이 내 질문을 두려워하실 정도였다.

군 장학지도 공개 수업을 하던 그날은 지금도 잊을 수가 없다. 긴장되고 초조했지만, 그동안 선배님들의 조언을 듣고 준비한 대로 수업을 끝마치고 안도의 숨을 쉬고 있었다. 하지만 그것이 끝이 아니었다. 무시무시한 '장학 수업 협의'가 기다리고 있었다. 초임 교사가 수업을 잘하면 얼마나 잘했겠는가. 말로 깨지는 것은 불 보듯 뻔했기에 각오도 했었다. 그러나 협의에 참가하신 선배님들의 평가는 정말 날카로운 송곳이 되어 내 심장을 무자비하게 찌르기 시작했다. 그런데 그 '송곳'이 나에겐 오히려 '약'이었다. 어떻게 선배님들은 저렇게 세세하게 다 기억하시고 적절한 조언을 건네시는 걸까?

송곳뿐만 아니라 '당근'도 있었다. 그 당시 동학년 부장 선생님께서 해 주신 말씀이 지금도 기억에 생생하다. 오늘 정말 드라마 같은 수업을 보았다고, 어떤 돌발 상황에도 당황하지 않고 물 흐르듯 전개되는 수업을 보는 것은 정말 드문 일이라고.

이 한마디가 교직 생활을 버티는 주옥같은 조언 중 하나가 된 것은 말할 것도 없었다. 전문가적인 향기를 내뿜는 선배님들의 말씀은 나에게 피와 살이 되었고, 나도 후배들이 생기면 저렇게 조언해 줄 수 있는 선배가 되어야겠다고 다짐했다. 그때부터 또 새로운 시작이었다.

이후 10년 동안, 집으로 돌아가는 내 가방에는 다음 날 수업에 필요한 교과의 지도서가 항상 들어 있었고, 수업 준비가 되지 않으면 잠을 이루지 못했다. 1급 정교사 자격을 취득한 후 3년 동안 매일 한 차시 분량의 수업안을 작성하며, 교육과정 문해력과 수업 역량을 길렀다. 배움에 목말라 있어 방학이 되어도 연수 없이 쉰 적이 한번도 없었다. 오죽하면 지인들은 '선생님 똥은 개도 안 먹는다.'는 말이 맞다며 다들 이렇게 힘들게 사냐고 물었었다. 방학이 있어 좋다는 말은 누가 하는 말이냐며 안쓰럽게 쳐다보는 분들도 있었다.

나는 동료들과 모여서 교육과정에 대해 토론하고, 서로의 어려움을 해결하기 위해 지혜를 모으는 과정을 즐겼다. 교사의 본질인 교육 연구 문화가 자연스럽게 이루어지기를 고대했었다. 그래서 자연스럽게 좀 더 전문적인 연구 활동을 하기 시작했다. 같은 학교에 근무하는 교사들과 함께 군 초등 영어 교과 연구회를 4년간 운영하며 학년별 놀이 활동 자료집도 만들고, 서로의 수업을 참관하는 과정에서 동료 장학도 자연스럽게 이루어졌다. 대부분 저경력 교사들이 많아 의욕이 넘치고, 체력까지 뒷받침되니 무서울 것이 없었다.

이에 힘입어 3년간 군에서 운영하는 초등 영어과 수업 장학 요원으로 활동했고, 2년간 도에서 운영하는 초등 영어과 특별 연구 교사로 활동하며 8번의 도 단위 공개 수업을 했다. 전라남도 영어캠프 지도 교사로 3년, 군 외국어 체험 센터 지도 교재 개발 및 지도 교사로 3년, 더불어 고흥 영재 교육원에서 초등학교 5~6학년을 대상으로 수학을 3년간 지도했으며, 2009 및 2015 개정 교육과정 전달 요원, 2014 스토리텔링 수학 수업 교원 연수, 교무부장 6년, 연구부장 7년, 학년부장 6년 역임, 독서토론 교육, 기초 수해력, 문해력 향상 교육 등, 후배들에게 부끄러움 없는 선배 교사가 되기 위해 쉼 없이 달려왔다.

그러다 보니 나도 모르는 사이에 후배들에게도 나와 똑같은 잣대를 적용하는 경우가 많았다. 동료들과 의견 조율이 어려워졌고, 서로에게 공감하지 못해 문제가 생기기도 했다. 그래서 동료들과 계속 대화를 하며 서로를 이해하려 부단히 노력했다. 그때의 경험이 동료들뿐만 아니라 학생들의 이야기를 경청하고 공감하는 능력을 기르게 해 주었다.

지금까지 수업 공개를 쉬어 본 적은 없지만, 해가 갈수록 어렵고 두려워진다. 아는 만큼 보인다고 내 수업에 대한 만족도는 점점 낮아져 간다. 그렇기 때문에 두렵다. 상시 수업을 공개해야 하는 수석교사는 어쩌면 내 교직 생활 마지막 도전이 될 것 같다.

생활 교육으로 말하다

교육은 인스턴트가 아니다

우리 사회가 급격한 저출산, 초고령화 사회로 접어들면서 교실에서는 주의력 결핍 및 과잉 행동 장애(ADHD, Attention Deficit Hyperactivity Disorder, 주의 산만, 과다 활동, 충동성과 학습 장애를 보이는 소아 청소년기의 정신과적 장애), 분노 조절 장애, 타인을 이해하지 않고 혼자만의 세상에 갇혀 소통하지 않는 아이들, 극단을 달리는 개인주의 등으로 어려움을 많이 겪고 있다. 특히나 코로나 팬데믹 이후로 그 양상은 더욱 심화되고 있다. 어느 해부터인지 나는 학교에서 화장실도 마음대로 갈 수 없었다. 자리만 비우면 학생들이 싸웠기 때문이다. 평소에도 혼자 하는 운동보다는 여러 사람이 함께하는 운동을 좋아하고, 사람들과 소통하는 것을 좋아하는 성격이기에 이러한 모습은 정말 보고 싶지 않았다. 하지만 기존의 방식으로는 해결할 수 없다는 것을 알게 된 후, 좀 더 효과적인 생활 교육에 대해 공부하고 싶어졌다.

2014년 학습연구년제를 하면서 최성애 박사와 조벽 교수의 '감정 코칭'을 접하고 '그래, 바로 이거야!'라는 생각이 들었다. 많은 시간과 노력을 들여 온라인 강의와 강연으로 이론을 공부하고, 고흥에서 서울로 다니며 '아동 청소년 상담과 치료 집중 훈련'을 했다. 이후 가정과 학교는 하나의 생태계이고, 학교의 위기는 곧 대한민국의 위기라는 생각을 더욱 굳히게 되었다. 그러면서 사람의 '감정'에 대해 더 많이 생각하는 계기가 되었다. 그리고 배운 것은 적용해 봐야 진정한 지식이 된다는 생각에 칭찬하기, 장점 찾기, 감사 일기 쓰기, 자기 감정 알아채기, 보드게임을 활용한 소통 놀이 등을 바로 학교 현장에 적용하기 시작했다.

그런데 감정 코칭만으로는 뭔가 부족한 점이 있었다. 그 이후 학교 현장에서는 감정 코칭 외에도 회복적 생활 교육, 관계 중심 생활 교육, 그림책을 이용한 생활 교육 등 다양한 방안이 소개되어 적용되고 있었다. 나 역시 이러한 교육들을 공부하고 적용해 보기도 했다. 그러나 이론적 기반이 취약하고 여러 방법을 다 적용해 보려니 핵심이 결여된, 형식에 그치는 매너리즘에 빠지면서 나만의 생활 교육 방식이 절실함을 느꼈다.

2018년부터 학교폭력 예방 어울림 프로그램 컨설턴트로 활동하면서, 어느 하나의 이론만으로는 완벽할 수 없고 나에게 맞는 방법을 찾아 적용해야겠다고 생각했다. 그래서 아침에 등교하면 학생들이 칠판 앞에 부착된 감정판에 자신의 감정을 표기하고, 수업 시작 5분 전에 발표하는 '마음 읽기' 활동을 전개했다. "나는 지금 기분이 어떠하다. 왜냐하면 ~~하기 때문이다."라는 패턴으로 학생 전체가 자신의 마음을 읽어 주면, 듣고 있는 학생들은 '아하!' 하며 경청을 하게 했다. 학생들은 자신의 감정이 무엇인지 몰라서 대처가 미흡한 경우가 많기 때문에, 자신의 감정을 정확히 알아채는 것이 정말 중요하다. 익숙해질 때까지 시간이 걸리기는 하지만 1주 정도 지나면 금방 적응하여 5분 안에 20여명의 학생들이 자신의 마음을 읽을 수 있게 된다.

그리고 매일 감사, 칭찬, 장점 찾기 등이 포함된 '나의 성장 일기'를 쓰게 하였다. 학기 말에는 자신이 쓴 성장 일기를 보며 감사, 칭찬, 장점 등을 정리하는 시간을 가졌다. "제가 이렇게 많은 장점이 있는 줄 몰랐어요!"라고 말하던 학생들의 놀라운 목소리가 지금도 들리는 듯하다.

아울러 2018년부터 학교생활 적응에 어려움을 겪는 학생들을 위해 학부모님들의 동의를 얻어 방과후 학교와 연계한 국악 오케스트라를 조직하고 운영했다. 꽹과리, 징, 장구, 북을 기본으로 태평소, 나각, 나발 등을 추가하고, 모듬북 난타를 곁들여 매주 3시간씩 지도하고, 방학 때는 국악 캠프를 진행했다.

첫해에는 학원에 다녀야 그나마 학업이라도 따라갈 거라고 기대하는 학부모님들을 설득하는 일이 녹록지 않았다. 그야말로 '피 · 땀 · 눈물'이 나는 과정이었다. 하지만 학예 발표회에서 자녀가 공연하는 모습을 보신 학부모님들의 반응은 기대 이상이었다. 맨날 집에서 성질만 내고 공부도 안 하고 형제들끼리 싸우기만 하던 아이가 국악 오케스트라 활동을 하면서 점점 참을성도 생기고 말도 예쁘게 하려고 노력한다고, 저렇게 무대에서 악기를 연주하는 모습을 보니 눈물이 난다고 내 손을 꼭 잡고 환하게 웃으시던 할머니의 모습이 지금도 눈에 선하다.

2년째부터는 조금 더 욕심을 내 보았다. 학교에서 운영하고 있는 모든 국악 프로그램을 모아서 소리 어울림 한마당을 진행했다. 국악 오케스트라, 판소리, 가야금 병창, 장구 난타, 한국 무용을 묶어서 '수능 대박 기원'을 주제로 11월에 학교 운동장에서 발표회를 열었다. 주민들과 학부모, 학생, 교직원들의 반응은 정말 폭발적이었다. 5학년 학생이 나에게 조용히 다가와 "오늘 정말 멋있었어요. 국악이 이렇게 좋은 줄 몰랐어요. 언제 또 공연해 주시나요? 저도 꼭 도전해 보고 싶어요."라고 말하는데 정말 만감이 교차했다.

그래서였는지 3년째 되는 해에는 기존의 소리 어울림 한마당 프로그램에 앙상블 오케스트라와의 협연을 추가하여 진행했다. 그야말로 학생, 학부모, 교사, 지역민이 하나됨을 느낄 수 있는 경험이었다. 언젠가부터 우리 반 교실에서는 싸우는 소리도, 듣기 거북한 욕설도 줄어들고, 꿈과 희망으로 가득 찬 웃음소리가 자리하게 되었다.

교육은 인스턴트가 아니다. 물을 붓고 3분이면 완성되는 즉석 요리가 아니다. '교육은 백년지대계(百年之 大計)'라는 말도 있지 않은가. 어떤 교육이든 조급하게 성과를 바라지 말고, 인내심을 갖고 꾸준히 실천하는 것이 중요하다. 성격 급한 나에게는 이 또한 도전이었다.

교사 성장으로 말하다

내 도전은 아직 끝나지 않았다

타인과 소통하기를 좋아하고 항상 배움에 목말라 있는 나에게 수석교사는 정말 '딱!'이라는 생각이 들었다. 경청과 공감을 바탕으로 동료 교원들과 함께 교육에 관해 이야기하고, 문제 해결을 위해 의견을 공유하며, 자연스럽게 연구하는 풍토를 만들고자 하는 나의 작은 바람과 수석교사의 역할이 일맥상통하기 때문이다. 나는 아직도 배움에 목마르다. 새로운 교육적 사조와 흐름에 기민하게 대처하고 적용하는 것은 디지털보다는 아날로그에 더 익숙한 나에게는 정말 어려운 도전이다.

전에는 나의 묘비명을 '대한민국의 자랑스러운 초등 교사 김현미, 여기에 잠들다.'라고 정했었다. 그러나 이제는 '대한민국의 자랑스러운 초등 수석교사 김현미, 여기에 잠들다.'라고 바꾸고자 한다. 나는 대한민국의 초등 교사인 것이 정말 자랑스럽다. 그중에서 초등 수석교사인 것이 더욱 자랑스럽도록 한계를 초월한 도전을 시작해 보려 한다.

지금까지 내 교육 활동의 핵심은 '학생'이었다. '이것이 학생들을 위한 최선인가? 학생들에게 꼭 필요한 것인가?'라는 질문을 끊임없이 하며 살아왔다. 이제 여기에 동료 교사들을 추가하려 한다. 동료 교사들의 든든한 버팀목이 되고 싶다. 교사 개개인의 장점을 찾고 그 능력을 끌어낼 수 있는 사람이 되고 싶다. 동료 교사의 마음의 소리를 경청하고 어려움을 함께 이겨 낼 수 있도록 지혜를 나누는 조력자가 되고 싶다. 무엇보다 대한민국 초등학교 교사로서의 자긍심을 느낄 수 있도록 지원하고 싶다.

내 도전은 아직 끝나지 않았다. 이제부터 다시 시작이다.

06

지금도 성장하는 수석교사 도주원

차분하고 꼼꼼한 성격으로, 문제 상황을 다각도로 관찰하여 가장 적절한 해결 방법을 찾는 문제 해결 능력이 탁월함. 상대방의 마음에 공감하고 이해하려고 노력하는 편이며, 주변 사람을 편안하게 하고 분위기를 따뜻하게 만드는 장점이 있음. 논리적인 수학을 좋아하며, 학생들을 잘 가르치기 위해 계속 공부하고 연구하는 것을 좋아함. 성실하며 책임감이 투철하여 맡은 일은 끝까지 최선을 다해 완수하려고 노력하는 모습이 돋보임.

그때도 지금도 수학이 좋고, 공부가 좋다

1972년 8월 초의 무더운 여름날, 두 오빠를 둔 외동딸로 태어났다. 내성적이고 다른 사람 앞에서 이야기하는 것을 특히 부끄러워해서, 초등학교 때는 손을 들어 질문한 적이 없었다. 7세부터 배우기 시작한 피아노를 제법 잘 쳐서 초등학교 때는 합창부 반주를 했고, 중·고등학교 때는 학교 예술제와 교회 성가대 반주를 도맡았다. 중학교 진학과 함께 그만두었던 피아노를 음악 선생님의 권유로 다시 배우기도 했다. 고등학교에서는 공부를 그럭저럭하는 조용한 아이로 생활하다가, 고2 때 흰 머리카락을 휘날리며 열정적으로 수학 문제를 풀어 주시던 수학 선생님의 모습에 반해서 수학 교사의 길을 택했다.

수학의 매력에 빠져 초등 수학 교육을 전공했고, 초등 교사로 교단에 서게 되었다. 서울 서초구의 한 초등학교에 첫 발령을 받으면서 아이들을 잘 가르치는 교사가 되기 위해 수업 연구와 생활 지도에 노력을 기울였다. 덕분에 가르치는 일에 보람을 느낄 수 있었고, 아이들과 행복한 추억을 많이 만들었다. 더 잘 가르치고 싶어서 대학원에 진학하여 더 공부하고 싶은 마음은 컸지만, 육아를 병행하며 교직 생활을 하고 있어서 대학원 공부를 하기에는 상황이 여의치 않았다. 그러던 와중에 서울교대에 서울시 교육청 파견 연구 교사 제도가 생겨서 지원했고, 파견 연구 교사 1기로 교육대학원 수학 교육과 파견 연구 교사로 2년간 파견되어 초등 수학 교육 전공 석사 과정을 무사히 마칠 수 있었다.

석사 과정 파견을 마치고 학교로 복귀해서는 과학 정보 부장, 학년 부장, 영재 학급 지도, 수학 캠프 운영, 교대 학부 강의, 교과서 집필 등, 수학 교과 전문성을 발휘하며 학교에서 열심히 아이들을 지도하고 예비 교사들을 교육하는 활동을 했다. 공부가 재미있고, 항상 배움에 대한 갈망이 있었기에 박사 과정에도 진학하여 초등 수학 교육을 보다 깊이 있게 연구했다. 적극적인 수업 연구, 교과서 연구, 서울교대 교육전문대학원 강사, 연구 논문 게재, 초등학교 수학 교과용 도서 집필, 2022 개정 초등 수학과 교육과정 시안 개발, 학교 교육력 제고 연구 등을 하며 연구하는 교사, 교육과정을 개발하고 교과서를 집필하는 교사, 현장 교사를 가르치는 교사가 되었으며, 내가 아는 것을 나누는 기쁨을 맛보게 되었다.

좋은 교사로서 역량을 키우고 좀 더 성장할 수 있는 기회를 갖고자 수석교사에 지원하게 되었으며, 가족과 선후배, 직장 동료의 격려와 지원 덕분에 선발되어 자격 연수를 받게 되었다. 수석교사 선발 과정을 거치며 '함께하는 사람들'의 소중함을 경험할 수 있었다. 앞으로 내가 가지고 있는 것을 나누고, 내가 받았던 격려와 지원을 되돌려 주며 '함께 성장하는' 수석교사가 되고 싶다.

02

수석교사를 말하다

수업 역량으로 말하다
수업을 잘하는 교사이고 싶다

교사는 수업으로 말해야 한다. 그런데 수업은 스스로 만족스럽게 잘하기가 쉽지 않다. 교사라면 누구나 하는 고민이다. 나 역시 교단에서 아이들을 가르치게 되면서 수업을 잘하고 싶다는 생각과 함께, 어떻게 하면 잘 가르칠 수 있을까 고민을 많이 했다. 이러한 고민은 저(底)경력 교사 시절의 임상 장학을 비롯해 동료 장학, 학부모 수업 공개, 학교 교육력 제고 연구 교원 수업 공개 등, 교내외 공개 수업을 준비할 때면 좀 더 크게 다가왔다. 어떤 과목에 어떤 수업을 하면 좋을지 평소보다 더 고민하게 되었고, 학생들이 학습 목표에 다다를 수 있는 방법에 관해 고민하는 좋은 계기가 되었다. 수업을 공개한다는 것은 부담이기는 하지만, 준비 과정에서 했던 '좋은 수업을 위한 고민'은 교사로서의 수업 역량을 키우는 데 큰 도움이 되었다. 따라서 스스로의 수업 역량을 키우기 위해서 기회가 주어질 때마다 수업 공개를 하려고 노력했고 공들여 준비하고는 했다.

또 다른 노력은 다른 교사의 수업을 많이 참관하는 것이다. 좋은 수업을 많이 참관할수록 수업을 보는 안목이 길러진다는 선배 교사들의 조언에 따라,

교내 동료 교사들의 수업뿐만 아니라 실습 학교 지도 교사나 수업 개선 연구 교사, 학교 교육력 제고 연구 교사 등, 수업에 대해 고민하고 연구하는 교사들의 수업을 기회가 되는 대로 많이 찾아다니며 참관했다. 수업을 보면 볼수록 수업의 구조와 함께 교사의 교수 방법과 발문이 얼마나 효과적인지 파악하게 되고, 교사와 학생, 학생과 학생 사이의 상호작용이 어떻게 이루어지는지, 평소 학습 훈련은 어떻게 이루어졌는지 등 수업 이면의 내용까지도 관찰할 수 있게 되는 등 점차 수업을 보는 관점이 넓어지는 계기가 되었다.

이러한 노력은 교육 연구 부장으로서 수업 나눔 계획을 세우고 운영하게 되어, 전체 동료 교사들의 교수·학습 과정안을 검토하고 수업 나눔 전 사전 협의회, 수업 참관, 사후 협의회 등을 주관하면서 더욱 빛을 발할 수 있었다. 그리고 동료 교사들의 교수·학습 과정안을 많이 검토할수록 수업 설계를 보는 안목도 기를 수 있었다. '교수·학습 과정안 검토 → 사전 협의회 → 수업 참관 → 사후 협의회'로 이어지는 일련의 수업 나눔 진행은 여러 과목의 수업에 관해 고민하며 연구할 수 있는 기회가 되었다.

수업 역량을 키우는 또 다른 방법은 대학원에 진학해서 수업에 관해 연구하는 것이다. 서울교대 교육대학원 수학 교육과 석사 과정에 서울시 교육청 연구 교사로 2년간 파견되어, 수학과 교수 학습 지도 방법에 대해 연구할 수 있었다. 나처럼 수학 교육에 관심을 가진 동료 교사들과 함께 여러 선행 연구들에 대해 고찰해 보고 논의하며

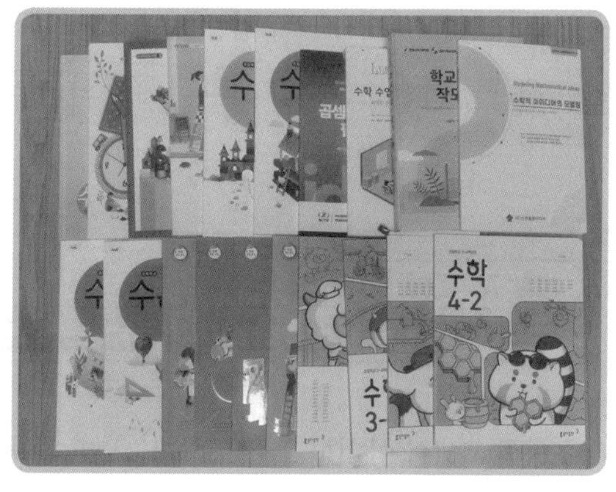

이론적인 배경을 쌓는 좋은 기회가 되었다.

이렇게 연구한 내용을 현장에 적용해 보며 수업 역량을 키워 나갔다. 이때 학교 교육력 제고 개인 연구도 수학과 교수 학습과 관련하여 진행하며, 아이들이 수학에 흥미를 가지고 활동 중심으로 공부할 수 있도록 연구함으로써 유공 교원으로 선정되기도 했다.

이후 서울교대 교육전문대학원 박사 과정에 진학하여 좀 더 깊이 있게 초등 수학 교육을 연구했다. 특히 학생들의 수학 학습에서의 정의적 영역에 관심을 가지고, 학생들의 메타 정의가 수학 학습에 어떻게 작용하는가에 관한 연구로 박사 학위를 받았다. 이러한 연구와 노력들은 '어떻게 하면 아이들에게 수학을 잘 가르칠 수 있을까?' 하는 고민에서 출발했다. 지금은 현장 교육과 병행하여 연구했던 노하우와 그 성과들을 강의를 통해 나눔으로써 현장 교사들의 수업 역량을 키우기 위해 노력하고 있다.

아울러 수학의 힘을 기르기 위한 활동 중심의 수학 수업, 환경과 메이커 교육을 접목해서 구성했던 프로젝트 학습, 기초 학력의 범위를 3R에서 수리력과 문해력, 생활지식 활용 능력, 자기관리 능력으로 확대시켜 학생들의 기초 학력 향상 등의 학교 교육력 제고 연구를 통해, 교육과정을 분석하여 학습 목표에 적합한 수업을 설계하는 수업 역량을 키울 수 있었다. 이처럼 초임 시절부터 수업 역량을 키우고자 했던 여러 가지 노력이 수석교사의 밑거름이 되었다.

생활 교육으로 말하다

'역지사지(易地思之)'의 마음으로 공감하기

초등학교에서 아이들을 지도하다 보면 아이들끼리 자주 다투는 상황이 벌어진다. 다투는 아이들을 불러서 무슨 상황인지 물어보면, 십중팔구는 자신의 입장에서만 문제 상황을 들여다보며 자신이 억울하다는 이야기를 한다. 심지어는 상대방의 이야기를 듣지 않고, 화해하려는 시도도 하지 않는다. 가정에 돌아가서도 부모님께 속상한 이야기를 털어놓으며, 자신이 친구에게 한 잘못된 행동이나 거친 언행에 대해서는 이야기하지 않는다. 거의 모든 아이들이 친구의 잘못에 대해서만 이야기한다. 부모님은 자녀의 이야기만 듣고 자신의 자녀만 피해를 입었다고 오해하게 되고, 담임 교사에게 항의 전화를 하고는 한다. 따라서 이러한 초등학생들의 특성에 대해 학부모님의 이해를 구할 필요가 있다.

가장 좋은 방법은 3월의 신학기 학부모 총회 때, 학부모님들께 초등학생의 이러한 특성을 구체적으로 안내하는 것이다. 자녀 앞에서 교사를 평가하거나 판단하는 이야기는 삼가고, 자녀의 이야기만 듣고 판단하지 않으며, 학교생활에 의문이 생기면 담임 교사에게 연락하시길 권유한다. 학교에서 있었던 상황에 대해 안내하고 교사가 어떻게 지도했는지를 설명하면, 거의 모든 학부모들은 상황을 이해하고 담임 교사의 지도 방법에 공감을 표한다. 그리고 자녀를 가정에서 어떻게 지도하면 좋을지 상담을 청하기 마련이다.

친구의 마음을 이해하려 하지 않는 경향은 코로나 19로 인한 원격 수업 시기를 거치면서 좀 더 심화되었다. 공동 생활을 처음 시작하며 친구들과 함께 학교생활 하는 것을 배우는 1~2학년 시기에 코로나 19를 겪은 아이들의 경우, 원격 수업으로 인해 이러한 경험을 할 기회를 거의 갖지 못해서 상대방의 입장을 고려할 줄 모르는 것이다. 문제 상황에서 아이들에게 필요한 것은 처지를 바꾸어 생각하는 '역지사지(易地思之)'의 마음이다. 친구의 입장에서 바꾸어 생각해 보면 친구의 마음에 공감할 수 있고, 서로 공감하는 관계에서는 다툼이 발생하기 어렵기 때문이다.

다음은 1, 2학년 때 코로나 19로 원격 수업을 했던 4학년 학생들의 담임을 하면서 학급에서 시도한 생활 교육 사례이다. 2022년 담임을 맡아 지도했던 4학년 1반 단일 학급 아이들은 3월 첫날부터 하루에도 여러 차례 서로 다투었다. 싸운 아이들을 불러서 상황을 확인하면, 각자 자신의 이야기만 했다. 친구 이야기는 듣지 않고, 친구에게 한 자신의 행동이 왜 잘못인지 생각하지 않았다. 자신의 행동으로 인해 친구가 어떤 기분이 들지는 생각해 보려고도 하지 않았다. 그러다 보니 전혀 아이들끼리 화해가 되지 않았고, 교사의 생활 지도도 아이들에게 받아들여지지 않았다. 교직 생활 동안 지도했던 아이들 중 가장 다툼이 많았던 아이들이다.

아이들을 어떻게 지도하면 좋을지 고민하다 찾은 방법은, 친구의 마음에 공감하는 마음을 갖게 하는 것이었다. 매일 아침 공부 시간에 친구가 어떤 상황에 처했을 때 어떤 마음을 갖게 되는지 생각해 보고, 그 친구에게 한 문장씩 공감의 글쓰기를 하도록 지도했다. 처음에는 친구가 어떤 마음일지 몰라서 교사가 알려 주어야 했던 아이들이, 시간이 지나면서 점차 친구의 마음을 생각하게 되었고, 그런 친구에게 적절한 공감의 말을 건넬 줄 알게 되었다. 상대방의 마음에 공감을 할 수 있게 되자, 자연스레 상대방의 입장에서 생각하게 되었고, 그 결과 다툼이 눈에 띄게 줄어들었다. 예전 같으면 다툼이 일어났을 법한 상황에서도 친구의 말을 들어 주게 되고, 친구의 말을 듣고 친구의 마음에 어떻게 공감해야 하는지 알게 되자 말을 조심해서 하게 되어 다툼이 줄어든 것이다.

교육은 학교에서 교사 혼자만이 할 수 있는 영역이 아니다. 특히 생활 교육은 학교와 가정이 함께할 때 학생에게 가장 좋은 영향을 미칠 수 있다. 아이가 바르게 잘 자라기를 소원하는 학부모와 교사가 아이를 염려하는 마음을 나누며 함께 아이를 변화시킬 수 있는 계기를 만들 수 있고, 아이들을 긍정적인 방향으로 이끌어갈 수 있다. 아이들은 관심을 가지고 정성을 쏟는 만큼 변화하기 때문이다. 올해 맡은 아이들에게 어떤 지도가 필요할까 관심을 기울여 본다면 교사로서 아이들에게 변화의 씨앗을 품게 할 수 있을 것이다.

교사 성장으로 말하다
함께 연구하고 나누며 함께 성장하는 수석교사

교단에 처음 섰을 때는 좌충우돌의 시간을 보냈다. 의욕이 넘쳤고, 아이들에 대한 열정도 넘쳤던 한 해였다. 하지만 점차 시간이 지나며 열심만 가지고는 안 된다는 것을 알게 되었다. 교수 방법에 관한 여러 가지 시행착오를 겪으며 조금은 더 겸손해지기도 했다. '어떻게 하면 좀 더 수업을 잘할 수 있을까? 어떻게 하면 수업 시간에 배울 내용을 잘 이해하게 할 수 있을까?'라는 고민을 시작했다. 그러면서 동학년 협의회에서 차담을 나누며 선배 선생님들이 공유해 주시는 여러 가지 수업 기술과 학급 경영 노하우에 귀를 기울이고 고개를 끄덕이고는 했다.

그런데 선배 선생님들의 수업 노하우를 그대로 내 수업에 적용해도 생각처럼 잘되지 않는 경우가 많았다. 맛있는 요리를 레시피대로 만들었는데도 그 맛이 나지 않을 때, 레시피를 자신의 입맛에 맞게 수정하면 그 맛이 난다. 이와 마찬가지로 선배 교사들의 수업 노하우를 내 수업에 그대로 적용했을 때, 몸에 맞지 않는 옷처럼 어색하거나 생각처럼 효과적이지 않은 경우가 있었다. 즉, 좋은 수업 교수 방법은 내 몸에 맞게 녹여서 나만의 수업 방법으로 수정해서 수업에 활용해야 함을 깨닫게 되었다. 재미있고 효과적인 수업을 하기 위해서 여러 가지 수업 자료를 만들어서 수업 시간에 활용하기도 하고, 여러 가지 교수 방법을 수업 시간에 적용해 보기도 하며 하나하나 나만의 수업 노하우가 쌓이기 시작했다.

교사로서의 경력이 쌓이면서 학교 업무도 점점 어려운 업무를 전담하여, 보직이나 학교 및 학년 업무에서도 중책을 맡고는 했다. 처리할 업무가 아무리 많더라도, 급하게 처리해야 할 공문이 있더라도, 교사로서의 본분을 잊지 않기 위해 항상 '수업'을 최우선으로 두고자 했다. 그 덕분에 교사로서의 정체성이 흔들리지 않을 수 있었다.

초등학교 교사는 매년 지도하는 학년이 달라지고, 여러 교과를 지도해야 한다. 지도하는 학생들의 발달 특성을 우선 고려해야 하며, 지도하는 교과에 대한 전문성 역시 필요하다. 반드시 사전 교재 연구를 통해 지도 계획을 세우고, 차시별로 적절한 활동과 수업 자료를 준비하여 학생들이 재미있게 학습하며 학습 목표에 도달할 수 있도록 노력했다.

예를 들어, 생각하는 힘을 길러 주어야 하는 수학 시간에는 학습 주제에 적절한 수학 교구나 모델을 사용하고, 학생들의 사고를 자극하는 탐구 발문과 학생들의 응답을 통해 개념을 학습할 수 있도록 지도한다. 또한, 익히기 문제를 각자 해결해 본 후 칠판에 나와서 풀게 하고, 자신의 풀이 과정을 친구들에게 설명해 보게 한다. 친구의 풀이 과정과 설명을 듣고 오개념이나 보충할 점을 찾아서 발표해 보게 한다. 또한, 문제 해결 역량을 키워 주고자 친구가 해결한 방법과 다른 해결 방법을 찾아보게 하거나, 문제 만들기 활동을 하도록 지도하고 있다.

교과 전문성을 바탕으로 한 나만의 교수·학습 지도 방법을 활용해서 학생들을 가르칠 때, 즐겁게 수업에 참여하는 학생들의 모습에서 교사로서의 보람과 뿌듯함을 느끼게 된다. 한 해 한 해 아이들을 가르치며 교사로서의 역량도 성장하기 시작했다. 성장하는 교사가 되기 위해서 수업에 대한 고민과 함께 석사, 박사 학위를 받고 연구함으로써 교사로서의 전문성을 신장시키고자 노력했다. 2007 개정 교육과정기부터 현재 2022 개정 교육과정기까지 수학 교과용 도서를 집필하고 있으며, 2022 개정 초등학교 수학과 교육과정 시안 개발 연구와 교육전문대학원 강사, 교사 연수 강사로 활동하며 현장 교사들의 전문성을 높이는 데 이바지하고 있다.

내가 가지고 있는 교과 전문성을 현장의 교사들과 공유하면서 '나누는 기쁨'을 맛본 경험은 2024년, 수석교사에 도전하는 계기가 되었다. 나의 전문성을 현장 동료 선생님들과 나누며, 지금껏 그래왔듯 계속해서 연구하고 공부하며 성장할 것이다. 현장에서 수업으로, 생활 지도로 어려움을 겪는 선생님들이 교사로서의 역량을 키울 수 있도록 지원하며 함께 성장하는 수석교사가 되고자 한다.

07

유쾌한 수석교사 서성아

행동 발달 및 종합 의견

호기심이 많아 새로운 것을 시도하는 일을 두려워하지 않음. 깊이 생각하지 않아 실수가 잦은 편이나, 스스로 문제를 해결하기 위해 끝까지 노력함. 더 나은 방향을 위해 성찰하는 습관이 잘 형성되어 있음. 넘치는 긍정 에너지로 주변 사람을 즐겁게 하고 함께 있으면 행복해지게 만듦. 생각을 문장으로 표현하는 것을 다소 어려워하는 편이나, 보다 성장하기 위해 최선을 다하는 모습이 돋보임.

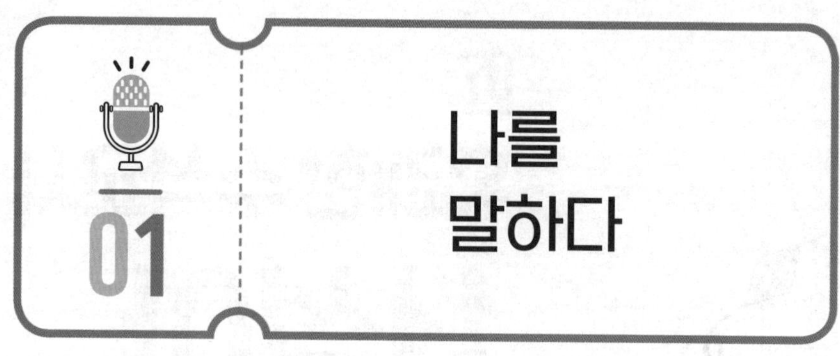

공부하지 않고 시험 공부를 하다

학창 시절 내가 공부하는 이유는 단순했다. '남들이 다 하니까. 안 하면 무능한 인간이 될 것 같아서. 우선 불안하니까.'였다. 단지 평균 이상만 하자는 마음으로, 왜 하는지도 모르고 공부했다. 목적이 없는 생활은 대학을 선택할 때도 마찬가지였다. 나는 수학과 과학을 좋아하고 잘했다. 원리를 파악하고 그것을 확장해 나가는 과정이 재미있었기에 공대에 가고 싶다고 말씀드렸다. 하지만 부모님은 IMF에도 거뜬히 생존한 공무원의 탄탄함을 보시고 교사가 되라고 하셨다. 목적 없이 사는 데 익숙했기에 남은 인생을 시대적 흐름에 편승하여, 그렇게 교사의 길을 선택했다.

막상 교대에 와서 교육학을 접했을 때, 나의 뇌 회로와 전혀 맞지 않는 학문이라는 것을 바로 알 수 있었다. 방대한 양의 인문학적 내용을 읽고 거기에서 중요한 정보를 추출해야 하는 학습 방법은 정말 나와 맞지 않았다. 대학교 1학년 1학기 첫 중간고사를 대비하여 나름대로 최선을 다했지만, 학점은 엉망이었고 부모님은 "만점이 3점이냐?"고 물어보셨다.

'아, 그래. 난 여기서 살아남을 수 없겠구나. 최선을 다해도 안 되는 것은 안 되는 것이다. 타고난 차이는 절대 극복할 수 없다.'라는 생각에 4년 동안 열심히 놀기로 결심했다. 맞다. 난 교사로서 필요한 기본적인 자질과 지식이 전혀 없었다. 아니, 할 마음 자체가 없었다. 내가 교사가 되기 위해 준비한 학문이라고는 임용 시험을 위한 교육 이론이 전부였다. 이것은 교대생으로서 최소한의 자존심이었다고 생각한다. 돌이켜보면, 말 그대로 공부하지 않고 시험공부를 한 셈이다.

운 좋게도 난 이렇게 교사가 되었다. 과정을 살펴보면 자유 의지는 없었다. 남들이 하니까 공부했고, 남들보다 조금 더 잘하는 것을 과제라고 생각하고 공부했다. 당연히 공부의 목적, 방향성은 없었다. 남들이 교사가 안정적이라고 하니까 선택했지, 되고 싶어서 된 게 아니었다. 난 24세까지는 시간의 흐름에 몸을 맡겨 표류하며 살았다. 아무런 준비 없이 교사가 된 것이다.

처음 교실에서 학생들과 마주했을 때, 준비되지 않은 성인의 임기응변은 밑천이 바로 드러났다. 겨우 스물넷의 성인으로 수업에 임했기에 교사로서는 전혀 준비되어 있지 않았다. 우리 교실의 학생들은 내가 말할 때 32명이 동시다발로 말하고, 자기가 하고 싶은 대로 행동했다. 한마디로 강자는 더 강해지고 약자는 한없이 약자가 되는 '원칙이 없는 교실'이었다. 교육 철학이라는 거창한 표현까지 갈 것도 없이, 교육에 대한 아무런 생각이 없었기 때문이었다. 너무 힘들었다. 아니, 너무 부끄러웠다. 교실에서 생존하기 위해 공부가 필요했다. 그래서 교사가 되고 나서야 뒤늦은 교사 공부를 시작했다.

02

수석교사를 말하다

수업 역량으로 말하다

교사 공부 시작

Step 1 적성 탐색

우선 나는 교사로서 보람을 느끼는지, 내가 가야 할 길인지부터 살펴보았다. 내가 교사로 적합한지, 교사로 행복하게 살 수 있을지 고민하기 시작했다. 교사로 살아가면 어떤 좋은 점이 있는지 따져 보았다. 다음은 초등 교사의 장점이라고 내가 내린 결론이다.

1. 모든 행위의 결과는 공공의 이익이다.

이윤을 추구하는 사기업과는 달리, 교사로서 나의 모든 행위는 학생들의 행복과 도움을 위한 것이다. 학생들이 즐거울 수 있는 방법을 찾는 것, 서로가 함께 더불어 살아가는 방법에 대한 고민, 이러한 나의 모든 고민의 결과가 수익을 내거나 어떤 한 집단의 이익을 위한 것이 아니라 학생 모두의 행복을 위한 과정이라는 것이 만족스러웠다.

2. 내가 살아왔던 모든 삶이 수업이 될 수 있다.

대학생 때는 수학만 깊이 공부하고 싶은 열망도 있었다. 하지만 막상 초등학교 교사가 되고 보니, 피아노를 뚱땅거리며 노래 부르는 것도, 엉덩이를 실룩거리며 율동하는 것도, 구연동화를 하며 과장된 표정과 말투로 이야기를 읽어 주는 것도 너무나 재미있었다. 어렸을 때 겪었던 에피소드를 수업 내용과 연결 지어 이야기하는 것도 흥미로웠다. 내가 살아온 시간과 경험을 수업에 녹여 낼 수 있는 것은 어렸을 때 나의 모든 행위를 보상 받는 느낌이었고, 이것은 교사가 최고의 직업이라고 느끼게 해 주었다.

이러한 이유들로 교사를 평생 하기로 마음먹었다. 아무 생각 없이 교사가 된 것 치고 상당한 행운이었다. 이렇게 교사가 되기로 결심한 후, 평생 행복하게 교사 생활을 하기 위해서는 무엇을 해야 할지 고민하기 시작했다. 교사로서 가장 행복한 순간이 언제일까? 개인적으로는 학생들에게서 "선생님, 수업이 너무 재미있어요. 또 해요." 이런 말을 들을 때 행복했다. 그래서 다음 단계로 재미있는 수업, 학생들이 좋아하는 수업을 준비해 보기로 마음먹었다.

Step 2 공개 수업을 통해 재미있는 수업 단련하기

나는 수업을 잘하는 교사가 되는 방법으로 '공개 수업'을 선택했다. 공개 수업은 사실 지금도 두렵다. 모두가 지켜보고 있으니 편안하게 말이 나오지 않는다. 혹시나 학생들이 돌발 행동을 하지나 않을까 가슴이 두근거린다.

하지만 공개 수업 기회가 있으면 미루지 않고 했다. 학생들에게 가장 좋은 수업 자료는 바로 '교사'라고 생각했고, '나'라는 사람이 수업에 적당한 사람인지 계속 확인해 보고 싶었다. 퇴직할 때까지 사용해야 하는 '나'라는 수업 자료를 애초에 잘 닦아 놓아야 끝까지 잘 사용할 수 있을 것이라 생각했다. 내 목소리는 적당한지, 시선은 고루 주는지, 잦은 이동과 산만한 행동으로 학생들의 집중을 방해하지 않는지, 학생들이 나를 어떻게 보는지 궁금했다.

물론 공개 수업이 교육 현장의 현실과는 동떨어져 있다는 부정적인 견해가 있다는 것도 알고 있었다. 그러나 나 자신의 생각을 공개 수업을 통해 구현하면서 얻는 것이 훨씬 더 많았다. 사전 및 사후 협의회를 통해 들은 선생님들의 조언과 아이디어가 나에게 큰 힘이 되었고, 내 수업보다 효과적인 수업 전략이 있다는 것도 확인할 수 있었다. 공개 수업으로 나를 꾸준히 단련하여 평생 사용할 수 있는 나만의 수업 자료와 수업 전략의 기본기를 얻었다고 생각한다.

Step 3 재미있는 수업에서 사고하는 수업으로

난 자타공인 '재미있는 사람'이다. 이러한 나의 성격에 맞게 수업도 재미있게 하는 것이 좋았다. 각종 수업 기술 및 활동들을 적용하며 학생들이 좋아하는 수업, 재미있는 수업을 열심히 했다. 이야기 속 캐릭터에 맞게 다양한 목소리로 글을 읽어 주면, 학생들은 호기심 가득 찬 눈으로 나를 바라보았고, 때로는 학습 내용을 몸으로 표현하면 아이들이 깔깔대며 즐거워했다. 노래도 신 나고 힘차게 부르면 학생들도 덩달아 미친 듯이 노래를 불렀다. 수업을 마칠 때마다 학생들도 즐거웠고 나도 즐거웠다.

이 과정에서 좋은 교사가 되기 위해 수업 아이디어들을 최대한 모으고 이를 효율적으로 활용하려고 부단히 노력했다. 수업 포털에서 다른 선생님들은 어떻게 수업을 구성하는지 참고하여 모방했고, 이를 나만의 방식으로 만들기 위해 노력했다. 이것이 내가 할 수 있는 나의 최선이라고 생각했다. 난 최선을 다하고 정말 좋은 교사라고 확신했다.

그런데 이러한 노력은 표면적으로 '학생들이 좋아하는 선생님'이라는 평가를 듣기 위한 노력이었다. 마음속 깊은 곳에서 내 수업이 본질에 충실하기보다 '소모적'이라는 생각이 들었기 때문이다. 학생들이 즐겁게 참여하여도 학생들이 배우는 내용은 단순히 지식을 '즐겁게 외우는 일'에 국한된다는 점을 알고 있었다. '지식'을 다양하게 습득하는 방법에만 몰두했다. 사실 단순히 수업의 목표가 지식 습득이라면, 혼자서 주요 내용을 반복해서 적는 것이 더 효과적일 수 있다고 생각했다. 그러나 이러한 사실을 일부러 외면했다. 최선을 다해 매일 다양한 활동을 준비하는 교사라고 스스로 만족했고, 이러한 사실을 인정해 버리면 또 다른 노력을 기울여야 했기 때문이었다.

그래서 나는 교육과정에 대한 새로운 접근은 시도할 생각조차 하지 않았다. 흔한 프로젝트 수업도 몇 번 시도해 보면 잘하는 아이들만 열심히 하고, 소극적이거나 관심 없는 아이들은 꿔다 놓은 보릿자루처럼 서 있는 모습도 보기 싫었다. 모둠에서 발표 자료를 함께 만들어 보라고 하면, 공부를 잘하거나 글씨가 예쁜 학생이 모둠 결과물을 만들고 나머지 아이들은 놀고 있는 모습이 보기 싫었다. 이렇게 관심 있는 학생들만 참여하고 나머지 학생들이 수업에서 소외되는 부분이 가장 견디기 힘들었다. 그래서 몇 번 시도하다 말았다. 아니, 오히려 새로운 방법을 찾는 것을 외면했다.

스스로 '좋은 교사'라는 타성에 젖어 아무 노력도 하지 않을 때 코로나가 발생했다. 코로나 팬데믹은 교육 현장을 강제로 바꾸어 놓았다. 자동차 블루투스 기능을 몰라 핸드폰 연결을 하지 못하는 디지털 이주민(digital immigrant)이었던 나에게 코로나로 인한 강제 원격 수업은 중대한 전환점이 되었다. 교실에 학생이 없고 온라인을 통해 학생을 만나면서 자연스럽게 에듀테크의 존재를 알게 된 것이다.

온라인 수업은 대면 수업과는 다르게 신나는 수업, 과장된 행동과 다양한 목소리가 효과가 없기 때문에 다른 방법으로 학생들의 흥미를 끌어야 했다. 그리고 그 방법을 찾는 과정에서 '에듀테크'라는 신세계를 만나게 된 것이다.

사실 큰 기대를 하지 않았지만, 에듀테크는 알면 알수록 방법과 편리성, 효과성이 기존의 방식과는 '넘사벽'이었다. 무엇보다도 에듀테크를 활용한 온라인 수업은 학생들끼리 협업과 성장을 이끌어 낼 수 있었다. 교사의 원맨쇼보다는 학생들이 함께 생각하고 의견을 나누며 성장할 가능성에 나는 무릎을 '탁' 쳤다. 드디어 무임승차가 없는 프로젝트 수업이 가능하겠다고 생각했다.

우선 영어를 전담하면서 디지털을 활용한 프로젝트 수업을 진행해 보았다. 영어 교과에 디지털을 활용한 부분을 소개하거나, 설명할 구체적인 대상을 디지털로 제작하는 것이었다. 예를 들어, 디지털 세상에서 자신의 방을 꾸미고 방에 있는 물건과 위치, 방향에 대해 설명하기, 관심 있는 나라를 조사하고 메뉴판을 만들어 온라인 여행 일정을 제작하는 것 등이었다. 나는 학생들의 자료 제작에 초점을 맞추었지만, 학생들은 오히려 자신이 만든 작품을 친구들에게 보여 주고 '표현, 설명'하는 과정을 더 좋아했다.

이 과정을 통해 진정한 프로젝트의 맛을 느낄 수 있었다. 학생들은 배운 지식을 활용해 자신의 생각을 표현하는 활동에서 성취감을 느끼고 학습의 진정한 의미를 느꼈다. 이어 다양한 과목에서 에듀테크를 활용하고 싶어서 담임교사를 선택했다. 교사 중심 교육과정을 시도해 보았고, 그 가능성이 무궁무진하여 이러한 시도는 아직도 '현재 진행형'이다.

어릴 적 공부할 때마다 '이거 배워서 어디 쓰나? 왜 배우지?'라는 질문을 항상 했고, 대답은 '그냥 해야 하니까.'였다. 30년이 지난 지금도 학생들은 "선생님, 이거 왜 배워요?"라고 질문을 한다. 어른들은 매번 '언젠가 쓸모가 있으니까.'라고 답한다. 하지만 학교 교육에서는 그 '쓸모'를 직접 겪고 실생활에서 어떻게 활용할 수 있는지를 알려 주어야 한다. 우리나라 교육과정은 열심히 배우고 있으나 모두 쓸모를 모르는 지식에만 포커스를 맞추고 있다. 이것을

어떻게 활용하는지, 현실에서는 어떻게 구현할 수 있는지 교육과정에 녹여내야 한다고 생각한다.

교사 성장으로 말하다
성장형 인간

2022 개정 교육과정, 교사 수준 교육과정, 교육과정 문해력, 개념 기반 교육과정, 역량 중심 교육과정, 학생 중심 교육과정, 교수 평가 일체화 등, 다양한 이름으로 미래의 변화에 대응하는 역량 강화를 현장의 교사들에게 지속적으로 강조해 왔다. 그런데 이 외침들은 현장에서 적용하기 어려운 공허한 메아리처럼 들린다. 담임 교사로서 이러한 교육 정책들을 들으면 "네가 와서 한 번 해 봐라, 그게 말처럼 쉽나!"라는 말이 절로 나온다. 교육과정 총론에서 말하는 것들은 현실에서는 결코 볼 수 없는 유니콘 같은 존재이다. 현장의 교사들은 과도한 업무에 시달리고 있다. 수업 전날 교과서를 살펴볼 기회가 있는 것만도 다행이라고 생각한다. 이와 같은 상황에서 교사교육과정을 운영하거나 나만의 교과서를 만들어서 수업하는 것은 요원한 과제이다. 바로 이 지점에서 수석교사의 역할이 중요하다.

내가 생각하는 수석교사의 역할은 국가 수준 교육과정과 교실 현장을 연결시켜 주는 것이다. 교육부에서 요구하는 이상적인 모습을 현장에서 어떻게 적용해야 하는지, 교육과정을 곱씹어서 교사교육과정으로 만들어 가는 샘플을 제작해 주어야 한다. 역량 중심 교육과정이 중요하다고 생각하는 선생님들에게 기본적인 가이드를 제시해 주어야 한다. 언뜻 보면 쉬워 보이지만, 제대로 해내려면 더 많은 시간과 노력을 쏟아부어야 하는 그 과정을 먼저 해 보이는 것이 수석교사의 임무라고 생각한다.

그 누구도 분명하게 그릴 수 없는 교사교육과정을 현실적으로 구현하는 일을 나는 실현해 나갈 것이다. 그리고 그 수업 과정이 정말 가치 있고 실현 가능하다는 것을 입증해 보인다면, 동료 교사들도 함께할 힘이 생길 것이라 믿는다.

나는 교직에 들어와서 역량 있는 수석교사를 보며 수석교사를 꿈꿨다. 막연한 동경 때문인지 모르겠지만, 수석교사 분이 해 주시는 조언은 나에게 모두 옳은 이야기이며 자극제가 되었다. 아마 당시 수석교사가 교육과정에 대한 확신이 있어서 그렇게 보였는지 모르겠다.

사실 그 수석교사들에 비하면 지금 나의 모습은 많이 부족하고 부끄러운 수준이다. 그래서 2024년 첫 수석교사에 대한 마음에는 기대감도 있지만 두려움도 공존한다. 학급 운영이 어려워서 어쩌지 못하던 초임 교사 시절의 모습처럼, 2024년 첫 수석교사의 나날이 우왕좌왕, 좌충우돌의 한 해가 될 수도 있을 것이다. 그렇지만 지금껏 그래왔듯 현실에 안주하지 않고 점진적으로 성장하는 수석교사가 될 것이다. 현장에서 수업에 어려움을 겪는 선생님들이 찾아왔을 때, 함께 고민하고 도와줄 수 있는 동반자이자 멘토로서의 역량을 길러 이상과 현실의 괴리를 조금이라도 좁히는 데 이바지할 것이다.

08

좋은 사람이 되고 싶은 수석교사 성미경

행동 발달 및 종합 의견

사람들과 어울리는 것을 좋아하여 활기차고 에너지가 넘치는 듯 보이지만, 상호작용이 많아질수록 에너지가 소진되어 결국 혼자만의 시간을 갈망하는 내성적 성향임. 독특함과 예측 불가능한 추진력이 있음. 내면에서 끊임없이 자기 검열을 하는 편임. 주어진 일에 대한 책임감이 강함. 꼼꼼해 보이지만, 종종 실수도 하는 인간다운 면모가 있음. 호기심이 많으나, 호기심이 깊이 있는 이해로 발전하기 전에 새로운 관심사로 옮겨가는 경우가 많음.

01 나를 말하다

가스라이팅을 통해 교사가 되다

추운 겨울날, 충청북도 청주 근처의 한 시골에서 태어난 나는 따뜻한 가슴과 차가운 머리로 학교와 동네를 평정했다. 그러나 고등학교에 진학하자, 마치 빙판 위에서 춤을 추려는 펭귄처럼 학업과의 전쟁에서 발을 못 붙였다. 고3 때는 '노는 것도 전략'이라며 공부 대신 놀기에 올인했기에 수능은 낭패를 보았다. 이것이 나의 첫 시련이었다. 그러나 드라마의 반전처럼 이듬해 수능에서 교대의 문턱을 넘었다.

시골 출신 엄마는 '여자는 교사가 최고의 직업'이라고 어릴 때부터 말씀하셨다. 주어진 것에 최선을 다하는 모범생으로 엄마의 말이 곧 법이라는 불확실한 신념 체계를 지닌 채 가스라이팅(?!)을 당하고 있었기에, 최고의 직업인 교사가 되어야겠다고 생각했다. 교대가 어떤 곳인지 모르고 입학한 나는 친구들보다 1년 늦게 진학한 것을 지나치게 의식해 친구들이 없는 '심화 과정'을 선택했다. 적성에 맞지 않는 심화 수업은 '재시험'이라는 시련을 주었다. 이것이 내가 겪은 두 번째 어려움이었다. 사람의 일이란 애써도 안 되는 일이 있으며, 저마다 타고난 재능 영역이 있음을 어렴풋이 알게 되었다.

나의 초임 발령은 신규 16명과 함께였다. 신규가 많아 도움 청할 곳이 없었지만, 다행히 우리의 교실 문턱을 넘은 옆반 선생님께서 해 주신 말씀은 이랬다.

"우리는 선생님이야. 선생님은 TV, 책, 경험, 이야기 등을 그냥 흘려보내면 안 돼. 우리가 보고 들은 모든 것들은 모두 수업 소재이며, 크나큰 자산이 될 거야. 많은 것을 보고 배워."

이 말은 나를 감화시켜 교사라는 사명감을 갖게 했고, 이후 스스로를 가스라이팅하는 말이 되기도 했다.

'내가 못하는 것들을 배워 보자'는 생각에 대학 졸업과 동시에 대학원에 진학했다. 하지만 유능한 선생님인 대학원 동기들 사이에서, 나의 자존감은 마치 '지하실을 파고 있는 두더지'처럼 느껴졌다. 그럼에도 불구하고 굳세게 버텨 5년 만에 석사 학위를 손에 넣었다. 대학원 공부는 훗날 '스마트 기기를 활용한 수업'이라는 새로운 영역을 개척할 수 있는 발판이 되었다.

다양한 호기심을 가진 나는 풍선 아트, 종이접기, 퍼실레이터 교육, 애니어그램, 놀이, 토론 연구회, 과학 전람회, 학급 경영 연구 대회, ICT 활용 연구 대회, 배움의 공동체, 회복적 생활 교육, 그림책 동호회 등 다양한 영역에 참여했다. 이러한 배움과 나눔의 노력이 이제는 다양한 교실과 선생님들에게 나비 효과가 되길 희망한다. 더불어 멋진 스타 선생님이 아니라, 나를 만나는 누군가에게 따뜻한 지지와 격려를 아끼지 않는 좋은 사람이 되고 싶다.

02 수석교사를 말하다

수업 역량으로 말하다
독서 토의·토론 수업으로 삶과 앎을 잇는 다리를 놓다

어린 시절, 산과 들을 뛰어다니며 놀기 좋아했던 나는 책과는 거리가 멀었다. 중학교 시절까지 책은 나에게 교과서 이상의 의미를 가지지 못했다. 하지만 독서의 중요성을 알려 준 친구의 권유로 독서의 세계로 첫발을 내딛게 되었고, 교사가 되며 자연스럽게 책을 더 많이 접할 수 있었다. 이후 책은 점점 나의 친구, 코치, 해결사로 자리 잡아 갔다.

2015년, 책을 사랑하는 한 선생님과의 만남은 수업과 책에 대한 깊은 이야기를 나누는 계기가 되었다. 이후 여러 동료들과 책 모임, 비경쟁 독서 토론, 초등 토론 모임 등을 조직해 왔다. 이 모임들은 모두에게 성장의 기회를 제공하는 중요한 계기가 되었다.

독서는 자신의 내면과 외부 세계 사이의 대화를 가능하게 하는 마법과도 같은 과정이다. 혼자서 책을 읽을 때는 자신만의 세계를 깊이 있게 성찰할 수 있다. 함께 읽는 독서는 단순히 글자를 따라가는 것을 넘어서서 학생들이 생각을 넓히고, 자신과 세상을 연결하게 해 주는 귀한 과정이 된다. 그리고 독서를 매개로 한 토의·토론 수업은 학생들과 함께 책의 깊이와 의미를 탐구하며 삶과 앎 사이에 따뜻한 다리를 놓아 준다.

저학년을 가르치던 3년 동안 저학년 학생들에게도 토의·토론 수업이 가능할지 의문이 들었다. 하지만 수준을 낮추고 교사가 학생의 수행 능력에 대한 기대치를 조절하면 가능하다는 것을 알게 되었다. 그림책은 저학년 학생들이 접근하기에 적합한 자료로, 그림과 텍스트를 통해 질문을 유도한다. 저학년 토의·토론 수업은 찬반 토론으로 바로 접근하기보다는, '친구의 이야기를 잘 듣고 자신의 의견을 자신감 있게 말할 수 있다'는 목표를 설정하는 것이 더 효과적이다.

게임과 놀이 형식의 수업 방법을 통해 토론의 즐거움을 맛보게 하고, '왜냐하면'이라는 단어를 사용하여 자신의 의견에 근거를 제시하는 연습을 함으로써 다양한 토의·토론 수업으로 이끌 수 있다. 정확한 근거뿐만 아니라 자신의 경험을 근거로 사용하면서 토론의 문턱을 낮추면 쉽고 친근한 수업이 될 수 있다.

질문 만들기, 브레인 스토밍, 버즈, 브레인 라이팅, 피라미드, 회전목마 토론, 포토 스탠딩 토론, 모서리 토론, PMI, 만장일치 등 다양한 토의·토론 수업 방법을 통해 학생들의 비판적 사고력과 의사소통 능력을 키울 수 있다. 이와

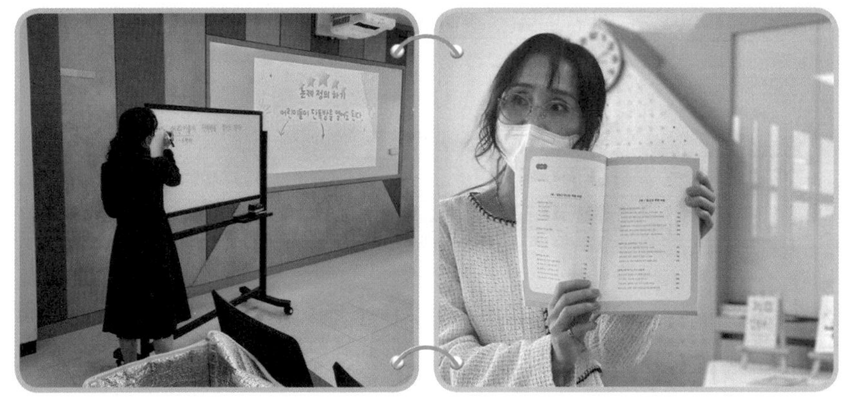

같은 수업 방식은 학생들이 책에 제시된 정보와 의견을 단순히 수용하는 것을 넘어 자신의 삶과 연결 지어 생각하게 하고, 자신의 가치와 신념을 다시금 성찰하게 한다. 다른 학생들과의 토론은 각자의 경험과 관점을 공유하는 과정에서 상호 이해와 존중의 문화를 만들어 간다.

올해 4학년 우리 반 학생들이 가장 자주 했던 말은 바로 이것이다.

"선생님, 토론 한판 해요. 이거 토론 각이에요. 짜릿하고 스릴 넘치겠는데요? 언제 해요?"

독서를 통한 토의·토론 교육은 단순히 지식을 전달하는 것을 넘어서 학생들이 삶의 다양한 상황에서 의미 있는 결정을 내릴 수 있는 능력을 키우는 과정이다. 이는 학생들이 자신의 생각과 감정을 표현하고, 다른 사람들의 관점을 이해하며, 복잡한 문제에 대해 깊이 있게 사고할 수 있게 만든다. 한마디로 자신의 의견을 수정하고 경청하는 태도를 내면화하는 계기를 제공하는 것이다. 이러한 과정은 학생들이 타인을 존중하고 더 넓은 세계를 이해함으로써 훗날 이들이 민주 시민으로 성장하는 데 중요한 발판이 된다.

생활 교육으로 말하다
나만의 학급 운영 프로그램을 만들어라

학급 운영에서 수업과 생활 교육은 마차의 두 바퀴와도 같다. 어느 한쪽이 무너지면 마차가 움직일 수 없듯이 둘 다 함께 가야 한다. 생활 교육은 수업과 별개의 것이 아니라 함께 교육함으로써 수업의 시너지가 더 발전할 수 있다. 초임 때는 생활 교육의 중요성을 크게 느끼지 않았지만, 경력이 쌓일수록 생활 교육 지도에 관한 고민의 무게도 무거워졌다. 그러면서 수년간의 학급 운영을 통해 생활 교육의 방식이 루틴화되었다. 고정된 루틴이 아닌 우리 반 학생들과 함께 만들어 가는 생활 교육은 다음과 같다.

첫째, 아침 글쓰기이다.

아침에 등교하면 친구들과 선생님과 인사를 나눈 후, 노트에 자신이 아침에 보고 듣고 느낀 점을 쓴다. 등굣길에 관찰한 것, 어젯밤에 일어난 일들이나 경험, 오늘의 기분 등을 자유롭게 쓴다. 쓰고 난 후 오늘 자신을 점검하는 체크 리스트를 만들어 교사에게 제출한다. 각자의 글쓰기를 보며 간단한 피드백을 해 준다. 혹시나 학생들에게 일어난 일들 중에서 좀 더 알고 싶은 내용이 있으면, 아침 시간에 조용히 따로 불러 학생과 이야기한다. 아침 글쓰기를 안내할 때 주의할 점은 "정성스럽게 써라. 몇 줄 이상 써라. 내용을 자세히 써라." 등의 이야기를 하지 않는 것이다. 학생들의 감정 상태 정도만 파악할 수 있으면 된다. 1년 내내 '기분이 좋지 않다'고 쓴 아이가 있었는데, 이때 조심스럽게 "이유를 알려 줄 수 있냐?"고 물어보면 학생들의 상태를 어느 정도 파악할 수 있다.

아침 글쓰기용 공책에 제목을 짓고 쓰기를 할 수도 있지만, 나는 학습한 내용의 필기와 아침 글쓰기의 공책을 분권하지 하지 않고 한 권의 공책에 두 줄은 '오늘 나의 생활 태도'를 점검하는 칸을 만든다. 그다음에 아침 글쓰기를 적고, 코넬식 노트 필기법(미국 아이비리그의 코넬 대학교에서 개발한 필기법. 노트를 상단, 좌측, 우측, 하단으로 나누어 각각 제목, 키워드, 수업 내용, 요약 공간으로 활용함.)

으로 배운 내용을 적는다. 마지막에는 학교에서 안내하는 알림 내용을 작성하는 형식으로 우리 반만의 공책을 만들어 이용했다. 매년 새로운 학급 담임이 되었을 때 공책의 이름을 응모하는데, '배움 노트, 보물섬, 땀방울, 노력의 열매' 등이 학생들의 토의를 통해 정해졌다.

둘째, 매주 하는 학급 회의의 변형인 '좋아바' 활동이다.

학생들과 생활하다 보면 그들을 이해하고 그들의 이야기를 들을 수 있는 자리를 의식적으로 만들어야 한다. '좋아바'는 딱딱한 회의 형식에 벗어나 학생들이 자유롭게 이야기하고, 학급의 문제를 발견하고 개선점을 찾는 회의와 토론을 할 수 있는 활동이다. 일주일 동안 있었던 일들 중 '좋았던 일, 아쉬운 일, 바라는 일'의 머리글자를 따서 이름을 지었다.

내가 좋아바에서 중점을 두는 것은 모두가 발언할 수 있도록 발언권을 주는 것이다. 패스권을 사용하여 발언을 하지 않는 학생도 있지만, 되도록 모두에게 일주일 성찰을 말로 하는 계기를 만들어 주는 것이다. 이 활동은 학교에서 일어난 모든 일을 언급하여 학급 및 학생 개개인을 상황을 알 수 있는 계기가 된다. 학생 중 마음에 상처가 남아 있는 경우에는, 서클 활동을 통해 다친 학생들의 마음을 살펴보고 지지하고 격려해 주는 활동을 연계한다.

셋째, 학급의 철학 세우기이다.

1년 동안 학생들이 소중하게 여겨야 할 가치들을 살펴보고 회의를 통해 정한 후, 해당 가치들의 글자를 예쁘게 색칠하여 교실 한 켠에 붙여 두고 내면화하는 환경을 만들어야 한다. 2023년에는 '존중과 협력을 통해 행복한 교실'이라고 정했다. 존중과 협력의 중요성을 알고 가치들을 내면화할 수 있는 사회적 기술들을 신학기에 가르치며 1년 내내 강조해야 한다. 철학을 돈독히 하기 위해서는 적어도 한 달씩 놀이 형식으로 즐거움 속에서 가치들의 배움이 일어나게 해야 한다.

생활 교육은 마법사의 주문이 아니다. 생활 교육은 교사의 말이 곧 법이 되는 것이 아니라, 학생들이 정한 규칙과 규율 속에서 스스로 실천해 나가고 이끌어 나가는 것이 중요하다. 교사는 학생들에게 모델링이 되고, 학생들과 신뢰를 쌓고 권리와 의무의 범위를 잘 알려 주고, 옆에서 묵묵히 지켜 주는 어른이 되어야 한다. 언제인가부터 교사가 검사 역할을 하는 것 같아 못내 씁쓸했다. 어려운 상황 속에서도 학생들 곁에 묵묵히 서 있는 든든한 지원군, 문제의 해결을 이끌어 내는 코칭자가 교사의 역할이라 생각한다.

교사 성장으로 말하다

삼인행 필유아사(三人行 必有我師)

'나를 키운 건 팔 할이 바람이다.'라는 서정주 시의 어구처럼, 나를 성장하게 한 것은 팔 할이 동료와 학생들이다. 교사의 성장 과정은 단순한 앎의 축적이 아니라 인간으로서의 깊이와 너비를 확장하는 과정이다. 철없는 나의 교직 여정에서 동료 교사, 학생들, 다양한 배움의 순간들은 나를 더 나은 사람으로 성장시키는 중요한 역할을 해 주었다.

1. 동료를 통해 성장하기

'삼인행 필유아사(三人行必有我師)'라는 『논어』의 구절처럼 세 사람이 길을 가면 반드시 스승으로 받들 만한 사람이 있다. 늘 주위를 둘러보면 나이, 성별을 불문하고 나의 스승이 있었다. 신규 시절에 "교사란 이런 사람이야."라고 말해 준 선생님, 같은 신규였지만 나를 잘 챙겨 주고 언제나 내 편이 되어 준 선생님, 다양한 학급 경영의 방법을 실천하신 선생님, 수업 시작과 동시에 나도 모르게 학생이 되어 버리는 '최고의 수업'을 하시는 선생님, 학생을 위한 수학 교구를 손수 제작하시는 선생님 등등.

그중에서 책을 좋아하는 선생님은 나에게 가장 좋은 스승이었다. 그림책을 좋아해 늘 그림책을 소개해 주고 읽어 주실 뿐만 아니라, 수업 관련 책이나 인문학 책을 소개해 주고, SNS에서 얻은 정보를 공유해 주며 먼 곳의 연수도 함께 동행하는 나의 든든한 동지이다. 그 선생님을 만나지 않았더라면 토론에 대해서는 문외한이 되었을 것이다. 자신의 치부까지 드러내며 수업 경험을 공유함으로써 새로운 관점을 제시해 주는 분이다.

2. 학생들을 통해 성장하기

계획적인 학급 운영을 하던 초임 시절 한 학생이 용기 내어 말했다.

선생님은 한 번의 실수도 눈감아 준 적이 없으세요. 선생님은 사람은 실수로부터 배움이 일어난다고 하셨는데 실수를 인정하지 않아요.

참으로 뼈아픈 가르침이었다. 그 후 생명이나 안전과 직접적인 관련이 없는 실수는 관용을 베풀어 주고, 실수를 성찰하는 질문을 하기 시작했다.

그리고 집중력이 낮아 학습과 학교생활에 어려움이 있었던 학생이 학년 말 편지에 "선생님, 다른 분들과 다르게 끝까지 저를 이끌어 주셔서 감사합니다."라고 쓴 적이 있었다. 이때 어려움에 처한 학생들을 포기하지 않고 지켜봐 주고 지지하는 어른이 필요하다는 가르침을 얻었다. 장애를 가진 친구는 편견과 차별에 갇힌 나를 깨우쳐 주고, 사회적 약자와 함께 살아가는 생활에 대해 차근차근 알려 주어 세상을 보는 시각을 넓혀 준 나의 선생님이었다. 올해는 나보다 더 우리 반 친구들을 보살펴 주고 긍정적으로 이끌어 주는 보석 같은 학생들을 만나 함께 행복한 성장을 했다. 24년의 교직생활을 돌아보면, 어렵고 힘든 학생들과 함께했던 시절이 나의 성장에 밑바탕이 되었다.

3. 배움을 통해 성장하기

교사의 성장은 끊임없는 배움에서 비롯된다. 교사로서 전문적 발전을 위해 다양한 워크숍, 세미나, 각종 연수, 교육 프로그램에 참여하여 새로운 교육 이론과 방법을 습득했다. 그리고 이들을 실제 수업에 적용하여 나름의 성공과 실패를 경험해 보았다. 다양한 것에 관심을 두고 배움의 기회를 맛볼 때

'이것까지 배워야 하나?'라는 생각이 들기도 했다. 하지만 배움의 기회는 하나의 점이 되고, 점과 점이 연결되어 나를 성장시킨다.

"지식에는 최고점도, 최하점도 없다."라는 중국 속담처럼 배움의 길에는 끝이 없다. 항상 더 배울 것이 있으며 지식의 깊이나 범위에는 한계가 없다. 이번 연수도 새로운 사람을 만나서 배움의 길이 있음을 알고 배움 속으로 가는 길을 생각하니 기쁨이 넘친다. 나의 배움은 이제 수업 코칭, 2022 개정 교육과정, PDC, 구글 공인 트레이너, AI 활용 수업, 에듀테크를 활용한 다양한 수업, IB 교육과정, 교사교육과정, 질문 수업, 행복 교육, 글쓰기 등, 수없이 많다.

교사의 성장은 결코 한계가 없으며, 우리가 가르치는 학생들과 마찬가지로 나 역시 끊임없이 배우고 발전하는 존재이다. 성장은 그 과정이 때로는 힘들고 어렵지만, 그만큼 보람차고 가치 있는 것이다.

09

행즐교의 수석교사 신권익

행동 발달 및 종합 의견

사람들과 함께 무언가를 이루는 것을 좋아하고, 행복을 위해 늘 나아가는 꿈을 꾸는 사람임. 해야 할 역할을 알고, 최선을 다해 맡은 일을 끝까지 해내며, 만족과 기쁨을 잘 표현함. 담임을 맡은 학급마다 아이들의 웃음소리가 끊이지 않으며, 아이들의 마음을 잘 이해하고 그들의 이야기를 마음으로 듣는 교사임. 연극 배우로서 무대 위에서 재능을 발휘하며, 교사로서도 상상력과 창의성으로 교실이라는 무대에서 마음껏 꿈을 펼치고 있음.

나는 '행즐교'의 교사다

1976년 1월, 강원도 정선에서 태어났다. 어린 시절 고향을 떠나 자주 이사를 한 덕분에 고향에 관한 기억은 유난히 많이 내리는 하얀 눈과, 거기에 대비되는 검은색 석탄으로 된 언덕 정도이다. 고등학교에 입학하며 본격적으로 진로와 대학을 고민하기 시작했다. 세상에서 말하는 성공의 가치를 위해 치열하게 앞으로 나아갈 것인가, 나에게 의미 있는 목표를 찾아 조금은 힘든 길이어도 포기하지 않고 나아갈 것인가를 고민하던 중에 '디딤돌이 되자!'라는 목표를 정했다.

개울을 건널 때 사람들이 물에 빠지지 않도록 놓아두던 그 디딤돌. 사람들이 밟고 건널 때마다 조금씩 개울 바닥에 박히고, 다시 그 위에 새로운 디딤돌이 놓여 처음의 그것은 수면 아래에 있어 보이지 않는 디딤돌. 시간이 흘러 처음의 디딤돌을 사람들이 기억하지 못해도, 그 돌들이 있기에 사람들은 무사히 개울을 건널 수 있지 않은가.

나에게 교사는 아이들의 디딤돌이다. 아이들을 성장하게 하고, 한계가 아닌 가능성을 바라보게 하며, 지금보다 미래에 더 빛날 수 있도록 돕는 교사. 아이들이 자신의 희망과 가능성을 보며 디딤돌인 나를 딛고 도약할 수 있도록 돕고자 서울교육대학교에 입학했다. 다양한 스펙트럼을 가지고 있는 더 많은 아이들의 디딤돌이 되기 위해, 대학을 졸업하고도 동 대학원에서 초등 컴퓨터 교육, 교육 연극, 초등 국어 교육까지 공부와 연구를 계속하고 있다.

나는 매일 교실에 들어가면 모든 아이와 웃으며 특별한 인사를 나눈다.

"○○야. 행복한 하루!"

"선생님도 행복한 하루!"

아이들과 나는 우리 반을 '행즐교'라고 부른다. '행복하고 즐거운 교실'의 줄임말이다. 평소에 잘 웃지 않지만, 나는 아이들을 볼 때마다 늘 환한 미소로 웃는다. 내 미소와 그 속에 담긴 즐거움을 보는 아이들은 더 큰 에너지를 담아 밝은 미소로 나를 맞이한다. 매일 만나는 얼굴이지만, 반가움에 커지는 내 우렁찬 목소리에 아이들은 더 큰 기쁨을 담아 돌려준다. 작은 교실에서 아이들과 함께 가꾸는 행복의 씨앗은 서로의 행복을 바라는 마음을 양분 삼아 자라난다. 내가 뿌린 작은 행복의 씨앗이 아이들을 통해 싹이 나고 자라는 모습을 보면, 초등 교사가 되기로 마음먹었던 처음의 선택이 얼마나 값진 것인가를 다시 깨닫는다.

02

수석교사를 말하다

수업 역량으로 말하다
교육 연극으로 가르치다

대학 재학 중이던 2000년, 국어교육과 황정현 교수님의 '연극의 이해'를 수강하면서 많은 연극을 관람했고, 올바른 연극 관람법을 배우게 되었으며, 다양한 연극 관련 이론을 접했다. 현실에서는 말을 수 없는 다양한 인물과 성격, 그리고 사건들을 '무대' 위에서 표현하는 연극은 새로운 세계였다. '연극의 이해' 학기 말에 닐 사이먼의 『굿 닥터』 연출을 맡으며 배우와 연출, 관객, 그리고 이 모든 것이 어울려 이루어 내는 협력과 조화의 힘에 관해서도 직접 느낄 수 있었다.

2003년에는 예술의전당에서 주관하는 『생활 연극 - 연극적 자기표현』에 참여했다. 발성, 감정 표현, 리딩, 마임 등 다양한 배우 훈련과 분장, 의상, 조명 등을 배우고, 테네시 윌리엄스의 『유리 동물원』을 공연하는 경험도 했다. 예비 교사로서 학교 현장에 연극을 어떻게 도입할 수 있을 것이며, 학생들에게 어떤 도움을 줄 수 있을까를 계속 고민했던 소중한 시간이었다.

교사는 '연극 배우'가 되어야 한다고 생각한다. 교실이라는 무대에서 때로는 감동을 주기도 하고, 때로는 엄격한 아버지, 때로는 자상한 형이나 누나 등이 되어 다양한 역할을 할 수 있어야 아이들 속으로 들어가 그들과 함께할 수 있다고 믿기 때문이다.

이후 초등학교에 임용되어 학생들에게 연극을 어떻게 소개할 수 있을까를 고민하던 중에 아이들과 함께하는 '교육 연극'에 대해 알게 되었고, 표현의 욕구가 있는 학생들에게 적합한 통로로서 '연극'이 활용될 수 있음을 발견했다. 교실에서 표현력이 없는 아이들에게 연극이라는 장(場)을 통해, 그들의 마음을 드러내고 서로의 생각을 나누는 기쁨을 발견하게 되는 기회를 제공할 수 있는 것은 교사로서 큰 기쁨이었다. 교실에서 우리 반 아이들과 다양한 교과목과 주제를 가지고, 교육 연극을 이용하여 수업을 진행했다. 2006년부터는 방과후 학교에 '연극 놀이'를 개설했고, 2007년에는 교육부 방과후 학교 연구학교인 서울 천동 초등학교에서 의뢰 받아 '교육 연극(연극놀이)' 방과후 학교를 1년간 운영하기도 했다.

2011년 학교를 옮기면서 교생 실습 지도 교사를 담당하게 되었다. 교생들에게 교육 연극을 활용한 다양한 교과 수업을 시범 수업으로 보여 주었고, 지도 강화에서도 교육 연극을 소개하고 방법론을 전하며 함께 의미를 나누었다. 교육 연극은 특정 교과에 국한되는 것이 아니라, 여러 교과에서 연극을 활용하여 학생들이 즐겁게 수업에 참여하고 학습 목표를 달성할 수 있게 해준다. 기존에 역할극이라는 이름으로 교사가 한걸음 떨어져 수업을 관찰하는 그런 수업이 아니라, 학생들 사이에서 더욱 적극적으로 표현하고, 같이 의논하며, 함께 이야기를 만들어 가는 교육 연극 전문가가 되어 아이들을 가르치고 있다.

교육 연극으로 가르치며 나는 아이들이 "오늘 재미있게 연극했어요!"라고 기쁘게 말할 때 가장 뿌듯함을 느낀다. 교과별, 주제별로 학습 목표를 달성하기

위해 연극을 활용한 수업이었지만, 아이들은 그 시간을 따분한 학습이 아니라 즐거운 연극, 놀이로 받아들였다는 사실 때문이다. 물론, 모든 수업에 연극을 활용할 수는 없다. 그러나 학생들의 상상력을 자극하고, 교실이라는 제한된 공간을 상상의 공간으로 바꿈으로써 학생들이 즐겁게 수업에 참여할 수 있게 해준다는 것만으로 교육 연극의 의의는 충분하다.

나는 아이들이 답답한 교실에서 정해진 수업 진도를 따라가며, 단순히 학습자로서 지식을 수용하는 것에 머물러 있게 하고 싶지 않다. 아이들은 교육 연극이라는 활동으로 교실이 우주나 바다로 변할 수 있는 것을 체험하고, 그 속에서 다양한 역할로 변신할 수 있다. 그리고 이러한 상상의 힘은 놀이라는 제한된 가치만을 띠지는 않는다. 단순히 특정 교과에 국한되는 교육 연극이 아니라, 보다 보편적이며 다양하게 통합되고 융합될 수 있는 교육 연극이 될 수 있도록 시도하고 있다.

요즘에는 그동안 교실에서 혼자 시도하던 다양한 수업을 더욱 많은 교사들과 공유하며 올바른 교육 연극의 의미를 나누고 있다. 교육 연극의 즐거움을 경험한, 경험하고 싶은, 또는 그것이 궁금한 선생님들과 함께 앞으로도 계속 꿈꾸고 상상하는 교사가 될 것이다. 학생들을 위한 디딤돌뿐만 아니라, 교사들을 위한 디딤돌이 되는 것도 중요하기 때문이다.

생활 교육으로 말하다

행복하고 즐거운 교실이 되자

다른 친구들이나 학급 전체와 맞추는 대신, 각자의 개성을 솔직하게 표현하는 것을 익숙하고 편하게 느끼고 있다. 성격이나 가정 환경, 그리고 학업 성취에 차이가 있는 학생들이 한 교실에 함께 있으면 언제나 문제가 생길 수 있다. 그대로 놔둬서는 안 되고, 바람직한 결과를 얻으려면 구체적인 방법과 전략, 노력이 필요하다. 다양한 특성을 가진 학생들과 함께 행복하고 즐거운 교실을 만들기 위해서는 어떻게 해야 할까?

'행복하고 즐거운 교실'이 단순히 아이들이 원하는 것을 교실에서 그대로 들어준다거나, 무한한 자유를 허락한다는 의미는 아니다. 학교에 입학하게 되면 자신의 욕구와 다른 사람의 욕구가 다를 수 있음을 알고, 각자가 그 욕구를 조정하는 것을 배워야 한다. 각자가 자신의 말과 행동에 대해 책임감을 느끼고, 문제가 생겼을 때 그 해결책을 교사나 학부모가 일방적으로 제시하는 것이 아니라, 스스로 깨달을 수 있는 과정을 함께 찾는 것을 배워야 한다. 자기 행복이 중요한 만큼 다른 친구들의 행복, 그리고 우리 모두의 행복이 중요하다는 것을 인정하고, 교사와 아이들이 함께 서로의 행복을 위해 노력해야 한다.

행복하고 즐거운 교실이 되기 위한 몇 가지 방법을 살펴보면 다음과 같다.

첫째, 말과 행동의 결과를 생각하며 시작하는 것이다.

초등학교 시절에는 자신에게 일어나는 변화를 솔직하게 받아들이고, 다른 친구들과 함께하는 소중함을 느끼는 인성이 중요하다. 자신의 말과 행동에 책임을 지고, 행동이나 말로 상처를 준 친구가 있다면 진심 어린 사과를 해야 한다. 어떤 경우에도 상처를 주거나, 다양한 형태의 폭력은 용인될 수 없다.

행복하고 즐거운 교실을 만들기 위해서는 교실에 있는 모든 학생들이 서로를 치유하고 소통할 수 있어야 한다.

둘째, 소중한 것을 찾고, 그것을 먼저 실천해야 한다.

사람들은 소중한 것은 어떤 고난과 어려움이 있어도 얻으려고 한다. 초등학생 아이들도 각자의 소중한 것을 발견하고, 그것을 얻기 위해 노력하는 것은 당연하다. 인성 교육, 학교폭력 예방 교육이 중요한 만큼 교과 학습(공부)의 중요성은 두말할 필요가 없다. 오랜 시간 책상에 앉아 있고, 좋은 학원에서 공부한다고 해서 꼭 교과 성적이 오르는 것은 아니다. 공부하는 습관이 갖춰지지 않고, 공부의 필요성을 느끼지 못하는 아이들은 도리어 학습 분량이 많아지고 내용이 어려워지면 좌절하고 포기하게 된다. 학생의 수준과 관심이나 흥미, 환경 등에 따라 어떻게 공부해야 하는지 구체적인 목표와 전략을 제시하고, 학생들이 실천할 수 있도록 도와야 한다.

셋째, 친구와 함께 이기는 방법을 알고 실천해야 한다.

시대가 변할수록 점차 치열한 경쟁에서 살아남는 것이 성공의 중요한 기준으로 여겨지고 있다. 같은 교실에 있는 친구들조차 경쟁자로 여기고, 그들을 이기지 않고서는 내가 성공할 수 없다는 생각은 실패를 두려운 것으로 만들고, 함께하는 협력의 힘과 가치를 무시하게 만든다. 적당한 경쟁은 본인의 발전에 도움이 되지만, 동시에 내가 속해 있는 교실에서 다른 친구들과 함께 협동하며 어울리는 것 또한 소중한 경험이 될 수 있다. 도움이 필요한 친구들은 부끄러워 하지 않고 다른 친구들에게 도움을 요청하고, 도와주는 친구들은 '내가 너보다 뛰어나.'라는 우월한 감정이 아니라, 함께 나누는 소중함을 알게 해야 한다. 도움을 주는 쪽이나 받는 쪽 모두에게 도움이 된다는 것을 알 수 있도록 학생들과 함께 이야기 나눠야 한다.

넷째, 내가 먼저 친구를 이해하고, 그다음에 나를 이해시켜야 한다.

내가 먼저 이해를 받고 나서야, 상대방을 이해할 수 있다고 생각하는 사람들이 점점 늘고 있다. 그러나 이와 같은 생각은 상대방과의 관계에서 갈등을 조장하고 올바른 소통을 방해할 수 있다. '처음 보는 상대가 나에게 얼마나 마음의 문을 열고 긍정적으로 바라보고 있는지'를 알 수 있을까? 내가 상대방에게 마음을 열고 긍정적으로 바라보고 있는 만큼 상대방도 나를 그렇게 바라보고 있다는 것을 알면, 답은 쉽게 찾을 수 있다.

교사 성장으로 말하다
성장과 발전을 위한 당부의 편지

교사는 매년 다른 아이들을 만난다. 그 속에서 교사의 역할을 다하기 위해서는 끊임없이 자기를 개발할 책임이 뒤따른다. 교육 현장에서 성공적으로 성장하고, 학생들에게 더 나은 교육을 제공할 수 있도록 도움을 드리고자 몇 가지를 정리해 본다.

첫째, 끊임없이 배워야 한다.

교사로서 우리는 항상 배움의 자세를 가져야 한다. 교육 분야는 변화가 빠르게 일어나고 있으며, 새로운 교육 방법과 기술이 등장하고 있다. 따라서 우리는 자기 계발을 위해 꾸준히 전문적인 도서, 학술 논문, 교육 세미나 등을 참고하고 학습해야 한다. 매년 달라지는 아이들을 지도하는 교사라면 자신이 가지고 있는 내용을 그들에게 강요하는 것이 아니라, 다양한 아이들의 눈높이와 그들의 상황에 맞게 새로운 내용으로 재구조화하고 적합한 방식으로 지도해야 한다. 새로운 것을 배우고, 배운 것을 교실에 적용하며, 아이들과 함께하고, 그들을 위해 많은 시간 준비하는 것을 두려워해서는 안 된다.

둘째, 동료 교사들과의 경험 공유를 통해 서로에게서 배우고 성장할 수 있다.

교사는 혼자서 모든 것을 해결하기 어렵다. 동학년이라 불리는 같은 학년 선생님들, 교장 선생님, 교감 선생님 등 학교 구성원들과 함께 서로의 지식과 경험을 공유하고 협력하는 것이 중요하다. 토론하고 의견을 나누며, 문제를 함께 고민하고 해결책을 찾아가는 과정을 통해, 우리는 '혼자서는 해결할 수 없다'는 절망감이 느껴지는 막다른 골목길에서 해결과 희망이 보이는 새로운 돌파구를 찾을 수 있다.

셋째, 변화를 두려워해서는 안 된다.

교육 분야는 빠르게 변화하고 있다. 2005년 첫 교사 생활을 시작할 때와 지금을 비교하면 비슷한 것을 찾을 수 없을 정도이다. 새로운 교육 정책, 교수·학습 전략, 기술, 교육 패러다임 등이 등장하고 있다. 변화에 대한 두려움을 가질 필요도, 그 변화를 부정할 필요도 없다. 새로운 것들을 배우고 시도하고, 때로는 실패를 통해 배우는 것도 우리 교사가 성장하기 위한 필수적인 과정이다. 학생들의 다양한 성향, 요구, 동기 등에 부합하는 맞춤형 교육 활동을 제공하기 위해서 우리는 끊임없이 발전해 나가야 한다.

넷째, 학생들과의 관계를 중시해야 한다.

교사의 목표 중 하나는 학생들의 성공과 성장이다. 그러므로 학생들과의 관계를 중요시해야 한다. 학생들과의 소통을 원활히 하고, 학생들의 관심사와 필요에 대해 이해하기 위해 배우고, 시도하고, 노력해야 한다. 학생들을 돕고 지원하는 역할을 수행하면서, 긍정적인 교사와 학생 관계를 경험할 수 있다. 이를 통해 학생들은 더 열심히 공부하고, 더 친밀함을 갖고 교사에게 다가오며, 성취감과 만족감을 느낄 수 있다.

다섯째, 자기 관리에 신경 써야 한다.

교사로서 우리는 많은 역할과 책임을 갖고 있다. 따라서 우리 자신의 건강과 스트레스 관리에도 신경을 써야 한다. 교사가 스트레스 환경에 제대로 대응하지 않으면, 학생들과의 관계에서 불협화음이 생긴다. 충분히 쉬고, 자기 자신을 돌보는 시간을 가져야 한다. 퇴근 후에 운동을 할 수도 있고, 자기만의 시간과 공간을 찾아 취미 활동을 할 수도 있다. 자신을 먼저 챙기면서 개인의 삶과 교사로서의 삶의 균형을 유지해야 한다.

여섯째, 전문적인 커뮤니티에 참여해야 한다.

우리는 혼자서만 성장하기 어렵다. 학습 공동체나 교과 교육 연구회, 교사

동아리 활동 등에 참여하여 전문적인 지식과 경험을 나누고, 다른 교사들과의 네트워크를 구축해야 한다. 교육 세미나, 워크숍, 직무 연수, 자율 연수 등을 통해 다른 교사들과 소통하고 교육에 관해 토론하며, 새로운 아이디어와 자원을 얻을 수 있다.

교사는 많은 책임을 감당하는 만큼 훌륭한 역량을 가져야 한다. 자신의 가치를 믿고 앞으로 나아가는 교사가 되기를 응원한다. 교사로서 우리는 학생들의 삶에 긍정적인 변화를 주는 중요한 역할을 수행하고 있음을 잊지 않기 바란다.

10
되어 가는(being-human) 수석교사
윤지영

행동 발달 및 종합 의견

수업, 배움, 예술의 언저리에서 맴돌며 마주하게 된 발도르프 교육 철학을 곧 삶의 철학으로 여기며 살아감. 완결형 배움으로부터 탈피하여 "되어 가는 인간"에 대한 진지하고 깊은 탐구심을 보임. 호기심과 열정이 강하여 자칫 팔랑귀가 되기도 하지만, 일상 속 감동과 의미 찾기에 탁월한 감성을 보임. 사람의 고유성과 그 안에서 배울 점을 발견하는 것을 좋아하며, 관계의 따스함을 사방에 퍼뜨리는 재능이 돋보임.

뜻을 비추는 사람

내 이름의 한자는 '뜻 지(志), 비출 영(暎)'이다. 좋은 이름을 지어 주신 부모님께 감사하며, '뜻이 있는 곳에 분명 길이 있다'고 믿으며, 이름처럼 뜻을 비추는 사람이 되기 위해 노력 중이다.

어릴 때 나는 개구쟁이 짝꿍의 거친 장난에 싫다는 내색도 못 하고 눈물만 글썽일 정도로 내성적이었다. 2학년 말, 서산 태안이라는 바닷가 마을로 전학을 가게 되었다. 그동안 살던 대전이라는 도시와 사뭇 다른 시골의 자유로움은 나의 내면에 숨겨진 호기심을 발현시키며 감성이 풍부한 사람으로 자라나게 해 주었다.

초등학교 4학년 때, 담임 선생님은 아이들과 모둠별로 모여 도시락을 같이 드셨는데, 형편이 어려운 친구들의 반찬들을 더 맛있게 드셨던 모습이 생생하다. 선생님의 맛있는 반찬들은 소시지나 계란 반찬을 싸오지 못하는 친구들을 위해 양보하셨는데, 그때 어린 마음에도 '아, 선생님은 우리를 정말 사랑하시는구나.'라는 생각을 했다.

그 영향이었을까? 나도 한켠에 교사의 꿈을 가지게 되었다. 그렇게 마음속으로 존경하던 선생님이 한 학기만 하시고 다른 학교로 전근을 가셨을 때 그 상실감이 너무 커 나름대로 방황의 시기를 겪다가, 떨어진 성적 때문에 엄마에게 회초리로 종아리를 맞기도 했다. 그 뒤로 나는 공부보다 노는 것을 즐겼고, 집 앞 모든 곳이 놀이터였다. 여름이면 바닷가에 자주 갔는데, 그때 보았던 형형색색 저녁노을의 아름다움은 지금도 선명하게 가슴에 남아 있다.

대학 신입생 환영회 때 처음 접했던 풍물 공연! '이토록 홍겨운 장단을 왜 이제야 알게 되었을까?' 그동안 가요와 팝송에만 익숙했던 내게 우리나라 전통 음악에 대한 홍겨움은 나를 매료시키기에 충분했다. 대학 시절 신나게 풍물 장단을 치며 한바탕 푸지게 놀아 본 풍물 동아리 활동은, 내가 인생에서 잘했던 선택들 중 하나로 꼽힌다.

대학 졸업 후 첫 발령을 받고 교사가 되었지만 현실의 내 모습은 꿈꾸던 모습과 너무 달랐다. 그때부터 또 다른 고민과 방황을 하다가 우연히 들른 서점에서 『독일의 자존심 슈타이너 학교』라는 책을 읽으며, '아! 바로 내가 찾던 교육이다!'라는 확신이 들었다. 그 이후로 지금까지 계속 발도르프 교육 철학을 공부하며, '되어 가는 인간'에 관한 고민과 함께 성장하며 살아가고 있다.

02

수석교사를 말하다

수업 역량으로 말하다
교육은 예술이다

교사는 교육 예술가

수업, 가르침의 행위를 무엇이라고 생각하면 좋을까? 발도르프 교육을 접하면서 내게 다가온 것은 '교육은 예술이다.'라는 문장이었다. 흔히 예술이라고 하면 너무 거창하다고 생각한다. 하지만 예술의 진정한 의미를 들여다보면, 진정한 '나'를 찾고자 하는 열정들이 담겨 있다. 가르치는 교사와 학생은 진정한 '나'를 찾아가는 여정 속에 있기에, 그런 의미에서 우리 모두는 예술가가 될 수 있지 않을까?

직업으로서의 교사에서 한 발자국 나아가 교육 예술가로서 교육(수업)을 생각해 보자. 교육 예술가! 교사를 지식 전달자가 아닌 '예술가'라는 시선으로 가르침의 행위를 생각해 보자.

가르친다는 것은 이끌고 발현시키는 것이다. '교육하다'라는 뜻을 지닌 영어 동사 'educate'를 어원으로 풀어 보면, 'e-'는 '밖으로', 'duce'는 '이끌다', '-ate'는 '~하게 하다'라는 뜻이다. 즉, 그 존재만이 가지고 있는 고유함('진정한 나')을 이끌어 내는 행위는 예술의 방식과 일치한다. 교사는 '사람'에 대해 남다른 관심과 사랑을 가지고 있다. '교육' 자체를 예술로 대하는 자세! 예술을 사랑하는 마음이 곧 사람을 대하는 마음이고, 학생을 대하는 마음이며, 세상을 대하는 마음이다.

눈짓, 손짓, 몸짓, 나를 표현하는 수업 예술

나는 수업을 구상할 때 종종 예술적인 요소들을 떠올린다. 수업의 흐름이 자연스럽게 흘러가길 기대하고, 무엇보다 수업을 통해 세상의 아름다움들이 스며들기를 기대한다. 그래서 우리의 배움들이 각자의 삶 속에 녹아들어 한 편의 시로, 한 편의 노래로, 한 편의 작품으로 탄생 되기를 소망한다.

그래서 그럴까? 나는 아이들이 손으로 쓴 한 글자, 한 글자가 소중하게 느껴지고 아이들의 한마디, 한마디가 너무 귀하다. 손짓, 눈짓, 몸짓, 언어 등은 나를 표현하는 수단이다. 각자의 생각과 마음이 말과 글로, 음악으로, 선과 색으로, 움직임으로 표현될 때 서로가 서로의 아름다움을 발견할 수 있지 않을까?

수업은 자신의 생각과 마음이 말과 글로 또는 다양한 움직임으로 표현되는 시간이다. 수업은 나를 펼치는 무대가 되기도 하며, 그 속에는 함께 배우는 친구들, 선생님이 있다. 우리는 그 속에서 나와 너의 다른 점을 인식하고, 서로의 소중함을 배우며 점차 세상을 알아가게 된다.

아이들은 종종 그림 그릴 때나 글씨를 쓸 때 "선생님, 망쳤어요!"라며 종이를 구겨 버리고는 한다. 하지만 나는 그들의 손길에서 탄생한, 그 망쳤다는 선들까지 참 귀하게 느껴진다. 왜냐하면 그 시기에만 쓰고 그릴 수 있는 아이들만의 흔적들이기 때문이다. 아이들의 그림, 글씨 안에는 생명력이 꿈틀댄다. 그래서 선 하나, 동작 하나가 다 소중하다는 생각을 한다. 너와 내가 다르

표지를 꾸미고 어울리는 그림을 그리고 함께 감상해요

간단한 노래로 부르며 와, 워, 외, 위를 익혀요

오 + 아 = 와　과과 과과과 과일

우 + 어 = 워　워워 원숭이 원원원

기에 배움이 있고, 서로가 연결되어 이 세상을 함께 살아간다. 그것을 배우는 것이 바로 교육이고 수업이다.

세상은 아름답다

세상에는 실로 다양한 아름다움이 존재한다. 때로는 알아차리지 못해 지나치기도 하고 추한 것으로 오해받기도 한다. 특히, 초등학생 시기에는 세상의 이미지들을 상상과 느낌으로 받아들인다. 그렇기에 이 시기만큼은 '세상은 아름다운 거야!'라고 느끼게 해 주고 싶다.

세상은 나 혼자 살아가는 것이 아니라 함께 어울려 살아가기에 더욱 아름답다는 것을 알게 해 주고 싶다. 단단한 땅, 생기있게 자라나는 식물, 다양한 동물들, 그리고 인간 존재에 대한 사랑들이 존중이라는 결실로 맺어지길 바란다. 이 존중과 사랑이 최고의 아름다움이지 않을까?

나는 종종 아이들에게 우리가 존재 자체만으로도 얼마나 소중하고 귀한지 이야기해 주고는 한다. "네가 있어 줘서 고마워! 이렇게 학교에 와줘서 고마워. 선생님께 힘을 줘서 고마워!"라는 말과 함께 수업 시간이면 나는 오케스트라의 지휘자가 된다. 수업이라는 한 편의 아름다운 음악을 만들어 나간다. 악기 각각의 다양한 음색처럼, 저마다 고유한 눈빛을 가진 아이들과 손짓, 몸짓, 눈짓으로 함께 소통한다. 아이들 또한 되어 가는 존재이다. 함께 성장하는 존재로서 존중과 소통을 배워 가는 과정 속에 아름다움이 존재하지 않을까? 교육은 바로 이와 같은 아름다움에 대한 사랑으로 시작된다. 그 사랑을 세상으로 보여주게 하는 일, 그것이 바로 교육이고 예술이 아닐까?

생활 교육으로 말하다

교육보다 일상의 스며듦

나의 일상에 무엇이 스며들고 있었을까?

경력이 얼마 되지 않았을 때 섬뜩했던 순간이 있었다. 바로 내가 경험했던 선생님들의 모습이 나도 모르게 나오고 있다는 느낌을 받았을 때이다. 성장 과정에서 서서히 나도 모르게 나의 삶 속으로 스며든 것들로 인해, 대학 때 배운 교육학적 지식이 나를 변화시키지 못했다는 게 놀라웠다.

그러고 보면 일상생활 습관이 얼마나 중요한지 다시 한번 깨닫는다. 생활지도라고 흔히들 말하는데, 생활이 지도가 될 수 있을까? 지도에 앞서 가장 중요하게 생각해야 하는 것들이 무엇일까? 먼저, 존재에 대한 존중이 우선이 되어야 한다. 상대를 대하는 태도와 바라보는 시선이 중요하다. 한 사람 한 사람의 가치를 인식해 주고, 존재에 대한 소중함을 발견하는 일, 그리고 자신의 모습을 되돌아볼 수 있는 기회를 주는 것이 바로 생활 지도의 출발점이다.

습관을 바꾸려면 먼저 자신을 성찰함으로써 자신도 모르게 저절로 스며들어 온 것들이 무엇인지를 인식할 수 있어야 한다. 그 다음은 스스로에 대한 믿음이 필요하다. 그리고 모든 것은 성장 과정에 있음을 알고, 내 안에는 충분한 '선한 의지와 힘'이 있음을 아는 것! 무엇보다 스스로 알아차리고 자신을 믿어 주는 것! 이것이 바로 생활 교육의 출발점이다.

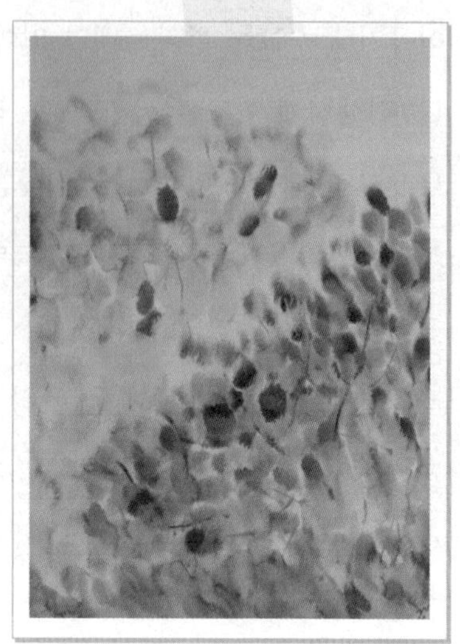

잠, 시간, 망각의 고마움

발도르프 교육 철학을 통해 나는 항상 좋은 것, 항상 달콤한 것은 결코 나를 성장시킬 수 없음을 알았다. 나에게 다가오는 모든 것은 다 이유가 있다는 생각이 든다. 사람은 누구나 해결해 나갈 수 있는 지혜를 갖고 있고, 시련을 극복하는 과정에서 더 풍성한 지혜를 얻을 수 있다.

때로는 실패하고 좌절하며 힘들어 하지만, 우리에게는 '잠', '시간', '망각'이라는 선물이 있어 다시 힘을 얻고 조금씩 지혜를 구하며 헤쳐 나갈 수 있지 않을까? 모든 것은 자신만의 때가 되었을 때 성장하고 발전할 것이다. 이러한 생각들은 무언가를 조급하게 이루고자 할 때, '아! 내가 또 너무 성급했구나.' 하며 숨을 고르며 천천히 나아가도록 해 준다.

천천히 한 단계, 한 단계씩

교사 생활을 하면서 수년간 1학년 담임을 많이 했다. 1학년은 자기 주변이

나 책상 정리가 안 되는 아이들이 많다. 이때 "정리하세요!"라는 추상적인 말보다, "책상 위에 아무것도 없게 깨끗이 해볼까요? 연필은 어디에 두면 될까요? 책상 속에는 무엇이 있나요?" 등 자세하고 단계적인 안내가 도움이 된다. 차근차근 한 단계씩 서서히 습관으로 스며들 수 있도록 주기적으로 확인하고 성찰하는 기회가 필요하다.

나는 정리를 하면 좋은 점, 그리고 정리의 아름다움에 관해 설명해 준다. 아름다움은 바깥에 있지 않다. 예를 들어, 아름다움은 자연에만 있는 것이 아니라 내 안에도, 내 물건에도 아름다움이 있다. 이렇듯 숨어 있는 아름다움을 발견해 볼 수 있는 기회를 주면 어떨까? 나에게 아름다움은 '편안함'이고 '따뜻함'으로 다가온다. 생각은 보이지는 않지만 흐르고 있다. 생각이 어떻게 흘러가고 변화되는지를 알아차릴 수 있는 힘! 이 힘은 나를 변화시키는 가장 큰 힘이 된다.

세상에 대한 믿음, 사람에 대한 믿음을 간직하다

나는 가끔 나의 열정과 기대에 비해 학생들이 따라오지 못한다고 느낄 때 무기력해지고는 한다. 그럴 때마다 아주 작은 변화를 관찰하고 감지하는 힘이 필요할 것 같다. 그러기 위해서는 정말 선입견 없이 있는 그대로를 주의 깊게 관찰해야 한다.

나는 세상에 대한 믿음, 선함에 대한 믿음, 사랑에 대한 믿음. 사람에 대한 믿음을 가지고 학생을 바라보는 것, 행여 나의 기대와 다를지라도 낙담하지 않고 이 세상에 존재하는 것들에 대한 믿음을 가져 보길 희망한다.

'세상에 태어난 이 아이는 어떤 빛을 비추게 하고 싶어 태어났을까? 어떤 이유 때문에 나와 만나게 되었을까? 서로에게 어떤 배움을 주기 위해 이 시간,

이 공간에서 만났을까?

이렇게 생각하다 보면, '모든 것이 다 이유가 있어 인연이 되어 만났겠지?' 하며 수용하는 태도와 함께 더 깊은 지혜를 구하게 된다. 때로는 답이 보이지 않아 시간만 흐를 때도 있다. 우리 모두는 최선을 다해 살고 있다는 마음을 가지고 그 모습을 조금 더 객관화시켜 바라보는 연습이 필요하다. 마치 삶의 순간들을 영화처럼 조금 떨어뜨려 놓는다면, 그것을 통해 나를 되돌아보고 성찰해 본다면, 그런 나의 기운과 마음들이 온기가 되어 교실로 스며들지 않을까?

교사 성장으로 말하다
뜻이 있는 곳에 길이 있다

지렁이를 통해 만난 더 큰 세상

스스로 무언가를 해냈을 때의 기쁨, 막막하지만 계속 찾고 구하면서 무언가를 깨닫거나 알게 되었을 때의 보람과 성취감은 살아가는 데 큰 힘이 된다. 그 과정을 돌이켜 보면 결코 혼자의 힘만으로는 해낼 수 없었고, 주변의 도움이 있었기에 가능했다.

대학교 때 '지렁이'에 관한 학위 논문을 썼다. 어릴 적 별명이 지렁이여서 그랬을까? 당시 교과서에 지렁이 관찰이 있었는데, 학생들에게 가장 관찰하기 좋은 지렁이의 종류와 크기를 조사해 보고 연구하는 것이 나의 학위 논문의 주제였다.

그 당시에는 지렁이에 관한 다양한 자료를 찾을 수 없어 너무나 막막했다. 여러 곳을 찾아 헤매다가 서울 국립 중앙 도서관에서 가서야 겨우 관련 도서를 찾을 수 있었다. 하지만 책만으로는 다 이해가 되지 않았다. 어떻게 할까 망설이다 책 뒤편의 전화번호로 무작정 전화를 걸었다. 지렁이에 관해 궁금한 게 있어 찾아뵙고 싶다고 했다. 책의 저자 고재경 박사님은 흔쾌히 수락하셨다. 그분은 지렁이 농장을 보여 주시고, 지렁이의 종류뿐만 아니라 지렁이가 이 세상에 얼마나 이로운지를 차근차근 설명해 주셨다.

뜨거운 어느 여름, 그분 눈에는 세상에 대한 호기심 가득한 풋내기 교대생으로 보였을 것 같다. 그런 내게 지렁이 박사님은 작은 미물들과 미생물들이 이 세상을 위해 얼마나 애쓰고 있는지, 수많은 보이지 않는 존재들이 이 세상을 묵묵히 지탱하고 있음을 깨닫게 해 주셨다. 그때의 일화는 단순히 지렁이에 대한 지식에서 더 나아가, 지렁이를 통해 더 큰 세상을 깨닫는 기회가 되었다. 그리고 나에게는 뜻이 있는 곳에 길이 있음을 확신하게 해 준 사건 중 하나이다.

언제든 자신의 수업을 환영한 발도르프 선생님

젊은 시절 나는 유럽 여행 중에 겸사겸사 독일 발도르프 학교를 방문했던 적이 있다. 사실 쑥스러움이 많은 나에게는 그 또한 도전이었다. 내 이름에 담긴 뜻을 떠올리며, 지렁이 연구를 할 때처럼 용기 내어 문을 두드렸다. 떨리는 마음으로 학교 홈페이지에 있는 대표 이메일로 간단한 내 소개와 함께 참관하고 싶다는 편지를 보냈다. 3일 뒤 답장이 도착했을 때의 감동이 아직도 생생하다.

발도르프 교육과의 만남

나에게 발도르프 교육과의 만남을 갖게 해 준 '별이'는 나의 첫 제자였다. 자폐 성향을 가진 아이로, 등교할 때면 풍선껌을 가지고 왔기에 별이에게는 늘 풍선껌 향기가 났다. 아침마다 나는 별이의 풍선껌을 내 책상 서랍 속에 맡아 두는 것으로 하루를 시작하고는 했다. 그때는 별도의 특수 학급이 없었는데, 별이는 수업 도중에 혼자 노래를 부르거나 춤을 추었고, 그것을 제지하면 어느 순간 교실에서 사라지기 일쑤였다. 나는 수업을 멈추고 별이를 찾아 헤매다녔고, 별이를 겨우 데리고 돌아오면 교실은 엉망 그 자체였다. 학급 내 질서를 가장 빨리 바로잡을 수 있는 방법은 강하게 규제하거나 언성을 높이는 것이었다. 하지만 그럴수록 점차 내 안에서는 괴리감이 몰려왔다.

나는 교대에서 배운 과정을 잘 이수하면 좋은 교사가 될 것이라 생각했다. 하지만 내가 꿈꾸었던 교사의 모습은 온데간데없고, 내가 경험했던 선생님들의 모습이 나를 통해 나오고 있었다. 이러한 괴리감과 자책 속에서 나 자신만의 교육 철학이 없다는 것을 깨달았다.

그때부터 나의 교육 철학을 찾아 헤매기 시작했다. 그러다가 만난 교육이 발도르프 교육이었다. 만약 교대에 가지 않았더라면 독일어를 전공하고 싶었기 때문이었을까? 발도르프 교육은 내 인생의 운명적인 만남이었다. 그 만남의 계기를 별이가 만들어 주었다. 아직도 별이를 생각하면 초롱초롱한 눈망울과 풍선껌의 향기가 난다. 그때는 몰랐는데 생각해 보니, 나에게 다가오는 어떤 시련이나 어려움들은 내가 어떤 모습으로 살았는지를 되돌아보게 하며 성장시키는 힘이 되었다.

어느 겨울날, 뮌헨의 따스한 주황색 불빛의 교실, 선생님의 표정, 말투, 몸짓 그리고 학생들의 반응들 속에서 무엇인가 안정되고 평온함이 가득한 분위기들이 매우 인상적이었다. 그리고 언제든 자신의 수업을 환영한다면서 온화한 미소로 수업에 초대해 주신 머리가 희끗희끗한 발도르프 학교 선생님의 모습! 나도 나중에 저분처럼 따뜻한 미소를 지으며 내 수업을 보러 오는 모든 이를 환영할 수 있는 사람이 되어야겠다고 다짐했다.

나는 이 꿈을 위해 지금도 노력 중이다. 이러한 경험들 때문일까? 나에게 수업은 '따뜻함'이 먼저라는 생각이 든다. 삶의 태도는 스며들기에 나 스스로 먼저 따뜻한 사람, 평온한 사람이 되고 싶다. 그리고 내 수업 속에 온기가 가득하길 소망한다.

모든 순간이 성장이다

나는 감동을 잘한다. 또, 나에게 감동을 주거나 받은 인연을 잘 간직하려고 한다. 다양한 인연들과 만남 속에서 나는 그 사람들의 약점보다는 배울 점들을 많이 찾고자 한다. 그 덕분인지 '열정 있는 교사'라는 말을 자주 듣는다.

때로는 그 열정과 함께 기대와 이상이 높아 많은 좌절도 했다. 세상이 나의 기대와 진심을 몰라 준다며 서운해 하고 지쳤던 적도 있었다. 그리고 소진을 경험하기도 한다. 하지만 그런 감정이나 시간들도 결국 나에게 필요했기에 다가온 것 아닐까? 내 삶에 다가오는 것을 받아들이며 그 속에서 조금씩 지혜를 구하며 살아가고자 한다. 왜냐하면 삶에 다가오는 모든 것, 모든 순간이 곧 성장이기 때문이다. 그래서 우리 모두 '되어 가는' 과정에 있다.

발도르프 교육을 통해 누구나 인간은 '되어 가는 인간'의 과정에 있다는 것을 배웠다. 우리는 저마다 자신만의 속도에 맞게, 자신만의 과제를 가지고 이 세상을 살아간다. 그 과제를 풀 힘과 열쇠는 지금 여기, 이 순간에 있다.

인간은 누구나 고유한 존재로서 각자 자신의 삶을 살아간다. '태어남'이 있기에 우리는 몸소 체험하고 경험하며 성장한다. 이러한 삶의 과정은 나만이 창조할 수 있는 '예술'이 된다. 삶의 예술! 때로는 힘들고 막막하기도 하며, 결코 쉽지 않다. 하지만 다른 누군가를 통해 힘과 지혜를 얻기도 하며, 나의 존재만으로도 그 누군가에게는 힘이 되고 있을 것이다. 나는 내가 가르치는 아이들이, 또한 내 주변 사람들이 이 '삶의 예술' 과정을 사랑하고 즐기며 살아가길 바란다.

우리는 자유롭고 고유한 존재로서 생각과 느낌, 의지를 가지고 살아간다. 그 의지는 행동으로 실천되며, 저마다의 빛깔로 세상에 펼쳐지고 있다. 우리는 세상 속에서 함께 어우러지며 힘을 주고받으며 살아간다. 나는 이러한 깨달음을 발도르프 교육 철학을 통해 얻었다. 그리고 그 배움은 지금도 실천 중이다. 삶의 모든 순간은 성장이며, 우리는 '되어 가는' 중이다.

11

나눔이 즐거운 수석교사

임현주

행동 발달 및 종합 의견

차가워 보이나 주변을 살뜰히 챙기는 따뜻한 마음을 지녀, 겉은 딱딱하고 속은 부드러운 '바게트샘'이라 불림. 특유의 성실함과 묵직함으로 주어진 일을 차근차근 해내며, 주변 사람의 강점과 약점을 함께 살펴 능력을 발휘하도록 도와줌. 호기심이 많아 궁금한 것은 즉시 찾아보고 자신에게 필요한 부분을 적절히 취하여 나만의 자료로 재구성하는 능력이 뛰어남. 선생님들과 교실 속 장면을 함께 나누는 과정에서 기쁨과 보람을 느낌.

수업을 나누었더니 수석교사가 되었다

언제부터 수석교사가 되고 싶었나?

처음부터 초등 교사를 꿈꾼 것도, 아이들을 유난히 예뻐하지도 않았다. '과연 이 아이들과 대화가 통하는 수업을 할 수 있을까.' 하는 걱정도 있었다. 그런데 진로를 정하고 교대에 진학해 보니, 이상하리만큼 수업이 재미있었다. 친구들을 학생 삼아 하는 수업 실기도 재미있고, 교과서를 파헤치는 것도 재미있었다. 분명 나는 내성적이고 남 앞에 서는 것을 좋아하지 않는데, 누군가 앞에 서서 능청스럽게 발표하고 수업을 하고 있었다. 교생 대표 수업을 비롯하여, 초임 시절 학년 대표 수업, 처음 도입된 학부모 초청 공개 대표 수업, 수업 공개 활성화 선도 교사 등 교실 수업을 여는 기회가 자꾸만 생겨나니 수업을 더 잘하고 싶어졌다. 수석교사의 꿈을 가진 것이 10년도 훨씬 전이니, 아마도 그 무렵이 아니었나 싶다.

수석교사에 도전하기 위해 어떤 준비를 했나?

부족함을 채우기 위해 도전했던 활동들이 조금씩 쌓여 수석교사의 꿈을 이룰 수 있었다. 나만의 교육과정을 찾기 위해 '학급 교육과정 운영 사례 연구 대회', '교실 수업 개선 실천 사례 연구 발표 대회'에 도전하여 좋은 성과를 거두었고, 2015·2022 개정 교육과정 핵심 교원으로 교육과정에 관한 이해의 폭을 넓힐 수 있는 기회를 얻었다. 또한, 도 교육청과 지역 교육지원청 성장 평가 지원단, 실행 연수 강사 등으로 활동하며 학생 평가의 전문성을 기를 수 있었다. 수석교사에 도전했던 2023년에는 수업 혁신 지원단과 교사교육과정 지원단 활동에 꾸준히 참여하여 동료 교사들과 교육과정에 대한 나눔을 이어 왔다. 물론 스스로 선택하여 참여했던 활동도 있고, 추천이나 권유로 부담감을 가지고 참여한 활동도 있었다. 하지만 그 모든 과정 하나하나가 내 수업을 성장시키고, 나아가 수석교사에 도전할 수 있는 바탕이 되었다.

어떤 수석교사가 되고 싶나?

나에게는 강한 리더십이나 추진력보다는, 먼저 도전하고 이를 나누는 과정에서 동행을 이루어 내는 부드러움이 있다고 생각한다. 선생님들로 하여금 편안함 속에서 함께 성장하고 싶은 마음을 끌어낼 수 있는 수석교사, 끊임없이 연구하고 변화하는 교육 현장에 유연하게 대처할 수 있는 수석교사가 되고 싶다.

02 수석교사를 말하다

수업 역량으로 말하다
수업은 만남과 고민, 기록으로 완성된다

초등학생을 가르치면서 어려운 점이 있다면?

초등 교육과정을 쉽고 단순하다고 여겨 초등학생을 가르치는 것도 어렵지 않다고 생각하는 사람들이 많다. 하지만 실상은 그렇지 않다. 초등학교에는 이제 막 공교육에 들어선 1학년부터 기나긴 사춘기에 접어든 6학년까지 다양한 발달 단계의 아이들이 존재한다. 고학년 담임을 주로 하던 교사가 갑자기 저학년 담임을 해야 하는 상황에 처하면, 새롭게 펼쳐진 또 다른 어린이의 세계에 당혹감을 느끼기도 한다.

특별한 경우를 제외하고 초등 교사가 특정 학년만을 계속해서 가르치는 일은 거의 없다. 그래서 초등 교사는 자신이 맡게 될 아이들의 발달 단계에 맞는 언어, 발문, 교수·학습 자료, 생활 속 경험 등을 늘 고민하며 수업에 적용해야 한다. 가령, 1학년에게 3-1=2를 가르치는 것과 6학년에게 원의 넓이를 가르치는 것 중 무엇이 더 쉬울까?

답은 '둘 다 어렵다'이다. 1학년 아이가 1부터 9까지 능숙하게 수 세기를 한다 하여 수 감각이 잘 갖춰졌다 말할 수 있을까? 이 아이에게 "3보다 1 작은 수, 혹은 3보다 1 큰 수는 무엇일까?" 라는 질문은 6학년에게 원의 넓이를 묻는 것과 별반 다를 바가 없다. 내가 만나게 될 학년에 따라 눈높이에 맞는 맞춤형 수업을 한다는 것은 그만큼 어렵고 수많은 시행착오가 따른다.

수업 성장을 위해 어떤 노력을 했나?

수업을 마친 후에 그날 했던 수업에 대해 기록하는 편이다. 과학 교과 전담을 하면서 사전 실험 과정을 사진과 기록으로 남겨 실험 시 발생하는 오류를 줄이고, 아이들이 좀 더 수월하고 재미있게 실험할 수 있도록 대체 실험을 구안하는 과정에서 생겨난 습관이다. 수업의 흐름과 단계별 활동, 발문에 대해 비교적 자세하게 기록으로 남긴다. 수업을 다시 한번 정리하면서 수업 목표에 맞게 일관된 방향으로 수업이 흘러갔는지 살펴보고, 내가 했던 발문을 다시 고쳐 보거나, 혹은 더 나은 발문을 떠올려보기도 한다.

호흡이 긴 프로젝트의 경우에는 세밀한 계획보다는 대강의 계획을 세우는 편이다. 다소 덜 촘촘한 계획은 미처 떠올리지 못했지만 수업 과정에서 추가하거나, 흐름상 생략해야 하는 활동 등을 위한 숨 쉴 공간을 제공한다.

기록으로 남긴 수업 이야기는 이듬해 보완 과정을 거쳐 좀 더 단단한 수업 계획과 자료로 활용한다. 맡았던 업무와 학교의 특성상 최근 근무했던 학교 중 한 곳에서는 4년간 5~6학년 과학 교과 전담을, 또 다른 곳에서는 4년간 1학년 담임을

하게 되었다. 각각의 4년 동안 같은 수업이 이루어졌을까?

아니다. 매년 학생 구성, 성향, 학습 수준이 달라진다. 올해 성공한 수업이 이듬해에도 성공하리라는 보장도 없고, 실제로도 매번 다르다. 교사는 자신의 수업을 끊임없이 바꾸어 가며 유연한 자세로 아이들을 만나야 한다.

조금 특별한 수업 경험이 있다면?

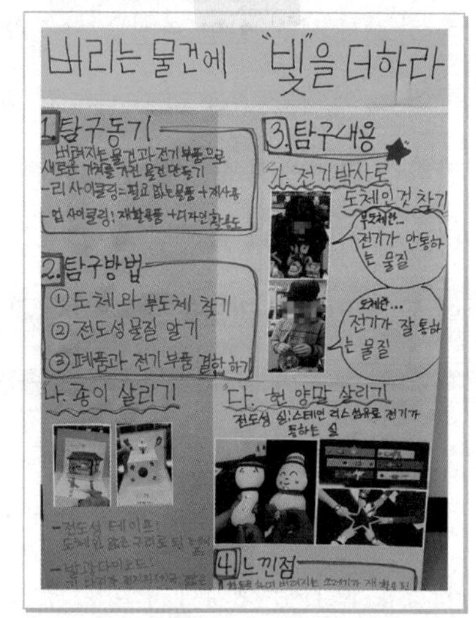

전라북도 과학교육원 파견 교사로서 2년(2013~2014년)간 전북의 농·산·어촌 학교 69개교를 방문하여 초등학생뿐만 아니라 중학생을 대상으로 이동 과학 교실 수업을 했었다. 전교생이 9명인 학교, 근처에 갯벌이 있어 아주 작은 게가 과학실을 유유히 누비던 학교, 잠깐 쉬는 시간에 선생님 몰래 흡연과 샤워까지 하고도 고맙게도 이탈 없이 수업에 돌아왔던 대안학교 등 다양한 교실 환경과 학교 문화를 경험했었다. 동일한 프로그램이라도 학년 구성에 따라 각기 다른 발문과 어휘를 사용하고 학생들의 눈높이에 맞춰 설명하는 과정은, 학생들의 발달 단계 및 특성을 이해하고 이를 고려한 수업 구성 및 지도 방법의 중요성을 깨닫게 하는 값진 경험이었다.

또 다른 경험으로는 6년간 각기 다른 지역 교육지원청의 영재 교육 강사로 과학과 발명 수업을 했던 일이 기억에 남는다. 높은 경쟁률을 뚫고 영재 교육 대상자가 되는 시 지역과 최소 수강 인원을 겨우 채워 수업이 이루어지는 군 지역에서 만난 아이들의 수준은 다소 차이가 있었다. 하지만 프로젝트가 진행되는 과정에서 학생들이 수업의 주체가 되고 교사가 적절한 조력자의 역할을 할 때, 학생 스스로 깊이 있는 사고를 하고 창의성을 발휘할 수 있음을 다시 한번 느낄 수 있었다.

생활 교육으로 말하다

처음부터 아픈 손가락은 없다

생활 교육을 무엇이라고 생각하나?

손가락은 저마다의 역할을 한다. 때로는 보잘것없어 보이기도 하고 딱히 무슨 중요한 일을 하는 것 같지도 않다. 그렇지만 어느 손가락이든 조그만 상처에도 금세 불편함을 느끼며, 나머지 손가락마저 평소와 다르게 움직이는 것조차 어렵다.

학급의 아이들은 이 손가락과 같다. 아이 한 명, 한 명이 눈에 보이지 않는 힘을 서로 주고받는다. 학급에는 늘 아픈 손가락이 있기 마련이다. 원래부터 아픈 손가락이었다기보다는 여러 이유로 아프게 된 손가락이 더 많다. 대개 사람들은 아픈 손가락이 저절로 낫도록 그냥 두지 않는다. 자꾸만 눈이 가고, 어디가 아픈지, 얼마나 나았는지 들여다보게 된다. 치료하는 과정이 아프다고 하여 중간에 치료를 멈추는 일도 거의 없다. 생활 교육 역시 어디가 아픈지, 얼마나 나았는지 잊지 않고 서로가 자주 들여다보는 것이라고 생각한다.

기억에 남는 손가락이 있나?

내 첫 번째 아픈 손가락이던 그 녀석은 까무잡잡하고 작지만 다부진 몸집에 날카로운 눈빛을 지녔었다. 이제 막 발령 난 나에게 당시 교무 선생님께서는 이 녀석은 소위 학교에서 알아주는 아이이며, 자신이 작년 담임이었으니 일이 생기거든 아이를 당신 교실로 보내라고 하셨다. 20년도 훌쩍 넘은 터라 잘 기억나진 않지만 학년 초에 그 아이를 선생님 반으로 보냈던 일이 있다.

선생님, ○○이가 계단에 숨어 있다가 애들한테 잡혀서 벌벌 떨면서 교무 선생님 반으로 갔어요.

마음속 깊은 곳부터 미안함과 담임으로서의 부끄러움이 밀려왔고, 그 후로 다시는 아이를 보내지 않았다.

한번은 다른 일로 어머니와 통화한 일이 있었는데 "○○이 선생님이시라구요?" 라는 어머니의 말과 함께, 수화기 너머로 무슨 일인지 확인도 하지 않은 채 다짜고짜 고함치는 아버지의 목소리가 들려왔다. 그때였을까? '내가 너의 편이 되어야겠구나!' 라고 다짐한 것 같다.

아프고 싶어서 아픈 손가락이 있을까? 이후로도 무수히 많은 일이 있었고 매섭게 혼내고 어르고의 반복 또 반복이었다. 한 해를 지나면서 그 녀석은 조금씩 부드러운 눈빛과 미소를 보여 주었다. 비록 초등학교를 졸업한 이후에도 좋지 않은 일로 종종 연락이 오긴 했지만, 늘 걱정과 응원하는 마음으로 그 녀석의 소식을 기다렸다. 몇 년이 지나 "선생님께 부끄럽지 않은 제자가 되고 싶었어요." 라며 기쁜 소식을 알려 왔을 때의 두근거림은 말로 표현할 수 없을 정도였다.

지금 손가락들과 함께하는 생활 교육은?

나는 무척이나 표현에 서툰 사람이다. 안 보는 것 같지만 살펴보고 무심한

듯 툭툭 아이들을 챙긴다. 그런 나를 보고 아이들은 '츤데레'라고도 하고, 1학년 아이들은 쉬는 시간과 방과후 시간에 갑자기 귀여워지는 선생님이라고도 한다. 생활 교육을 포함한 학급 운영에 있어서 교사의 일관된 자세는 매우 중요하다. 사실 모든 아이에게 똑같은 양의 마음을 내어 주기는 어렵다. 분명 아픈 손가락처럼 마음이 더 가는 아이도 있고, 때로는 얄미운 아이도, 내가 아니어도 충분히 사랑을 받아왔고 앞으로도 사랑받을 아이도 있다. 하지만 매 순간 잘한 것은 칭찬하고, 잘못한 것은 꾸짖는 것, 설명할 기회를 주고 들어 주는 것, 끊임없이 기다려 주는 것은 누구에게나 똑같다. 비록 지금 그 아이가 올해의 내 특별한 손가락일지라도 예외는 없다. 그래서인지 아이들은 '선생님은 누구에게나 차별이나 편견이 없고, 엄하면서도 부드러운 늘 똑같은 선생님'이라고 믿고 따라 준다.

매년 나는 나의 특별한 손가락들과 티격태격하며 하루하루를 지낸다. 1학년 아이들이면 나도 1학년이 되어 유치하게, 6학년이면 사춘기 아이들처럼 치열하게 다투고 끈질기게 기다린다. 어느 날, 옆 반 선생님께서 나에게 이런 말을 하셨다.

선생님! 연애하시네요. 말은 힘들다고 하시는데, 가만 보니 애들이랑 연애하시는 거였네요.

참 멋진 말이다. 지금처럼 쭉 생활 교육이 아닌 밀당을 하며 연애하는 마음으로 내 손가락들을 만나야겠다.

교사 성장으로 말하다

함께 나누며 수업으로 깊어지다

수업의 깊이를 더해 준 교사 공동체

2011년부터 초등 과학 교육과정 연구회 '라온제나'와 함께해 오고 있다. '즐거운 너와 나, 우리'의 라온제나는, 이제 막 과학 교과 전담을 시작한 친구들과 함께 '재미있고 준비된 과학 수업'을 하기 위해 만든 모임이다. 토요일 오전 과학실에 모여 사전 실험과 각자 준비한 주제 발표 등의 자발적 수업 연구가 주된 활동이었고, 때로는 동아리에서 개발한 활동 자료로 교육 기부와 과학 축전에서의 체험 부스를 운영했다. 과학 수업에 대한 전문성이 생기니 도교육청 초등 과학 교육과정 연구회(2016년), 교육부의 학습자 중심 교과서 단원 모형 개발 연구회(2017년), 교과용 도서 현장 적합성 검토 연구회(2017~2018년)의 역할도 주어졌으며, 개정 과학 교과서의 수업 적용 및 검토 의견의 충실성을 인정받아 우수 연구회로 선정되기도 했다.

지금은 각자 맡은 학년과 교과 수업에 대한 교사교육과정을 실천하며 수업 나눔으로 활동을 이어가고 있다. 라온제나와 함께한 10여 년은 나로 하여금 깊이 있는 배움과 즐거움을 고민하며 보다 나은 과학 수업에 도전하게 했고, 긴 시간 동료 교사와 동행할 수 있는 리더십과 수업 나눔으로 함께 성장하는 보람을 안겨 주었다.

온작품 읽기에 조금씩 관심을 갖던 해에 만난 전북 국어 교육연구회, '온샘온책'도 빼놓을 수 없다. 작가의 이름을 말

하면 작품을 술술 이야기하고, 그림책을 읽어 주다가 눈물 짓는 선생님들의 모습이 무척이나 낯설었다. 그렇게 발을 들이게 된 온샘온책은 그림책과 동시를 통해 아이들과 소통하고 수업으로 풀어가는 법을 고민하며 도전하는 기회를 주었다.

사실 과학 전담교사를 하며 그림책이나 동시를 수업에 녹여낸다는 것은 쉽지 않았다. 날씨 단원에서 배운 개념으로 쓴 동시를 모아 동시집 '지렁이 일기예보'를 따라 한 일기예보 병풍 동시책 만들기 수업이나 거울의 성질을 활용한 동시 거울책 만들기 수업이 이때 도전했던 수업들이다.

저학년 담임을 시작한 후에는 '아이나르샤' 라는 그림책 동아리를 운영하며 5년간 꾸준히 그림책과 동시를 활용한 수업에 관심을 가지고 도전했다. 그림책과 동시는 학습 내용을 풀어가는 징검다리가 되어 주었고, 아이들은 어린이 작가가 되어 자신의 경험과 생각을 짧은 글과 입말동시로 풀어나갔다. 아이들은 동시와 그림책으로 자신의 생각에 날개를 날았고, 나는 어설펐지만 나름의 그림책과 동시를 활용한 교사교육과정을 펼쳐 보았다. 이처럼 온샘온책은 '관찰, 분석, 탐구, 조작'과 같은 기능적 활동에 치우쳤던 내 수업 영역을 '감상, 표현, 공감'과 같은 정서적 활동으로 확장해 준 고마운 모임이다.

배워서 남 주는 사람, 교사

'배워서 남 주자!'

지금은 자주 쓰는 익숙한 표현이다. 이 문구를 20여 년 전, 지금껏 나와 함께 라온제나에 몸 담고 있는 내 34년 지기 친구의 교실에서 처음 보았다.

'아! 맞다. 나는 교사지. 배워서 남 주는 사람이지.'

너무나 당연할 수밖에 없던 그 문구가 그 시절 내 마음속에 깊이 들어왔고,

이것이 내 할 일이라고 다짐했었다. 배워서 아이들에게 주기 위해 다양한 연수를 듣고, 치열하게 수업을 준비했다.

그때는 배워서 내가 성장하고, 아이들에게'만' 주어야 한다고 생각했는지도 모른다. 그러던 것이 어느 순간 배워서 아이들과 동료 교사에게 주는, 함께 성장하기 위해 기록하고 수업을 나누고 있는 내 모습을 보게 되었다. 그리고 이제는 수석교사로서 '배워서 남 주는 일'에 더 충실할 때가 다가왔다. 지금과는 다른 수석교사의 길이 기다리고 있지만, 힘을 내어 묵묵히 나누고 함께 성장하고 싶다.

12

매 순간 진심을 다하고 싶은 수석교사

진혜원

행동 발달 및 종합 의견

사람을 편안하게 해 주고 친절하며, 마음이 따뜻하다는 말을 많이 듣는 편임. 다른 사람들의 장점을 찾아서 표현해 주고 배우려는 태도가 좋음. 자신이 좋아하거나 마음먹은 일에는 강한 추진력과 집중력을 발휘하며 불꽃 같은 열정을 쏟아 내지만, 꾸준히 지속하는 것을 어려워함. 앞으로 자신이 하고자 하는 일에 뒷심을 키워 나간다면 선한 영향력을 끼칠 수 있는 좋은 수석교사가 될 것이라 기대함.

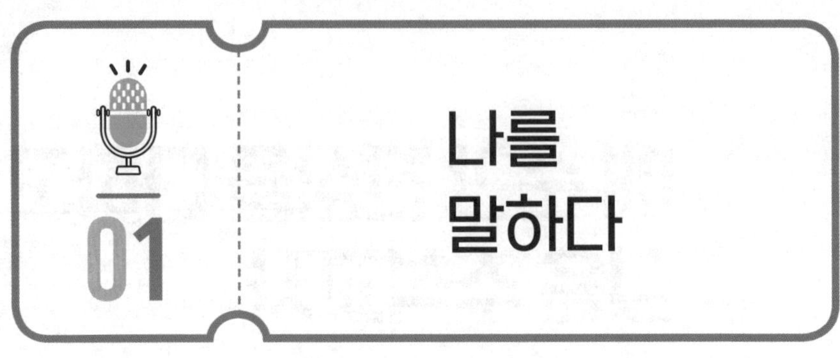

매일매일의 소소한 기쁨을 발견하며 살고 싶다

지금은 교사라는 직업과 신앙 생활 덕분에 외향적으로 바뀌었지만, 초·중·고 학생 시절의 나는 교실에서 둘째가라면 서러울 만큼 말이 없고 내성적이었다. 소심했으니 화끈하게 놀았을 리 없고, 공부에 딱히 흥미가 있거나 승부욕이 강한 편도 아니어서 성적이 좋은 편도 아니었다. 그냥 적당히 놀고 적당히 공부하며 재미없는 학창 시절을 근근이 버텼다고나 할까. 그래서 공부는 고3, 딱 1년만 열심히 했다. 그러나 고3 때는 누구나 열심히 하니까 성적을 올리는 것이 쉽지 않았다.

그래서 20분이면 통학할 수 있는 서울교대를 두고, 왕복 4시간씩 걸리는 경인교대에 입학했다. 통금 10시, 자취를 절대 허락하지 않는 엄격한 아버지로 인하여 계속 통학해야 했던 나는, 그때 처음으로 하기 싫은 것을 참아 내고 무엇인가를 성취했을 때 누릴 수 있는 것들이 많다는 것을 깨달았다.

장거리 통학이 힘들었을 뿐, 나는 경인교대, 그것도 음악 교육과에 들어간 것이 너무나 감사했다. 지하 음악당에서 서로 꽃다발을 건네며 악기 연주 실력이 늘었다며 축하하던 향상 음악회, 좋은 곡이 있으면 함께 노래 부르고 피아노 치며 음악을 즐겼던 모든 순간이 지금도 사진처럼 마음속에 남아 있다.

나는 특별한 철학이나 사명감이 있는 훌륭한 교사가 아니었다. 지금 생각하면 한심해 보이는 면도 많은데, 그 시절의 나는 재미와 행복을 추구하며 해맑게 살았던 것 같다. 올해로 교직 생활 23년. 지금도 나는 어린 날의 나와 크게 다르지 않다. 소파에 딱 붙어서 텔레비전을 보거나, 친구와 만나 수다 떨기를 좋아하고, 책보다는 판타지 드라마에 열광하며, 〈나는 솔로〉를 재미있게 보는 평범한 사람이다.

이전과 조금 달라진 게 있다면 내가 고쳐야 할 부분에 대해 생각하고 행동에 옮기려 노력한다는 것, 그리고 배움을 즐기는 사람이 되었다는 것이다. 나는 다른 사람에게는 평범한 일반인일지 모르나, 나의 인생 무대에서는 대체 불가한 주인공이다. 나는 인생을 하루하루 의미 있게 보내고 싶다. 사랑하는 사람들을 귀히 여길 줄 알고 성장하기 위해 노력하는 사람, 매일매일 소소한 기쁨을 발견하고 그것을 표현하는 사람이 되고 싶다.

02

수석교사를 말하다

수업 역량으로 말하다

교사가 돌아갈 곳은 '수업' 뿐

부끄럽게도, 젊은 시절의 나는 수업에 관심이 그리 많지 않았다. 그저 아이들과 재미있는 활동을 하는 것이 즐거웠고, 그렇게 아이들을 재미있게 하는 것이 좋은 선생님이라고 믿었다. 그리고 그때의 나는 음악을 좋아하지만 음악을 잘하지 못해 슬픈 사람이었다. 신규 발령을 받고 합창부를 맡았었다. 주위 선생님들은 내가 음악 교육과를 졸업했으니 합창을 매우 잘 가르칠 것이라 기대하셨다. 그러나 애석하게도 나는 학생들에게 모범적인 가창을 해 줄 정도의 노래 실력이 없었다.

'그래, 노래가 안 되면 악기를 잘하자.'

클라리넷, 오카리나, 우쿨렐레, 기타, 피아노 등등 연주를 잘하고 싶어 이것저것 손댄 악기가 5가지가 넘는다. 아이들을 가르치는 것보다 내가 음악을 잘하는 것에만 관심이 있었다. 그러나 재능도 없고 끈기도 부족했던 나는 이 중에 제대로 연습해서 잘하게 된 악기가 없었다.

그러면서 문득 공허함이 느껴지기 시작했다. '내가 음악을 아무리 잘한들 음악 전공자보다 잘할 수 있을까? 그리고 설령 잘하게 된다고 해도 무엇이 좋은 걸까? 나만 잘하는 것이 어떤 행복을 줄 수 있을까?' 이런저런 생각들을 하며 방황하다가 결론을 얻었다.

'그래, 교사는 음악을 잘하는 것보다 음악 수업을 잘하는 것이 훨씬 의미가 있지.'

그것이 바로 나의 자리라는 생각이 들었다.

나는 시선을 돌려 내가 좋아하는 음악을, 수업을 통해 학생들과 함께, '제대로' 하기 시작했다. 이렇게 수업으로 시선을 돌렸을 때 비로소 보이는 것들이 있었다. 내가 가르치는 아이들은 언제나 음악을 좋아했다. 노래를 못하는 아이도, 연주를 못하는 아이도 자부심과 흥미를 가지고 수업에 참여했다. 내가 특별한 수업 스킬이 있었던 것도 아닌데, 음악 수업을 대하는 아이들의 자세는 꽤나 적극적이었다.

지금 생각해 보면, 음악을 좋아하는 담임의 마음이 너무 잘 전달되었기 때문이라는 생각이 든다. 나는 음악 수업 시간에 눈을 반짝이는 아이들을 보면서 수업을 더욱 잘하고 싶은 생각이 들었고, 학생들에게 보다 특별한 음악 경험을 선사할 수 있도록 노력하게 되었다.

음악 수업을 적극적으로 펼치다 보니, 다른 교과와 융합하여 수업하고 싶은 마음이 자연스럽게 생겨났다. 놀기만 좋아하고 수업에 관심이 없던 내가, 어느새 스스로 무엇인가 해 보고 싶은 교사로 변하게 된 것이다. 학교폭력에 관한 그림책을 읽고 자신의 느낌을 음악으로 표현하기, 친구들과 함께 음악극을 창작하여 공연하기 등 프로젝트 수업을 구성하여 음악 활동물이 최종 산출물이 될 수 있도록 수업을 진행했고, 주변의 권유로 연구 대회까지 참여하게 되었다.

수업 연구 대회 참여는 나에게 또 다른 세계로의 입문이었다. 친구와 함께 의기투합하여 수업 연구를 하고 치열하게 고민하여 지금까지 해 왔던 수업들을 보고서에 녹여냈다. 이러한 일련의 과정은 힘든 만큼 나에게 성장을 가져다주었고, 수석교사에 도전할 수 있는 길을 열어 주었다.

이제 나는 수업에 관심이 아주 많다. 수업을 잘하고 싶고, 수업을 잘하는 수석교사 분들이 많이 부럽다. 나처럼 처음부터 수업에 열정과 재능, 관심이 없던 사람도 자신도 모르게 변할 수 있다. 만일, 자신이 자질이나 실력이 부족하다고 고민하는 선생님이 있다면, 나의 이야기를 읽고 용기를 얻으셨으면 좋겠다.

생활 교육으로 말하다

다만 사랑을 주고자 했고 운이 좋았다

미국 할렘가에서 매우 악명 높은 학교가 있었다. 학생들의 불손한 태도로 인하여 수업 진행이 거의 불가능할 뿐만 아니라, 교도소에 들어가는 학생들도 부지기수였다. 그런데 유독 한 선생님의 반 학생들은 범죄를 저지르지 않고, 대부분이 학교를 무사히 졸업하여 사회에 무난히 적응했다. 심지어 그 선생님은 할머니였는데, 어떻게 그럴 수 있었을까? 기자가 그 비결을 묻자, 선생님은 이렇게 대답했다.

"나는 그저 아이들을 사랑했을 뿐이라오."

대학생 때 들었던 이야기인데, 출처는 기억나지 않지만 그 선생님의 대답은 항상 마음속에 남아 있다. 그래, 아이들은 선생님이 나를 사랑해 준다는 것만으로 적어도 혼자라는 생각은 들지 않을 것이다.

나는 생활 교육 방면에서 나만의 콘텐츠나 지도 팁은 가지고 있지 않다. 게다가 나는 교과 교사일 때와 담임 교사일 때의 스탠스가 180도 바뀐다. 꽤나 엄한 담임이라 학생들이 나에게 선불리 친근하게 다가오지 못하지만, 이것 하나만큼은 항상 주의를 기울였다. 아이들이 '선생님은 나를 좋아한다.'라고 생각하도록 끊임없이 표현했던 것이다. 그리고 학생들의 관계 교육만큼은 매우 신경 써서 진행했다. 그래서 다행히 22년을 재직하는 동안 엄청나게 힘든 일은 겪지 않았다.

나는 내가 잘해서 그렇다고 생각했는데, 나이를 먹어 가며 알게 되었다. 아무리 잘하려고 노력해도 운이 좋지 않으면 누구나 불행한 일을 겪을 수 있다는 것을. 그래서 이제는 미국 할렘가의 일화를 떠올리지 않는다.

'그저 사랑만 준다고 해결되는 시대가 아니구나. 그래, 나는 신의 가호, 좋은 학생들, 좋은 학부모들 덕분에 여기까지 왔다.'

그러나 행운에만 기대어서 교육을 할 수는 없다. 나는 다른 교사들에게, 너무나 열심히 하고 아이들을 정성으로 가르치는 선생님들에게 도움을 주고 싶다. 생활 지도로 어려움을 겪지 않도록 함께 고민하며 지원하고 싶다.

내가 교무 부장으로 근무하던 해, 후배 교사의 학급에 분노 충동 조절 장애를 겪고 있는 학생이 세 명이나 있었다. 그중 한 명은 내가 본 모든 학생을 통틀어 가장 심각한 수준이었다. 그 학생은 교실의 모든 화분을 깨고 책상을 뒤엎어 놓는 일이 다반사였다. 어떻게 그 선생님을 지원해야 할지 몰라서 너무나 안타까웠다. 하루하루 교실에 혼자 있는 것이 숨쉬기 어려울 정도로 힘들어하는 후배를 위해 그저 매일 점심시간에 함께 있어 주고, 방과 후에 이야기를 들어 주는 것밖에 해 줄 수 있는 게 없었다. 비록 내가 효과적인 도움을 주지는 못했지만, 그 후배 교사는 지금도 이야기한다.

선생님, 그때 제 곁에 계셔 주지 않았다면 저는 아마 세상에 없을지도 몰라요. 진심으로 감사합니다.

나의 교직 인생에서 가장 보람 있었던 순간이다. 우리 학교에는 아직도 이러한 학생들이 많다. 나는 앞으로도 수석교사로서 문제 행동을 하는 학생들로 인하여 어려움을 겪는 선생님을 위해 전문적 컨설팅을 통해 도움을 주고 싶다.

교사 성장으로 말하다

늘 진행형 성장 캐릭터로 살고 싶다

나의 교직 인생에 엄청난 영향을 끼친 롤 모델이 있다. 내가 모셨던 교장 선생님이다. 나 역시 그분을 너무 좋아하고 따르다 보니, 나도 모르게 그분처럼 되고 싶어 성장을 하게 된 것 같다. 음악을 좋아하는 나를 보시고 그분은 나도 몰랐던 나의 장점을 발견하며 나를 일으켜 세우셨다. 교장 선생님과 이야기하고 있으면 내가 마치 아주 유능하고 소중한 사람인 것 같은 느낌을 받았다. 나는 더욱더 신이 나서 수업을 하고, 음악 행사를 더 크게 진행했다.

교사에게 가장 중요한 것은 따뜻함이야. 따뜻함은 얼어붙은 마음을 녹여서 무엇이든 듣고, 변화하게 만들 수 있지. 진 선생은 따뜻하고 유능한 사람이니까 앞으로 계속 공부해서 다른 사람에게 좋은 영향을 주는 교사가 되었으면 좋겠어.

교장 선생님께서 늘 해 주셨던 말씀이다. 아이들을 진심으로 사랑하고 교직원들에게 매 순간 최선을 다하시던 그분의 모습을 보며 계속 연구하고 배우고 싶다고 생각했다. 그분을 만나지 못했더라면 나는 어떤 교사가 되어 있을까? 그분과의 만남을 감사 드릴 따름이다.

나의 성장에 선한 영향을 끼친 사람들이 어디 그분뿐이랴. 가족, 친구, 나와 함께했던 모든 사람 중에 배울 점이 없는 사람은 단 한 명도 없었다. 인생을 살아가며 좋은 사람들을 만나 성장한다는 것은 크나큰 축복이다.

사진 속의 나는 참으로 행복해 보인다. 청계천에서 오카리나 연주를 하던 모습인데, 사실 청계천은 버스커들에게 그리 좋은 환경은 아니다. 사람들이 연주가 아니라 그저 배경음악 정도로 여기며 앉아 있는 경우가 많고, 그냥 지나가거나, 심지어 연주 중인데 말을 걸거나 악기를 함부로 만지는 사람도 있다. 하지만 나는 개의치 않았다. 혼자가 아니라 함께 연주하는 이 순간이, 사람들과 음악으로 함께 느끼는 이 순간이 행복했기 때문이다.

이제 나는 수석교사로서 행복해지고 싶다. 수석교사로서 혼자 행복한 게 아니라 선생님들과 함께 행복해지고 싶다. 다른 교사들이 수업 전문가로서 자존감을 키워 갈 수 있도록 돕고, 그들이 성장해 가는 모습을 보며 행복감을 느끼고 싶다. 앞으로 수석교사로서 나의 인생이 어떻게 펼쳐질지 알 수 없지만, 행복을 추구하는 진행형 성장 캐릭터로서 매일매일 열심히 살고 싶다.

13

모든 학생을 가르칠 수 있는 수석교사

행동 발달 및 종합 의견

패션과 외모에 관심이 많고 외향적으로 보이지만, 사실은 내면을 더 중시하며 소심하고 내향적임. 사람들과 지내는 것도 좋아하지만, 온종일 혼자 도서관에서 공부하는 것을 즐겨함. 교실 분위기를 긍정적이고 화기애애하게 만드는 능력이 뛰어남. 학교와 학년에서 힘든 일을 도맡아 하고, 학생들을 위해 최선을 다함. 과학적 소양이 뛰어나 관찰, 분석 및 실험을 잘함. 운동을 잘해 배구, 탁구, 수영, 스키, 달리기 등 다양한 종목에서 두각을 보임.

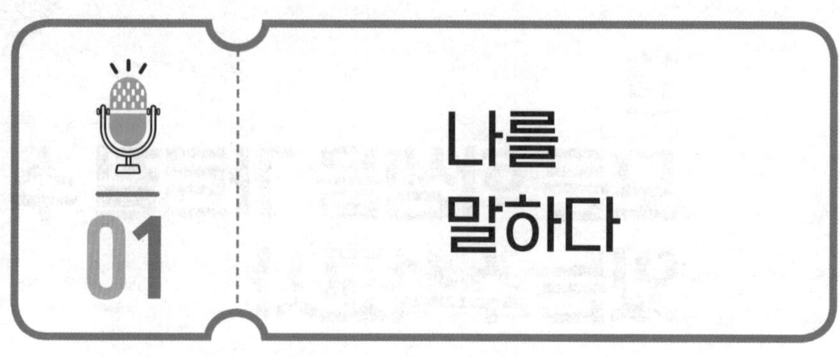

중등 생물 교사가 되고 싶었던 초등 수석교사

내가 교사가 된 사연은 아주 길다. 고등학교 2학년 때 교사, 그중에서도 좋아하는 과목인 '생물 교사'가 되고 싶었다. 하지만 성적이 되지 않아서 생물교육과 대신에 생물학과에 진학했다. 교직을 이수해서 교사 자격증을 받기를 기대했는데, 내가 간 학과는 신설된 지 얼마 되지 않아서 교직 이수가 불가능했다.

그래서 교육대학원 진학을 준비했고, 열심히 공부해서 과 수석으로 졸업했다. 이후 교육대학원 생물 교육과에 진학하여 생물 교사 2급 자격증을 취득하게 되었다. 그때 부설 고등학교에 4주, 부설 초등학교에 1주 교생 실습을 나갔다. 부설 고등학교에서의 수업은 생각했던 것과 달라서 실망한 반면, 부설 초등학교에서는 너무 재미있었다. "선생님은 초등 교사가 더 맞는 것 같아요."라는 부설초 선생님의 말씀을 그때는 그냥 웃고 넘겼는데, 현재 초등 교사가 되고 나서 생각해 보니 신기하다.

중등 생물 교사 자격증을 취득한 뒤 임용을 보았지만 50:1의 경쟁률에 절망하고 말았다. 지인의 추천으로 교대 편입이 있다는 것을 알고 지원하여

17:1의 경쟁률을 뚫고 합격을 했다. 교대 과학 교육과에서는 임용이 잘될 거라는 기대가 있어, 힘든 예체능 과목이 있었지만 즐겁게 할 수 있었다.

그렇게 2003년 29세에 첫 발령을 받았고, 이후 학부 교수님의 추천으로 박사 과정에 입학했다. 식물 광합성을 전공한 석사 과정에 이어, 박사 과정에서는 위생 곤충학으로 모기 분류를 전공하여 다양하게 공부할 수 있었다. 초등학교 발령 이후 기회가 좋아서 담임 경력과 과학 전담 경력이 같다. 그렇게 과학에 관심을 가지고 과학 동아리, 과학 전람회 등 활발히 활동을 펼쳐서 2023년 올해의 과학 교사상을 수상할 수 있었다.

"영분이는 머리가 그렇게 뛰어난 건 아닌데 끈기가 있다."는 어머니 말씀처럼, 머리가 특별히 좋지도, 성적이 특별히 뛰어나지도 않았던 내가 여기까지 올 수 있었던 것은 끈기 덕분이다. 한 가지 목표가 정해지면 끝까지 하는 끈기가 나를 여기까지 올 수 있게 한 것 같다.

02

수석교사를 말하다

수업 역량으로 말하다
초등 과학 시간, 레시피가 아닌 자기 주도적으로

좋아하고 잘하는 과목이 과학이라서 학교에서 과학 시간만큼은 열심히 했다. 다른 수업 시간은 빠져도 과학 시간은 절대 빠지지 않았다. 처음에 내가 어떻게 수업을 했을까 생각해 보니, 교과서를 정석으로 생각하고 교과서대로 열심히 설명하고 실험을 했던 것 같다. 마치 요리 레시피를 따라 하듯이 순서와 용량을 잘 지켜서 실험을 하게 했다. 그렇게 안 하는 학생들을 혼내고 실험을 성공하지 못하면 잘못된 것이라고 말을 하고는 했다.

그렇게 수업을 하던 내가 바뀌게 된 계기는 바로 '수업 탐구 대회'였다. 당연히 과학 수업을 했고, 현재는 조금 제도가 바뀌었지만 그때는 20장 정도의 교실과 학생 이야기, 수업 이야기를 적어야 했다. 한 차시의 수업을 보는 것이 아니라, 보통 어떻게 수업을 하고 진행하는지 등 나만의 수업 이야기를 쓰는 것이었다. 그렇게 시작된 수업 고민을 1년 동안 했다. 내가 바라는 수업은 무엇이며, 학생들의 성장을 원하는 포인트는 무엇인가를 생각했다. 그렇게 고민하면서 드디어 나만의 수업 루틴을 찾았다.

그것은 바로 '혼자 – 짝 – 모둠'으로 실시하는 하브루타와 비주얼 싱킹이 섞인 수업이었다. 간단하게 설명하면 다음과 같다. 먼저 혼자서 오늘 수업을 할 내용 즉, 교과서를 읽는다. 그리고 짝과 함께 내용과 실험에 대해 이야기한다. 마지막으로 모둠 활동으로 공부할 내용이나 실험 과정을 그림이나 글자로 간단하게 화이트 모둠판에 기록한다. 모둠에서 정한 역할(이끔이, 기록이, 깔끔이, 나눔이) 중에서 한 명이 일어나 오늘 실험할 내용을 한 가지씩 설명한다.

예를 들면, 1모둠 이끔이가 이 실험의 목표와 주제를, 2모둠 이끔이는 실험 준비물을, 3모둠 이끔이는 실험 순서 중 한 가지를, 4모둠 이끔이는 다음 실험 순서를, 5모둠 이끔이는 실험 시 안전 주의 사항들을 설명한다. 6모둠의 이끔이는 실험 예상 결과를 이야기한다. 그리고 내가 중요한 내용을 추가로 간단하게 설명하고 안전 지도도 한다.

그런 다음 보드판을 제외한 책과 필통 등을 서랍에 넣고 실험을 실시한다. 이렇게 수업을 하면 실험 도중 "선생님, 몇 그램 넣어요? ", "다음은 뭐해요?" 등의 질문을 하는 학생들 없이 알아서 척척 실험을 한다. 실험이 끝난 뒤에는 실험 관찰을 쓰거나 교과서로 내용을 정리했다.

이렇게 수업의 루틴이 완성되면 여기에 하나씩 더해서 수업을 진행했다. 예를 들면, 교과서 외에 성취 수준에 맞는 다양한 실험을 패들렛에 올려서 학생들이 자유롭게 보게 한다. 그리고 그 실험 중에서 자신이 하고 싶은 실험이나 비슷한 실험을 구상하여 발표하고, 모둠과 의논하여 실험을 설계하도록 한다. 학생들의 자율성과 탐구 능력을 키워 주기 위해서 실험을 설계하게 하는 것이다. 물론 이렇게 실험을 하려면 시간과 정성이 많이 들어가고, 위험한 실험은 절대 이 방식으로 해서는 안 된다. 실험 후에 실험 보고서를 완벽하게 쓰면 좋지만, 일정한 틀 없이 자유롭게 실험을 설계하고 실험을 할 수 있도록 했다.

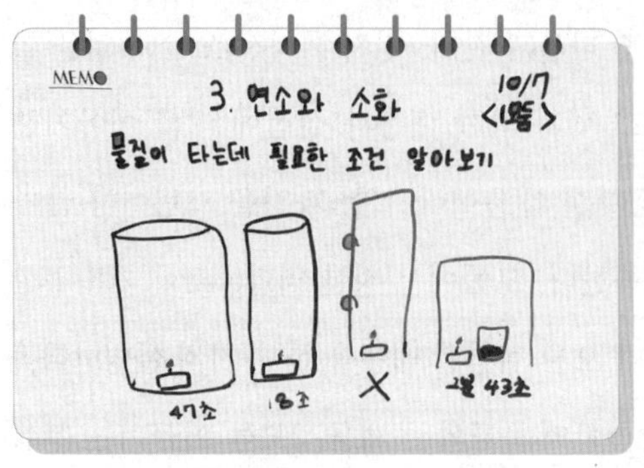

자유롭게 실험하니 학생들의 참여도가 눈에 띄게 높아졌다. 6학년 연소와 소화 단원에서 불을 끄는 방법을 알아보는 실험이었는데, 교사용 지도서에도 없는 다양한 방법으로 학생들이 불을 껐다. 간이 소화기도 직접 학교 보도블록에 던져서 깨뜨려 봤다. 소방 훈련 때는 대표 학생만 소화기를 사용했었는데, 유효 기간이 지난 소화기를 다 모아다가 학교 운동장에서 실컷 사용했던 적도 있었다. 3학년 공기의 이동 실험에서도 교과서 그대로 만든 옆 반과 달리, 다양한 공기 자동차를 만들어 우리 반의 창의성을 인정받았던 적도 있다.

과학 수업에 정답은 없다. 물론 정해진 틀에서 해야 하는 수업도 많다. 하지만 좀 더 자유롭게 탐구하고, 실험하고, 생각할 수 있도록 하는 것이 나의 과학 수업이다. 스스로 계획하고 실험하고 정리하는 수업이다. 교사인 나는 옆에서 도와주는 역할을 하는 사람이다. 우리 아이들이 과학에 흥미를 가지고 적극적으로 이러한 수업에 참여했으면 하는 것이 나의 작은 바람이다. 나는 모든 학생을 가르칠 수 있는 수석교사가 되고 싶다.

생활 교육으로 말하다

혼자가 아닌! 다 같이 함께하는 공동체

초임 교사 시절, 1학년 담임 때 사물함에 포도송이를 붙이고 잘한 친구들에게 도장 같은 스티커를 하나씩 주었다. 포도송이를 많이 모은 친구들은 상을 받는 시스템이다. 그래서 학생들이 그 스티커를 받으려고 열심히 했다. 친구는 어떻게 하든 나만 잘하면 되었다. 그렇게 개별로 보상을 주었던 시절이 있었다.

그리고 6학년 담임 때는 모둠별로 보상을 주었다. 칠판 한구석에 모둠 이름을 쓰고, 그 모둠이 잘하면 자석을 하나씩 붙여서, 가장 많이 자석을 모은 모둠에 특혜를 주었다. 급식 먼저 먹기 등 다양한 혜택을 받기 위해 학생들은 치열하게 자석을 모았다. 우리 모둠이 잘해서 자석을 받으면 좋아했지만, 다른 모둠이 받으면 시기와 질투가 많았다. 혹시나 모둠에서 누구 한 명 때문에 자석을 받지 못하면 원망이 가득했다.

그래서 몇 년 전부터 우리 반은 개인 보상도, 모둠 보상도 아닌, '반 전체 보상'으로 바꾸었다. 그것은 바로 '학급 온도계'이다. 학급 전체가 잘했을 때 온도계가 올라간다. 학급 온도계가 올라가는 기준도 학생들이 직접 정했다. 모두가 숙제를 다하면 1점, 신발장 정리를 잘하면 1점 등 이렇게 점수를 정했다. 마이너스 점수는 정하지 않았다. 규칙을 안 지킨 사람에게 원망이 돌아갈 수 있기 때문이다. 학급 온도계로 학급을 운영하고부터 학생들이 달라졌다. 못하는 친구들을 서로 도와준다. 다 같이 잘 해야 점수를 받기 때문이다. 못하거나 안 하는 친구들을 원망하기보다, 서로 도와주어서 빨리 다하고 점수를 받으려고 노력하는 모습들이 보였다.

생활 교육에도 정답은 없을 것이다. 학교 상황이나 학생들의 성향에 따라 다르겠지만, 혼자가 아닌 다 같이 함께 생활하는 학교에서 공동체를 중시하는 것이 핵심이 아닐까 한다. 요즘 자신밖에 모르는 학생들이 너무 많은데, 이 아이들에게 함께하는 공동체성을 길러 주는 것이 가장 중요한 것 같다.

교사 성장으로 말하다

혼자 크는 나무는 없다

가만히 생각해 보면, 내가 교사가 되고 교직 생활을 이어갈 수 있었던 것은 나 혼자 잘나서가 아니라 함께라서 가능했던 일이다. 나를 성장시킨 것은 먼저 '학교'이다. 교사라면 누구나 초·중·고를 다니고 교대나 사범대를 다녔다. 아니면 일반 학과에서 교직 이수로 정교사 자격증을 받아서 임용 시험을 쳤을 것이다.

나는 대학교를 3군데나 다녔다. 생물학과 학사, 교육대학원 생물 교육과 석사, 그리고 교대 과학 교육과 학사이다. 8살부터 28살까지 학교만 다녔다. 29살에 첫 발령을 받은 후 일반대학원 박사 과정에 들어가 36살에 위생 곤충학 박사 학위를 받았다. 누가 보면 학위 중독이라 할 수도 있겠지만, 어찌하다 보니 학교를 여러 군데, 오래 다녔다.

어느 학교 하나 쉬운 것은 없었다. 생물학과는 학비가 비싼 사립대라서 장학금을 받기 위해 열심히 공부했다. 교육대학원은 다른 지방 학교였기 때문에 외로움과 텃세를 이겨야 했다. 교대는 재미있었지만 다양한 과목들을 모두 소화해 내느라 힘들었다. 그리고 돈, 시간, 끈기만 있으면 할 수 있는 박사라고들 하지만, 나 자신과의 긴 싸움에서 이겨야 했다.

이 과정에서 여러 교수님들을 만났다. 그래서인지 학교에서 제아무리 힘든

관리자라 해도 지도 교수님처럼 힘들지는 않았고, 제아무리 일이 많다 해도 풀타임 대학원생보다는 많지 않았다. 그 결과 학교생활을 다른 사람보다 수월하게(?!) 할 수 있었다.

다음으로 나를 성장시켜 준 것은 '공동체'이다. 나는 교사로 발령받는 순간부터 TCF(한국기독교사회)라는 공동체에 들어갔다. 매주 모여서 성경 공부와 책 읽기, 주제 나누기 등을 했다. 힘든 일이 있으면 털어놓고 울기도 하면서 위로를 받았다. 혼자 읽기 힘든 책을 함께 나누면서 읽었다. 자신의 잘하는 분야를 나누면서 서로 배워 갔다. 이렇게 공동체가 있어서 더 즐겁게 학교생활을 할 수 있었고 성장할 수 있었다.

세 번째는 '연구회 활동'이다. 처음에는 인맥이나, 연수 등으로 시작하여 다양한 연구회 활동을 했다. 부산 과학 교육 지원단 활동, 부산 초등 평가 지원단 활동, 과학 사랑 연구회, STEAM 연구회 등 다양한 모임에서 활동하면서 많이 성장할 수 있었다.

처음에는 무슨 말인지 모르겠고, 학교 일도 바쁜데 이것까지 하려니 정말 힘들었다. 하지만 하나씩 배워 가고 지도안을 짜고 관련 책자를 만들 때마다 성장하는 나를 볼 수 있었다. 보고서도 한두 장 쓰다 보니 몇십 장 쓰는 것도 쉽게 할 수 있었다. 수업 역시 고민을 많이 한 덕에 초등 과학 교과서의 다양한 실험과 과정을 이해할 수 있게 되었다. 혼자 크는 나무는 없듯이 나 역시 많은 분들의 도움으로 성장할 수 있었다. 어떻게 할까 혼자 고민하고 계신 분이 있다면, 가까운 분들에게 도움을 구해 보시길 권한다.

나는 초등 교사 자격증, 중등 생물 교사 자격증을 모두 가지고 있다. 그리고 박사 학위도 있어서 대학 강단에도 설 수 있다. 그리고 언젠가 유치원 교사 자격증도 따고 싶다. 내 꿈은 원래 어느 연령대의 학생들이 와도 가르칠 수 있는 교사가 되는 것이었다. 그리고 후진국에서 제대로 교육받지 못하는 선교사님들의 자녀들을 가르치고 싶은 것이 꿈이다. 교사가 되기 전까지 가슴 떨리게 꾸었던 꿈을 이제 수석교사가 되어서 다시 꾼다. 아직 어떻게 할지 구체적인 방향은 없지만, 하나씩 준비해 나가면 언젠가는 어느 나라에서 학생들을 가르치고 있을 나를 기대해 본다.

14

열정과 한결같음의 미덕 보석을 소유한 수석교사

하영희

행동 발달 및 종합 의견

동생들을 앉혀 놓고 벽에 글과 숫자를 적어 가며 학교 놀이를 하는 동안 교사의 꿈을 키웠음. 수업 명사, 수업 연구 교사 등의 타이틀을 가질 만큼 수업 연구에 대한 열정이 가득함. 더불어 수업 혁신 지원단, 수학 교육 지원단, 기초 학력 지원단 등 현장 교사를 위한 지원도 아끼지 않는 성실함을 지님. 외유내강(外柔內剛)의 성격으로 한번 결심한 일은 끝까지 하는 끈기가 있음. 자주 만나는 장학사님이 주말에는 좀 쉬시라고 할 만큼 배움을 좋아함.

나는 이렇게 초등 교사가 되었다

어려서부터 교사 외에 다른 꿈을 가져 보지 못했다. 누가 시키지도 않았는데 사명감이 생길 정도였다. 그리하여 중등 정교사 자격증을 땄지만, 임용고시의 문턱은 아주 높았다. 그러던 중 교대에서 편입생을 뽑는 제도가 생기면서, 초등 교사가 되기로 마음먹었다.

편입 시험은 논술과 면접으로 간단했다. 그러나 경쟁률이 높았기 때문에 공부를 대충 할 수 없었다. 논술 시험은 시중에 나온 책들을 구입하여 내용을 정리하며 준비했다. 논술 책을 여러 권 사서 주제를 모아 본 결과 30개 정도가 되었고, 주제에 맞는 내용을 모아 또 하나의 논술 내용을 만들어 내어 정리했다. 하지만 그렇게 공부하면 다른 사람과 차별화가 되지 않을 것 같아 집 근처 대학교 도서관을 다니기로 했다. 그곳에는 많은 종류의 교육학 도서와 요즘 이슈가 되는 사회적, 교육적 문제들이 실린 신문도 종류별로 볼 수 있었다. 교육학 도서와 신문을 스크랩하여 정리해 둔 논술 내용에 추가하며 글을 적고 또 정리를 했다. 논술 주제가 무엇일지 모르기 때문에 시험을 얼마 앞두고는 그동안 정리한 30개 논술 주제의 내용을 외우는 연습을 했다.

드디어 시험날이 되었다. 그동안 공부했던 예상 문제와는 또 다른 내용의 문제가 출제되었다. 서론, 본론, 결론에 들어갈 내용을 구상하는 데 많은 시간을 빼앗긴 나머지, 연습지에 연습할 시간도 없이 본 시험지인 원고지에 글을 쓰기 시작했다. 1,200자 원고지의 맨 끝 칸에 마침표를 찍을 정도로 글을 써야 한다는 경험자들의 조언을 생각하며 글을 써 나갔다. 하지만 원고지 마지막 칸에 점을 찍는 순간, 합격이 안 되겠다는 생각이 들었다. 적은 내용이 마음에 쏙 들지도 않았고, 시간에 쫓겨 손이 얼마나 떨렸는지 글씨는 지렁이가 기어가는 듯했다. 내년에 한 번 더 도전하자는 마음으로 집에 왔는데, 다행히 결과는 합격이었다.

간절했던 교사의 꿈을 이루어 줄 교대 시절의 공부는 그야말로 꿀과 같았다. 편입생이라서 같은 학년 재학생들보다 해야 할 공부도 많았지만, 조금도 힘들지 않았다. 아직도 편입 시험 면접 때 면접관의 질문이 잊히지 않는다.

"교사가 되면 무엇을 제일 하고 싶습니까?"

나는 이렇게 대답했다.

"수업 모형을 많이 연구해서 교과에 맞는 수업 모형을 적용하여 학생들을 잘 가르치고 싶습니다."

그 대답을 평생 실천하기 위해 지금까지 부단히 노력해 왔고, 앞으로는 수석이라는 자리에서 그 노력을 함께 나누고 싶다.

02

수석교사를 말하다

수업 역량으로 말하다

생각하는 힘을 기르고 싶다

나는 저수지와 산으로 둘러싸인 작은 시골 마을에서 태어났다. 고등학교 졸업할 때까지 다녀 본 학원이라고는 5학년 여름방학부터 다닌 주산 암산 학원이 전부였다. 버스가 마을까지 들어오지 않아 정류소가 있는 큰 도로에서 집까지 걸어오면 40분이 넘게 걸렸다. 그래서 학원 마칠 시간이 되면, 집에서 자전거로 15분 거리인 대로변으로 아버지가 마중을 나오시곤 하셨다. 10월쯤 되어 날이 빨리 어두워지면서, 자전거를 타고 시골의 좁은 길을 달리던 아버지가 사고를 당하셨다. 그 이후 3개월간 다녔던 주산 암산 학원도 그만두었다.

그러나 나는 수학 시간을 엄청 좋아하게 되었다. 수학 시간에 이루어지는 암산을 척척 해내었고, 그 덕분에 담임 선생님의 칭찬을 들었으며, 친구들도 나를 신기한 눈으로 보기 시작했다. 나는 어느덧 수학을 잘하는 학생이 되어 있었다.

중학교, 고등학교 때도 수학만은 즐겁게 공부했다. 교대를 졸업한 이후로도 수학을 의미 있게 가르치기 위해 많은 노력을 해 왔다. 학습 지도 연구 대회, 수업 연구 대회, 교실 수업 실천 사례 연구 대회, 초등 현장 연구 논문 대회, 수학 지원단, 학습 자료 개발, 전문적 학습 공동체, 대학원까지 모두 수학과였다. 2023년에는 『놀이가 수학을 만들다』라는 수학 도서도 집필하게 되었다. 놀이라고 하면 보통 경쟁을 하여 승패를 내는 것으로 생각한다. 또한, 놀이와 수업을 따로 생각하기 때문에 놀이를 한 후에 다시 해당 차시를 복습하는 경우가 많다. 나도 그랬다.

하지만 이제는 놀이에 대한 생각이 많이 바뀌었다. 경쟁이 아닌 협력으로, 교사가 정해 주는 것이 아니라 학생이 선택할 수 있도록, 주어진 방법이 아닌 전략을 세우는 놀이가 진짜 놀이이며, 이러한 과정을 거쳐야 생각하는 힘이 커진다는 것을 알게 되었다.

나는 조성실 선생님의 『즐거운 수학 시간 만들기』라는 책을 참 좋아한다. 신규로 발령 나서 가입하게 된 협동 학습 연구회에서 함께 읽었던 책이었다. 자영이 원시인에게 수학을 설명해 주는 방법이 담긴 그 책의 내용을 그대로 교실로 가져가, 아이들과 자영이 원시인 수학 가르치기로 수업을 했다. 선행을 하지 않았다면 궁금할 것이 많았을 것 같은 수학 기호와 유래, 용어의 뜻, 계산 방법 등을 요즘 아이들은 궁금해하지 않는다. 미리 배운 알고리즘대로 문제 풀이 방법만 외워 계산할 뿐이다. 아이들이 궁금해하지 않으니 내가 자영이 원시인이 되어 질문을 던진다.

"직각삼각형은 각이 하나만 직각이어도 직각삼각형이라고 하는데, 직사각형은 네 각이 모두 직각이 되어야만 직사각형이라고 하는 이유가 무엇일까?"

이는 수학적 용어를 만들게 된 원리에 대해 생각해 보도록 하는 질문이다.

"약수는 왜 한자로 '約數'라고 쓸까? 무슨 뜻일까? 통분은 왜 '通分'이라는 한자를 사용할까?"는 한자어 풀이를 통해 수학적 개념을 알아보는 질문이다. "2cm+2cm+2cm=6cmcmcm라고 써야 되겠구나. 왜냐하면 2를 세 번 더했으니 cm도 세 번 더해서 써야겠구나." 하며 모른 척 질문하기도 한다.

자영이 원시인인 내가 하는 질문 대부분은 학생들이 당연하게 받아들이는 수학 용어, 개념, 계산 방법이다. 그렇기 때문에 질문을 받으면 학생들은 대부분 "답이 정말 있느냐?"라는 반응을 보인다. 그리고 '혼자 생각하기 - 짝과 나누기 - 전체 나누기' 활동을 통하여 질문에 대한 문제를 해결해 나간다. 이러한 공부는 생각을 많이 해야 해서 귀찮을 것임에도 불구하고, 아이들은 점점 호기심을 갖게 되고 좋아하게 된다.

올해 쌍둥이 딸이 고1이 되었다. 교육열이 높은 대한민국 엄마들처럼 나도 딸이 어릴 적부터 엄마표 계획을 짜고 엄마표 학습을 시켰다. 하지만 이 모든 과정의 최종 목적은 '자기 주도적 학습력 기르기'라는 것을 이제야 깨달았다. 학습 내용에 관해 흥미를 갖고 질문을 하며 잘하고 싶은 마음이 들어야, 깊이 생각하게 되고 스스로 공부하게 되는 것이다.

꼭 공부가 아니더라도 자신이 좋아하는 과목, 관심 있는 분야에 대해 질문하고 생각하며 다양한 방법으로 문제를 해결해 나가려는 힘! 그것이 바로 내가 중요하게 생각하는 교육의 목적이다. 더 나아가 자신의 인생에서 부딪히는 여러 가지 문제에 대해 회피하거나 포기하지 않고 직면하며 가장 좋은 방법을 찾는 것도 '깊이 생각하는 힘'이 아닐까 생각한다.

교사 성장으로 말하다

나의 롤 모델 김○임 수석님

수석교사가 있는 학교에서 근무하고 싶었다. 수업 이야기를 하며 수업 고민도 해결하고 싶고, 나도 수석교사가 되고 싶은 꿈이 있었기 때문이다. 수석교사가 되기 위해서는 수업 공개와 수업 관련 컨설팅 및 자료 개발 실적 등 다양한 분야에서 활동한 경험이 있어야 한다. 왠지 수석교사가 있는 학교에 근무하면 수석교사가 될 수 있는 실적을 쌓는 데 도움을 받을 것 같은 기대감도 있었다.

관외 근무를 마치고 다시 나의 주거지 쪽으로 학교를 옮겼다. 다행히 수석교사가 계신 곳이었고, 수석교사실은 내가 소속된 1학년 연구실 바로 옆이었다. 3월 어느 날, 수석실을 찾아가 이야기보따리를 풀기 시작했다. 수석교사가 되고 싶은 꿈이 있고, 그 꿈을 이루기 위해 쌓아 온 여러 가지 실적을 늘어놓았다. 그렇게 김○임 수석교사와 가까운 사이가 되었고, 전문적 학습 공동체도 함께하며 배움으로 성장해 갔다.

그럼에도 불구하고 수석교사 선발 대회에 서류를 제출할 때마다 '진짜 나는 준비된 수석교사일까?' 고민했고, 자신이 없었다. 배움에 더 참여하고 나만의 수업 루틴을 만들며 '이제는 수석교사가 되어도 되겠다'고 생각했을 때는 벌써 4번째 도전이었다. 그렇게 4수 만에 수석교사가 될 수 있었다.

2024년 수석교사 자격 연수를 마치고 당장 3월에 수석교사로 학교 현장에 나가는 것이 걱정되기도 했다. 하지만 그나마 자신감을 주는 것은 4년 동안 김○임 선생님과 함께하며 보고 듣고 경험하며 배운 나의 자산이었다. 이 자산 몇 가지를 소개하고자 한다.

첫째, 수업 참관 후 영상 속 교사 질문과 학생의 대답 전사하기이다.

수석 선생님은 수업 공개를 위해 사전, 사후 컨설팅을 해 주셨다. 함께 고민하여 지도안을 짰기 때문에 수업자의 의도를 잘 이해하셨다. 수업을 공개하는 날에는 영상을 촬영해 주시고, 촬영 영상을 다시 보시며 교사의 질문과 학생의 대답을 A4 종이 양면을 빼곡히 채워 전사하셨다. 그러고는 좋았던 질문과 아쉬움이 남는 질문에 대해 의견을 주시기도 하셨다.

이 참관록을 써 주시기 위해 영상을 몇 번이나 다시 보셨을지 생각하면 고개가 절로 숙여졌다. 수업 중에 내가 했던 질문이 적힌 종이를 보며, 때로는 내가 이런 질문을 했던가 돌아보기도 했고, 잘된 질문을 읽을 때는 뿌듯하기도 했다. 덧붙여 수업을 본 소감까지 적어 주시며 나를 성장시켜 주셨기에, 나도 수석교사가 되어 현장에 나가면 이와 같은 정성을 베풀고 싶다. 형식적인 겉모습이 아니라 수업을 갈구하는 교사에게 진심을 다하고 싶다.

둘째, 좋은 습관 들이기 프로젝트 공유하기다.

수석 선생님과 함께하는 전문적 학습 공동체에서 '독서 습관 만들기 21일' 프로젝트를 한 적이 있었다. 공동체 교사들끼리 각자 자신이 읽고 싶은 책과 읽을 시간을 정하고, 21일 동안 실천하는 것이다. 실천을 명확하게 하기 위해 개설한 단톡방에 그날 독서 시간과 읽은 책의 내용도 간단히 올리기로 했다.

하루하루 빠지지 않고 독서를 하는 것은 쉬운 일이 아니었다. 초저녁에 잤다가 새벽에 일어나서 책을 읽고 올리는 분, 가족 모임으로 독서할 시간이 없어 책을 들고 화장실에서 읽고 올리는 분, 책을 읽다가 잠이 들어 새벽에 일어나 마저 읽고 올리시는 분 등 다양했다. 그럴 때마다 우리는 공동체 교사끼리 격려했고, 21일 동안 빠지지 않고 실천한 교사에게는 소정의 축하 선물을 주

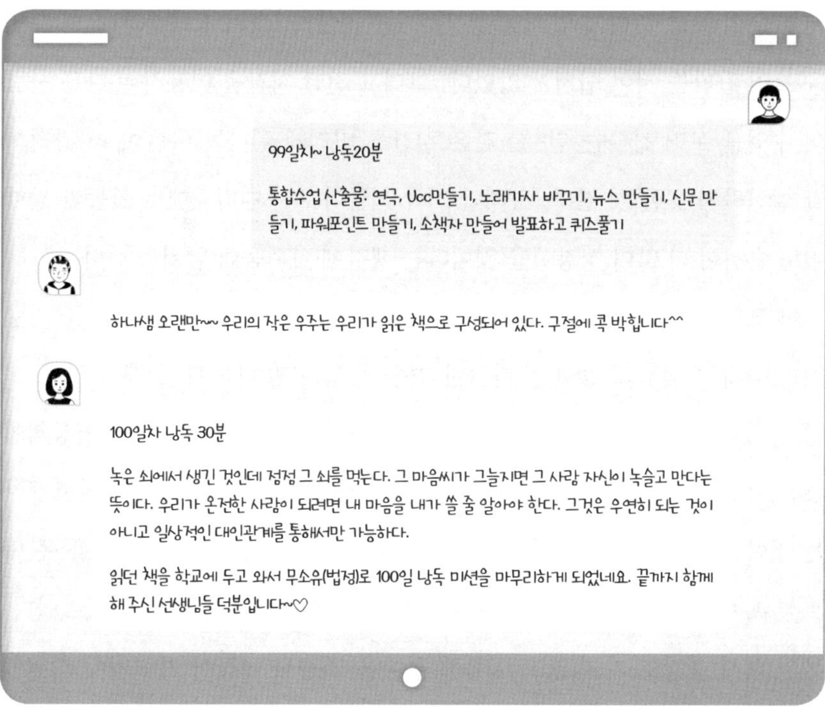

시기도 하셨다. 21일 동안만 하기로 했지만, 그 후 1년이 지나 공동체 교사들의 학교 전보가 있기 전까지, 오랫동안 단톡방에는 읽은 책의 내용이 올라왔다. 나는 이 프로젝트를 계기로 평소에 잘 읽지 않았던 책 읽기에 흥미를 가지게 되었다. 그리고 거기에 걷기, 감사 일기 쓰기를 덧붙여 아직도 수석 선생님과 교류 중이다. 수석교사로서 교사들에게 다가갈 수 있는 좋은 공유 프로젝트가 아닌가 싶다.

셋째, 전문적 학습 공동체 운영이다.

우리의 전문적 학습 공동체 이름은 '수업 함성'으로, '수업을 통해 함께 성장하다'는 뜻이다. 2주에 한 번씩 모이는데, 처음에는 '멘티 - 멘토'를 정하여 서로 수업을 봐 주며 수업으로 성장하기를 정했다. 그러나 다른 사람의 수업을 보러 간다는 것이 쉽지가 않았다. 그리고 전담 시간을 이용하여 다른 사람의 수업을 보러 간다는 건, 꿀 같은 시간을 버리게 된다는 마음이 더 강하여 잘 실천하지 못한 것 같다. 하지만 지금 되돌아보면 멘티 - 멘토 활동만 잘했어도 수업이 더 많이 성장했을 것이라는 생각에 아쉬움이 남기도 한다.

이 모임에서는 자신의 수업 방법 소개, 2주 동안 교실에서 한 활동 중 자랑거리 소개, 수석님의 강의 및 다양한 연수, 수업 고민 나누기, 공개 수업 후 수업 협의회가 이루어졌다. 공동체에서 이루어진 많은 활동 중 제일 인상적인 것은, 김○임 수석님은 공동체가 열리는 날에 절대로 출장을 잡지 않으신다는 것이었다. 연구 부장님께 말씀드려 교육과정에 공동체 운영 시간을 못 박으셨고, 이 시간만큼은 회의도 잡지 않도록 해달라고 부탁을 한 것으로 안다. 본인 역시 출장도 가지 않고 공동체 활동을 소중히 이끌어 가셨기에 회원들에게 뜻깊고 소중한 공동체가 아니었나 생각한다.

지금도 그 공동체 회원이었던 교사들은 만나면 그때 참 재미있고 의미 있었다고 이야기한다. 나도 이제 수석으로 발령이 나면 몇 가지의 원칙들은 꼭 지켜 나갈 수 있도록 결심하고 다짐해야겠다는 생각이 든다.

넷째, 진심이 담긴 수업 협의회이다.

'수업 함성' 회원은 1년에 1회 수업 공개를 권장했다. 물론 2회 이상을 공개하는 교사도 있었고, 1회도 공개하지 못하는 교사도 있었다. 회원이 수업을 공개하는 날은 모두 그 수업에 참여하려고 노력했고, 혹시라도 그렇지 못했을 때는 수업 공개 영상을 보며 협의회를 했다. '수업 공개자의 수업 의도 발표 - 수업 공개자 칭찬하기 - 공개한 수업 내용이나 교사의 역할 중 궁금한 점 질문하기 - 토의하고 싶은 점 찾아 토의하기' 순으로 이루어졌다.

협의회에서 제일 중요한 지점은 '토의하고 싶은 점 찾아 토의하기'이다. 보통 수업 협의회라고 하면 수업 공개 교사가 중심이 되므로 부담을 느낀다. 하지만 우리는 수업을 보며 교실 속에서 나의 고민과 연결한다. 평소 수업 진행에 있어 내가 고민하던 지점을 수업 공개 교사는 어떻게 풀어 나갔는지, 만약 풀어 나가지 못했다면 어떻게 해결하면 좋을지를 함께 머리를 모아 토의하는 것이다.

'수업 문제 해결 중 최적의 방법을 교사가 제시하여야 하는가, 아니면 학생 스스로 찾아야 하는가, 배움 1-3을 제시하는 것이 좋은가, 수업의 적정량은 얼마인가, 수업의 개인차를 해결하는 방법은 무엇인가' 등의 주제로 해결 방법을 찾아보기도 했다. 수업 공개라는 그 자체가 부담스럽긴 해도, 수업을

해 나가는 과정 중에 비슷한 지점에서 고민을 하는 것은 교사들의 공통점인 것 같다. 그런 공통된 고민을 자꾸 해결해 나가다 보면 수업이 계속 성장하리라 생각한다.

나는 이렇게 진심을 나누어 주는 수석교사를 만나 수업 성장은 물론이고, 수석교사의 꿈을 계속 키워 나갈 수 있었다. 때로는 평교사로 우리 반 학생들만 잘 관리하며, 마음 편안하게 교직 생활을 하는 것도 나쁘지 않겠다고 생각한 적도 많았다. 수석교사의 자리가 외로울 수도, 힘들 수도 있다는 것 역시 알고 있다. 하지만 내가 만난 수석님 덕분에 수업에서의 고민과 새 학기 맞이 방법 해결, 수업 공개 전·후 컨설팅으로 수업 성장 등 많은 교사가 도움을 받는 것을 보았고, 나 또한 그들 중 한 명이 되었다.

수업 및 학생 생활 지도가 유독 힘든 이 시대에, 교사로서 지금 이 자리에서 무엇을 어떻게 해야 할지 모를 때가 있다. 그럴 때 항상 용기를 주시고 다독여 주신 수석교사 분을 만났다. 전문적 학습 공동체, 저경력 교사 컨설턴트, 수업 지도안 컨설팅을 함께하면서 우리 학교에 수석교사가 있다는 것이 얼마나 행운인지 너무나 잘 알게 되었기에 나도 그 역할을 맡고 싶다.

15

매일 나의 세계를 넓혀 가는 수석교사

하정현

행동 발달 및 종합 의견

독서를 좋아하며, 배움에 대한 열의가 강함. 역사와 철학에 관심이 많고, 내용을 재미있게 정리하여 말하는 재주가 있음. 부족한 점을 발전시키기 위해 노력하나, 스트레스에 취약하고 회피하는 경향도 있음. 동료들과 원만한 관계를 유지하며, 업무 추진 능력이 양호함. 수업 대회 및 수업 관련 연구를 꾸준히 하고 있으며, 프로젝트 학습과 학생 주도적 수업에 강점이 있음. 초등 교육에서 보기 드문 '역사 교육' 전공으로 자신의 전문성을 구축하고자 함.

꼴찌에서 수석으로

1978년 2월에 태어나 남들보다 조금 일찍 초등학교에 입학했다. 경상남도 김해의 작은 시골 학교에 다녔지만, 내성적인 성격 때문에 유치원, 초등학교, 중학교를 10년 다녀도 아는 친구가 몇 명 없을 정도로 혼자 노는 것을 좋아했다. 독서와 자전거 타기를 즐기며, 늘 배움에 대한 열정을 가지고 살았다.

하지만 책을 많이 읽는다고 좋은 성적이 나오는 것은 아니기에 그다지 우수한 성적을 거두지 못하여 부산의 그런저런 인문계 고교로 진학했다. 그곳에서조차 좋지 못한 성적으로 지내다가 아버지와의 불화로 몇 번의 가출도 했었다. 그러나 '집 나오면 개고생'임을 몸소 체험하고, 공부해서 편하게 살아야겠다는 생각으로 고2 때부터 학업에 집중했다.

1996년 그해 수능은 역대급으로 어려워 다들 시험을 망쳤을 때, 홀로 찍기 신공으로 평소보다 좋은 성적을 받아 부산교대에 지원했다. 그러나 나쁜 내신과 기초 부족으로 합격선이 매우 불안정했다. 1996년 2월 8일 수요일, 부산에 첫눈이 내리고 나는 그 어디에서도 합격 통지를 받지 못했다. 그날 밤 첫눈과 함께 교대에서 예비 후보로 합격 가능성이 있으니, 신체검사를 받아

두라는 기적 같은 생일 선물을 받았다. 그리고 마지막 날, 합격 전화를 받고 부산교대 96학번 '전교 꼴찌'로 입학할 수 있었다.

이렇게 들어간 부산교대는 너무 좋았다. 학교에서 열심히 생활하고, 교지 편찬 위원회에서 자보를 읽고 공부하는 것을 배웠다. 그러다 1학년 2학기에 동아리 연합회로 넘어가 그곳에서 행사를 준비하고, 이후 줄곧 동아리 연합회 집행부로, 부회장과 회장까지 하며 학교를 졸업했다.

이런 와중에 내성적인 성격은 조금 외향적으로 변하고, 매년 동아리 예산과 행사를 준비하며 업무 추진력을 익힐 수 있었다. 또한, 친구들과 교수님들 덕분에 연구하고 공부하는 좋은 습관을 가질 수 있었다. 하지만 내신은 여전히 좋지 못했고, 교사가 되지 못할 것 같은 불안감으로 군 입대를 했다.

그러다 1998년 금융 위기로 기존 교사들의 결손이 생기면서 나는 기회를 잡았다. 제대하고 학교로 돌아오니 부산에서 무려 500명에 가까운 신규 교사를 채용했기에 운 좋게 교사가 될 수 있었던 것이다.

교사가 되고 더 공부하고 싶어 박사까지 꿈꾸었지만, 현실의 벽이 커서 포기했다. 2011년 역사 연수를 갔다가 경인교대 사회과에서 지도 교수님이 될 분을 만났다. 역사를 좋아하던 내가 역사 교육을 하게 될 운명의 여신을 만나게 된 것이다. 2016년 경인교대 사회과 박사 과정에 들어가고 교수님 밑에서 본격적으로 공부를 했다. 그 덕분에 국정 교과서도 쓰고, 검·인정 교과서도 집필하게 되었다.

'꼴찌로 들어가더라도, 나올 때는 꼴찌가 되지 말자.'

우리에게 주어진 다양한 현실이 있지만, 매일매일 자라고 발전한다면 마지막에는 꼴찌가 아닐지 모른다. 그래서 난 항상 어제보다 나은 오늘, 오늘보다 나은 내일을 꿈꾼다.

02

수석교사를 말하다

수업 역량으로 말하다

역사는 관점의 차이를 알고, 해석을 바탕으로 세상을 바라보는 것

부산의 초등 수석교사는 과목별로 선발하는데, 나는 사회과 수석으로 뽑혔다. 그중에서 나는 역사 교육에 관심이 많고, 앞으로 학교에서 주로 초등 역사를 아이들에게 가르치고, 선생님들이 더 좋은 역사 수업을 할 수 있도록 도울 것이다.

초등학교에서 역사 수업은 아이들이나 선생님 모두 어려워한다. 특히, 아이들은 역사를 재미있어 하면서도 어려워한다. 또, 선생님들은 어떤가? 비슷하지 않나? 역사는 옛날이야기처럼 흥미진진하고 재미있지만, 막상 시험을 보려고 하거나 누군가 물어보면 대답하기 쉽지 않다. 이것은 비단 어느 한 사람의 문제가 아니다. 우리가 그동안 역사를 이상하게 배워 왔기 때문이다.

나 역시 역사를 좋아하는 사람이지만, 역사 교육을 제대로 배운 지는 10년이 되지 않는다. 현재 경인교대에서 사회과 교육 중 역사 교육에 집중하여 박사 과정을 수료하고 연구하고 있다. 역사 교육을 처음 접하면서 그동안 내가 역사를 잘못 가르쳐 왔다는 것을 바로 알게 되었다. 역사는 과거의 사실을 밝혀내고 외워서 교훈으로 삼는 것이 전부가 아니다(물론 이것도 역사 교육의 목적

중 하나이다).

과거의 정확한 연도와 사건을 단순히 암기하는 것이 어떤 의미가 있을까? 그리고 누군가 "과거에 있던 모든 사실이 기록되어 있는 것도 아니고 누군가에 의한 기록들인데, 어떻게 그것을 진실이라고 말할 수 있는가?"라고 묻는다면, 우리가 배워 온 역사는 무의미해질 수도 있다.

역사는 잠정적 진실에 가깝다. 새로운 역사적 증거가 나오거나, 다른 증거들로 인해 기존에 우리가 알고 있던 역사적 내용이 달라질 수 있다. 그러나 이는 역사적 내용이 달라진 것이지, 역사가 달라진 것은 아니다. 역사는 그것을 서술한 사람의 관점을 오늘날의 관점과 해석으로 되살려 내는 것이다. 이러한 역사에 어떻게 '100% 진실'이 있을 수 있을까? 그리고 과거 그 시절에 살지 않았는데, 어떻게 당시 사람들의 마음이나 생각을 읽어 낼 수 있을까? 주어진 증거와 자료를 바탕으로 추론하고 해석할 뿐이다.

현실에서 '절대선'과 '절대악'은 존재하지 않는다. 많은 상황과 변수들로 인해 다양한 관점이 있으며, 다층적이고 다중적인 시간이 쌓여서 복합적인 현상이 있을 따름이다. 따라서 역사 교육은 이러한 역사를 공부하면서, 관점의 차이를 알고 어떻게 해석해야 하는지 배우는 과정이다. 어떤 사건을 계기로 이러한 변화가 있고, 어떤 원인으로 이 결과가 나타나게 되었는지 살펴보는 과정이다. 이와 같은 역사 교육이 되어야 책 속에서 박제된 지식이 아닌, 오늘을 살아가는 우리에게 실용적인 역사가 될 것이다.

그럼, 어떻게 하면 좋은 역사 수업을 할 수 있을까? 쉽다고 거짓말하지는

않겠다. 역사와 역사 교육을 함께해야만 하는 복잡한 어려움이 있다. 게다가 역사는 현재 존재하지 않는 추상적 상황이며, 초등학생들에게 쉽지 않은 사고 과정이다. 하지만 그러니까 더 도전해 보고 싶지 않은가?

먼저, 선생님이 공부를 하자.

내가 내용 지식을 알고 나의 계획 속에서 수업이 이루어져야 한다. 학생들의 질문에 대답할 수 있을 정도의 지식은 있어야 수업의 권위가 생긴다. 수업의 효과는 권위에서 나온다. 교사가 하는 이야기에 학생들이 신뢰를 가지고, 믿을 수 있을 만한 정보가 있어야 한다. 학생들은 자신이 알고 있던 지식을 넘어 새로운 지식이 주어져야 반응한다.

다음은 학생들의 선지식을 관찰하자.

본인이 가진 생각과 정보가 잘못된 상태에서 교사의 정보만 주어진다면, 아이들은 혼란스러워한다. 게다가 개개인의 가정이나 환경이 가진 역사적 관점도 무시할 수 없다. 따라서 어떤 생각을 가지고 있는지, 어떤 환경인지 파악하고 아이들의 이야기를 들어 보자.

마지막으로 긴 호흡을 가지고 아이들 스스로 찾아보게 하자.

자신 주변의 역사부터 내가 알고 있거나 들어 본 적 있는 내용을 중심으로 역사를 해석하게 하자. 결국 역사는 관점과 해석의 학문이다. 이러한 경험들이 쌓인다면 아이들과 즐겁게 역사 수업을 할 수 있지 않을까 생각해 본다.

생활 교육으로 말하다

돈으로 물건을 살 수 있는 것은 지급 보증이 되기 때문

교실에서, 학교에서 선생님들이 말한다.

"아이들이 이상해요.", "올해는 정말 힘들어요.", "학부모 민원에 힘들어요."

그렇다. 확실히 예전에 비해 생활 지도가 어렵다. 하지만 이런 어려움이 세상이 변해서 갑자기 생긴 것일까? 예전의 선생님들은 생활 지도를 다 잘했을까? 사실 우리도 다 학생이었던 적이 있다. 우리는 다 생활 지도에 유능한 선생님을 만난 것이었을까? 그렇다고 자신 있게 말할 수 있는 선생님은 그리 많지 않을 것이다. 그렇다면 왜 요즘 생활 교육이 어려워지는 것일까?

내가 우리 반에서 학기 초에 사용하는 예를 들어 이야기하고자 한다.

> 선생님: "너희가 편의점에 가서 물건을 살 때, 돈이나 카드를 주면 왜 물건을 주니?"
>
> 아이들: "돈을 주니까요."
>
> 선생님: "만약 너희가 잘 알려지지 않은 나라의 돈을 내밀면 편의점에서 물건을 줄까?"
>
> 아이들: "아니요. 주지 않을 것 같아요."
>
> 선생님: "미국 돈이나 일본 돈을 내밀면 어떨까?"
>
> 아이들: "줄 것 같은데?", "아니야. 외국 돈으로는 물건을 주지 않아."

우리가 편의점이나 가게에서 돈을 지불하면 물건을 주는 이유는 그 돈이 지급 보증이 되기 때문이다. 즉, 환전성을 가지고, 가치 교환 및 유의미성을 가지기 때문이다.

그렇다면 종이에 불과한 지폐나 플라스틱 조각인 신용카드로 이러한 마법 같은 일이 가능한 이유는 무엇일까? 바로 '국가'가 그 가치를 지급 보증하기 때문이다. 잘 알려지지 않은 나라의 돈이 환전성이 없는 것은 이러한 지급 보증에 대한 의문이고, 미국이나 일본 돈은 한국 돈만큼은 아니라도 지급 보증에 대한 기대감이 있다.

이제 생활 교육으로 돌아와 보자. 교실에서 선생님이 학생들에게 생활 지도를 할 때, 학생들이 잘 지키지 않거나 듣지 않는 이유를 난 이렇게 생각한다. 교사의 말에 대한 학생들의 신뢰가 낮기 때문이라고. '지금 선생님 말을 듣는 것이 나에게 유리한 일일까? 선생님이 정말 나를 위해서 이렇게 하는 것일까?' 등등 아이들은 마음속으로 의문을 가질 것이다. 만약 교사의 생활 지

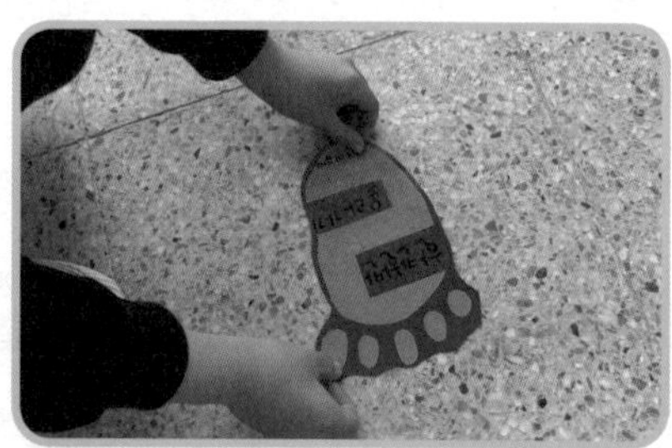

도가 진심으로 본인을 위한 것이라면, 아이들은 거절하지 않는다. 설령 그 앞에서 화가 나거나, 삐져서 토라진다 해도 결국은 그 방법으로 달라질 것이다. 그것이 본인에게 유리하고 본인을 위한 길임을 알기 때문이다.

나는 늘 교실에서 약속한다.

"내가 한 이야기와 약속은 지킨다. 지키지 못할 약속이라면 하지 않는다. 모르면 모른다고 솔직하게 말한다. 어설픈 거짓말은 나의 권위를 깨고, 신뢰를 깬다."

아이들이 마음속으로 '가장 믿을 수 있는 것은 선생님의 약속이고, 말씀이다.'라고 여기면 생활 교육은 자연스럽게 이루어질 것이다. 이와 같은 약속들이 모이다 보니, 학교에서 아이들이 고민이 생기면 다른 반에서도 찾아 온다. 이 선생님에게 이야기하면 답을 주시고, 이 선생님은 그래도 믿을 수 있다고 여기기 때문이다.

교실에서 신뢰를 쌓고 권위를 높여 아이들이 교사인 나를 믿게 해야 한다. 신뢰나 권위는 절대 한 번에 생기지 않는다. 앞서 말했듯이 수업에서 권위 있는 교사, 생활 지도에서 신뢰를 주는 교사, 이것이 교사로 20년 가까이 지내오며 아이들과 학부모들에게 황송할 정도로 사랑 받을 수 있었던 비법이 아닌가 싶다.

물론 내가 매우 운이 좋은 교사일지도 모른다. 하지만 이러한 행운의 바탕에는 "교실에서 한 나의 이야기는 진심을 담아 너희 입장에서 말하는 것이며, 내가 한 이야기와 약속은 반드시 지켜 주겠다."라는 약속이 자리하고 있다는 것은 분명하다. 선생님들이 '수업에서 권위를', '생활 지도에서 신뢰를' 심어주길 권한다.

교사 성장으로 말하다

"The limits of my word, the limits of my world."

우리는 자신이 지금 잘하고 있는지를 되묻고는 한다. 내가 과연 지금 이 자리에 어울리는 사람인지 객관적으로 보려고 노력한다. 2003년 처음 교사가 된 지 20여 년이 지나, 수석교사라는 영예로운 자리에 왔다. 나는 여기 계신 다른 수석들과 조금 다를지도 모른다. 어린 시절 모범생도 아니었고, 하늘의 도움으로 부산교대 96학번 중 제일 마지막으로 입학했다. 그런 '꼴찌'인 내가, 임용고시 합격이 불확실할 정도로 성적이 바닥이던 내가, 오늘날 이 글을 쓸 수 있는 이유는 무엇일까? 내가 지나온 길들을 되돌아본다.

어릴 때 좌우명은 '후회하지 말자.'였다. 참으로 터무니없는 좌우명이다. 인간은 항상 선택하며, 기회비용을 지불한다. 이는 모든 것을 다 가질 수 없는 선택의 결과이므로, 후회하지 않는 인생은 정말 불가능에 가깝다. 자기합리화나 자기기만이 없다면, 인간의 후회는 필연적이다.

교사가 되어 우연히 『유클리드 원론』을 접하면서 나의 부족함을 알게 되었다. 결국 "나의 무지는 내가 알고 있는 지식의 여집합"이었다. 내 지식이 작은 원이라면, 내가 모르는 것은 그 원을 제외한 나머지이다. 즉, 나의 지식량이 적어서 원이 작다면, 원주도 작을 것이고, 내가 모르는 것도 작다. 그러나 나의 지식이 커져 원이 커질수록 원주도 커져서 내가 모르는 부분이 더 많다는 것을 알게 된다. 공부를 하면 할수록 더해야 하는 막막함에 갇혔다.

나의 무지를 넘어서기 위해 어린 시절 꿈꾸던 역사 공부를 더 해 보기로 했다. 우연히 지금의 지도 교수님을 연수에서 만나게 되었고, 정말 하고 싶은 공부를 하기로 마음먹었다. 박사 과정을 위해 경인교대로 향했다. 매주 광명역까지 가서 공부하고 새벽에 기차를 타고 돌아오는 길이 쉽지는 않았지만,

배우게 되는 기쁨이 더 컸다. 역사를 좋아했지만 역사 교육에 무지한 까닭에 방학 때도 석사 과정을 듣고, 5년 넘게 매일 하루의 절반을 공부에만 쓴 것 같다. 아직도 이 문제를 다 해결하지는 못했다. 공부가 그리 쉬운 일은 아니니까. 하지만 모르는 것을 알게 되고, 새로운 세상을 보게 되는 것 같아 즐겁다.

지금 나의 좌우명은 '문제의 한계가 해결책의 한계를 나타낸다.'이다. 내가 한 말은 아니고, 독일의 분석 철학자 비트겐슈타인의 저서 『논리 철학 논고』의 항목 중 한 문구를 따온 것이다. 원인의 한계가 명확한데, 해결책이 좋을 리 없다. "쓸모없는 명제에서 뛰어난 예시는 없다."와 같이 나의 세계는 결국 내가 만들어 놓은 공간에서 형성되고 표현될 뿐이다. 즉, 내가 알고 있지 않은 지식과 언어를 벗어난 나의 세계와 관념은 존재하지 않을 것이라는 의미이다. 나의 지식과 경험이 확대될수록 나의 세계와 관념은 확대되며, 매우 자유로운 상태에 이를 수 있다.

나는 나의 자유로움을 위해, 그리고 언어와 지식의 한계를 넓히기 위해 노력했다. 2024년도 수석교사라는 꿈을 이루고, 자격 연수에 참여했다. 전국에서 모인 94명의 초·중·고 수석교사들은 하나같이 놀라운 재능과 경력들을 가지고 있었다. 이번에도 94등일까 하는 생각이 들었다.

그렇지만 이것도 감사한 기

홍익인간 상

5학년 부장교사 하 정 현

위 교사는 올해 신호초를 가장 빛낸 이로서 하해와 같은 마음으로 동학년 선생님과 학생들을 따뜻하게 품어주고 든든한 울타리가 되어 주었으며 역사 교육, 학급 경영, 각종 업무 등에서 타의 추종을 불허하는 박학다식함으로 주변을 널리 이롭게 하였으므로 감사와 존경의 마음을 담아 이 상장을 드립니다.

2022년 2월 18일

신호초 동학년 교사 박○○ 이○○ 정○○

회, 더 배울 수 있고, 더 성장할 수 있는 좋은 기회이다. 부족한 사람을 보면 그 밖에서 배울 점을 찾고, 훌륭한 사람을 보면 그 안에서 배울 점을 찾는다. 나의 언어와 경험을 넓혀 보다 넓은 세계와 우주를 가지고 싶다. 이와 같은 강한 지적 욕구와 수용적 자세가 지금의 나를 만들어 가고 있는 것 같다.

16

함께 성장하고 싶은 수석교사

한정선

행동 발달 및 종합 의견

평소에 혼자 있는 것을 좋아하며 내성적인 편이나, 문제 상황이 생기면 앞서서 해결점을 찾으려는 적극적인 태도를 보임. 주변 사람들에게 먼저 다가가고, 어려움에 처한 경우 적극적인 도움을 주는 등 믿음직한 모습을 보여, '괜찮은 사람'이라고 생각하는 동료들이 많음. 가끔 지나친 솔직함으로 타인의 마음을 상하게 하는 실수를 함. 늘 자신을 돌아보며 성실하게 생활하여 본인이 지향하는 '성장하는 교사'로서 모범을 보이고 있음.

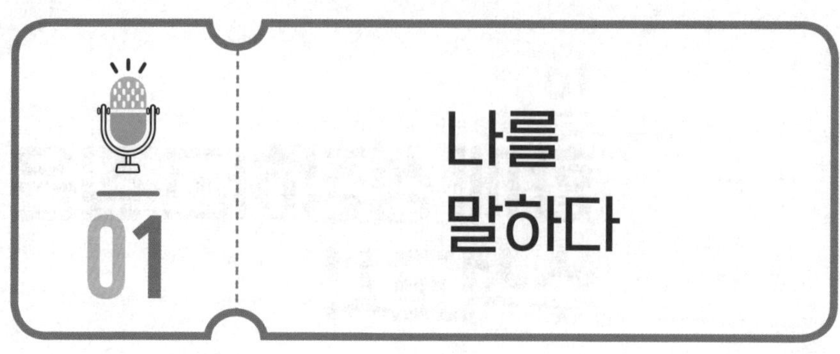

나는 얼떨결에 교사가 되었다

1973년 3월, 충청북도 청주에서 태어나 초·중·고뿐만 아니라 대학까지 졸업한 청주 토박이다. 초등학교 때는 특유의 친화력과 리더십으로 학급 임원을 도맡아 했으나, 중학교에 진학하면서 내성적이고 자신감 없는 모습으로 생활했다. 고등학교까지 공부를 그럭저럭하는 조용한 아이로 생활하다가, 취업이 잘된다는 고3 담임 선생님의 말씀에 청주교대에 입학했다.

내가 지금의 모습처럼 적극적인 성향으로 바뀐 것은 대학 생활을 시작하면서다. 1학년 1학기 때 과 대표, 이후 동아리 연합회 임원 등을 하면서 선후배들과 인간적인 교류를 많이 하게 되었다. 학교 일에 적극적으로 참여하면서 활발하게 생활하니 주변 사람들은 나에게 신뢰감을 갖게 되었다. 이때 알게 된 선후배들은 나의 대학 생활뿐만 아니라 교직 생활에서도 큰 도움을 주었다. 그리고 내가 단순히 직업인이 아닌 사명감을 가진 교사로서 성장할 수 있도록 도움을 주는 밑바탕이 되었다.

충청북도 음성군에 첫 발령을 받고, 아이들과 소통하는 교사가 되기 위해 수업 연구나 생활 지도에 많은 노력을 기울였다. 이러한 노력 덕분인지 그 당시 아이들과 행복한 시간을 보냈고, 지금도 좋은 추억으로 남아 있다.

이후 결혼, 출산의 과정을 거치며 육아를 위해 휴직을 했고, 5년 후 복직했을 때 바뀐 학교 환경에 적응하지 못해 스스로가 외계인이 된 듯한 기분에 좌절감을 경험하기도 했다. 특히, 복직 첫해에는 음악 전담 교사를 하며 수업 연구보다는 하루하루를 힘겹게 버티는 교사라는 생각이 들면서 아이들에 대한 미안함도 커졌다. 이후 학교생활에 적응하고 여유가 생기면서 다시 긍정적인 모습이 되었으며, 학교에서도 다양한 부장을 역임하며 점점 숙련된 모습을 보일 수 있었다.

하지만 '수업하는 교사'가 아닌 '일하는 교사'가 되어 가고 있다는 생각이 들어 대학원에 진학했다. 이를 시작으로 적극적인 수업 연구, 교대 강사 등을 하며 교사 본래의 모습을 찾기 위해 노력하게 되었다. 또한, 교사로서 좀 더 성장하고 변화하고 싶은 생각에 수석교사를 지원했는데 정말 운 좋게 수석교사 자격 연수를 받게 되었다.

연수를 마친 지금 내가 뭔가를 할 수 있었던 것은 결국 '주변 사람' 때문이라는 생각이 든다. 가족은 물론 선후배, 직장 동료들이 적절한 조언과 지지를 해준 덕분에 지금의 내가 있지 않을까 싶다. 그리고 이렇게 '사람'의 소중함을 경험한 나는 혼자 성장하는 교사가 아닌 '함께 성장하는' 교사가 되고 싶다.

02

수석교사를 말하다

수업 역량으로 말하다
삶과 앎이 하나 되는 프로젝트 수업을 실현하다

학교 현장에서 프로젝트 수업은 꽤 오래전부터 관심을 갖고 연구되어 온 주제이다. 특히, 2015 개정 교육과정의 도입과 함께 핵심 역량을 길러 줄 수 있는 수업으로 프로젝트 수업은 단순히 관심 분야가 아닌 교육과정에 꼭 들어가야 할 내용이 되었다. 물론 모든 교사가 프로젝트 수업에 관심을 갖거나 수업에 적용한 것은 아니다. 나 역시 처음 프로젝트 수업을 접한 것은 '주제 중심 교육과정'이라는 이름으로 학년 교육과정에 계획으로만 올렸을 때였다. 사실 그 당시만 해도 당연히 현실화할 생각도 고민도 없었다.

그러나 이후 '수업하는 교사'로 나의 역할을 바꾸고자 할 때, 프로젝트 수업은 나에게 운명처럼 다가왔다. 현재 근무하는 학교는 충북의 혁신학교 중 하나로, 학교를 옮길 당시 수업에 대한 고민을 하고 있는 나를 후배 두 명이 적극적으로 영입하면서 별 생각 없이 선택한 학교였다.

발령 후 민주적인 학교 문화와 프로젝트 수업을 경험하면서 그곳은 '배울 것이 있는 학교'가 아닌, 한마디로 '별난 곳'으로 다가왔다. 모든 교사들이 협의회 때 자유롭게 이야기하고, 강요하는 사람이 없음에도 수업을 고민하는 모습은 새로우면서도 재미있었다. 심지어 연구회까지 만들어 학교에서 하고 있는 활동을 일반화 자료로 만들고자 노력하고 있었다. 그곳에서 나는 20년이 넘은 베테랑 교사가 아닌, 프로젝트 수업 초보일 뿐이었다. 그리고 주변 선생님들은 나의 동료이면서 나의 스승이 되었다.

프로젝트 수업을 정의하면, '교사에 의해 주어진 학습 목표에 따라 학습 단원 내용을 학습하는 형태가 아니라 학생들 스스로가 문제 의식을 가지고 주제를 선정하는 단계에서부터 조사나 연구, 발표 및 평가에 이르기까지 학습의 전 과정에 걸쳐 학생들 스스로가 참여하는 수업 모형'이다.

그렇다면 단순히 이 정의를 잘 안다고 해서 프로젝트 수업을 교실에서 실현할 수 있을까? 당연히 아니다. 프로젝트 수업을 단순히 문서가 아닌 교실 안 수업으로 실현하기 위해서는 꾸준한 연구가 이루어져야 했다. 그 시작이 교재나 문헌 연구였고, 주변 동료 교사의 교육과정과 수업을 보며 질문하고 연구하면서 학년 교육과정을 수정·보완했다.

동료들의 도움과 나의 노력 덕분에 점차 프로젝트 수업은 정리되고 실현 가능한 교육과정이 되었다. 2023학년도 2학년 담임 때 했던 프로젝트 수업 주제는 '소중한 나·너·우리', '우리 학교에 찾아온 여름', '다 같이 동네 한 바퀴', '두근두근 세계 여행'이었다. 2월 새 학년 교육과정 준비 기간에 학급 및 업무가 정해지면 동학년 교사와 교육과정, 교과서 및 아동 특성 등을 분석하여 주제를 정한다. 물론 개학 후 수업을 하면서 학생의 요구나 상황에 맞게 주제는 변경되기도 한다. 융통성 있게 운영함으로써 프로젝트 수업은 교사나 문서상의 수업이 아닌, 학생과 교사가 함께 만들어 가는 수업이 되는 것이다.

각 주제는 교과 내용뿐만 아니라 시대적 변화에 맞는 주제를 반영함으로써 학생이 배우는 것을 생활에 적용 가능하도록 하고 있다. '나와 친구 이해하기,

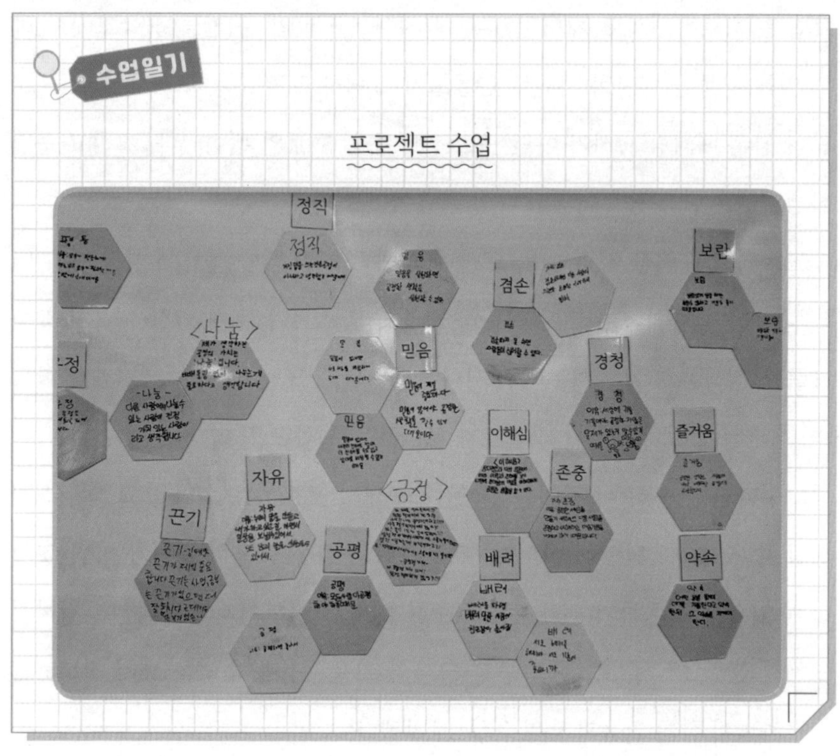

주변의 동·식물, 내가 사는 동네 알아보기, 나아가 다른 나라의 다양한 문화 이해하기' 등을 배우는 것이다. 학생들은 수업을 통해 배운 내용을 가정에서 실천하면서 '삶과 앎'이 이어지는 경험을 하게 된다. 이러한 교육과정 운영은 교사로서 효능감을 높일 뿐만 아니라, 학생과 보호자 만족도를 높이면서 우리 학교만의 특색 있는 교육과정이 되고 있다.

어떤 이는 프로젝트 수업 운영이 힘들기만 하고 큰 효과가 없다고 말한다. 하지만 내 경우의 변화를 이야기하자면, '수업 연구가 재미있고 보람 있다.'라고 자신 있게 말할 수 있다. 그리고 우리 반 학생들 역시 "수업이 재미있어요.", "가족들이랑 공부 시간에 배운 내용을 해 봤어요.", "다른 학교에 다니는 친구들에게 자랑했어요."라며 만족해한다. 교사의 수업은 원하건 원하지 않건, 다양한 사람들에게 평가 받는 경우가 많다. 그러나 누군가의 평가가 아닌 우리 반 아이들에게 이런 말을 듣는다면 담임 교사로서 성공한 교육과정이 아닐까? 결국 나는 아이들과 행복한 교사이고 이걸로 만족한다.

생활 교육으로 말하다

교실에서 시작하는 작은 실천

'세 살 버릇 여든까지 간다.'

우리나라 사람이라면 누구나 알고 있는 속담 중 하나이다. 그만큼 어렸을 때의 습관이나 버릇이 매우 중요하다. 아이들을 지도하다 보면 이 속담이 위로가 될 때가 있다. 물론 내 경우는 안 좋은 경우이긴 하다. 열정과 노력을 기울였음에도 불구하고 학생이 변화하지 않을 때, 가끔 나를 위로하기 위해 속으로 '그래, 세 살 버릇 여든까지 간다고 했어. 저 아이는 가정에서 잘못 교육 받아서 그래.'라고 하는 것이다. 물론 잠시 내 마음은 편해지겠지만, 한편으로는 그 아이를 포기하고 싶은 마음을 슬쩍 가정 탓으로만 돌리는 것이 아닐까 부끄러워진다. 교사가 학생의 모든 것을 변화시킬 수는 없지만 작은 변화는 가능하다. 그리고 그 변화는 가정과 함께 한다면 좀 더 큰 변화가 될 수도 있다.

다음은 2학년 담임을 하면서 학급에서 시도한 소소한 생활 실천들이다.

첫째, 하루 나눔이다.

대부분의 학교에서는 앱을 통해 알림장, 가정통신문, 각종 제출 자료 등을 안내하고 있다. 특히, 잘 사용한 기능은 알림장 기능으로, 단순히 학급 과제나 준비물 등을 안내하는 것이 아니라, 학급 일기를 적는 형태로 운영했다.

그날 아침 자습, 수업 중 있었던 일, 활동 사진 등을 보호자와 공유했다. 이를 보며 보호자는 자녀의 학교생활에 대한 궁금증을 해소하고, 함께 이야기할 수 있는 이야깃거리가 생겼다. 대부분의 보호자는 자녀를 통해 학교생활의 궁금증을 해소하는 경우가 많은데, 이렇다 보니 학생이 이야기해 주는 범위에 따라 이해할 수밖에 없었다. 매일 일기 쓰듯이 학교 생활을 안내하니, 보호자는 자녀의 생활을 잘 이해할 수 있을 뿐만 아니라, 교사에 대한 신뢰가 쌓이기도 했다. 다음은 알림장에 적은 내용의 일부분이다.

2023년 3월 28일 화요일

5교시 봄

우리들의 꿈을 주제로 직업과 관련된 놀이를 했습니다. 특정 직업을 몸으로 표현하면 다른 친구들이 맞추는 게임인데, 아이들이 즐겁게 참여했습니다. 그리고 일심동체 게임도 했습니다. 모둠별 게임으로, 특정 직업을 나타내는 몸동작을 하고 일치하는 모둠 인원수만큼 점수를 주는 게임입니다. 역시 게임을 하니 아이들 눈이 반짝반짝하네요. 아이들이 즐겁게 참여해 저도 행복한 시간이었어요^^

둘째, 아침 자습 시간에 자신의 마음을 표현하고 친구를 이해하는 글쓰기 시간을 가졌다.

글쓰기를 어려워하는 학생을 위해 짧은 글을 쓰기 시작했고, 점점 긴 글을 쓸 수 있도록 지도했다. 글쓰기 주제는 나를 기분 좋게 하는 것, 친구와 함께 하고 싶은 놀이, 가족에게 듣고 싶은 이야기 등으로, 생

활과 직접 관련 있는 글을 쓰면서 나를 돌아보고 다른 사람을 배려하는 태도를 기를 수 있도록 했다.

아침 자습 주제: '나를 기분 좋게 하는 말'

- 사랑해, 고마워, 예쁘다, 친하게 지내자
- 엄마, 아빠, 좋아요, 사랑해요, 같이 놀자
- 생일, 어린이날, 블록, 크리스마스
- 생일, 크리스마스, 어린이날, 마인크래프트, 로블록스
- 고마워, 크리스마스, 봄, 겨울

셋째, 학생들과 함께 점심 나들이를 했다.

점심을 먹고 학생들과 번갈아 가며 학교 운동장 나들이를 했다. 물론 수업 시간이나 쉬는 시간에 찾아와 이런저런 이야기를 하는 아이들도 있지만, 대개 소수이다. 점심을 먹고 번갈아 가며 아이들을 만나 친구, 공부, 가족 이야기를 하다 보니 자신의 고민이나 최근 관심사를 편안한 마음으로 이야기하기 시작했고, 안정적인 학급 분위기를 만드는 데 큰 도움이 되었다.

아이들은 관심을 갖고 정성을 쏟는 만큼 변화한다. 물론 아이의 변화를 위해 교사 혼자서만 노력하는 것은 무리이고 매우 힘든 일이다. 교사의 에너지를 아껴 가며 아주 작은 일부터 시작해 보면 어떨까? 이러한 시도로 학생이 변하든 변하지 않든, 우리는 교사로서 점점 성장하는 기회가 되지 않을까?

교사 성장으로 말하다

교사인 우리, 함께 성장해 볼까요

처음 교직 생활을 시작할 때 누구나 그렇듯이 나 역시 의욕 충만, 자신감 가득이었다. 왠지 선배들의 수업 방식은 조금 구시대적인 것으로 보였고, 내가

가지고 있는 지식은 그것을 뛰어넘는 것처럼 생각되었다. 지금의 내가 그 선배의 나이와 경력이 되고 보니 젊은 날의 내가 왜 그리 부끄러운지. 그리고 그 당시 선배님들의 넓은 마음을 나는 왜 아직도 갖고 있지 못하는지, 정말 여러 가지 생각이 든다.

무엇보다도 어느 순간 수업보다 학교 업무 처리에 시간과 정성을 쏟는 나 자신을 보며 '이건 아니다.' 싶은 생각이 들었다. 이러한 나의 모습을 깨닫게 되면서 동시에 든 생각은, '어떻게 하면 좀 더 나아질 수 있을까?'였다. 잠시 생각하는 시간을 갖고 내린 결정은 새로운 시도와 자기 계발이었다. 그리고 이 시작은 내가 성장할 수 있는 시간이 되었다.

그 첫 번째는 대학원 등록이었다. 대학생이 된 나는 공부보다는 사람들과 어울리는 것에 더 열심이었다. 그 당시 교대 공부는 취업 때문에 어쩔 수 없이 선택한 재미없는 일 중의 하나였다고나 할까? 그런데 교직 경력이 20년도 훨씬 넘었을 때 공부가 하고 싶어진 것이다. 대학을 갓 졸업한 신규 선생님들과 함께 하는 공부에 부담감과 체력적 한계를 느끼긴 했지만 정말 재미있었다. 매일 밤늦게까지 도서실에서 공부하며 발표를 준비하고, 교수님 말씀을 이해하려 애썼다.

다행히 공부는 점점 익숙해졌고, 대학원을 졸업할 때쯤 내가 알고 있는 것을 함께 나누고 싶은 마음에 대학 후배들을 지도할 수 있는 대학 강사에 지원했다. 그리고 대학원에서 배운 내용과 학교 현장에서 실천하고 있는 교육과정을 이젠 대학의 예비 교사들에게 나눌 수 있는 기회가 생겼다.

두 번째는 학습 공동체 활동이다. 매년 동학년 선생님들과 협의하여 학생 지도와 자기 성장에 실제 도움을 받을 수 있는 주제를 정해 함께 공부했다. 2022학년도에는 '어린이 동화', 2023학년도에는 '그림 그리기' 활동을 함께하며 수업에 적용할 수 있는 방법을 연구했다. 이러한 활동을 하며 학급 운영에서 생기는 고민을 이야기하고 각종 노하우를 공유하다 보면, 학교라는 곳에서 나 혼자가 아닌 같이 고민하고 나를 지지하는 동료가 있음을 느끼게 된다.

특히, 후배 교사와 함께하는 시간은 최신의 트렌드를 이해하고 그들과 동료임을 확인할 수 있는 소중한 자리였다. 학습 공동체에서 선후배가 이야기하다 보면, 평소 경력이나 나이 때문에 거리감이 있었던 우리들은 서로에게 소중한 동료가 되었고 서로를 성장시킬 수 있는 시간이 되었다.

세 번째는 가족의 지지이다. 우리 가족에게는 정말 큰 장점이 하나 있다. 그것은 바로 '의심하지 않는 믿음'이랄까? 내가 대학원에 갈 때도, 수석교사에 지원할 때도 우리 가족은 한결같았다. "당신은(엄마는) 정말 잘할 거야."라고 나를 지지해 주는 것이었다. 우리 가족은 바깥에서의 내 모습을 알지 못하면서 왜 나를 멋진 사람으로 생각하는지 궁금했다. 이 질문을 했을 때 아이는 이렇게 대답했다.

"우리 엄마니까."

이렇게 나를 무조건 믿어 주고 지지해 주는 가족이 있는데 어떻게 대충 할 수 있겠는가? 가족은 존재만으로도 나에게 큰 힘이 되어 주었고, 아이들은 나를 보며, 나는 아이들을 보며 더 나은 사람이 되기 위해 더 노력할 수 있었다.

젊었을 때의 나는 한마디로 '나 잘난 맛에 살던 사람'이었다. 하지만 지금의 나는 지금까지 이룬 것들이 나 혼자가 아닌 가족, 동료들이 있었기에 가능했다는 것을 안다. 나를 멋진 사람으로 대해 준 나의 동료와 가족에게 정말 고맙고, 그들로 인해 행복하다. 이제 수석교사로 첫발을 떼는 2024학년도는 설렘과 두려움이 함께하는 시간이 될 것이다. 그러나 주변 사람들과 함께 성장하는 수석교사가 되고 싶다는 것, 이를 위해 최선을 다하겠다는 것만은 장담할 수 있다.

17

인생은 실전임을 알려 주는 수석교사

김덕조

행동 발달 및 종합 의견

새로운 것을 탐구하고 알아보는 데 깊은 흥미와 호기심이 있으며, 실천력이 있어 알게 된 내용을 삶과 수업에 적극 활용함. 공개 수업에 대한 두려움이 없어 여러 선생님을 수업에 자주 초대하고, 이를 학생들의 집중력을 높이는 데 활용함. '앎이 삶이 되는 교육'에 큰 관심이 있으며, 일상생활과 연계된 결과물을 제작, 발명하는 학생 주도성 수업 설계를 즐겨함. 특히 초등 고학년 사회과 및 다른 학년과 함께하는 프로젝트 수업 지도에 큰 강점이 있음.

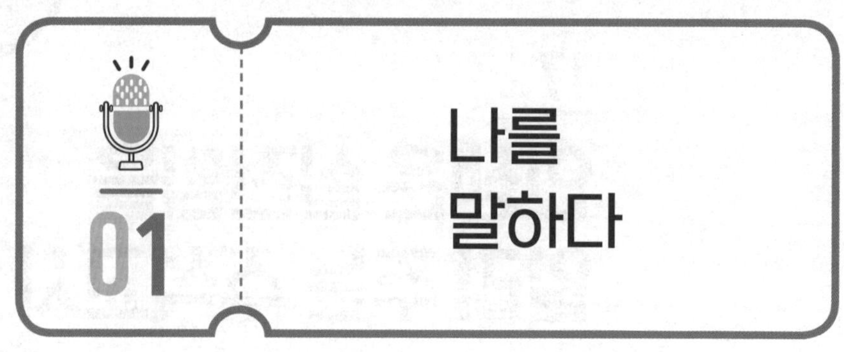

평범했던, 하지만 평범하지 않은!

학창 시절을 돌아보면, 나는 외향적인 성격과는 거리가 먼 평범하디 평범한 학생이었다. 공부를 적당히 잘했으며, 학교생활 역시 적당히 잘했지만 무언가를 미친 듯이 하고 싶거나 몰입해 본 적은 없었다. 고등학교 시절까지 내 꿈은 고등학교 영어 교사였다. 아마도 영어 점수가 제일 잘 나와서 그랬던 것 같고, 교수는 언감생심이며, 어린 마음에 고등학교가 제일 높은 학교라고 생각했던 것 같다. 솔직히 그렇게 간절했던 것 같지도 않다.

수능 결과를 받았을 때 작년 수능 성적으로 서울대 법대를 가고도 남을 점수를 보며 잠시 설레었다. 하지만 다음 날 평소보다 잘 본 게 아님을 알게 되었고, 목표했던 대학의 영어 교육과에 '후보 10번'으로 탈락했다. 담임 선생님께서 '교대'라는 곳이 있으니 원서를 한번 넣어 보라고 권유해 주셔서 큰 의미 없이 원서를 넣었고, 입시 결과가 대폭등한 그해에 장학금을 받고 입학했다.

하지만 평범하게, 크게 몰입하며 살아 본 적이 없던 나는 금세 바닥으로 내리꽂혔다. 특히, 교육학 수업은 무슨 말을 하는지 알 수가 없었다. 남중, 남고 테크를 밟아온 나는 선생님의 몽둥이 한 방이 최고의 집중력을 선사함을 잘 알고 있었는데, 강의실에서 배우는 교육학에서는 교사는 학생들을 이해하고 집중력을 기르는 방법을 고민하며 수업에 참여시키기 위해 최선을 다해야 한다는 다양한 학자들의 말을 어렵게 알려 주었다. 4학년이 되었을 무렵, 내 학점은 거의 바닥이었다. 대구로 임용을 준비해야 했는데, 3년간 손을 놓은 공부는 머리를 포맷시켜 둔 듯했다.

두 달간 정말 열심히 공부했다. 사실 IMF의 혜택도 받은 느낌이다. 선배들이 대거 빠져나간 자리에 신규 교사를 300명 이상 선발해 운 좋게 교단에 설 자리를 얻었다. 9월에 첫 발령을 받고 2학기 4학년 담임을 맡게 되었다.

그러나 현실은 임용고시와 달랐다. 달달 외운 교육학은 현실에서 '무쓸모'였다. 인생은 실전이었으며, 외우는 것이 아는 것이 아님을 그때 깨달았다. 놀라운 사실은 스스로 너무나도 부끄러웠던 2002년의 나를 우리 반 아이들은 맹목적으로 좋아해 주었다는 것이다. 너무나 미안했다.

좋은 수업을 하는 방법을 몰라 방황하다 학기가 끝나고 군대에 갈 시기가 되었는데, 운 좋게 당시 실시간 교수·학습 콘텐츠의 시작을 알린 '티나라'에서 산업 특례요원으로 군 복무를 할 수 있었다. 간접적으로 회사 생활을 체험하고 고객으로서 선생님과 만나며 회사와 학교의 차이점을 이해할 수 있었고, 이 경험은 교직 인생에 큰 도움이 되었다.

복직 후, 운명처럼 옆 반 남자 후배에게 사회 교과를 함께 연구하자는 제안을 받아 많은 것을 배우고 함께 연구하며 10년 이상을 사회과에 몰입해 왔다. 그러다 보니 수업이 재밌어졌고, 무엇을 보고 들을 때마다 '어떻게 수업에 적용해 볼까.' 하고 생각하게 되었다. 드디어 교육학 강의 시간에 배운 내용을 이해할 수 있었고, 다행복학교에서도 근무하며 동료와 함께 성장하는 기쁨도 배웠다. 어느새 나는 평범했지만 평범하지 않은 수석교사가 되었다.

02

수석교사를 말하다

수업 역량으로 말하다

인생은 실전! 앎이 곧 삶이 되어야 진짜 배우는 것!

공부를 잘한다는 것은 무슨 의미일까? 과연 공부는 무엇일까?

매년 3월 개학일이 되면, 아이들과 첫 만남에서 수업 시작 전에 항상 하던 이야기다. 아이들에게 공부를 잘하는 것이 무엇인지 물어보면, 대부분 국어나 수학, 영어 문제를 열심히 풀고 좋은 점수를 받는 것이라고 대답한다. 아마 학부모님을 포함한 대부분의 어른 역시 비슷한 생각을 할 것이다.

나 역시 그렇게 생각해 왔으나, 임용고시를 준비하며 외운 것이 실제 아이들을 지도하는 데는 전혀 도움이 되지 않는 것을 보며 확실히 깨달았다.

'맹목적으로 학습하는 것은 진짜 앎으로 연결될 수 없다. 그리고 왜 국영수만 공부인가? 노래를 열심히 부르는 것은 공부가 아닌가? 체육 시간에 규칙을 지키며 피구 기능을 익히는 것은? 유튜브 영상을 촬영하는 것은?'

선입견에서 벗어나 학교에서, 혹은 학교 밖에서도 스스로 노력하며 경험한 모든 것이 공부임을 인식시키고 앎이 곧 삶이 되는 경험을 제공하는 판을 마련해 주며, 학생들이 그 위에서 신나게 인생을 배워 볼 수 있도록 돕는 조력자가 되는 것이 선생님의 역할일 것이다.

지금은 교육과정이 바뀌었지만, 5학년 아이들과 선사 시대 큐레이터 프로젝트를 계획하고 추진한 경험이 있다. '구석기 시대 사람들은 교과서 삽화 사진처럼 정말 행복했을까?'를 질문하며 암기가 아닌 이해를 위한 수업을 구성했다. 미술 시간에 밖으로 나가 뗀석기를 직접 만들어 보며 돌을 던져 깨지거나 떼어지는 도구가 뗀석기임을 자연스레 이해했고, 생각보다 날카롭게 되지 않아 주먹도끼가 얼마나 정교하게 만들어진 도구인지 알게 되었다. 간석기를 만들겠다고 덤비던 학생은 30분 만에 포기했다.

당시 학교에서 도보 30분 거리에 박물관이 있어, 이를 적극 활용하기로 마음먹었다. 그리고 5학년 아이들에게 선사 시대 박물관 큐레이터가 되어, 2학년 동생과 함께 박물관 현장 체험학습을 가서 선사 시대 유물 설명하기 미션을 제시했다. 처음 미션을 들었을 때 학생들은 반발하는 듯했지만, 동생들이 매우 좋아할 거란 말 한마디에 재미있을 것 같다고 입장을 바꾸고, 현장 체험학습 날짜에 맞추어 어떤 준비를 해야 할지 함께 계획을 세웠다. 그리고 텔레비전에 컴퓨터 화면을 띄워 2학년 부장님께 5학년 선배들이 2학년 동생들을 데리고 현장 체험학습을 가고 싶다는 내용의 메신저 내용을 입력한 다음, 아이들에게 진짜 보낼지 결정하라고 했고 학생들이 "Go!"를 외치자마자 전송 버튼을 눌렀다.

프로젝트를 준비하며 아이들은 다양한 아이디어를 냈는데, 동생과 손잡고 박물관으로 걸어가는 길에 교통안전 교육을 해 주고 싶다고 했다. 우리 동네에 대해서 알려 주고 싶어 했으며, 학교에서 지켜야 할 규칙이나 공부를 열심히 해야 하는 이유도 알려 주고 싶다고 했다. 내가 안전교육 수업을 했을 때 하품하던 아이들이, 자신이 큐레이터이자 선배 선생님이 된다고 하자 눈빛을 반짝였다.

동생들과 현장 체험학습 가기 1주일 전, 미리 체육과 미술 시간을 할애해 박물관 사전 답사를 다녀왔다. 학생들은 알아서 선사 시대 유물 사진을 찍고 어떤 코스로 어떤 내용을 설명해 줄지를 계획했다. 다녀와서는 학습지를 만들고, 심지어 동생에게 줄 초대장 팸플릿도 만들어 전달한 친구도 있었다. 내가 굳이 시키지 않아도 아이들은 알아서 동생에게 줄 학습지를 만들고, 친구들과 협력하고 모방하며 자기 결과물의 수준을 높였다.

현장 체험학습 당일, 5학년 선배들은 지금껏 본 적 없는 질서정연한 모습으로 동생 손을 꼭 잡고 신호등 앞에서 좌우를 살피며 걸어갔다. 박물관에서 뛰거나 노는 아이는 단 한 명도 없었다. 국영수 같은 암기 시험이 아닌, 누군가에게 직접적인 평가를 받게 되면 진짜 역량을 기를 수 있음을 경험했으며, 이런 원동력은 누구나 좋은 사람이 되고 싶어 하는 욕구 때문임을 알게 되었다.

첫해에 이 프로젝트를 실천하고 깨달은 바가 있었는데, 수업에서 제일 중요한 것은 바로 '평가 계획'이라는 것이다. 수업 계획에만 관심이 있었지, 학생들을 어떻게 평가할 것인지에 대해서는 큰 고민을 하지 않았다. 솔직하게 말하면, 성취 기준이 무엇인지 제대로 파악하지도 못했다. 아이들이 즐거워했고 열심히 설명하는 것 같았으며, 동생들이 선배들의 설명에 만족한다고 답했으니 다 도달한 것으로 생각했다.

어이없게도 학년 평가 계획에 따라 이러한 프로젝트 수업을 하고도 서답형 시험을 쳤고, 결과는 좋지 못했다. 서답형 시험에서는 이번 프로젝트를 통해 성장한 아이들의 역량을 측정할 수 없었다. 프로젝트 설계 과정에서 지식 측면을 확인하고 피드백하는 과정이 꼭 필요함을 깨달았다. 평가는 반드시 교사가 직접 해야 한다는 것을 이해했고, 학습 결과를 교사가 확인할 채점 기준표가 필요하다는 것도 깨달았다.

그 후, 아이들은 태양계 큐레이터가 되어 3학년 동생들에게 태양계에 관해 설명해 주는 과학자가 되었다. 또, 네팔 지진 돕기 바자회를 개최해 직접 소비자와 판매자가 되어 우리 경제의 특징이 자유와 경쟁임을 이해하고 돈 버는 게 쉽지 않음을 배우며, 모금한 돈을 KBS에 기부해 뉴스에 나오는 경험도 했다.

그리고 민주주의에 바탕을 둔 지역 문제 해결 프로젝트를 통해, 군청으로 하여금 학교 앞에 과속 단속 카메라를 설치하고 불량 식품 단속도 하게 만들었다. 학습을 아이들의 삶으로 이끌어 줄 판을 깔아 주고 진정한 앎으로 연결해 주는 경험을 제공하는 것! 가장 어렵지만 교사가 꼭 해야 할 일이다.

생활 교육으로 말하다
교실은 사회의 축소판! 민주주의는 공짜가 아니다

교실에서 아이들은 수시로 싸운다. 한쪽은 장난이나, 다른 쪽은 그렇지 않아 감정이 격해지고 이내 선생님께 이르러 온다. 그럼 다른 학생도 함께 와서 억울함을 호소한다. 수업 중에도 관계는 회복되지 못하고, 서로 장난 같지 않은 장난을 치며 수업을 방해한다. 선생님은 화가 나고 교실 분위기는 험악해진다. 그리고 선생님과 아이들의 관계는 멀어지며, 아이들의 관계도 깨진다. 어떻게 해야 할까?

교실은 사회의 축소판이다. 아이의 삶과 어른의 삶이 그리 다르지 않음을 이해해야 한다. 선생님 혼자 모든 것을 해결할 수 없다. 우리 사회는 민주주의 사회이며, 모두가 자신이 해야 할 일을 하고 약속된 규칙을 잘 지킬 때 건강한 사회가 만들어진다. 민주주의는 공짜가 아니다. 이를 위해 즐거운 학교생활 프로젝트를 계획하고 운영하며, 학생들이 서로를 이해하고 존중하는 민주시민 역량을 기를 수 있도록 돕고자 노력해 왔다.

먼저, 개학일이 되면 '학급 슬로건 세우기'부터 한다. 아이들이 원하는 학급의 모습을 공유해 한두 문장으로 연결하면서, 아이들이 원하는 학급의 모습이 우리가 바라는 사회의 모습과 다르지 않음을 알게 된다. 심지어 떠들던 학생들조차도 남에게 피해를 주지 않고, 욕을 하면 안 된다는 데 동의한다.

그다음, 학급 슬로건을 잘 지키기 위해 우리 학급에 필요한 규칙은 무엇이 있을지 토의하며, 지켜야 할 것과 하지 말아야 할 것을 결정해 본다. 처음부터 제대로 된 헌법을 가질 수 없으므로, 작년 학생들의 샘플이나 참고 자료를 이용해 이를 수정해 나가는 것이 매우 효율적이었다.

즐거운 학교생활 프로젝트의 핵심은 학생들이 스스로 학급의 규칙을 정하는 것이다. 상벌점제 시행을 위해 가장 하면 안 되는 일과, 어떤 일을 했을 때 크게 칭찬할지를 결정하고, 학생들 스스로 추천과 투표로 상장을 주도록 안내했다. 생각보다 학생들은 엄격하며 냉정하다. 그리고 규칙을 어겼을 경우, 선생님이 마음대로 정한 규칙은 반발하나 본인들이 발표하고 동의한 규칙은 수긍하고 벌점을 받는다. 이 과정에서 모호한 규칙과 관련된 사안이 발생하므로, 매주 월요일 6교시는 도덕 수업을 학급 회의 시간으로 재구성해 학급 규칙을 상시 개정할 수 있는 시간을 제공했다.

학교는 사회의 축소판이므로, 사회에서처럼 공공 기관 또는 정부 부서를 구성하고 우리 반에 꼭 필요한 부서를 선정한 다음, 투표를 통해 장관이나 부서장을 선발했다. 특히 가장 핵심은 생활 부장이다. 생활부는 학급의 다툼을 관리하는 부서로, 부서장은 신고서를 만들어 제공하고 학생들의 다툼이 발생할 경우 신고서를 통해 접수하도록 안내한다.

4. 다음 사례를 보고, B학생과 C학생 중 한명을 선택하여 변호해보시오.

> 평상시 지각을 자주 하던 B학생은 오늘 34분에 도착하여 지각을 하지 않았지만 주변 친구들이 계속 지각을 하였다고 주장하여 스트레스를 받게 되었다. 그래서 학급 규칙에 따라 자신을 지각이라고 말한 학생 C를 정식으로 고소하였고, 규칙에 따라 빨간스티커 1장을 받게 해줄 것을 요청하였다. 그러나 C학생은 B학생이 35분에 들어온 것으로 생각하여 주장하였으며, 그 이후에는 별다른 말을 하지 않았다고 주장하고 있다. 따라서 C학생 역시 B학생을 '뒷담'항목으로 맞고소하였다.

C 변호 평소 B학생이 지각을 자주 했기때문에 충분히 그런 이미지가 쌓여 그럴수 있는 상황이였다
그리고 B 학생이 다른 친구들에게도 말해
C의 이미지를 좋지 않게 만들어 뒷담으로 볼수있습니다
그리고 사람은 누구나 실수할수 있지만 2~3번이 되면
그건 잘못입니다 그러므로 B 학생에게 빨스를
요구합니다

부서장이 혼자서 힘들어 할 즈음, 변호사 선발 시험을 실시해 변호사를 뽑고, 부서장에게는 부원을 선발할 수 있는 권한을 부여했다. 그러자 학생들은 분쟁 발생 시 교사에게 오지 않고 먼저 신고서부터 작성한 다음, 변호사를 찾아가 소송을 의뢰한다. 변호사는 최대한 서로 감정 상하지 않게 화해시키는 역할을 하며, 화해에 성공하면 보너스 상점을 제공한다. 마치 학교폭력 심의 사안과 비슷한 과정으로, 다툼이 합의되면 생활 부장이 신고서에 합의 내용을 기록하고 사인한 후 종결하며, 생활부에서 판결한 내용이 받아들여지지 않을 경우 내게 가져오면 해결해 주었다.

1인 1역 역시 그냥 시키지 않고 고용 계약서를 작성해 월급제로 운영했다. 변호사, 장관, 직원 모두 월급으로 칭찬 스티커 등을 제공하면 자기 일에 최선을 다한다. 마치 진짜 변호사가 되고 문화부 장관이 되어 학생들의 독서록을 점검하고 행사를 기획한다. 담임 선생님의 '지시'가 아닌 학생들 간의 '공감'으로 만들어진 관계는 설령 삐걱거릴지언정 무너지지 않는다.

마지막으로, 선생님의 따뜻하고 공정한 태도가 필요하다. 아침맞이로 아이들과 한 명씩 하이파이브를 하면, 단순히 인사만 할 때와는 확실히 다른 점을

느낄 수 있다. 선생님이 먼저 다가가 웃으며 하이파이브를 해야 아이들도 다가온다. 또한, 다툼이 발생할 경우 반드시 양측 모두 발언할 수 있는 기회를 제공해야 한다. 한쪽의 발언만 듣고 교사가 섣불리 판단하여 다그치면 관계는 무너진다. 한쪽 학생이 억울함을 이야기하면 할 말이 있더라도 꾹 참고, 다른 학생의 말도 모두 들어 본 다음 대화를 진행해야 한다. 양쪽 모두 말할 기회를 가지면 최소한 억울한 일은 없다.

교사 성장으로 말하다
실천, 나눔, 그리고 감사하기

교대 재학 시절의 4년은 좋은 선생님이 되는 길과는 거리가 있었다. 도서관에서 "야, 쟤 9등급인데 대구 친대."라는 말을 듣던 내가, 지금 수석교사가 되어 이 글을 쓰게 되었다. 돌이켜 보면 2002년 첫 발령지에서 만났던 4학년 아이들의 맹목적인 사랑이 나를 변화시켰다. 인간은 누구나 타인에게 좋은 사람이 되고 싶어 하고, 특히 초등학교에서 담임으로 아이들을 만나면, 그 전의 삶이 어쨌든 누구나 좋은 선생님이 되기 위해 마음먹고 노력한다.

좋은 선생님이 되고 싶었지만 무엇을 어떻게 해야 할지 몰라 고민했던 신규교사 시절이 떠오른다. 운 좋게도 옆 반 후배를 만나 사회과의 매력에 흠뻑 빠져 10여 년을 몰입했다. 잘 몰랐지만, 나는 생각보다 실천하는 데 주저함이 없었던 사람이었나보다. 이상하게 수업에 대해서는 실험적인 아이디어를 적용하는 데 주저함이 없었다. 그 밑바탕에는, 나는 이미 부족했던 사람이라 수업이 망해도 어차피 달라질 것이 없으니 도전해서 잘되면 좋고, 안되면 본전이라는 생각이 깔려 있었던 것 같다.

연수에서 알게 된 작은 내용도 일단 적용해 보려 노력했다. 특히, 사회과와 만나며 범위를 좁히니 수업 연구 목적과 방향이 분명해지고, 수업의 질이 향상되는 속도도 스스로 느낄 수 있을 만큼 높았던 것 같다. 물론 잘못된 오개념으로 이상한 방향으로 나간 경험도 무척 많다. 그때마다 다양한 연수를 듣고, 여러 선생님께 컨설팅 받으며 오개념을 수정해 나갈 수 있었다.

나는 원래 부족했던 사람이므로 수업 공개에도 어려움이 없었다. 수업 못한다는 평판을 듣는 두려움보다, 다른 선생님들이 우리 반 교실에 와서 아이들의 CCTV가 되어 집중력을 높여 주며 나의 수업 성장을 돕는 것이 더 좋았다. 그러다 보니 다른 선생님의 수업을 참관할 때도 선생님의 모습을 보기보다는 학생들의 활동 모습을 더 관찰하게 되었고, 수업에서 선생님이 노력하신 점과 내가 배울 만한 점을 찾는 데 관점을 두고 참관하는 습관이 형성되었다.

동학년 선생님들과 함께 공동 수업을 설계하고 우리 반에서 먼저 수업을 공개하면, 다른 반 선생님께서 우리가 계획했던 대로 학생들이 잘 참여하는지를 관찰했다. 프로젝트 수업 역시 우리 반이 아닌 학년 전체가 참여하는 프로젝트를 여러 차례 함께하며 동료 선생님들과 같이 성장하는 기쁨을 느낄 수 있었다.

이런 선순환들이 쌓여 가며, 운 좋게 다양한 곳에서 내가 경험하고 배우며 알게 된 내용들을 나눌 수 있었다. 특히, 교육청 관련 사업에 참여하게 되면서

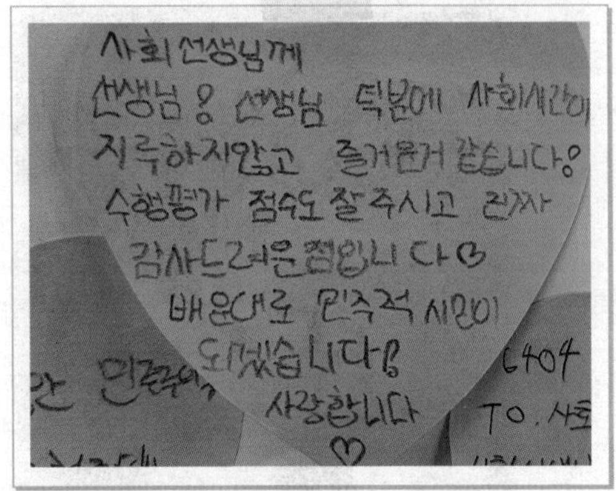

훌륭한 교사 분들을 만나게 되었고, 내가 알지 못한 더 넓은 세상을 만나게 되었다. 아마 교직에는 나와 비슷한 신규 시절을 보내고 있는 선생님들이 많이 계실 것이다. 좋은 인연을 많이 만나 지금까지 감사할 일이 가득했으니, 앞으로는 내가 겪었던 시행착오를 토대로 어려움을 겪는 선생님들께 작은 위로와 희망을 전하는, 누군가에게는 좋은 인연이 될 수석교사가 되기 위해 최선을 다해 보고자 한다.

18

더 성장하고픈 수석교사 김수정

행동 발달 및 종합 의견

초등학교 시절, 합창단이라는 이유로 장기자랑 시간에 불려 나갈 때마다 항상 같은 노래 <등대>를 불렀지만, 부를 때마다 머릿속으로 다음 가사를 떠올리느라 식은땀을 흘렸던 '극 I'임. 업무를 잘한다는 이유로 다양한 부장을 맡다 보니 마이크 잡을 일이 많아져 '나서는 것을 좋아한다'는 오해도 받지만, 늘 다시는 하지 않으리라 마음먹곤 함. 강의 요청을 받으면 강의 당일까지 끙끙대고, 유익하고 재밌다는 수강생의 평을 듣고도 설마 하며 잘 믿지 않음.

나는 그렇게 초등 교사가 되었다

중학교 중간고사 시험 준비를 위해 도서관으로 가는 도중, 갑자기 투닥투닥하며 싸우는 소리가 들렸다. 소리 나는 쪽을 쳐다보니, 초등학교 1학년이나 2학년 정도로 보이는 두 아이가 서로 욕을 하면서 싸우고 있었다. 아이들이 하는 욕은 지금까지도 듣기 어려울 정도로 심한 것이었다. 싸움을 말리려고 했지만, 역부족이었다. 도서관에서 공부하면서도 그 싸움 장면이 잊히지 않았다. 나 역시 어렸지만, 아이들을 도와주지 못했다는 아쉬움과 어떻게 하면 도와줄 수 있었을까 하는 생각이 계속 머릿속을 맴돌았다.

그날 저녁 막냇동생이 자기 반 친구가 너무 가난해서 연필 한 자루밖에 없는데, 맨날 자신에게 빌려서 화가 난다고 했다. 그 이야기를 들으며 한 친구가 떠올랐다. 초등학교 때 짝꿍이었다. 그 친구는 쉬는 시간마다 늘 바빴다. 이미 다 쓴 공책을 지우개로 조심스레 지우고, 또 지웠다. 왜 공책을 다 지우냐고 짝꿍에게 물어봤다. 짝꿍이 대답했다.

"지우개로 지우면 새 공책이 되잖아. 그러면 공책을 사 달라고 안 해도 되니까."

그 친구의 목소리가 들리는 듯했다. 나는 새 연필 2자루와 공책 한 권을 동생에게 주면서 친구 서랍에 몰래 넣어 주라고 했다. 내켜 하지 않는 동생을 달래서 보내는 내 마음은 두근거렸다. 그 아이는 어떤 반응을 보일까? 싫어할까? 아니면 좋아할까?

학교에서 돌아오자마자 동생에게 어떻게 되었는지 물어보았다. 서랍에서 연필과 공책을 발견한 친구가 온종일 꺼내 보았다가 다시 넣었다가 하더니 집에 가기 전에 살짝 가방에 넣어 가더라는 것이다. 처음에는 그 아이에게 도움이 되었다는 사실에 행복했다.

하지만 시간이 흐를수록 나의 호의가 그 아이에게 견물생심을 갖게 한 게 아닌가 하는 걱정이 들었다. 의미도 모르고 심한 욕을 아무렇지 않게 하는 아이들과, 가정 형편이 어려운 아이들을 가장 가까이에서 도와주고 싶은 마음이 커졌다. 그러면서 초등 교사가 되고 싶다는 생각을 막연히 했던 것 같다.

대학을 졸업하고 서울에서 무역 회사를 다니던 나에게 교대 편입은 운명 같았다. 어려운 아이들을 돕고 싶다는 내 꿈을 다시 꿀 수 있는 초등 교사가 되었다. 교사로 살면서 힘들 때 위로해 주는 선생님은 계셨지만, 속 시원하게 문제를 함께 해결해 주는 선생님은 없었다. 경력이 많다고, 경험이 많다고 다 전문가는 아니었다. 동료가 어려움을 겪을 때 손 내밀 수 있는 교사가 되고 싶었다. 그래서 다시 선생님을 지원해 주는 수석교사에 도전했고, 수석교사가 되어 다시 꿈을 꾸고 있다.

02 수석교사를 말하다

수업 역량으로 말하다
문해력 전문가가 되기까지

읽고 쓰지 못하는 학생과의 만남

신규라서 공문이 무엇인지도 모르는 나는 학교에서 교사가 아니라 행정 업무를 처리하는 사람이었다. 수업 시간에도 전화는 끊임없이 왔다. 교육청에서 오전 중에 처리해야 하는 급한 공문이 왔으니 바로 내려와서 공문 처리해라, 컴퓨터가 갑자기 안 되니 와서 고쳐 달라, 과학실 물품을 못 찾겠는데 어디 두었느냐 등등, 교무실과 교실에서 다양한 행정 처리를 하느라 수업 중에도 아이들을 자습시키고 이리 저리로 뛰어다녔다.

3월에는 과학실에 있는 물품을 일일이 세면서 물품 대장을 작성하느라, 4월에는 과학의 날 행사 주최 및 군 과학 발명 대회에 참가하고 학교 신문을 제작하느라, 5월에는 운동회 무용 지도를 하느라, 6월에는 NEIS에 학교 물품을 입력하느라, 7월에는 성적 처리와 학교 신문을 제작하느라, 그렇게 1학기가 지나갔다. 교과 전담 시간도 음악 3시간뿐이라 거의 매일 6교시 수업을 하면서 학교 업무와 잡다한 행정적 처리를 하느라 수업은 뒷전이 되었고, 그렇게 지쳐 갔다.

그 뒤로도 나는 주 업무는 학교 업무이고, 학생을 지도하는 것은 부 업무가 되어 버렸다. 공문 처리 잘하고 학교 업무를 잘 해내는 나에게 선생님들은 유능한 교사라고 추켜세웠지만, 나의 수업에 대해서는 아무도 관심을 두지 않았다. 그렇게 몇 년의 시간이 흘러갔다. 여전히 나는 업무 처리를 더 능숙하게 해내는 교사였다.

11년 후, 전라남도 곡성으로 발령을 받아 1학년 담임이자 방과후 학교 부장이 되었다. 그동안의 많은 업무 경험 덕분에 방과후 학교 부장은 그렇게 어려운 업무가 아니었다. 하지만 교실 수업에서 문제가 생겼다. 한글을 제대로 읽고 쓰지 못하는 학생을 만나게 된 것이다. 난 적잖게 당황스러웠다. 구례에서도 1학년 담임을 했었지만, 모두 한글을 읽고 쓸 수 있는 아이들이었기에 그럭저럭 1학년을 잘 보낼 수 있었다. 그런데 자기 이름조차 읽고 쓰지 못하는 아이라니!

그때부터 주변 선생님께 도움을 요청했지만, "요즘에 한글도 못 읽고 학교에 오는 애가 있다고?"라며 난색을 보이셨다. 혹시나 해서 관련 연수를 찾아보았지만 없었다. 급한 대로 그림 카드와 한글 자모 카드를 구입해 지도하기 시작했다. '나비' 같은 간단한 낱말은 읽기 시작했지만, '나무'란 낱말을 보고도 '나'를 읽어 내지 못했다. 심지어 자기의 이름 속 글자도 다른 낱말에서는 찾아내지 못했다.

혼자 해결하기가 어렵다는 생각에 교육지원청 학습 종합 클리닉 센터에 연락하여 도움을 받아 보았다. 일주일에 한 번씩 방문하여 이런저런 검사와 교육이 이루어졌지만, 결국 1학년을 마칠 때까지 읽을 수 있는 낱말은 자기 이름과 쉬운 몇 개 낱말뿐이었다. 2학년으로 올라갔지만 여전히 글을 읽지 못했고, 결국 3학년이 되어서는 특수반에 들어갔다. 그 학교를 떠나면서 제대로 가르치지 못한 미안함과 죄책감에 마음이 무거웠지만, 한편으로는 그 학생을 더 보지 않아도 된다는 안도감도 들었다.

전출 간 학교에서는 2학년 담임과 혁신·연구 부장을 맡게 되었다. 1학년 담임이 아니라는 안도의 한숨을 쉬던 내게 작년 1학년 담임 선생님께서 청천벽력같은 말씀을 하셨다. 1학년 2학기에 교통사고로 학교를 못 나오던 학생이 5월부터 학교에 나오는데 읽고 쓰지 못한다는 것이다. 눈앞이 캄캄해졌다. 또다시 만나게 된 이 어려움을 어떻게 해결할 것인가?! 이번에는 어떻게든 해내야 했다. 두 번 다시 똑같은 실수를 반복할 수는 없었다. 그런 내게 '읽기 따라잡기'라는 연수는 운명 같은 만남이었다.

읽기 따라잡기로 초기 문해력 전문가가 되다

정신없이 바쁜 3월, 다른 지역에서 근무하던 선생님의 연락이 왔다. '읽기 따라잡기' 연수를 같이 듣자는 것이었다. 사실 나도 연수 공문을 보았지만, 1년 동안 90시간 연수인데다가, 매주 금요일 오후 3시부터 6시까지 3시간의 연수를 듣기 위해서는 곡성에서 나주까지 출장을 가야 했기 때문이다. 그리고 교장 선생님께서는 혁신·연구 부장인 내 출장을 탐탁지 않아 하셨다. 몇 번의 설득 끝에 모든 업무를 차질없이 진행하고, 만약 업무에 차질이 생기면 바로 연수를 그만두겠다는 말씀을 드리고 겨우 참여하게 되었다.

연수 첫날, 엄훈 교수님께서는 『선인장 모텔』이라는 그림책을 보여 주시며, 연수생들은 앞으로 초기 문해력의 씨앗을 뿌리는 선인장 역할을 하게 될 것이라는 말씀을 해 주셨다. 잠시 후 연수에 대한 안내가 끝나자마자 여러 연수생이 연수 과정에 대한 불만을 터뜨리기 시작했다. 나 역시 그들과 같은 생각이었다.

'읽기 따라잡기' 연수는 이제껏 들어 본 적 없는 많은 것들을 요구하는 연수였다. 90시간 동안 읽고, 쓰기에 어려움을 겪는 학생 1명을 선택하고, 주 3~5회 개별 지도와 지도 영상까지 촬영하라는 것이었다. 수업 영상을 제출한 경우는 연수 시간에 함께 보고 수업 나눔과 컨설팅을 하고, 제출하지 않으면 교수님께서 직접 학교로 찾아와 개별 수업 지도 과정을 참관한 후 컨설팅을 해 준다는 것이었다.

게다가 1학기 45시간, 2학기 45시간 연수가 끝날 때마다 워크숍을 운영하는데, 이때 모든 연수생은 그동안 작성한 지도 일지 및 학생 지도 자료를 포트폴리오로 작성하여 제출 후 발표까지 해야 했다.

담임을 하면서 거의 매일 1:1 개별 지도를 하고, 일지 작성하고, 영상까지 촬영하고, 다시 금요일에 연수를 받으러 간다는 것이 과연 가능하냐는 연수생들의 불만에 교수님께서는 상황을 한마디로 정리하셨다.

"이 연수를 하기 어려우신 분들은 지금 나가셔도 됩니다."

너무나도 단호한 말씀에 반기를 드는 사람은 없었다. 그렇게 녹록지 않은 연수 여정이 시작되었다.

'읽기 따라잡기' 연수 내용은 이해하기 어려운 학술적인 다양한 이론들로 늘 머릿속이 복잡했고, 아직 읽기 따라잡기에 대한 이해가 부족한 상태에서 개별 지도 영상을 보고 수업 나눔을 하는 것도 너무 힘들었다. 우스갯소리로 분명히 한국어인데 외국어처럼 들린다는 하소연을 할 정도였다. 하지만 가랑비에 옷 젖는다고 했던가. 90시간 연수가 마무리되어 가는 시기가 다가오자, '읽기 따라잡기'는 조금씩 나에게 스며들고 있었다.

연수를 받은 지 한 달쯤 지나 교통사고로 1학년 말부터 나오지 못했던 학생이 등교하기 시작했다. 교통사고 후유증으로 오른팔이 'ㄴ'자 형태로 굳어

펴지지 않았지만, 다행히 왼손은 사용할 수 있었다. 처음으로 주먹구구식 지도가 아닌, 초기 문해력에 대한 전문성을 가지고 학생을 지도하게 된 것이다.

물론 쉽지 않았다. 반년이 넘게 병원 생활을 해 왔던 터라 수업 시간에 앉아 있는 것도 힘들어했고, 학습 태도는 '아니올시다'였다. 게다가 부모님은 학생의 오른팔을 펴는 것이 중요하셨던 터라, 수업이 끝나면 바로 병원으로 물리치료를 받으러 갔다. 방과 후에 남겨서 하는 수업이 어려워져 일주일에 두 번 있는 무용 시간에 개별화 수업을 하게 되었다.

'읽기 따라잡기' 패턴 수업을 적용하며 지도했지만, 일주일 두 번 수업은 초기 문해력을 지도하기에 턱없이 부족한 시간이었다. 내가 초기 문해력을 지도하는 전문성을 가지고 있어도, 지도할 시간이 확보되지 않으니 큰 효과가 나지 않았다. 또 그렇게 아쉬움이 가득한 개별화 지도를 마무리하게 되었다.

드디어 90시간 연수의 마지막인 제주도 2박 3일 워크숍에서 전라남도 교육청 담당 장학관님, 장학사님과 함께하는 자리가 마련되었다. 우리는 초기 문해력을 지도할 수 있는 무기가 생겼지만, 매일 개별화 지도를 할 수 있는 교사 여력과 학생들 지도 시간 확보 등의 어려움에 대해 말씀드렸다. 장학관님과 장학사님께서는 도 교육청 차원에서 이 문제를 해결해 보겠다고 하셨지만, 사실 큰 기대를 하지 않았다. 교원 수는 정해져 있는 데다가, 초기 문해력을 지도하는 정원 외 교사라니?! 그런데 겨울방학 중 어느 날 기초 학력 전담 교사를 뽑는다는 공문이 도착했고, 나는 그렇게 전국 최초로 기초 학력 전담 교사가 되었다.

생활 교육으로 말하다

기초 학력 전담 교사에서 수석교사가 되기까지

전라남도 교육청이 최초로 시도한 기초 학력 전담 교사제는 '2021 교육 분야 정부 혁신 우수 사례 경진 대회'에서 대상을 받게 되면서 전국 여러 교육청에서도 선발하여 운영하고 있으며, 현장에서 학부모와 학생의 만족도가 매우 높아 지속적으로 확대되고 있다.

전라남도에서는 기초 학력 전담 교사로 2년 동안 활동한 이후에는 다시 지원할 수 없다. 이는 기초 학력 지도 전문성을 가진 교사의 수를 확대하기 위해서이다. 나 역시 2년 동안 근무하던 학교에 정원 외로 배정되어 일주일에 16~20시간을 지도했다. 우선 1~2학년 학생을 대상으로 초기 문해력 검사를 통해 가장 낮은 점수를 받은 학생을 지도하기 시작했다. 2년간 지도한 학생 8명 중 4명은 목표 수준에 도달했고, 3명은 2학년까지 지도했으나 목표 수준에 도달하지 못한 채로 종료 되었으며, 나머지 1명은 다음 기초 학력 전담 교사의 추가 지도를 받았다.

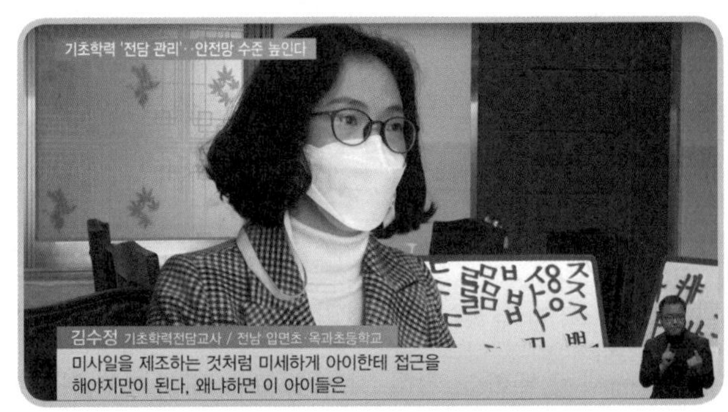

전라남도에서 최초로 시도한 제도라 여러 곳에서 관심을 보이기 시작했다.

EBS 뉴스 기획 취재에서 내가 근무하는 학교까지 찾아와서 실제로 수업하는 모습을 촬영했고, 인터뷰 장면을 보도했다. EBS 온라인 뉴스에서도 기초 학력 전담 교사제 기획 시리즈로 학생 지도 사례를 원고로 요청 받아, 여러 기초 학력 전담 선생님들과 함께 지도 사례를 연재하기도 했다. 그 이후에 초등 국어 교육학회에 '읽기와 쓰기를 통한 초기 문해력 지도'라는 주제로 소논문도 발표했다. 또, 전라남도 교육청이 해마다 발행하는 '전남 교육 동행'에 기초 학력 전담 교사제의 정부 혁신 우수 사례 대상 수상을 기념하는 원고를 싣게 되었다.

이러한 관심들로 인해 기초 학력 전담 교사에 대한 워크숍이나 설명회에서 발표하게 되는 경우들이 생겼고, 이듬해부터는 강의 요청이 들어오기 시작하였다. 초등학교 1~2학년 군 담임 선생님을 대상으로 하는 초기 문해력 강의를 시작으로, 여러 지역 교육청에서 운영하는 지역민 기초 학력 지원 강사 연수 강의를 하게 되었다. 그다음 해부터 '읽기 따라잡기' 강사가 되어 전라남도 교육청에서 운영하는 기초 학력 전담 교사 대상 초기 문해력 연수까지 맡게 되었다.

기초 학력 전담 교사로, 강사로 바쁜 시간을 보내던 어느 날, 2년간의 과정을 책으로 내고 싶다는 생각이 들었다. 마침 전라남도 교육청에서는 '교사! 한 권의 책이 되다'라는 프로그램을 운영하여, 해마다 10~15팀의 원고를 받아 책을 내 주고 있었다. 기초 학력 전담 교사를 하는 두 분 선생님께 책을 쓰자는 제안을 하고, 함께 『초등 문해력 수업』이라는 책을 냈다. 책을 출간한 더블북 출판사에서 초등학교 입학 전 아동들을 대상으로 학습지를 만들어 보지 않겠냐는 권유를 받아, 다시 두 분의 선생님과 함께 『처음 한글 공부 1: 자음과 모음 편』과 『처음 한글 공부 2: 받침 편』을 출간하게 되었다. 추후 맞춤법과 쓰기 관련 도서 두 권도 출판할 예정이다.

공문 처리 잘하고, 학교 업무를 능숙하게 해내는 교사로 인정 받던 내가 기초 학력 전담 교사가 되면서 어려움을 겪는 학생들이 보이기 시작했다. 그동안 대학원에서 초등 국어 석사 학위를 받고, 국어 및 독서토론 수업 선도 교사로 활동하며, 교과 교육 연구회 공개 수업 및 좋은 수업 실천 공개 수업을 하는 등, 수업 연구를 지속해서 하고 있었다.

그런데 학습의 어려움을 겪는 학생들을 지도해 온 2년간의 경험은 수업에 새로운 시각을 갖게 해 주었다. 단 한 명의 학생도 소외되지 않는 수업, 학생들이 서로를 응원하고 지지하는 배움이 있는 수업, 학생과 내가 호흡을 맞추어 함께 배워 나가는 수업을 하고 싶었다. 그래서 담임으로 돌아와 수업에 전력을 다하기 시작했다.

프로젝트 수업, 질문이 있는 수업, 한 학생도 놓치지 않는 수업을 하기 위한 준비를 하고 수업 후에 다시 피드백하는 과정을 통해서 수업 성장을 하려고 했으나, 여전히 많은 업무로 인해 쉽지 않았다. 마음 놓고 연구하고 준비한 수업으로 서고 싶었다.

그러기 위해서 나는 수석교사가 되기로 했다. 내가 좋아하는 교과를 전문적으로 공부하고, 연구를 바탕으로 준비한 수업을 여러 반 학생들에게 수업하고 그 결과를 피드백하여 성장하는 한편, 여러 학년에 걸쳐서 동시에 수업하는 것은 수석교사만이 가능했다. 나는 그렇게 수석교사의 길을 선택했고, 지금도 꿋꿋이 그 길을 가고 있다.

19

도전을 멈추지 않는 수석교사 김현주

행동 발달 및 종합 의견

세상과 주변의 사람들에게 관심이 많고 관찰하는 것을 좋아함. 현재의 모습에 안주하지 않고 다양한 주제의 배움을 찾고 목표를 구체화함. 명확한 목표를 설정하고 그것을 달성하기 위해 노력함. 나의 열정을 타인에게 전달하고, 그들에게 동기 부여를 통해 함께 목표를 달성하도록 격려함. 침착하게 문제를 해결하는 능력을 갖추고 있으며, 책임감을 가지고 새로운 아이디어를 창출하여 효과적인 해결책을 마련하는 데 능숙함.

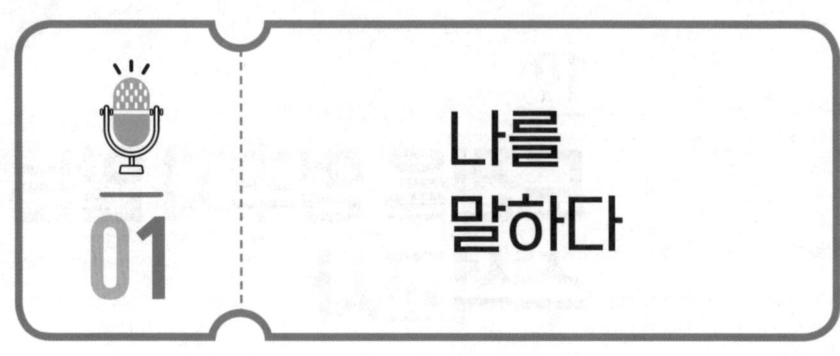

책 속에서 세상을 배우고 책 밖에서 세상과 부딪히다

나는 전라남도 광주의 중심지였던 충장로에서 그리 멀지 않은 곳에서 양장점(요즘은 이런 이름을 단 가게를 보기가 어려워졌다.)을 운영하시는 부모님의 첫째 딸로 태어났다. 부모님 모두 어렸을 때 집안 형편이 어려워 배움을 마음껏 펼칠 수 없었기에, 자녀 교육만큼은 누구보다 열심이셨다. 초등학교의 학년 초 학부모 상담에 매번 빠지지 않으셨고, 책이 중요하다는 주변 사람들 말에 그 당시 유명했던 백과사전과 위인전, 한국 소설, 외국 소설 등을 전집으로 사 주셨다.

다행히 책을 싫어하지 않아 여동생들과 함께 한쪽 벽면에 꽂힌 책들을 읽고 같은 책을 두 번, 세 번 꺼내 읽었다. 읽다 보면 책 속의 세계에 푹 빠져 책이 주는 편안함을 느꼈었다. 특히, 루이자 메이 올콧의 『작은 아씨들』은 나와 세 명의 여동생처럼 네 자매의 이야기였다. 주변 환경의 어려움에도 불구하고 스스로의 힘으로 삶을 일궈 나가는 네 주인공을 보며, 주체적인 삶을 살겠다고 마음먹었다.

이처럼 책을 가까이하고 책이 주는 이야기에 마음을 열다 보니 책과 친해졌고, 다행히 학교 성적도 그리 나쁘지 않았다. 고등학교 시절 수업 시간에 졸기도 무척 좋아 선생님의 특별한 부름(?)으로 교실 뒤에 많이 서 있었던 기억이 난다. 야간 자율학습 시간에 친구들 몇 명과 학교의 담을 넘어 그 시절에 막 유행하기 시작한 노래방에 다녀왔던 일도 떠오른다. 고등학교 3학년 말 학력고사를 앞둔 어느 날, 대학교 선택이라는 인생 일대의 결정 앞에서 난 막연히 좋아하던 영어를 가르치는 중·고교 영어 교사가 되어야겠다고 생각했다. 그런데 담임 선생님과 아빠의 갑작스런 권유로, 그 당시 어디에 있는지도 몰랐던 광주교대에 입학하게 되었다.

준비되지 않은 마음으로 들어가서인지, 대학 4년 동안 어떤 학기는 과 대표를 하면서 우수한 성적을 받기도 했고, 어떤 학기에는 불성실하게 생활해 형편없는 성적을 받는 등 기복이 심했다. 20대 대학생 시기에 삶, 사람, 사랑 등과 같은 인생의 근본적인 질문 앞에서 고민하며 철저하게 혹독한 방황을 겪었었다. 졸업을 하고 한 번의 재수 이후에 임용고시를 통과하여 첫 학교에 발령이 난 날, 부모님은 누구보다 기뻐하셨다.

앞으로의 이야기는 내가 수석교사가 되고자 했던 이유이자, 나의 마음 깊은 곳에 자리하고 있는 소명과 관련이 있다. 첫 학교에서 나는 누구보다 열심히 준비해서 아이들에게 친절하고 잘 가르치는 교사가 되고 싶었고, 맡겨진 일을 척척 잘 해내는 멋진 동료가 되고 싶었다.

하지만 내가 있던 교실이 도서관으로 활용되는 교실이라 내 담당 업무는 담임과 함께 도서관 도서 관리였다. 그 일은 신규 교사인 내게 너무나 버거웠다. 생각보다 많은 업무에 매몰되어 시간이 갈수록 점점 자신감 넘치던 내 모습은 없어져 갔다. 아이들을 만나는 아침 출근길이 마냥 기쁘지 않았다. 활기차던 처음 모습은 온데간데없고, 일을 제때 해내지 못한다는 마음에 어깨가 축축 늘어지는 무력감이 찾아왔다. 그때 나를 붙잡아 주셨던 분은 교장·교감 선생님, 학년 부장 선생님이셨다. 감사하게도 그분들은 나를 끊임없이 다독여 주셨고 기다려 주셨다. 그분들 덕에 나는 그 아슬아슬한 교사 초입 시기를 무사히 넘어갈 수 있었다. 그 이후에는 정말 내가 학생들과 하고 싶은 수업, 내가 진짜 펼쳐 보이고 싶은 수업 속으로 들어가기 위해 달음질했다.

본격적으로 연구 대회 참여 등과 같은 수업 연구에 매진할 수 있었고, 파견 연수나 대학원 진학 등으로 수업의 전문성을 높이고 교사로서의 성장을 꿈꾸고 고민하는 나로 바뀌어 있었다. 정도의 차이는 있겠지만 교사 생활을 하는 도중에 크고 작은 개인적인 위기에 직면할 때가 있다. 과거의 내가 그러했듯이, 여러 가지 이유로 조금씩 흔들릴 수 있는 한 명의 선생님 옆에 함께 있고 싶다는 생각으로 수석교사에 지원했다.

사회는 초등학교 교사가 많은 일을 잘 해내기를 요구한다. 교사의 본질인 수업에 대한 끊임없는 준비와 노력은 기본이고, 담임으로서 안정되게 학급을 운영하고 학부모와 올바른 소통으로 신뢰의 관계를 맺는 것도 당연하다. 시시각각 변하는 교육 현장에서 새롭게 맡게 되는 업무와 교육과정, 교수 방법 등을 끊임없이 연구하는 것도 너무나 필요한 일이다. 이처럼 할 일이 넘쳐나지만 어떻게 해야 할지 고민하고 잠시 숨을 고르는 선생님들을 찾아가, 옆에서 조용히 '돕는 사람'으로 서 있는 수석교사가 되고 싶다.

02

수석교사를 말하다

수업 역량으로 말하다
좋은 수업의 원동력

내가 내 수업 속 저기 앉아 있는 학생이라면

좋은 수업을 위한 첫 번째 도전은 2006학년도 교육 정보화 사업 중 '이러닝 국제 교류 협력 수업 실천 사례'를 가지고 연구 대회에 참가한 것으로 시작되었다. 등급 표창을 받으면서 내가 교실에서 실천한 수업에 대해 처음으로 타인의 인정을 받고 스스로 자신감을 가질 수 있었다. 지금도 연구 대회 참여는 교사로서 성장을 가져다주는 좋은 기회 중 하나라고 생각하고 있다.

이후 2009학년도 '영어 수업 개선 연구 대회'에서 등급 표창을 받고, 심사위원으로 오신 한 교수님의 추천으로 진주교대 1정 연수 강사로까지 서게 되었다. 영어 수업 자료를 들고 진주 고속버스 터미널에 내려 택시를 타고 연수원으로 이동한 후, 생전 처음 가 보는 지역의 초등 선생님들 앞에 섰던 그날의 설렘과 떨림을 아직도 기억하고 있다.

나에게 있어 '좋은 수업'을 연구하는 원동력은 정말 단순하다. 바로 나 스스로 교단에서 아이들과 학부모님에게 자신 있는 선생님이 되고, 모쪼록 내 수업을 듣는 학생들이 배움의 즐거움을 가져 '공부, 의외로 재미있는데?'라는 마음을 갖게 하고 싶다는 것이다. '내가 내 수업 속의 학생이라면 수업에 즐겁게 참여하고 배움의 여러 활동으로 흡족하게 끝나는 수업 종을 맞이할 수 있을까?' 수업을 준비할 때 이러한 생각으로 준비하면 도움이 된다.

2010년 당시 수업안은 잘 계획된 극본처럼 수업 목표에 맞게 수업 활동

여럿이 함께하는 수업 고민의 시작

2015 개정 교육과정에서부터 배움 중심 수업의 열풍이 불기 시작했고, 학생 참여형 수업이 본격적으로 자리를 잡게 되었다. 또한, 흥미 있고 재미있는 여러 활동으로만 이어지는 화려한 보여 주기식 수업에 대한 반성이 생겨났고, 나 또한 이러한 생각에 깊게 동의하며 내 수업을 비판적으로 바라보게 되었다. 내 수업에도 분명히 참관자를 의식한 부분이 여러 군데 있었다.

수업의 주체가 학생이 되면서 수업안은 간단하게 교수·학습 과정안의 형태인 배움 중심 수업안 형식을 따랐고, 자연스럽게 수업안은 간단하고 간소해졌다. 나의 수업 준비의 가장 큰 변화는 학생들이 수업에서 적극적이고 주도적으로 참여하도록 수업을 계획한 것이었다. 그리고 수업을 통해 얻은 배움을 학생들이 평가하고 돌아보는 과정이 매우 중요함을 알아 갔다.

2015년 파견 교사로 근무하던 중에 만난 진선미 연구회와의 소중한 인연은 '교사 인생 2막'을 여는 계기가 된다. 이전까지는 나 혼자서 수업을 고민하고 좋은 수업안을 만들어 내기 위해 끙끙댔다면, 여럿이 함께하는 연구회 활동으로 주변 선생님과 함께 좋은 수업에 대해 고민할 수 있게 되었다. 나와 비슷한 고민을 하는 선생님들이 함께 있고, 이들과 공동의 연구를 계속해 나가는 것이 그렇게 기쁠 수가 없었다.

미래 사회에서 디지털 친화적인 학생들에게 효과적인 에듀테크를 활용한 영어 수업을 고민하면서 『온앤오프 영어 수업』이라는 책을 펴낼 수 있었다. 이 책을 펴내기 위해 1년 동안 에듀테크 영어 수업 실천 사례와 각종 에듀테크 활용 방법을 배우고 나누고 정리하느라 연구회 선생님들과 온·오프라인에서 많은 시간을 보냈었다. 올해로 10년을 맞이하는 연구회에서 새롭게 연구하게 될 주제가 벌써 기다려진다.

을 계획하고, 세부적으로 각 수업 단계에 맞는 적절한 교사 발문을 미리 생각하고 학생의 대답을 예상하는 TS 안이 대세였다. 갑안으로 불리는 공개 수업안은 단원 분석을 필두로 10장이 훨씬 넘어가는 정밀한 수업안이었고, 공개 수업은 수업을 앞둔 교사에게 전날까지 최고의 긴장을 가져다주었다.

그 당시 내가 생각하는 좋은 수업은, 마치 교사가 오케스트라의 지휘자처럼 학생들을 이리저리 움직여 가며 학생들을 교사가 계획한 대로 수업 목표에 도달할 수 있게 하는 수업이었다. 수업 약속을 학생들이 정확하게 인지하고 교사의 계획대로 완벽하게 흘러가는 수업이 이상적이었다. 수업의 주체는 교사였고, 수업을 참관하는 교사는 교사의 언어, 자료, 교수·학습 방법에 집중하여 수업을 바라보았다.

생활 교육으로 말하다

칭찬하기, '나' 전달법, 생각 노트 쓰기

내가 실천하는 생활 교육은 세 가지로 압축할 수 있다. 첫째, 칭찬하기, 둘째, '나' 전달법, 셋째, 생각 노트 쓰기이다. 만약 학생들이 복도에서 뛰고 있는 상황을 목격하면 어떻게 지도하는 것이 좋을까? 내 경우에는, 웃음을 머금은 얼굴로 아이들에게 복도에서 뛰었을 때 생길 수 있는 안전사고에 대해 알려준다. 덧붙여 다른 친구들에게 피해가 갈 수 있으므로 또 뛰었을 때는 경고를 하겠다고 말한다. 그럼 10명 중 2~3명은 뛰지 않으려고 노력한다. 나머지 학생들이 또 뛰었을 때 교사가 주는 경고를 받게 되면 5~6명은 다음부터 뛰지 않는다. 그리고 복도 통행을 질서 있게 하는 학생을 유심히 관찰해서 칭찬을 해 주면, 대부분의 아이들은 남을 좀 더 배려하는 복도 통행을 실천할 수 있게

된다. 교사의 칭찬은 학생 자신을 긍정적으로 바라보게 하는 힘이 있다.

학년 초 학급의 규칙을 명확하게 세워 나가는 것이 정말 중요하다고 생각해서 학급 세우기 시간을 정성 들여 준비한다. 교실 공간 안에서 20명이 넘는 학생들이 함께 지내므로 공동의 생활 규칙은 필수적이다. 함께 잘 살아가기 위한 규칙이 수업에서도 생활에서도 꼭 필요하다는 인식이 중요하고, 규칙을 지키는 것에는 예외가 없어야 한다. 생활 교육에서 매년 활용하는 것이 바로 칭찬 스티커 판이다. 학생 스스로 학교생활의 이력을 간단히 적으며 칭찬을 쌓아 가는 것을 통해 학생들은 자신의 성장을 경험할 수 있게 된다. 또한, 칭찬의 반대에 서 있는 벌점에서도 세 단계를 거친다. '간단하고 명확하게 설명하기 - 1회 경고 - 2회 봉사' 단계로 학생들에게 학년 초에 분명히 안내한다.

학생들은 교실에서 벌어지는 모든 상황에서 배움을 경험한다. 그것은 수업을 넘어서 진짜 삶에 필요한 교육이다. 아이들은 쉬는 시간에 당연하게 친구들과 갈등을 겪고 이를 교사에게 가져온다. 먼저, 아이들에게 순서대로 차분하게 사건의 자초지종을 말할 수 있게 한다. 각자 하고 싶은 이야기를 충분히 하게 한 뒤, 선생님이 생각하는 부분을 말해 주고, '나 전달법'으로 갈등을 최소화하는 방법이 있다는 것을 다시 설명해 준다. 학생 스스로 바람직한 행동과 그 결과를 책임질 수 있도록 하는 일련의 과정을 경험하게 한다. 사실 생활 교육이라는 것은 가정에서의 부모 훈육과 비슷한 부분이 있다. 학급 규칙을 통해 학생들은 사회 안에서 지켜야 할 약속을 분명히 알고, 남에게 피해를 주는 행동은 잘못된 것임을 배워 간다.

교사가 학생과 맺는 관계는 서로에 대한 신뢰에서부터 시작된다. 나에게 있어 학생을 알아 가고 서로의 신뢰를 쌓는 방법은 '생각 노트 쓰기'이다. 생각 노트는 주제 글쓰기와 비슷하다. 일주일에 한 번 생각 노트 주제를 주면, 아이들은 주제에 맞게 자신의 생각을 적는다.

제출한 아이들의 글을 읽고 나는 꼭 답글을 달아 주었다. 족히 1시간은 걸리는 일이지만, 교사인 나에게 있어 아이들의 성장을 지켜 보는 기쁨이 있었다. 그리고 응원과 지지뿐 아니라 격려와 공감을 통해 아이들 곁에 가까이 설 수 있었다.

어찌 보면 생활 교육은 '선생님은 너희들을 믿고, 기다려 줄게.', '조금 실수해도 못해도 괜찮아.'라는 마음이 전달되는 게 중요하다. 아이들은 금세 교사의 말을 믿고 따르게 되고, 훈훈하고 정겨운 학급으로 설 수 있게 되는 것 같다. 2023년의 경우에도 내가 아이들에게 베푼 사랑보다 아이들이 내게 보여 준 사랑이 더 커서 행복한 한 해를 보냈었다. 또, 학부모님들께서 보내 주신 문자들을 통해 '내가 교사여서 참 행복하구나.'라고 충분히 느낄 수 있었다.

교사 성장으로 말하다

성장을 향한 도전은 멈추지 않는다

코로나 팬데믹 때 나를 비롯한 교사들은 전대미문의 원격 수업 상황에 대처하기 위해 모든 원격 학습 플랫폼과 학습 도구를 익히고, 필요한 학습 자료를 제작하느라 여념이 없었다. 나 또한 2020년부터 2년간 빛고을 수업 평가 지원단의 실시간 쌍방향 수업 지원 분과에서 e학습터 및 ZOOM 운용과 관련하여 다른 학교 방문 연수를 6차례 실시했다. 2022년부터는 영어 교육 컨설팅단으로 참여하여 초등 영어 기초 학력 보장 동영상을 연구하고 개발하는 데 함께하고 있다. 2023년도에는 서부 교육지원청 교육과정 컨설팅단에 참여했고, 2022년부터 방학 중 영어 교사 직무 연수에서 에듀테크 활용 수업, 영어 그림책 활용 수업 등의 주제로 출강했다. 또한, 2023년 'AI 펭톡 초등 영어 연구회'에서 초등학생 의사소통 능력 향상을 위한 대외 수업 공개 및 성과 발표회를 열어 여러 선생님이 참여했고, AI 펭톡 활용에 대해 관심을 갖게 되었다. 배우고 나누고 성장할 기회가 있다면 참여하려고 무던히 애를 써 온 기록들이다.

수석교사로서의 발걸음을 막 떼려는 시점에서 스스로 생각하는 바가 있다. 이제부터는 혼자 열심히 달려가고 애써 왔던 예전의 내 모습과는 달라야 하고, 지금부터 주변을 잘 살펴 어떻게 선생님들의 수업 성장을 지원하고 학습 공동체 분위기를 형성해 나가야 할지 고민해야 한다는 것이다.

수석교사 지원 당시 작성했던 업무 수행 계획서를 다시 펼쳐 본다. 늘 그래 왔듯 내가 일반 교사라면 수석교사가 어떤 부분을 건드려 주면 좋을지, 우리 학교에 수석교사가 있다면 바라는 바가 무엇인지 생각을 정리해 봐야겠다. 유쾌하고 기분 좋게 선생님들과의 공식적인 첫 만남을 준비하고 있다. 수석교사로서 자리매김하기 위해 첫발을 내딛는 나에게 한마디 해 주고 싶다. 파이팅!!

20

교육으로 감동을 전하는 수석교사

남현희

행동 발달 및 종합 의견

내향적인 성격으로 조용하고 혼자서 하는 일을 좋아하나, 하고자 하는 일 앞에서는 적극적으로 활동함. 예체능 분야에 관심이 많아 수업을 융합적으로 접근하기를 즐겨함. 본인의 마음속에 내재되어 있는 리더십을 알고, 프로그램 참여 및 개발을 통해 전국에 선한 영향력을 끼치기 위해 노력함. 커피를 통해 소통하고 협력하는 문화를 만들어 함께하는 학교마다 퍼실리테이터이자 연구, 교무 업무를 통해 '업무 지원의 달인'으로 불리며 타의 모범이 됨.

우리 엄마는 최고의 선생님

'나는 누구일까? 나는 왜 존재하지? 나는 어떻게 살아야 할까?'

기억 속의 나는 유치원생 때부터 이런 질문을 했던 것 같다. 꿈이라는 것, 되고 싶은 것을 누가 안내해 준 것이 아니라 자연스럽게 의미 있는 삶에 대해 항상 스스로에게 질문하고 생각했다. 그래서 친구들 사이에서는 언니 같은 친구로 불리고 후배들에게도 인기가 많았다. 늘 의미 있고 가치 있는 삶에 대해 고민하다 보니, 내 주변에 친한 친구들은 공부를 잘하는 아이들이 아니라 장애인 친구들, 따돌림을 당하는 친구들이었다.

2남 2녀 중의 둘째로 북적북적하게 지내는 일이 많았고, 엄마를 찾아오는 제자들, 언니의 친구들, 동생의 친구들, 친인척들과 자연스럽게 어울렸다. 그래서 사람들과 잘 지낼 뿐만 아니라 항상 사람을 관찰하고 힘들어하는 아이들의 고민을 잘 들어 주었다. 선생님들의 심부름을 도맡아 했으며, 선생님과 친구들 사이의 중재 역할을 잘하고 아이들을 이끌어 주는 역할을 자주 하게 되었다.

소외된 아이들과 친하게 지내다 보니 내성적이었던 성격과 달리, 중학생

때부터는 친구들의 추천을 받아 학급 실장을 맡게 되었다. 또, 고등학생 때에는 학급 실장을 거쳐 학생회장에 당선되어, 학생 자치를 통해 선배, 후배, 선생님들과 소통하고 학교를 이끌어 가게 되었다.

지금 생각해 보면, 타인을 배려하고 타인을 위해 정의를 외칠 수 있는 성품은 초등학교 교사이셨던 어머니를 통해 체득한 듯하다. 사명감이 투철하셨던 어머니께서는 열정적이지만 온화한 단호함으로 본이 되셨고, 세월이 지난 후에도 찾아오는 제자분들을 통해 '정말 우리 엄마는 멋진 선생님이시구나!'라는 생각을 갖게 해 주셨을 뿐만 아니라, 지금까지 내가 가장 존경하는 선배이기도 하다.

그렇게 교사라는 꿈은 자연스럽게 다가온 듯하다. 처음 교직에 들어서는 후배 교사로 부끄럽지 않는 교사가 되기 위해 더욱 노력하게 되었고, 선배로서 어머니께서 멘토 역할을 많이 해 주셨다. 이제는 선배이신 어머니께 자랑스러운 딸이자, 대한민국의 교사로서 당당하게 설 수 있는 수석교사가 되고 싶다. 나의 꿈은 완료형이 아니라 지금도 현재 진행형이다.

02 수석교사를 말하다

수업 역량으로 말하다
교사의 스토리, 스펙을 이긴다

처음 교직 생활은 순탄하지만은 않았다. 전북대 사범대학 미술교육과 졸업 후, 중등 출신 미술 전담으로 기간제 1년, 다시 임용고시를 통해 초등 정교사로 교직에 들어와 하루하루 편견을 깨기 위해 달려왔다. 교과 전담 교사에 대한 편견과 맞서야 하는 부분, 스스로에게 초등 교사로서 부끄럽지 않아야 한다는 생각 등으로 매일매일이 긴장의 연속이었다.

그 와중에도 2001년에 함께 근무하게 된, 나를 칭찬으로 이끌어 주는 교장 선생님이 계셨다. 선생님이라는 호칭 대신 아버지처럼 이름을 불러 주시며, "너는 교사로서 배울 자세가 되어 있어. 두려워하지 말고 지금처럼 열심히 하면 된다."라고 격려해 주시면서 '아이들에게는 다른 것보다 책 읽는 습관이 가장 중요하다'는 것을 알게 해 주신 분이셨다. 2002년 교과 전담 교사가 아닌 6학년 첫 담임이 되어 지금까지 독서 교육에 매진하는 것도 이분의 격려와 칭찬 덕분이다.

때로 선택의 기로에 서서 고민이 될 때에는 '아이들을 위해서라면 어떠한 상황에서도 해 보자.'라는 생각으로 미술, 국어, 사회, 실과, 과학, 통합 등 다양한 교과에 대한 활동 중심의 수업, 문제 해결 학습, 프로젝트 수업 등을 연구하고 수업 공개에 앞장섰다. 또, 더 나아가기 위해 2003년에는 전북대 교육대학원에서 교육 방법을

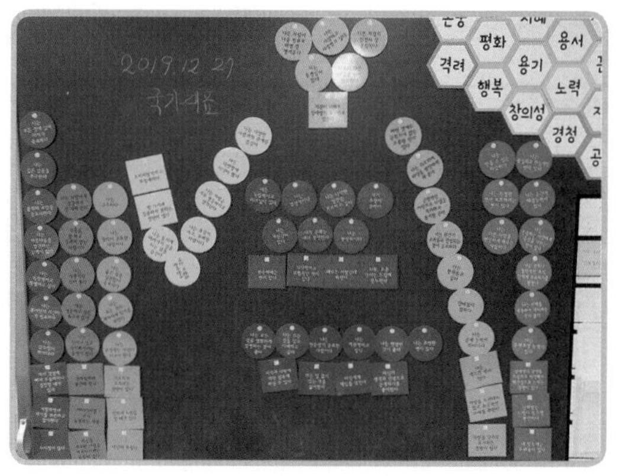

전공했다. 웹 기반 학습이 움트기 시작할 무렵으로, 아이들과 함께 공부하며 '웹 기반 협동적 문제 해결 학습'으로 석사 논문을 쓰게 되면서 온·오프라인 수업의 필요성과 효율성을 알게 되었다.

혁신 학교가 태동하기 전부터, 교사가 즐거운 수업이 아이들을 신나게 한다는 깨달음을 얻었다. 그래서 독서를 기반으로 협동 학습, 역할극, 프로젝트 학습, 협력적 문제 해결 학습, 웹 기반 학습, 토의·토론 학습, 배움 중심 수업, 거꾸로 수업 등을 접목시켜 왔다. 그러나 다양한 수업 방식은 도구이지 목적이 될 수 없음을 알게 되고, 책 읽는 선생님이자 학습을 통해 수업의 핵심을 파악하고 스스로에게 질문하고 성찰하는 습관을 갖게 되었다.

2008년부터는 연구 업무를 통해 교육과정을 깊이 있게 바라보게 되었으며, 2009~2010년에는 교과부 과제 요청 녹색 성장 연구 학교를 진행하며 다양한 수업 모형과 수업안을 개발하는 과정에서 힘든 점도 많았다. 연구 보고서 위주의 활동이 아닌 정말 아이들의 삶이 되는 수업이자 실천적 활동을 하다 보니, 학생과 학부모님들의 호응은 좋았지만 함께하는 교사들의 불만은 적지 않았다. 그 산고와도 같은 과정을 통해 의도치 않게 교육부 초청으로 KINTEX에서 전국 선생님을 대상으로 녹색 성장 교육(지속 가능 발전 교육)에

대해 발표하고 부스를 운영할 기회 또한 갖게 되었다.

그때부터 교육과정과 수업이 같이 가야 한다는 확고한 신념을 갖게 되었다. 2012년 STEAM 선도학교 공개 수업을 자처하여 교사들이 함께 협의하고, 아이들과 함께 계획하는 지금의 활동 중심 STEAM 수업을 통해 틀을 깬 5~6학년 학년군 통합으로 2차시 수업을 했다. 100여 명의 선생님들 앞에서 펼쳐진 새만금 아리울시의 랜드마크 만들기 수업 나눔은 지금도 잊을 수 없는 수업이었으며, 수업 나눔과 성찰이 가감 없이 이루어진 자리였다. '교사는 수업으로 말해야 한다'는 생각을 확고하게 해 주었다.

2017년부터는 교육과정을 넓고 깊이 있게 보기 위해 2015 개정 교육과정 핵심 요원, 과학 교과서 감수, 2022 개정 교육과정 선도교원 등의 활동을 하며 교육과정을 분석하기 시작했다. 이후 김제 교육지원청 수업 나눔, 전라북도 교육청 평화 통일 수업 나눔, 전국 단위 평화 통일 핵심 교원 및 강의, 평화 통일 수업 나눔, 평화 공존 수업 나눔, 학교로 찾아가는 실행 연수 강사, 김제 교수 평가 지원단 및 대표, 도 수업 분야 지원단으로 활동하며 교육과정·수업·평가의 일관성 및 기초 학력 증진을 위해 앞장서고 있다.

생활 교육으로 말하다
신통(神通) 방통(旁通) 소통(疏通) 스토리

결혼 후, 출산과 육아는 내 삶을 송두리째 흔들어 놓았다. 학교에서의 다양한 활동, 대학원 활동 등을 통해 성장의 기회로 삼고, 교사로서의 사명감, 스스로 전문성을 쌓는 공부의 재미를 알게 되었지만 가정에서의 나는 내가 아닌 것 같았다. 무엇이든지 열심히 하는 내 모습에 학부모, 동료 선생님들은 많은 응원을 해 주셨다. 그러나 항상 내 안에 '나는 누구지?'라는 근본적인 정체성에 대한 질문을 품고 있었다.

교사이기 전에 엄마로서 '내 아이를 이해하지 못하면, 나를 만나는 다른 아이는 더 이해할 수 없다.'라는 마음으로 첫째 아이의 영재성이 계기가 되어 영재 교육에 입문하게 되었다. 영재를 지도하던 중, 내 자신이 가장 뛰어나다고 생각하는 사회 정서 지능 즉, 리더십 분야와 접목하여 영재 리더십, 소외계층 리더십 등에 관심을 갖고 참여하게 되었다.

매 순간 나 자신의 자아정체성을 잃지 않기 위해 노력하며, 아이들의 자아존중감에 관심을 갖고 생활 교육에 연결하기 시작했다. 그러한 노력 덕분에 교사이기 전에, 아내로서, 세 아이의 엄마로서 나 자신을 당당하게 세울 수 있었다. 2018년 '부모가 바뀌어야 아이들이 바뀐다'는 확신으로 학부모님과 함께하는 수지 애니어그램 프로그램을 통해 학부모뿐만 아니라 학생들의 학력과 정서도 신장되는 것을 눈으로 보게 되었다. 수업이 없을 때에 비밀이 보장된 부부 상담, 부모 상담을 통해 가정의 회복을 경험하게 되었다.

특히, 특수 학급의 학부모님들을 만나 함께 이야기하고 울고 웃는 시간은 너무 값진 경험이었다. 자기 아이의 장애를 인정할 수 없었다면서 우는 아버님, 학습 발표회 때마다 숨고 싶었는데 자신의 아이가 다른 아이들과 함께 즐겁게 무대에 설 수 있어 눈물이 났다는 아버님, 선생님을 만나서 치유가 많이 되었다며 펑펑 우시는 어머님들을 통해 함께 성장하는 시간이었다. 아이들에게는 지속적인 학습 코칭을 통한 학습력 신장, 진로와 연계한 활동으로 자존감을 높여 주었고, 학부모님들의 무한 신뢰를 얻게 되었다.

또한, 김현수 교수님께서 말씀하신 교사의 상처에 관심을 갖고, 내가 경험한 다양한 프로그램을 접목시켜 김제 도담도담 공감 클래스를 운영했다. 교사들의 상처는 교사가 제일 잘 알기에 서로의 마음을 알아주고 토닥여 주는 시간은 나에게도 힐링이었다. 한 달에 한 번 있는 이 시간이 너무 기다려진다는 선생님, 교과 전담의 생활 지도가 너무 힘든데 이제 당당하게 할 수 있다는 선생님 등, 격려의 메시지를 통해 함께 치유되고 회복하는 시간이었다.

코로나로 힘들었던 2021년, 학교를 옮기면서부터 6학년 담임을 계속 맡게 되었다. 연구, 교무 업무를 맡으면서 교과 지도 및 생활 지도가 힘든 6학년을 가르치는 것은 쉽지 않다. 그럼에도 6학년을 좋아하는 이유는 학습 및 생활 지도 등 모든 부분에서 6학년이 바로 서야 다른 학년이 바로 선다고 생각하며, 교과와 연계한 생활 지도의 중요성과 매력을 체감하기 때문이다.

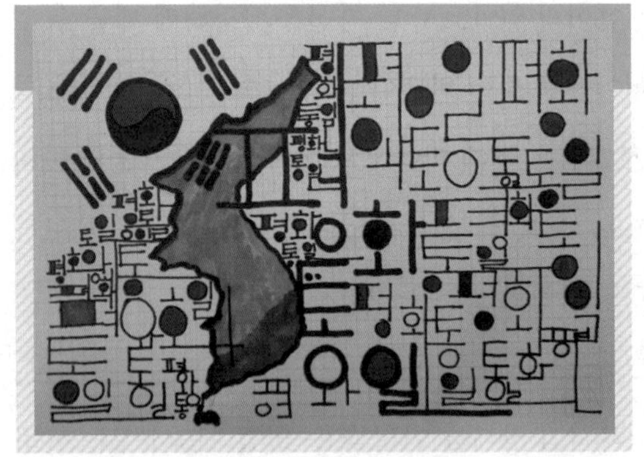

기후 위기 문제, 세계 경제, 정치, 역사 문제, 세계 평화 등은 삶 속에 적용하기 위해 교과와 연계하지 않으면 학습으로 그치는, '울리는 꽹과리'가 될 뿐이다. 사회 교과를 중심으로 주제 프로젝트를 계획하고 다양한 교과를 재구성하여 학생들과 함께 만들어 간 수업은 학생들의 자존감뿐 아니라 학교, 사회, 국가의 일원이자

세계 시민으로서의 자세를 고민하게 했다.

코로나로 인한 소통의 부재는 학생, 학부모가 함께하는 프로젝트를 통해 해결할 수 있었다. 그리고 가정과 함께할 수 있는 그린 스마트 미래 학교 프로젝트, 학교 숲 프로젝트, 학부모 참여 지원 사업 등을 통해서도 소통을 실천했다.

교사 성장으로 말하다
교육은 감동이다

내게는 교사로서 도약할 수 있었던 네 번의 기회가 있었다.

첫 번째는 처음 발령 받고 새내기 교사로서 6학년 첫 제자를 독서의 달인으로 만들었을 때이다. 연구 학교이기도 했지만, 두려울 것도, 무서울 것도 없이 아이들과 해 보고 싶은 것, 해 주고 싶은 것은 다 해 본 것 같다. 때로는 무섭기도 하고, 때로는 따뜻한 형님 같은 선생님이었다고 제자들은 말한다.

두 번째는 초등 1정 연수 후 열정을 넘어 비장함마저 들던 2005년이다. 6학년 담임을 맡게 된 나는 석사 과정 중이었다. 6학년 동료 선생님들께서 학생들의 미술 기법 및 수업에 대한 어려움을 토로하셨다. 제일 경력이 짧았지만 선생님들께 도움이 되고 싶어 직접 배워 보시길 권해 드리고, 틈틈이 미술 기법 및 수채화를 가르쳐 드렸다. 학년 자율 교사 동아리 선생님들을 지도해 수채화 기능장을 획득할 수 있게 했고, 지금까지도 그분들과 만나며 소통하고 있다.

저경력 교사로서 선배 교사들의 격려를 통해 나 또한 힘든 육아와 학교생활을 즐겁게 할 수 있었으며, 재능 기부로 인해 나누는 삶의 행복을 알게 되었고,

전문적 학습 공동체의 즐거움, 교사 소통의 중요성을 느끼게 되었다. 또한, 그 기회를 통해 도예, 아크릴화, 서예 등에 입문하게 되어 전시회를 앞두고 계시는 선생님들께 "그때가 정말 즐거웠어. 생각해 보니 그게 교사 동아리였네. 그립다!"라는 말을 들을 때마다 내가 더 감사할 뿐이다.

세 번째는 늦둥이인 셋째 아이를 낳은 후 복직자 연수를 받고 2년 만에 다시 학교로 돌아와 1학년을 맡았던 때이다. 혁신 학교를 넘어 '학교 혁신'을 외칠 때, 혁신 학교가 아닌 곳에서 학교 혁신을 위해 정말 다각적으로 노력했을 뿐만 아니라, 세 아이의 엄마로서 아이들 얼마나 귀하고 사랑스럽던지. 그리고 아이들 없이는 교사의 존재 가치도 없다는 것을 절실히 느끼고 순간순간 감사했다.

네 번째는 2024 수석교사 자격연수를 받은 지금 이 순간이다. 모든 순간이 주마등처럼 스쳐 지나간다. 녹록지 않았던 시간들, 교사로서의 23년을 돌아보면 해마다 수업에 대한 고민, 학습 지도 및 생활 지도에 대한 고민 속에 살았다. 수석교사라는 제도가 태동할 때부터 주변 수석교사 분들과 함께할 기회가 많았다. 수석교사와의 수업 나눔, 연구회 활동을 통해 교육과정 속에서 동료 교원들과 소통하는 모습을 보며 많은 생각을 하게 되었다.

'나는 어떤 사람으로 살고 싶은가?' 하는 질문 속에서 항상 고민하는 삶이었다. 2023년에 만난 6학년 아이들과 꿈에 대해 이야기를 나눌 기회가 있었다.

서로의 꿈을 이야기하는데, 한 아이가 물었다.

선생님, 선생님의 꿈은 무엇인가요?

순간 말문이 막혔지만 아이들에게 나의 꿈을 이야기하며 수석교사에 대한 생각이 더욱 확고해졌다.

선생님의 꿈은 선생님을 만나는 아이들, 선생님들, 학부모님들이 다시 꿈을 꾸게 하는 거야.

이렇게 말하는 순간, 15년 전에 선한 영향력과 열정을 가지고 공교육에 헌신하고자 사명 선언문을 작성했던 기억이 떠올랐다. 이제까지 초, 중, 고등학교를 넘나들며 그들과 교육 속에서 만난 것도, 업무를 넘어 학부모님과 학교 밖에서 만나 온 시간도, 교사들의 상처를 보듬고 아픔을 함께 나누던 그 순간도, 그들이 다시 꿈을 꾸고 그 꿈으로 행복해지고 나아가 공교육이 다시 꽃피우길 기대하는 마음이었던 것이다.

'교육은 감동'이라고 생각한다. 미래 사회의 도래로 교육의 트렌드가 바뀌고, AI가 인간을 대신한다고 하지만 결국 교육의 변화는 과정이며, 교육은 인간을 인간답게 하는 것이다. 나는 '국가대표 남쌤'이라는 별칭이 부끄럽지 않게 살기 위해 노력해 왔다. 이제 교육의 감동이 흘러넘쳐 교사에게는 치유와 자신감을 주기를, 우리 아이들에게는 가슴이 뛰고 자신의 꿈을 향해 날갯짓을 할 수 있게 하기를, 학부모에게는 바른 양육자의 길을 갈 수 있는 멘토가 되기를 기대한다. 수업, 학습 지도 분야의 전문가로서 변혁적 역량으로 각각이 아닌 교육과정 속에 하나로 녹아들어, 건강하고 행복한 교육 공동체를 통해 서로 신뢰하는 학교 문화를 만들어 가고 싶다. 수석교사로서 마지막까지 국가대표 교사로 살고 싶다.

21

성장형 수석교사

박정윤

행동 발달 및 종합 의견

밝고 명랑하며 긍정적인 자세로 교직 생활에 잘 적응함. 관심 분야의 전문가가 되기 위해 꾸준히 노력하고 원하는 바를 성취해 내는 집요함이 있음. 책임감이 강하고 성실하여 무탈하게 6년간 교육과정 연구 부장을 해오며 업무 수행 능력을 쌓아감. 대학원에서 상담 심리를 전공하여 자기 객관화와 마음 챙김에 관심을 가지고 스트레스 역치 수준을 높이려 애쓰는 중임. 정도를 걸으려 노력하며, 우직한 면이 있어 동료들의 신뢰를 받음.

꾸준함은 재능을 뛰어넘는다

"딸이 노래를 잘하네."

딸이 초등학교 1학년 현장 체험 학습을 갔을 때, 예전에 같은 학교에서 근무했던 선생님에게 연락이 왔다. 도자기 만들기 체험 중 시간적 여유가 있어서 장기자랑 시간을 잠시 가졌다고 한다. 100명이 넘는 또래 아이들 사이에서 번쩍 손을 들고 나간 우리 딸. 상황을 인상 깊게 지켜보던 선생님이 아이가 제 이름을 말하는 순간, '혹시 박정윤 선생님 딸 아니야?'라는 생각에 연락을 주셨다. 누가 시키지 않았는데 여러 사람 앞에 나가 노래를 부른다고? 나라면 부끄러워서 상상도 못했을 텐데, 나와 성향이 다른 딸아이가 적극적으로 자신을 뽐내는 모습이 기특하게 여겨졌다.

나는 초등학교 3학년 때까지 스스로 손을 들어 발표하는 일이 거의 없었다. 남들 앞에 나서는 것을 부담스러워하고 부끄러움을 많이 탔다. 부모님은 그런 나를 걱정하시며 웅변 학원에 보내셨다. 그곳에서 나는 거울 속 나에게 크고 또렷한 목소리로 "이 연사 힘차게 외칩니다."를 줄곧 외쳤다. 그 덕택인지 발표 횟수도 조금씩 늘고 목소리를 내는 것에 대해 자신감을 가지게 되었다.

내가 초등학교를 다닐 당시에는 지금에 비해 시험이 많았다. 수학 단원평가를 보고 자신의 점수를 돌아가며 말해야 했다. 공부를 잘하던 내가 분수 단원에서 형편없는 점수를 받은 데다, 점수를 공개적으로 말해야 하니 자존심이 퍽 상했다. 나는 내 차례가 왔을 때 선생님께, "친구들이 모두 듣는데 점수를 돌아가며 말하는 건 부당해요."라는 말을 했다. 선생님은 그럼 말하지 않아도 된다고 하시며 넘어가셨다. 30년도 더 된 일이라 정확한 워딩은 기억나지 않지만 말하는 태도가 불손하지는 않았을 터이다.

"다시 한 번 불러 보세요."

진주교대 입학 실기 시험 중에 가창이 있었다. 불러야 하는 곡은 동요 〈비행기〉. 최선을 다해 불렀는데 심사를 보시던 교수님은 고개를 갸우뚱하시더니 다시 불러 보라 하셨다. 피아노로 시작 음을 여러 번 짚어 주시기도 하셨다. 입시에 떨어질지도 모른다는 불안에 마음을 졸였다. 다행히 음치는 내가 초등 교사가 되는 데 발목을 잡지 않았다. 우수한 성적으로 입학하고 무난하게 졸업하여 남들만큼 임용고시를 봐서, 우리 집이 있는 창원에 발령을 받아 20년째 초등 교사를 하고 있다.

남 앞에 당당히 나서는 배포도 음악적 재능도 없지만, 부모님이 물려주신 '성실한 자세'라는 삶의 무기, '즐겁게 배우자! 내공을 쌓자!'라는 바른 마음으로 오늘도 배움을 게을리하지 않으며, 1987년 초등학교에 입학하여 35년 넘게 학교를 다니고 있다.

02

수석교사를 말하다

수업 역량으로 말하다

부단한 자기 연찬으로 내공을 쌓고 수업으로 풀어내기

교직 초반에 지도안 쓰기 대회와 수업 연구 발표 대회가 있었다. 당시 선배 선생님과 관리자 분들은 새내기 교사들에게 그 대회에 나가 볼 것을 적극 권하는 분위기였다. 교과서와 지도서를 꼼꼼히 살펴 공부하고 수업에 대해 탐구하며 대회 준비를 하는 사이, 초짜 교사 티를 벗고 당당한 초등 교사로 성장할 수 있다고 말씀하셨다. 이왕이면 학교의 대표로 본선에 나가 학교 이름을 빛내 줄 것을 바라셨던 마음도 있었을 것이다.

지도안 쓰기 대회가 '예선'이라면, 대회가 열리는 다른 학교에 가서 모르는 아이들을 대상으로 공개 수업을 하는 수업 연구 대회는 '본선'이라 할 수 있었다. 나도 초임 때부터 여러 해에 걸쳐 참여했다. 여러 차례 지도안 쓰기 대회 상장만 받다가 처음으로 본선에 나갔던 해에는 단 1회의 공개 수업 평가를 위해 우리 학교 학생들을 데리고 수차례 시뮬레이션 수업을 하기도 했다.

그때는 잘 가르치고 아이들과 상호작용하며 적절한 피드백을 주는 것에 앞서, 겉으로 드러나는 교사의 꼴을 갖추도록 컨설팅을 받았다. 바른 글씨로 판서하기, 판서할 때는 등을 보이지 않기, 손가락으로 칠판을 짚지 않고 지시봉으로 터치하기, 의도한 활동 시간과 수업시간 꼭 지키기 등. 지금은 크게 중요하다고 생각하지 않는 것들이지만, 당시에는 정형화된 대회용 공개 수업의 틀이 있었던 것 같다. 계획된 동선과 교실 내 교사의 위치, 알맞은 몸짓과 말투, 변화 있는 억양과 풍부한 표정, 학생들의 반응에 대한 리액션 등 외현적인 부분을 완성해 가는 의미 있는 시간이었다.

내실 있는 수업 연구보다는 보여 주기식 일회성 행사에 그친다는 많은 비판을 받은 수업 연구 대회는 그 방식에 변화를 주었다. 2015 개정 교육과정이 반영되면서 교과서 중심에서 벗어나 교육과정을 재구성하여 주제 중심 프로젝트 수업 실천을 도모하는 분위기도 변화의 원동력이 되었다. 같은 학년군 내 두세 명의 선생님이 팀을 꾸려, 주제 중심 프로젝트 수업 계획서 심사를 통과하면 수업 연구 대회에 나갈 수 있었다. 평소 수업 시간에 재구성한 내용을 꾸준히 실행하며 학기별로 두 번의 공개 수업을 하고 보고서까지 심사 받는 제법 긴 여정이었다.

2017년과 2018년 두 해는 늦은 시간까지 수업 준비로 학교에 남는 날이 많았다. 후배 선생님들과 한 팀이 되어 수업 연구 대회에 참여해 '1등급'이라는 만족할 만한 성과를 거두었다. 많은 고민과 노력으로 좋은 결실을 얻은 충만한 시기였다. 수업 전문가 선생님들을 초빙하여 프로젝트와 단위 수업의 세세한 부분까지 자문을 구했고, 밤늦은 시각까지 수석교사 선생님과 수업을 연구했다. 그렇게 수업 연구 교사로 대회에 참가하면서 교사의 수업 역량이 중요함을 알게 되었고, 일상 수업에서 진지하게 생각하지 못했던 발문과, 교사가 설명하고 가르치는 것이 아니라 학생이 잘 배울 수 있게 해야 한다는 지점에서 고민이 깊어졌다.

수업 연구 교사를 하던 그 무렵에 나는 진주교대 교육 실습 협력 학교 연구

부장 업무와 3학년 담임을 하고 있었다. 교육 실습생을 2년간 지도하며 함께 수업을 고민하는 과정을 즐기게 되었다. 수업은 고민하고 연구하면 할수록 더 어려웠지만 한편 재미있었고, 잘하고 싶은 마음은 증폭되었다. 그리고 '나도 교육과정 재구성과 수업에 도움이 필요한 다른 선생님을 도와줄 수 있는 믿음직한 수업 전문가가 되고 싶다'는 마음을 굳혔다.

교사의 정체성은 수업으로 드러나고 수업을 잘하는 교사가 최고라고 생각하며 동경했다. 지금도 그 생각에는 변함이 없다. 요즘은 공개 수업으로 등급을 매기는 수업 연구 대회는 없어졌고, 자발적으로 상시 수업을 공개하는 '수업 나눔 교사제'에 수년째 참여하고 있다.

수업 주제는 평소 내가 수업하고 특별하지 않지만 공을 들여 연구하고 있는 '그림책 온작품 읽기'로, 그림책을 읽고 자신의 경험과 생각을 나누는 것이다. 평가와 등급이 없기 때문에 편안한 마음으로 참여하고 있지만, 가끔 연구 대회를 준비하던 그때의 열정이 그립기도 하다. 수업에 관해 질문하고 고민하고 연구하고 성찰하는 시간과 아울러 6년간 교육과정 연구 부장으로서 교육청 배움 중심 수업 및 수업 혁신 지원단, 교육과정 및 평가 컨설턴트로 내실을 다져 가며 '성장 진행형'으로 살아가고 있다.

교사 성장으로 말하다
혼자 크지 않았음을 알고 동료에게 감사하기

누가 내게 "교사로서 나를 성장시킨 것은 무엇인가요?"라고 묻는다면 수업 연구, 동료 선생님들과 내가 만난 아이들, 그리고 전문적 학습 공동체라고 말하고 싶다. '수업 혁신 전문적 학습 공동체'라는 말이 교사들 사이에서 일상으로 쓰이게 된 것은 10년이 채 되지 않는다. 내가 15년 넘는 세월을 몸 담고 있는 마산 그림책 연구회가 학교 밖 수업 혁신 전문적 학습 공동체의 바람직한 모델일 것 같다.

이 모임은 20대 새내기 교사 몇 명이 그림책 연수를 들은 후 자발적으로 모여 만들었다. 초창기에 우리는 퇴근하면 누구네 학교 도서관에 모여 그림책을 읽고 수업에 적용한 사례를 나누었다. 그림책 안내서를 정해 돌아가며 준비한 내용을 발표하고 국내외 작가별 그림책을 모아 읽었다. 주제별 그림책 목록을 작성했으며 신간 그림책을 탐색했다. 지금이야 그림책 활용 수업이 교사들 사이에 널리 퍼져 있지만, 2000년대 초·중반까지만 해도 초등학교에서 수업 자료로서 그림책에 대한 인식은 너무나 부족했다. 지금도 월 2회 대면으로 만나 그림책 수업을 나누며 탄탄하게 꾸려 가고 있다.

그림책에서 시작된 어린이 문학에 대한 관심은 자연스레 확장되어 동화 읽기와 온작품 읽기 활동 연구에 이르렀다. 2015 개정 교육과정 국어과에 독서 단원 '한 학기 한 권 읽기'가 들어올 즈음, 독서 교육 활동에 진심인 선생님 몇 분과 함께 국어 시간에 온작품 읽기를 했던 사례를 모아 『초등 한 학기 한 권 읽기』를 출간했다. 출판 모임에서 서로의 원고를 소리내어 읽으며 피드백을 주고 퇴고하는 과정이 새로웠고, 그 과정 자체가 재미있는 공부였다. 공동 집필이긴 하지만 내 이름이 실린 교육용 단행본 도서가 세상에 나왔을 때 어찌나 신기했는지 모른다.

첫 책 출간을 계기로 꾸준히 함께 연구하고 기록을 게을리하지 않는다면 공동 저자가 되는 것은 그리 어렵지 않겠다는 희망이 생겼다. 지금 전문적 학습 공동체에서 공부하고 있는 교과 영역별 추천 그림책과 서평, 주제별 그림책 수업과 동화 수업 사례가 교육청 자료집이나 연구 보고서에 갇혀 있기에는 아깝다. 잘 다듬고 가꾸어 관심 있는 선생님들이 두루 활용할 수 있도록 단행본으로 재탄생할 수 있지 않을까 기대하는 마음도 있다.

요즈음은 1인 출판도 대중화되었고 '1인 1저자 시대'라고 할 만큼 출판의 벽이 높지 않은 것 같다. 몇 해 전부터 경남 교육청에서도 '교사 저자 되기'의 하나로 교육 관련 인문학 도서 집필 공모를 하고 있다. 먼저 참여했던 친구의 추천으로 나도 도전했고, 함께 선정된 선생님들과 단행본 『감정 서랍』을 세상에 내보일 수 있었다. 교사이자 가족 구성원으로 다양한 감정을 느꼈던 평범한 일상이나 특별한 경험을 솔직하게 쓴 에세이 모음집으로, 나의 두 번째 공동 집필 단행본이다.

공모 안내 공문이 왔을 때는 내 경험이 녹아 있는 책 읽기 육아와 독서 교육을 주제로 한 꼭지 글을 써 내면 되겠다는 가벼운 마음도 있었다. 하지만 완결성 있는 글을 써 낼 자신이 없었다. '글을 유려하게 쓰지도 못하는데 내 글이 공모에 당선될 수 있을까? 떨어지면 어떡하지?' 하는 걱정과 두려움에 펜을 잡지 못하고 있을 때, 내 등을 민 건 마산 그림책 연구회에서 함께 공부하고 있던 친구였다. '이까짓 거! 뭐 어때? 아님 말구!'를 삶의 슬로건으로 삼으며 늘 도전하는 친구의 독려가 크게 작용했다. 배움을 기꺼이 즐기는 건강하고 건전한 수업 공동체는 교직 생활의 든든한 버팀목이 된다.

어릴 때부터 책 읽기를 좋아하던 나는 책 읽는 성인으로 성장했고, 우리 집 쌍둥이와 자주 도서관에 들른다. 스스로 책을 읽고 자신의 생각을 바르게 표현하는 아이들이 많은 교실을 꿈꾸며 독서 교육에 관심를 기울이고 있다. 독서 교육에 대한 애정은 온작품 읽기 수업 실천과 독서 교육 실천 사례 연구로 이어졌다.

그 경험을 바탕으로 나름의 역량을 발휘하여 창원 독서 교육 지원단과 경남 교육청 인문 소양 교육 컨설턴트로서, 책 읽기 문화 확산과 독서 교육 활성화에 기여하고자 노력 중이다. 경남 교육 연수원의 여러 독서 교육 관련 직무 연수와 교육청 독서 인문 소양 교육 분야의 강사로 활동하며 나눔을 실천하고 있다.

공동 저자로 참여할 세 번째 기회는 내가 노크했다기보다 제 발로 굴러서 내게 찾아왔다. 최근 몇 년 사이 기후 위기에 대한 인식이 자리 잡으면서 '생태 전환 교육'에 대한 관심이 뜨겁다. 코로나가 발발할 무렵 나는 새 학교로 전근을 갔는데, 오랜만에 학교를 옮겨서 새 학교에 적응하는 게 쉽지 않았다. 하필 담당 업무도 교육과정 연구여서, 초유의 코로나 사태로 대응하는 일에

애를 먹었다. 감염병의 심각성에 따라 교육과정과 학사 일정, 학생들의 일과 운영이 수시로 바뀌어 곤욕을 치렀다.

그때 함께 새 학교로 전근 온 수석 선생님께서 지금 기후 환경에 대해 공부해도 늦은 거라 하시며, 생태 전환 교육을 공부하자고 손을 내밀어 주셨다. 지금이야 '생태 전환'이라는 표현이 보편적으로 쓰이지만, 당시는 '생태 환경'이라는 표현에 익숙했었다. 수석 선생님을 주축으로 몇 분의 선생님과 자발적으로 학습 공동체 '우아별'을 꾸렸다. 우리들의 아름다운 지구를 위하여 함께 공부하고 행동한다는 의미를 담아 지었다.

우아별에서 함께 읽은 첫 책은 『파란 하늘 빨간 지구』로 책을 통해 기후 변화와 지구 시스템에 관한 인식을 제고할 수 있었다. 책 읽기와 더불어 다큐멘터리와 관련 영상을 찾아보며, 미처 알지 못했던 기후 변화의 심각성과 광범위한 파급력에 대해 깨닫게 되었다. 윗세대의 무분별한 화석 연료 사용으로 야기된 심각한 기후 변화를 평생 겪을지도 모르는 아이들에게 부채감이 일었다.

아이들이 반드시 알아야겠다고 생각한 것들을 어떻게 수업으로 풀어낼 수 있을까 고민하다가 선택한 도구가 그림책이다. 그림책은 아이들에게 눈높이를 맞춘 친숙하고 친절한 매체인 데다가, 평소에 아이들에게 그림책을 자주 읽어 줬던 터라 내게도 쉬운 도구였다.

그림책을 활용한 생태 전환 수업을 차곡차곡 모아 오던 중, 수석 선생님께서 우리가 공부하고 수업했던 내용으로 책을 내어 보자고 하셨다. 마침 교육청의 특색 교육 활동도 생태 전환 교육으로 바뀌며, 교육청 차원에서도 일선의 선생님들이 보편적으로 수업에 활용할 수 있는 자료와 사례를 구하고 있었다. 오랜 기간 연구하여 전문적인 지식을 갖춘 전문가도 아니고 모범적인 기후 행동가는 더더욱 아니기에, 단행본을 낸다는 것이 망설여졌다. 하지만 생태 전환 수업의 벽과 문턱을 낮추는 데 나 같은 아마추어가 적합하다는 생각이 들었다.

그렇게 탄생한 책이 『지구를 구하는 수업』이다. 새로운 상황에 겁먹지 않고 그것을 기회로 삼으며 늘 도전하는 모습을 보여 주신 수석 선생님은 내게 귀감이 되었고, 수석교사의 길로 들어서도록 도와주셨다.

수석교사로 첫발을 내딛는 지금, 20년 교직 생활을 돌아보며 교사로서 나를 성장시킨 원동력은 '사람'이라고 말하고 싶다. 바람직한 독서 문화 활성화에 진심인 선배 선생님들을 만나 그림책의 세계에 빠져들었고, 그림책에 대한 애정은 어린이 문학 전체로 뻗어 나가 결국 아이들에 대한 이해의 폭을 넓혀 주었다. 전문적 학습 공동체에서 만난 선생님들은 매너리즘에 빠지기 쉬운 일상에 신선하고 영양가 높은 자극을 주었다.

아프리카 속담에 "한 아이를 키우려면 온 마을이 필요하다."라는 말이 있는데, 한 교사를 키우려면 주변에 좋은 동료 선생님이 필요하다고 말하고 싶다.

아이뿐만 아니라 교사도 배우며 성장해야 한다. 성장의 자양분은 사람이다. 가까이에 긍정적인 자극을 주는 좋은 사람이 있다는 것에 감사한다. 진지하고 건전하며 열정 가득한 마산 그림책 연구회 선생님들과, 함께 근무했었던 동료 선생님들, 내가 만난 수석 선생님처럼 나도 좋은 수석교사가 되어 선한 영향력을 주고 싶다.

22

독서 토론 수업에 진심인 수석교사

송미사

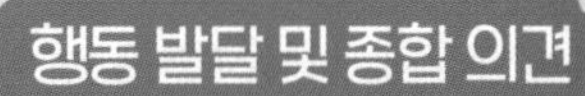

행동 발달 및 종합 의견

어린 시절부터 책을 너무 좋아함. 차분하고 조용한 성격이지만 책임감이 강하고 맡은 일에는 최선을 다하려는 성격이다 보니, 학교에서 '일 잘한다'고 소문이 나서 일복이 터져 버림. 초등 교사로서 교육 전문성에 대한 목마름으로 배움의 필요성을 느껴서 연세대 교육대학원에 진학함. 석사 학위 취득 후, 더 배워야겠다는 열정에 이화여대 박사 학위까지 취득함. 특히, 독서 교육과 토론 수업, 질문이 가득한 수업을 좋아하여 연구에 매진함.

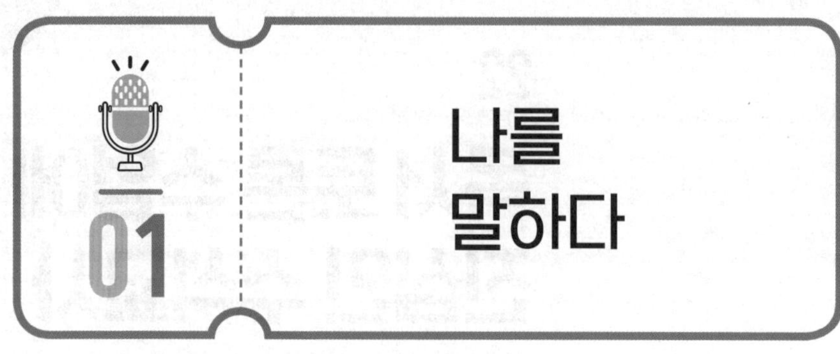

첫 장래 희망대로 진짜 선생님이 되다

1981년에 태어나, MZ 세대의 첫 주자가 되었다. 어려서부터 책을 좋아하고 얌전한 성품이었는데, 어머니의 높은 교육열 덕분에 그 당시 아이들은 많이 다니지 않던 유아원을 다니고, 흔치 않던 학습지까지 하게 되었다. 어릴 때부터 집에는 온갖 책이 가득하여 독서에 적합한 환경이었다. 5살에 피아노를 배우기 시작했는데, 취향에 맞아서 개인 레슨을 받으며 열심히 배웠고 이후 초등 교사로서 수업을 하는 데 의외로 도움이 되었다.

초등학교에 입학하니 한 학년에 13개 반이 있었고, 교실에 아이들이 가득한데 오전반, 오후반까지 있는 2부제 수업을 하고 있었다. 아이들로 가득한 교실 안에서 선생님이 너무나 멋져 보여 1학년 때 장래의 꿈을 선생님으로 정했다. 이후 중학교, 고등학교에 진학하면서 성적이 꽤 좋아 부모님의 기대를 받았고, 1997년 외환 위기 이후 교대의 인기가 급상승하면서 인문계 고등학교 문과에서 어떤 전공으로 진학해야 할지 현실적으로 고민하게 되었다. 당시 교대의 커트 라인이 일명 '스카이' 대학과 비슷하던 시기에, 선생님이 최고의 직업이라 여겨지던 사회 분위기에 따라 서울교대에 원서를 넣었다가 덜컥 합격해 버렸다.

서울교대를 졸업하고 내가 계속 살던 동네의 초등학교로 발령 받아 무난하게 교사 생활을 시작했다. 첫 학교에서 오랜만에 발령 받은 신규 교사라 일을 잔뜩 맡으면서 어쩌다 보니 학교의 공식 일꾼이 되어 버렸고, 이후 부장 교사까지 하게 되었다. 그래도 교사는 행정 업무보다 아이들을 가르치는 수업이 더 중요하다는 생각에 수업 연구를 계속하게 되고, 공부도 계속해서 석사와 박사 학위도 받게 되고, 결국에는 수석교사까지 할 수 있게 되었다.

초등 교사로 생활하면서 힘든 일도, 어려운 일도 많았지만, 항상 예쁜 아이들과 좋은 학부모들을 만나 크게 힘든 일은 없었던 행운 속에서 교사 생활을 할 수 있었다. 담임이라는 이유만으로 무조건 따르고 좋아해 주는 아이들 덕분에 행복했고, 눈을 동그랗게 뜨고 나를 쳐다보며 집중하는 아이들 때문에 말 한마디에도 책임감을 느끼고는 했다. 이제는 수석교사로서 아이들에게 더 좋은 수업을 해 주기 위한 수업 연구를 꾸준히 할 계획이다. 학생들에게는 좋은 수업을 해 주고, 동료 선생님들께는 수업에 도움을 줄 수 있는 수석교사가 되고 싶다.

02 수석교사를 말하다

수업 역량으로 말하다
동화책을 활용한 수업과 독서 토론

처음에 초등 교사로서 생활하다 보니 대학에서 배운 것과는 너무나 다른 역량들이 필요하다는 데 놀랐다. 교대에서 수업 시연을 했을 때, 우리 대학 동기들은 얌전히 내 말에 집중해 주고, 호응해 주며 수업을 너무나 잘 따라와 줬다. 반면, 현실의 초등학생들은 무엇을 상상하든 그 이상을 보여주었다. 첫 교생 실습이 끝나고 자신의 진로에 대해서 진지하게 고민하는 동기들이 생길 정도였다. 다행히 내가 교생 실습을 했던 학급들은 아이들이 무난했기에, 나는 스스로 수업을 꽤 잘한다고 자신만만해 있었다.

그러나 초등 교사 생활을 하면서 첫 담임을 해 보고 바로 깨달았다. 내가 교생 실습 때 가르쳤던 아이들은 담임 선생님의 철저한 교육을 통해 수업 준비 자세를 갖춘 '순한 맛' 아이들이었다. 이제는 도와줄 담임 선생님도 없고, 내가 담임이 되었으니 '진짜 매운 맛'에 직면하게 된 것이다.

초등학교에서 수업이란 학생들이 배움에 대한 열정을 갖게 하는 것에서부터 시작한다. 이는 무엇인가 배우겠다는 마음을 가지고 자리에 앉아서 집중할 수 있는 학급 분위기를 만드는 것에서부터 시작된다. 이것이 수업의 기초

였고, 나는 수업의 기초를 쌓아 올리는 것부터 다시 시작해야 했다.

수업의 기초가 쌓이니 이제 닥친 것은 국, 수, 사, 과부터 창체까지 정신없이 휘몰아치는 과목들이었다. 주지교과부터 예체능 수업까지 다 하고, 각종 창체 수업도 다 해야 하는 것이 초등 교사였다. 하루에 5시간, 6시간씩 수업하는 날도 있는데, 한 시간 수업을 위해 1시간 정도 수업 준비를 하면 수업 준비에만 6시간이 걸린다. 게다가 그렇게 열심히 준비한 수업은 1회밖에 쓰지 못하는 것이 현실이었다.

그 때문에 초임 교사 때에는 토요일, 일요일에도 학교에 가서 수업 준비를 하고는 했다. 평일에는 이것저것 몰아치는 학교의 행정 업무와 회의 때문에 수업 준비가 거의 불가능했기 때문이다. 담임 교사가 챙겨야 하는 업무가 얼마나 많은지, 초등 교사가 해야 하는 행정 업무가 얼마나 많은지 그때 처음 알았다. 교대에 다닐 때에는 분명 과목별 교수법에 대해서 집중적으로 배웠는데, 교사가 되니 학생들이 하교하고 나면 온통 행정 업무에만 빠져 있게 되는 것이 현실이었다. 이대로 있을 수는 없다는 생각에 초등교육과 박사 과정까지 진학했고, 초등 교사로서의 수업 전문성에 관해 깊이 연구하게 되었다.

계속된 수업 연구에 힘입어 초등 교사로서 다양한 과목의 수업을 소화할 수 있는 역량이 생겼다. 하지만 여러 과목을 지도하는 초등 교사의 특성상 하나의 수업 패턴을 가지기 어려웠다. 과목마다 특징이 다르기 때문이다. 이때 눈에 뜨인 것이 독서 교육이다. 아이들이 즐겨 보는 동화책은 국어, 사회, 도덕, 영어뿐만 아니라 음악, 체육, 미술 등 다양한 교과와 결합이 가능했다.

이렇게 동화책을 활용한 수업 연구가 시작되었다. 그 처음 시작은 '영어'였다. 석사 과정을 공부할 때, 영어 수업 시 학생들이 보다 효과적으로 영어를 배울 수 있도록 하기 위해 영어 동화책을 활용하는 연구를 시작했고, 그러다

동화책 기반의 영어 토론까지 도입하게 되었다.

그러나 아이들에게 영어 토론은 너무 어려웠다. 그래서 모든 과목에 두루 쓰일 수 있고, 학생들의 수업 참여도를 높일 수 있는 '토론'이라는 수업 방식을 국어, 사회, 도덕 시간에 도입하게 되었다. 처음에는 국어, 사회, 도덕 과목에서 각 학습 주제와 관련된 동화책을 함께 읽고, 동화책 내용을 기반으로 토론을 하고, 이를 학생들의 삶과 연결시켜 우리 생활에 대한 토론으로 발전시키는 방식이었다.

학생들의 반응은 폭발적이었다. 당시 학급에 심각한 게임 중독 학생이 있었다. 책상이 게임판으로 보이고 게임 아이템들이 눈앞에서 자꾸 움직인다던 그 아이도 토론 수업에는 적극적으로 참여하기 시작했다. 선생님의 설명을 듣는 수업이 아니라 자신의 생각을 이야기하고 서로의 생각을 나눌 수 있는 수업은 학생들의 수업 참여도를 높였고, 다양한 과목에 적용이 가능했다.

특히, 동화책을 활용해서 수업을 하면 학생들의 문해력 향상에도 효과적이었고, 학습 주제에 대해 관심을 가지고 더 깊이 생각하게 되는 기회를 가질 수 있었다. 이렇게 시작한 동화책 기반 수업이 이제는 나의 초등 교사로서 수업 역량의 바탕이 된 듯하다. 아직 미완성이지만, 더 많은 연구를 통해 초등 교사로서 수업 역량을 발전시킬 계획이다.

생활 교육으로 말하다

초등생들의 좌충우돌 첫 사회생활을 이끌다

초등학교에 입학할 때 아이들은 부모님과 주위 사람들로부터 기대와 염려를 잔뜩 받는다.

"너는 이제 유치원생이 아니야. 초등학생이야."

"우리 ○○이가 드디어 학교에 가는구나."

"학교에 가면 공부 열심히 해야 한다."

아이들은 대한민국의 국민이라면 무조건 입학해야 하는 최초의 학교인 초등학교에 들어오면서 잔뜩 긴장을 하게 된다. 유치원이나 어린이집과는 사뭇 다른 커다란 학교 건물, 넓은 운동장, 그 학교 건물과 운동장 사이에 바쁘게 돌아다니는 너무 큰 형, 누나, 언니, 오빠들을 보면서 잔뜩 주눅이 들거나 낯설어하는 아이들은 간혹 3월에 학교에 가지 않겠다며 엄마를 붙잡고 생떼를 쓰기도 한다.

초등학교 1학년 아이들의 적응은 참 어렵다. 교실에 가니 책상과 의자가 가득 있고, 수업 시간에는 앉아 있어야 한다고 한다. 수업 종이 쳐야 쉬는 시간이라고 하는데, 다음에 또 종이 치면 이번에는 수업 시간이라고 하니 뭐가 뭔지 복잡하다. 선생님보다 키가 큰 언니, 오빠들이 복도를 거칠게 뛰어다니며 소리를 지르기도 한다. 학교 급식실에 가면 수백 명의 언니, 오빠들이 가득하고 시끌시끌한데, 그 정신 없는 와중에 밥을 먹으라고 하니 있던 밥맛도 뚝 떨어질 판이다.

초등학교에 들어오면서 아이들은 보다 확장된 큰 사회를 경험하게 되고, 인지적·사회적·정서적 능력이 발달하며, 단체 생활 속에서 지켜야 하는 규칙들을 배우게 된다. 학교라는 공간 안에서 지켜야 하는 규칙들을 하나하나 배워 나가고, 친구들과 의사소통을 하면서 또래 사이의 갈등을 조절하고 의견을 나누는 법을 배우기도 한다. 1학년 교실을 보면 아이들이 쉬는 시간에 자기들 나름의 놀이의 규칙을 정하기도 하고, 어떤 아이는 아직 그 규칙을 이해하지 못하고 헤매기도 하고, 이런 상황을 서로 이해하지 못해 다투기도 한다. 어떤 아이들은 남의 말을 귀 기울여 듣지 않고 자기 말만 하기도 한다. 아이들은 아직 다른 사람의 말을 정확히 이해하거나 자신의 의사를 정확하게 표현하는 능력이 부족한 경우도 많기 때문이다.

그래서 생활 교육을 할 때에는 아이들이 일부러 잘못된 행동을 하는 것인지, 몰라서 잘못된 행동을 하는 것인지를 잘 구별해서 그에 맞게 지도를 해야 했다. 어떤 아이들이 쉬는 시간에 싸웠는데, 가위바위보로 차례를 정해서 공을 굴리기로 하고 공이 다른 곳으로 굴러가면 한 번 쉬기로 했다고 한다. 그런데 어떤 아이가 그 규칙을 제대로 이해하지 못해서 자기 차례가 아닌데 공을 굴렸고, 그것 때문에 아이들이 다투게 된 것이다. 규칙을 지키지 못한 아이는 규칙을 이해하지 못한 상황이었지만 놀이에 참여했고, 규칙을 이해하고 지켜야 한다는 생각조차 하지 못한 것이었다.

상대방의 입장을 이해하지 못해서 일어나는 학생들 간의 다툼은 초등학교 저학년 시절에 많이 일어나며, 이는 아이들이 커 가면서 점차 나아진다. 그러나 이는 아이들이 커 가면서 저절로 되는 것이 절대 아니다. 원만한 학교생활을 하는 데 필요한 다양한 생활 교육이 지속적으로 이루어져야만 학생들의 학교생활이 발전해 나가는 것이다.

교사 생활을 하면서 느낀 것은 '크면 저절로 알게 되겠지.' 하고 놔두면 아이들은 그것을 모르게 되는 경우가 많다는 것이다. 아이들이 저절로 알게 되는 것은 없었다. 특히, 규칙을 지키는 태도, 상대방에 대한 이해, 다른 사람에

대한 배려, 다른 사람과의 갈등을 해결하는 방법 등과 같이 교과서에 나와 있는 것이 아니어도 아이들이 살아가는 데 필수적으로 알아야 하는 것들은 더욱 그렇다. 6학년이 되어서도 자신의 욕구에만 충실하며 다른 사람에게 수시로 불편함을 주는 아이가 있고, 다른 사람을 배려할 줄 알고 자신의 감정을 잘 조절하는 아이도 있다. 초등학교 선생님으로서 1~6학년을 두루 가르치면서 나는 지식을 가르치는 것보다 중요한 것이 생활 교육이라는 생각이 들었다.

아이들이 이 사회의 바람직한 구성원으로 자라도록 돕는 것이 초등 교사의 생활 교육이다.

교사 성장으로 말하다

나를 성장시킨 가족들, 아이들, 동료 선생님들

처음 교사가 되었을 때를 떠올려 보면, 나는 참으로 부족한 점들이 많았다. '아이들을 처음 만나면 어떻게 대해야 하지? 아이들이 내 말에 잘 따라 줄까?' 하면서 걱정이 태산이었던 것 같다.

그럼에도 불구하고 처음 교실에 들어갔을 때 환영해 주었던 아이들의 초롱초롱한 눈빛에 마음이 놓였고, '막내'가 왔다면서 덮어놓고 '예쁘다, 귀엽다' 하시던 선배 선생님들 덕분에 안심이 되었었다. 무엇보다 첫 발령을 받고 교사로 출근하게 되었을 때, 잘할 거라고 믿어 주시고 항상 응원해 주시던 부모님이 큰 힘이 되었다.

그럼에도 불구하고 교사 생활을 하면서 어려운 일들은 많았다. 산더미 같은 행정 업무들은 선배 선생님들에게 배워 나가면서 하나하나 터득했지만, 정말 문제는 아이들이 이해가 안 되는 행동을 할 때였다. 쉬는 시간에 누가 자기를 치고 지나갔다며 분노하며 폭력을 행사하려는 아이, 늘 자기주장만 고집하면서 다른 친구들이 자기 말대로 하지 않으면 폭력을 쓰려는 아이, 어떤 아이를 괴롭히고 웃음거리로 만들며 좋아하는 아이. 도무지 이 아이들이 왜 이러한 행동을 하는지 이해가 되지 않았다.

'책상과 의자로 가득한 교실인데, 좁은 책상 사이를 지나가다 보면 좀 치고 갈 수도 있는 것 아닌가?'

'도대체 숙제를 왜 항상 안 해 오지?'

'왜 그렇게 자신만 생각하고 다른 친구들을 자기 마음대로 움직이려 하지?'

'어떻게 남을 괴롭히면서 그렇게 즐거워 할 수가 있지?'

이렇게 아이들이 도무지 이해가 되지 않았고, 이 아이들은 뭔가 다른 행성에서 온 외계인처럼 느껴졌다. 나는 이러한 고민들을 같은 학년 선생님들과 공유하고는 했는데, 그때 어느 선배 선생님께서 해 주신 말씀이 나에게 큰 깨달음을 주었다.

선생님들은 대부분 학교 다닐 때 모범생이었던 경우가 많아. 송 선생님도 학교 다닐 때 엄청 모범생이었지? 그래서 이렇게 싸우고, 남에게 피해를 주는 아이들을 이해하지 못해. 하지만 세상에는 다양한 사람들이 있고, 우리와 다른 성향을 가진 이런 아이들을 이해하고 가르치는 것이 교사로서 해야 할 일이지.

그때 나는 우리 반 아이들이 왜 모두 규칙을 잘 지키고, 숙제를 잘 해 오고, 얌전히 앉아서 선생님만 바라보는 모범생이 아니냐며 몇몇 아이들을 원망하고 있던 나 자신을 발견했다. 나는 그냥 모든 아이들이 그림같이 앉아서 열심히 공부만 하는 모범생이었으면 했던 것이다.

하지만 내가 교사로서 해야 할 일은 그것이 아니었다. 오히려 학급에서 다른 아이들에게 피해를 주는 아이들이 왜 그러는지 상담하고, 그 아이들의 행동을 바르게 이끌어가기 위해 노력해야 하는 것이었다. 그때부터 교사로서의 나의 삶은 아이들과 함께 성장해 나갔던 것 같다. 어떤 아이가 어떤 문제에 처했을 때 그 문제를 해결하기 위해 치열하게 고민하고 노력하면서 교사로서 한 단계씩 성장해 나갔던 것이다. 돌아보면 지금의 나를 있게 해 준 것은 항상 나를 믿고 지지해 준 가족들, 항상 함께 고민해 주었던 동료 선생님들, 그리고 내 제자들이었다.

23

2년 뒤에는 좋은 교사가 될 수석교사

안수희

행동 발달 및 종합 의견

메타 인지가 높아 안 된다고 생각되는 일은 빨리 포기하는 결단력을 지녔음. 해야 하는 일을 미루다가 발등에 불 떨어졌을 때 해내는 집중력과 기민함을 보임. 화를 내면 죄책감을 느끼고, 규칙에서 벗어난 행동을 하면 불안함을 느끼는 '착한 아이 증후군'을 앓고 있어 꾸준한 관심과 치료가 필요함. 나름 높은 도덕성을 지녀 더 좋은 사람이 되기 위해 끊임없이 노력하고 있으나, 실천에 옮기는 데 실패하여 삶의 한계를 종종 느낌.

01 나를 말하다

팔랑개비 장녀회

20년째 이어져 오고 있는 대학 동기들끼리의 사적 모임, '팔랑개비 장녀회'. 이 모임의 이름이 곧 '나'를 말해 준다. '팔랑개비'. 뭐가 팔랑거리냐고? 짐작한 대로 '귀'이다. 남이 하는 말을 듣고 팔랑거리는 귀를 주체하지 못해 나는 항상 여기저기 휘둘린다. 나의 의견과 생각보다는 타인의 이야기에 늘 혹한다. 그래서 20년이란 긴 세월 동안 큰 다툼 없이 모임이 유지되고 있는 것 같다. 그리고 '장녀회'. 맞다, 나는 장녀이다. '맏딸은 살림 밑천'이라는 케케묵은 말마따나, IMF를 거쳐 휘청거리던 대한민국의 그저 그런 가정의 맏딸들이 교대에 진학하는 건 어쩌면 당연한 일이었는지 모른다. 적어도 나는 그랬다.

교대에 진학하면서 나는 꽤 많이, 자주 좌절했다. 어릴 때 배운 6개월의 피아노, 괴발개발인 그림 실력, 따로 노는 머리와 손발로 견뎌야 했던 체육 수업 등은 정말 최악이었다. 게다가 왜 하필 외고 출신들이 우글거리는 초등 영어과를 지망해서는 가뜩이나 높은 앵자이어티(anxiety. 우리 과 조OO 교수님이 즐겨 쓰시던 단어. 초등 영어는 학생들의 앵자이어티를 낮춰야 한다나 뭐라나.)가 극한까지 치솟았다.

그래도 나는 '장학금'이 받고 싶었다. 당시 부산교대생의 40%가 장학금을 받았는데, 거기에 못 든다는 것은 있을 수 없는 일이었다. 그래서 포기하는 예체능 과목 대신 다른 과목들은 나름대로 열심히 했다. 덕분에 중간 이상의 학점은 유지했고, 부산 초등 교사 임용고시에도 합격했다.

교사가 된 첫해, 나에게는 영어 전담의 임무가 주어졌다. 당시 교감 선생님께서는 전담은 오후 시간이 여유로우니 연수를 많이 들어 보라고 조언해 주셨다. 나는 원래 말을 잘 듣는 학생이 그냥 교사가 된 것뿐이므로, 당연히 교감 선생님의 말씀을 귀담아듣고 연수란 연수는 다 듣고 다녔다. 안타깝게도 나는 그때 배운 것들을 대개는 기억하지 못한다. 그러나 분명한 건, 나는 연수가 나에게 주는 '설렘'을 안다. 배움이 주는 기대와 조금 더 좋은 교사가 되고 있다는 '자긍심'을 안다. 온라인으로 이루어지는 편리한 연수들이 줄 수 없는 그 두근거림을 나는 알고 있다.

첫 학교를 마치며 나는 친구들과 함께 부경 대학교 교육대학원에 입학 원서를 냈다. 그렇게 영어 잘하는 친구들 사이에 끼어 학을 뗐으면서도 팔랑거리는 귀를 장착한 나는 자연스럽게 영어 교육학과에 지원했다. 그런데 참 신기하게도 어이없을 만큼 열심히 공부했다. 교수님께서 원서로 된 교재를 몇십 페이지씩 읽어 오라는 과제를 내면 유일하게 '나'만 과제를 해 갔다. 이유는 잘 모르겠다. 아마 과제는 당연히 해야 하는 거니까 그냥 과제를 해 갔는데, 하필 '나'만 해서 칭찬을 받았고, 착한 아이인 나는 또 칭찬을 받기 위해 과제를 해 가는 그런 악순환(?!)이지 않았을까 추측해 본다. 수석교사가 된 지금도 여전히 팔랑거리는 귀를 장착한, 칭찬이 고픈 착한 아이로 40대를 보내고 있는 중이다.

02

수석교사를 말하다

수업 역량으로 말하다
기본이 서면 나아갈 길이 생긴다

'수업'이라는 말을 들으면 나는 두 가지 에피소드가 떠오른다. 첫 번째는 첫 발령을 받은 해의 임상 장학과 관련된 기억이다. 비교급을 익혀서 발화하는 그런 수업이었던 것 같다. 수업이 어떻게 시작되고 어떻게 끝났는지 모르겠다. 다만, '수업이 지금 엉망이 되고 있구나.'라는 것을 온몸으로 느끼고 있었을 뿐이었다. 어영부영 수업을 마친 뒤 나는 교실 뒤편에 꽤 많은 선생님을 세워 두고 학생들을 자리에 앉혀 둔 채, 그 자리에 주저앉아 눈물을 펑펑 쏟았다. 선생님들은 다들 나를 위로해 주셨지만, 속으로는 얼마나 어처구니가 없었을까 싶다.

다시금 그때를 떠올려 보니 지금도 쥐구멍에 숨고 싶다(사실, 여기에 쓸까 말까 고민도 된다). 손발이 오그라드는 그 기억은 늘 '수업'이라는 키워드를 떠올릴 때마다 악몽처럼 따라붙어 나를 괴롭혔다. 미칠 노릇이다. 왜 그랬을까? 그 기억이 떠오를 때마다 지우고 잊기 위해 발버둥을 쳤지만 번번이 실패했다. 수석이 되려는 지금에서야 나는 그 트라우마를 조심스레 마주한다. 꽤 많이 늦은 편이다. 수업 전체가 기억나진 않지만, 드문드문 떠오르는 장면은 '학생들이 어려워하고 있구나.'이다. 속 빈 강정같이 보잘것없었던 역량을 화려함으로 감춰 그럴듯하게 뽐내고 싶었던 나는, 아마 수업 속에 필요 이상의 것들을 꽤 집어넣었던 것 같다. '나 이런 것도 할 줄 알아. 이렇게 해야 요즘 수업 유행에 맞지.' 하면서. 칭찬이 고팠던 신규 교사는 그렇게 수업을 시원하게 말아먹었다. 그러한 나의 나쁜 버릇은 쉽사리 고쳐지지 않았고, 꽤 오랫동안 내 수업에 남아 있었다.

그렇게 몇 년이 흐른 뒤, 나는 내 수업에 전환점이 되는 컨설팅을 받게 되었다. 도덕 교과서를 집필하셨다는 어느 교장 선생님을 멘토로 모시고 국어 수업을 설계하여 공개 수업을 하게 된 것이다. 모둠원이 협동하여 신문 기사를 쓰고 그 기사를 발표하는 크게 어렵지 않은 수업이었던 것으로 기억한다. 우리 반은 여섯 모둠이었기 때문에 학생들에게 여섯 가지 주제를 주고, 각 모둠에서 각기 다른 주제로 한 편씩 기사를 쓰도록 계획했다. 그런데 교장 선생님께서 '왜 주제가 6개인지' 여쭤 보셨다. 나는 해맑게 여섯 모둠이니까 당연히 주제가 6개라고 말씀드렸다. 그랬더니 교장 선생님께서 이렇게 말씀하셨다.

주제를 3~4개 정도만 하면 어떨까요? 학생들은 같은 주제를 두고도 다른 기사를 쓸 거예요. 학생들은 학생들끼리 제일 많이 배웁니다. '어? 나는 A라는 주제로 이렇게 썼는데, 쟤는 저렇게 썼네? 저렇게 쓸 수도 있겠구나.' 하면서 말이지요. 교사만이 뭘 가르치고 있다고 생각하는 건 착각이에요.

나는 교사인 내가 학생을 가르치고 그 장면을 보여 주는 것이 수업이라는 생각을 하고 있었다. 그런데 그 교장 선생님의 말씀은 나의 그러한 생각을 와장창 깨 버렸다. 컨설팅 이후 내 수업은 제법 긍정적으로 변했다.

좋은 수업이 어떤 수업인지 여전히 잘 모르겠다. 100명의 교사가 있다면 100개의 좋은 수업이 있으리라 생각한다. 그 100가지 수업을 줄 세울 수 있다고 생각하지도 않는다. 다만, 나는 망해 봤기 때문에 '망하는 수업'이 무엇인지는 안다. 그래서 나의 수업 설계는 늘 망하지 않기 위한 수비 전략이다. 그리고 그 수비 전략은 한결같이 '본립도생(本立道生)'이다. 다른 멋진 것을 찾아보고 싶은데, 결국엔 돌고 돌아 '본립도생'이다. 어려운 것은 그 기본이 무엇이냐 하는 것이다. 몇 년 전에는 기본이 '좋은 질문'인가 싶어 답을 찾다가, 작년부터는 '피드백'인가 싶어 헤매는 중이다. 수석교사로서 앞으로 내가 해야 할 일이 있다면, 그건 아마도 '기본'에 대한 해답을 찾는 일일 것이다.

생활 교육으로 말하다

나의 생활 교육은 현재 진행형

'오가작통법'은 조선 시대에, 범죄자의 색출 및 세금 징수, 부역 동원 등을 위하여 다섯 민호(民戶)를 한 통씩 묶던 호적 제도를 말한다. 20년 전, 나는 '질서와 안정'이라는 이상을 가지고 '오가작통법'으로 학급을 운영했다. 교실의 학생들을 한 통으로 묶어 서로서로 감시하도록 했다. 교실은 안정되었고 평화로웠다. 나는 학급 경영을 꽤 잘하는 교사로 선배님들께 인정받았다. 뿌듯했다. 소란스러운 학급, 통제되지 않는 학급을 보며 속으로 우월감을 가지기도 했던 것 같다.

대신 우리 반에는 공공의 적들이 생겨났다. 우리 모둠의 점수를 갉아 먹는

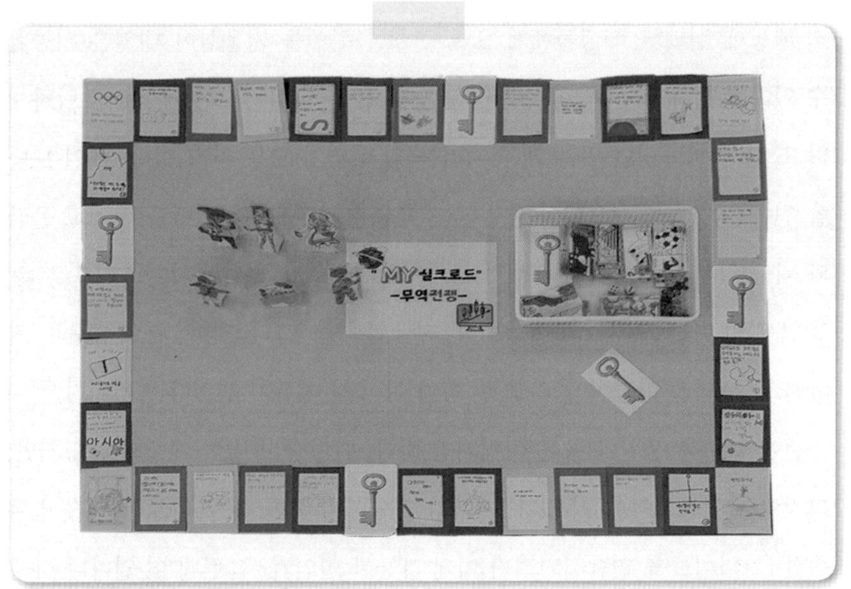

그 녀석이 생겨났고, 그 녀석과는 같은 모둠이 되기 싫어했다. 심지어 모둠 점수를 까먹는 녀석에게 벌금을 매기는 새로운 자신들만의 규칙도 만들어 냈다. 일이 그 지경까지 이르게 되었을 때, '아뿔싸, 내가 교직을 놓아야겠구나.'라는 생각을 했다. 그때의 아이들에게 나는 어떤 선생님으로 기억되고 있을까. 과연 나는 그때 선생님이긴 했던 걸까.

나는 그 이후 한 해에 한 번씩 학급 경영 방침을 갈아치웠다. 옆 반에서 하는 활동이 좋아 보이면 그것을 따라 하기도 했고, 책에서 본 게 그럴듯해 보이면 그 방법을 베끼기도 했다. 그렇게 정처 없이 표류하던 나의 학급 경영은 우연히 EBS 〈다큐프라임〉 '아이의 사생활' 편을 본 뒤부터 한 가지로 정착했다. '도덕은 연습이다.'라는 방송 속 교수님의 그 말씀이 왜 그렇게 마음에 와 닿던지. 도덕이 연습으로 만들어지는 것이라면, 교실은 그 연습장이 되면 되겠구나. 왜 그렇게 나는 교실에서 완성형을 꿈꿨을까.

그렇게 우리 교실은 '도덕적 행동의 연습장'이 되었다. 나는 그저 오늘 도덕적 행동에 실패한 학생들에게 오늘 실패한 원인을 거울삼아 내일은 성공할 수 있다고 말해 주는 역할이면 충분했다. 물론 교실이 그렇게 호락호락하지 않고, 늘 해피엔딩만 있는 게 아니라는 건 우리가 모두 알고 있다. 매일 도덕을 연습하는데 조금도 나아지지 않는 학생을 보면, 욱하는 마음이 치고 올라와 뇌를 일시 정지시키는 경우가 생기기도 한다. 그러나 참 다행스러운 것은, 20년 전의 나는 그러지 못했겠지만, 지금의 나는 '그래, 맞아. 나도 연습이 필요하지. 도덕은 연습이야.'라고 한 박자 쉬어 갈 여유가 생겼다는 것이다.

날이 갈수록 생활 교육은 어렵기만 하다. 다양한 방법이 제시되고 있지만, 그것이 만병통치약일 리 없다. 게다가 연습이 부족한 내가, 나보다 연습이 부족한 그 녀석들을 연습시키려니 이게 가능한 일인가? 그런데 이 얼마나 다행스러운 일인가. 내가 시작도 끝도 아니라니! 나는 그저 다정하고 상냥한 옆 반 선생님을 믿는다. 올해 내가 연습을 부족하게 시켰으면, 다음 해 선생님께서 내 부족한 만큼을, 그분이 가지신 최선의 방식으로 또 채워 주시리라 의심치 않는다. 작년 한 해 동안 연습이 부족한 그 녀석이 우리 반에 들어오면, 나는 작년에 부족한 만큼을 내 방식으로 최선을 다해 채워 줄 것이다. 그러다 보면 언젠가는 도덕이 찰랑찰랑 넘칠 때가 올지도 모르겠다.

교사 성장으로 말하다

오늘을 열심히 산다는 것의 의미

사실, 나는 억울했던 것 같다. 나는 '55세 명예퇴직'이 꿈이었다. 55세 이후로는 등산을 가고 아쿠아로빅이나 하면서 친구들과 브런치를 즐기는 여유로운 삶을 꿈꿨다. 그런데 그 꿈과 어울리지 않게 나는 학교에서 늘 바빴고, 소모되었다. 세상에서 제일 어려운 게 '거절'이었던 나는 여기저기의 부탁을 무한 수락했고, 그러는 사이에 나는 소모되며 지쳐 갔다. 남들이 하기 싫어하는 일, 어려운 일, 원하지 않는 학년을 맡으면서 때로는 내가 장기판의 말과도 같다고 생각했다. 여기저기에 쓰임을 다 하면 미련 없이 버려질 말. 점점 보람은 사라져 가고 누군가가 나를 이용한다고도 생각했다. 그렇다. 사실, 나는 혼자서 티 내지 않고 몰래 억울했던 것 같다.

그래서 다른 길을 꿈꿨다. 아직 20대라면 다시 문제집을 펴고 수능에 도전이라도 해 보겠지만, 이제 '근의 공식'도 가물가물한 나는 그런 말도 안 되는 꿈을 꾸진 않는다. 대신 '수석교사'가 되기로 했다. 그러면 내가 하고 싶지 않은 것을 하지 않으면서 학교생활을 할 수 있을 거라고 생각했다.

20년 동안 연구 학교를 단 한 곳도 가지 못한 또는 가지 않은 나는, 관리자로 승진을 하기엔 현실적으로 불가능했다. 그래서 수석교사를 해 보기로 했다. 수석교사 지원 요건에는 연구 학교 점수가 포함되지 않으니, 그냥 나 혼자 조용히 스스로를 채찍질하면 되겠다는 안일한 마음을 먹었던 것 같기도 하다.

그런데 수석교사 지원 서류를 준비하면서 나는 그동안 내가 대단히 큰 착각을 하고 있다는 것을 불현듯 깨달았다.

'어? 이것도 점수가 되네?'

내가 그동안 거절을 못 해서, 그저 마지못해서 했었던 그 모든 일이 결국 모두 '나'였다. 소모된다고 생각했었는데, 나는 나를 아주 착실히 만드는 중이었다. 뒤통수를 얻어맞은 기분이었다. 아마 수석교사 지원 서류를 내지 않았다면 평생 억울한 마음을 품고 교직을 마쳤을지도 모르겠다. 그렇구나, 오늘을 열심히 산다는 것이 이런 의미였구나. 크게, 멀리, 거창하게 계획하지 않아도 그저 오늘 주어진 일을 묵묵히 해내면 그게 곧 내가 된다. 나는 결코 소모되지 않았다.

오늘 나에게는 '나는 수석교사다' 글쓰기 임무가 주어졌다. 별거 없는 인생사 쓸거리가 없다며 쓸까 말까를 고민하는 내게, 동기 수석님께서 '네 인생이 그리 구질구질하지 않으니 쓸 거리가 틀림없이 있을 거다.'라고 용기를 주셨다(H 수석님, 감사합니다!). 오늘 나는 다행히 그 임무를 마쳤다.

나는 내일도 나를 만들어 갈 것이다. 예전 교실을 치우고, 새로운 교실을 정리하고, 지구를 사랑하는 마음으로 분리수거를 하고, 동료와 함께 따뜻한 커피를 마실 예정이다. 내일도 잘 살아 낼 수 있을 것 같다.

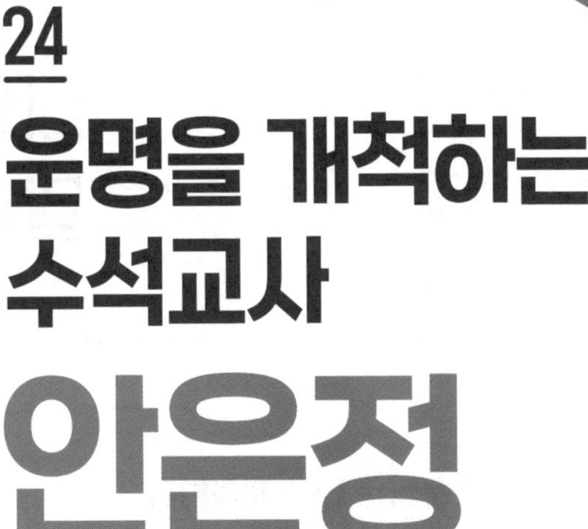

24 운명을 개척하는 수석교사 안은정

행동 발달 및 종합 의견

앞에 나서며 에너지를 숨길 수 없는 전형적인 ENFP. 열정이 넘치며 절대 지치지 않는 끈기와 인내심(?)을 지니고 있음. 9년을 부장교사로 근무하며 '프로일잘러'로 자리매김함, 서울시 교육청 장학자료 개발에 적극 참여하여 교사교육과정, 서울 가나다(문해력), 인성 교육 분야 등에서 일타 강사로 활약함. 2019학년도 푸른 기장(전국 1등급)을 받는 등 꾸준히 노력하는 교사임. 13기 최연소 수석교사로 유·초등 수석교사 자격 연수를 1등으로 이수함.

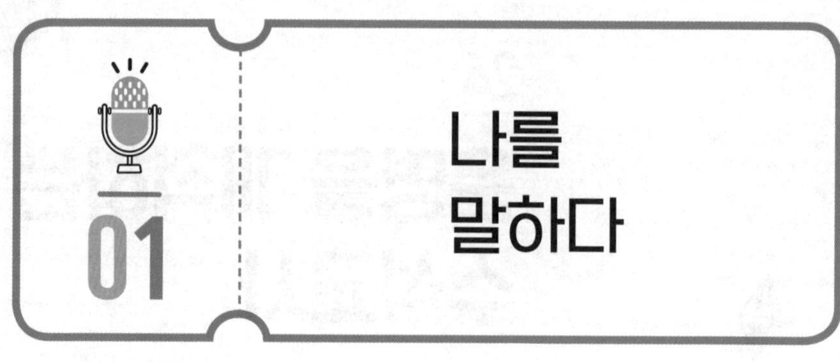

내 운명은 내가 개척한다

1985년 11월에 거제도에서 태어나 바다 구경하는 것을 좋아하는 선머슴 같은 여자아이였다. 7세가 되던 해 아버지가 이직을 하시면서 경남 창원으로 이사했고 초·중·고를 창원에서 다녔다. 이때는 깨닫지 못했지만 나는 남다른 체력과 열정을 지니고 있었다. 그리고 이를 기반으로 '나의 운명은 내가 노력하는 만큼 바뀐다.'라는 좌우명 아래 하고자 하는 것들을 모두 성취해 내었다.

인생에서 가장 크게 노력으로 운명을 바꾼 사례는 '영재 교육원 합격'이었다. 영재나 천재성은 단 1%도 찾아볼 수 없던 평범한 아이였지만, 중2 때 과학 선생님을 좋아해서 수업의 예·복습을 정말 열심히 했다. 선생님도 모든 질문에 막힘없이 대답하는 나를 예쁘게 봐 주셨고, 학기말 ○○대 과학 영재 교육원에 응시해 보는 것이 좋겠다고 하셨다.

어떻게 할까 고민하다가 절친의 오빠에게 고등학교 과학 자습서를 빌려 겨울방학 한 달 내내 이해하며 외워 버렸다. 1차 집필 시험에서 조교를 당황케 하는 답안지 분량 및 어려운 과학 용어 사용과 더불어, 심사위원을 빵 터지게 하는 당당함으로 최종 면접까지 합격했다. 이 경험은 그 뒤 수능, 임용, 대학원, 수석교사 등등의 시험 및 인생의 고비에서 '나는 마음먹고 정말 열심히 노력하면 무엇이든 다 이루어 낼 수 있다! 내 운명은 내가 개척한다!'라는 생각으로 모든 것을 돌파할 수 있는 힘이 되었다.

서울교대에 입학하면서 서울로 올라왔으며, 어쿠스틱 기타 밴드 동아리에서 부회장을 하며 책임감 있게 동아리를 이끌었다. 2008년 2월, 졸업과 동시에 대학원 진학 및 첫 학교 발령을 받고, 수업을 잘해야겠다는 일념으로 초등교사의 과학 수업 전문성 향상과 관련된 석사 학위를 취득했다. 또, 교육청 과학 영재, 발명 영재 교육원에서 10년 넘게 강사 및 선발 위원으로 활약했으며, 학교 예술 교육 중장기 발전 계획 TF, 2022 개정 교육과정 선도교원, 전국 교원 역량 개발 선도교원, 서울 혁신 미래 교육 TF 등, 다양한 정책 개발 연구 교원으로, 교사교육과정 장학 자료 2권 집필 및 정책 TF, 서울 문해 교육 장학 자료, 인성 교육 장학 자료 2권 집필 등으로 갈고 닦은 역량을 발휘했다.

그리고 내가 이해한 내용을 재미있게 풀어내며 정곡을 찌르는 강의법으로 최근 4년간 50회가 넘는 강의와 30회 이상의 컨설팅을 하며 '일타 강사'로, 55회의 외부 수업 공개로 '수업 잘하는 교사'로 인정받고 있다. 일이 엄청나게 몰릴 때마다, 내가 안 해 본 새로운 길을 가야 할 때마다, '내가 최선을 다해 노력하면 내 운명을 개척할 수 있다!'라는 마음으로 새로운 시작을 즐겁게 받아들이며 수석교사로서 출발하려고 한다.

02

수석교사를 말하다

수업 역량으로 말하다
내가 잘하는 것, 나의 철학이 반영되어야 진짜 내 수업

강의를 다닐 때마다 "내가 잘하는 것을 더욱 발휘하라!"라는 이야기를 한다. 내가 잘하는 것을 계발하고 이를 활용해야 나만의 특색 있는 교육과정이 운영되고, 멋진 수업이 구현됨을 알기 때문이다. 나는 과학 선생님을 좋아했던 중학교 이후, 고등학교 때는 자연계를 선택해서 과학을 열심히 공부했고, 교대에 입학할 때는 고3 담임 선생님과의 상담을 거쳐 컴퓨터 교육과를 썼다. 그리고 격하게 후회하며 대학원은 바로 과학 교육과로 지원했고 초등 과학 교육 석사를 받았다. 과학이라는 학문도 흥미롭지만 과학 수업도 정말 재미있고, 과학 수업을 잘하고 싶은 마음도 매우 컸다. 그래서 계속 이 분야에 관심을 가지고 공부하고 연구했다.

또, 나의 성향도 중요한 부분인데, 나는 외향적이고 활동적인 성격이다. 이것은 수업에서도 그대로 드러난다. 정적인 수업보다는 학생들이 책상을 벗어나서 움직이거나, 책상이 없는 바닥 상태에서 다양한 활동을 하거나, 책상이 있어도 모둠 형태로 앉아 적극적으로 소통하는 수업을 한다. 언젠가 나의 이러한 수업이 '좀 정신이 없다'고 이야기한 참관록을 보고, 진지하게 고민하며 다음 수업 나눔을 보다 정적으로 만들고자 했던 적이 있었다. 결과는 뻔하다. 대실패! 적응이 안 되고 발문이 꼬이고, 수업의 흐름을 자꾸 교사 주도형으로 끌고 가게 되는 나의 모습을 발견했다.

그렇다면 방법은 나의 수업을 다른 선생님들이 보았을 때 정신없이 학생들이 떠드는 수업이 아니라, 내 스타일대로 가되 어떻게 하면 학생들과 함께 만들어 가는 수업으로 진행할 수 있을까를 찾는 것이었다. 그리고 교육 연극 지도자 특별 과정(1년)을 등록하고 이수하면서 나의 수업은 활동적이고 활발하며, 재미가 더해진 것으로 발전하기 시작했다.

어느 날, 교장 선생님이 나를 불러 전국 대회 규모의 연구 대회에 나가 보자고 하셨다. 어떤 과목으로 할까 하다가 내가 가장 좋아하는 '과학'을 선택했고, 나의 성향을 가장 잘 살릴 수 있는 교육 연극을 방법으로 삼았다. 이렇게 두 가지를 정하고 나니 이후는 순식간에 풀려나갔다. 학생들의 오개념이 많고 선생님들이 지도하기 어려워하는 '지구와 달'에 대한 단원을 선택했고, 교사도 학생도 어렵다는 생각을 전환할 수 있도록 단원을 재구성하고 교수·학습 과정안을 작성했다.

매주 화요일 공강 시간마다 교장 선생님은 적극적으로 보고서 작성 멘토링을 해 주셨다. 특히, 수업 나눔을 할 때는 매 공개 수업 교수·학습 과정안도 최선을 다해 컨설팅해 주셨다. 이렇게 연구를 하는 과정이 정말 하나도 힘들지 않았다. '내가 좋아하는 과학을 어떻게 학생 중심의 활발하게 움직이는 수업으로 만들 수 있을까? 선생님들이 어려워하는 지구와 달의 운동, 학생들이 이해하기 힘들어하는 지구와 달의 운동을 어떻게 하면 재미있게 쏙쏙 이해되게 만들 수 있을까?' 이러한 고민을 하는 과정이 즐거웠다.

새로운 아이디어가 샘솟았으며 이를 직접 수업에 적용하고 수정·보완하는

과정도 의미 있었다. 단원 마무리를 하고 학생들의 피드백에 정말 날아오를 듯했다. 학생들은 어려운 지구와 달의 운동을 몸으로 재미있게 배우니 이해가 정말 잘된다고, 선생님의 과학 수업은 항상 기다려진다고, 친구들이랑 협력하여 움직이다 보면 어느새 과학 수업 내용이 다 머릿속에 들어와 있게 된다고 말해 주었다.

그렇게 보고서를 잘 마무리하여 제출했고, 몇 달 뒤 이 보고서가 전국 1등급이며, 푸른 기장을 함께 수여 받는다는 안내를 받았다. 얼떨떨했다. 처음 제출해 본 연구 보고서 대회였고, 나는 그냥 내가 좋아하는 과학 수업을 어떻게 재미있게 할 수 있을까 신나게 고민했을 뿐 어려운 게 없었기 때문이다. 아니, 연구하면서 솟아나는 아이디어들에 행복하기까지 했다.

그 뒤로는 과학 수업뿐만 아니라 국어, 수학, 사회, 영어, 도덕, 실과 등 모든 수업에 내가 잘하는 교육 연극적인 요소를 가미하여 몸을 움직이며 서로가 적극적으로 소통하는 수업, 학생 활동 중심의 수업, 학생 주도형 수업을 적극적으로 연구하고 있으며 관련 분야에서 역량을 펼치고 있다.

수업을 잘하려면 내가 잘하는 것, 내가 중요하게 생각하는 것, 나의 성향을 먼저 분석하고 나에게 맞는 방법을 찾아 이를 펼쳐 보는 것이 가장 중요하다. 그리고 그것이 내가 정말 잘할 수 있는 수업이라고 생각한다.

생활 교육으로 말하다

진정한 소통으로 하나 되는 우리

생활 지도는 교사에게 수업과 함께 매우 중요한 부분이다. 나는 첫 발령지에서 생활 교육으로 많은 경험을 해 왔기에 어디서든 자신감을 가지고 학급 운영을 할 수 있었다. 첫 발령지 A교는 영화에도 자주 등장할 만큼 많은 사람들이 들으면 '아!' 하고 알 수 있는 곳이다. 한부모 가정, 조손 가정, 기초 생활 수급 가정 등 사회적 배려 계층이라고 불리는 학생들이 많았다. 우리 반 30여 명 중에서 늘 10명 정도는 여기에 해당되었다.

그때 24살의 나이로 열정 가득, 시간 가득했던 나는 새벽 수영을 마치고 양손에 김밥이나 빵을 가득 들고 7시 30분에 출근했다. 아침을 먹지 못하고 오는 아이들 것이었다. 8시가 조금 넘으면 교실은 공부하러 오는 아이들의 발걸음 소리로 채워진다. 교과서나 내가 만든 문제집을 풀면서 맛있는 아침 식사를 함께하며 우리는 공부를 시작했다. 누구 하나 떠들고 장난치는 학생 없이 진지하게 공부했다. 일대일로 다정하게 자세하고 쉽게 풀어서 설명해 주었다. 아이들은 일찍 나와서 공부를 '더' 하자는 선생님의 제안에 힘들다고 싫어하는 대신, 선생님을 더 빨리 만날 수 있는 기회라며 좋아하기까지 했다. 누가 믿을까 이 학생들의 말을. 학년 초, 신규가 담임인 반에 문제아가 많이 배정되어서 걱정된다는 다른 선생님들의 우려와 달리, 우리 반은 정말 행복했다. 학생들은 나를 믿어 주었고, 나의 말을 잘 따라 주었다.

나는 학생들과 스스럼없이 이야기 나눈다. 마음이 담긴 '소통'을 한다. 많은 학생들 앞에서 나의 고민도 모두 다 이야기했다.

"선생님이 너희랑 낙하산을 만들어 보고 싶은데, 불이 나면 어떻게 하지?"

"너희들이 정말 귀여워서 더 재미있는 걸 해 주고 싶은데, 생각이 안 나서 어떻게 하지?"

"오늘 등교하면서 공원을 지나다가 이렇게 큰 쥐를 봤어. 너무 무서워."

"약수와 배수는 분수의 덧셈과 뺄셈, 곱셈, 나눗셈에서 정말 중요한데 선생님이 어떻게 하면 너희들이 더 잘 이해할 수 있을까?"

"선생님 빼놓고 너희끼리 재미있는 거 하면 선생님 속상해. 같이 하자!!"

나의 생활이든, 수업 고민이든, 무엇이든 학생들에게 털어놓았다. 아이들도 그런 나를 만만하게 보는 것이 아니라 진심으로 내가 학생들을 위한다는 마음을 읽고, 나의 고민에 진지하게 해결책을 주기도 했다. 자신의 고민도 진지하게 털어놓았으며, 나에게 버릇없이 이야기하거나, 친구들과 다투거나 하는 일도 거의 없었다. 하나하나 이야기하고 나누다 보면 해결된다는 것을 점점 알아갔다. 아이들에게 쉽게 보였을 수도 있지만, 나는 학기 초 학급의 작은 일들도, 다툼도 함께 이야기하고 소통하는 시간을 가지려고 노력했다. 그렇게 기반을 쌓으며 서로에 대한 믿음이 생겨야 우리는 '급우'가 아니라 '친구'가 될 수 있기 때문이었다.

내가 친구를 사귀는, 사람을 만나는 방식도 이러하다. 잘 드러내 보이고, 나의 생각도 오해가 생기지 않도록 다 이야기하는 편이다. 숨기고 혼자 생각하기보다는, 내 생각은 이러한데 상대방의 생각은 어떠한지 묻고 더 좋은 방법으로 해결하는 편이다. 어디까지나 나의 성향이다.

한 해 동안 우리 반 학생들은 이렇게 소통하는 법을 자연스럽게 익히고, 마음을 나눈다. 첫 학교 5년이 호락호락한 환경이 아니었기 때문에 이 방법을 유지하면서 학급 운영을 하는 것이 쉬운 일은 아니었다. 하지만 한 가지 확실한 것은, 어떠한 학생들도 이 소통과 신뢰로 함께 한다면 행복한 학급을 만들 수 있는 생활 교육의 기반이 된다는 것이다. 요즘은 회복적 생활 교육의 방법들을 활용한다. 서클을 만들고 서로의 이야기를 들어 보는 시간을 좋아하고, 우리 공동체가 안전하다는 인식을 갖고 서로가 서로에게 소중한 존재임을 깨닫는 시간들을 자주 가진다.

나의 생활 교육 방법은 솔직하게 이야기하기, 믿음으로 들어 주기, 이렇게

내가 써 보는 우리 담임 선생님께 드리는 "선생님 통지표"

안은정 선생님은 정말 내가 봤던 선생님 중 가장 최고의 선생님이다.

2021 코로나 시작 후 1~2년이 지난 지금 모두가 힘들 때 온라인 수업, 오프라인 수업 모두 재미있게 이끌어 주셨다. 수화, 합창, 피구, 어버이날 이벤트 등을 준비하셨다.

우리가 학업에 지쳐 있을 시기에 딱 선생님이 나타나 주신 게 너무 행복할 정도이다. 내가 생각하는 모든 선생님의 기본 요소는(너무 버릇 없었다면 죄송합니다.)

재미있는 활동을 할 때는 재미있는 활동을 하고, 혼날 행동을 하면 혼내고 인데, 안은정 선생님은 정말 이것들을 모두 다 갖추셨다.

그리고 선생님은 어떤 날이든 힘들고 지친 모습을 보여 주지 않으셨고, 학생들을 차별하지 않으셨다.

내가 써 보는 우리 담임 선생님께 드리는 "선생님 통지표"

안은정 선생님께서는 학생들을 위해서 시간도 많이 없으실텐데 우리를 편하게 해 주시려고 노력해 주시고 우리를 정말 예뻐해 주신다. 활동 같은 것을 할 때 적극적으로 참여해 주시고 힘든 점이나 어려워하는 일이 있으면 친절히 알려 주신다.

그리고 저번에 편지함 만들기를 한 적이 있는데, 내가 풀을 잘못 발랐는데 괜찮다고 해 주셨다. 이해심이나 배려심이 정말 깊은 분이신 것 같다.

그리고 등교할 때나, 온라인 수업 할 때나 정말 하나같이 느끼는 것이 있는데, 아이들을 정말 사랑하시고 아끼시는 것 같다. 진심으로 우리를 챙겨 주시는 것을 매일매일 느낀다.

우리가 하고 싶어 하면 해 주시려고 하셔서 정말 감사하다.

선생님은 예의를 중요시하셔서 나도 많은 것들을 더 실천하고 예의 바른 어린이가 된 것 같다고 느꼈다. 정말로! 또 우리를 위해 재미있는 활동들도 많이 준비해 주셔서 너무 즐거운 1학기를 맞이하고 끝낼 수 있었던 것 같다.

소통으로 하나되기이다. 그동안의 제자들이, 우리의 교실들이 스쳐 간다. 안녕, 나의 제자들!

교사 성장으로 말하다
행복한 학습자

2022년 5월에 발행된 〈서울 미래 교육 2030〉의 핵심 키워드 중 하나는 '행복한 학습자'이다. 이는 비단 학생에게만 해당되는 것이 아니며, 교사 역시 행복한 학습자여야 한다는 의미가 포함되어 있다. 이것은 또 서울의 교사교육과정과도 맞닿아 있다. 교사교육과정은 나의 일생과 함께 나아가는 것으로, 내가 행복하게 공부하고 연구하며 발전시켜 나가는 것이다.

2008년 첫 발령을 받고 교사로서 수업을 잘하기 위해 무엇을 할 수 있을까 고민하며 궁금한 분야에 대한 연수를 열심히 이수했다. 그때 자기 주도 학습, 독서 교육, 과학 교육(전공) 관련 연수를 틈나는 대로 들었다. 지금보다는 시간에 여유가 있었던 시기라서, 배운 내용을 수업에 적용하기 위해 부단히 노력했던 기억이 있다. 2009년 당시 교육지원청의 수업 개선 연구 교사 대회에 학교 대표로 나가야 하는 상황이 생겼고, 관내 교사들에게 적어도 7회 이상의 수업 나눔을 실천하며 계획서와 보고서를 작성했다. 학교에서는 내가 제일 막내라 해야 한다고 했지만, 나의 수업을 컨설팅해 주고 함께 고민해 주는 분은 단 한 분도 계시지 않았다. 나는 수업 나눔을 하기 위해 매주 주말마다 교실에 나와 있었다.

지금 생각하면 참 속상한 상황이다. 그러나 그때는 어떻게든 창피하지 않게 수업을 해야 한다고 생각하며 2년 차로서 할 수 있는, 아니 그 이상의 노력

을 다했다. 그때 컨설팅 지원단 선생님을 찾아다니며 수업 컨설팅을 받고, 내가 가진 역량을 다 꺼내서 수업했다. 그렇게 두 번, 두 해가 지나고 난 뒤 15회의 만족스럽지 못한 수업 나눔을 하며 부족했다는 생각만 들어 자존감이 바닥으로 떨어졌고, 앞이 막막하기만 했다. 그냥 우리 반 학생들과 1년을 보내는 게 행복했고, 수없이 밀려드는 업무 때문에 수업을 연구해야겠다는 생각이 점점 사라지고 있었다. 교사로서의 성장이 없었던 것이다.

2013학년도 새 학교에 발령 받고 우연한 기회에 수석교사들이 주축이 된 지역 교육청 수업 지원단 연수를 듣게 되었고, 그 연수에서 수업에 대한 열정을 재차 끌어올리며 역량을 갖추기 위한 다양한 활동을 다시 시작했다. 누가 시켜서 한 것이 아닌 자발적인 연구 모임을 통해 배우는 시간이 즐거웠고, 이것을 우리 학급에서 재구성하여 바로 적용하며 나만의 방법으로 만들어갔다. 열심히 하던 내 모습이 기특해 보였는지 수석님들과 함께 수업 지원단으로 활동하게 되었고, 새로운 것을 배우고 적용하며 수업을 위해 공부하는 것이 행복했다. 진짜 교사로서 행복한 학습자였다.

그 뒤로도 계속해서 나는 공부하고 연구했다. 그 주제들이 쭉 동일하지는 않았지만 하브루타, 액션 러닝, 과학 교육, 수업 분석, 발문 방법, 교육 연극, 협동 학습, 독서 교육 등등, 초등 교사로서 전 교과에 적용할 수 있는 다양한 것들을 배웠고, 이것을 나의 것으로 전환할 수 있도록 노력했다. 재미있었기에, 배우는 과정이 행복했기에 꾸준히 가능했던 일이다. 이러한 것들은 내가 수업을 잘하는 교사로 발돋움함에 있어서 큰 밑거름이 되었다. 지금도 수업 구상을 할 때, 단원을 재구성하고자 할 때 다양한 아이디어들을 떠올리고, 이들을 결합하고 빼고 더하며 가장 적절하게 구성하게 된다.

두 번째 학교 4년 차에 만난 교장 선생님은 매주 화요일 공강 시간에 나의 수업을 밀착 컨설팅해 주셨다. 교대 부속초에서 근무하셨고 실습학교 운영하셨던 경험으로, 당시 수업 자존감이 떨어져 있던 나의 소소한 고민에서부터 수업 설계, 발문, 동기 유발, 수업 중 내가 지녀야 할 마음가짐, 수업 후 해야 할 것에 관해 자세히 컨설팅해 주셨다. 누가 내 수업에 대해 그렇게 매주 이야기하면 부담스럽지 않냐고 물은 적이 있었는데, 나는 정말 행복했다. 누군가가 내 수업을 그렇게 밀착해서 하나하나 함께 고민해 주고 도움을 줄 수 있다는 게 감사했다.

이때 정말 많이 성장했다. 내 수업은 언제나 교장 선생님 이하 모든 선생님께 열려 있었고, 그분들의 수업 참관록은 나에게 맛있는 음식처럼 감사했다. 세밀하게 분석하고 또 연구하고 적용하며, 수업을 정말 잘하는 교사로 발전해 나가고 있었다. 나의 성장이 행복해서 더 공부를 한다.

지금도 나는 성장하고 있다. 나의 운명을 개척할 수 있으니 내가 하고자 하는 바를 이루기 위해서, 더욱 멋진 수석교사로 성장하기 위해서 행복한 배움을 계속하겠다.

25

모든 것에 진심이고 싶은 수석교사

안정선

행동 발달 및 종합 의견

밝고 따뜻한 마음을 지닌 학생으로 다른 사람들과의 관계에서 배려하고 맞춰 주는 것을 더 편안하게 느낌. 장르를 가리지 않고 다양한 음악 듣기를 좋아하며, 악기 연주에 관심이 많아 다양한 악기를 배우려고 노력함. 작은 일에도 감사하려 노력하며, 문제가 생겼을 때 긍정적인 생각으로 잘 대처하고 이겨내는 편임. 사람들과 어울리는 것을 좋아하나, 가끔 혼자 이런저런 생각에 빠져 시간 보내는 것을 좋아하고 엉뚱한 생각을 하기도 함.

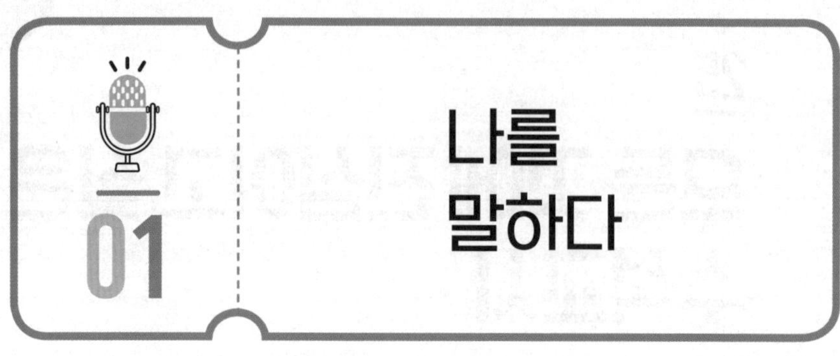

그저 평범하지만 긍정적인 교사

나는 어린 시절 학교에서 별다른 특징 없이 눈에 띄지 않게 생활하던 평범한 학생이었다. 특별한 꿈도 없이 친구들과 함께하는 학교생활이 그저 하루하루 즐거웠을 뿐이었다. 고3이 되고 대학수학능력시험 1세대였던 나는 점수에 맞춰 대학에 지원했다가 떨어져서 재수를 했다. 지방에서 살고 있던 나는 서울로 올라가 재수 학원에 다녔고, 고등학교 때와 다를 것 없이 목표 없는 생활을 하고 있었다.

그러던 어느 날, 교직에 계셨던 아버지께서 서울에 오셔서 저녁을 사 주시면서 나에게 꿈을 물어보셨다. 그리고 교직 경험을 들려 주시며 그 당시 여자에게 가장 수평적인 관계를 맺을 수 있는 곳이 그나마 교직 사회라고 말씀해 주셨다. 친한 친구들도 교대에 다니고 있었기 때문에 나는 자연스럽게 교대를 선택하게 되었고, 아주 평범하게 교사가 되었다.

처음 교사가 되었을 때 나에게 학교는 그저 일을 하고 월급을 받는 곳이었다. 두 번째 해에 1학년 담임을 하게 되었는데 학부모 바자회가 있던 어느 날, 우리 반 남자아이가 눈 밑 피부를 다치게 되는 사건이 일어났다. 나는 혼비백

산이 되어 그 하루를 마감하고는, 갑자기 교사로 평생을 살아가야 하는 게 두려워졌다. 누군가가 나의 부주의로, 또는 내 의지와 상관없이 좋지 않은 일을 경험할 수 있다고 생각하니 교사를 계속하는 것이 맞는지 고민이 되기 시작했다.

동료 및 여러 선배 선생님들과 마음의 어려움을 나누던 중, 나에게 맡겨진 아이들의 시간이 그 아이들 인생에 있어서 아주 중요한 부분이 될 수 있다는 깨달음을 얻게 되었다. 교직이 나에게 수단이 아니라 목적이 되어야겠다고 마음먹었고, 교직 생활의 결과도 중요하지만 과정이 더 중요한 것이라는 생각을 하게 되었다. 교사로서 매너리즘에 빠지지 않기 위해 주변과 나를 돌아보려고 노력했고, 내가 가지고 태어난 오지랖을 긍정적으로 활용하기 위해 두리번거리던 중, 수석교사의 길에 들어서게 되었다. 앞으로도 나와 비슷한 고민을 하는 여러 동료 교사들과 긍정적인 미래를 만들어 가기 위해 함께 노력하는 따뜻한 수석교사가 되고 싶다.

02

수석교사를 말하다

수업 역량으로 말하다

고운 마음씨, 바른 말씨로 맵시를 가꾸는 수업

새 학년이 시작되는 3월은 언제나 그렇듯이 긴장감이 돈다. 서로를 알아가야 하는 시간이기 때문에 서로 긴장하고 조심한다. 하지만 서로 친해지고 익숙해지면 편안함 때문인지 대화를 할 때 거칠고 센말을 많이 하며, 서로 상처 주는 말을 아무렇지도 않게 하는 모습이 보였다. 그래서 나는 수업과 생활 지도를 연계하여, 항상 바르고 고운 말을 사용하는 습관을 기르도록 언어 사용 수업에 중점을 두었다.

언어는 우리가 관계를 맺고 살아가는 데 매우 중요한 소통의 도구이며, 개인의 성공적인 삶을 결정하는 중요한 요인이 된다. 그래서 학생들에게 바른 언어문화 생활 습관을 정착시켜야겠다는 생각이 들었다.

저학년과 중학년 담임을 오랫동안 했기 때문에 그 시기 아동에 대한 특징을 살펴보았다. 이 시기의 아동은 자기중심적 언어 단계를 벗어나 듣는 사람의 관점을 고려해서 사용하는 언어 형태를 구사할 수 있다. 그러므로 단순 언어 사용 교육이 아닌, 바람직한 가치관과 태도를 포함한 의사소통 역량과 공동체·대인 관계 역량을 기를 수 있는 올바른 언어를 배우는 것은 매우 중요한 과제라고 생각했다. 그래서 전통적인 문해 교육을 뛰어넘어 교육과정 재구성을 통해 나만의 언어문화 리터러시 신장을 위한 '디자인 씽킹 프로젝트'를 계획하게 되었다.

바람직하고 수준 있는 언어 사용은 올바른 의사 결정을 하거나 문제를 해결할 수 있고, 다른 사람들과 관계를 맺는 과정에서 상호 협력하며 갈등을 조정할 수 있다. 또한, 언어는 여러 문화를 이해할 수 있는 도구이므로 올바른 언어문화 교육을 통해 언어문화가 가지는 가치를 내면화하여 개인의 자질을 계발하고 관리하면, 미래 사회에서 요구하는 필요한 역량을 갖춘 사람으로 성장할 수 있다고 생각이 되었다. 따라서 언어를 도구로 하여 변화되고 있는 사회에 적응하는 능력을 '언어문화 리터러시'라고 내 나름대로 정의했다.

그다음 언어문화 리터러시 수행 요소를 사회문화적 이해, 비판적·창의적 사고, 책임 있는 언어 사용, 공감과 소통으로 정했고 디자인 씽킹 단계에 적용시켜 진행했다. 먼저 빠르게 파괴되고 변화되는 언어를

살펴보고 무분별하게 사용하는 우리들의 모습을 돌아보며 '사회·문화적 맥락'에서 언어 문제를 파악했다. 다음으로 평소 우리들이 하는 표현 중에서 '비판적·창의적 사고'를 통해 지켜야 할 올바른 약속을 도출해 냈다. 그리고 이 약속이 '책임 있는 언어 사용'으로 연결될 수 있도록 역할극이나 아이들이 좋아하는 놀이 수업을 진행했다. 마지막으로 '공감과 소통'을 통해 앞서 깨달은 올바른 언어 생활과 관련된 저마다의 가치를 서로 공유하도록 했다.

프로젝트 수업을 진행하면서 언어문화 리터러시 수행 요소를 순차적이고

직·간접적으로 모두 경험해 봄으로써 종합적인 언어문화 리터러시 역량을 키우는 데 초점을 맞추려고 노력했다. 그리고 아직은 저학년, 중학년에게 어려울 수 있는 가치일 수 있으나, 이를 통해 공동체와 대인 관계에서 소외되지 않고 함께 나아갈 수 있는 작은 지혜를 갖게 되기를 기대하며 진행했다.

처음 계획을 하고 시작할 때는 마음 한편에서 잘되지 않을 수도 있다는 걱정을 하기도 했다. 하지만 고민보다는 행동으로 옮기는 게 더 나을 것이라는 결론을 내리며 콩나물 기르기를 떠올렸다. 시루에서 물이 빠져나가기만 하는 듯 보여도 콩나물이 잘 자라나는 모습을 생각하며, 아이들과 시작한 바른 언어 사용 프로젝트가 비록 더딘 결과를 만들지라도 언젠가는 학생들에게 꼭 기억나는 좋은 과정이 될 것이라고 믿고 실행했다.

나의 걱정과 달리 학생들은 이 프로젝트 수업에 진지했고 열심히 참여했다. 시행착오도 있었지만 학생들은 올바른 언어 생활에 대한 가치를 정확하게 인식했다. 그리고 빠르게 변화하고 파괴되는 표현들을 비판적으로 받아들여, 무분별하게 따라 하지 않는 올바른 언어 생활 습관을 형성하려고 노력하는 모습을 보여 주었다. 이 프로젝트 수업을 하고 난 후, 결과에 대한 염려보다는 학생들을 믿고 시작하는 것이 더 긍정의 효과를 가져온다는 사실을 깨닫게 되었으며, 학생들의 열정이 곧 나의 수업 열정이 된다는 것을 경험했던 소중한 수업이었다.

생활 교육으로 말하다
함께 행복한 Miracle 만들기

'마술 연필을 가진 꼬마 곰이 있어요. 마술 연필로 그림을 그리면 무엇이든 진짜가 된답니다. 꼬마 곰은 아무리 어려운 일이 있어도 마술 연필로 뚝딱 해결할 수 있어요. 그러던 어느 날, 꼬마 곰은 사는 곳이 점점 파괴되어 위험에 빠진 동물들의 이야기를 듣게 되지요. 꼬마 곰이 마술 연필을 꺼내 그림을 그리자, 엄청난 일이 벌어집니다!'

내가 좋아하는 세계적인 그림책 작가 앤서니 브라운의 『마술 연필』의 내용이다. 우리는 여기에 나오는 꼬마 곰처럼 누구나 자신만의 마술 연필을 가지고 있다. 우리 아이들이 가지고 있는 '존중, 예, 효, 배려, 협동, 소통, 책임, 정직, 용기'라는 마술 연필을 가지고 아이들의 세상에 마법 같은 일을 만들어 보기 위해 노력했던 이야기를 소개해 보려 한다.

소규모 학교에서 6학년을 담임한 적이 있었다. 이때 알게 된 점은 6년 내내 같은 학급에서 생활한 아이들 사이에는 보이지 않는 계급과 벗어날 수 없는 고착된 상황이 있다는 것이다. 낮은 시험 성적을 받은 아이는 계속 학습에 재능이 없는 취급을 받았고, 한 번의 실수로 친구들의 말을 전한 친구는 신뢰를 회복하기가 쉽지 않은 상황들을 마주하면서, 소규모 학급의 장점보다는 단점이 먼저 보이기 시작했다.

어떻게 소규모 학교의 장점을 살리고 단점을 최소화할 것인지 고민하는 중에 새 학년이 시작되었고, 그때 만났던 아이들은 여학생 1명, 남학생 3명으로 총 4명이었다. 하나뿐인 여학생은 동성 친구가 없어 앞으로 겪게 될 소소한 외로움이 걱정되었고, 남학생 중 한 명은 언어 발달이 느린 친구로 친구들과의 소통이 어렵고 친구들의 도움과 배려가 많이 필요했으며, 다른 한 명의 남학생은 다문화 가정으로 가정과의 연계 교육에 어려움이 있었다. 소규모 학교 안에서도 유난히 적은 인원수의 학급인 우리 반은 이제 겨우 학교생활에 적응을 끝낸 친구들이 경험할 수 있는 너무나도 작은 사회였다. 하지만

이 작은 사회에서부터 아이들이 각자의 상황과 역할을 잘 찾아서 해내고, 서로 도우며 그 속에서 행복감을 맛보고 자신감 있고 지혜롭게 잘 자라기를 바라는 마음으로 함께 '행복한 Miracle'을 만들어 봐야겠다고 생각했다. 행복한 Miracle은 아래와 같이 정의했다.

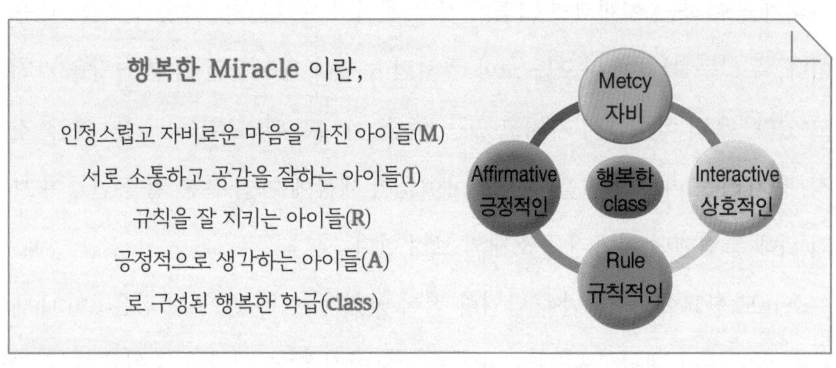

행복한 Miracle을 만들기 위해 아이들과 다양한 인성 교육 프로그램을 운영하면서, 바른 인성이 민주 시민 의식과 바로 연결된다는 것을 알게 되었다. 우리 아이들이 제일 처음 경험하는 작은 사회인 학교에서 누구나 행복해지려면 우리는 '함께'라는 것을 기억해야만 했다. 나 혼자 행복한 것은 결코 오래가지 못한다는 것, 공동체가 행복할 때 나도 행복할 수 있다는 것을 깨닫게 되었다. 그리고 행복한 공동체가 오래 유지되기 위해서는 바른 인성을 기반으로 올바른 민주 시민 의식을 가져야만 한다는 것을 알게 되었다. 따라서 바른 인성을 함양한 행복한 공동체를 만들기 위해서는 어린이들의 눈높이에 맞는 민주 시민 교육 프로그램과 환경을 조성하기 위해 노력했다.

시작은 초라했고 미흡한 부분이 많았다. 하지만 '희망'이라는 끈을 놓지 않고 행복한 마법 같은 교실을 꿈꿨고, 지금도 앞으로도 아이들이 마음껏 웃을 수 있는 시간을 보낼 수 있도록 노력할 것이다.

교사 성장으로 말하다

어쩌다 보니 수석교사

처음 교사로 발령이 났을 때는 최대한 중요하지 않은 업무를 적게 하는 것이 좋은 것이라고만 생각했다. 학년과 업무가 바뀔 때마다 어떻게 하면 일이 적은 편한 학년을 할지 고민했던 것 같다. 그러다가 발령 10년 차 정도 되었을 때 새로 옮긴 학교에서, 내가 경력이 4번째로 높았다. 저경력 교사가 유난히 많은 학교이다 보니 나는 할 수 없이 부장을 맡아야 했고, 제일 기피하는 생활 부장을 학년 부장과 겸임하며 교육 복지 업무를 병행해야 하는 상황이 되었다.

정말 하기 싫었지만 학교 사정이 그렇다 보니 어쩔 수 없이 업무들을 맡았는데, 업무를 하면서 오히려 내가 근무하는 학교에 많은 관심을 가지게 되었다. 같은 업무를 3년 동안 하고 나니 내가 맡았던 업무에 대해 어느 정도 감이 생겼고, 다른 업무를 맡아도 잘 해결할 수 있을 것 같은 자신감도 생기기 시작했다.

업무의 늪에 빠져서 나와 함께하는 학생들을 소홀히 하지는 않는지 긴장도 해야 했다. 내가 하는 모든 일이 결국 학생들을 위한 것이라는 생각을 잊지 않으려고 애를 썼다. 학교생활이 힘들다고 느끼다가도 "선생님이 좋아요.", "내년에도 우리 선생님이셨으면 좋겠어요."라는 학생들의 말을 들으면, 왜 내가 이 일을 이렇게 열심히 하고 있는지 다시 한번 생각하고 힘을 내게 되었다.

그렇게 경력이 쌓여 가던 어느 날, 함께 근무했던 교감 선생님께서 수석교사 공문을 보시고는 도전해 보라는 제안을 하셨다. 수석교사는 나와 상관없는 일이라 생각하고 있었는데 그 제안이 갑자기 '쿵' 하고 다가왔다. '내가 과연 할 수 있을까?' 망설이기도 했지만, 주변 여러 선생님들이 "잘 어울린다. 잘할 수 있을 것 같다."라는 말로 응원과 지지를 해 주시니 도전하고 싶은 마음이 들었다.

수석교사로 필요한 것들을 준비하기 위해 첫발을 내딛기가 어려웠는데 용기를 주신 선배 선생님들, 할 수 있는 환경을 만들어 주신 동료 선생님들과 교장, 교감 선생님들 덕분에 수석교사에 선발될 수 있었다고 생각한다. 무엇보다 수업에 관해 끊임없이 연구할 수 있고 꾸준히 배울 기회가 많다는 것이 매력적으로 다가왔으며, 내가 배우고 경험한 좋은 것들을 학생들과 계속 함께 해 볼 수 있다는 것이 기뻤다.

'손잡지 않고 살아남은 생명은 없다'.

내가 좋아하는 최재천 교수님 저서의 제목이다. 나 혼자라고 생각이 들었을 때 나는 결코 혼자가 아니었으며, 지금의 나는 모두의 힘으로 만들어진 나이다. 그렇기 때문에 앞으로도 주변 선생님들과 협력하는 교사로 성장하고 싶고, 무엇보다 학생들에게 조금이라도 보탬이 되는 교사, 나처럼 도움이 필요한 선생님들을 돕고 함께 성장할 수 있는 수석교사가 되고 싶다.

지금 학교는 '미래 교육'이라는 화두를 가지고 여러 가지 다양한 시도와 끊임없는 변화를 추구하고 있는 중이다. 그러다 보니 교사들은 미래 교육을 위한 전문성을 잘 갖추도록 요구 받고 있으며, 동시에 교실에서 발생하는 여러 가지 갈등 상황으로 인해 위로와 회복이 필요한 경우도 많아지고 있다. 빠른 변화에 혼란을 겪으며 적응하기 어려워하는 동료 교사들을 위해 실질적 지원을 해 주고, 여러 상황들로 인해 상한 마음을 위로 받을 수 있도록 교육 현장에서 아낌없는 지원을 하는 교사가 되도록 노력할 것이다. 그리고 함께 성장하며 나아갈 수 있도록 전문적 소양을 갖추고 미래를 준비할 수 있는 수석교사가 되도록 노력할 것이다.

26

모든 것에 감사하며 살아가는 수석교사

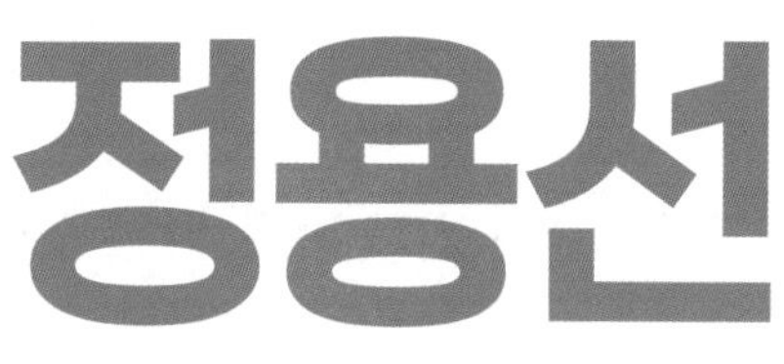

행동 발달 및 종합 의견

특별한 재능은 없지만, 맡겨진 본분에 최선을 다하려고 노력하기에 조금씩 발전하는 모습을 보이고 있음. 사람들과 친해지기까지 오랜 시간이 걸리지만, 한번 마음을 준 사람들과는 깊은 관계를 유지하고 있음. 여러 사람 속에서 이야기하기보다 몇몇 사람과의 깊이 있는 대화를 좋아함. 지금 나에게 주어진 것들에 감사하며 살고자 하는 마음을 가끔 잊어버릴 때도 있지만, 첫 마음을 되찾으려고 노력함.

성실함과 꾸준함의 가치를 알고, 받은 것을 흘려보내라

누군지 모를 사람들에게 나에 관해 이야기하는 것이 어색하고 어려운 일이기에, '나를 말하다'라는 제목 자체가 부담으로 다가왔다.

'나에 대해서 무엇을, 어떻게 말해야 할까? 지금의 나를 있게 한 것은 무엇일까?'

내 삶을 되돌아보면, 교사가 되고 싶다고 생각해 본 적은 없었다. 무엇을 하고 싶다는 생각도, 욕심도 없이 그냥 주어진 것들에 만족하며 살았다. 꿈이 없었다. 난 시골에서 태어나 자랐다. 초등학교 입학하던 해에 버스가 처음 들어왔고, 딸들은 중학교만 나오면 된다고 생각하던 동네 분들이 계시던 곳이다. 스스로 책을 많이 읽어 시야를 넓히지도 못했고, 삶에 대한 통찰력이나 꿈을 갖게 만들어 줄 사람들도 없었다. 주변 사람들 모두 그냥 그렇게 살아왔고 나도 그러했다.

그랬던 내가 지금의 삶을 살아갈 수 있게 해 준 것은 무엇일까? 나를 믿어 준 사람들과 나 자신의 성실함, 꾸준함이었다. 나는 한번 마음 먹은 것은 꾸준히 했다. 주변에 휩쓸리지 않았다.

4학년 때 전도를 받아 교회에 다니기 시작했다. 초등학생이 걸어가기에 짧지 않은 거리였지만, 비가 와도, 눈이 와도 거의 빠지지 않고 교회에 갔다. 작은 교회였기에 중학교 때부터 교사 도우미를 시작으로, 여름성경 학교를 주관했다. 실수도 많았지만, 교회에서는 결과보다는 과정을 좋게 봐 주시면서 전적으로 믿고 맡겨 주셨다. 고등학교, 대학교 때 주일 학교 아이들을 가르치고, 학생부 일을 계획했던 것들이 교직에 들어온 후 매우 큰 도움이 되었다. 그냥 그 자리를 지키며 내가 해야 할 일에 관한 성실함과 꾸준함의 결실을 교직에서 얻게 된 것이다. 의도한 것은 아니었지만 학급 운영을 하고 계획을 세울 때 어떻게 해야 하는지에 대해서 이미 경험하게 되었고, 또 교사를 꿈꾸지는 않았지만 나도 모르게 교사로서 자질을 키우고 있었다. 처음에는 누구나 실수할 수 있기에 성실하게 자리를 지키고 있는 학생과 후배 교사에 대한 기다림과 관대함을 배울 수 있었다. 수업에 대한 얼개를 짜고, 사전, 사후 협의에 대해서도 배울 수 있었다.

내게 초등 교사의 길을 안내해 주신 목사님께 무엇인가 보답하고 싶다고 했더니 이렇게 말씀하셨다.

"받은 것을 갚을 생각하지 말고, 거저 받았다고 생각되면 나중에 필요한 사람에게 그 이상으로 돌려주면 됩니다."

이 말씀을 마음속에 새겨 지금도 실천하며 살아가려고 노력하고 있다.

누군가가 자신이 능력도 소질도 없고 무엇을 해야 할지 모른다고 말한다면, 그 자리에서 성실하게 맡겨진 일을 해 보라고, 그러면 좋은 사람을 만나고 삶의 길이 열릴 것이라고 말해 주고 싶다.

수석교사를 말하다

수업 역량으로 말하다
시행착오를 겪으며 성장 중

아이들을 모두 집으로 보낸 후 '뭐 이 정도면 괜찮지 않나? 오늘 아주 좋았어.'라고 생각하는 날도 있었고, '왜 이렇게 했지, 내가 방향을 잘못 잡았네. 수업의 중심에 아이들이 없어.'라면서 자책하기도 한다. 교직 경력이 쌓일수록 수업에 대한 고민을 더 많이 하는데, 수업에 대한 겁도 많아지는 것 같다. 더 많이 알아가려고 할수록 쉽지 않다는 것을 알기 때문이다.

내가 수업에 대한 자신감과 두려움을 가지며 좀 더 성장할 수 있었던 계기는, 수업 공개와 코로나 19로 인한 원격 수업이었다.

신규 때 처음으로 선생님들 앞에서 공개 수업을 했다.

"선생님, 아까 판서한 것 중 맞춤법이 틀린 것이 있었어요. 글씨를 정자체로 쓰는 것과 맞춤법에 신경을 써야 할 것 같아요. 교사는 옷차림, 행동, 글씨 등 모든 것이 수업 교재가 됩니다."

글씨를 못 쓴다고 생각하진 않았지만 정자체도 아니어서, 그날부터 석 달 넘게 매일 30분씩 성경 필사로 정자체 쓰기 연습을 했다. 옷차림과 언행도 조금 더 신경을 쓰게 되었다.

“선생님 반에 작년에 내가 가르쳤던 특수 학급 아이가 있어요. 난 이번 수업을 보러 오면서 그 아이가 수업에 함께할지가 궁금했어요. 그 아이가 학급에서 소외되지 않고 수업에 참여하는 것 자체가 난 좋았어요.”

예전에 지구별 대표 수업을 할 때 한 선생님께서 위와 같이 말씀해 주셨다. 난 그때부터 수업을 계획할 때 배제되고 소외되는 학생은 없는지 좀 더 세밀히 살펴보며 수준별 수업에 관심을 기울이게 되었다.

“아이들이 몸으로 직접 한글을 만들며 놀이로 하는 것이 좋았어요.”

동료 장학 때 교감 선생님의 이 말씀을 듣고, 학생 참여형 수업에 대해 고민하게 되었다.

“선생님, 아이들과 함께 수업에 참여하고, 반 아이들도 알 수 있어서 너무 좋았습니다. 감사합니다.”

학부모 공개 수업 때 학부모가 참여하는 수업을 계획했는데 그에 관한 학부모 후기를 읽은 후, 학부모들과 소통할 수 있는 수업과 학급 운영에 대해 고민하여 방법을 찾았고, 교육 공동체가 함께하는 교육을 조금씩 실천할 수 있었다.

이렇듯 여러 가지 경험을 녹여낸 수업을 하며 조금씩 나만의 수업을 만들어 가고 있다고 생각하던 중, 코로나 19가 발생했다. 원격 수업은 에듀테크에 별다른 관심이 없던 나에게 너무 어려운 일이었다. 다시 신규가 된 느낌이었다. 원격 수업에 필요한 것들을 익히기 위해 강의 영상을 몇 번씩 되돌려 보았고, 수업에 어떻게 적용할지 고민했다. 그와 연계한 프로젝트 수업도 설계해 보았고, 관련 자료집 발간에도 참여하게 되었다.

온라인상에 학습 결과물을 남기고 공유하며 서로 피드백해 주는 에듀테크를 접목한 수업에 아이들도 만족하고, 나도 보람을 느꼈다. 그러나 시간이 지나며 에듀테크 쪽에 치우친 수업이 자칫 겉만 화려하고 내실이 없을 수 있다는 생각에, 학생들이 손으로 하는 활동을 늘리기도 했다.

난 아직도 시행착오 중이다. 그러나 조금씩 나의 역량을 키워 나가려고 한다. 사람들은 매일 하는 일들에 대해서는 전문가가 되는데, 교사는 매일 수업을 하는 사람이다.

'나는 지금 수업 전문가인가?'

'수업을 토대로 동료 교사들과 함께 성장하기 위해서 어떤 지원을 해 줄 수 있는가?'

아직 완성형은 아니지만, 수업 전문가로서 조금씩 성장 중이다.

생활 교육으로 말하다

존엄을 경험하고, 나눔을 배우게 하고, 자존감을 세우라

세상에는 정말 훌륭한 분들이 많다. 개인적인 삶은 포기하고 장애인 그룹홈에서 최저 생계비를 받으며 아이들과 함께 24시간 생활하시는 분들, 가난한 나라에서 선교하시며 사람들의 삶을 개선시키기 위해 노력하시는 분들, 의사로서의 안락한 삶을 버리고 분쟁 지역에서 의료 행위를 하시는 분들, 낮은 곳에서 자신의 자리를 지키시는 분들, 재산을 기부하시는 분들 등이다. 난 이러한 분들의 삶을 본받아야 한다고 생각하면서도, 가난한 나라에서는 한 달 생활비가 될 수 있고, 생명을 살릴 수 있는 금액으로 차를 마시고 식사하며 사람들을 만나는 데 쓰기도 한다. 소비 생활을 즐기면서도 한편으로는 괴로움을 가지고 있다.

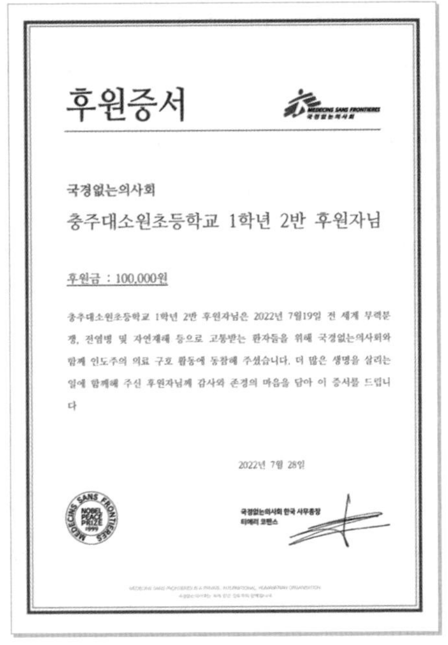

후원증서

MEDECINS SANS FRONTIERES 국경없는의사회

국경없는의사회

충주대소원초등학교 1학년 2반 후원자님

후원금 : 100,000원

충주대소원초등학교 1학년 2반 후원자님은 2022년 7월19일 전 세계 무력분쟁, 전염병 및 자연재해 등으로 고통받는 환자들을 위해 국경없는의사회와 함께 인도주의 의료 구호 활동에 동참해 주셨습니다. 더 많은 생명을 살리는 일에 함께해 주신 후원자님께 감사와 존경의 마음을 담아 이 증서를 드립니다

2022년 7월 28일

MEDECINS SANS FRONTIERES NOBEL PEACE PRIZE 1999

국경없는의사회 한국 사무총장
티에리 코펜스

나도 그런 고민과 괴로움이 있었어요. 그래도 우리는 현실을 살아야 하니까 주어진 상황 속에서 그 마음을 잃지 말고, 가지고 있는 것을 나누면 되지 않을까요?

나의 고민을 듣고 멘토께서 해 주신 말씀이다. 난 이 말씀을 듣고 학급에서 어떤 마음과 자세로 우리 아이들을 만나야 할지 방향을 잡을 수 있었다.

'그래, 내가 받은 것을 흘려보내자. 내가 받은 정신, 가치, 삶의 방향을, 작은 물질을 흘려보내자. 누군가는 사비를 들여, 인생을 들여 다른 사람을 위해 사는데, 난 그렇게 하지 못하더라도 내가 맡은 아이들에게 조금이라도 좋은 영향을 주도록 하자.'

이러한 마음으로 생활 교육에 있어서는 다음 세 가지에 중점을 두었다.

첫째, 존엄을 경험하게 하라.

주변에서 사랑과 인정을 많이 받는 아이들은 내가 아니어도 늘 관심과 칭찬을 받는다. 그러나 학급에서 눈살 찌푸리게 하는 학생은 교실 밖에서도 좋지 않은 평가를 받는 경우가 많다. 관심 받고 싶어 좋지 않은 행동을 하는 아이들에게 더 관심을 기울이려고 노력했고, 필요한 경우 외부 기관과 연계해 도움을 받을 수 있게 했다.

둘째, 나눔을 배우게 하자.

우리 반 아이들에게 늘 지금 살아가는 것은 누군가의 도움이 있기에 가능하다는 것을 교육시켰고, 나눔의 즐거움을 경험하게 했다. 마음 나눔 장터(알뜰 시장)를 열고 수익금을 장애인 단체, 홀로 사시는 어르신 등을 돕는 데 사용했다. 내가 지도한 학생이 대회에서 상금을 받으면 학생, 학부모님과 함께 협의해 상금을 기부했다. 대회에 나가서 상을 받기까지 학생의 노력도 있지만, 주변의 도움이 있었음을 대회 준비 시작부터 알려 주었기에 학생과 학부모님도 즐겁게 동참했다.

셋째, 자존감을 세우라.

자존감이 높은 사람은 큰 어려움과 문제없이 생활한다. 학창 시절 자존감과 가장 관련 깊은 것은 학업이기 때문에 학력에 많은 신경을 썼다. 매일 숙제를 내주고, 숙제한 것으로 매일 시험을 보며 학습 태도를 형성시키고, 성실함과 꾸준함, 성취감을 얻게 하려고 노력했다.

교사 성장으로 말하다

그릿(Grit), 토기장이 수석교사

나를 성장하게 만든 것이 무엇인가? 나는 기본적으로 묵묵히 소리 나지 않게 티 나지 않게 자기 자리를 지키고 있는 사람을 가장 가치 있게 본다. 흔들림 없이 자기 자리를 지키는 사람에게는 내공이 있다고 믿기 때문이다. 사람은 에너지가 한정되어 있기에 밖의 활동을 많이 하면 그만큼 내 교실, 우리 아이들에게 소홀해질 수밖에 없다는 생각으로 가능한 학교 안에서, 교실 안에서만 활동했다.

기본적으로는 이것이 맞다고 생각한다. 그런데 어느 정도 내실을 다진 후에는 밖의 것에도 관심을 기울이며 지평을 넓혀야 한다. 자칫 우물 안 개구리가 될 수 있기 때문이다. 내실을 다져 내적 성장을 이루었다면, 그에 맞게 외적 성장도 필요하다.

난 수석교사에 관심을 갖기 시작하면서 내적 성장과 외적 성장을 위해 더 노력했다. 수석교사 지원 업무 계획서에 쓴 내용이 지금까지의 내 성장과 앞으로의 내 성장 방향이기에, 그것으로 '교사 성장으로 말하다'를 갈음하고자 한다.

수석교사 지원 업무 계획서

"때론 옆에서, 때론 뒤에서 함께 빚어 나갈"

그릿(Grit), 토기장이 수석교사

지금 교육 현장은 많은 혼란과 어려움 가운데서 있습니다. '수석교사를 희망하는 나는 지금 이 상황 속에서 무엇을 어떻게 해야 할까?'라는 생각을 하면서 "지상엔 원래 길이 없었다. 지나다니는 사람들이 많아지면 그것이 곧 길이 되는 것이다."라는 말처럼 재능과 환경을 뛰어넘는 노력하는 마음인 그릿(Grit), 함께 만들어 가는 토기장이의 자세로 우리 교육 현장도 만들어 가면 된다는 생각을 하게 되었습니다.

저는 그릿(grit)의 자세로, 지난 교직 생활을 되돌아보면 꾸준히 배워 왔고 노력해 오면서, 함께했던 학생들과 학부모들, 컨설팅해 준 교사들께도 노력, 성실의 중요성에 대해서 늘 이야기해 왔습니다. 기초가 튼튼한 학급 운영, 과학 분야의 특기 지도, 블렌디드 러닝 방법 연구, 2022 개정 교육과정 대비 연수, 과정 중심 평가 방법 등에 대해 꾸준히 연구하고, 나눔 하는 과정에서 동료 교사들과 함께 성장하는 즐거움을 맛보았습니다.

저는 토기장이의 마음가짐으로, 학생이란 토기를 빚기 위해 동료 교사와 소통하며 함께 연구했고, 학부모와도 소통했습니다. 이런 과정을 통해 교육 공동체가 함께 학교 문화를 만들어 가면서, 동료 교사의 신뢰와 학부모들의 적극적인 참여와 믿음을 얻게 되었습니다.

저는 그릿(grit)이 있는 토기장이입니다.

하나, 저는 끊임없이 배우고 연구하며 학생, 동료 교사, 학부모에게 적극적인 지원을 통해 꿈을 공유하겠습니다.

둘, 모두가 행복한 학교 문화를 만드는 교육과정의 전문가, 소통과 나눔의 실천가가 되겠습니다.

27

흔들림 없는 편안함을 간직하고픈 수석교사

정은숙

행동 발달 및 종합 의견

선비 같이 점잖은 아버지를 닮아 항상 조용하고 내성적인 성향임. 다른 사람과 자연스럽게 어울려 지내는 데 어려움이 없는 성격임. 생활력이 강한 엄마의 모습에서 끝까지 포기하지 않고 열심히 노력하는 자세를 지니게 되었고, 교사가 된 이후에도 한 해 한 해 멈추지 않고 전문성을 기르기 위해 부단히 노력함. 수석교사가 되어서도 계속 흔들림 없는 편안한 모습을 간직하고 싶어 함.

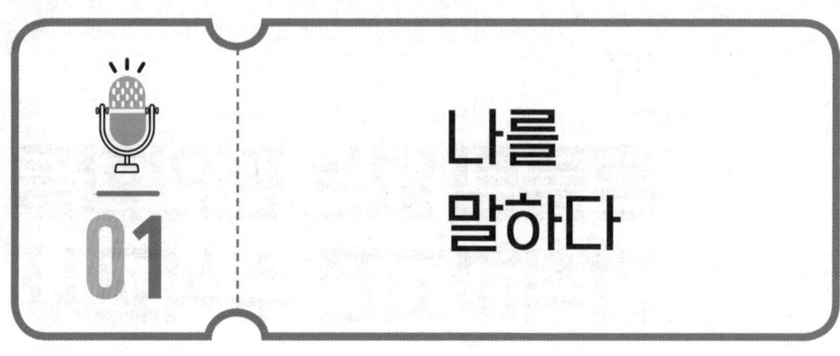

'선생님'이란 말이 너무 좋은 나

1976년 9월 추석 명절 다음 날 부산에서 태어났다. 오빠 한 명과 내가 전부였지만 형제자매가 많은 가정에서 맏이로 자란 부모님은 도시로 와서 가정을 꾸리고도 동생들을 번갈아 챙겨야 했다. 항상 맞벌이로 여유가 없던 부모님의 모습에서, 내가 할 수 있는 일은 스스로 해야겠다는 마음을 먹었던 것 같다. 가끔 오빠를 편애하는 할머니와 어머니에게 서운함이 생길 때도 있었다. 하지만 늘 나의 소심한 마음을 들여다보고 다독여 주셨던 아버지의 사랑은 지금까지도 남아 있다. 해외 출장이 잦아서 외국 문화를 직접 접해 왔던 아버지는, 어릴 때부터 남녀 구분 없이 꼭 직장을 갖고 사회생활을 잘 해낼 수 있도록 열심히 공부해야 한다고 강조하셨다. 그런 아버지의 가르침으로 전문적인 직업을 갖기 위해 대학 졸업 후 몇 년간 서울에서 자격증을 얻을 수 있는 고시 공부에 도전했던 경험이 있다.

마음만큼 강하지 않았던 체력과 가족의 품을 떠난 외로움 등으로 고시 공부를 그만두고 집으로 돌아왔다. 이후 과외, 기간제 교사, 벤처 기업 등 용돈벌이를 하는 나를 안타까워했던 이모의 조언으로 부산교대에 입학하게 되었다. 다시 새롭게 시작하는 대학 생활에서 공부가 크게 힘들지 않았고, 음악과 미술이 좋았던 나는 즐겁게 학교생활을 할 수 있었다. 드디어 첫 발령을 받고서 "늦게 교사가 된 만큼 한 번 더 고민하는 교사가 되겠다."라는 인사말을 했던 감격스러운 순간이 찐하게 남아 있다.

뮤지컬 〈사운드 오브 뮤직〉의 '도레미송'에서 마리아가 불렀던 앞부분을 풍금으로 치며 직접 용감하게 불렀던 첫 학예회, 2년 차에 학교 사정으로 영어 전담 교사를 맡으면서 공부를 위해 결정한 대학원 진학, 3년 차에 처음으로 도전한 수업 연구 대회를 시작으로 총 5번의 대회 과정에서 쌓아 나간 영어 교과에 대한 전문성, 10년이 넘는 영어 전담 교사의 시간과 함께 담임 기간에도 계속된 영어과 교과 연구회 및 교육청 관련 활동. 이러한 일들을 되돌아보면 부모님의 병환, 자녀의 출산과 육아 등 어려움이 있었던 시기도 있었지만 자식으로서, 아내로서, 엄마로서의 역할과 함께 나의 존재감을 잃지 않고 채워 나갈 수 있었던 '선생님'으로서의 역할을 계속할 수 있어서 감사하고 감동스럽기까지 하다.

02

수석교사를 말하다

수업 역량으로 말하다

영어 수업은 나에게도 도전이었다

학창 시절에 나는 수학과 과학 공부가 수월했고, 영어 과목은 그다지 재미있었던 경험이 떠오르지 않는다. 소심하고 내성적인 나에게 영어 과목은 부담스러운 면이 있었다. 대학생이 되어서 TOEIC, TOFLE과 같은 어학 시험에 응시하기도 하고 영어 회화 학원에 다녔던 적도 있지만, 영어 말하기에 대한 부담은 여전했던 기억이 난다.

하지만 학교 사정으로 맡게 된 영어 전담 교사를 잘하고 싶었다. 기왕이면 영어 교육에 대한 학문적인 이해를 바탕으로 제대로 된 영어를 가르치고 싶어 대학원에 진학하여 공부를 시작했다. 대학원에서 연구회 활동도 하고 논문도 작성했지만 여전히 영어 말하기 영역은 부담스러웠고, 영어 실력이 부족한 스스로와 마주하는 기분이었다.

영어 수업을 잘하는 교사, 영어로 유창하게 말하는 영어 교사가 되기 위해 화상 영어 수업, 어학 시험, 6개월의 영어 심화 연수, 영어 동화 교과 연구회 등에 꾸준히 용기를 내어 참여했던 것 같다. 특히, 부산 외국어 대학교(5개월) 및 미국 세크라멘토 대학교(1개월)에서의 영어 심화 연수를 통하여, 영어 말하기에 대한 부담을 많이 덜어 낼 수 있었다. 그리고 나의 생각과 마음을 불편하지 않게 영어로 표현할 수 있는 자신감도 갖게 된 계기가 되었다.

나의 영어 수업은 ① 지도서 꼼꼼히 살펴보기, ② 교수·학습 과정안 계획하기, ③ 수업에 필요한 교수·학습자료 준비하기, ④ 구체적인 발문 등을 포함한 시나리오 작성하여 여러 번 읽고 연습하기, ⑤ 되도록 영어로만 말하는 수업하기의 순서로 실천해 왔다. 그러한 과정에서 차츰 영어 교과에 대한 전문성과 더불어 자신감도 생겨나기 시작했다. 매시간 충실하게 학생들을 지도한 경험이 쌓이면서 나만의 사례가 만들어졌고, 앞으로의 지도 계획 또한 좀 더 개선된 방향으로 세워질 수 있었다. 영어 수업을 하면서 어려움과 한계를 느끼기도 했지만, 학생들의 성장을 지켜보며 뿌듯했던 순간도 많았다. 무엇보다도 영어 전담 교사로서의 나의 성장을 느낄 수 있어서 기뻤던 것 같다.

학생들에게 자주 하는 말이 있다. "영어 공부를 가장 열심히 하는 사람은? 영어 선생님."이라고. 영어를 사용할 기회가 없는 환경에 살아가는 우리들은 일부러 공부를 하지 않고는 영어를 잘할 수 없다. 특히, 단순한 반복 연습과 암기의 과정이 너무 힘든 영어 학습자의 경우, 영어 교사가 어떻게 영어 공부에 대한 동기 부여 또는 의미 부여를 할 수 있을지에 대해 계속 고민해 왔다. 그 부분에 있어서 '영어 동화를 활용한 영어 읽기 지도'가 어느 정도의 유의미한 성과를 보여 준 것 같다.

매년 부산시 교육청은 영어 활성화 기본계획에 따른 많은 정책들과 활동들을 활발하게 제시해 오고 있고, 코로나 시대를 겪으면서 에듀테크 활용 및 AI 기반 영어 교육도 보편화되고 있다. 하지만 세월이 지나도 변함없는 가치를 영어 동화에서 발견하고 이를 학생들의 가슴에 새길 수 있다면, 영어 교사로서의 뿌듯함이 배가 될 것 같다.

단원별 주요 표현을 유의미한 상황에서 익힐 수 있는 영어 동화를 탐색해 보고, 교수·학습 활동에서 녹여낼 수 있도록 재구성하여 학생들에게 좀 더 의미 있게 다가가는 수업이 되기를 기대하며, 지치지 않고 계속 나아갈 수 있었다. 교내 장학 수업, 수업 연구 발표 대회 등 영어 수업 공개를 위해 영어 동화를 재구성하여 직접 그리고 포스터컬러로 칠한 뒤, 투명 시트지와 하드보드지에 붙여 만든 10권 넘는 빅북이 이를 증명해 준다. 그것은 영어 수업을 향한 나의 열정이 고스란히 스며든, 개인적으로 가장 소중한 재산이 되었다.

'행복한 김 선생'이란 이름으로 국어와 도덕 교과에 동화 활용 수업을 오랜 시간 진행해 오고 계신 선생님의 연수를 받았다. 이후 영어 동화 활용 수업을 지속적으로 연구하여 많은 선생님에게 나눔할 수 있는 'Happy Julie Jeong'의 이름이 알려질 수 있기를 소망하게 되었다.

생활 교육으로 말하다
Daily Routine & How Are You?

두 아이의 엄마가 되면서 아이들이 어릴 때는 책을 읽어 주고, 맛있는 음식을 만들어 주고, 경치 좋은 곳으로 놀러 다니는 등 함께 즐거운 시간을 보내면서 어디에서도 경험하지 못했던 행복감을 느낄 수 있었다. 하지만 워킹맘의 한계를 극복하기 위해 좀 애쓰느라 나 자신에게는 다소 무리였던 순간들도 많았다. 아이들이 자라면서 사춘기를 겪고 때로는 친구를 더 좋아하게 되는 모습을 지켜보면서 깨달은 것이 있다. 엄마가 주도적으로 함께하는 시간만큼 중요한 것은, 매일매일 아이들의 일상에서 일어나는 많은 일을 겪으면서 드는 생각과 느낌을 충분히 들어 줄 수 있는 엄마가 되는 것이라는 점이다. 아이의 친한 친구, 놀고 싶지 않은 친구의 이름을 알게 되고, 때로는 실망스러운 이야기를 들을 때도 있었다. 하지만 아이의 눈높이에서 같이 생각해 보고, 아이 스스로 해결할 수 있도록 응원해 주는 과정에서 아이들은 사랑을 느끼는 것 같았다.

학교에서 만나는 아이들도 그럴 거라는 생각이 들기 시작했고, 담임 교사와 달리 전담 교사는 생활 지도의 밀착 지도는 어려울 수 있지만, 경력이 쌓여 가면서 짧게 지나쳤던 Daily Routine(요일, 날짜, 날씨 등 묻고 답하기)과 "How are you?"로 안부를 묻고 답하는 단계가 의미 있는 시간으로 느껴졌다. 일주일에 2~3번 만나는 영어 선생님에게 많은 학생들이 자신의 기분과 그 이유에 대해 솔직하게 털어놓고 싶어 하고, 함께 공감해 보는 시간을 꽤나 즐기고 좋아한다는 사실에 신기하기도 했다. 나도 어느새 학생들과 자연스럽게 가까워지는 사이가 되고 있다는 게 놀라웠다.

"How are you?"의 질문에 "I'm happy / good / so so / not bad / not so good." 등으로 대답하고 한 명씩 그 이유를 들어 보면서 다 함께 그 학생의 기쁨, 화남, 속상함, 실망스러움 등의 마음을 공감해 주게 되었다. 해외여행을 가서, 생일 파티에 가서, 친구를 집에 초대해서 등 행복한 이유들도 있었다. 반면, 목요일이 6교시라서, 학원 수업이 많은 날이라서, 방과후 수업이 있어서, 비가 오는데 우산이 없어서, 엄마가 집에 없어서, 친구와 다툼이 있어서, 감기에 걸려서, 오빠와 싸워서, 동생이 화나게 해서, 체육 수업을 못해서 등의 기분이 좋지 않은 이유를 가진 우리 아이들도 만나게 된다. 그때마다 특별한 위로를 보내지 않더라도 같은 마음이 되어 주고, 다 함께 "But Everybody Cheer Up!!"이라고 외치면서 실질적인 'Warm-up'을 이끌어 낼 수 있었고, 영어 수업 또한 신나게 할 수 있었던 것 같다.

이러한 과정이 반복되면서 학생 한 명 한 명의 이름을 외우게 되고, 그들 각각의 이야기를 통해 친근감도 느낄 수 있었다. 혹여, 수업에 집중하지 못하거나 친구와 다툼이 있는 등의 생활 지도가 필요한 상황에서도, 그동안 쌓아 온 학생들에 대한 이해를 바탕으로 애정 어린 지도를 할 수 있게 되었다. 때로는 영어 수업 시간에 평소답지 않은 모습을 보이거나 특이한 행동을 했을 때 담임 교사에게 알리고, 함께 도움을 줄 수 있는 방안을 찾았던 기억도 난다.

영어 전담 교사를 처음에 했을 때에는 영어 수업에 대한 부담으로 교사가 주도적으로 열심히 준비하는 것이 전부라고 생각했고, 학생들에 대한 생활 지도는 한계가 있다고 여겼다. 하지만 경력이 쌓이고 영어 수업에 대한 전문성을 기반으로 영어 수업이 좀 더 편안해지면서부터, 나의 자녀들에게처럼 나의 학생들에게도 Daily Routine을 살펴보고 "How are you?"를 정성스럽게 물어보는 것에서부터 영어 전담 교사로서의 생활 지도가 시작된다는 것을 다시 한번 실감하고 있다. 가끔은 나와 헤어지기 싫다며 눈가에 눈물이 고이는 학생들을 보면 낯설기도 하지만, 나 또한 마음속에서 진심으로 사랑이 생겨남을 느끼며 살포시 안아 주게 된다.^^

교사 성장으로 말하다

영어과 부진 학생 Zero를 꿈꾸며

엄마가 영어 선생님이지만, 우리 집 큰아이는 영어 과목을 두려워한다. 전형적으로 수학과 과학을 좋아하는 이과적 성향을 지닌 아이이기도 하지만, 읽고 쓰기가 남달리 힘든 아이를 적합한 방법으로 이끌어 주지 못한 것 같아 늘 안타까움과 미안함이 공존한다. 영어 전담 교사를 하게 되면서 다시 시작하게 된 영어 공부였지만, 학창 시절에 느끼지 못했던 즐거움을 느끼게 되면서 더욱 그렇다. 그래서인지 영어 과목에 흥미를 느끼지 못하고 계속되는 부진으로 영어 수업에 참여하기가 힘들어지는 학생들에게 관심이 생겨나기 시작했다. 그리고 초기 단계에서 어떠한 내용을 어떤 순서로 지도하여 조금이라도 빠르게 정상 범위, 혹은 영어가 더 이상 두렵지 않은 단계까지 진입하게 할 수 있는지에 대해 대학원에서 만난 영어 선생님들과 연구회를 만들어서 지속적으로 연구하고 있다.

아이가 아프면 열을 측정하는 것처럼, 학교에서 영어 알파벳과 그 소리의 관계를 이해하지 못하여 해독이 되지 않고 스스로 읽지 못하는 학생들에게 체온계와 같은 역할을 할 수 있는 진단 도구가 필요하지 않을까?

이러한 생각에서 영어가 모국어인 미국의 진단 도구에 관심을 갖게 되었고, 오랜 시간 학회 및 연수에 참여해 왔다. 그 과정에서 한국에서 영어 공부의 어려움을 겪고 있는 우리 학생들에게 적합한 진단 도구를 개발해 보고 싶은 마음이 생겼고, 연구회 선생님들과 함께 노력한 성과물이 마무리되고 있어서 설렌다. 알파벳의 이름, 알파벳의 소리 인식, 단어의 첫소리, 개별 음소의 분리, 무의미어 단어 읽기, 기초적인 단어 읽기 및 문장의 의미 이해하기, 적절한 단어 찾기 등의 과정으로 학생들이 부족한 부분이 무엇인지를 진단하여, 앞으로의 지도 계획을 구체적으로 세울 수 있는 정확한 처방이 될 수 있기를 기대하고 있다.

다양한 교육청 지원 자료들과 더불어 영어과 기초 학력 향상을 위한 음소 인식 및 파닉스 지도, AI 펭톡 및 MS Reading Progress 등 AI 기반 영어 교육을 통한 말하기 및 읽기 유창성 지도, Reading Gate 및 리딩앤 등 AI 코스웨어 기반 읽기 독서 지도 방법 등은 계속 생겨나고 있고 그 방법은 매우 다양하다. 그렇다면 영어과 부진 학생의 지도를 위해 교사가 주도성을 갖고 학생 맞춤형 수업 방안을 어떻게 마련할 수 있을까?

적어도 교사가 관심을 갖고 부진 학생에게 도움이 되고 싶은 의지가 있다면 손쉽게 적용할 수 있는 핵심적인 키트와 매뉴얼을 마련하여 제공해 주고 싶다는, 다소 거창한 마음도 갖게 되었다. 아직은 진단 도구의 연구까지 진행된 상황이지만, 이것과 연계된 구체적인 지도 방안도 마련하여 사례를 안내하고 나눔하고 싶다. 많은 영어 전담 교사가 영어 부진 학생의 지도에 어려움을 겪지 않고, '영어과 부진 학생 Zero'가 되는 놀라운 경험과 만나기를 꿈꾸고 싶다.

외국어를 배우는 사람에게는 해당 언어에 대한 회로가 생겨 치매 예방에까지 도움이 된다고 들은 적이 있다. 영어에 어려움을 겪고 있는 학생들에게 영어에 대한 회로를 심어 줄 수 있는 순간을 기대하며, 교사로서의 성장도 쭉 함께하고 싶다. 수석교사가 되어 교사로서의 성장이 더 기대되기도 하고, 여력이 된다면 영어과 뿐만 아니라 기초 학력 부진, 교과 학습 부진 대상 학생들에게도 도움을 줄 수 있는 연구와 활동을 해 보고 싶은 계획도 세워 본다.

나아가 영어라는 언어가 많은 사람들과의 소통에, 그리고 내가 하고 싶은 일이나 꿈을 이루는 데 얼마나 강력한 역할을 해낼 수 있는지를 우리 아이들도 꼭 느껴 보길 바라며, 긴 이야기를 마무리한다. 모두에게 Good Luck!

28

멋진 사람이 되고픈 수석교사

최소영

행동 발달 및 종합 의견

조용하고 얌전한 성격에 부끄러움이 많아, 다른 사람 앞에 나서는 것을 힘들어했던 아이였음. 교사가 되고 나서 성격이 조금 변했으나, 지금도 극의 성향과 E의 성향을 조금씩 가지고 있음. 어릴 때부터 책 읽는 것을 너무 좋아하여 밥도 안 먹고 잠도 안 자며 책을 읽고, 온갖 상상의 나래를 펼치며 글을 썼음. 온책 읽기와 에듀테크 활용 수업에 관심이 많으며, 끊임없이 배우고 성장하는 멋진 사람이 되고 싶은 소망을 가지고 있음.

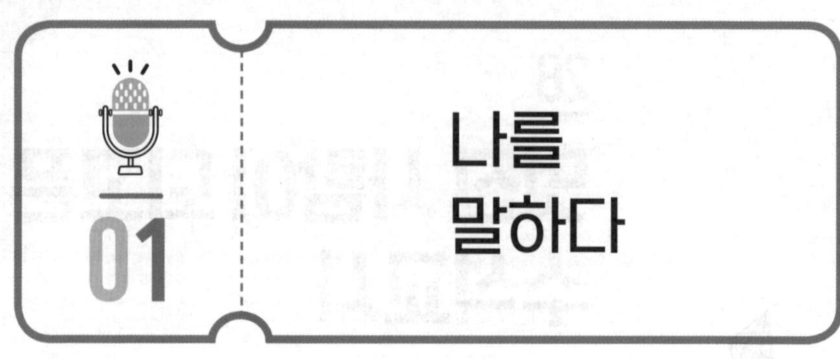

멋진 사람이 되기 위한 발걸음을 떼다

1982년 더운 여름날에 태어나 초·중·고를 졸업하고 진주교육대학교에 01학번으로 입학한 뒤 2005년 임용고시에 합격하여 교직에 발을 내딛게 되었다. 신규 교사로 처음 마주한 학교와 아이들은 나에게 계속된 좌절을 맛보게 했다. 공부 잘하고 선생님 말씀 잘 듣는 모범생으로만 살아온 나에게 말썽꾸러기 아이, 반항하는 아이는 이해가 되지 않았고, 어떻게 대해야 할지를 몰라 힘들었다. 교대에서 배웠던 이론과 실제 학교 현장은 너무나도 달랐고, 학교 업무도 학급 경영도 전혀 모르는 상태에 그냥 던져져서 스스로 생존의 법칙을 깨닫게 하는 세계였다.

많은 시행착오를 겪고 하나씩 나에게 맞는 노하우를 익혀 나가며 그렇게 교사가 되어 갔다. 돌이켜보면 그때 나를 이끌어 주었던 선배 교사가 있었다면 그렇게 고생하고 헤매지 않았을 텐데 하는 아쉬움이 남아, 나는 좋은 선배가 되어야지 하고 마음먹었다.

초임 발령 후 방송 업무를 담당하면서 정말 많은 수업을 볼 수 있었고, 3년 차부터 나가게 된 학습 지도 연구 대회에서 많은 노력 끝에 영어와 수학 교과에서 입상했다. 대회를 준비하면서 '좋은 수업이란 무엇인가'에 대해 많은 고민을 했고, 동료 선생님들과도 함께 고민하고 소통하는 계기가 되었다. 두 번의 연구 대회 본선에 나가면서 모든 선생님들이 지도안 수정과 자료 제작, 수업 시연 후 지도 조언 등, 늦은 밤까지 학교에 남아 자기 일처럼 도와주시는 모습에 큰 고마움을 느꼈다. 그러면서 나도 배운 경험들을 다른 선생님들께 나눠 주고, 미약하게나마 도움이 되었으면 좋겠다고 생각했다.

처음으로 수석교사의 꿈을 꾸게 된 계기는 학년 부장을 할 때였다. 동학년 6명이 다들 경력이 짧은 후배 교사들이었는데, 후배들의 교육과정과 수업을 봐 주고 학교와 학생들에 관한 고민을 상담해 주면서 상담과 컨설팅에 대한 보람을 느꼈다. 그동안 교사 생활을 하면서 쌓은 노하우나 유용한 팁 등을 알려 주면서 뿌듯했고, 후배들이 도움이 되었다고 고마워하고 그 교실이 바뀌는 모습을 보면서 보람을 느끼기도 했다. 그 뒤 나의 부족함을 느끼고 수업 연구회 활동을 하면서 동료 선생님들과 함께 끊임없이 공부하며 얼떨결에 지금까지 왔다.

나이가 들고 경력이 쌓여 가면서 계속 드는 생각이 있다. 바로 '멋진 교사, 멋진 선배, 멋진 사람이 되고 싶다.'는 것이다. 나이가 들어도 현실에 안주하지 않고 계속 노력하고 발전해 가며, "저 선배처럼 되고 싶다."라는 말을 들을 수 있다면 참 좋겠다고 생각한다. 그러기 위해 나는 오늘도 한 걸음 더 나아가려 한다.

02

수석교사를 말하다

수업 역량으로 말하다
나만의 교육과정으로 수업하다

교사에게 수업은 가장 중요하고, 교사라면 누구나 수업 잘하는 교사가 되고 싶은 마음을 가지고 있다. 열심히 수업을 준비하여 학생들과 합이 딱 맞는, 만족하는 수업을 했을 때 드는 희열감은 그 무엇과도 바꿀 수 없는 교직 생활의 가장 큰 기쁨일 것이다. 반대로, 정말 열심히 수업을 준비했는데 우리 반 학생들과 맞지 않아서, 또는 자신이 예상하지 못한 방향으로 흘러가서 당황하거나 수업을 망쳤던 경험도 교사라면 누구나 다 가지고 있을 것이다.

저경력 교사 때, 교육청에서 교실 수업 개선 학습 지도 연구 대회를 해마다 열었다. 지도안 쓰기 예선 대회를 거쳐 통과한 4명의 교사가 본선 대회에서 직접 한 차시 분량의 수업을 지정된 학교에 가서 실시하고, 평가에 따라 등급을 매겼다. 그리고 저경력 교사들은 대회 당일에 본선 대회 학교에 가서 수업을 참관했다. 이 과정에서 물론 지도안 쓰는 방법이나 수업 기술 등에 많은 도움을 받고 끈끈한 동료애도 느낄 수 있었지만, 보여 주기 수업에 대한 회의감도 많이 들었다. 공개 수업에서 항상 참관자에게 뭔가를 보여 주어야 한다는 압박감이 나도 모르게 들어서, 수업에 억지로 보여 주기식을 집어넣은 적도 많았던 것 같다. 이러한 경험을 통해 보여 주기식 수업이 아니라 진짜 내가 잘할 수 있는 수업 역량을 길러야겠다는 생각이 들었고, 나와 잘 맞고 효과적이라고 생각되는 수업은 어떤 것인지 많은 고민을 했다.

초임 때부터 꾸준히 해 왔던 수업은 독서 수업이었다. 어려서부터 책 읽는 것을 좋아했던 나는, 학생들에게도 책을 통해 이야기하고 싶었다. 여러 독서 교육을 시도해 보면서 만난 것이 바로 '온책 읽기'이다. 온책 읽기는 현재 '한 학기 한 권 읽기'로 국어 교과서에도 수록되어 있다. 책의 어느 한 부분이 아닌 전체를 읽고, 작가의 의도에 좀 더 가까이 가며 글의 내용을 비판적으로 해석할 수 있는 읽기 방법이다. 온책 읽기는 학생들이 쉽게 접근할 수 있고, 학생들의 흥미를 불러일으킬 수 있어 수업에 적절하게 활용하면 수업을 성공적으로 이끌 수 있는 훌륭한 수단이 될 수 있다.

국어 교과에서 가장 많이 사용하는 방법이지만, 작품 선정에 따라 어느 과목이나 단원에 관계없이 적용할 수 있다. 또, 교사의 설명이나 훈계 없이 학생 스스로 느끼고 깨우칠 수 있어서 창의 인성 교육, 윤리와 가치 교육에 적합한 프로그램이다. 온 작품을 함께 읽음으로써 서로 생각을 나누며 의사소통할 수 있고, 나 혼자가 아닌 다 함께 살아가는 공동체의 일원으로서 책임 있게 행동하기 위해 사회적 문제에도 관심을 가질 수 있을 것이다. 그래서 도덕이나 사회, 과학 등 여러 교과와 창체에서도 많이 활용해 왔다.

또한, 읽기 전·중·후 활동으로 길게 차시를 구성하여 읽는 방법 외에, 한 시간의 수업 시간 안에 짧은 그림책을 함께 읽고 같이 생각해 보는 등 하나의 작은 활동으로 구성하는 방법도 있다. 실제로 그림책은 저학년뿐만 아니라 고학년 학생들에게도 여러 가지 이야기를 나눌 수 있어서 효과적이었다.

교대에서 부전공으로 컴퓨터 교육을 전공했다. 컴퓨터를 잘해서가 아닌,

너무 못해서 배워 보고 싶어서 선택했으나 결국 컴퓨터는 배우지 못하고 좋은 동기와 선후배만 만나고 졸업했다. 그 뒤 학교에서 부전공이 컴퓨터 교육이라는 이야기를 절대 하지 않았고, 대학원에서도 교육방법을 전공하여 컴퓨터와 거리를 두고 살아왔다.

그런데 코로나로 인해 원격 수업이 진행되고, 경남에서는 '아이북'이라는 이름으로 1인 1 스마트 단말기를 보급하여, 오랫동안 잊고 있었던 컴퓨터와의 인연이 되살아났다. 어쩌다 보니 도 교육청에서 스마트 단말기 활용 도움 자료를 만들며 수업에 에듀테크를 활용했고, 그 과정에서 평소 수업에서 소외된 학생들이 적극적으로 참여하는 모습을 보며 에듀테크 활용 수업의 장점을 몸소 체험하게 되었다. 에듀테크를 주가 아닌, 수업의 보조로 잘 활용한다면 교사가 꿈꾸는 '모두가 참여하는 수업'이 될 수 있을 것이라고 생각한다. 선생님들이 너무 어렵게 생각하지 않고 쉽게 접근할 수 있도록 도와드릴 수 있었으면 한다. 온책 읽기와 에듀테크 활용 수업을 기반으로 앞으로도 더 많은 연구와 적용을 거쳐 나만의 교육과정을 만들어 많은 학생들과 즐겁게 수업하고 싶다.

생활 교육으로 말하다

감정 알아주기와 회복적 생활 교육

교사로서 '나'는 학생들에게 엄격한 선생님이다. 신규 시절부터 동학년에서 군기 잡기를 담당했으며, 실제로 학생들의 "선생님, 해병대 갔다 왔어요?"라는 질문에 "응."이라고 대답했다가 뒷날 "선생님, 우리 아빠가 그러는데 여자는 해병대 못 간다던데요."라는 말을 들었던 웃픈 에피소드가 있다. 저경력

교사 때는 학생들을 잘 잡아야 한다는 이야기에, 학생들에게 다정하지 않고 무뚝뚝하게 대하는 것이 잘하는 것인 줄 알았고 내가 학급 경영을 잘한다고만 생각했었다.

그러다 경력이 쌓이고 나도 부모가 되어 보니, 학생들 한 명 한 명이 어찌나 귀하고 예뻐 보이던지! 학생들을 보는 시각이 미혼일 때와 많이 달라졌고, 그때부터 아이들 말에 귀를 기울이기 시작했다. 그즈음 접하게 된 것이 바로 '감정 수업'이었다. 감정 수업은 학생들의 감정을 알아주고 공감해 주는 것이 핵심이다. 나의 감정이 수용되고 공감을 받게 되면 친구들과의 관계 맺기에도 큰 도움이 되었다.

우선, 다양한 감정 단어들이 제시된 포스터를 교실 뒤편에 붙여 놓고, 아침에 오면 자신의 감정을 그중 한 단어로 표현하여 나에게 이야기하며 하이파이브를 했다. 처음에는 쑥스러워하던 학생들도 시간이 갈수록 자신의 감정을 잘 표현했으며, 조잘조잘 이유를 설명하는 학생들도 늘어났다. 교사인 나도 학생들의 현재 상태를 파악할 수 있어 다툼이나 문제를 줄이는 데 많은 도움이 되었다.

감정 알아주기와 함께 같이 시도한 것은 감정 카드를 활용한 수업이었다. 모둠으로 구성하여 감정 카드를 책상 위에 펼쳐 놓고, 한 명씩 돌아가며 최근에 있었던 일에 대해서 자세하게 이야기를 한다. 그러면 다른 모둠원들이 그 아이가 그 일에 대해 느꼈을 감정을 추측하여 책상 위 감정 카드 중 한 장을 골라 건네면서 이유를 설명한다. 친구들의 감정 카드를 받은 아이는 그중 자신의 감정과 가장 유사한 카드를 뽑는 방식이다. 국어나 창체 시간을 활용했는데, 간단하지만 학생들은 자신의 이야기에 친구들이 공감해 주자 무척 좋아하고 몰입했다.

'회복적 생활 교육'은 평화로운 공동체를 위해 한창 많이 시도되고 있는 방법이다. 교실에서 벌어지는 여러 가지 문제 행동들을 응보적 관점이 아니라, 마음과 관계 회복에 중점을 두고 교육하는 것이다. 연수를 받고 의욕적으로 시도한 첫 서클은 대실패로 끝났다. 다시는 서클을 하지 않겠다는 마음이 바뀐 것은, 우리 반 학생들이 남녀 사이에 편을 갈라 대립하는 갈등이 극에 달했을 때다.

한 번의 실패 후 이번에는 만반의 준비를 하고 차근차근 접근했다. 일단 학기 초를 지나 학생들이 서로에게 조금 적응하고 익숙해진 뒤였고, 사전에 서클을 하는 이유와 방법을 충분히 설명하고 학생들의 동의를 얻은 뒤에 실행했다. 솔직하게 서로의 이야기를 할 수 있는 분위기를 조성했고, 친구의 이야기를 듣는 태도 교육을 했다. 교사의 시범을 필두로 용감한 친구가 이야기를 시작했고, 한 명 두 명 울기 시작하더니 결국 눈물바다로 끝이 났다.

처음에는 쑥스러워하던 아이들이 차츰차츰 자신의 이야기를 말했고, 서로를 이해하는 계기가 되면서 갈등이 점점 해소되기 시작했다. 친구들의 이야기에 귀를 기울이며 경청했고, 학급에서 말을 잘 하지 않던 친구가 아주 작은 목소리로 이야기를 시작할 때 자신의 일처럼 기뻐하며 서로를 격려해 주었다. 1년이 지난 뒤에는 서로 너무 친해져서 헤어지기를 아쉬워하는 것을 보며, 회복적 생활 교육의 힘을 느낄 수 있었다.

요즘 학교에서 가장 중시되는 것이자 가장 힘든 것이 교과 교육보다 생활 교육인 것 같다. 서로에게 많이 날이 서 있는 학생들과 학부모들 틈에 끼여 교사 하기가 점점 더 어려워지는 시대이다. 생활 교육에 정답은 없고, 교사인 이상 계속해야 할 일이다. 학생들이 생활 지도를 계속되는 잔소리로 느끼지 않고, 스스로 깨닫고 자존감도 올리면서 친구들과 관계 회복까지 할 수 있다면 정말 일석이조일 것이다. 수석교사로서 학생들의 생활 지도와 관계 회복을 위해 동료 선생님들에게 도움이 된다면 무척 기쁠 것 같다.

교사 성장으로 말하다

나를 교사로 성장시킨 것들

처음부터 타고난 교사는 없다. 막 신규로 발령 받은 초임 시절에는 내가 뭐든지 다 할 수 있을 거라는 열정과 자신감이 있었다. 그러나 현실에 부딪치자 자신감은 바로 떨어졌으며, 소통이 되지 않는 학부모나 힘든 학생을 한 번 만나면 자존감이 바닥을 쳤다. 떨어진 자존감은 열정을 깨부수며 대충 건성으로 학교생활을 하게 만든다. 그러면서 내가 정말 교사가 맞는지, 내가 하고 싶었던 일이 맞는지 고민하며 매너리즘에 빠지게 된다.

학교생활에 적응하고 반복되는 생활이 슬슬 지겨워지기 시작한 3년 차, 매너리즘을 극복하게 만든 것은 바로 '대학원 진학'이었다. 공부만 하던 학생 시절을 지나 사회인이 되면서 공부와 멀어진 몇 년 동안 내가 바보가 되는 느낌

이었다. 그렇게 무엇인가에 열중하고 싶어 시작하게 된 대학원 생활은 쉽지 않았다.

토요일도 오전 수업을 하던 시절, 오전에 학교 수업을 하고 오후에 대학원에 가서 공부하며 직장 생활과 병행하여 수업을 듣고 과제를 하고, 논문을 썼다. 학교 업무와 수업 준비와 대학원 과제가 겹치며 퇴근 후 늦게까지 남아 일을 할 때도 많았고, 방학까지 반납해 가며 논문 쓰기에 몰두했다. 힘들었지만 당장 해야 할 일이었고, 목표가 있었기 때문에 기꺼이 즐기면서 했다.

그 와중에 만난 대학원 동기 선생님들은 교직 생활에 또 하나의 인연으로 큰 힘이 되었고, 마침내 논문을 써내고 석사 학위를 취득했을 때에는 크나큰 성취감도 느낄 수 있었다. 대학원 공부는 교사로서 나의 성장에도 큰 영향을 주었다. 이론을 배우고 실제 수업에 적용해 보며 좋은 수업에 대해 고민하는 시간이었다.

나를 교사로 성장시킨 두 번째는 바로 '연구회 활동'이었다. 동료 선생님의 권유로 들어가게 된 협동 학습 연구회는 많은 것을 배우고 함께 나누는 경험이었다. 열심히 하시는 선생님들을 보며 많은 자극을 받았고, 나도 교사로서 발전해 나가는 계기가 되었다. 퇴근 후 선생님들을 만나 공부하고 이야기 나누는 그 시간이 그렇게 즐거울 수가 없었고, 온전히 내가 '나'로 존재하는 시간이어서 더 뜻깊고 뿌듯했다.

세 번째는 수석교사에 도전했던 일이다. 수석교사를 준비하면서 집필과 자료 개발, 연구 활동, 전학공 운영, 연구회 이끔이 활동 등을 하며 교사로서 자신감이 생기고, 나에 대한 자존감도 올라갔다. 계속된 공개 수업으로 수업 공개에 대한 부담감이 없어지고, 수업에 대한 계속된 연구로 수업이 점점 나아지는 것이 느껴졌다. 수석교사 도전에 성공하지 못했더라도, 교사로서 성장하는 내 모습이 보여 의미 있고 보람된 시간이었다. 꼭 수석교사가 아니더라도 교직에 대한 한 가지 목표를 세우고 거기에 몰두하며 노력하는 시간은 결코 헛된 시간이 아닐 듯하다. 물론, 목표가 그 과정을 집어삼키지 않게 스스로를 잘 조절하면서, 자신에게 가장 중요한 것을 잃지 않도록 해야 할 것이다.

네 번째는 지금껏 교직 생활에서 만났던 동료 선생님들과 학생들, 학부모님들이다. 초임 때 만나 아직까지 연락해 오는 고마운 아이들, 힘들 때 하소연하면 언제든 위로해 주시고 내 일처럼 도와주시던 동료 선생님들, 장문의 문자와 손편지로 격려해 주시던 학부모님들은 교직 생활을 지탱해 준 든든한 버팀목이었다. 그리고 학생, 학부모, 관리자와 동료 교사와의 갈등은 그 당시에는 너무나 힘들었지만 해결하는 과정이 나를 한 단계 더 성장하게 만들었다.

마지막은 2024 수석교사 자격 연수에서 만난 수석님들이다. 훌륭한 스펙과 열정을 가진 그분들을 만나면서 나 자신이 너무나 초라하고 우물 안 개구리처럼 느껴졌지만, 그만큼 더 공부하고 노력해야겠다는 생각을 들게 해 준 고마운 분들이다. 같은 고민을 가지고 이야기 나누는 그 순간이 '한겨울밤의 꿈'으로 느껴질 만큼 너무나 행복했던 시간이었다. 앞으로도 같은 길을 가는 동기 수석님들과 함께 성장해 가며, 멋진 수석교사가 되기 위해 나아갈 것이다.

29

'산소샘'으로 살고 싶은 수석교사

황성희

행동 발달 및 종합 의견

외유내강형으로 겉으로 보기에는 부드러우나, 자신에 대해서는 엄격한 잣대를 적용함. 도움이 필요한 친구에게 먼저 다가가는 따뜻한 마음씨를 가졌으며 갈등을 잘 중재하여 '또래 해결사'로 불림. 지적 탐구심이 강해 학습 활동에 자발적이고 적극적으로 참여하며, 끈기 있게 문제를 해결하려고 함. 완벽을 추구하는 성향으로, 목표를 유연하게 삼고 실패를 긍정적으로 생각하는 태도를 가진다면 더 큰 발전이 있을 것으로 기대됨.

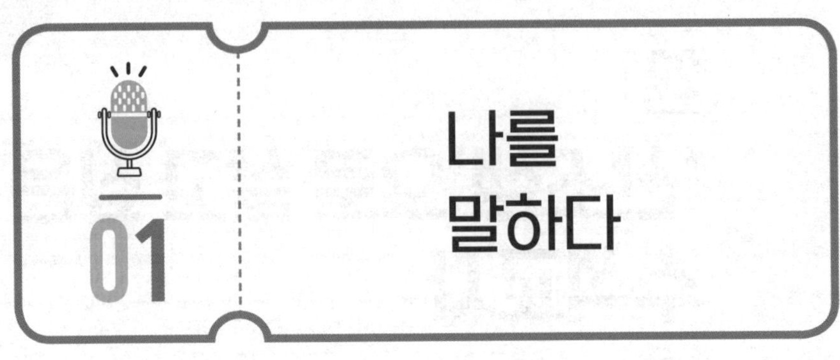

학교는 나의 놀이터

성인이 될 때까지 살았던, 그래서 추억의 많은 부분을 차지하는 집 근처에는 ○○국민학교(현 초등학교)가 있었다. 집 근처에 학교가 있어서일까? 학교는 나의 놀이터였다. 지금처럼 유치원이 흔하지 않았던 그 시절, 나는 친구들과 ○○국민학교에 가서 언니, 오빠들과 놀았던 기억이 난다.

어느덧 어엿한 국민학생이 되어 가슴에 가제 수건을 달고 입학을 했다. 학생이 너무 많아 오전, 오후반 2부제로 학교가 운영되었고 한 반에는 60명 가까이 되는 친구들이 있었다. 엄마께서는 선생님 말씀에 귀 기울이고 발표도 열심히 해야 한다고 하셨고, 엄마 말씀에 부응이라도 하듯 선생님의 질문에 열심히 반응했던 적극적인 학생이었다. 하교 후에는 얼른 집에 가서 숙제를 하고 다시 학교 운동장으로 돌아와 친구들과 술래잡기와 늑목, 정글짐 등을 하며 놀았던 기억이 난다. 그러다 친구들을 스탠드에 모아 놓고 학교 놀이를 시작했다. 어느새 나는 꼬마 선생님이 되어 학생들을 가르치고 있었다.

학교 운동장에서 마음껏 뛰어놀다 해가 질 무렵이 되면 각자 집으로 뿔뿔이 흩어졌다. 지금부터 학교 놀이 2부가 시작될 시간이다. 네 살 어린 동생이 싫다고 해도 기어이 붙잡아 놓고 한글과 숫자 놀이를 했다. 한글 공부를 위한 미니 책자와 덧셈, 뺄셈 문제가 가득한 시험지를 만들어 동생에게 풀도록 했다. 누가 시키지 않았는데도 스스로 즐거워하며 했던 것 같다. 동생은 싫어했을지도 모르지만 말이다.

이렇듯 어린 시절, 학교 근처에 집이 있다 보니 학교가 저절로 친근했다. 학교를 놀이터 삼아 뛰어노는 시간들 속에서, 나도 모르는 사이 선생님의 씨앗이 자라고 있었던 것 같다. 물론 집 근처에 학교가 있다고 다 그런 것은 아닐 것이다. 다양한 은사님들을 만났다는 것이 선생님이라는 씨앗을 틔우는 가장 큰 자양분이 아니었나 하는 생각이 든다. 그리고 그러한 씨앗의 흔적은 어린 시절 일기장 속에 고스란히 남아 있다. '아이들과 함께 웃고 즐겁게 공부를 가르치는 선생님이 되고 싶다.'고.

내 삶을 뒤돌아보면 '말이 씨가 된다.'라는 속담처럼 교사가 되는 길로 조금씩 다가갔던 것은 아닌가 하는 생각이 든다. 교사로서 첫 발령을 받던 그날 말은 씨가 되었고, 어린 시절 학교를 놀이터 삼아 뛰어놀던 꼬마 선생님은 진짜 선생님이 되어 학생들 앞에 서게 되었다. 꿈이 현실이 된 것이다.

02

수석교사를 말하다

몇 해 전 5학년 담임을 맡고 있을 때였다. 진로의 날을 맞이해 학부모 인사를 초청하여 해당 분야의 직업을 탐색하는 활동이 있었다. 그런데 우리 반에는 학부모 인사를 신청하신 학부모님이 한 분도 안 계셨다. 어떻게 하지 고민하던 중, 그렇다면 내가 선생님이라는 직업에 대해 아이들과 이야기 나누면 어떨까 하는 생각이 들었고, 반 아이들과 함께 '선생님 직업 탐색하기'를 해 보았다.

우선, 선생님 직업에 대해 평소 궁금했던 점을 질문으로 적고, 그 질문을 바탕으로 인터뷰 형식으로 답변을 했던 기억이 난다. 그날 질문을 하던 아이들의 초롱초롱한 눈망울을 떠올리며 인터뷰 내용을 되뇌어 보고자 한다.

수업 역량으로 말하다

생활 곳곳에서 수업 주제와 소재를 찾다

Q 수업을 잘하기 위해 어떤 노력을 하시나요?

A 처음 선생님이 되었을 때 선배 선생님께서 관심 있는 분야로 공부를 해 보라고 했어요. 선생님은 여러 과목 중 국어에 관심이 많아서 독서, 논술, 토의·토론과 같은 연수를 열심히 들었고요. 연수에서 배운 내용을 바로 적용해

보려고 했어요. 특히, 국어를 활용해 다양한 과목에 독서와 논술, 토의·토론을 접목한 수업을 하기 위해, 선생님들이 보는 교사용 지도서를 꼼꼼하게 살펴보고 수업을 철저하게 계획했어요. 그리고 수업과 관련된 흥미로운 자료를 준비함으로써 '앎과 재미'라는 두 마리 토끼를 잡으려고 노력했어요. 참, 전문성을 높이기 위해 자격증도 따고, 수업 대회에도 적극적으로 참가했어요.

Q 자격증을 땄다고 하셨는데, 어떤 자격증을 가지고 계신가요?

A 독서 지도사, 논술 지도사, 토의·토론 지도사 각각 1급 자격증을 가지고 있어요. 더불어 영재 교육 지도사 1급 자격증도 가지고 있고요. 아무래도 전문 지도사 과정을 배우고 나니 좀 더 깊이 있게 가르칠 수 있었고, 학생들의 숨어 있는 능력을 끌어내는 데도 도움이 되었어요.

Q 수업 대회에 참가하셨다고 했는데, 선생님들도 저희가 하는 미술 대회, 피아노 콩쿠르 같은 대회가 있는 건가요?

A 선생님이라는 직업이 학생을 가르치는 전문가인 만큼 선생님은 수업을 잘하고 싶었어요. 그래서 학생들과 수업하는 장면을 객관적으로 평가 받아 수업 전문성을 높이려고 수업 대회에 참가했어요. 여러분도 대회에 참가할 때 어떤가요? 피아노 콩쿠르에 도전하기 위해 같은 곡을 무한 반복하며 연습하죠? 선생님도 좀 더 수업 전문성을 높이기 위해 고민에 고민을 거쳐, 반 학생들의 눈높이에 맞는 수업을 계획하고 학생들과 함께 호흡하며 수업 대회에 참가한답니다. 물론 결과가 좋을 때도 있고 그렇지 않을 때도 있었어요. 하지만 중요한 것은 그 과정에서 선생님뿐만 아니라 학생들도 함께 성장한다는 것을 알게 되었다는 거예요.

Q 선생님 수업은 쉽게 이해되면서도 재미있는데요. 수업 준비를 어떻게 하시는지 궁금합니다.

A 뉴턴이 사과나무에서 사과가 떨어지는 순간을 그냥 놓치지 않고 '만유인력'을 발견했듯, 저도 생활 곳곳에서 수업 주제와 소재를 찾고 있어요. 예를 들어, 사회의 '경쟁'을 가르칠 때는 비슷한 종류의 가게가 모여 서로 경쟁하는 곳의 사진을 찍어 보여 줘요. 실과의 '좋은 달걀 고르기'를 가르치기 위해 집 앞을 지나가던 달걀 장수 트럭의 스피커에서 들려오는 좋은 달걀 고르는 방법을 녹음해 들려 주기도 하고요. 미술관에서 독특한 작품을 보면 반 학생들과 함께 해 봐야지 하며 메모해 두기도 해요. 이렇듯 선생님과 여러분을 둘러싼 생활 곳곳에서 수업 주제와 소재를 찾아 적용하다 보니, 좀 더 쉽게 이해되고 수업이 재미있게 느껴지는 것이 아닌가 하는 생각이 드네요.

생활 교육으로 말하다

선생님, 올해도 학교폭력 담당하세요?

어쩌다 맡게 된 학교폭력 업무를 어느덧 5년을 하게 되었다. 학교폭력 업무 2년째 되던 해, 전담 경찰관님이 "선생님, 올해도 학교폭력 담당하세요?"라며 걱정스런 표정으로 바라보던 모습이 떠오른다. 5년이라는 시간 동안 많은 일들이 있었다. 그리고 우리 반만이라도 학교폭력으로부터 안전한 공간을 만들어야겠다는 생각으로 생활 지도에 많은 공을 들인 것 같다.

Q 새 학기에 만나는 학생들을 위하여 가장 먼저 어떤 준비를 하시나요?

A 선생님은 생활 지도의 첫 단계가 선생님과 학생, 학생과 학생이 서로 좋은

관계를 맺는 것이라고 생각해요. 그래서 첫 만남 때 학생들의 얼굴을 사진으로 남기고 열심히 얼굴과 이름을 외워요. 최대한 빨리 이름을 외워서 다정하게 불러 주려고요. 사실 선생님은 사람들의 얼굴과 이름 외우는 것을 힘들어해요. 그런데 신기하게도 학생들의 얼굴과 이름은 생각보다 빨리 외워지더라고요. 학생들을 좋아하고 하고 싶은 일을 해서 그런 것이 아닌가 싶어요.

Q 학생들을 대할 때 어떤 마음으로 대하시나요?

A 학생들을 대하는 마음은 선생님으로서의 성장과도 관련 있는 것 같아요. 처음 발령 받았을 때는 '차별하지 않고 학생들을 공평하게 사랑하자.'였어요. 지금은 두 아이의 엄마라서 그런지, 그때의 마음가짐에 '나는 학교에서의 엄마다.'가 더 더해졌답니다. 평일은 집보다 교실이라는 공간에서 담임 선생님과 더 많은 시간을 보낼 학생들을 위해 엄마 같은 따스함과 편안함, 때로는 엄마 잔소리로 학생들을 대해야겠다는 마음으로 학생들을 지도하고 있어요.

Q 선생님은 저희에게 많은 선택의 기회를 주시는데요. 그 이유가 무엇인가요?

A 선생님이 이것 해라, 저것 해라 하면 잔소리로 들릴 가능성이 크겠죠? 반면에, 여러분이 스스로 선택해서 하는 일은 어떨 것 같아요? 자신이 선택한

일이니 스스로 지키려고 하겠죠. 선생님은 여러분이 스스로 선택하고 자신이 선택한 일에 책임을 지는 사람으로 성장했으면 해요. 그래서 학급에 토의할 일들이 생기면 함께 고민하고 최상의 해결책으로 해결하려고 해요. 특히, 학기 초 학급 규칙을 정할 때 각자 학급에 필요한 규칙을 적은 다음, 비슷한 의견 끼리 분류해서 학급 규칙을 정하죠. 그리고 학급 게시판에 게시해 놓고 지켜 나갈 수 있도록 하는데, 선생님이 정한 학급 규칙을 따르라고 안내하는 것보다 훨씬 더 효과적인 것 같아요. 우리의 의견이 반영되었기 때문이죠.

Q 따뜻하고 배려가 넘치는 학급을 만들기 위해 어떻게 하시나요?

A '미덕의 보석 프로젝트'를 매년 꾸준히 하고 있어요. 〈이번 주 미덕〉을 정해 매일 실천하고, 하교 전 이번 주 미덕을 어떻게 실천했는지 이야기 나누는 과정에서 미덕이 습관화될 수 있도록 하고 있어요. 더불어 'PDC 학급회의'를 한 달에 한 번 운영하며 한 달 동안 고마웠던 친구에게 감사함을 전하고, 학급의 문제를 공동의 사고로 해결하려 하고 있어요. 우리 교실을, 우리가 주인이 되어 따뜻하고 배려가 넘치는 교실로 함께 만들어 가기 위한 활동이죠.

교사 성장으로 말하다
'산소샘'으로 살고 싶은 나

첫 발령 때 '5학년 2반' 담임을 맡았다. 과학에 관심이 많았던 한 학생이 산소의 분자식인 O_2에서 힌트를 얻어 '5학년의 오, 2반의 2'를 연상시켜 '산소반'이 탄생하게 되었다. 그리고 산소반의 담임인 나는 그렇게 '산소샘'이 되었다. 반 아이들이 '산소샘'이라고 이름을 붙여 주던 날 나는 결심했다. 의식하지는 않지만 사람들의 삶에 꼭 필요한 산소처럼, 학생들 곁에 자연스럽게 스며들며 그들의 삶에 긍정적인 영향을 주는 선생님이 되겠다고. 시간이 지난 지금도 학생들 곁에 '산소샘'으로 남아 학생들과 함께 호흡하며, 교사로서 끊임없이 성장해 나가고 싶다.

Q 선생님은 언제부터 선생님의 꿈을 키우셨나요?

A 초등학교 때부터 선생님이 꿈이었어요. 학교 근처가 집이다 보니 학교가 친근했어요. 운동장에서 친구들과 뛰어놀고 그러다 학교 놀이를 했던 기억이 나요. 훌륭한 선생님들을 많이 만난 것도 꿈을 키우는 데 한 몫 한 것 같아요. 그때 그때 여러 꿈을 가지기는 했는데 선생님이라는 꿈은 변함없었고 결국 꿈을 이루었어요. 선생님이 되고 나서는 수석교사의 꿈을 가지게 되었고요.

Q 언제 선생님으로서 보람을 느끼시나요?

A 학생들이 공부나 학교생활에 어려움을 느낄 때 함께 고민하며 도움을 줬는데, 조금씩 문제가 해결되어 가는 모습을 보면 보람이 있어요. 특히, 학생들이 "학교 오는 것이 즐겁다."라고 하면 감사한 마음까지 들지요. 그만큼 교실이 편안한 공간인 동시에 배움의 공간임을 뜻하니까요.

Q 기억에 남는 학생이 있으면 말씀해 주세요.

A 처음 선생님이 되었을 때는 학생들의 성적을 올리는 데 주로 집중했어요. 남겨서 공부를 시키기도 하고, 학생이 문제를 어려워하면 함께 속상해하기도

했죠. 그러다 종업식 날이 되었는데, 성적이 오르지 않아 힘들어하던 학생이 편지를 전해 주더라고요. 편지 내용 중 '선생님에게 칭찬 받으려고 정말 열심히 공부했어요. 그런데 마음대로 되지 않아 속상했어요.'라는 글을 읽는 순간 학생에게 너무나도 미안했고, 결과보다 학생의 노력에 무한 칭찬을 해 주지 못한 게 마음이 아팠어요. 그리고 '선생님의 웃는 얼굴을 보고 같이 행복했어요.'라는 내용을 보며, 학생들에게 밝은 웃음으로 결과보다는 과정을 칭찬하는 선생님이 되어야겠다고 생각했어요. 선생님으로서의 마음가짐을 변화시켜 줘서인지 그 학생이 가장 기억에 남아요.

Q 수석교사의 꿈을 가지게 된 계기와 어떤 수석교사가 되고 싶으신지 궁금해요.

A 학교폭력 업무를 5년간 했다고 말했죠? 어느 날 학교폭력이 일어나 정신이 없고 마음이 힘든 상황이었어요. 그런데 동료 선생님이 수업을 도와 달라고 찾아온 거예요. 힘든 상황임에도 오히려 수업 아이디어를 내는 과정에서 행복해하는 저 자신의 모습을 발견했어요. 그때 '아, 나는 정말 수업을 좋아하고 나누는 것을 즐거워하는구나.' 하는 생각이 들었어요. 그 일이 계기가 되어 수업에 대해 깊이 있게 연구하고 나누는 수석교사가 되고 싶었어요. 그리고 수석교사가 된다면 독서나 논술, 토의·토론과 관련된 공부를 좀 더 깊이 있게 하고 학생들과의 수업에 적용하고 싶어요. 더불어 담임과 학교폭력 업무를 했던 경험을 바탕으로 학생들의 생활 지도에도 신경을 쓸 거예요.

선생님은 '산소샘'으로서 학생들과 동료 선생님들에게 자연스럽게 스며들어, 그들의 삶에 긍정적인 영향을 주며 함께 성장해 나가는 수석교사로 자리매김하고 싶어요.

30

어린 왕자 수석교사 강승태

행동 발달 및 종합 의견

학창 시절부터 교사가 되고 싶다는 희망을 가지고 있었음. 모교인 화곡중학교에서의 교생 실습을 계기로, 교직을 향한 꿈이 현실로 다가왔음. 독서와 사색이 바탕이 된 글쓰기를 좋아하며, 평범한 일상 속에서 특별한 행복의 경험을 찾고자 애를 씀. 진정한 가르침과 배움의 의미에 대한 탐색을 바탕으로, 선한 영향력을 발휘하는 교사가 되고자 노력하고 있음.

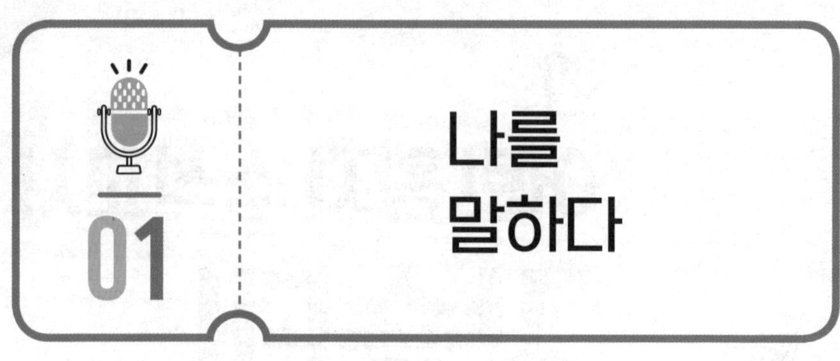

소통, 행복, 성장을 꿈꾸는 어린 왕자

졸업을 앞둔 1996년 12월에 학과 사무실에서 연락이 왔다. 인천 광성중학교에서 도덕 교사를 채용하는데 추천을 받고자 한다는 것이다. 나는 교사가 될 수 있다는 기쁨에 이력서와 관련 서류를 제출하고 면접을 보았다. 결과는 합격이었다. 이렇게 나는 만 24세라는 비교적 이른 나이에 교사의 꿈을 이루게 되었다. 그곳에서 2년간 학급 담임을 맡으며 교사로서 많은 것을 배웠다. 햇병아리 교사인 나에게 따뜻한 조언과 격려를 아끼지 않으셨던 동료 선생님들께 지금도 깊은 감사의 마음을 가지고 있다.

1999년 1월, 경희대학교 병설 경희여자중학교에서 경력 2년 이상의 도덕과 교사를 채용한다는 공고를 보았다. 혹시나 하는 마음으로 지원했는데 2차 심층 면접까지 통과하여 최종 선발되었다. 많은 정이 든 광성중학교를 뒤로한 채, 나는 새 학교에서 교직을 이어가게 되었다. 이후 교육대학원에서 일반 사회 교육학을 전공하여 사회과 교사 자격증도 함께 취득하게 되었다.

교단에서는 학생들에게 나를 '어린 왕자'로 소개했다. 나이가 들어갈수록 학생들과 생각이 달라지고 거리감이 느껴지는 것이 두려워 '어린 왕자'라고 나 자신을 도닥거려 왔다. 어린 왕자는 B612라는 소행성에서 왔다. 나는 '소행성'에 '소통, 행복, 성장'이라는 상징적 의미를 부여했다. 소통을 통해 행복을 느끼고, 교사와 학생 모두가 함께 성장하는 배움의 공동체를 이루고자 하는 소망을 담은 것이다.

군 경력을 포함하여 교직 29년 차를 마무리하는 시점에 서울시 교육청 수석교사에 지원했다. 교사로서 쌓아 온 역량을 누군가와 나눌 수 있기를 바랐고, 교직 후반기를 맞이하여 새로운 도전과 변화가 필요했기 때문이다. '수석(首席)'이라는 명칭이 부담스러웠지만, 겸손히 섬기며 사랑과 격려를 아끼지 않는 수석교사가 되리라 다짐했다.

2024년 1월에 4주 동안 진행된 수석교사 자격 연수는 나 스스로를 발전시키는 좋은 계기가 되었다. 무엇보다 함께 연수를 들으며 정을 쌓은 여러 동기들을 알게 된 것이 가장 큰 기쁨이자 소득이었다. 수석교사로서의 생활은 이전보다 더욱 바쁘고 힘들 것이다. 하지만 '얼굴엔 미소, 마음엔 여유, 가슴엔 사랑'을 품으며 따뜻한 격려의 손길을 내밀 수 있는 수석교사가 되기 위해 최선의 노력을 다할 것이다.

02 수석교사를 말하다

수업 역량으로 말하다

배움의 의미와 탐구의 즐거움이 가득한 수업

"당신이 오늘 성장을 멈춘다면 내일 가르침을 멈추어라."

이 말은 수업과 관련하여 내가 늘 마음에 새기는 격언이다. 그리고 나는 오늘도 교사로서의 성장을 위해 노력한다.

지금까지 교육 현장에는 다양한 수업 방식이 유행처럼 지나갔다. 내가 처음 교직에 입문하던 1997년에는 '열린 교육'이 화두였다. 열린 교육을 위해 교실 벽을 허물었다는 웃지 못할 이야기가 회자되고는 했다. 그 이후에도 직소형 수업 모델, 논술 교육, 거꾸로 교실(플립 러닝) 등, 다양한 수업 기법들이 학교 현장에 많은 영향을 끼쳤다.

이러한 상황에서 한 가지 의문을 품게 되었다. 교육은 '백년지대계'라는데, 왜 학교 현장에는 수많은 수업 방식이 유행처럼 휩쓸고 지나가는 것일까? 물론 시대의 변화와 흐름에 맞게 새로운 수업 방식이나 교육 정책이 요구되는 것은 분명한 사실이다. 내가 원한 것은, 아무리 시대가 바뀔지라도 변하지 않는 수업의 핵심이 무엇일까 하는 것이었다.

이러한 수업의 본질에 관해 나 스스로 찾은 해답은, '학생이 스스로 생각하고 대안을 모색하며 한 편의 글로 자신의 생각을 표현하는 수업'이다. 질문 생성과 탐구, 논리적 글쓰기로 이어지는 수업 과정은 아무리 시대가 변하고 교육 환경이 요동치더라도 변하지 않는 수업의 든든한 기초가 되리라 확신했다. AI와 에듀테크로 대표되는 시대의 변화는 앞으로 미래가 어떤 모습으로 변할지 예측할 수 없을 정도로 빠르고 강렬하다. 정보의 확산과 발전 속도가 급격한 현대 사회일수록, 학생들이 자기 주도성을 바탕으로 스스로 질문하고 탐구하며 대안을 모색하는 과정은 핵심 역량을 키우는 데 가장 적합한 수업 모형이라고 생각한다.

수석교사 2차 전형 중에 수업 실연이 있었다. 교수·학습 과정안과 함께 나의 수업 시간표를 교육청에 제출했다. 어떤 주제로 수업 실연을 할 것인지 고민하다가 내가 가장 잘할 수 있는 분야인 '서울형 토론 모형 2.0'을 적용한 도덕 수업을 하기로 결정했다. 준법 정신과 공익에 관련된 단원에서 학생들이 상호 질문을 생성한 후, 그 질문을 더욱 정교하게 다듬고 함께 질문의 답을 탐구하고 토론하는 과정으로 수업을 설계했다.

다소 주제와 맞지 않는 질문을 생성하거나, 탐구 과정에서 어이없는 결론을 도출하는 모둠도 있었다. 하지만 '모든 질문은 나름대로 의미가 있다.'는 기본 철학을 바탕으로, 학생들을 격려하며 수업의 바른 길을 학생들이 스스로 찾아가도록 코칭했다.

"죽은 물고기만이 강물의 흐름을 그대로 따라간다."라는 말이 있다. 이는 무조건 반대하고 저항하는 것이 의미 있는 삶이라는 뜻이 아니다. 수업에 대한 분명한 주관과 확신 없이 다른 사람들이 좋다는 수업만 무의미하게 따라하는 것을 경계하는 말로 이해하고자 한다. 나는 수업에서는 죽은 물고기가 아니라, 강물을 거스르는 힘찬 생명력을 지닌 물고기가 되고자 한다. 그리고

“No Child Left Behind.” 즉, 한 명의 학생도 수업에서 소외되지 않도록 따뜻한 마음으로 포용하고 코칭하는 친절한 학습 안내자가 될 것이다.

생활 교육으로 말하다
모든 교육은 인성 교육이다

1997년 초임 교사 때부터 21년간 담임을 맡았다. 그리고 학생안전교육부 부장도 2년 동안 역임했다. 담임과 학생 생활 지도 관련 업무를 담당하며 차마 여기에 기록할 수 없는 다양한 사안들을 경험했다. 그러한 가운데 내가 얻은 깨달음은 ‘참고 인내하며 기다리기’였다. 초임 시절에는 따뜻한 사랑과 격려의 말 한마디에 학생들이 감동을 받고 쉽게 변하리라 생각했다. 그러나 생각처럼 학생들은 쉽게 변하지 않았다.

육지는 바다에 비해 빨리 온도가 상승하고 또한 빨리 하락한다. 반대로 바다는 육지에 비해 온도가 바뀌는 속도가 느리다. 이러한 온도 변화 속도의 차이로 인해 ‘계절풍’이라는 바람이 분다. 학생들의 인격적 성장과 성숙을 되도록 빨리 확인하고 싶은 교사의 마음에 비해, 좀처럼 바뀌지 않는 학생들의 생활 태도로 인해 교육 현장은 바람 잘 날이 없는 것이다.

‘참고 인내하며 기다리기’를 실천하는 가운데 서서히 변하는 학생들의 모습을 발견하는 것은 큰 기쁨이었다. 그것은 혹시 ‘성장과 발전’이 아니라, 학생들이 나이를 먹어감에 따른 ‘변화’였을지도 모른다. 그러나 그것이 ‘성장’이든 ‘변화’든 간에 사람은 바뀔 수 있다는 확신과 희망을 가지게 되었다. 사람이 성장하고 발전할 수 있다는 믿음은 교육의 기초이기 때문이다.

담당 과목이 ‘도덕’과 ‘사회’라서 학교에서도 자연스레 인성 교육을 담당하게 되었다. 인성 교육과 관련된 교육과정을 설계하고, 인성 교육 신문 발간 및 월별 인성 교육 가정통신문을 제작하는 가운데, '교육은 곧 인성 교육'이라는 나름의 교육관을 정립하게 되었다. 어떤

교과를 가르치든, 무슨 업무를 담당하든 그 안에 인성 교육에 대한 가치관이 포함되지 않았다면, 비록 학교의 교육 활동이라 할지라도 단순한 행사에 지나지 않는다는 철학이 생긴 것이다.

또한, 인성 교육과 아울러 인권 교육에 대해서도 많은 관심을 가졌다. 2021년부터 서울시 교육청 학생 인권 교육 지원단에 소속되어, 여러 학교를 다니면서 학생 인권과 관련된 강의를 했다. 여러 학교에서 인성 교육 및 인권 교육 강의를 하며 학교 현장에 인성 중심 교육과정이 설계되고, 교육공동체 모두의 인권이 존중 받는 학교 만들기에 조금이나마 기여한 것은 나의 큰 기쁨이었다.

인성 교육과 인권 교육에 대한 관심과 열정은 나의 생활 교육에도 기본 가치로 자리 잡았다. 최근 교육 현장은 '회복적 생활 교육'에 대한 관심이 뜨겁다. 비록 학생들이 교사들의 생각과 달리 사춘기를 심하게 앓고 반항적 모습을 보일지라도 징계와 처벌 위주의 응보적 정의가 아닌, 참고 기다리는 가운데 교육 공동체 모두의 회복과 성장을 기대하는 교육이 정착된다면, 우리 학교 현장도 참된 배움과 성장이 있는 아름다운 학습 공동체로 든든히 세워질 것이라 확신한다.

교사는 한 사람의 인격 형성에 커다란 영향을 끼칠 수 있는 매우 중요한 직업이다. 교사의 말과 행동이 학생들의 인격 형성에 매우 중요한 역할을 한다는 점을 생각해 보면, 교직은 성직(聖職)이라 해도 과언이 아니다. 때로는 나의 뜻대로 쉽게 변하지 않는 학생들을 보면서 인간적으로 실망하고 낙심할 때도 있다. 하지만 그럼에도 불구하고 인성 교육의 희망의 끈을 붙들고 있다면, 나는 행복한 교사로 남을 수 있다. 지금도 인성 교육의 최일선에서 수고하고 땀 흘리시는 모든 대한민국의 동료 선생님들께 '힘내세요!'라고 마음으로 외쳐 본다.

교사 성장으로 말하다

교학상장(教學相長), 교사와 학생은 함께 성장하는 공동체

수석교사가 되기까지 나를 성장시켜 온 가장 큰 원동력은 독서이다. 책을 통해 얻은 지식과 지혜는 그 무엇과도 바꿀 수 없는 소중한 자산이 되었다. 이러한 교훈과 깨달음을 잊지 않도록 꾸준히 독서 일기를 기록했다. 이 과정에서 분석적 책 읽기가 가능해졌고, 나의 생각을 정리하여 논리적인 글을 작성하는 능력도 향상되었다.

프랑스의 소설가 앙드레 지드는 다음과 같은 말을 했다.

"한 권의 책을 책꽂이에서 꺼내 읽었다. 그리고 그 책을 꽂아 놓았다. 그러나 이미 나는 조금 전의 내가 아니었다."

한 권 한 권 책을 읽을 때마다 나는 이전의 내가 아니었다. 조금씩 생각의 폭이 확장되고, 내가 경험하지 못한 세상을 간접적으로 체험하고 느끼는 독서 활동을 통해 수업에 적용할 다양한 사례와 콘텐츠를 개발할 수 있었다.

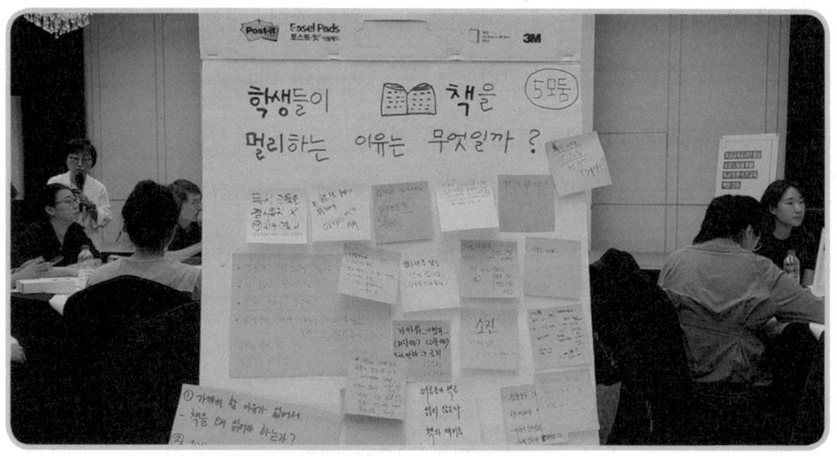

독서에 대한 열정은 수업에도 고스란히 반영되었다. 서울시 교육청에서 주관하는 독서·토론·쓰기 수업 및 활동 실천 사례 공모전에서 2022년과 2023년, 2년 연속 우수작으로 선정된 것이다. 2022년에는 3학년 사회과 세계시민 관련 단원의 독서 수업을 진행했으며, 2023년에는 일본 카야다중학교와 연계한 국제 공동 수업, 그리고 내가 사는 지역의 문제점을 찾고 대안을 모색하는 수업에 독서 활동을 연계했다.

독서 연계 수업과 관련하여 동부 교육지원청에서 주관하는 독서·토론 교사 분임에 참여하게 된 것도 큰 기쁨이었다. 국어과 선생님들이 주관이었지만, 지구과학 선생님도 계셨고, 학교급도 중학교와 고등학교가 함께 있어서 다양한 사례를 나눌 수 있었다. 나 혼자서 독서 교육에 대한 고민을 끌어안고 고심하기보다는, 같은 목표를 가진 선생님들이 함께 모여서 서로의 생각을 나누고, 보다 발전된 형태의 독서 수업에 대한 의견과 경험을 나누는 것이 무엇보다 중요함을 깨닫게 되었다.

독서 교육을 교과 수업과 연계하는 과정에서 자신이 읽은 책에 대해 짝이나 혹은 모둠별로 생각을 나누는 활동과 함께, 글로 자신의 생각을 정리하는 활동이 학습 활동에 매우 중요한 요소임을 확인했다. 내가 꾸준히 독서 일기를 써왔듯이 학생들도 서로 생각을 나누고 자신의 의견을 한 편의 글로 완성할 때 독서 교육은 더욱 큰 성과를 거두었다.

나는 앞으로도 변화와 성장에 대한 노력에 힘쓸 것이다. 그리고 독서 교육을 통해 '배워서 남 주는' 바른 인성 함양을 위해 더욱 연구하고 발전해 나갈 것이다.

31

수석교사라는 꿈을 이룬 수석교사

고민성

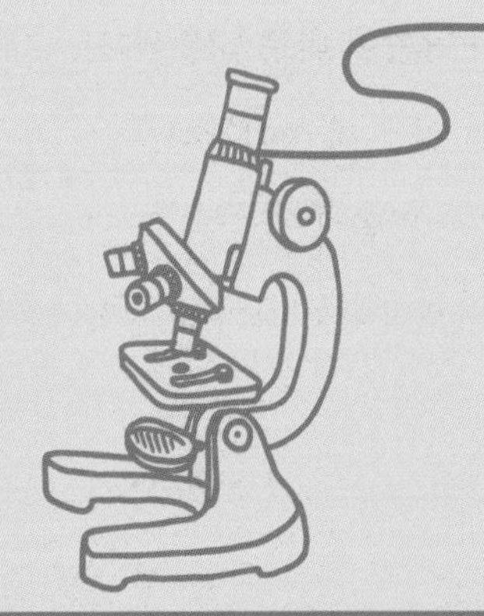

행동 발달 및 종합 의견

중2 때 수학 선생님을 만난 이후, 교사를 천직이라 생각하게 됨. 고3 시절, 다양한 학과를 권유하는 담임 교사의 조언을 뿌리치고 오로지 교육학과 진학의 꿈을 고집함. 내향적이지만 외향적인 역할을 맡을 때는 마치 가면을 쓴 듯 다른 모습을 보임. 인사, 수능, 학폭, 과학 등 다양한 행정 업무를 경험하며 교사의 본질에 대해 고민하던 중, 교육과정 - 수업 - 평가 - 기록 일체화를 만나 한층 성장한 모습을 보여 줌.

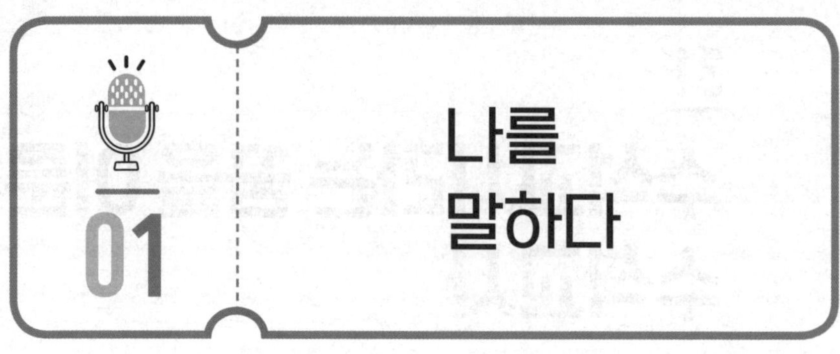

교사는 나의 천직(天職)

항상 정해진 자리에 앉아 가만히 듣고 있다가 선생님이 원하는 대답만 하던 기계 같은 수업을 받았다. 그땐 그저 선생님의 칭찬을 듣고 싶었고, 항상 선생님이 원하는 답이 무엇일까를 고민하며 공부하는 성적 좋은 학생이었다.

그런데 중학교 2학년 수학 수업 시간, 한 번도 공부로는 혼나지 않을 것 같았던 전교 2등 모범생은 매일 같이 한복을 입고 다니던 수학 선생님에게 호되게 혼나고 말았다. 수학 부장이기도 했던 그 학생은 친구를 잘 가르쳐 주지 못했다는 이유로, 그리고 생각 없이 기계적으로 풀었단 이유로 혼이 나는 것이 억울했다. 모둠 수업은 그 당시 나에게 충격이었고, 내가 책임져야 하는 조원들이 있다는 것이 너무나도 화가 났다. 문제 푸는 방법을 알고 정답을 구해도 왜 그런지 설명하지 못하면 모르는 것이라는 선생님의 말씀이 너무 억울했다. 수학 선생님이 미워졌고, 행동은 삐뚤어졌으며, 혼나는 일은 더 많아졌다.

그러던 어느 날, 수학 선생님의 학교 끝나고 남으라는 말씀에 오늘은 좀 크게 혼나겠다고 생각하며 짜증이 났을 때였다. 수학 선생님께서 다가와 수학 문제집을 한 권 주시며 말씀하셨다.

"너에게 거는 기대가 커서 많이 혼냈던 거야. 알지? 한 번 풀어 보렴."

어떤 마음이었는지 기억이 잘 나진 않지만, 방 1개에 외국인 노동자가 사는 옆집과 공용 화장실을 쓰며 살던 가난한 중학생은 문제집 한 권과 말 한마디로 그간의 안 좋은 감정들이 모두 사라졌다. 나를 인정해 주셨다는 생각에 가슴이 울컥했고 혼났던 장면이 주마등처럼 스쳐 갔다. 그 이후 누구보다도 수학을 열심히 공부했다.

그날 이후, 교사가 나의 천직이라고 생각했다. 그런 선생님이 되고 싶었다. 고3 담임 선생님께서 하늘에서 주신 4번의 기회를 왜 버리냐며 혼내셔도 오로지 사범대학 1개만 원서를 쓰겠다고 했다. 떨어지면 재수하겠다고. 그리고 '2007년 신규 교사 임용'이라고 써 붙인 포스트잇 그대로 2007년에 초임 교사가 되었다. 수년간의 꿈이자 희망이었던 교사 생활은 힘들지만 즐거웠고, 친구들 연봉의 1/3이어도 나에게 주어진 길이 이것이라 믿으며 꿋꿋이 보내 왔다.

다만 아쉬운 것은, 꿈을 이루고 나니, 어디로 가야 할지 목표를 잃어버린 어린 양이 되고 말았다는 점이다. 꿈을 이룬 후의 허무함으로 가득 차 있던 그때, 수석교사란 제도를 알게 되었다. 학생들의 교사이기도 하면서 교사의 역할을 돕는 교사라는 이 매력적인 직책이, 당시 여러 행정 업무로 학교 일에 회의적이던 때 새로운 희망이 되었다. 그리고 이제 16년 차가 되어 수석교사라는, 교사들을 지원하고 돕는 것이 주된 역할인 자격을 얻었다. 또다시 꿈을 이루고 한 발자국 나아가려는 스스로를 잘했다고 고생했다고 칭찬하고 싶다.

02

수석교사를 말하다

수업 역량으로 말하다
비판적 사고를 키우자 with PMI

수업을 보신 선생님들께서는 좋았다고 이야기하시지만, 스스로 생각해 봐도 내 수업이 감동적이거나 특별한 수업은 아니다. 더군다나 수업을 공개하고 나누다 보면 의도되지 않은 여러 가지 문제가 생기고 매끄럽지 않은 진행이 이어지는 수업이 된다. 처음에는 계획대로 되지 않는 수업에 준비가 부족함을 탓하고, 사고 치는 학생들을 탓했다. 그러다 수년이 지나고, 특히 아이가 생기면서 조금씩 누군가를 탓하기보다는 그대로 받아들이는 역량이 키워진 것 같다. 이제 수업은 당연히 의도대로 진행되지 않는 것이고, 다만 의도되지 않은 상황 속에서 얼마나 의도된 상황으로 방향을 가져올 수 있는가가 수업 전문가인 교사로서의 역량이라고 생각한다.

이런 의도하지 않은 상황은 대부분 다양한 학생들의 모습에서 기인한다. 특히, 공부를 못 하는 학생들은 이 수업이 어떻게 진행될지, 무엇이 중요한 것인지 알지 못하므로 교사들이 보기에 다소 엉뚱한 질문이나 예상치 못한 행동을 하는 경우가 있다. 또한, 공부를 잘하는 학생들은 보통 이미 다 학원 등에서 내용을 배우고 있는 학생들이 많다. 배울 내용을 알고 있기에 선생님들의 질문에 척척 대답할 수 있다. 그 말은 거꾸로 하면, 배울 내용을 모두 아는, 가장 수업이 필요 없는 학생들이 바로 공부를 잘하는 학생들이라는 것이다.

실제로 처음 부임했던 학교에서 한 달간 자습만 진행한 적도 있었다. 준비해 온 수업은 모두 무너지고, 강압적인 말과 태도가 학생들을 위축시키면서 이런 수업도 저런 수업도 모두 답답했던 시기였다. 그리고 기말고사를 봤는데, 놀랍게도 평균 점수는 지난 시험보다 올라가 있었다. 더욱 좌절했다. '내가 가르치지 않아도 시험 점수가 잘 나오는구나!'라는 생각은 수업 전체가 부정당한 느낌이었다. 다행히 무너지기보다는 답을 찾고자 했고 그 답은 학생이 모두 어려워하는 것, 학교에 와서 배우는 것에 의미를 줄 수 있도록 하는 것이었다. 너무나도 다양한 수준의 학생들에게 같은 수준의 지식 위주의 수업을 진행하고 있으니 의도된 대로 수업이 흘러갈 리가 없었다.

다양한 학생들에게 공통의 목표를 주고 싶었다. 공부를 잘하든 못하든 수업에 참여해야 하는 이유와 목적을 제시하고 싶었다. 그래서 선택한 것이 '비판적 사고 역량'이다. 생각하는 힘을 길러 주고자 했다. 공부를 잘한다는 친구들도 막상 자기 생각을 이야기해 보라고 하면 어려워하고 귀찮아하는 모습을 보였다. 돌이켜보니 그것은 나의 중학생 때의 모습이었다. 문제 푸는 법을 알면 되었지, 왜 그 과정을 고민하고 이유를 알아야 하는지 이해가 되지 않던, 그저 문제 푸는 방법만 알아서 기계적으로 잘 풀고 무비판적이던 그때 내 모습 그대로의 학생들이 내 앞에 있었다.

이 친구들에게 매일 수업을 되돌아보는 'PMI 노트'란 것을 작성하게 했다. PMI는 발명 기법에서 처음 배웠다. Plus, Minus, Interesting의 약자로 장점, 단점, 흥미로운 점을 찾아서 발명품을 개선하는 것이다. 수업 시간에 이를 적용하여 배운 점, 모르는 점, 궁금한 점을 매시간 작성해 보도록 했다. 이처럼 작성하는 것이 특별한 수업 기법도 아니다. 예전에도 선생님들은 수업이 끝나고 오늘 배운 것을 써 보라는 노트 과제를 내 주시고는 하셨다. 다만, 무엇을 적어야 할지 정해져 있는 것이 아니라, 스스로 생각하고 판단해서 적어야 하는 것이 다를 뿐이다. 그리고 학생들의 글을 읽고 피드백해 주는 것이, 예전에 OX로 하던 것을 서술식으로 바꾸었을 뿐이다.

10년 가까이 PMI를 다양한 방법으로 진행해 보았다. 1학기만 해보기도, 3줄을 여러 번 쓰기도, 글이 아닌 영상으로 남기기도, 친구에게 댓글 달기식도. 하지만 아직도 내 수업이 감동적이거나 특별해지지는 않았다. 다만, 가르치고 싶은 것을 가르치고자 노력하며 한 발짝 한 발짝 걸어 나가는 중이다.

생활 교육으로 말하다

역지사지, 적어도 상대방의 처지에서 생각해 보자

가장 자신 없는 부분이 생활 교육이다. 아이들의 생활을 변화시킨다는 것은 정말 어려운 일인 것 같다. 꾸준한 관심과 사랑이 없이는, 그것도 강력한 의지를 동반하지 않으면 변화를 이루어내기 어렵기 때문이다. 내 자신을 돌아봐도 그렇다. 살을 빼야 한다면서 계속 먹고 운동은 하지 않는다. 운동이 귀찮다면서 살은 빼야 한다는 나의 모습이, 매일 똑같이 잔소리해도 똑같은 행동으로 규칙을 위반하고 있는 학생들의 행동과 다를 것이 없다.

가장 어렵기에 가장 오랫동안 변치 않는 생활 교육의 목표가 있다. 바로 '역지사지(易地思之)'이다. 처지를 바꾸어 생각한다는 아주 단순한 말이지만, 자신의 이야기로 들어왔을 때 다른 사람의 처지를 생각해 주기란 절대 쉽지 않은 일이다. 모든 인간이 그렇듯 자신에게 유리한 판단과 해석을 통해 세상을 바라보게 되므로, 상대방의 입장 또한 나의 입장을 거쳐서 바라보게 된다.

중학교 3학년 담임을 맡았던 해, 생활 교육이 필요한 학생이 우리 반에 있었다. 모든 말 속에 욕설이 섞여 있었고, 다른 친구들의 물건을 강탈했으며, 습관처럼 침을 바닥에 뱉는, 소위 '문제아' 하면 떠오르는 모든 행동을 하는 학생이었다. 처음에는 이 친구를 달래보고자 비위를 맞춰 주며, 칭찬할 점을 열심히 찾아 칭찬해 주고 하다 보니 어느 정도 개선이 되는 듯했다. 하지만 이는 다른 친구들을 고려하지 못한 처사였다. 기준이 다른 생활 교육을 하다 보니 학급 내에서 불만이 생기기 시작했다. 나의 정신적·육체적 에너지가 이 학생에게 집중되는 것 또한 문제였다. 어떻게든 문제를 해결해야 했기에 가정 방문을 시도했으나, 아버님만 계시는 가정에서 아버님도 학생과 똑같은 모습을 보이는 것을 보고 생활 교육에 대한 의지가 꺾이고 말았다.

그리고 얼마 후, 교사 인생에 잊지 못할 사건이 터졌다. 문제아 학생이 자기 가는 길 앞에 있어서 방해된다며 앞에 있던 여학생에게 날아 차기를 하고는 웃으며 지나가는 것을 뒤에서 목격한 것이다. 나는 눈이 뒤집혔다. 미친 듯이 달려가 문제아의 멱살을 붙잡고 학생부로 끌고 가려 했다. 그러자 이 녀석이 나에게 욕설을 했다. 그 말에 눈이 돌아버린 나는 학생부로 데려가려던 행동에서 벗어나 폭력으로 제압하고, 이 주둥이를 해결(?)하고 싶다는 욕구가 강하게 치밀었다. 주위에 수십 명의 학생들이 없었으면 진심으로 어떻게 상황이 전개되었을지 모를 일이다. 오만가지 생각이 들었지만 결국 학생부에 데려다 주었다. 나에게 그렇게 욕지거리를 하던 녀석이 학생부 선생님 앞에서는 갑자기 순한 양처럼 이야기하는 모습이 더 꼴 보기 싫었다.

징계 받은 후 등교할 이 녀석을 어떻게 마주해야 하나 어려웠다. 도대체 이 학생의 생각과 행동은 어떻게 해야 할까 고민만 하고 있었다. 그때, 학생 부장님께서 다가와 말씀해 주셨다. 지금 선생님은 자신이 가장 큰 피해자이고 힘든 일을 겪었다고 생각하시겠지만, 사실 이 학생도 불쌍한 친구라고. 태어났더니 어머니는 안 계시고 아버지는 위협하고 욕하는 일상을 보내며, 아무도 자신을 믿어 주지 않는 환경 속에서 어떻게 좋은 말과 행동이 나올 수 있겠냐고. 그 친구의 처지에서 생각해 달라는 그 말이 다소 원망스럽기도 했지만, 순간 학생이 달리 보였다. 무작정 나쁜 학생이 아니라 가엾은 학생으로.

보는 시각이 달라지는 것만으로 이 학생을 대하는 태도 자체가 달라졌다. 어떻게 이 학생을 나아지도록 도울 수 있을까? 참 어려운 일이었다. 이후 세팍타크로 선수를 선발하는 고등학교로 진학하도록 부모님과 학생 모두를 설득하여 조금은 개선된 듯했지만, 고등학교 때 그만두고 다른 길을 찾으려 한다는 문자 이후로 연락은 끊겼다. 결국 도움을 주지 못한 셈이 되었으나, 문제아에 대한 인식을 바꿔 주는 결정적인 사건으로 나에게는 남아 있다.

교사 성장으로 말하다

교육과정-수업-평가-기록의 일체화로 학교 문화 바꾸기

교사로서 삶에 있어 가장 큰 전환점은, 바로 '교육과정 - 수업 - 평가 - 기록'의 일체화 동아리(이하 교수평기 동아리)이다. 이 동아리와 함께한 이후로 많은 것이 달라졌다. 공문 제목부터 매력적이었다. 수업에 관심을 가지고 이렇게 저렇게 여러 가지 수업을 해 봐도 해소되지 않던 갈증이, 그저 공문의 제목만으로 이렇게나 시원하게 느껴지는 경험은 처음이었다. 수없이 쏟아지던 공람 문서 중에 발견한 교수평기 동아리 문서에는, 수업과 관련된 자기소개서 A4 2장이라는 당시로는 파격적인(?) 가입 조건이 있었다. 심지어 그 자기소개서로 선발하겠다는 무서운 문장이 있었다. (후에 알게 되었지만, 선발은커녕 지원자 수가 선발 예정 인원보다 적어 신청자 모두 합격했다.)

학기 말 바쁜 와중에 최선을 다해 작성했고 그렇게 처음 15명이 모였다. 공문 한 장 보고 모인 사람들의 근본적인 생각이 일치하는 것을 보고 깜짝 놀랐으며, 이 모임이 이렇게 오래갈지는 상상도 못 했다. 이 교수평기 일체화 동아리를 통해 교육의 본질부터 다시 생각해 보게 되었다. 교육과정의 의미, 수업의 의미, 평가의 목적, 기록의 의미 등 하나하나 당연하다고 생각했던 것들의 본질을 고민하면서 무엇인가 안에서 채워진 느낌을 받았다.

다만, 교수평기 중 학생부 종합 전형과 맞물려 기록에만 관심을 두고 동아리를 쳐다보는 시선 때문에 꽤 진통을 겪기도 했었다. 기록을 잘해서 학생부 종합 전형을 잘 보내고자 하는 목적이 아님에도, 그런 것을 요구하는 수많은 강의 요청으로 다소 지치고 소진된 몇 년을 보냈다. 잘 알지도 못하는 주제들에 대해 건방지게 강의 요청을 받아 수행한 적도 있다. 그렇게 달려오던 차에 코로나라는 사건이 일어났다. 모든 교육적 관심은 에듀테크로 몰려갔고, 교수평기 일체화는 뒤로 밀려났다는 평가를 받았다.

하지만 이는 교수평기 일체화를 제대로 알지 못하는 사람들의 말이라고 생각한다. 교육과정을 수업하고, 수업 내용을 평가하고, 평가한 내용을 기록한다는 이 사실은 교육 정책에서 밀려나고 말고를 이야기할 것이 아니라, 공교육이 가져야 할 당연한 철학이다. 다만, 그 당연한 철학을 아직도 꾸준히 실천하지 못해서 계속 역량을 쌓아 나가는 중이다. 당연한 것을 당연하게 받아들이고 꾸준히 수행할 수 있을 때까지 아래와 같이 노력하고자 한다.

첫째, 교육과정을 읽어 보고자 한다. 올해 2022 개정 교육과정이 초등부터 적용되며, 2025년부터는 본격적으로 중·고등학교에 모두 적용된다. 임용고시를 위해 열심히 2022 교육과정을 공부해 온 신규 선생님들에게 부끄럽지만, 2022 교육과정을 처음부터 제대로 읽어 본 교사가 전체의 몇 퍼센트나 될까? 고민이 많아지는 시점이다. 수석교사로서 가능한 많은 선생님과 함께 교육과정을 읽어 보고자 한다.

둘째, 수업을 고민하고자 한다. 교육과정을 내 것으로 만들고 나의 교육과정에 적합한 수업 방법을 찾아 고민하는 시간을 가져야겠다. 당연히 수업에서 마주하는 학생들의 파악도 함께 되어야 할 것이다. 학생과 교사의 호흡이야말로 수업의 본질이라 할 수 있겠다.

셋째, 평가를 개선하고자 한다. 이번 화두 중 하나가 논술형 평가이다. 논술형 평가를 해 보지 않은 것은 아니지만, 그것이 진정한 논술형 평가인가에 대해서는 고민해 볼 필요가 있는 것 같다. 논술형과 서술형을 정확하게 이해하고 구분 지어야 진정한 논술형 평가를 할 수 있을 것 같다.

넷째, 기록을 꾸준히 하고자 한다. 학생들이 수업 시간에 보여 주는 모습을 성취 기준에 맞추어, 꾸미거나 과장되지 않은 표현으로 기술하고자 한다. 화려한 수업의 모습이 아닌, 학생의 성장이 드러나는 기록을 위해 노력하겠다.

아직 수석교사라는 자격에 턱없이 부족한 역량이지만, 나의 역량을 여기까지 키워 준 교수평기 일체화 동아리와 함께 앞으로도 천천히, 하지만 꾸준히 나아가고자 노력할 것이다.

32

성장하는 수석교사 김계형

행동 발달 및 종합 의견

초등학교 2학년 때, 미술 교과서에 그림이 실리는 화가가 되어야겠다고 마음먹었음. 결국 미술 교사로 살아가면서 작가로 활동하고 있으나, 아직 교과서에 작품을 싣지는 못했음. 뒤늦게 개인전을 통해 작품을 발표하며 그 꿈을 다시 꾸기 시작했음. 또한, 미술 교육 관련 연구회를 통해 전국의 교사들과 만나 미술 교육의 미래를 논하고, 지역 교사들과 학생들을 위한 활동을 하며 미술 교육이 삶에 미치는 영향에 대해 고민하고 있음.

늦깍이 미술 교사

나는 전북대학교 사범대학 미술 교육과를 졸업했다. 졸업 후 발령 대기 중 임용고시가 생겼는데, 형편상 시험 준비를 하지 못하고 다니던 직장에 계속 다녔다. 전북에서 미술 교사 신규 임용을 하지 않는 시간이 오래되어, 대학에서 강의하고 학원과 직업 전문학교에서 미술과 그래픽을 가르치는 한편, 영상 관련 프리랜서 활동도 했다.

그러던 중 미발령 교사에게 시험을 치를 수 있게 하는 제도가 마련되어 충남으로 임용 시험을 치렀고, 충남애니메이션고등학교에 첫 부임을 했다. 그때 나이가 41세였다. 늦은 나이 때문에 남들보다 더 많은 노력을 하며 교직 생활에 적응해 나가기 시작했다.

충남애니메이션고등학교는 미술이 중심이 되는 학교로, 내가 사회생활을 하면서 가르쳤던 내용들을 풀어낼 수 있었던 곳이었다. 나 외에도 7명의 미술 교사가 있었기에 그분들이 가지고 있는 많은 장점을 흡수할 수 있었다. 다양한 선배 교사들이 알려 준 교사로서의 기술, 나의 멘토이신 이기재 선생님의 교사로서의 사명감, 책임감, 그리고 학생들에 대한 찐사랑 등…. 자칫 늦게 교사가 되어 놓칠 수 있는 면들을 세세하게 가르침 받았다. 나 또한 교사로서 지켜야 할 업무에 대한 태도, 미술 교사로서 가져야 할 전문적 지식 등을 겸허한 자세를 가지고 배워 나갔다.

처음에 학교 기숙사 사감으로 기숙사에서 학생들을 지도하며 24시간 학생들과 함께하는 교사 생활을 시작했다. 전교생이 기숙사 생활을 하는 학교였는데, 부모를 떠나 독립을 한 학생들은 때로는 치열하게 싸우고, 때로는 서로를 격려하며 기숙사의 규칙에 적응해 나갔다. 이 과정에서 교사인 동시에 부모의 역할을 하며 학생들의 안전과 건강을 위해 늘 긴장하며 생활했고, 그 시간은 고등학생들의 심리와 특성을 이해할 수 있는 큰 자양분이 되었다.

늦은 나이에 교사가 되다 보니 처음에는 학생들의 언어를 이해하기 어려웠다. 특히, 애니메이션이나 만화와 관련된 함축된 언어를 해석하지 못해 고민하다 그 단어가 무슨 의미인지 가르쳐 달라고 하면, 학생들은 신나서 설명해 주고는 했다. 그때 난 교사가 진솔하게 학생들과 눈높이를 같이 하려고 하면 학생들은 자신들의 마음을 활짝 열어 준다는 것을 알게 되었다. 그 후로는 언제나 학생들의 생각을 이해하고 함께하는 교사가 되기 위해 노력하고 있다.

02 수석교사를 말하다

수업 역량으로 말하다
탈 장르 시대에 미술 교육이 가야 할 길

나의 전공은 미술 교육이다. 미술 교과 지도의 중심은 미적 체험, 미술 표현, 감상 활동이다. 이 지도의 중심은 학생들이지만 교과 지도의 이정표가 되어야 할 사람은 바로 교사이다. 미술 교과 지도가 학생들의 창의성을 강조하는 추세에 있는 요즘, 이는 교사의 창의성과 능숙한 실기 능력이라는 개인 전문성이 전제되어야 함을 의미한다.

하지만 미술 교사도 다른 교과 교사들과 마찬가지로 학교 현장 속에서 담임, 상담, 생활 지도, 업무 분담, 성적 처리 등의 다양한 일과 속에서 바쁜 나날을 보내고 있다. 그렇기에 전문성을 신장시킬 기회가 적어지면서 그 능력이 갈수록 고갈되어 가는 추세다. 이를 극복하기 위해 평소 중요성을 실감하였던 개인 전문성 향상을 위한 연수를 적극적으로 받고 있으며, 전공에서의 전문성 신장을 위해 개인 작품을 창작하고 있고, 개인전과 단체 전시회도 꾸준히 참여하고 있다.

또한, 교과 수업 공동체에서 활동하며 미술 교육 연구회의 대표 일을 맡고 있다. 미술은 창의성 계발이라는 방법을 통해 획일화되어 가는 사회 분위기를 타파할 수 있는 중심 과목이다. 창의적인 교수·학습 내용을 수업에 접목해 새로운 수업을 학생들에게 가르치려 하고 있으며, 이러한 능력을 더욱 확장시키고자 하는 열의를 가지고 수업에 임하고 있다. 그래도 아이디어는 항상 부족한 실정이다. 교사는 수업에 참여하는 학생들이 획일적이지 않고 저마다의 창의적인 모습을 표현할 수 있도록 조력자가 되어야 한다고 생각한다.

내가 수업에서 주안점을 두고 있는 방향은 다음과 같다.

첫째, 문화를 알아가는 수업을 하고 있다.

현대 사회는 탈장르의 시대라고 한다. 회화와 조소, 디자인과 회화, 한국화와 서양화가 어우러지는 시대이다. 이론과 실기 또한 이분법적으로 구분하지 않으며, 이론 속에서 실기를 찾고 실기 속에서 이론을 이야기하는 수업을 지향한다. 미술이라는 틀 안에 가두지 않고 문화라는 커다란 영역 속에서 미술을 찾으며 이해할 수 있는 수업을 하고자 한다. 그리고 성취 기준과 교과서를 근거로 한 새로운 수업을 개발하고 연구하여, 학생들의 참여도를 높일 수 있는 신나는 미술 수업을 위해 노력하고 있다.

둘째, 융합 수업을 하고 있다.

사회에서 극한 기후 지역을 배우면, 미술에서는 그 지역에 필요한 집의 구조를 그리거나 만들기로 극한 지역의 특징을 표현하는 수업을 했다. 과학에서 프리즘과 삼원색을 배우면, 미술에서 RGB와 CMYK 색에 대한 수업과 점묘화 작품을 통한 색채 수업을 한다. 음악에서 인상파의 영향을 받은 음악을 배우면, 미술에서는 인상파 그림을 감상하고 시대적 배경을 알아보는 수업을 했다. 가정에서 패브릭을 다루면, 미술에서는 공예 시간에 패브릭을 이용한

만들기와 디자인으로 융합 수업을 했다. 이렇듯 미술 과목은 독립적인 수업뿐 아니라 다른 교과목과도 융합이나 접목할 수 있는 내용이 무궁무진하다. 수업 연구를 통해 융합 수업을 어떻게 할 것인지 늘 고민하고 있다.

셋째, 디지털 리터러시 교육을 한다.

나는 시각디자인 기사, GTQ 자격증 외에 정보나 멀티미디어 관련 자격증들을 가지고 있다. 충남애니메이션고등학교에서 컴퓨터그래픽과 애니메이션, 만화를 가르쳤다. 만화 과에서 웹툰 등을 가르치다 보니 학생들에게 앱을 통한 교육이나 그래픽을 통한 교육으로, 요즘 아이들의 눈높이에 맞출 수 있는 영상을 활용하여 수업하기도 했다. 요즘 학생들은 시각 문화에 많이 노출된 세대라 캐릭터 등을 무척 좋아하고 잘 그린다. 이러한 미디어 문화의 홍수 속에서 비평 능력을 키워 주는 것 역시 교사의 몫이라 여기며 지도한다.

넷째, 지역 사회 중심 교육을 한다.

'역사를 잊은 민족에게 미래는 없다.'라는 말처럼 우리 고장의 역사와 문화를 이해하는 것은 무척 중요한 수업이다. 나는 '한스타일과 놀자'라는 주제를 이용하여 중학생용과 고등학생용 수업을 개발했으며, 실제 학생들에게 적용하여 수업했다. 자유 학기제와 교육청 교육 공동체 수업 네트워크를 통해 발표도 했으며, 경인교육대학교 연수 강의를 통해서도 우리 지역의 특성을 살릴 수업을 발표했다. 우리 고장에서 무엇을 지향하는가를 학생들이 이해하고 찾아볼 수 있도록 안내하는 것이 교사로서의 사명이라 생각한다.

생활 교육으로 말하다
기다림이라는 꽃

여러 업무와 담임을 하면서 느낀 점은 동료 교사들과의 긴밀한 협업과 정보 교환이 중요하다는 것이다. 현재 학교에서 생활지도위원회를 비롯하여 여러 위원회에서 협의를 통한 의사결정 과정에 참여하는 등 다양한 방법으로 학교의 업무에 참여하고 있다. 생활지도위원회는 학생들이 학교생활에 적응을 잘할 수 있도록 지도하는 부서인데, 학생들이 행복하고 건강하게 학교생활을 하며 자신의 진로를 찾아가는 여정 속에서 등대의 역할을 하고 싶다.

내가 학교에서 학생들과 하는 활동을 살펴보면 다음과 같다.

학생들과 함께하는 동아리 활동을 통해 건강하고 즐거운 학교생활을 영위할 수 있도록 다양한 활동을 하면서, 학생들이 성취감과 자신감을 느낄 수 있도록 조력하고 있다. 또한, 진로 고민이 있는 학생들에게 상담이나 대화로 필요한 부분에 대해 조언해 주고 자료를 찾아 주거나, 조언이 가능한 기관과 연계해 주어서 자신의 여건과 적성에 맞게 합리적으로 진로를 선택할 수 있도록 돕는 중이다.

학교 부적응 학생의 경우 인성 인권부, 학부모와 연계하여 학생을 지도하면서, 가정에서의 문제가 있다면 부모 상담을 상담 기관과 연계하는 방법을 제시한다. 경제적 어려움으로 힘들어하는 학생에게는 교사가 멘토·멘티 관계를 맺고 장학금을 받을 수 있는 방법을 찾아보는 등, 교사의 관심과 돌봄 속에서 원활한 학교생활이 될 수 있도록 지원하고자 한다. 미술 심리치료는 그림으로 진단하고 치유하는 방법으로, 학생 개개인의 정서적·심리적 안정을 도모하고, 이를 생활 지도로 연계하여 건강한 공동체를 만들고자 한다.

생활 교육 속에서 무엇보다도 중요한 것은 학생들의 말에 귀 기울이고 있음을 학생들이 느낄 수 있도록 진정성 있게 접근하는 일이다. 이를 위해 내가 선택한 방법은 바로 '기다림'이었다.

전공 교과 때문에 나에게 주어진 업무와 소속이 인성 인권부였던 적이 많았다. 축제 업무, 학생 교복, 학생 인권과 노동 인권, 학생증 관련 등등. 난 이러한 업무들을 하면서 담임을 겸했다. 인성 인권부에 근무하면 다양한 학생들의 문제점을 보게 된다. 그리고 그 학생들의 부모님들을 만나게 된다. 여러 해의 경험을 통해 우리가 흔히 말하는 문제가 있는 학생들의 부모님들에게서 공통점을 발견했다. 내 자녀를 보호하고자 하는 마음, 즉 내 자녀의 편이 되어 주는 것이었다. 물론, 잘못된 사랑을 하고 계시는 분도 분명히 계시지만, 난 학부모이면서 교사였기 때문에 그 부모의 마음을 헤아릴 수 있었다. 그런 분들께 나는 나의 소신으로 응대했다. 학생에게 절대로 못 한다고 말하지 말자, 그들이 우리에게 마음을 열 수 있도록 두드리되 기다리자. 어떠한 방황이든 기다림이 필요하다는 것을 솔직하게 이야기하면 부모님들은 이해해 주었다.

학생들은 가능성을 품은 씨앗이다. 그러므로 성장한다. 성장하는 아이들은 성장통을 겪는다. 그 통증의 원인들에는 친구와의 관계, 학업의 문제, 교사와의 문제 등이 섞여 있다. 어떤 것의 비중이 큰가는 그때그때 다르다.

언젠가 가르쳤던 중3 학생들이 담장 하나를 사이에 두고 있던 공고에 입학한 적이 있었다. 그 학생들은 소위 내놓은 애들 취급을 받던 아이들이었고 서로 뭉쳐 으스대며 살았던 아이들이었다. 난 그 아이들이 2학년 때 순회 수업을 하러 갔었다. 수업은 1학년밖에 없었기 때문에 직접 가르치진 않았지만, 그 아이들의 행적을 교사들을 통해 들었다. 놀랍게도 중3 때 엉망이었던 모습이 거의 사라지고, 자신의 진로를 위해 열심히 사는 모습들을 볼 수 있었다. 공고 선생님들의 눈물과 사랑이 그 아이들의 변화를 가져왔다고 생각했다. 그리고 아이들은 성장한다는 것을 깨달았다. "젊은 거지는 괄시하지 말라."라는 속담이 있다. 우리 학생들에게는 잠재적인 가능성이 있다. 비록 교사와 부모님들을 힘들게 할지언정, 방황하면서도 자신의 길을 찾아간다.

이 글을 쓰는 중에 전화를 받았다. 2년 전에 담임을 맡았던 학생이었다. 출결이 엉망이어서 유급될 상황에까지 이르렀는데, 학생을 설득하고 방향성을 제시해 주며 1학년을 겨우 마무리했다. 2학년 때는 실장도 하고 결석 없이

학교에 다니고 있다던 그 녀석이, 오늘은 새해 인사와 함께 전공에서 교과 우수상을 받았다고 자랑하는 인사를 건넸다.

나는 또 한 송이의 꽃을 피웠다고 생각했다. 기다림이 피워낸 꽃이었다. 앞으로도 나는 교사로서 방황하는 학생들이 길을 찾을 수 있도록 이정표를 세워 주고 기다리는 일을 반복하고자 한다.

교사 성장으로 말하다

나다움을 지켜 가며 변화해 가는 교사

수석교사는 교사로서 활동할 수 있는 가장 최고의 전문성을 대표하는 자리인 만큼 교육에 있어서 제일로 고민하는 자리이기도 하다. '학생의 성장'이라는 목표를 기반으로 교실의 영역에서 교육과정을 재구성하고, 학생 중심 수업을 실질적으로 이룰 뿐 아니라, 수업 활동이 기반이 되는 과정 평가를 시행함으로써 배움과 성장의 중심이 되어야 한다. 또한, 단위 학교의 영역에서 뭇 선생님들의 수업을 물심양면으로 지원하면서, 동시에 교사와 학생 간의 원활한 소통이 이루어질 수 있도록 매개가 될 필요가 있다. 이를 통해 학생들이 앞으로의 미래 세대를 살아감에 있어 핵심적인 역량을 기르고, 참 학력을 신장할 수 있도록 노력해야 한다.

현 미술과의 교과 역량을 기반으로 하여 수업을 설계하고 이를 통해 현 교육과정이 추구하는 '포용성과 창의성을 갖춘 주도적인 사람'을 길러낼 수 있는 방향을 모색하고 있다. 따라서 미술 교사나 그 외 과목 교사에게 수업 지도·지원 측면에서 내가 할 수 있는 일들을 살펴보면 다음과 같다.

첫째, 수업을 지원하거나 컨설팅하기 위해서는 수업을 부담 없이 열 수 있도록 교사들 간의 관계가 중요하다고 생각한다. 평가하려고 하는 게 아니라 조력자임을 알려 주어 편안하게 수업을 진행하도록 신뢰의 시간이 필요하다고 생각한다. 에듀테크 수업 도구의 활용, 학생들과 관련된 문제 해결력, 말하는 속도 등을 동영상 촬영이나 사진으로 기록하여 수업 후 피드백으로 함께 점검해 본다.

둘째, 코로나 팬데믹 같은 상황이 언제 다시 도래할지 모르기 때문에 온라인으로 미술 수업을 할 수 있는 방안들을 연구해서 온라인 학습관리시스템을 활용해 수업할 수 있는 준비된 교사가 되도록 함께 연구한다.

셋째, 교실에서 학생들과 공감하는 가장 기본적인 방법은 학생을 존중하는 것이다. 따라서 학생들에게 존댓말 하기, 뒤에 앉은 학생이 시각 자료가 잘 보이는지, 잘 들리는지 확인하기 등은 교실 수업에서 가장 기본이 되는 교사의 매너이다. 사소하여 놓치기 쉽지만 수업 열기 단계에서 학생들을 살피는 것은, 학생들과의 신뢰 관계 형성에 중요한 부분이다. 느린 학습자, 다문화 학생, 특수교육 대상 학생 등 다양한 학생들에게도 적용될 수 있도록 맞춤형 수업을 진행하여 모두가 참여하는 수업에 대한 피드백이 꼭 필요하다고 본다.

넷째, 요즘 학생들은 집중력이 떨어지는 경우가 많다. 그래서 도입 부분이나 아이디어 스케치할 때 발상 기법은 판서로 설명하기, 질문하기 등 실제 학생들 수업에 필요한 소소한 문제 해결책을 제시해 주어 저경력 교사나 신규 교사들을 조력하고자 한다.

다섯째, 국내외 연수를 통해 배운 것들을 교사들과 나누고, 학생이 중심이 되며 교육과정을 자율화하는 방안 등을 교사들과 공유하며 함께 연구한다.

15세기 르네상스에서는 미술을 중심으로 한 융합 교육이 강조되었다고 한다. 최근 미술계에서도 미술 전성시대인 르네상스에서 모티브를 얻어 '교과 융합 교육'이 대두되고 있는 추세이다. 이로 인해 미술 교사는 단순한 미술학을 넘어 심리학, 철학, 인체학 등 여러 가지 교과의 내용을 통합시키는 새로운 지적 발달의 선두 주자가 되어야 한다. 학생들의 미적 체험, 표현 활동, 감상 활동의 심화는 미술 교사 자신의 솔선수범이 뒷받침될 때 가능하다.

사회생활을 하다 늦은 나이에 교사가 되었다. 학생들과 만나는 것에, 또 학교에 발자취를 남길 수 있는 것에 감격하면서도 이를 표현조차 못한 채 쉬지 않고 달려온 지가 어언 18년 남짓이다. 이제껏 뒤를 돌아볼 새도 없이 정말 말 그대로 '앞'만 보며 왔다. 조금이나마 여유를 찾고 있는 요즈음, 나는 주위를 돌아보며 많은 것을 느끼고 있다.

미술 교육은 아직도 더 많은 공유와 교사 간 네트워크의 구축이 필요하다. 미술 교육 연구회 활동을 하다 보니 각종 자료 개발과 공유, 정보 교환, 전문성 신장을 위한 예술 활동 등을 해야 함을 절실히 느낀다. 그렇기에 나는 그 계획을 담을 '스케치'를 해 보고자 한다. 개인의 교과 전문성, 나아가 현장에서의 수업 전문성을 신장하고, 창의적인 인재 육성과 각종 프로젝트의 기반이 될 아이디어 뱅크의 초석을 다지는 교사가 되고자 하는 바람을 적어 본다.

33

나의 길을 찾아 여행 중인 수석교사 김관림

행동 발달 및 종합 의견

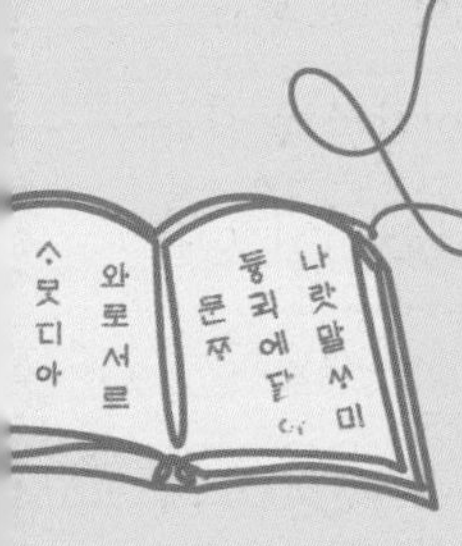

'지금, 여기'에 최선을 다하는 '현재형 인간'으로, 과거의 기억보다는 미래의 상상을 즐기는 낭만 추구자임. 넘치는 에너지를 주체하지 못해 자질구레한 일들을 만들고, 그 일을 어떻게 재밌게 해나갈지를 고민하는 데서 소소한 즐거움을 느낌. 때로는 자신을 돌보지 않고 희생적으로 일을 도맡아 하는 무모한 모습을 보이기도 함. 자신이 행복해야 주위까지 행복해질 수 있다는 생각으로 항상 얼굴에 웃음을 머금고 다니는 밝은 성격의 소유자임.

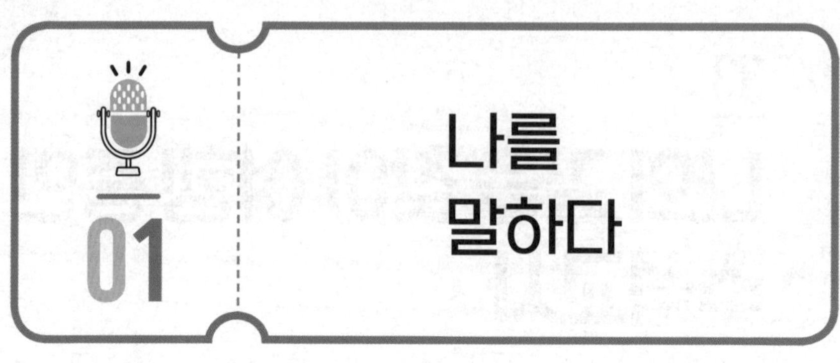

나를 키운 건 팔 할이 '서전고'였다

교사로서의 자화상을 돌아볼 때, 나를 키운 건 팔 할이 '서전고'였다. 공모교장제 실시, 20명 학급 편성, 학생 선택 중심의 교육과정 운영, 지역과 함께 성장하는 학교, 민주적인 학교 문화 등 혁신 학교보다 더 혁신적인 서전고는 나를 주체적인 교사로 성장시킨 곳이기 때문이다. 2017년 충북 혁신 도시에 문을 연 서전고는 우리나라 최초의 한국교육개발원(KEDI) 협력 학교로, 충북교육청과 KEDI가 새로운 미래형 공교육 모델 학교로서 자리매김하길 기대하며 3년간 종단 연구를 할 정도로 애정을 쏟은 곳이다.

서전고에서의 성장 경험 중 하나를 소개하고자 한다. 학생회 교류 행사를 위해 서울 휘봉고를 방문했을 때, 휘봉고 학생회장이 학생 자치 활동에 대해 소개하는데 난데없이 음악 소리가 크게 들렸다. 서전고 아이들은 휴대전화를 매너 모드로 바꾸지 않은 무례한 누군가를 찾느라 부산스러웠다. 그 모습을 본 휘봉고 학생회장은 오히려 당황하며 그 음악 소리는 쉬는 시간을 알리는 학교 종소리임을 알려 주었다. 시종을 알리는 학교 종소리가 없는 서전고 아이들은 그제야 학교 종소리가 얼마나 무례하고 폭력적인 장치인지 깨닫는 충격적 경험을 했다. 나 또한 그랬다. 교육 이념인 '자율, 참여, 상생'을 실현하기 위해 '학교 종소리'를 거부한 서전고. 자율적으로 생각하고 행동하는 데 거추장스러운 것들을 덜어 내고 교육의 본질을 찾고자 한 서전고의 교육 활동들은 나 스스로도 알을 깨고 나와야 한다는 것을 깨닫게 했다.

새 학년 준비 모임에 진심인 교사들이 TF 팀이 되어 겨울방학 내내 워크숍을 준비하면서 어떻게 서전고의 교육 철학을 공유하고 실천할지 고민했던 설렘, 존엄과 환대로 새 교육 가족을 맞이하던 기쁨, 저경력 교사들과 수업 친구가 되어 서로의 수업 고민을 경청하고 학생의 배움이 일어나도록 수업을 함께 설계하던 도전, 대입을 위한 진학 지도와 교육 이념이 함께 갈 수 있는 방향을 모색하기 위해 동료 교사들과 토론했던 전문적 학습 공동체 포럼의 열기, 마지막 철학 수업을 끝으로 정년퇴임을 하시는 교장 선생님과 교실에 모여 앉아 기타 치고 노래하며 서로의 길을 응원하던 눈빛 등, 서전고에서의 잊을 수 없는 경험은 나를 수석교사로 만드는 데 큰 힘이 되었다.

며칠 전, 서전고 송별회에 다녀왔다. 7년을 함께했던 서전고 교육 가족과의 이별. 떠나기 싫은 학교, 다시 오고 싶은 학교인 서전고를 떠나며 다들 눈물을 흘렸다. 교사로서 개방과 공유로 성장하고, 성찰과 상상으로 날아올랐던 서전고의 기억을 다들 소중히 간직하리라. 나도 그 기억의 힘으로 수석교사로서의 첫발을 희망차게 내딛으려 한다. 여럿이 함께 내딛는 한 발의 가치를 소중하게 생각하며 동료 교사들과 손잡고 가련다. 수석교사의 길을!

02

수석교사를 말하다

수업 역량으로 말하다

학생 한 명 한 명의 배움은 존엄하다

1996년 초임지였던 보은농공고에서 수업은 신규 교사의 열정 가득한 꽃길이 아니라, 힘들고 어려운 가시밭길이었다. 수업보다는 생활 지도가 더 버거운 학교에서 수업은 1순위가 아니라 2순위, 그도 어떤 때에는 업무에 밀려서 3순위가 되기도 했다. 교과서 내용을 다 가르칠 수도 없었고, 학생들 수준에도 매우 어려운 내용이었기에 수업은 늘 제자리걸음이었다. 아이들은 쉽게 지쳐서 금방 흥미를 잃고 눈동자가 허공을 맴돌기 일쑤였다.

그런 수업의 반복으로 초심을 잃고 시들시들해져 갈 때, 모둠 수업에 관한 책을 쓰신 김성장 선생님을 만났다. 김성장 선생님이 오시자 학교는 몰라보게 달라졌다. 국어 교과 교실을 만드셨고, 온갖 교구들을 갖추고 아이들의 눈빛이 살아 있는 모둠 수업을 하시는 것이었다. 교과서의 낡은 지식을 가르치기보다는 지금 여기 학생들이 관심 있어 하는 문제를 탐구하도록 수업을 설계하셨다. 아이들은 문제를 해결하기 위해 인터뷰도 하고 설문 조사도 하는 등, 이제껏 보지 못한 활기를 보여 주었다. 선생님께서 먼저 함께해 보자고 제안하셔서 나도 선생님을 따라 모둠 수업에 도전하게 되었다. 모둠별 설문 조사 활동을 진행했는데, 아이들이 수업의 주체가 되어 자신의 목소리를 내고 관심 분야를 탐구하며 즐거움을 느끼는 모습을 보자 이제야 제대로 된 수업을 만난 듯한 느낌이었다. 그해 수업 경험을 여러 선생님들 앞에서 발표하기도 했는데, 그때부터 학생 활동 중심의 모둠 수업에 눈을 뜨게 되었다.

그다음 근무지인 중학교에서는 희곡 수업에서 연기, 조명, 음향, 소품, 무대 디자인 등 관심 있는 분야별로 모둠을 만들어 한 편의 연극으로 멋지게 완성해 내기도 했다. 모둠 수업에 날개를 단 듯했다. 하지만 인문계고로 근무지를 옮기고 고3을 가르치게 되자, EBS 교재로 문제 풀이식 수업을 하는 교사들 틈에서 나 홀로 모둠 수업을 진행하기는 어려웠다.

결국 강의식 문제풀이로 EBS 수능 연계 교재 4권을 1년 내내 내 목소리 하나에만 의지해서 수업하다 보니, '졸면 졸았지 잔 건 아니라며 바득바득 우겨대는' 학생들과 입씨름하기 다반사요, 극심한 성대 결절로 병원 신세를 져야 하는 형편이었다. 학생도 지치고 교사도 지치는 수업을 계속할 수는 없는 상황이었는데, 2011년도 입학사정관제가 본격화되고 수시 반영 비율이 점점 높아지는 상황과 맞닿으면서 수업의 변화를 다시 모색하게 되었다.

'전국 국어 교사 모임' 경북 지역에서 꾸준히 활동하고 교사 대상으로 연수를 해 온 김명희 선생님의 40년 국어 수업의 모든 것을 담은 책, 『시간과 공간의 흐름을 타는 국어 수업』을 읽고 '교사에게는 누구나 자기만의 교육과정이 필요'하며 '아이들이 실생활에서 쓸 수 있는 국어'를 가르쳐야 한다는 데 공감하고, 다양한 국어 수업 방법을 그 책을 따라 시도하게 되었다.

그중에서 '시 퍼즐 수업'은 잊지 못할 경험이었다. 나희덕의 「못 위의 잠」이라는 긴 시를 제목도 알려 주지 않고, 몇 부분으로 잘라 퍼즐처럼 조각조각 나눠 주고 한 편의 시로 완성하라고 했다. 그랬더니 아이들은 시 맥락을 짚으며 이리저리 궁리하느라 바빴고, 졸던 아이도, 공부를 잘하는 아이도 다 평등하게 수업에 참여했다. 책상 위에 올라가서 시를 전체적으로 조망하는 아이, 중복되는 시어를 중심으로 시 조각을 맞춰 보는 아이, 모둠 책상에 빙 둘러서서 머리를 맞대고 시를 열심히 감상하는 아이들의 모습이 한 송이 꽃 같았다.

다 완성하고 빈칸을 채워 제목을 완성하라고 하자, 못 위에서 잠을 잘 수밖에 없는 '아비 제비'의 처지와 실업자인 '아버지'의 처지를 연결해서 이해하고 있는 아이들을 볼 수 있었다. 일을 마치고 돌아온 어머니에 대해 아버지가 느꼈을 미안함에도 마음 깊이 공감하고 있는 듯했다. 아이들 한 명 한 명의 배움이 일어나고 있는 수업 현장에서 나는 무한히 감동했다.

이후 나는 '학생 한 명 한 명의 배움은 하나같이 존엄하다'는 생각을 바탕으로 여러 도전을 시도 중이다. 비경쟁 독서 토론으로 소설 읽기, 고전 소설 읽고 방 탈출하기, 독서 전문가 활동, 개인 문집 만들기 등의 활동을 통해 깊이 있게 배우고 생각하길 바라며, 교사의 설명은 줄이고 학생들의 배움이 일어나도록 수업을 설계하고 있다. 하지만 여전히 수업은 어려운 점프 과제이다.

생활 교육으로 말하다

학생 자치로 학생 행위 주체성을 깨우자!

2017년~2021년, 5년간 학생 자치회 신문 동아리 '우듬지' 지도 교사로서의 삶은 아주 특별하고 행복했다. 학생 자치회 활동과 교육 활동 등을 취재하여 1년에 4번 신문으로 발간하는 것이 주된 일이었다. 나는 신문 발간 전 과정에서 학생들이 주체가 되도록, 편집장 중심의 편집 회의에서부터 신문 발간 후 평가회까지 학생들이 주도하도록 지도했다. 아이들이 편집 회의 결과를 바탕으로 기사를 배분하고, 취재 기일을 엄수해서 기사문을 작성하고 나면, 내가 교열 작업에만 참여하는 방식이었다.

개교한 지 100일도 지나지 않은 5월 31일, 보도 자료 작성도 서툴고 표제와 부제를 다는 데도 엉성한 1학년 초짜들 12명으로 구성된 동아리가 8면짜리 창간호를 냈다. 창간호 발간의 기쁨이 가시기도 전에 아이들은 곧바로 2호 우듬지 편집 회의에 들어갈 정도로 2달에 한 번 신문을 발간하는 일은 녹록지 않은 일이었다.

하지만 아이들은 스스로 기획하고 취재하여 신문으로 완성해 내는 것에서 성취감을 맛보고, 책임감과 자부심도 느끼고 있었다. 나를 '노동 착취'로 고용노동부에 신고할 것처럼 굴던(?) 아이들이 8면으로는 성에 안 찬다며 12면으로 증면을 요구하고 나섰다. 그래서 '우듬지 9호'부터는 12면으로 증면되었고, 사회 문제를 깊이 있게 취재한 기획 코너들도 늘었다. 코로나로 세상이 멈춰 버린 듯한 2020년 5월 15일, 학생들의 등교 개학 전임에도 불구하고 '우듬지 13호'가 어김없이 발간되었다. 아이들의 얼굴로 채우던 신문 1면을, 코로나 19를 극복하는 그날까지 응원하겠다는 아이들의 글로 대신했다. 하지만 12면을 가득 채운 서전고 학생 자치회 신문은 멈춰서지 않았다. 이것은 학생들이 신문의 주인이라는 생각과 책임감이 만들어 낸 결과라고 생각한다.

2019년~2021년, 3년간 학생자치 업무를 맡았을 때에도, 학생들이 주체가 되어 공동체가 나아갈 방향을 찾고 그 안에서 학생회가 할 수 있는 일을 찾도록 지원했다. 공동체 안에서 스스로 결정하고 실천하며 성찰하는 학생자치활동은 어떤 변화와 고난도 헤쳐나갈 수 있도록 아이들을 단단하게 만들었다. 학생회 아이들은 3·1운동 100주년 행사를 마을 주민들과 함께하는 축제로 만들어 냈다. 또, 코로나로 학교 축제는 엄두도 못 내고 있을 때에도 서로를 위로하자는 주제로 언택트 축제를 열었으며, 동아리 연합회를 만들어 동아리 활동에 대한 학생들의 갈증을 해결하려고 노력했다.

OECD 학습 나침반 2030에서는 '학생 행위 주체성(student agency)'을 강조한다. 교사가 정해 주는 지시나 방향을 받아들이는 대신, 낯선 상황을 통해 스스로 탐색하고, 의미 있고 책임 있는 방식으로 방향을 찾는 힘이 '학생 행위 주체성'에 담겨 있다. 이를 위해 학생 자율과 참여, 책임을 장려하고, 학생이 스스로 선택하고 계획을 세우고 실행하는 힘, 나아가 사회적으로 긍정적인 영향을 끼칠 수 있는 시민으로 성장할 수 있도록 해야 한다.

우듬지

희망나무에 학우들의 꿈과 희망 가득 담아

새 가족 맞이하는 입학식

"우듬지처럼 하늘 높이 뻗어나가길"

보재 이상설 선생님의 '서전서숙' 계승해

행복한 꿈의 학교 만들어요

우듬지

걸어봄 만나봄 외쳐봄

우듬지

2020 제4회 돌실제

2020 위로 더하기, 2021 위로! We로!

교사 성장으로 말하다

수석교사의 길 위에서 길 찾기

조동화의 시 「나 하나 꽃 피어」에 나오는 구절처럼, '네가 꽃피고 나도 꽃피면 결국 풀밭이 온통 꽃밭이 되는' 희망을 품고 수석교사 자격 연수에 참여했다. 그러나 연수가 거듭될수록 희망을 앞질러서 걱정과 두려움이 내 주된 정서가 되어 가는 것 같다. 사명감과 자긍심이 깊어 현장의 어려움에 울컥 눈물을 보이시는 선배 수석교사를 비롯하여 전문성과 열정이 가득한 예비 수석교사들을 보면서, 수석교사로서는 한참 부족한 나의 역량을 이 연수를 통해 어떻게 급성장시킬 것이며, 학교에 가서는 수석교사로서의 길 위에서 길 찾기를 제대로 할 수 있을지 걱정과 두려움이 자꾸 스멀스멀 피어난다. 마침 제주도 체험 연수를 다녀오게 되어, 다시 희망의 끝을 잡고 수석교사로서의 길 위에서 길 찾기를 생각하게 되었다.

'AI 시대 비판적 창의적 사고력을 키우는 IB 교육'이라는 주제로 홍영일 교수님의 특강을 듣고 막연하게 알고 있었던 IB 교육을 이해할 수 있었고, 인공지능을 활용한 수업에 대해 고민하는 시간도 되어 뜻깊었다. 『챗GPT 국어 수업』이라는 책에서 챗GPT가 쓴 시가 한용운의 시보다 더 좋다던 아이들에게 창작자가 누구인지 알려 주었을 때 아이들이 받은 충격은, 문학의 조건에 대한 깊은 고민과 인공지능 시대에 필요한 인간의 역량에 대한 관심으로 연결되었다는 내용을 읽고 나 또한 충격을 받았다. 교사가 백 번 천 번 이야기한들 으레 그러려니 시큰둥했을 아이들이, 챗GPT를 통해 진짜 배움을 시작하게 되었다는 것에 한 대 얻어맞는 것 같았다.

AI 시대의 교사로서 겁내지 말고 인공지능과 친해지기 위해 노력해야겠다는 생각이 든다. 소설 줄거리를 챗GPT와 함께 재구성해 나가기, 챗GPT를 반박하는 글쓰기 등을 통해 질문하는 힘을 기르고, 다른 입장을 이해하고 시각을 확장하는 경험을 하도록 수업을 설계하고 싶다.

작년에 수석교사가 되신 선생님과의 간담회 시간, "수석교사가 있음으로써 어떤 도움을 받으셨나요?"라고 질문할 수 있어야 한다는 말씀이 가슴에 무겁게 얹어진다. 동료 교사와 서로 도우며 성장해 온 내게 참 낯설고 어려운 질문이라는 생각이 든다. 질문하기까지의 엄청난 노력과 스스로 듣고자 하는 답변에 대한 기대가 있기에 동료 교사에게 꺼내 놓기 힘든 질문이다.

나는 아직 질문하기에는 턱없이 아득한 상태라, 함께 내딛는 한 발짝에 힘을 싣는 응원의 함성을 더하는 쪽을 택하고 싶다. "저도 어렵지만 함께하면 할 수 있을 거예요! 함께해요!"라며 힘을 북돋는 말 한마디 먼저 건네는 동료 교사이고 싶다. 간담회 이후에 수석교사의 일 년 살이를 담은 전자책을 공유해 주셨는데, 교사들의 평가를 겸허하게 수용하고 과감하게 변화를 선택하신 그분의 성장 경험이 기록되어 있었다.

수업 공개 시 평가받는 느낌이 들어 불편하다는 교사들의 피드백 이후에 '성찰적 배움을 위한 수업 참관록'으로 양식을 바꾸고, 수업 고민에 대해 협의하는 방식으로 수업 나눔을 하셨다는 성장 기록이 희망으로 읽혔다. '좋은 수업이란 무엇인지? 어떤 수업을 하고 싶은지? 그러나 실제로는 어떤 수업을 하고 있는지?'에 대한 수업 성찰을 바탕으로 한 수업 나눔은 교사들이 가장 목말라하는 지점이라는 생각, 그리고 수업에서 마주하는 문제 상황에 대한 고민들을 함께 나누고자 하는 동료 교사들이 있다는 생각에 또한 위안이 되었다. 먼저 수석교사의 길을 걷고 계신 선생님들의 발자취를 더듬으며 시행착오를 겪고 좌충우돌하면서 성장하는 것도 외롭지는 않겠다는 생각이 든다.

환상숲 곶자왈에서 본 글귀가 떠오른다.

'갈등이 시난 풍요로와지는 거우다(갈등이 있어서 척박한 돌땅에 흙이 생겨 숲이 풍요로워지는 것입니다). 쌓아온 시간은 느량 남안 싯수다(당신의 수고가 꺾일 수는 있지만 당신이 쌓아 온 시간은 여전히 남아 있습니다). ᄌᆞ들지맙써 뜰림읏이 행복이 ᄄᆞ라와마씀!(조급하게 생각하지 마세요. 틀림없이 행복이 따라옵니다).'

그렇다. 나는 수석교사의 길 위에 서 있고, 그 길 위에서 길을 찾는 중이다. 어찌 갈등이 없고 어려움이 없겠는가. 다만 희망을 노래하는 마음으로 가르치고 배울 뿐이다. "ᄌᆞ들지맙써 뜰림읏이 행복이 ᄄᆞ라와마씀!"

34

새로운 시도를 즐기는 수석교사 김신혜

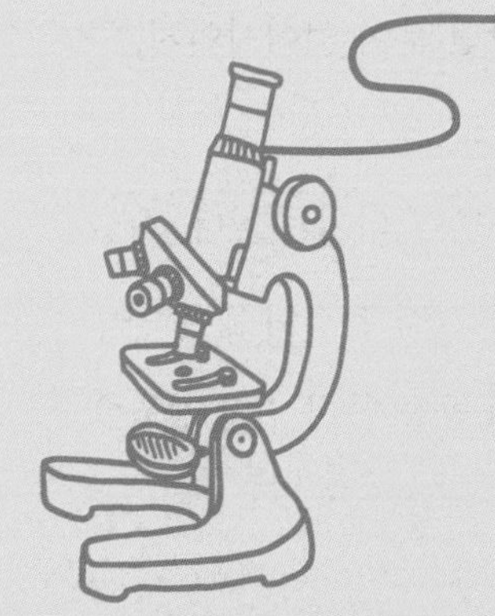

행동 발달 및 종합 의견

세상만사 모든 것에 관심이 많아 머릿속에 다양한 지식 생태계를 만들고 있음. 도서관에서 책을 고를 때 분류 영역별로 한 권씩 선택할 때도 있고, 과학관, 박물관, 미술관 가는 것도 무척 좋아함. 다양하게 수집한 지식을 내 수업에 적용해 보며 10여 년간 수많은 시행착오를 거침. 또, 누군가에게는 도움이 된다는 믿음으로 시행착오 이야기하는 것을 좋아함. 수업에 관심 많은 분들이 모이는 자리를 만드는 게 가장 뿌듯함. 한마디로 오지랖이 무지 넓음.

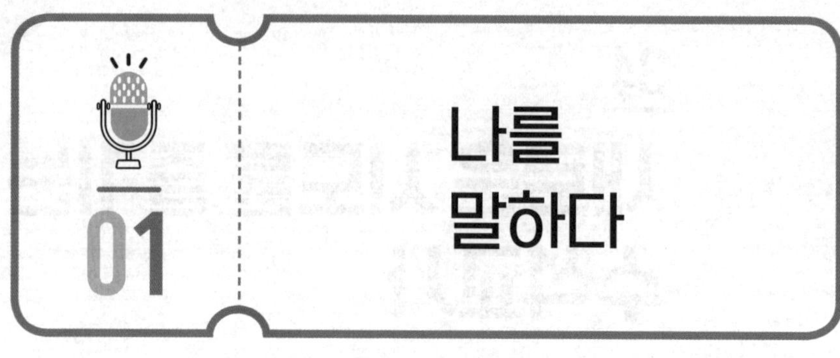

따르고 싶은 선배가 되고 싶다

나는 대학에 두 번 입학했다. 부산에 살면서 서울에 있는 대학에 보내는 걸 부담스러워하셨던 어머니를 수능 특차만이라도 지원하게 해 달라고 겨우 설득해 서울에 있는 대학에 갔다. 2년 재학 후 다른 분야에 지원해야겠다는 생각에 수능을 보기 위해 휴학을 했다. 하지만 아르바이트를 병행하며 여유롭게 혼자 한 공부는 내가 원한 성적으로 돌아오지 않았다.

집안 상황이 다시 서울로 올라가기에는 어려웠기에 부산에 있는 대학에 입학하게 되었다. 그렇게 친구들보다 3년이 늦어졌다. 다행히 졸업하는 해에 임용고시에 합격하여 바로 교사가 되었다. 그러나 안정적인 직업이라서 교사가 되어야겠다고 생각했을 뿐, 어떤 교사가 되고 싶다는 생각은 해 본 적이 없었다. 중·고교 시절 은사님들 중 진심이 나에게 닿았던 분이 없어서인지, 나에게는 교사로서의 롤 모델이 없었다.

그런 나에게, 첫 근무지에서 만난 선생님들이 롤 모델이 되어 주셨다. 학급 아이들과 봄에 쑥을 캐서 떡을 해 먹던 선생님, 열악한 가정 환경이 많은 동네라 모든 가정에 가정 방문을 가는 선생님, 요일별로 모둠을 남겨 집단 상담을 하던 선생님, 학생들과 학교에서 야영을 하던 선생님, 과학 실험을 열심히 하시던 선생님 등등. 내가 학생일 때 본 적이 없던 '자기 시간과 정성을 학생에게 아낌없이 퍼 주는 선생님들'을 많이 만났다.

교직 생활에서 첫 학교에서의 경험은 정말 중요하다. 나도 그 선생님들께 물들어 우리 반 아이들(중학생)을 집에 데려가서 밥을 해 먹이고 MT같이 게임을 즐기고는 했다. 결혼 후 우리 집 아이들이 어렸을 때는, 성향이 맞지 않아 계속 신경전을 벌이던 남학생들을 부모님께 동의를 구한 후, 우리 집에 데려가 밥을 해 먹였다. 나는 밥을 하고, 우리 반 아이들은 우리 집 아이들과 놀아주는 시스템이었는데, 그걸로 모든 것이 해결되었다. 그 친구들은 그 후로 친해지진 않았지만, 더 이상 신경전을 펼치지 않고 각자 서로를 인정하게 되었다. 그 무렵 참여하던 교사 모임('거꾸로 교실')에서 각자의 별명이 있었는데, 그때 내 별명은 아이들에게 밥 해 먹이는 교사라고 '집밥의 여왕'이 되었다.

교사의 역할과 마인드셋 없이 교사가 되었지만, 어떤 선배들을 만나는가에 따라 그 교사의 삶은 달라진다고 생각한다. 그래서 '나는 교직에 첫발을 들이는 후배 교사들에게 어떤 영향을 주는 교사일까?'를 자주 고민하고 있다. 후배들이 따르고 싶어 하는 선배 교사가 되는 것이 교사로서의 목표이다.

02

수석교사를 말하다

수업 역량으로 말하다

딱 1년만 해 보자!

2014년에 KBS에서 방영한 다큐멘터리 〈21세기 교육 혁명: 미래 교실을 찾아서〉 중 '1편: 거꾸로 교실의 마법'을 보았다. 둘째 육아 휴직을 끝내고 반년 뒤였다. 그전에는 내 수업이 재미없다거나 내가 수업을 못한다는 생각을 가져 본 적이 없었다. 나는 교과서를 꼼꼼하게 읽어 교과 내용을 체계적으로 정리하고, 학습지를 미리 준비해 두고, 조금 귀찮아도 실험은 열심히 하는 과학 교사였다.

그런데 그 영상은 내 수업을 객관적인 시선으로 바라보게 해 주었다. 수업 방법을 바꿨더니, 강의식 수업에서 졸던 학생들을 모두 살아나 움직이게 만들고 있었다. 내 수업도 비슷하지 않을까? 수업 시간에 가장 말을 많이 하는 건 나였고, 나에게 호감이 있거나 무엇을 해도 모범적인 학생들만 반응하는 수업, 설명이 길어지면 고개가 떨어지는 아이들.

'거꾸로 교실'은 디딤 영상을 만들고, 수업 활동을 만들어야 하는 것이라는 점까지 파악이 되었다. '쉽진 않겠는데? 시간을 꽤 투자해야 할지도 모르겠다.'라는 생각이 들었지만, '딱 1년만 바짝 해 보지 뭐. 내가 교사로 계속 살아

가야 하는데 수업에 1년 집중 투자라니, 까짓것 해 보자!'라고 마음을 먹었다.

디딤 영상 제작 방법을 익히는 건 어렵지 않았다. 내 목소리, 얼굴이 담기는 것이 처음에는 어색했지만, 그것도 적응이 되었다. 디딤 영상이 짧아야 학생들이 잘 보니 더 핵심적인 것을 추려내는 과정도 시간이 걸렸지만 괜찮았다.

그런데 수업 내용을 디딤 영상으로 만든 후, 수업 시간에는 무엇을 해야 하는지, 의미 있는 수업을 디자인하는 것이 쉽지 않았다. 거꾸로 교실을 같이 하는 교사들의 모임(미래교실 네트워크)에서 다양한 교과 선생님들이 하는 수업 방법을 다 따라 해 보았다. 특히, 실험 등의 대표 활동이 없는 단원의 경우, 다른 교과에서 하는 다양한 수업 방법을 시도해 보았다. 그래프, 이미지가 중요한 부분은 학습지를 모아찍기로 인쇄해서 퍼즐로 나눠 준 후 모둠별 릴레이 수업을 해 보기도 하고, 학습 목표를 한 글자씩 또는 한 단어씩 잘라서 보물찾기를 하기도 하고, 국어 시간도 아닌데 상태 변화로 개인별 한 줄 글쓰기 한 것으로 억지 이야기 만들기를 하기도 했다.

지금 생각해 보면 효과적이라고 선뜻 말하기 어려운 방법들이다. 당연히 실패가 많았고, 많은 실패를 통한 경험은 수업 활동의 질과 효과성을 판단하는 안목을 길러 주었다. 그래서 나는 다른 선생님들이 다양한 활동을 하며 실패하는 것을 권장한다. 늘 효과적이라고 알려진 것만 따라 하다 보면 나의 안목을 키우기 어렵고, 다른 교사의 활동에 어떤 장단점이 있는지 파악할 수 없으며, 내가 새로운 수업 디자인을 만들어 내기 어렵기 때문이다.

올 2월, 신학기 준비 기간에 선생님들께 이렇게 말씀드렸다.

"새로운 수업을 시도했을 때, 성공보다 실패가 많더라고요. 그런데 나만 실패하는 게 아니잖아요? 실패를 나누면, 3번 실패를 1번으로 줄일 수 있지 않을까요? '실패 나누기' 같이 하실래요? '실패하기'+'실패하기'='성공'일 겁니다.

'딱 1년만 마음먹고 한번 해 볼까?'라는 생각이 드신다면 서로 자유롭게 수업을 공개하고 후기를 나누는 '수업 탐험대'를 신청해 주세요."

일주일이 지난 후, 여섯 분의 선생님께서 '수업 탐험대'에 지원해 주셨다. 수석교사로서의 첫해, 나도 다시 '딱 1년만 해 보자'고 마음먹었던 10년 전 나의 새로운 버전을 시작한다!

생활 교육으로 말하다

감정 컨트롤이 안 되는 중학생, 사과하고 밥 먹이고

첫 학교, 첫해 담임. 남녀 공학 중학교의 2학년이었는데, 여학생들은 드세고, 남학생들은 조용한 반이었다. 여학생 한 명이 언제부턴가 내가 교실 앞에 있어도 고개를 돌리고 있거나, 친구를 보며 키득거렸다. 무슨 말을 해도 퉁명스럽게 답하거나, 대꾸를 하지 않거나, 간단한 대답으로 대들었다. 2학기 개학 후에도 그런 상황이 이어지고 답을 찾지 못했다. 원인을 알아내고 싶었지만, 어떤 말도 하지 않는 아이와 이야기를 이어가는 건 초임 교사에게 쉬운 일이 아니었다. 아니, 불가능해 보였다. 그런 학생이 한 명만 있어도 반 분위기는 엉망이 된다. 교사를 어른으로 믿고 따를 수 없는 분위기가 형성된다.

계속 그렇게 두면 안 되겠다 싶었다. '원인을 찾지 못하면 못 푸나? 아니야, 내가 뭘 잘못했는지 모르지만 내가 먼저 굽혀 보자.'라는 생각이 들었다. 조용한 곳(미닫이 시트지가 일부만 붙어 있던 교무실 옆 방송실, 어떤 일이 일어나면 밖에 있는 사람이 바로 알 수 있는 곳)에 데리고 들어가 마주 보고 서서 말했다.

"솔직하게 선생님이 너한테 무슨 잘못을 했는지는 모르겠다. 내가 잘못한 건지, 어떤 오해가 있는지 모르겠다. 그런데 네가 그만큼 마음을 닫고 있다는 건 상처를 받았다는 걸 거야. 얘기하기 싫으면 안 해도 돼. 그래도 내가 미안해. 어른인 내가 너와 계속 기 싸움 하고 있는 모습으로 버텨서 미안해."

그리고 허리 숙여 미안함을 표했다. 그 아이에게 그 상황은 충격적이었을 것이다. 본인과 계속 대치 상태였던 담임이 교무실 내의 공간으로 데리고 들어갔으니 대응하기 위해 긴장하고 있다가 긴장이 풀리기도 했을 것이고, 어떻게 해야 할지 몰랐을 것이다. 누가 먼저랄 것도 없이 둘 다 소리 내지 않으며 눈물을 흘렸다.

아직도 그 학생이 나에게 왜 그랬는지는 알지 못한다. 이유를 꼭 알아내야 하는 일도 있겠지만, 굳이 그럴 필요가 없는 일은 덮어 두는 것도 괜찮다는 것을 알게 되었다. 나의 용기 있는 사과 이후로 그 학생은 가끔은 웃으며 나를 바라보았다. 학급의 아이들도 점점 나를 믿기 시작했다.

남자 중학교에 있을 때는 좀 달랐다. 남학생들은 남교사와 여교사를 대할 때 표정과 자세가 완전히 다르다. 질풍노도의 시기에 키가 1~2년 사이에 20cm 이상 자라는 아이들은 알게 모르게 몸의 크기가 권력이 된다. 중 3을 맡으면, 아직 어른스러운 사고와 행동은 하지 못하지만 키는 나보다 더 큰 아이들을 만날 수 있다. 이런 아이들은 남교사 앞에서는 "네!" 할 때가 많고, 여교사 앞에서는 "왜요?" 할 때가 많다. 어쩌겠는가? 그럴 나이인 것을. 이 아이들과 힘들이지 않고 관계를 쌓아가기 위해 어떻게 하면 좋을까 고민하다가, 밥을 해 먹이기 시작했다. 밥으로 해결하려던 건 아니었는데 어쩌다 보니 그렇게 되었고, 밥을 해 먹이니 다른 게 다 쉬웠다.

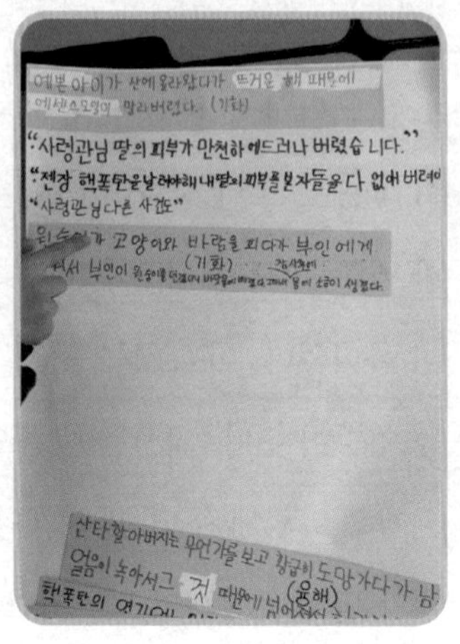

막다른 벽을 만난 심정으로 학생에게 허리 숙여 사과하기도 하고, 가벼운 마음으로 밥을 해서 먹이기도 하는 등 학생들을 대하는 방법에는 정답이 없는 것 같다. 내 경우는 경험치가 쌓여 다양한 사례를 가지고 있을 뿐이다. 조곤조곤 이야기하는 게 맞는 경우도 있고, 말 걸지 않고 매일 눈만 마주치면 되는 경우도 있다. 그냥 학생들에게 맞는 방법을 찾아가면 되는 것 같다.

그런데 나는 왜 밥을 해서 먹이는 것을 어려워하지 않았을까? 이 이야기를 하려면 다시 첫 학교 시절로 돌아가야 한다. 그때는 배식 차를 교실로 가져와 밥을 먹었다. 배식 차는 이동이 가능했고, 가사실을 빌릴 수 있었고, 5교시도 빌릴 수 있었다. 점심시간부터 5교시까지 커스터마이징 식사가 가능했다. 삼겹살, 쌈장만 준비해서 배식 차를 가사실로 가지고 가 삼겹살 파티를 했다. 내가 처음 한 일은 아니었고, 다른 선생님을 따라 한 일이었다. 나의 첫 학교는 그랬다. 선생님들이 학생을 위해서 행동하는 곳이었고, 그 행동을 알게 모르게(가사실 담당 가정 선생님도 짜증 한번 안 내셨다. 치운다고 치워도 실제 담당자의 마무리 뒷수습이 필요하다는 것을 초임 때는 몰랐다.) 지지해 주고, 수습해 주는 곳이었다. 선배 교사를 잘 만나면 된다. 그래서 나도 멋진 선배 교사가 되고 싶다.

교사 성장으로 말하다

공유와 나눔에 허기진 마음이 나를 성장시키다

신규 때는 수업 자료를 얻고 싶어도 자료가 많지 않았다. 그 당시 유행하던 텔레비전 프로그램 중 〈호기심천국〉이라는 것이 있었다. 다양한 호기심을 해결하는 교양 예능 프로그램이었는데 과학 관련 내용도 자주 나왔다. 거기 출연해서 과학적 내용을 설명해 주시던 선생님들의 이름 옆에는 '신나는 과학을 만드는 사람들(신과람)'이라는 단체명이 적혀 있었다. 검색해 보니 수도권에 있는 과학 교사 모임이었고, 매주 실험 방법을 공유하고 있었다. '재밌겠다, 참여하고 싶다, 부산에는 저런 모임이 없을까?'라는 생각이 들었다. 실험 연수 중 부산에서 하는 모임의 정보를 얻었고, 한번 찾아가 보기도 했다. 하지만 내가 적어 둔 연락처가 누락되었는지 그 후 연락이 오지 않았다.

그러다 만난 것이 김영학 선생님이 쓰신 『과학 시간 종이 울리면』이라는 책이었는데, 그 책에 중학교 과학 수업 사례를 공유하는 '재미있는 과학 수업 만들기' 사이트 주소가 적혀 있었다. 그 사이트에서 얼굴을 알지 못하는, 전국에 흩어져 있는 선생님들끼리 수업 관련 정보를 공유하고 의견을 주고받았다.

그 공간이 나에게는 참 소중했다. 아이를 기르며 정신없이 몇 년이 지난 후 다시 그 사이트를 방문했더니 사라지고 없었다. 여기저기 온라인 교사 카페에 물었더니, 그 사이트는 폐쇄되고 다음 카페로 옮겼다는 답이 돌아왔다. 그렇게 2014년부터 10년간 '재미있는 과학 수업 만들기' 카페에 올린 게시글이 1,071개이다.

신규 시절에 다른 선생님들의 수업 방법, 자료를 공유 받았던 경험 덕분에, 작은 공유가(설령 그게 실패 경험이라 하더라도) 누군가에게는 도움이 된다는 것을 알기에, 하나씩 적어 놓은 글이 1,000개가 넘었다. 내 글을 보고, 비슷한 수업을 해 보신 분이 주시는 피드백, 업그레이드된 수업 등을 보면 참 뿌듯했다. 또, 동일 내용의 수업을 몇 년 후에 하게 되었을 때, 내 글은 다른 분들의 댓글로 업그레이드되어 있으니 나에게도 도움이 되었다. 이러한 생각으로 모인 긍정적인, 서로 얼굴을 모르는 전국 과학 교사 회원 수가 1만 6,000명이 넘었다. 어떤 대가도 바라지 않는 공유의 힘을 믿는 사람들의 수이다.

공유의 힘을 경험하면 공유의 힘을 더 나누고 싶어지는 것 같다. 그래서 지역 과학 교사 모임을 만들어야겠다는 용기가 생겼고, 5년 전부터 '부산 중학교 과학 교사 모임'을 운영하고 있다(코로나 19로 인해 2년의 공백기가 있었음). 회원은 20명 내외, 자유롭게 들어오고 나갈 수 있는 모임이다. 해당 학년의 교사들끼리 월별로 수업을 공유하고, 아이디어를 얻어 가는 곳을 만들고 싶었다. 평일 일과 후 저녁 시간에 피곤한 몸을 끌고 만난 선생님들은 수업에 사용한 실물 자료를 들고 와서, 삼삼오오 모여 수업 방법에 대해 이야기를 나눈다. 면대면으로 만나 궁금한 것들을 세세히 물어본다.

공유하는 수업은 첫발을 떼기 어려울 수 있다. 그렇지만 한 분 한 분 모이다 보면 공유하는 공간과 시간의 매력에 빠지게 된다. 그 힘을 믿고 수석이 되었다. 이제는 학교 안에서, 공유 시~작!

35

나도 잘 살고 남도 잘 살게 하고픈 수석교사

김은정

행동 발달 및 종합 의견

캠핑, 식물 키우기, 비즈 공예를 좋아하는 감수성 풍부한 음악 교사임. 장구, 모둠북, 판소리, 가야금, 바이올린, 우쿨렐레, 기타, 몸타, 드럼 등을 배웠으며, 18현 개량 가야금으로 교원 실기 대회에 출전하여 수상을 했음. 학생들에게 드럼을 가르치며 많은 사랑을 받고 있다는 조금의 착각 속에서 제2의 전성기를 누리고 있음. 학예제에 꼭 교사 공연을 기획하여 소수의 선생님들이 보내는 눈칫밥을 모른 척하며 밀고 나가는 뻔뻔한 면모도 지니고 있음.

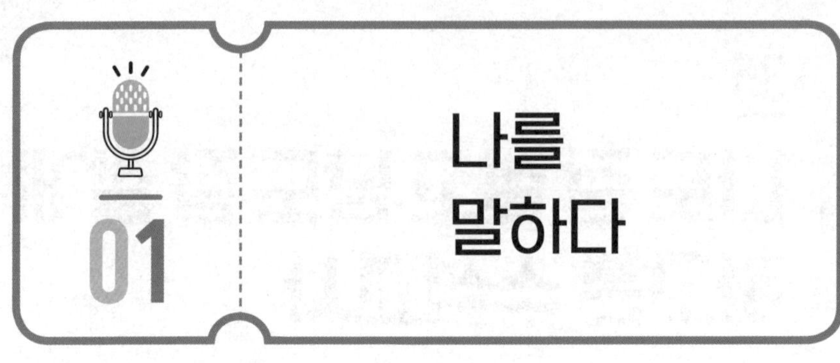

힘들지만 즐거운 배움의 길

책을 좋아하고 자녀 교육에 관심이 많은 아버지와, 현모양처이자 음악을 좋아하는 어머니 사이에서 장녀로 태어났다. 초등학교 때 지역 KBS 어린이 합창단 활동을 하다가, 중학교에 오면서 음악과 거리가 먼 생활을 했다. 그리고 고등학교에 와서 꿈이 막연하게나마 생겼을 때 사회복지학과에 가고 싶다는 생각을 했지만, 부모님이 반대하셨다. 마침 성악을 배우던 동생과 같이 레슨을 받으면서 뒤늦게 음악을 시작했다.

그 당시 음악 이론도 대학원생 선생님에게 배웠는데, 그분은 폭넓게 생각하는 음악인이 되는 것이 중요하다고 강조하셨다. 좋은 음악을 감상하고 음률과 가사가 의미하는 것에 관해 이야기를 종종 나누었다. 지금까지도 윤동주 시인의 「십자가」라는 시에 가수 송창식 씨가 현대적 음률로 곡을 붙인 노래에 관해 이야기 나누던 그때의 그 느낌이 좋은 추억으로 남아 있다.

전공 레슨을 서울로 다녔으나 서울에 있는 대학 입시에 실패했고, 지방에 있는 후기대가 아닌 분할 모집으로 4명을 추가로 뽑는 곳에 합격하여 대학 생활을 시작했다. 그곳에서도 나의 음악성이 그리 뛰어난 것 같지는 않아 이론

쪽 공부를 열심히 하며 지냈다.

대학 4학년 때 교사 임용고시가 처음 실시된다는 소식에 열심히 공부했다. 임용고시에 합격하고 음악 교사가 되어 학교에 발령 받았으나, 내성적인 성격에 모범생 생활을 하던 나는 다양한 학생들의 선생님이 되기에 많이 부족했다. 음악적으로 많이 아는 것이 중요한 것이 아니라, 단호하게 학생들을 지도하는 능력이 더 중요하다는 것을 알고 좌절했다.

첫 근무 학교에 전교조에 가입한 선생님들이 많았는데 수업 역량을 기르는 연수와 학급 운영 및 생활 지도를 위한 연수를 소개해 주셨고, 좋은 연수를 받으려고 많이 찾아다녔다. 특히, 방학 때마다 전교조 주최로 열린 전국 음악 교과 연수를 통해 배운 현실적인 음악 실습 연수는 지금까지 음악 교사로 활동하는 데 좋은 밑거름이 되어 주었다.

결혼과 남편 회사의 지방 이전으로 시·도 간 교류를 두 번이나 경험했다. 그리 권장할 만한 경험은 아니지만 시·도마다 다른 교육적 색깔이 있으며, 이 지역에서는 중요하게 여기는 부분이 다른 지역에서는 그렇지 않은 일들도 있었다. 덕분에 업무에 대해 유연한 사고를 지니면서 스트레스를 덜 받고 일할 수 있었다. 세월이 흐르면서 연구 부장을 맡은 이후로 지금까지 8번이나 그 일을 해 왔다. 힘들었지만 그 경험의 노하우와 학생들과 음악 수업하는 것이 즐거워 수석교사의 길을 선택했다.

02

수석교사를 말하다

수업 역량으로 말하다

음악적 열정을 쏟아 내는 곳마다 꽃피우는 학생들

나의 음악 수업을 되돌아보면, 교과서의 다양한 장르를 가르치는 데 부족함을 느껴 많이 배우려고 노력했다. 서양 음악을 전공하여 국악 쪽으로 부족함을 메우고자 시작한 것이 장구, 판소리, 가야금이었다. 장구는 기초를 배운 다음에 부여에 있는 유명한 사물놀이 직무 연수 기관에 방학 때마다 참가하여 1주일 동안 숙식하며 연수를 받았다. 연수생 자녀를 위한 유아반이 있어 5살 딸아이를 데리고 가서 모둠북을 배우기도 했다. 서양의 리듬, 어법과 다른 우리 전통 리듬의 예술적 깊이에 감탄하면서 연수에 참여했다. 수준 있는 작품을 배워 와서 수업 시간에 가르치고 모둠별로 연주하게 하면서 학생들이 즐겁게 참여하는 모습이 그냥 좋았다.

판소리와 가야금도 같이 배웠는데, 특히 가야금의 농현 소리와 왼손을 눌러 내는 소리에 심취하여 12현 전통 가야금과 18현 개량 가야금을 3년 정도 열심히 배웠다. 교원 실기 대회에 황병기 작품 〈춘설〉로 참여하여 운이 좋게 수상까지 했다. 가야금은 구매 비용이 많이 들어 내 연주를 들려 주는 정도의 수업만 하고 정작 실기 교육은 못 하고 있었는데, 가야금을 가까이한 지 10년 훨씬 지난 지금에서야 '악기 교육 운영 학교 지원 사업'에 공모하여 사업비를 받았다. 관리자의 허락을 받아 (그동안 내가 전근 가면 무용지물이 된다고 가야금 구입을 꺼리는 분도 있었다.) 음악과 예산과 합하여 2년 동안 가야금 12대를 구입하여, 2인 1악기 수업과 가야금 자율 동아리 활동을 통한 전통 현악기 교육을 지금까지 해 오고 있다.

민요만 연주하지 않고 대중가요 〈사랑을 했다〉, 드라마 〈대장금〉과 영화 〈첨밀밀〉 OST 등, 학생들이 흥미를 느낄 수 있게 다양한 장르로 수업하고 있다. 2인 1악기 수업 시 태블릿 PC로 가야금 앱과 함께 연주하게 하여 수업의 효율성을 높였다. 합창에 열정을 쏟을 때는 가는 학교마다 합창 대회를 열었으며, 어떤 해에는 공연과 함께하는 졸업식에서 학생들이 합창 대회 지정곡을 울면서 불렀고, 중창으로 대회에 출전하여 금상을 수상하기도 했다. 코로나 19 때는 감염의 위험이 없는 몸타 수업에 열정을 쏟았는데, 그 당시 연구 부장으로서 온라인 시스템을 구축하느라 참으로 힘들었던 기억이 난다.

교사 생활 30년이 다 되어 가는 지금은 교내 클래식 음악 연주 대회와 좋은 노랫말 가요제를 개최하고 있으며, 가야금, 장구를 이용한 포구락, 사물놀이, 우쿨렐레, 아카펠라, 드럼, 컵타, 몸타 수업과 구글 아트앤 컬처와 인공지능 음악 툴을 이용한 융합 수업을 학년별로 나누어서 수업하고 있다. 특히, 드럼 수업은 모든 학생이 신나게 참여하고 있으며, 드럼 악곡 시범 연주를 할 때마다 학생들에게 "선생님, 걸크러시 같아요."라는 말을 들으며 즐겁게 수업하고 있다.

생활 교육으로 말하다

마음속 '아픈 손가락' 제자가 잘 살고 있기를

첫 담임을 하면서 1년이 끝나갈 때쯤, 용감하게도 무기명 담임 평가 용지를 나눠 주며 평가를 받았다. 열심히 했기에 내심 좋은 결과를 기대했다. 그러나 여러 학생들이 '선생님의 관심이 부담스럽다'며 다른 반 선생님처럼 교실에 자주 오지 않았으면 좋겠다고 적어 내 엄청난 충격을 받았다. 지금 생각하면 라포 형성이 덜 된 채로 친하게 다가오는 선생님이 부담스러웠던 것 같고, 나는 여러모로 서툰 담임이었다. 이렇게 나의 첫사랑은 짝사랑으로 끝났다. 그 충격으로 학급 운영 연수를 듣고 책을 읽으며 부족함을 채워 나갔다.

생활 교육을 떠올릴 때마다 생각나는, 내 기억 속에 중학교 1학년에 머물러 있는 '현이'라는 남학생이 있다. 지금쯤 장년층의 나이가 되어 가는 오래전 제자이자, 내가 담임을 맡은 학생 중 유일하게 학업을 마치지 못하고 학교를 떠난 학생이다. 현이는 부모님이 안 계셔서 큰아버지 집에 살았는데, 마음을 붙이지 못하고 가출을 여러 번 했다. 교회 목사님 부부가 아이를 보호하게 되면서 5월이 되어서야 나와 처음 만났는데, 통통하고 귀염성 있는 외모에 문제성 있는 행동을 가끔 보였지만 학교에 잘 나와서 다행이라 생각하고 있었다.

그 무렵 조카를 목사님이 보호하는 것이 동네 창피한 일이라며 큰아버지가 현이를 데리고 가시면서 위태한 일상이 시작되었다. 돌볼 생각도 없이 아이를 데려간 그분의 행동을 이해할 수 없었다. 그 당시는 급식이 안 되던 때였는데, 도시락을 챙겨 주지 않으셔서 내가 도시락을 싸 와서 먹였고 많은 부분을 챙겼다. 아이는 크고 작은 사고를 치기 시작하며 나를 힘들게 만들었고, 내 마음도 모르고 사고만 치는 현이가 점점 미워지기 시작했다.

당시 교장 선생님은 평교사 때 나와 같이 근무했던, 인품이 아주 훌륭한 분으로 사고만 치는 현이를 잘 알고 계셨다. 힘들어하는 나를 불러 위로해 주시면서 이렇게 물어보셨다.

선생님은 현이와 똑같은 가정 환경이라면 현이보다 더 잘 살 수 있을 것 같나요?

나는 곧바로 답을 하지는 못했지만, 그 당시 마음속으로는 현이보다는 잘 살았을 거라 생각했던 것 같다. 교장 선생님께서는 어린 나이에 그런 환경에서 지금처럼 행동하는 현이의 모습은 당연한 것이라고 하셨다. 나는 한 대 맞은 듯 마음의 울렁임을 느꼈다. 학대 받지 않은 환경에서 형성된 내 사고 방식에서 현이의 상황을 바라보며 생각한 것이었고, 나 또한 어린 나이에 부모님이 안 계시고 지금과 같은 상황이라면 어찌 행동했을지 모르겠다는 생각이 들면서, 신기하게도 현이를 미워하는 마음이 사라지게 되었다.

교장 선생님의 가르침으로 학급 운영과 수업에서 학생들을 대할 때 어떤 마음가짐을 가지고 바라보느냐에 따라 다르게 생각할 수 있음을 깨달았다. 큰아버지 댁에서의 생활은 오래가지 못해 또 가출로 이어졌고, 결국은 출석 일수를 채우지 못하고 유예 상태로 그 해가 지났고 나는 전근을 가게 되었다.

수십 년이 지난 지금도 가끔 현이가 생각난다. 힘든 시간을 견뎌 사회의 일원으로 잘 살아가고 있기를 바란다. 그 당시 큰아버지를 원망하며 어쩔 수 없다는 생각에 사로잡혀 있었는데, 현이를 보호할 다양한 방법을 더 적극적으로 찾아봤어야 했다는 죄책감이 내 마음속에 늘 남아 있다.

육아 휴직을 하고 복직 연수를 받으면서 듣게 된 '존재의 품격'이라는 말이 너무 좋았다. 사람은 누구나 소중하니 존재의 품격을 지켜 주어야 한다는 것을 마음에 새기며, 생활 지도 시 학생들을 대할 때 어떤 자세를 가져야 하는지 다시 한번 깨달았다.

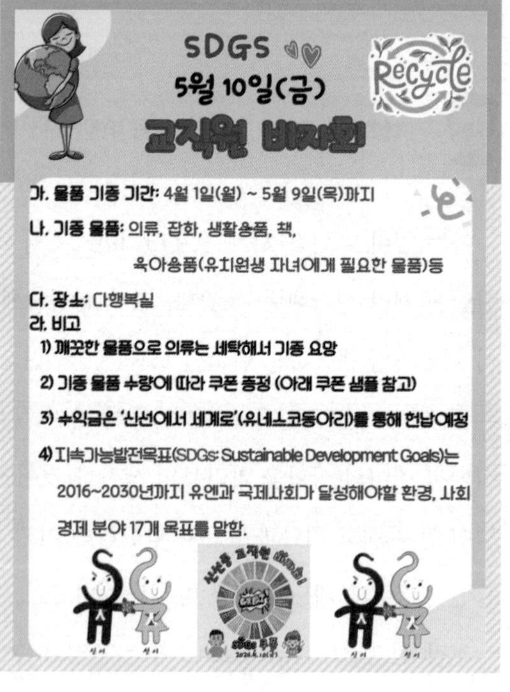

이런저런 일을 경험하면서 내가 담임하는 반 학생들이 학교에 오고 싶다는 마음이 들도록 즐겁게 학교생활 할 거리를 만드는 데 관심을 갖기 시작했다. 반에 보드게임 도구를 다양하게 갖추어 놓았으며, 일주일에 한 번씩 이벤트의 날을 정해 나와 레크리에이션 도우미 2명이 돌아가면서 다양한 게임을 진

행하도록 했다. 암행어사 이벤트도 하여 학생 간 미담 사연을 알리게 했으며, 한 달에 한 번 진행하는 생일날에는 생일 도우미들과 칠판 앞을 반짝이 커튼으로 꾸몄고, 시험 기간에는 응원 문구와 함께 선물을 주었다. 담임했던 학생이 졸업하면서 카드에 학급 이벤트와 많은 행사 날이 기다려졌고, 학급에 대한 자부심이 느껴졌으며, 사랑으로 보살핌을 받는다는 생각에 즐겁게 학교에 다녔다며 장문의 글을 써 주었다.

이젠 수석교사로서 학생들과 선생님들이 오고 싶은 학교가 되도록 이벤트를 기획하려고 한다. 우선, 입학식 강당을 반짝이 커튼으로 꾸미고 다양한 풍선을 달고, 각 학년 복도마다 환영과 응원의 문구들을 붙이려고 준비해 두었다. 또한, 선생님들을 대상으로 바자회와 드레스 코드 데이를 해 보려고 계획 중이다.

교사 성장으로 말하다
꿈이 뭐예요?

교사가 된 이후 꿈이 무엇이냐는 질문을 가끔씩 받았는데, 그럴 때마다 머뭇거리며 답을 하지 못하곤 했다. 그러다가 교생 실습 담당자가 되어 교생 선생님에게 '좋은 교사란 어떤 사람인가?'라는 주제의 연수를 준비하면서, 좋은 교사란 본이 되는 삶을 사는 사람이라는 생각을 갖게 되었다. 그런 삶을 살려면 '나도 잘 살고 남도 잘 살게 하는 사람'이 되어야 한다.

나의 개인적인 성장을 생각하면 가족을 빼놓을 수 없다. 가끔 아옹다옹할 때도 있지만 남편은 수석교사 지원을 전폭적으로 지지해 주었을 뿐만 아니라, 부족한 나의 삶에 든든한 울타리로 내 등 뒤를 늘 손으로 받쳐 주고 있는 느낌을 준다. 딸은 엄마가 선생님이라서 중요한 날에 함께해 주지 못할 때가 많은데도 의젓하고 지혜롭게 커가고 있어, 보물 같은 딸을 생각하면 미안하고 감사한 마음이 동시에 느껴진다. 딸을 위해 늘 헌신하시고 기도해 주시는 사랑하는 친정 부모님과 "살아 보니 세월이 짧더라. 남편과 늘 사랑하며 살아라."라고 덕담해 주시는 시어머님의 말씀에서 큰 힘을 얻으며, 가족에게 잘하는 것이 내가 잘 살게 되는 길임을 잊지 않으려고 매번 다짐해 본다.

교사로서의 성장을 생각하면 수석교사에 도전해 보라고 아낌없는 사랑으로 지원해 주신 정순옥 수석 선생님이 떠오른다. 내가 수석교사 도전을 부담스러워 하니, 우선 컨설팅 지원센터 컨설턴트로 활동해 보라고 조언해 주셨다. 내가 속한 교육지원청의 저경력 음악 교사들을 대상으로 수업 공개를 컨설팅하는 일이었다. 저경력 교사들에게 수업 방법 등을 안내하며 도움을 드릴 수 있어 좋았고, 나 또한 젊은 선생님들에게 배울 점이 많아서 즐겁게 참여했다.

어느 날, 컨설팅 의뢰가 들어왔는데 공개 수업 컨설팅이 아니라 다양한 음악 수업에 대해 알려 달라는 요청이었다. 다른 교육지원청 소속 선생님이기도 하고 거리가 멀어서 거절해야지 생각하며 통화를 했다. 선생님 말씀이, 작년에 수업 공개 컨설팅을 이미 받았는데 전근을 가니 새로 온 선생님은 컨설팅을 무조건 받아야 한다고 해서 이렇게 신청했다고 하셨다. 이미 두 분의 컨설턴트에게 거절 당하고 내가 3번째 컨설턴트였다. 마음이 약해져서 결국 수락했고 그때부터 고민이 시작되었다.

먼저, 수년간의 나의 수업 자료들을 정리하고 모았다. 컵타, 몸타, 음악 학습 노래, 라디오 음악 DJ, 인생 음악 소개, 미술 교과와 융합 수업, 구글 아트 앤 컬처 등에 관련된 학습지와 동영상 자료, 수행평가지와 각종 교내 대회에 관련된 내부 결재 파일까지 준비해서 선생님을 만났다. 실기 연습도 하고 학생들의 결과물을 보며 이야기를 나누면서 나의 음악 수업을 거의 모두 공유했다.

그 선생님께서 컨설팅 결과를 올리실 때 나에 대한 칭찬을 많이 쓰셨는지, 그 지역 교육지원청 장학사님에게 그 컨설팅을 말씀하시며 다른 선생님들을 위해 연수를 해 달라는 요청 전화도 받았다. 이 컨설팅으로 나의 수업을 되돌아보는 계기가 되었고, 선생님들에게 내 수업 자료를 공유하는 것이 의미 있는 일로 여겨졌다. 그러면서 서로의 수업 자료를 공유하면 좋겠다는 생각이 강하게 들어서 수석교사에 지원해 보고 싶어졌다. 존경하는 수석 선생님의 갚을 길 없는 사랑과 지원을 받으며 도전하여 수석교사가 되었다.

수석교사 자격 연수를 받으며 훌륭한 13기 선생님들과 인연이 됨이 좋았고, 높은 텐션의 생각 멋쟁이 중등 1반 선생님들과 앞에서 이끌어 주신 최강의 대표 선생님들에게도 진한 감사의 말씀을 드리고 싶다. 그리고 우리 부산 수석 선생님들, 좋아도 너무 좋다. 감동 포인트가 있었던 연수와 체험, 나눔 받은 책들과 너무나도 정성 어린 선물들, 우리들의 노래와 댄스 공연은 오래도록 기억에 남을 것 같다.

고경력 교사로서 아직도 부족함이 많지만, 조금은 더 성장할 수 있는 길로 들어왔음에 가슴 설레기도 하고 걱정도 된다. 나의 꿈처럼 나도 잘 살고 남도 잘 살게 하면서 연수에서 배운, 학생들과 선생님들의 좋은 점을 말해 주고 인정해 주는 '본이 되는 수석교사'가 되기 위해 노력하고자 한다.

36

행복하고 싶은 수석교사

김진영

행동 발달 및 종합 의견

교사가 되고 하루하루 정신없이 바쁘고, 항상 허덕이며 살다 보니 교사가 된 것을 후회한 적도 많았음. 그런데 고민을 함께 나누는 동료 선생님들과 밝게 웃어 주는 학생들을 보고 있는 것이 행복해서, 어느 순간부터 점점 교사가 좋아졌음. 수석교사가 된 지금, 교사의 삶을 다시 시작하려고 마음먹음. 소중한 하루하루를 동료 교사들, 학생들과 나누며 다음이 아닌 '바로 지금', 그들과 함께 성장하며 행복해지고자 하는 소망을 갖고 있음.

01 나를 말하다

나는 행복하고 싶은 사회 교사이다

직업에 대한 고민이 많았다. 어떤 직업이 나에게 잘 어울릴까? 내가 의미 있게 살 수 있는 직업이 무엇일까? 교직에 들어선 것은 막연한 부러움으로 시작했던 것 같다. 주변 친구들이 하나둘씩 교직의 길을 걷는 것을 보고 이 길에 동참하게 되었다.

첫 발령지는 남녀 공학인 ○○고등학교였다. 2004년 3월 눈이 많이 내리던 날, 첫 발령지에서 근무를 시작했다. 대학교에서 지리를 전공했기에 공통사회와 한국지리를 가르치게 되었다. 교과서를 연구하고, 학생들과 활동할 수 있는 학습지와 입시에 도움이 되는 자료를 만들면서 하루하루가 정신없이 지나갔다. 바쁜 일상이었지만 교실에서 반 아이들을 보고 있으면 괜히 위로를 받고 있다는 생각이 들었다. 내가 뭐라고 "선생님~" 하며 달려와 안기는 아이들이 참 사랑스러웠다.

그러다가 쌍둥이 출산으로 인해 육아 휴직을 길게 하게 되고, 생각지도 못한 ○○중학교로 가게 되었다. 이때부터 수업에 대한 깊은 고민이 시작되었다. 고등학생들과는 완전 다른 중학생들을 어떻게 지도해야 할지 막막함에 한숨이 나왔다.

하지만 언제나 그랬듯 나는 방법을 찾기 시작했다. 주변 선생님들의 수업을 관찰하며 중학교에 맞는 나만의 수업을 찾기 위해 연구하고 고민한 결과, 나만의 수업 모형을 만들고 적용하기 시작했다. 연구 대회에도 도전하면서 나의 수업을 한 걸음 한 걸음 성장시켜 나갔다.

수업에 관심을 가지면서 여러 연구회 활동에 참여하게 되었고, 알고 있는 수업 관련 정보들을 선생님들과 함께 나누기 시작했다. 함께하면 기쁨은 두 배라고 했던가? 이제 함께하고 싶은 수석교사로서 동료 선생님들, 학생들과 매일매일 행복한 수업을 만들어 가고자 한다.

02 수석교사를 말하다

수업 역량으로 말하다
나만의 수업 브랜드를 만들다

중학교에 발령 받은 이후 고등학교에 있었을 때처럼 교과서를 연구하고 학습지를 정성스럽게 만들어서 학생들과 함께 수업을 하기 시작했다. 하지만 마음처럼 잘 진행되지 않았다. 중학교 교과서를 처음 접해 보는 나의 미숙함과 45분 수업 내내 설명만 멍하니 듣고 있는 학생들의 표정을 보며 나는 점점 지쳐 갔고, 무엇인가 변화가 필요함을 절실히 느꼈다.

그때부터 주변 선생님들의 수업에 관심을 가지며 살펴보았다. 다행히도 학생 활동 중심 수업이 많이 진행되고 있는 학교였고, 다른 수업들을 하나하나 관찰하며 내 수업을 조금씩 고쳐 내기 위한 고민을 시작했다. 우선, 중학교 수업 자료들 중 학생 활동 중심으로 구성된 수업 지도안들을 살펴보았고, 다양한 수업 방법들을 연구했다. 수업 중에 필요한 학습 도구들도 마련했고, 학생들의 특성도 파악했다. 학생 스스로 수업에 집중할 수 있도록 그동안 여러 자료에서 찾아본 활동 중심 수업 방법들을 수업 시간에 하나하나 적용해 보면서, 학생들의 반응을 살피고 학습 효과가 있는지도 파악했다.

이렇듯 좋은 수업을 고민하는 과정에서 나만의 수업 브랜드, 수업 모형이 있으면 사회 수업을 보다 효율적으로 할 수 있을 것 같다는 생각이 들었다. 유명 음식 프랜차이즈 매장에 가 보면 그 집만의 매뉴얼이 있고 이를 바탕으로 양념을 달리하여 신메뉴를 개발하듯이, 먼저 나의 노하우가 담긴 수업 모형을 만들어 틀을 짜고 필요할 때마다 새로운 수업 도구나 방법들을 적용하여 수업의 질을 향상시키고자 했다. 그 과정의 결과로 '교육과정 - 수업 - 평가 - 기록'의 일체화가 되도록 수업을 구성했다.

수업 브랜드는 즐겨 보던 텔레비전 프로그램 제목을 참고하여, '알아 두면 평생 가는 신기한 스토리텔링', 일명 '알평신스'라고 학생들에게 소개했다. 학생들을 만나는 첫 시간에 단순히 사회 과목을 소개하는 것이 아니라 사회 수업 브랜드를 소개하며 수업을 시작하니, 사회 과목에 대한 학생들의 흥미도가 높아졌다. 수업 모형은 '알평신스'의 순서대로 '개념 알아 두기', '평생 가는 이미지 그리기', '신기한 모둠 활동', '스토리텔링북 만들기'의 과정으로 구성했다.

'개념 알아 두기'는 교과서에 나온 개념들을 찾아서 학습지에 정리하는 과정이고, '평생 가는 이미지 그리기'는 정리한 개념을 평생 기억할 수 있도록 이미지화하는 과정이다. '신기한 모둠 활동'은 이미지화한 개념들로 재미있는 모둠 활동을 하는 과정이며, 모둠별 스토리텔링북을 제작하고 자기·모둠·교사 평가가 끝나면 한 단원 수업을 마무리하게 된다. 수업 시간에 이루어진 활동지와 개념 카드, 스토리텔링북은 수행평가에 반영하여 수업 과정과 평가가 연계될 수 있도록 구성했다. 알평신스 수업 모형의 개발·적용을 통해 학습 내용을 최소화하고 학습 효과를 향상시킬 뿐만 아니라, 비판적·창의적 사고력, 의사소통 및 협업 능력, 문제 해결 능력, 정보 활용 능력 등의 사회 교과 핵심 역량을 신장시키고자 했다.

생활 교육으로 말하다

'미래를 열다'라는 주제로 학급을 운영하다

담임을 하면서 온종일 교실에서 대부분 생활하는 학생들을 위해 '미래를 열다'라는 주제로 학급을 운영했다. 체험 동아리인 '어썸 플레이스'를 통해 교실 내에서 각자 관심 있는 동아리를 만들고, 1년 동안 활동하고 연말에 활동 내용을 발표하는 과정을 진행했다. 교실에서 항상 만나는 친구들과 관심 분야의 동아리를 운영하니 소통이 잘되어 서로 관계도 돈독해지고, 의미 있는 결과물도 산출되었다. 독서 동아리, 뜨개질 동아리, 만화 동아리 등 학생들의 흥미에 따라 다양한 동아리를 만들었고 자유롭게 활동이 이루어졌다.

학습 동아리로는 '꿈나무 책방'을 만들어 전체적으로 운영했다. 학생들의 지적 호기심을 자극하고, 다양한 주제의 책을 통해 학습의 즐거움을 느낄 수 있는 프로그램이다. 독해력과 기초 학력을 강화하며, 인문 소양을 함양하는 데 도움이 되었다.

정서적인 측면에서는 '새콤·달콤 데이'를 통해 학급 행사를 실시하여 학급 일원으로서의 공동체 의식을 기르고자 했고, '소중한 너'라는 프로그램을 진행하여 학생들의 생일 파티를 통해 학급 화합을 다지고 자신이 가치 있고 소중한 존재라는 긍정적 자존감을 형성하도록 했다. 12월에는 1년 동안의 추억을 간직하고자 그동안 활동했던 모습을 촬영한 사진으로 아코디언 카드를 제작하여 선물로 주었다.

한 공간에서 의미 없게 지나갈 수도 있는 시간을 다섯 가지 프로그램을 통해 각자의 독특한 색깔로 학생들에게 다양한 경험과 기회를 제공했다. 함께 성장하며 다양한 꿈을 향해 나아갔고, 더 나은 학교생활을 같이 만들어 가는 과정으로 자연스럽게 학교폭력을 예방하고 공동체 의식을 기를 수 있었다.

운영 프로그램

영역	프로그램명	운영 내용	운영 횟수
학습	꿈나무 책방	• 학급 내 독서 동아리 활동을 통한 독해력 신장	4~12월(상시)
체험	어썸 플레이스	• 교실 환경 개선을 위한 소품 DIY 제작	4~12월(상시)
정서	새콤 · 달콤 데이	• 학급 행사를 실시하여 학급 일원으로서의 공동체 의식 함양	
	소중한 너	• 생일 파티를 통해 학급 화합을 다지고 자신이 가치 있고 소중한 존재라는 긍정적 자존감 형성	
	아코디언 카드	• 추억을 간직할 수 있는 사진 또는 메시지를 담은 아코디언 카드 제작	

교사 성장으로 말하다

마음을 잇다 - 우리가 되다 - 미래를 열다

'마음을 잇다 - 우리가 되다 - 미래를 열다' 프로젝트를 진행하며 수석으로서 한 걸음 한 걸음 나아가고자 한다. 학교는 하나의 공동체이다. 다 함께 성장하기 위해 서로를 존중하고 도우며 공동체의 일원으로서 함께 노력해야 더 나은 미래를 향해 나아갈 수 있다. 다양한 방법으로 소통하고 협력하기 위해 교사 연구회 '숨&쉼', 교사 동아리 '수다', 교사 독서 모임 '책머굼'을 통해 우리의 마음을 잇고, 함께 성장할 수 있는 기회를 만들고자 한다.

1. 교사 학습 공동체 '숨&쉼' 교사 연구회 조직 및 활동

'숨'은 숨은 고수의 약자로, 학교에는 정말 많은 고수님들이 계신다. 특히, 수업에 관한 노하우가 많으신 선배 교사부터 에듀테크에 능한 후배 교사까지, 고수님들을 모시고 다양한 에듀테크, 수업 모형과 방법을 연구할 예정이다. '쉼'은 학교의 바쁜 일상 속에서 수업도 업무도 많아서 하루 종일 몇 마디도 못 하는 경우가 많은데, 연구회 모임 시간이라도 서로 안부를 물으며 경험을 나누고 휴식을 통해 에너지를 얻으며, 마음의 소통을 강화할 계획이다.

2. 신규 & 저경력 교사를 위한 '수다' 교사 동아리 조직 및 활동

신규 교사나 저경력 교사는 학교의 모든 환경이 낯설다. 수업, 학생·학부모와의 관계, 학교 업무 등에서 어려움을 겪어도 쉽게 도움을 요청하지 못하는 경우가 많다. 그렇기 때문에 우선 소통하면서 그들의 어려움을 들어 주고 해결 방법을 함께 논의하면서, 자연스럽게 학교 공동체 안으로 들어올 수 있도록 하겠다. 소소한 대화를 통해 자유롭게 의견을 나누고 소통하는 공간을 마련하여 교사들 간의 신뢰를 높이고, 경력 교사와의 관계 개선에도 힘쓰고자 한다.

3. 교사 독서 모임 '책머굼'

교사 독서 모임에서는 함께 책을 읽고 나누며, 전문성을 높이고 인문 소양을 함양하고자 한다. 교사들의 서로 다른 관점과 아이디어를 공유하고, 스트레스 해소나 마음의 안정 등을 가져다 주어 교사들 간의 친목과 소통을 강화할 수 있다. 책을 통해 지속적인 학습 기회를 제공함과 동시에 긍정적인 학문적 환경을 조성하여 교사들의 전문성과 커뮤니티 강화에 도움이 되고자 한다.

37

소통과 도전으로 미래를 만드는 수석교사

노선미

행동 발달 및 종합 의견

처음에는 교사로서의 고민보다는 일상적으로 가르치는 일에 중점을 두었으나, 학생들과의 소통과 이해의 과정을 통해 교육이 단순한 지식 전달이 아니라 소중한 인연을 통한 자기 성장의 과정임을 깨달았음. 영어 교사로서 높은 수준의 영어 실력과 전문성을 갖추기 위해 끊임없이 노력함. 다른 동료 교사와 협력하며 서로의 멘토가 되고 성장하는 과정을 통해, 수석교사로서의 새로운 도약을 꿈꾸고 있음.

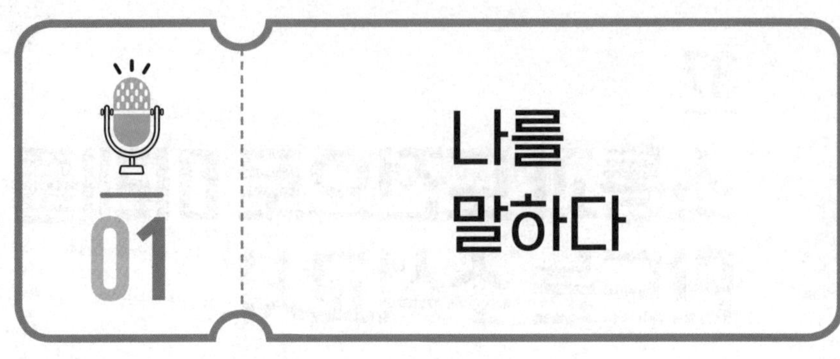

나를 성장시키는 아이들

2024년 1월 26일, 2024학년도 13기 수석교사 연수가 종료되었다. 지원서를 내기 위하여 경력을 헤아려 보니, 1999년 3월 1일 경기도의 한 고등학교에 발령을 받아 교직을 시작한 이후 나는 벌써 25년 차 영어 교사가 되어 있었다.

김일성이 사망했고 20세기 최악의 폭염으로 기록되었던 1994년에, 나는 고등학교 3학년이었고 이듬해에 고려대학교 사범대학 영어 교육과에 입학했다. 사범대에 진학을 하게 된 것은 아버지의 영향이 절대적이었다. 아버지는 직업으로 교사가 최고라고 생각하셨고, 아버지가 보시기에 중요 과목인 '국어, 영어, 수학' 교과 교사가 되기를 바라셨다.

당시에는 사범대만 고집하시는 아버지에게 답답한 마음이 들기도 했다. 그러나 요즘 기준으로 생각해 보니 오히려 법대나 의대를 강요하지 않으셨던 것이 고맙게 느껴진다. 영어를 전공하면 교사가 되지 않더라도 취업의 기회가 많을 것이라고 막연히 생각했고, 아버지의 기대에 다소나마 부응하고자 교사 자격증이 나오는 영어 교육학과를 택했다. 이렇게 '자의 반 타의 반'으로 나는 영어 교사가 되기 위한 첫걸음을 떼었다.

대학 생활을 하는 동안에는 자기 계발을 위하여 열심히 영어 공부를 했지만, 교사가 되고 싶지는 않았다. 교육 관련 과목은 최소 필수 과목만 이수하고 경제학, 철학 등 다른 학과의 전공 수업을 수강하고자 노력했고, 동아리도 환경과 사회적 이슈를 고민하는 동아리에 가입하여 정말 열심히 활동했다. 12년 동안 지낸 학교라는 사회의 구성원으로 다시 들어가고 싶지 않았고, 20대 꿈과 포부가 넘치던 그 시기에 교사라는 직업이 멋있어 보이지도 않았다.

그러던 중 IMF 외환위기가 발생했다. 기업들은 더 이상 인력을 채용하지 않았고, 대량 해고가 비일비재해졌다. 대학 졸업 이후 경제적 독립을 하고 싶었던 나는 다시 자의 반 타의 반으로 임용고사를 보았고, 운 좋게 합격하여 경기도 소재 한 고등학교에 첫 발령을 받았다.

처음에는 학생, 다른 동료 교사, 학부모와 문제를 일으키지 않으면서 '적당히 열심히 하고 적당히 잘 가르치는 중간만 되는 교사가 되자'는 생각으로 일했다. 그러나 매년 새롭게 만나는 아이들은 나에게 분노와 좌절감을 주는 한편으로 부끄러움과 보람, 자부심을 느끼도록 하면서 나를 성장시켰다. 교실에 있는 아이들 한 명 한 명이 정말 각자의 빛과 가치를 가진 보석이고, 누군가의 소중한 자녀이며, 미래의 주역이라고 생각하게 되자, 교사로서의 나의 역량과 역할에 대하여 고민하게 되었다.

"선생님, 좋아요."라는 한마디가 나를 행복하고 뿌듯하게 했다. 아이들은 나에게 너무 많은 행복과 깨달음을 주는데 나는 이들에게 무엇을 해 줄 수 있을까? 어떻게 하면 나는 선한 영향력을 가지는 사람이 될 수 있을까? 아이들이 스스로 생각하고, 성장할 수 있도록 돕는 교사가 되고 싶었다. 매년 자라는 아이들을 지켜보면서 나도 성장하여 부족한 점을 채우고 싶다는 욕구가 강렬해졌고, 그래서 스스로를 채찍질하기 위하여 수석교사에 지원했다.

02

수석교사를 말하다

수업 역량으로 말하다
영어로 다른 세계의 문을 두드려 봐!

영어 교사들이 가장 듣고 싶어 하지 않는 말이 있다.

"선생님, 원어민 선생님이 이렇게 해도 된다고 했어요."

원어민이 그랬어요! 영어를 사용하는 사람들이 그렇다고 하는데, 여기서 영어 교사인 나는 한없이 작아졌다. 그래서 원어민과 같은 영어 실력을 가지고 싶었고, 영어 교육의 목표도 아이들이 원어민처럼 의사소통하도록 만드는 것이라고 생각했다. 교직 초기에는 영어 원어민에 버금가는 말하기, 듣기 능력을 가지는 것이 중요하다고 여겨서 받아쓰기, 번역하기, 게임하기, 짝 활동과 같이 다양한 시도를 해 보았다. 나 자신도 이러한 능력을 갖추기 위하여 영어 회화 학원도 다니고, 영어 뉴스 청취도 꾸준히 했다. 내가 아이들에게 영어를 가르치는 수업이었지만 나 스스로가 항상 부족하게 느껴졌고, 영어 의사소통 능력 향상을 위하여 열심히 공부했다.

그 덕택에 2007년 부산광역시 교육청에서 실시한 영어 교사 해외 파견 시험에 합격하여, 캐나다에 연수를 다녀왔다. 브리티시 콜롬비아 대학 랭귀지 스쿨과 캐나다 현지 어학원들의 영어 수업을 경험했지만, 원어민과 똑같이 영어를 구사할 수는 없었다. 원어민 앞에서 나는 여전히 작아졌다.

2015년부터 부산시 교육청이 주관하는 전국연합학력평가에서 영어 문항을 출제하고, 이후 꾸준히 다른 평가 문항 출제 국가 기관에서도 출제를 경험하게 되었다. 문제를 만들기 위한 좋은 영어 지문을 골라내기 위하여 정말 많은 양의 영어 원서를 읽었다. 논리적이면서도 완결성을 갖춘 160개 단어 내외의 문단을 찾아내기 위하여 눈이 침침해질 정도로 읽었다.

너무 힘들었지만, 영어 문항 출제 과정에서 나는 영어 교사로서 원어민과 다른 나의 존재감을 찾았다. 원어민 교사는 영어 교사들처럼 영어 지문을 골라 평가 문항을 만들 수 없다. 그렇다! 원어민처럼 되는 것이 영어 교육의 목표가 아니었다. 영어라는 도구를 이용하여 나의 의도를 전달하고, 그 도구를 이용하여 만들어진 여러 자료들에 내가 비판적으로 접근하여 나에게 필요한 정보를 골라내면 되는 것이었다.

이후 나의 수업 방향은 180도로 달라졌다. 학생들도 필수적인 단어와 구문을 공부하고, 스스로 부족하다고 생각하는 정보는 사전이나 생성형 인공지능이 제공해 주는 자료를 선택하여 이용하면 된다. 영어로 된 각종 정보에 대해서 내용을 이해하고 비판적으로 접근하면 된다. 나의 영어 시간에 학생들은, 자유롭게 스마트 기기를 이용하여 사전과 인터넷 검색을 할 수 있다. 그러면서 영어로 된 글을 읽고 반드시 작가가 의도하는 바를 토론하고, 그 내용을 요약할 수 있도록 아이들의 사고를 유도했다.

언어는 세상과 소통하도록 연결해 주는 통로이고 수단이라고 생각한다. 또, 문화와 사고방식을 담고 있는 도구이다. 영어 습득 자체를 목표로 보지 않고, 영어를 앎으로써 누릴 수 있는 가치를 아이들이 알게 해 주고 싶다. 영어를 유창하게 사용하는 원어민이 되는 것이 나의 수업 목표가 아니다. 영어는 우리의 사고와 세상의 경험치를 확장시켜 주기 위한 수단이고, 그 희열을 가져다 주는 가장 훌륭한 도구 중의 하나이다. 아이들이 영어를 통해 다양한 문화를 접하고, 새로운 시각으로 세상을 바라볼 수 있도록 도와주고 싶다. 아이들이 영어를 통해 자기 주도적인 학습 능력을 갖도록 키워 주고 싶다. 영어는 혼자 공부하기 어려운 언어지만, 아이들에게 적절한 자료와 지침을 제공한다면 스스로 공부하도록 성장시킬 수 있다.

생활 교육으로 말하다
권위 세우기가 아닌 소통과 관계 만들기

첫 발령을 받은 고등학교는 비평준화 지역의 신설 2년 차 학교였는데, 대부분의 아이들이 중학교 성적 하위의 학생들이었다. 그 아이들은 공부에는 관심 없었고, 나는 가르치는 것이 아닌, 매시간 아이들과 교실에서 '어떻게 견뎌야 할까'를 고민해야만 했다. 나는 아이들을 이해하지 못했고, 아이들도 나를 교사로 여기지 않는 듯했다.

수업에 참여하지 않으려는 아이들과의 갈등은 심해졌다. 심지어 한 남학생은 자신이 이 지역에서 소위 말하는 '짱'인데, 수업 시간에 자신을 귀찮게 하지 않으면, 아이들이 선생님의 수업을 방해하지 못하도록 제압해 주겠다고 제안하기도 했다. 거들먹거리는 그 아이의 말을 들으면서 스스로의 처지가 참담했다. 그 당시에는 교사로서 나의 권위를 세우기 위해 아이들과의 주도권 싸움에서 이겨야 한다고만 생각했기에 아이들은 나의 투쟁 대상이었다.

그러던 어느 날, 나는 다른 날과 마찬가지로 영어 교과서를 읽지조차 못하는 대부분의 아이들이 지필고사 시험을 대비하도록, 칠판에 교과서 내용을 우리말로 정리해서 적어 주고 있었다. 그때, 열심히 칠판의 필기를 교과서에 옮겨 적는 몇몇 학생들을 보았다. 50여 명이 앉아 있던 그 교실에서 나와 갈등을 일으키던 몇몇 아이들이 아닌, 영어를 모르지만 그래도 교실에서 나의 수업 내용을 받아 적는 많은 아이들을 보게 되었다.

'아! 그동안 내가 교실에서 무엇을 한 것이지?'

그 순간 내가 얼마나 어리석었는지 깨달았다. 나는 아이들을 이해하기보다는, 내 권위를 세우기 위해 아이들을 대하고 있었다. 그 후 나는 나를 괴롭히는 아이들을 보지 않고 나머지 대부분의 아이들을 보려고 노력했다. 아이들의 가정 환경과 친구 관계, 학교생활에 관심을 갖기 시작했다. 아이들과 대화를 나누고, 함께 시간을 보내면서 아이들의 마음을 알아가기 시작했다. 그러자 아이들도 조금씩 나를 신뢰하기 시작했다.

동료 선생님의 권유로 RCY(청소년 적십자)라는 청소년 단체의 지도 교사를 하게 되었다. 아이들과 봉사 활동에도 참여하고, 신규 교사가 겁도 없이 학교에서 1박 2일 캠프도 진행했다. 함께했던 아이들은 나를 지지해 주었고, 나의 가치를 인정해 주었고, 적극적으로 활동에 참여했다. 다른 동료 선생님들도 도와주셨다. 나의 주변에는 동료 교사들도 있었고, 영어 교과서는 잘 이해하지 못하지만 자신의 다른 가치를 보여 주고 싶어 하는 학생들이 있었다.

아이들에게서 한 가지의 단편적인 모습만 보지 말고, 여러 가지 다른 모습을 보자! 교실 수업에서는 부적응 교사였지만 청소년 단체 지도 교사로서 나의 다른 모습을 발견한 것처럼, 아이들도 상황에 따라 달라지는 것이고, 그러므로 아이들의 여러 다른 모습을 찾기 위하여 노력하자는 깨달음을 얻었다.

교사로 25년을 살아오면서 나에게 반항하는 아이들, 학교 규정을 준수하지 않는 아이들을 보면서 분노와 실망감을 여전히 많이 느낀다. 그렇지만 나도 부모로서 자식을 낳고 기르면서 아이들의 생각을 좀 더 읽고, 이해하게 되었다. 금쪽이처럼 행동이 자유롭고 질서 의식이 부족한 아이일지라도, 어떤 부모님의 소중한 아이이고 나의 자식 같은 아이들이라고 생각하게 되었다. 100가지의 단점과 잘못된 행동에 얽매이지 않고, 동전의 양면처럼 아이의 부족한 점을 또 다른 장점이 되기 위한 출발점으로 보기 위하여 노력했다. 교사로서 학생 생활 교육은 쉽지 않은 일이다. 그러나 아이들을 이해하고 함께 성장해 나갈 때, 교사와 학생 모두에게 큰 보람이 있다. 나는 앞으로도 아이들을 존중하고 배려하는 마음으로 학생들과 학교생활을 하고 싶다.

교사 성장으로 말하다

수석교사로서의 새로운 도전

남편도 나와 같은 영어 수석교사이다. 처음 교사로 일을 시작했을 때 부족함과 불안함, 좌절을 느꼈다. 교실에서 영어 수업에 관심조차 없는 학생들을 가르치는 것이 과연 의미가 있는 수업이 될 수 있는지, 내가 어떻게 교사로서의 나의 역할을 할 수 있는지 막막하기만 했다. 그 당시 같은 학교에서 근무했던 지금의 남편이 교육부 교과 연구 활동을 제안했고, 나는 자존감 회복을 위하여 연구회 활동에 참여했다.

남편은 영어 수업에 대한 열정과 확신이 뚜렷했다. 자신의 교육관과 소신을 열정적으로 표현하면서 늘 나에게 말했다.

"우리 한번 같이 해 보자!"

그렇게 우리는 같이 교육과정 평가원의 공모에 당선되어 수준별 어휘 학습 자료를 만들었고, 교육청의 각종 연구 활동에 참여했다. 남편은 현실에 안주하려는 나를 항상 독려하고 조언하고, 나에게 다시 조언을 구했다. 가장 든든한 나의 멘토이자 동료 교사가 되어 주었다. 학생들의 다양한 문제와 교육 시스템의 한계에 부딪혔을 때, 남편은 항상 내 곁에서 나를 지지해 주었고, 용기를 주었고, 어려운 상황에서도 포기하지 않고 교육에 전념할 수 있도록 도와주었다. 서로의 강점과 약점을 공유하며 성장하고 발전할 수 있도록 노력했다. 그의 조언은 언제나 현실적이고 구체적이었으며, 그 덕분에 나는 발전할 수 있었다. 수석교사를 지원하게 된 가장 큰 계기도 먼저 수석교사가 된 남편의 권유였다.

수석교사로서 영어 교육을 위해 함께 의미 있는 일을 해 보자!

'아, 나를 또 가만히 두지 않는구나. 무슨 새로운 도전을 또 해야 하나? 수석교사는 학교에서 환영 받지 못하는 것 같은데, 내가 잘할 수 있을까? 그렇지만 한번 도전해 보자!' 그것이 나의 결론이었고, 2024년 1월 수석교사 자격 연수를 받았다.

그러나 연수를 받으면서 자존감은 땅에 떨어졌고, 한없이 작아지는 나를 느꼈다. 수석교사로 선발되어 온 선생님들의 교직관과 수업에 대한 소신이 존경스러웠다. 나는 25년 동안 무슨 신념으로 교직에 머무른 것일까? 내세울 만한 가치관과 신념이 떠오르지 않아서 너무 부끄러웠다. 앞으로 어떻게 수석교사로서 역할을 할 수 있을지에 대한 걱정, 두려움, 고민만 쌓여 갔다.

다행히도 거의 4주간의 연수를 받는 동안 다른 수석교사들과 서로 고민하고 토론하면서 내가 부족한 부분이 무엇인가, 무엇을 잘 해왔는가가 뚜렷이 보이기 시작했다. 동료 수석들이 나의 멘토이자 동반자로서 든든하다는 생각이 들었다. 수석교사는 교직의 연구직이라는데, 내가 더 공부하고 고민하고 부딪쳐봐야겠다, 나의 부족한 점 그리고 시행착오를 통해 배운 교훈을 널리 알려야겠다는 생각이 들었다.

연수 종료 이후 당장 책부터 구매했다. 교사교육과정, 백워드 교육과정, 에듀테크, 가르침이란 무엇인가, 고교 학점제 등등 공부하기 위한 자료도 모았다. 함께 공부했던 수석교사들의 도움이 가장 컸으며, 한번 도전해 보자는 용기도 얻었다.

나의 멘토이자 동료인 남편은 다시 나에게 새로운 도전을 주문한다.

우리 이제 같은 수석교사니까, 책을 쓰자. 아이들은 왜 사교육 업체 강사들의 책만 찾을까? 우리 책을 만들어서 아이들이 공부할 수 있도록 무료로 나누어 주자.

괜한 고생을 하는 것이 아닐까, 의욕만 가지고 헛발질을 하는 것이 아닐까 두렵기도 하지만, 이제 2024년 수석교사로서 나의 길을 스스로 만들어 보고자 한다.

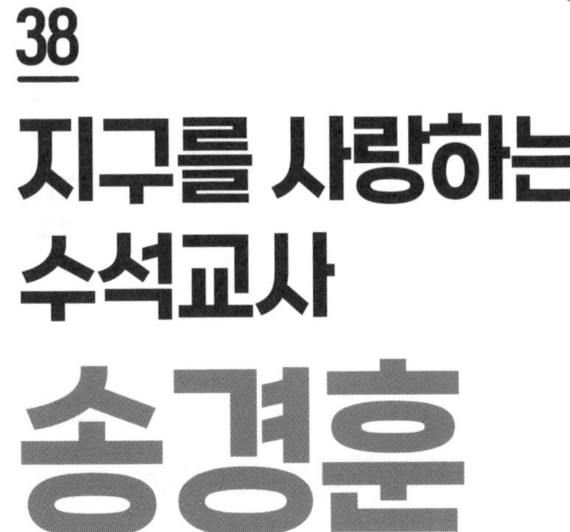

38
지구를 사랑하는 수석교사
송경훈

행동 발달 및 종합 의견

교육의 변화와 에듀테크에 관심이 높으며, 새로운 변화를 일으키는 역할을 잘 수행함. 교육의 변화를 위해 교사의 길로 들어섰으며, 교육부 스마트교육 중앙 선도교원, 경남교육청 수업 명사 및 상시 수업 나눔 교사를 거쳐 수석교사로 임명됨. 2011년부터 수업 자료를 모두 블로그를 통해 공유하고 있으며, 학습자 참여형 수업의 다양한 적용 방법을 이해하고 있음. 최근 인지 심리학 기반 반복 학습, 인출, 바람직한 어려움의 학습 과학에 관심을 가짐.

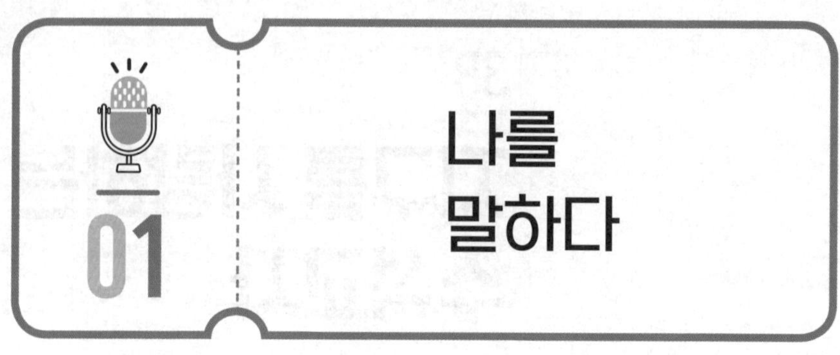

01 나를 말하다

교육의 변화를 위해 교직으로 들어오다

나의 고등학교 시절, 대부분의 고등학교가 보충 수업과 야간 자율학습을 시행하고 있었다. 나는 흔히 말하는 빡빡한 고등학교에 다녔다. 그때는 학교가 하라면 하는 것이었다. 즉, 학교의 교육 프로그램은 따라 하는 것이지, 불만을 품거나 이상하게 생각하면 그것이 더 이상한 것이었다. 고교 1학년 시절, 입시 위주의 학교 프로그램을 나는 이상하다고 생각했다. 교육을 바꾸기 위해서 그 속으로 들어가자. 그 속으로 들어가는 가장 현실적인 방법은 무엇일까?

그렇게 고민하다가 찾은 답은 바로 교사가 되는 것이었다. 교사가 된 뒤 고민을 현실로 바꿀 기회를 찾고 있었지만, 교사의 과도한 열정은 교사만 만족하는 수업이 될 수 있다는 것을 알았다. 교사로서 학생들을 이해하는 마음이 부족한 시기에 만난 학생들에 대한 미안함이 요즘도 계속 떠오른다. 이 시기 학생들이 이해해 준 덕분에 지금도 교사를 하고 있는 것이 아닐까?

2011년부터 학습자 중심 수업이 아니라 학습자 참여형 수업, 학습자의 주도성을 높이는 수업을 진행했다. 그리고 한 명의 교사라도 교육의 변화를 위해 함께 노력해 주었으면 하는 마음으로, '송경훈의 학습자 참여형 수업 설계

(https://blog.naver.com/skh96)'라는 블로그를 운영하기 시작했다. 고등학교 교사로서 수업에 충실함과 동시에, 학생들에게 도움이 되는 정확한 진학 정보를 줄 수 있는 역량 함양을 위해 경상남도 교육청 대학 진학 전문위원단 활동도 시작했다.

경험이 부족하여 많은 걱정을 했으나, 전문가들과 교류하면서 나의 상담 역량도 빠르게 향상시킬 수 있었다. 진학 역량을 높이기 위해 시작한 활동에서 전문가들과 교류하는 방법을 배웠으니 2011년은 교직 생활의 전환점이었다. 그리고 스마트 교육, STEAM 교육 등 미래형 수업 모델에 항상 관심을 가지고 해당 수업 모델의 표면적 기술을 넘어 철학적 배경과 다양한 적용 사례를 통해 깊이 있게 이해하고자 노력했다.

그냥 하는 것과 즐기면서 하는 것의 차이는 엄청나다. 즐기면서 하면 힘들지 않고, 주변에 비슷한 사람들과 만날 기회가 자연스럽게 생기게 된다. 우리 학교, 우리 지역이라는 범위를 넘어 전국의 교육 관련 사람들과 교류하면서 다양한 자극을 통해 전문성을 높일 수 있었다. 또한, 이분들을 만나며 평소 교육에 대해 깊이 있게 고민하고 나눌 기회를 얻었고, 교육 변화에 대한 갈등을 풀어내면서 위로를 받을 수 있었다.

02

수석교사를 말하다

수업 역량으로 말하다

외우지 않는 과학, 생각하는 과학

나는 학생들의 반응을 생각하면서 학습자의 주도성을 높일 수 있는 반응형 코칭을 하는 교사이다. 학생들에게 지식을 많이 외우게 하는 것이 아니라, 스스로 미래를 준비할 수 있게 학습 과정을 구성하기 위해 노력한다.

과학은 현상을 분석하고 생각하는 과목인데 왜 외워야만 하는가? 물론 기본 개념을 숙지하는 것이 필요하기는 하지만, '무조건 외우는 방식으로만 숙지하는 것은 아닌 것 같다.'라고 판단했다. 지구과학이라는 과목의 특성이 이 부분에서 크게 이바지했다.

학생들과 우선 사진이나 자료를 있는 그대로 보기 연습을 했다. "이 자료를 본다면 어떤 것을 알 수 있을까?", "무엇을 근거로 그렇게 해석했니?"라는 질문으로 가기 위해 학생들의 상황을 분석했다. 학생들은 과학 자료가 있으면 보기는 하지만 자료와 이론은 별개의 상황이었다. 이론을 외우고 있었으며, 정답이라는 두려움 앞에서 잘 대답도 하지 않았다.

그래서 먼저 현재 학생들의 떨어진 자존감 회복 및 학생 행위 주체성을 높이는 활동을 했다. '뮤지컬 파이프', '미스터리 박스' 기법 등을 활용해 흥미가 생기고 생각을 나눌 기회를 수업 도입부에 5분씩 진행했다. 수업에 흥미가 없던 학생들이 반응하기 시작하고, 적극적인 참여가 일어났다.

다만 "왜 그런가?"에 대한 대답은 아직 변화가 적었다. 이때 학생들이 주로 했던 말이 "선생님, 틀려도 돼요?"였다. 조금 더 적합한 방법이 필요했다. 학생들에게 강제 시선 낮추기 활동을 하게 했다. 강제 시선 낮추기는 과학 사진을 제시하고 "유치원생이 이 자료를 보면 무엇을 알 수 있을까?"라는 질문을 한 뒤, 유치원생의 시선으로 자료를 봤던 모습을 나누었다.

다음 초등학생, 중학생, 고등학교 1학년으로 수준을 바꿔 가면서 동일한 자료를 봤을 때 알 수 있는 모습을 나누었다. 다만, 유치원생과 초등학생은 대답하고 싶은 학생들이 자연스럽게 발표했으나, 중학생과 고등학생은 모둠별로 이야기를 나눈 뒤 모둠의 의견을 발표하게 했다. '정답'을 말해야 한다는 두려움을 '모둠 의견'이라는 보호막 속에서 줄여 보는 조치였다. 이렇게 학생들의 행위 주체성을 높이고, 자료를 있는 그대로 보는 역량과 함께 근거를 찾을 수 있는 역량을 키운 후, 수업은 대화 속에서 학습의 질적 가치를 추구할 수 있었다.

하나를 이루고 난 다음 조금 더 높은 목표를 잡았다. '학생들이 수업한 내용을 스스로 정리할 수 있게 만들어 보자.'였다. 학생들은 스스로 탐구해서 정확한 지식을 찾고 교사의 확인을 받았더라도 필기하는 데 주저한다. 이 과정이 학생들만의 잘못은 아니라고 생각한다. 그동안 정답을 맞히는 교육, 시험을 통해 줄을 세우는 평가를 받아 온 학생들은 정돈된 교사의 표현으로 정리해야 정답을 찾을 수 있었다. 이러한 학생들을 변화시켜 보자는 것이었다.

3분 대화 형태로 수업하고 수업한 내용을 스스로 적게 하고, 4분 수업하고 수업한 내용을 스스로 적게 하고, 이렇게 40분 대화 형태의 수업을 하고 수업 내용을 스스로 필기하게 했다. 연습해 가는 과정에서 수시로 학생들과 대화를 나누었다.

이때 한 학생이 "수업한 내용을 기억해서 적어야 해서 토의에 집중할 수 없고, 몰래몰래 필기할 수밖에 없다."라고 했다. 일리가 있는 말이었다. 그래서 학생들이 필기보다는 토의 등의 학습 활동에 집중할 수 있도록 해당 시간 수업 내용을 강의식 영상으로 찍어서 블로그에 올려 줬다. 학생들이 스스로 필기한 내용에서 빠진 부분, 또는 틀린 부분을 영상을 통해서 수정할 수 있었다. 학생들의 반응도 좋았고, 반복 학습을 통한 성취도도 높게 나왔다.

생활 교육으로 말하다

상호 존중을 바탕으로 한 단어 사용

생활 교육의 바탕은 신뢰이다. 물론 아주 쉬운 문장이지만, 생각하지 않아도 자연스럽게 습득되는 데까지는 시간이 오래 걸린다. 진정한 존중이란 서로 원하는 것을 알고, 올바른 방향을 함께 잡아가는 것이다. 한쪽이 원하는 것만 하는 것은 생활 교육이 아니다.

신규 교사 시절 교육적 목표만으로 학생들을 지도한 적이 있었다. 이제야 생각해 보면 교육적 목표는 맞았겠지만, 학생들은 불만이 많았을 것이다. 지금도 당시 학생들을 생각하면 참 미안하다. 그 학생들이 나에게 준 선물은 시간과 경험이었다. 학생들에게 어떻게 생활 교육을 해야 하는지 아직도 부족하지만, 이젠 이 경험을 바탕으로 많이 깨닫게 되었다.

생활 교육은 함께 공감하고 변해야 한다. 수석교사 자격 연수에서 소개 받은 『북극곰 코다 첫 번째 이야기: 까만코』라는 그림책이 있다. 읽어 보기를 추천하며 간단히 내용 소개를 하자면 다음과 같다.

온몸이 하얀 북극곰은 눈 속에서 사냥꾼에게 들키지 않을 수 있었으나, 코는 까매서 사냥꾼은 북극곰의 코만 찾으러 다닌다. 사냥꾼이 엄마 북극곰과 코다의 까만 코 두 개를 발견하고 총을 겨눴으나 엄마가 이 상황을 알고, 아기곰 코다를 보호하기 위해 코다를 꼭 껴안으면서 까만 코가 한 개로 줄어들었다. 사냥꾼이 어리둥절하며 다시 총을 겨눴으나 이번에는 코다가 엄마 코를 손으로 감싸면서 모두 무사할 수 있었다. 자신의 생명이 위험한지는 생각하지 않고 아기곰 코다를 안아 주는 엄마 곰의 모습도 감동적이지만, 아무것도 모르면서 자연스럽게 엄마의 까만 코를 감싸는 코다의 모습에서 더 큰 감동이 온다.

이 그림책에서 알 수 있듯이 생활 교육은 학생들의 자발적인 행동을 유도하는 어른의 큰 그림이다. 생활 교육이 교사에게서 표현되는 여러 가지 방법 중 가장 눈에 띄는 방법은 '교사의 언어'이다. 교사의 말은 고도로 정제된 교육 활동의 표상인 것이다. 교사도 사람이다 보니 화가 나기도 하고, 감정에 흔들리기도 한다. 그렇지만 교사는 학생들보다 인생을 먼저 산 선생님이다. 학생들에게 어른의 근거를 가진 지도 내용으로 생활 교육을 하지 말고, 교사의 평소 말과 행동을 통해 생활 교육을 하기를 권한다. 학생들 대부분도 선생님이 자신들을 진심으로 위하는 행동인지 말로 표현하지 않아도 안다.

생활 교육의 철학과 방향에 대해 이야기를 했다면 이제 현실적인 방법을 이야기하고자 한다. 학생들과 온라인 플랫폼의 감정 체크인 기능을 활용하여 일주일에 한 번씩 정도 감정 체크인을 하고, 서로 이야기를 나눠 보자. 감정 체크인이 너무나 형식적이라고 느낄 수도 있다. 그렇지만 상대방의 감정을 알고 있다면 상대방의 언어나 행동을 이해하는 폭이 넓어질 수 있다.

학생 간, 교사와 학생 간에 서로를 이해하려고 노력하는 마음이 생활 교육의 출발점이다. 또한, 일주일에 한 번씩 누적된 데이터는 학생의 감정 변화를 읽고 적합한 상담을 해 주는 좋은 자료가 될 것이다.

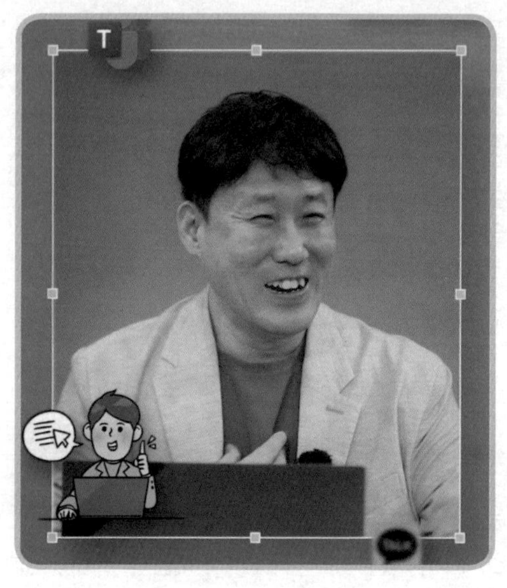

학생들의 에너지와 다양한 역량을 표현할 수 있는 교육 활동의 다양성도 생활 교육의 좋은 방법이다. 생활 교육이라고 해서 꼭 누가 누구를 지도하는 형태만 있는 것은 아니다. 학생들의 요구를 긍정적 방향으로 표출하게 함으로써 학교에 소속감을 느끼고, 공부뿐만 아니라 다른 활동으로 내가 할 수 있는 것이 있다는 것을 느낌으로써 자존감이 높아질 수 있다.

학생들과 소규모 만남의 기회를 주기적으로 만들어 보는 것도 좋다. 담임을 한 지 오래되었지만, 4~5명의 우리 반 학생들과 돗자리를 가지고 학교 옆 공원에 가서 치킨 데이트를 했던 일이 가장 기억에 남는다. 복도에서 마주 앉아 상담을 한다고 가정해 보자. 갑자기 나의 고민이 떠오르지 않을 것이고, 일종의 벌 받는 느낌이 드는 삭막한 공간에서는 마음속 이야기가 나오기 힘들다. 상담 공간의 중요성도 기억하자.

학생들에게 지도했던 생활 교육의 내용은 교무 수첩에 먼저 기록한 뒤 나이스 상담 일지에 기록해 두자. 수첩에 기록했던 내용은 해당 학년도에는 잘 보관할 수 있으나, 해당 학년도가 지나면 잊어버리기 쉽다. 혹시나 모를 상황에 자료로 활용될 수 있다. 생활 교육은 말과 행동으로 늘 모범을 보여야겠지만, 학교에서 꼭 해야 하는 생활 교육은 교육 활동의 증거가 필요하다.

교사 성장으로 말하다

좋은 기회, 학생들, 동료들

나를 성장시킨 것은 다행히도 놓치지 않았던 좋은 기회, 학생들, 그리고 직장에서 만난 동료들이었다.

1. 좋은 기회

우선, 이 자리에 있을 수 있는 가장 중요한 기회는 임용고시 합격이다. 첫 시험에서는 아주 아까운 점수로 불합격했다. 1차 불합격 통보를 받던 날, 떨어진 이유를 정확하게 알 수 있었다. '세상이 얼마나 무서운지 몰라서'였다. 이렇게 현실에 지각한 후 그날 저녁부터 바로 다시 공부를 시작했다. 또한, 3월부터 기간제 생활도 함께 시작했다.

후배들이 가끔 기간제 교사 생활과 임용고시 공부를 동시에 할 수 있는지 물어보기도 하는데 단호히 대답했다. 공부만 집중하라고! 그때 나는 학교를 마친 뒤 물을 안 마셨고, 밥도 아주 조금 먹었다. 공부하다가 화장실을 가면서 리듬이 끊어지면 안 됐고, 식곤증 자체를 만들지 않기 위해서였다. 그 1년간 저녁 6시부터 밤 11시 30분까지 귀에 아무 소리가 안 들리는 상황으로 간절함을 가지고 집중했다. 간절히 무엇인가를 이루기 위해 노력했던 그 경험이 지금도 어려운 일이 닥칠 때 나를 지지해 주는 힘이 된다.

교사가 된 뒤에도 끊임없이 좋은 기회를 잡고, 만들었다. 교사가 되었다고 목표를 완전히 달성한 것이 아니라, 교사로서 새로운 목표를 다시 세워야 한다. 교육 정책이 많이 변하면서 화가 나기도 하지만, 변화된 정책 중에 내가 관심이 있고 잘하는 것이 있다면 적극적으로 기회를 잡아야 한다. 강사 또는 어떤 역할을 맡게 되면 해당 분야에 깊이를 더할 수 있는 기회가 될 것이다.

지금 생각해 보니 SMART 교육, STEAM 교육, 디지털 전환, 그린스마트 미래 학교 등이 시기별로 열심히 했던 주제들이다. 가끔 "어떻게 그런 것이 있는지 알 수 있을까요?"라고 질문하는 동료들이 있는데, 나는 SNS를 통해서 정보를 교환하고 시대를 변화를 느낄 수 있었다. 경력과 경험이 쌓이면 선생님의 경험을 책으로 내 보기를 추천한다. 교사가 되면서 하지 못하는 것도 많지만 할 수 있는 것도 많다. 교육적 철학을 바탕으로 에듀테크 기업과 협업도 해 보기를 추천한다. 학교라는 공간 속에서 갖춘 경험을 사회로 확장해 보기를 추천한다.

2. 학생들과의 상호작용

교사를 성장시키는 중요한 요인 중 학생들과의 상호작용이 있다. 첫 번째 학교 첫 번째 교실에서 느꼈던 떨림은 아직도 생생하다. 온전히 따뜻한 마음만으로 나를 맞아 주었던 첫 제자들이 교직에 대한 자신감을 북돋아 줬다. 학생들은 가장 좋은 수업이라고 교원 능력 개발평가에 적어 주었지만, 내가 생각했을 때 아쉬웠던 수업이 하나 있다. 고3 학생들과 지구과학 I 수업을 하면서 1분당 한 문제, 1차시에 50문제를 풀면서 학생들 수능 준비를 확실하게 시켜 줬다. 학생들의 성적도 올랐다. 그렇지만 지금 생각해 보면 교과의 역량보다 문제 푸는 기술을 가르친 것 같아 매우 아쉬웠던 순간이다. 좋은 수업뿐만 아니라 그렇지 못한 수업, 아쉬웠던 수업도 나를 성장시킨다. 후배 선생님

들께서는 지금의 수업 자료를 잘 보관해 두기를 바란다.

수석교사로 나가기 전 지금 만나고 있는 학생들도 나에게 따뜻함이라는 성장을 만들어 주었다. 교사를 진심으로 존경해 주고, 사랑스러운 눈빛을 보내주는 학생들, 그런 아이들을 위해서 최고의 수업을 만들어야겠다는 마음이 커지게 하는 학생들이다. 학년도 종업식 날, 교장 선생님이 영전 가신다고 우는 학생들, 그들의 따뜻한 마음을 알기에 민망하지만, 전출 교사 소개를 꼭 하면서 학생들에게 마지막 인사를 하는 학교이다.

3. 함께하는 동료들

마지막으로 같은 업을 하고 있는 동료들이다. 학교 안에서 동료들과 잘 지내는 것도 물론 중요하지만, 동료의 범위를 '함께 교사를 하고 있는 사람들'로

넓혔다. 함께 교육적 주제를 나누고, 서로의 경험을 통해 성장할 수 있었다. 도 교육청 단위의 교과 연구회, 전국 단위의 마이크로소프트 혁신 교사 모임 등 나눔을 즐기고 다른 분들의 나눔을 존중하면서 감사히 받는 동료들의 모습 속에서 위로와 에너지를 받을 수 있었다.

바빠서 못한다고 대부분의 사람들은 말한다. 그렇다면 지금 열거한 이 선생님들은 안 바쁜 것일까? 아니다. 누구보다 바쁜 사람들이다. 늘 바쁘지만 무엇을 중심에 두고 어떤 가치를 추구하느냐의 문제인 것이다.

39

배워서 남 주는 해피 바이러스 수석교사

임성은

행동 발달 및 종합 의견

이름 석 자 그대로 책**임**감 있고 **성**실하며 **은**근히 강한 사람임. K-장녀로서 학창 시절에는 학급회장 · 부회장을 거의 매년 역임했음. 교직에 들어와서도 회장과 팀장 등을 수없이 맡으면서 책임감과 리더십을 키웠음. '해피 바이러스'라는 별명을 얻을 정도로 밝은 에너지가 있으며, 주변 사람들로부터 신임을 얻고 원만한 인간관계를 형성함. "Slow and steady wins the race."라는 인생 모토 아래, 뭐든지 서서히, 끝까지 해내는 끈기가 강함.

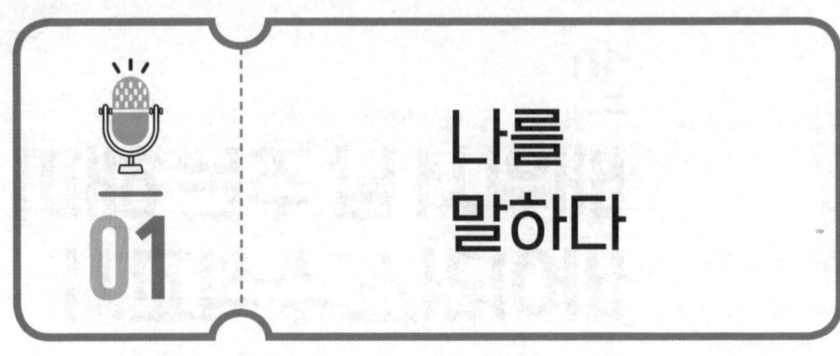

탑(塔)을 쌓아야 탑(Top)이 될 수 있다

좋아하는 것을 하다 보면 잘하게 된다

나는 순수 국내파 영어 전공자이다. 영어 알파벳을 처음 배우게 된 때부터 영어에 흥미를 느끼고 좋아해서, 자연스럽게 영어 공부에 많은 시간을 들이다 보니 어느새 영어를 잘하게 되었다. 처음부터 성적이 좋았던 것은 아니었으나 조금씩 향상되어 가는 나 자신의 모습을 지켜보면서 학습에 대한 흥미를 높여 갔다. 한 분야에서의 성취감은 다른 교과 분야로 확대되었고, 이러한 경험은 무언가를 꾸준히 배워 가도록 하는 원동력이 되었다.

이러한 배우고자 하는 마음은 교사가 되어서도 꾸준히 이어졌다. 교직에 필요한 새로운 지식과 기술을 배우며 나만의 창의적인 아이디어와 새로운 통찰을 쌓아 가는 과정에서 큰 만족감을 느꼈다. 나에게 배움은 단순히 지식과 기술을 습득하는 것이 아니라, 각각의 배움의 조각들이 어떻게 하나의 큰 그림을 이루는지 이해하는 과정이었다. 주변에서는 한 가지 분야에만 집중하라는 조언도 많았지만, 교육의 여러 요소들이 서로 긴밀하게 연결되어 있기 때문에 한 분야에만 집중해서는 제대로 이루어질 수 없다고 생각했다.

아이들에게 배움이 있는 유의미한 수업을 하려면 교수·학습 방법이나 수업과 연계된 평가 방법을 고민하는 것은 물론이고, 그러려면 교사가 교육과정도 잘 알고 있어야 하며, 이를 스스로 설계할 수 있는 힘도 필요하다. 좋은 수업을 하기 위해서는 단순히 '어떻게 가르칠 것인가'를 넘어, '왜' 그리고 '무엇을' 가르쳐야 하는지에 대한 이해가 있어야 하기 때문이다. 이렇듯 교육의 다양한 요소들을 통합하여 바라보는 관점은 나를 교사로서 성장하게 할 뿐만 아니라, 새로운 연결고리를 발견할 때마다 배움의 기쁨과 만족감을 느끼며 나의 교육적 깊이도 더해져 갔다.

이러한 즐거운 배움의 여정 속에서 나는 진정한 전문성이란, 더 넓은 시각으로 모든 부분이 어떻게 맞물려 있는지 이해할 때 비로소 온전해진다는 것을 깨달았다. 계속해서 배우고 성장하며, 서로 연결된 교육의 조각들을 하나씩 맞춰 가는 이 과정이야말로 내가 교사로서 진정으로 의미를 찾는 길임을 느낀다.

우리나라 교육과정이 추구하는 인간상은 '바른 인성을 갖춘 창의 융합형 인재', '포용성과 창의성을 갖춘 주도적인 사람'이다. 이러한 학생을 키우려면 교사인 나 자신부터 그러한 인간상이 되어야 한다고 생각한다. 이에 여러 분야의 전문적인 지식을 갖춘 동시에, 이를 서로 연결시켜 새로운 지식을 창출해 내는 M자형 인재가 되고자 노력하고 있다. 이러한 신념으로 주어지는 일을 마다하지 않고 여러 분야에서 다양한 일들을 하다 보니, 10년간 받은 위촉장이 무려 60여 개가 되었다. 당시에는 많은 시간과 에너지를 들여야 했기에 쉬운 여정이 아니었으나, 수석교사가 된 지금, 공들여 쌓은 탑(塔)은 절대 무너지지 않고, 탑(Top)에 이를 수 있음을 깨달았다.

학생의 롤 모델이 될 수 있는 교사가 되자

"학생의 롤 모델이 될 수 있는 교사가 되자."라는 목표는 교직에 대한 나의 마음가짐을 새롭게 다지게 하는 말이다. 교사로서 내가 단지 지식만 전달하는 역할을 넘어, 학생들에게 긍정적인 영향력을 주는 존재가 되고 싶은 마음에서이다. 학생들과 호흡하는 시간이 가장 많은 사람은 부모에 이어 교사이다. 많은 시간을 함께하는 학생들이 나를 통해 긍정적인 삶의 태도를 배우고, 어려운 상황에서도 흔들리지 않는 힘을 키워 가기를 바라는 마음으로 나 자신을 돌아보게 된다.

학생들의 롤 모델이 되기 위해서는 말보다 행동이 중요하다. 학생들은 교사의 말뿐만 아니라 그 행동과 태도에서 많은 것을 느끼고 배운다. 교사의 작은 행동 하나하나가 학생들에게 큰 영향을 줄 수 있기에, 항상 진솔하고 성실한 자세로 학생들을 대하려고 노력한다. 특히, 어려운 상황에서도 책임감을 가지고 최선을 다하는 모습을 보여 주는 것은 학생들이 자연스럽게 따라 배울 수 있는 중요한 본보기가 된다고 생각한다.

또한, 학생들의 롤 모델이 되기 위해서는 끊임없이 배우고 성장하는 교사가 되어야 한다. 아이들에게 "열심히 공부해!"라고 말하면서 정작 나 자신은 배움을 멈춘다면, 그 말에 진정성이 담기지 않을 것이다. 내가 먼저 배우고 발전하는 모습을 보여 주면, 학생들도 스스로의 성장을 위해 노력할 것이다. 그래서 나는 새로운 교수법을 연구하고, 학생들에게 더 나은 교육을 제공하기 위해 다양한 지식과 기술을 익히는 데 항상 힘쓰고 있다.

마지막으로, 학생들을 진심으로 아끼고 그들의 꿈과 목표를 응원하는 교사가 되고 싶다. 학생들이 자신의 가능성을 믿고 꿈을 향해 나아갈 수 있도록 격려하고 지지해 주는 것이 롤 모델로서 중요한 역할이라고 생각한다. 내가 그들의 성장과 성공을 진심으로 응원하는 모습을 보여 줄 때, 학생들도 나를 믿고 자신의 길을 당당히 걸어갈 힘을 얻을 것이다.

이렇듯 학생들에게 롤 모델이 되는 교사가 되고자 하는 목표는 나를 항상 더 나은 방향으로 이끌어 주고 있다. 학생들이 나를 통해 긍정적인 가치와 삶의 태도를 배우기를 바라며, 앞으로도 이 다짐을 잊지 않고 진정성 있는 교사가 되기 위해 노력할 것이다.

02

수석교사를 말하다

수업 역량으로 말하다
위기는 곧 기회!

영국 속담 중에 "Turn your scar into a star."라는 말이 있다. 상처 없는 삶이 어디 있겠는가? 위기는 곧 기회라 했다. 위기를 위기로만 여기면 불행할 수밖에 없다. 위기를 받아들이는 순간 성장할 수 있는 기회가 됨을, 다음의 몇 가지 경험을 통해 깨달았다.

코로나 19의 위기 속에서 교육과정을 다잡다

교육과정은 수업과 평가를 잘 구현하기 위한 중요한 근간이다. 그러나 자유 학기제와 고교 학점제가 도입되면서 교사들이 가장 기피하고 있는 업무 중 하나가 교육과정이다. 2019년, 첫 보직으로 교육과정 부장을 맡으면서 부담감은 매우 클 수밖에 없었다. 그러나 유네스코 비전에 기반한 3개년 학교 교육과정을 수립하고 교사교육과정을 개발했으며, 세계시민 교육을 실천했다. 교육과정을 수립하는 과정에서도 학생을 교사와 동등한 주체로 세웠다. 학생을 배움의 주체로 세워 그 권한을 아이들에게 주어야 그 학교의 문화와 시스템을 이어갈 수 있음을 깨달았다. 이와 같은 노력과 함께, 2015 개정 교육과정에 이어 2022 개정 교육과정 연구에 참여하면서 교육과정에 대한 전문성을 더욱 키울 수 있었다.

이어서 2020년 시작된 코로나 19 감염병 상황이 장기화되면서 학교 현장은 한 번도 경험해 보지 못한 혼란스러운 상황에 직면했다. 온라인 클래스에 영상을 올리는 것에서부터 실시간 쌍방향 수업을 하기까지 좌충우돌, 대혼란 그 자체였다. 엎친 데 덮친 격으로 당시 교육과정 부장으로서 온·오프라인 등교 상황에 따라 학교 교육과정을 긴급하게 변경해야 했고, 원격 수업으로 대체하기 위한 플랫폼을 구축해야만 했다.

다행히 2012년부터 꾸준히 해 온 스마트 교육 중앙 선도 교사와 디지털 교과서 활용 선도 교사 활동, e학습터 연구회 활동 경험들은 문제를 해결하는 데 큰 도움이 되었다. 원격 수업의 질을 제고할 수 있는 양질의 에듀테크 도구들을 발굴하고 목록을 만들기 시작했다. 당시에는 수고로움이 있었지만, 이를 구글 드라이브에 하나의 아카이브로 모아 공유하니 모든 교사들의 만족감이 상당히 높았다. 또한, 발굴한 에듀테크를 활용하여 수업을 공개하고 활용 팁을 공유하면서 원격 수업의 질을 높이는 데 선도적인 역할을 했다. 이 모든 것을 하루에 3~4시간 정도의 쪽잠을 자며 힘겹게 해결해야 했던 상황이었지만, 지금 생각하면 수석교사로서의 예행 연습을 톡톡히 한 셈이다.

수업의 위기 속에서 교사 철학을 세우다

분당 지역에서만 약 10년간 근무하다 갑작스럽게 신설 학교에 발령을 받았다. 기존에 가르쳤던 학생들이나 학교·지역의 환경과는 전혀 상반되었기 때문에 당시로서는 문화적 충격에 가까웠다. 기초 학력 미달자가 50% 이상에 육박할 정도로 학생들의 학력 수준은 낮았고, 교과에 대한 흥미가 거의 없었으며, 일일 출석률조차 저조한 편이라 온전한 영어 수업을 진행하기에 어려움이 많았다.

예상하지 못했던 위기를 해결할 수 있는 방법은 단 한 가지였다. 교사로서 나의 수업 전문성을 신장하고 역량을 강화하는 데 몰두하는 것이었다. 이때 학생의 행복한 배움을 진지하게 고민하면서 교사로서의 철학을 세우게 되었으며, 교육과정을 재구성하여 전에 없던 '교사교육과정'을 선도하여 실천했다.

당시 영어 교사들에게는 낯선 영역이었던 STEAM 수업과 SMART 교육을 시행하면서 수업을 개선하다 보니, 해당 분야의 전문가로 성장하기 시작했다. 학생 누구도 배움에서 소외되어서는 안 된다는 신념 하에, '보편적 학습 설계 원리'를 연구하면서 이를 수업에 녹여 학생 주도 프로젝트 수업을 실행해 왔다. 또한, 학생의 미래 핵심 역량을 함양하기 위해서는 자기 생각 만들기가 중요하다고 믿기에, 질문에서 시작하여 질문으로 마치는 '4C for 4C' 수업을 실행해 오고 있다. 교사 중심의 TEE(Teaching English in English)가 아닌 학생 중심의 LEE(Learning English in English)를 개발하기도 했다. 학생의 삶을 주제로 한 교육과정 재구성으로 세계시민 교육을 실천하면서 교과 간 융·복합 수업을 설계하여, 학생의 학습 과정을 자기 주도적으로 성찰할 기회를 매시간 제공함으로써 깊이 있는 학습을 몸소 실천하고 있다.

여러 시행착오를 거치면서 모든 아이들은 자기만의 색깔을 지닌 고유한 씨앗을 갖고 태어나며, 성장할 수 있는 잠재력을 모두 지니고 있음을 깨달았다. 교육은 '줄탁동시(啐啄同時)'를 위해 학생의 씨앗이 자라나도록 도와주는 것이다. 병아리가 알에서 깨어나기 위해서는 어미 닭이 밖에서 쪼고 병아리가 안에서 쪼며 서로 도와야 위대한 생명이 탄생하는 것이다. 다만, 코이의 법칙에서처럼 환경에 따라 성장의 속도와 질적 차이가 있을 뿐이다.

민원의 위기 속에서 평가 역량을 키우다

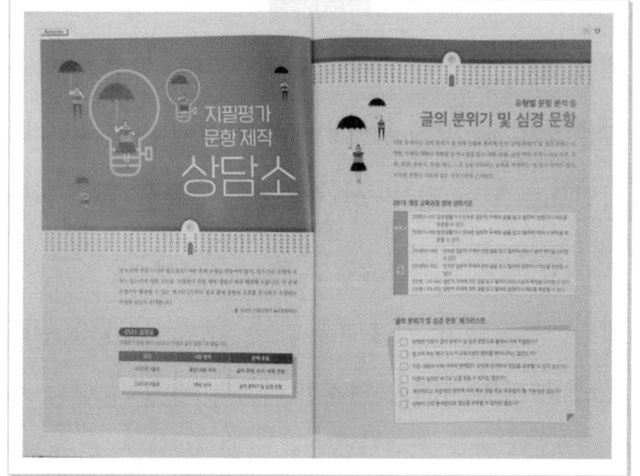

신규 교사로 발령 받은 이후 지금까지, 대부분 학생과 학부모의 학구열이 높고 평가에 민감한 곳에 근무해 오고 있다. 그렇다 보니 평가를 시행하기 전부터 출제 및 채점, 성적을 처리할 때까지 어느 교과들보다도 신경이 곤두설 수밖에 없다. 극도의 스트레스를 받기도 했으나, 반면에 평가에 대한 남다른 관심도 갖게 되었다. 평가 역량을 키우면서 NEAT에서 시작하여 창의적 사고력 능력 평가, 학업성취도 평가, 전국 연합 학력평가, 모의평가, 수능 문제은행에 이르기까지 다양한 영역에서 평가 경험을 쌓을 수 있었으며, 이는 지금까지 오류 없는 문항을 출제하게 된 원동력이 되기도 했다.

이러한 경험을 바탕으로 YBM 매거진 '지필평가 문항 제작 상담소' 코너에 원고를 기고하여 동료 선생님들로부터 많은 긍정적인 피드백을 받기도 했다.

생활 교육으로 말하다

낙숫물이 바위를 뚫는다

신설 학교에서 근무하던 시절에 만났던 학생들로 인해 한 번도 겪어 보지 못한 위기를 맞이했었다. 하지만 그 덕분에 가장 열정 넘치는 교직 생활을 할 수 있었다. 당시 학생들은 한부모 가정이나 조손 가정이 많고 경제적인 어려움도 겪고 있어서 정서적 지원이 가장 시급했다. 학생의 흡연에 대한 민원과 함께 학교에 대한 부정적 편견과 선입견이 가시질 않았다. 등교하지 않는 학생들, 엎드려 자는 학생들, 학교폭력, 교권 침해 사안 등 무사히 넘어가는 날이 없을 정도였다.

학생과 학부모와의 상담 및 각종 인성 교육 프로그램 등으로 매일 야근을 해야 했다. 그러나 조금씩 바뀌어 가는 학생들의 모습을 보면서 교사로서 보람을 느꼈다. 학생들에게 실패가 아닌 시행착오의 과정일 뿐임을 강조하며, 낙인으로 인한 정서·심리적 불안과 우울, 자살 충동 등 위기에 놓인 학생들을 위한 학습 안전망을 고민하기 시작했다. 학급 조회 시간에는 '독서로 여는 아침', '북토크'와 '인생 모토 공유', '칭찬 릴레이', '마니또' 등의 학급 활동을 비롯하여, 지역 사회와 연계한 나눔의 집 봉사 활동, 텃밭 가꾸기 등의 실습·노작 동아리 활동 등을 실시했다. 또, 사제 동행 프로그램의 하나로 산행, 학생과 교사 소운동회, 음악 연주회 활동을 하다 보니 교사와 학생들 간의 관계도 개선되고, 학교폭력도 점차 줄어들었으며, 궁극적으로 학생들의 인성 교육에 도움이 되었다.

프로그램을 기획·운영하면서 교육은 공공재로서 마을과 함께 '모두의 아이'로 키워 가야 함을 깨달았다. 배움을 마을의 공간으로 확장하면 지역 사회는 앎·삶·함을 실현하는 학습터가 되고, 다양한 교육 자원을 통해 다양한 배움의 기회를 줄 수 있다. 학생과 학부모, 교사의 요구를 학교의 정책으로 발전시키고 학생자치 활동을 활성화하면서 "학교 살리기"가 가능해졌다. 이러한 노력 끝에, 주변에서 바라보던 시선이 바뀌기 시작했다. 어느덧 부끄러웠던 교복은 자랑스러운 교복이 되었다.

교사 성장으로 말하다

Slow and steady wins the race!

연수 받는 교원에서 학습하는 교원을 넘어 연구하는 교원으로

'학생의 행복한 배움과 성장을 통해 교사도 행복해진다.'는 믿음으로 쉼 없는 교직 생활을 해 오고 있다. 학생의 행복한 배움과 성장을 지원하려면 우선 학생을 위한 교육과정이 바로 서야 하며, 학생이 중심이 되고 배움의 주체로서 학습 과정을 이끌어 갈 수 있는 수업과 평가를 설계해야 함을 깨달았다. 이러한 깨달음을 얻기까지의 지난 여정을 되짚어 보면, 신규 시절부터 1정 자격 연수를 받기까지는 주로 교원 연수를 통해 전문성을 신장했다.

그리고 TESOL 대학원 석사 과정을 거치면서 약 5년간 학교 안팎 전문적 학습 공동체와 연구회 등을 통해, 공동체성에 기반한 자발적 학습 참여로 자기 성장을 도모했다. 이후 10년간은 현장 지식과 경험이 다양해지면서 실천적 연구를 통해 자아를 실현하고, 교실 수업 개선 실천 사례 연구 발표 대회 및 전국 영어 수업 우수 사례 등에서 경기도 · 전국 단위 1 · 2등급을 다수 수상하는 등 교사로서의 전문성을 확장 · 심화하는 단계에까지 이르렀다.

그 덕분에 현재는 교육청을 비롯하여 교육부와 평가원 등이 주관하는 다양한 연구에 연구 위원으로 참여하고, 관련 장학 자료들을 다수 제작하면서 교육 전문가로서의 지평을 넓혀 가고 있다. 이론적 연구와 현장에서의 실천 경험을 담아 집필한 책이 현재 4권 있으며, 교육과정과 수업, 평가에 이르는 전 영역에서 다양한 주제의 강의를 해 오고 있다. 또한, '수업 잘하는 교사'로 JTBC의 교육 기획 코너에 방송되기도 했다.

배워서 남 주자

교사라는 직분은 사실 배워서 남 주는 일이다. 이제는 수석교사로서 동료들에게 배워서, 남 주는 마음으로 선한 영향력을 발휘하고자 한다. 신규 교사 시절을 되돌아보면, '답'을 찾다 '답답'해지기만 했던 기억이 생생하다. 대학과 대학원 과정에서 다양한 강의를 듣고 수많은 전공 서적과 관련 연구물들을 읽으며 공부했지만, 이론과 현실은 너무나 달랐기 때문이다. 수업 연구와 생활 지도, 학급 경영, 행정 업무 등 교사는 첫 발령과 동시에 이 모든 것들을 거의 스스로 해야 하는 각자도생의 구조이다.

그런데 20여 년이 지난 지금도 주변의 많은 신규·저경력 교사들이 여전히 비슷한 어려움을 경험한다. 만약, 다양한 수업 경험과 노하우를 갖춘 조력자

가 가까운 곳에 있어서 즉각적이고 지속적인 도움을 받을 수 있다면 얼마나 좋겠는가?

이러한 역할이 바로 수석교사의 몫이다. 학생의 맞춤형 학습을 위해 교사가 학생의 성공적인 학습을 지원하는 조력자, 촉진자로서의 역할을 수행해야 하는 것처럼, 수석교사 역시 교사의 교수·연구를 지원하는 멘토, 코치, 컨설턴트로서의 역할을 수행해야 한다.

이에 교육과정 - 수업 - 평가의 전문성을 바탕으로 학생 교육을 지속적으로 실천해 가고, 주변의 많은 동료 교사들에게 도움을 주면서 미래 교육을 이끌어 가는 견인차 역할을 하고자 한다. 개인의 역량을 개인의 영역에만 국한시키지 않고 공적인 영역으로 확대하는 것이 수석교사의 가장 큰 역할이다. 이로써 공교육에 대한 신뢰도를 높이고, 동료들과 함께 성장하면서 우리 교육의 힘을 키우는 데 일조하고자 한다.

섬기는 리더십으로

리더십은 사람의 마음을 얻는 것이다. 리더십은 직위에 주어지는 위치나 과업·목표와 같은 행동(doing)만이 아니라, '나는 누구인가, 어떤 존재가 되고자 하는가?'와 같은 존재(being)의 측면을 포함한다. 조직을 변화시키려면 나 자신부터 변화해야 한다. 나의 존재 양식을 변화시키고 사람의 마음을 읽고 그에 맞게 행동하는 사람이 되고자 한다.

아리스토텔레스는 말하는 사람을 설득하는 3요소로 로고스(Logos, 객관적 사실과 논리적 근거를 갖고 리더의 주장을 뒷받침함으로써 구성원으로 하여금 믿게 하는 설명력)와 파토스(Pathos, 구성원의 가슴을 파고드는 정서적인 호소력과 공감력) 외에 가장 큰 비중을 차지하는 것으로 '에토스(Ethos, 리더의 품성에서 품기는 진정성, 리더가 전하는 메시지의 신뢰성, 리더의 인격·품격)'를 들었다. 이제 수석교사로서 섬기는 리더십이 필요할 것으로 보인다.

상처에 고인 진물을 짜내야 하듯, 가슴 속에 고인 눈물도 흘러내려야 한다. 진물을 짜내야 상처는 비로소 아물고 눈물이 흐른 후에 고통도 잊힐 수 있다. 로이 리히텐슈타인의 그림 〈행복한 눈물〉 속의 인물을 보고 있노라면, 비록 눈물을 흘리고는 있지만 그 표정은 행복해 보인다. 눈물은 사람을 맑게 한다. 눈에 뜨거운 눈물이 맺히면 그 영혼엔 무지개가 피어오른다. 앞으로 수석교사로서 세심하게 살피고 감내해야 할 부분들이 많겠지만, 행복한 눈물을 흘릴 그날을 위해 오늘도 열심히 달려 본다.

40

계속 성장하는 수석교사

임정연

행동 발달 및 종합 의견

새로운 것을 배우고 자신이 배운 것을 친구들에게 가르쳐 주는 것을 좋아함. 다른 사람의 이야기를 잘 들어 주고, 그에게 가장 필요한 것이 무엇인지 고민하여 도움을 주는 것을 즐거워함. 특히, 학급에서 잘 어울리지 못하는 친구들에게 관심이 많음. 소외되거나 가정 형편이 힘든 친구들에게 먼저 다가가서 정서적으로나 물질적으로 도움을 주고자 노력하는 모습이 돋보임. 성실하고 책임감이 강하며, 주변 사람들을 살필 줄 아는 따뜻한 리더십을 지녔음.

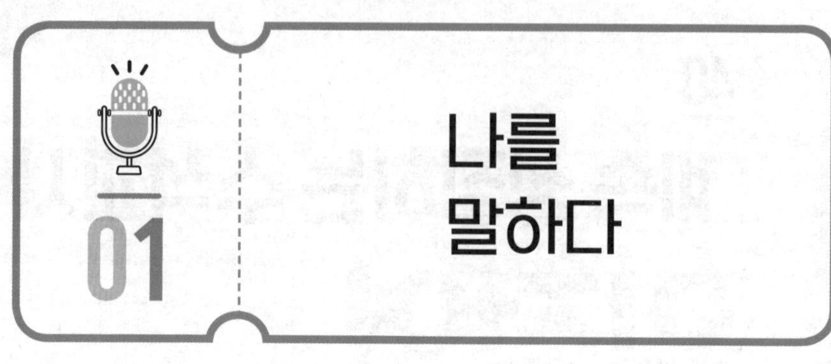

계속해서 성장하는 교사

1976년 10월 재미있는 아빠, 다정한 엄마, 개구쟁이 남동생 위의 맏딸로 태어났다. 유치원 때부터 선생님을 좋아했기에 어느 순간부터 선생님이 되고 싶은 마음이 있었다. 중학생이 된 이후 많은 교과목 중에서도 마음과 인생에 대해 이야기하는 국어 교과가 참 멋지다고 생각했다. 지적이고 다정한 여러 국어 선생님들을 만나 존경하게 되면서 국어 교사가 되기로 다짐했다.

고등학교 2학년 때 아버지가 위암 말기 판정을 받았는데, 손을 쓸 수도 없이 빠르게 번져 제대로 치료도 하지 못하고 돌아가셨다. 갑작스럽게 어려워진 가정 형편을 아신 고3 담임 선생님은 취업이 잘 되는 학과로 진학하기를 권하셨지만, 나는 엄마에게 죄송한 마음을 품고 국문과에 입학했다. 대학 생활 내내 열심히 공부해서 장학금을 받고 부족한 부분은 학원 강사, 과외 교사를 하며 채워 갔다. 학업과 일을 병행하는 것이 쉽지 않았으나, 2001년 드디어 꿈꿔 왔던 국어 교사가 되었다.

교사가 된 이후로도 배워야 할 것이 정말 많았다. 40명이 넘는 개성 넘치는 아이들을 가르치는 일도, 학급을 운영하는 일도 어느 것 하나 쉬운 게 없었고,

경험해 보지 못한 다양한 문제들이 계속해서 생겨났다. 답답한 수업으로 고민할 때, 협동 학습 연구회에서 수업 방법을 배우고 연구하는 시간을 가졌다. 생활 지도 문제로 고민할 때는, 회복적 생활 교육을 만나 존중과 배려가 있는 공동체를 만드는 방법을 배우고, 문제를 바라보는 시각도 고칠 수 있었다. 기독 교사 공동체를 만나 삶을 나누고 깊이 교제하며 격려하기를 배웠고, 수업 코칭 연구소를 만나 교사로서의 나 자신의 내면을 바로 세울 수 있었다. 사교육걱정없는세상을 만나 입시 교육의 문제와 대안에 대해 고민하며 자녀와 학생들을 바라보는 시각도 바꾸어 나갔고, 혁신대학원에 진학하여 학교 문화와 관련한 다양한 문제들을 짚어 보고, 학교를 둘러싼 다양한 생태 조건들과 그 속에서 교사의 역할을 고민하는 시간도 가졌다.

수석이 된 지금도 선배, 동료 수석님들이 다양한 방면의 전문가로 계셔서 이런저런 강의를 열어 주시고, 다양한 연수를 소개해 주시니 감사할 따름이다.

"훈련은 차이를 낳고, 차이는 변화를 낳는다."

내가 좋아하는 말이다. 여기서 '훈련'은 '배움'으로 바꿀 수 있다. 배우면 배울수록 점점 더 넓은 배움의 세계와 만나게 되고 점점 더 겸손해진다. 그리고 배우려고 하면 할수록 배움의 현장에서 배움을 좋아하는 멋진 사람들을 만나게 되니, 삶이 더욱 풍성해진다. 이렇게 나는 교사로서 끊임없이 배우며 계속 성장하고 있다.

02

수석교사를 말하다

수업 역량으로 말하다

수업에 대한 새로운 시각

처음 발령 받은 이후 현재까지 수업 연구회에서 여러 선생님들과 함께 공부하며 수업에 관해 연구해 왔다. 발령 첫해, 교과서에 밑줄을 치고 학습지를 푸는 단조로운 수업에 지루해하는 아이들을 보며, 아이들이 적극적으로 활동하는 수업을 고민했다. 그러던 차에 이듬해인 2002년에 협동 학습 연구회를 알게 되었다. 그렇게 찾아간 연구회에서 각 지역의 선생님들과 함께 10여 년 동안 협동 학습의 원리를 적용한 수업을 연구했다.

협동 학습 원리를 적용하여 활동식 수업을 진행하자 아이들은 너무나 즐거워하며 적극적으로 참여했다. 쉬운 내용은 쉬운 내용대로, 어려운 내용은 어려운 내용대로 서로 도우며 문제를 해결해 나가도록 학습지를 만들고 수업을 디자인했다. 혼자서는 어려워하던 문법 단원을 친구들과 함께 원리를 이해하고, 퀴즈로 숙달시키면서 자신감을 갖게 되는 과정을 연구 대회에서 발표하기도 했다. 또, 연구회의 국어과 선생님들과 함께 국어 수업 지도안을 짜며 연구하여 단행본 책들을 내기도 했다. 교실에서 협동 학습으로 아이들과 활기찬 수업을 진행하고 자율 연수, 직무 연수 등으로 선생님들께 협동 학습을 알리는 일들도 즐거웠다.

그러나 협동 학습이 익숙해질 때쯤 또 다른 고민이 찾아왔다. 무기력한 아이들의 모습, 경쟁에 찌들어 점차 개인주의에 물들어 가는 아이들에 대한 대안으로 여겼던 협동 학습을 이용한 활동 수업도 완벽할 수는 없었다. 모둠 내에서 협동 학습으로 뒤처진 친구를 돕고 이론 학습과 활동을 병행하여 지루할 틈 없이 학생들이 움직이는 활발한 수업은 의미가 있었다. 하지만 모둠 내 협동을 일으키기 위해 모둠 간의 경쟁을 유도하고, 결국은 빨리 좋은 결과물을 만들어 내는 모둠에 보상하면서, '결과가 중요하다'는 인식을 심어 주고 있는 나 자신을 발견했다. 또한, 함께 이야기하고 신나게 활동하는 동안, 모둠에 기여할 수 없는 작은 목소리들은 소외되고 있었다. 이런저런 고민을 할 때 만난 공동체가 수업 코칭 연구회였다.

그렇게 문을 두드린 수업 코칭 연구소에서 2016년 1년의 활동가 과정을 마치고, 2021년 심화 과정을 거쳐 지금까지 연구가로 활동 중이다. 2022년과 2023년에는 수도권 지역 모임의 대표를 맡아 경기도 교육청 수업 연구회를 병행하며, 수도권 각 지역에서 근무하는 범(凡)교과군의 초·중·고 선생님들과 함께 다양한 배움을 시도해 보았다. 공동 수업 지도안을 짜 보고, 이를 바탕으로 한 실제 수업을 관찰하며 수업 나눔을 하고, 해당 장면을 촬영하여 수업 나눔 자체를 성찰하는 '메타 분석 수업 나눔'을 진행했다.

이러한 일련의 배움과 성장의 과정을 지나오며 느낀 것은 한 사람의 중요함이었다. 수업에 담긴 한 선생님의 철학과 신념, 수업에 대한 고민과 특별한 학생에 대한 특별한 마음들을 읽어 가는 과정에서, 보다 좋은 수업과 의미 있는 만남으로 학생들에게 다가가려는 몸부림이 얼마나 소중한 것인가를 깨닫고 있다.

한편, 한 아이의 소중함에 대해서도 깊이 이해하는 시간이 되었다. 수업에서 한 아이에게 배움이 일어나는 장면을 관찰하고, 수업에서 소외된 아이를 발견하고, 집중하지 못하고 있는 아이와 그 아이를 향한 선생님의 시선과 몸짓을 관찰하며, 한 아이에게 뿌려지는 수고와 애씀의 마음이 얼마나 귀한 것인가를 깨닫고 있다.

이렇듯 수업 코칭 연구소는 수업을 보는 눈을 바꿔 주었다. 성취 기준에 맞게 단원에 대한 교수·학습 계획을 수립했는지, 차시별로 이론 수업과 활동 수업이 적절하게 안배되었는지, 활동이 수업 목표에 적합했는지 등을 보는 데 그치는 것이 아니었다. 교사의 말과 비언어적 표현들이 아이들에게 어떻게 다가가는지, 수업에 빠져드는 학생과 그렇지 못한 학생들은 어떤 특징을 보이는지, 수업에 집중하지 못하는 아이에게는 어떤 내력이 있는지, 교사는 그것을 어떻게 채워 주고 있는지 등 사람에 초점을 맞춘 이야기를 하며 한 명의 선생님, 한 명의 학생의 배움에 집중하는 눈을 뜨게 해 주었다. 감사하게도 수석으로서 수업에 대해 연구하고 교사와 학생들을 좀 더 자세히 관찰하고 도울 수 있는 여건이 주어졌으니, 이제 더욱 열심히 수업과 한 사람에 대해 집중해 보려고 한다.

생활 교육으로 말하다
한 사람이 전부이다

여러 해 동안 담임 교사를 하면서 내가 지켜 온 것은, 가정 방문과 한 아이를 품는 1:1 결연이었다. 학기 초에 부모님들에게 내가 어떤 사람이고, 1년 동안 어떻게 아이들을 지도하겠다는 편지를 보냈다. 그 내용 중에는 가정 방문에 대한 안내도 있다. 부모님이 허락하시는 가정에 한하여 방문하겠다, 가정이 어려우면 회사 앞이나 다른 곳에서도 가능하다, 20분 정도 머물면서 부모님과 이야기한 후 학생과 이야기하고 오겠다, 물 이외에 어떤 음식도 먹지 않겠다, 가정 방문으로 알게 된 내용에 대해 비밀을 지키고 아이를 돌보는 일에만 쓰겠다는 원칙에 대한 안내이다.

그렇게 신청자를 받아 4월이면 아이들 집을 방문했다. 지금도 토요일 오후 아이들 집을 방문할 때면 노란 개나리 위로 따스하게 쏟아지던 햇살이 기억난다. 부모님들의 사정에 따라 일과를 마치고 기다리다가 저녁 늦게 가기도 하고, 토요일 아침 일찍 찾아 뵙기도 했다. 그렇게 가정을 방문하다 보면, 정서적으로 또는 경제적으로 어려운 아이를 발견하게 되고, 그 아이를 마음에 품고 1년 동안 지원하는 것을 나의 비밀스러운 즐거움과 보람으로 여겨왔다.

여러 아이들이 떠오르지만 제일 기억에 남는 아이는, 몸에서 냄새가 많이 나서 왕따를 당하던 중1 남학생 동훈(가명)이다. 가정 방문을 가 보니 집이 말이 아니었다. 2살 때 어머니가 집을 나가고 유일한 가족인 아버지마저 한 달 전 도박으로 감옥에 간 후, 전기도 나간 지하 단칸방에서 동훈이 혼자 살고 있었다. 방에서는 숨을 쉴 수 없을 정도로 지독한 담배 냄새가 났다. 밥통엔 밥이 말라 있고 냉장고엔 신김치가 전부였다.

사회복지사에게 문의하자 돌보는 가족이 없다면 아동학대, 방임으로 신고해야 한다고 했다. 유일한 가족인 고모와 연락이 닿았는데, 일이 있어 며칠

돌보지 못했지만 자신이 자주 들여다보고 있고 더 잘 살피겠다고 했다.

나는 동훈이를 1:1 결연 대상자로 정하고, 동훈이의 밥과 옷을 챙겨 주었다. 하루는 동훈이가 이가 아프다 해서 치과에 데려갔더니, 기형적으로 나고 있는 치아가 계속 상해서 악취가 나는 것이라고 했다. 특이한 경우라 일반 교정으로는 되지 않고, 기간도 4년 이상 걸릴 거라고 했다.

며칠 후, 남편에게 비장한 다짐을 말했다. 결혼하고 한 번도 못 가 본 비싼 해외여행을 갔다 생각하고, 동훈이의 치아 교정을 우리가 해 주자고. 지금 생각해도 엄청난 결심이었는데, 지인으로부터 어느 병원이든 대학병원 사회복지과를 찾아가면 무료 치료를 받을 수 있는 길이 있을 거라는 말을 듣게 되었다. 동훈이를 데리고 바로 가톨릭대학교 ○○성모병원 사회복지과를 찾아갔다. 생명을 다투는 문제가 아니였기 때문에 해당 병원에서는 거절당했지만, 사회복지사는 동훈이의 사연을 써서 방송국에 보내자고 권유했다.

나는 지금까지 써 온 어떤 글보다 정성을 다해 11장의 호소문을 썼다. 지금도 생생하다. 수능 감독을 마치고 급하게 라디오를 틀자 진행자들이 울고 있었다. 방송을 하면서 이렇게 감동적인 순간은 처음이라며. 치아 수술비 모금을 요청하는 방송을 들으시던 대형 병원 치과 의사 분이 재능 기부로 아이의 수술과 교정, 후속 치료까지 맡겠다고 하셨고, 그럼에도 모금액이 계속 이어져서 방송 사상 처음으로 긴급 회의에 들어갈 거라는 이야기였다. 결국 모금액은 아버지가 손댈 수 없도록 사회복지사가 관리하며 아이에게 필요한 것을 집행해 가기로 했다.

나는 이 일을 통해 큰 깨달음을 얻었다. 한 아이를 돕고자 하는 작은 마음이 나비의 날갯짓이 되어 사회복지사, 방송국 관계자, 치과 의사의 마음을 움직였고, 결국 아이의 인생을 바꿔 놓았다. 나는 교사가 해야 할 일을 했을 뿐이고, 사회복지사도 자신의 일을 했을 뿐이다. 치과 의사는 의사의 일을 했고, 방송국 진행자와 리포터는 또한 각자의 소임을 다했다. 우리 모두는 한 아이를 위해 일했고, 우리가 할 수 있는 최선을 다했다. 최선의 열정, 최선의 양심, 최선의 결단, 최선의 도전, 최선의 실행을 한 것이다.

세상에는 많은 문제들이 있고, 한 사람이 그 문제를 모두 해결할 수는 없다. 다만, 내가 있는 자리에서 내가 만나는 사람에게, 내가 할 수 있는 일을 내가 할 수 있는 만큼의 최선을 다할 때, 기적은 일어난다. 한 사람을 사랑하는 일은 세상을 바꾸는 일이다.

교사 성장으로 말하다
고난은 반드시 성장을 낳는다

고난을 당하는 것은 고통스러운 일이지만, 아이러니하게도 고난은 그것을 겪고 났을 때 큰 성장을 가져다준다. 교사로서 나의 성장에도 크고 작은 고난들이 있었다.

첫 번째 고난은 고등학교 시절에 겪은 아버지의 죽음이다. 별안간 닥친 아버지의 죽음은 나를 조숙하게 만들었다. 슬픔에 빠진 엄마를 위해 가장이 되기로 마음먹은 나는 어떤 감정이 몰려오든 하루하루 최선을 다하자는 마음으로 버티며 공부했고, 국어 교사가 될 수 있는 학과에 진학할 수 있었다. 대학생활 역시 허투루 보낼 수 없었기에, 아르바이트를 병행하면서도 간절한 마음으로 열심히 공부할 수밖에 없었다. 간절한 삶의 현실은 내가 원하는 것이 무엇인지 더욱 뚜렷하게 볼 수 있게 해 주었고, 나를 교사의 길로 이끌어 주었다.

두 번째 고난은 첫 담임 시절의 충격이다. 가난한 지역의 어려운 환경 속에서 거칠게 자란 아이들 속에 곧고 바른 성품의 반장이 있었는데, 그해에 뇌수막염으로 세상을 떠났다. 슬픔을 추스르기도 전에 아이들은 걷잡을 수 없게 무질서해졌고, 이러한 교실 상황을 지적하며 한 학생이 나에게 편지를 썼다. 선생님은 수업도 못하고 학급 운영도 못한다는 내용이었다.

내가 느끼고 있었던 문제를 아이를 통해 들으니 더욱 마음이 아팠다. 나는 그 아이를 나무라는 대신, 전체 아이들에게 초임 교사의 부족함을 사과하며 같이 잘해 보자고 호소했다. 아이들은 담임의 솔직한 고백에 함께 울었고, 그날 이후 이전의 모습을 기억하지 못할 정도로 모범생이 되는 놀라운 변화를 보여 주었다.

그러나 나는 두 가지 문제를 해결해야 했다. 먼저, 수업을 잘하는 교사가 되어야 했다. 수업 연구 모임에 들어가 수업에 대해 공부하고 수업을 바꾸기 위해 노력한 결과 수업 연구 대회에서 큰 상을 받았고, 교사용 참고서를 작성하기도 하고 강의도 하는 교사가 되었다.

그리고 학급 운영을 잘하는 교사가 되어야 했다. 회복적 생활 연구회를 통해 안전하고 평화로운 공간으로서의 교실 만들기에 최선을 다했고, 갈등 초기에 개입하여 서로의 욕구를 읽어 주고 약속을 정하는 긴급 개입을 실천했다. 아이들과 함께하는 다양한 학급 활동들로 공동체 세우기에 많은 공을 들였고, '아끼지 않고 공격적으로 사랑하자.'는 나만의 학급 철학도 다지게 되었다.

세 번째 고난은 서이초등학교 교사의 죽음이다. 학부모의 민원에 시달리던 젊은 교사가 누구에게도 도움을 요청하지 못하고 죽음을 선택했다는 사실이 너무나 마음이 아팠다. 뜨거운 아스팔트 위에서 선생님들과 교육의 변화를 요구하는 구호를 외치며, 돌아가신 선생님 한 분뿐만이 아니라 대한민국의 모든 교사들이 아프다는 것을 알았다. 지금까지 교직 생활을 하면서 남몰래 울었던 나의 일들이 우리 모두의 일이라는 것을 알았고, 지금 후배 교사들은 내가 겪은 것보다 몇 배의 어려움을 홀로 겪고 있다는 것을 알았다.

많이 부족한 교사이지만, 어려움 속에서 누군가의 도움을 간절히 바라는 교사가 있다면, 그에게 손 내미는 한 사람이 되어 주고 싶었다. 곁에 있어 주고, 이야기를 들어 주고, 그를 먹이고 쉬게 하고, 울게 하고 손잡아 주고 일으켜 주고 싶었다. 그래서 수석교사에 도전하게 되었다.

수석교사로서의 삶이 결코 녹록치 않다는 것을 알고 있지만, 나는 도움이 필요한 한 사람에게 힘이 되어 주고 싶다. 그가 필요로 하는 도움이 수업이든, 학급 운영이든, 상담이든, 밥이든. 필요한 것을

채워 주는 사람, 교사를 돕는 교사가 되고 싶어서 수석교사가 되었다.

묵묵히 이 길을 걸어가 보려고 한다. 조용히 곁에서 지켜봐 주고 손잡아 주면서 선생님들을 지지하고 응원하겠다. 그리고 함께, 아이들을 힘써 사랑하고 학부모와 아름다운 동역자로 협력하는 길도 만들어 가 보려고 한다. 고통은 힘들지만 그 시간을 견디고 통과하고 나면, 반드시 성장이라는 선물이 기다리고 있다.

41

트렌드에 맞춰 나아가는 수석교사

장은희

행동 발달 및 종합 의견

다양한 연수를 듣고 새로운 것을 배우는 데에 열정을 가지고 있음. 수업 모형을 자신만의 방식으로 적용하여 새로운 시도를 하는 것이 인상적임. 항상 긍정적인 마인드를 가지고 도전하며, 실패에 대해서도 긍정적으로 바라보고 성장하려는 모습이 돋보임. 주변 사람들과의 소통을 통해 상대방의 감정을 이해하고 공감하며, 관계를 맺을 때 화합하고 함께 발전하는 것에 가치를 둠. 자만심을 버리고 항상 겸손한 자세로 살아가려고 노력함.

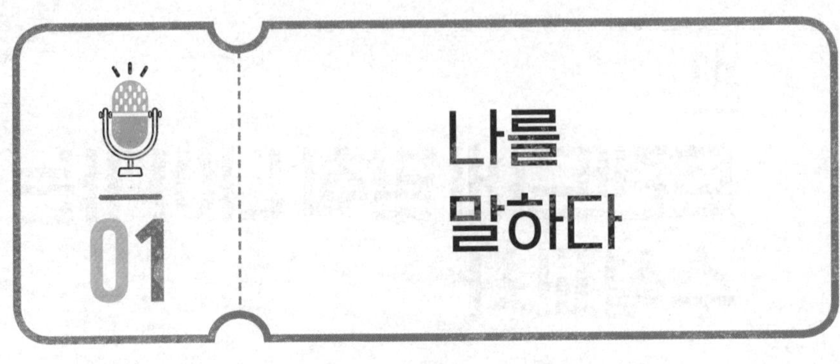

수석교사로서 누군가의 꿈이 되고 싶다

어릴 적부터 나는 꿈이 무엇이냐고 묻는 말에 조금의 망설임도 없이 '선생님'이라고 답했다. 학교에 가서 친구들과 함께 생활하는 것도 물론 좋았지만, 무엇보다 선생님들이 좋았다. 주말에도 학교에 나가서 선생님들이 쓰실 분필 하나하나를 알록달록 포장해 놓고 수업에 들어오시는 선생님들을 맞이할 정도였다. 중학교 1학년 때부터 고등학교 3학년 때까지 줄곧 실장을 도맡아 해 오며, 선생님들과 교류할 기회가 상대적으로 많았던 나에게 교사가 되고 싶다는 꿈은 너무나 자연스러운 일이었다.

중학교 1학년 도덕 시간이 기억난다. 선생님께서는 항상 웃음 띤 얼굴로 수업에 들어오셨고, 가수 이소라 같은 차분한 목소리로 긍정적인 말씀을 많이 해 주셨다. 그때부터 나는 그분처럼 학생들에게 밝은 미소로 긍정 에너지를 전달하는 교사가 되어야겠다고 결심했다.

한번은 도덕 시간에 부모님의 발을 씻겨 드리고, 발 모양을 그려 오라는 과제가 있었다. 딸 셋 중에 맏이로 태어나 부모님께 든든한 모습을 보여 줘야 한다는 생각이 컸던 나는 살갑지 않은 무뚝뚝한 딸이었다. 그런 나였으니 부모님께 발을 닦아 드리겠다는 말을 꺼내기조차 힘들었다. 과제를 해야 했기에 용기를 내서 부모님께 이야기를 했고, 거칠어진 발을 씻겨 드리면서 꺽꺽 울었던 기억이 난다.

도덕 선생님께서는 삶 속에서의 경험을 느낄 수 있는 교육을 목표로 과제를 내 주신 것 같다. 이 과제를 통해 나는 부모님과의 소중한 순간을 경험하게 되었고, 학생들에게 삶의 다양한 측면을 체험할 수 있는 기회를 주는 교사가 되기로 결심했다.

초임지가 전라북도 무주였던 나는 산간 지역에서 성장한 학생들에게 좀 더 다양한 환경을 접할 수 있는 기회를 주고 싶어서, 주말에 학생들을 대천 해수욕장으로 데려가서 탁 트인 바다에서 색다른 경험을 할 수 있도록 했다. 지리 교사인 나는 다양한 삶의 공간 속에서 다양하게 살아가는 사람들의 모습을 더 넓은 시야로 바라볼 수 있는 경험을 학생들에게 선사하고 싶었다.

나는 교사로서 학생들의 삶과 밀접한 연관이 있는 수업을 통해, 긍정적이며 공감력 있는 교사로 성장하고자 한다. 지난 경험을 토대로 교육의 중요성을 강조하며, 학생들에게 희망과 도움이 되는 존재가 되고 싶다. 더 나아가 수석교사로서 동료 교사들에게도 나만의 긍정과 공감 에너지를 전파하며 선한 영향력을 널리 퍼트리고, 누군가의 꿈이 되길 바라 본다.

02

수석교사를 말하다

수업 역량으로 말하다
무지갯빛 수업을 시도하는 교사

2023학년에 1학년 10개 반 통합 사회를 가르친 후 학생들에게 물었다. "'장은희 선생님 수업'이라고 하면 떠오르는 이미지를 한 단어로 표현한다면?"

학생들이 나에게 응답해 준 답변들을 모아 봤다. 나는 학생들에게 재미있고, 열정적이며, 햇살처럼 따뜻하고, 엄마 같은 편안함을 가졌고, 다양한 활동과 창의적인 수업으로 수업을 기대하게 하는 교사였다.

한 해 동안 수업을 마무리하고 떨리는 마음으로 학생들의 응답을 기다렸다. 나에게는 과분한 엄청난 찬사를 보내 준 학생들의 마음에 울컥한 마음이 들었고, 동네방네 자랑하고 싶은 마음이 컸다. 하지만 이와 같은 학생들의 기대를 저버리지 않기 위해서 나의 수업을 성찰하고 노력을 게을리하지 않아야겠다는 생각으로 어깨가 무거워짐을 느꼈다.

처음부터 내 수업에 대한 학생들이 응답이 긍정적이었던 것은 아니다. 초임 시절에는 학생들 앞에 서서 자신 있는 모습으로 지식을 유창하게 설명했고, 그런 나의 모습이 참 뿌듯하고 멋있었다. 학생들도 젊은 신규 선생님 시간은 그나마 듣는 척을 해 주어서, 내 수업에 대한 반성 없이 잘하는 줄 착각하고 있었던 것이다.

하지만 몇 년이 흐른 후, 나는 더 이상 교단에서 자신감 있고, 멋있는 교사가 아니었다. 혼자 설명하고, 학습지 빈칸을 채우는 수업에 학생들은 집중하지 못했다. 수업에 들어가는 것이 겁나고, 내 수업을 기다리지 않는 학생들의 모습에 자존감도 많이 무너졌다.

이러한 위기 상황에서 '수석교사 수업 열기'라는 공문을 보게 되었고, 수석교사들이 다양한 수업 사례를 소개해 주는 연수에 적극적으로 참여했다. 다양한 수업 사례들을 접하면서 '교사'는 학생이 주도권을 가지고 수업에 참여할 수 있도록 수업을 설계하고 도와주는 역할을 하는 안내자가 되어야 한다는 것과, '교육'은 학생들이 미래 사회를 살아갈 수 있는 힘을 길러 주는 방향으로 나아가야 한다는 것을 깨닫게 되었다.

내 수업을 듣는 학생들은 저마다 다양한 색깔을 지니고 있다. 나는 학생들의 다양한 특성을 수업 안에서 발현할 수 있는 기회를 제공하기 위해 다양한 수업 모형을 수업 안에서 적용하고 있다. 4C 역량(의사소통 능력, 비판적 사고 능력, 협업 능력, 창의력) 함양을 기본 전제로 하여, 성취 수준에 입각한 교육과정 재구성을 통해 수업을 설계한다. 학생들은 내 수업 안에서 그림책 활용, 비주얼 싱킹, 하브루타, 갤러리 워크, 토의·토론, 노래 개사하여 부르기, 역할극 하기, 제안서 작성하기, 독서 연계 활동, 에듀테크 활용하기 등 다양한 형태로 자신의 역량을 발휘할 수 있는 기회를 가진다.

한 해 한 해 새로운 학습지를 만들고, 교육과정 재구성을 통해 학생들에게 실생활과 연계된 활동 주제를 수업에 적용하고, 행동을 통한 변화를 추구하게 하는 프로젝트를 진행한다. 트렌디하고 다양한 수업 모형을 배우기 위해 매년 온·오프라인 수업 관련 연수를 줄기차게 받으면서 전문성을 길러 왔으며, 전라북도 교육청에서 주관하는 교과연구회에 2018년부터 참여하여 동료 교사들과 수업에 대한 고민을 나누고 수업 지도안을 개발하는 활동을 꾸준히 해 오고 있다. 그리고 사회과 수업 사례 나눔, 교-수-평-기 일체화, 과정 중심 평가, 에듀테크 활용 수업 사례, 신규 교사 멘토링 연수에서 강사로 활동하며, 학생들과 호흡하며 적용했던 수업 사례들을 동료들에게 나누고 있다.

생활 교육으로 말하다

학생들이 자기 역할을 스스로 찾을 기회를 주자

신규 2년 차 때의 일이다. 중학교 때 까칠했던 소녀가 신입생으로 들어온다는 소문이 돌았다. 시골 학교는 학생 수가 적어서 소문이 빠르게 퍼져나가므로, 수업도 하기 전에 학생들이 이렇다 저렇다 하는 이야기가 많이 들려오고는 했다. 학생을 한 번도 본 적이 없는데 여러 선생님들께서 하시는 말씀에 겁도 나고, 안 마주치고 싶다는 생각도 했지만, 열정 가득 신규 2년 차인 나는 자신에게 당당히 외쳤다.

'직접 보지 않고 판단하지 말자! 선입견을 갖지 말자!'

수업에서 학생을 만났을 때 주저하지 않고 그 학생에게 친절하게 먼저 말을 걸었고, 믿어 주고, 할 수 있는 역할을 물어 책임감 있게 해낼 수 있는 기회를 주었다. 사회 부장을 맡아 수업에 필요한 영상 자료를 미리 다운로드해 수업에 바로 활용할 수 있게 준비할 정도로 학생은 수업에 열정적으로 임했다.

나의 '1호팬'이었던 그 소녀는 1학년 때부터 3학년까지 내 수업 시간이 되면 쉬는 시간에 미리 복도에 나와서 나를 기다리며, 책을 들어 주고 교실까지 함께 걸었다. 그리고 후다닥 교실에 먼저 들어가서는 아이들에게 큰 소리로 "자리에 앉아! 선생님 오셨어~!!"라고 외쳐 주었다. 누군가가 내 수업을 기다려 주고, 반겨 준다는 것이 얼마나 큰 기쁨인지!

졸업 후에도 방학이면 무주에 와서, 보충 수업하느라 고생하신다며 감자를 직접 갈아 감자전을 부쳐 왔고, 매해 스승의 날과 내 생일이면 어김없이 전화와 문자로 '은희 여신님~ 잘 지내시죠?'라며 나의 자존감을 팍팍 끌어올려 주는, 평생 잊지 못할 소중한 사람이 되었다.

그 소녀와의 만남으로 신규 교사로서 무엇인가 정체성을 확립할 시기에 소중한 경험을 하게 되었고, 교직 생활을 이어옴에 있어 학생과의 관계에서 큰 어려움 없이 학생들이 좋아하는 교사가 되어 있었다. 학생에 대해 선입견을 갖지 않고, 학생이 할 수 있는 역할을 찾아 주고, 할 수 있을 거라 믿어 주고, 있는 그대로의 모습을 보아 주며, 감사함을 표현할 줄 아는 것이 중요하다는 것을 깨닫게 된 경험이었다.

두 번째 학교로 옮겨서 첫 담임을 했을 때의 일이다. 학기 초에 학급 1인 1역을 '실장, 부실장, 서기, 출석부 담당, 총무' 등으로 분류해서 학생들에게 하고 싶은 것을 골라 오라고 했다. 우리 반 실장이 나를 찾아와서 학급에서 할 수 있는 1인 1역을 학생들이 자신의 진로와 연계하여 스스로 정해 볼 수 있게 해 달라고 요청했다. 그 순간 나는 깨달았다.

'나는 왜 그런 생각을 못 했을까? 학생들이 스스로 자신의 역할을 찾아보게 할 수 있었는데. 내가 너무 모든 것을 다 해 주려고 했구나!'

그해 우리 반은 정말 빛났다. 학기 초에 학생들이 자신이 학급에서 할 수

있는 역할을 스스로 찾아 정하고, 꾸준히 실천했기 때문에 공부면 공부, 운동이면 운동 뭐 하나 빠지는 게 없었다. 시험 성적도 1등, 체육 대회도 종합 우승, 축제 및 각종 행사에서도 우리 반은 항상 빛났다. 학급에 중요한 의사 결정을 할 때도 적극적으로 참여했고, 수업 시간에도 아이들 스스로 반 분위기를 좋게 이끌어갔다.

그런 분위기에서 나는 담임 교사로서 아이들과 함께 참여하려 했고, 아이들이 찾아오면 마음을 다해 들어 주고 공감해 주었으며, 어려운 일이 생기면 편안한 분위기에서 협의할 수 있는 선생님이 되려고 노력했다. 나의 성격적인 장점이 학생들에게 다가가기 편안한 선생님이라는 인식을 심어 주었고, 무엇인가 결정해 주기보다는 스스로 할 수 있는 기회를 많이 부여했던 게 통한 것이다.

세 번째 학교에서 담임을 할 때는 버츄(virtue) 프로젝트를 만나 학생들이 내면에 숨겨져 있는 미덕을 스스로 발견할 수 있도록 했다. 매주 한 명씩 차례를 정해 그 친구의 미덕을 그 이유와 함께 모든 친구들이 적어 주며, 금요일에 정리해서 종례 시간을 활용해 읽어 주고, 쪽지를 모두 코팅해서 해당 친구에게 선물해 주었다. 친구들이 찾아 준 자신의 미덕을 읽어 줄 때, 듣고 있던 그 친구의 얼굴에 핀 함박웃음 꽃을 잊을 수가 없다. 학기 말에는 자신의 미덕을 찾아 스스로에게 미덕 상장을 주는 행사도 추진했다.

따뜻한 학급을 만들기 위해 시험 기간에는 교실에 달달한 간식 카페를 열어 주고, 벚꽃이 피는 날이라며 학생들이 오기 전에 빈 교실 중앙에 정이 듬뿍 담긴 초코파이 한 바구니를 쓱 올려놓고 오기도 했다. 학생들을 향한 관심과 작은 마음이 학생들에게 전해져, 우리 반은 항상 모든 선생님들이 인정하는 분위기 좋은 반이었다. 담임 닮아서 아이들이 적극적이고 따뜻하다는 말을 들을 때가 가장 뿌듯하고 행복했다.

교사 성장으로 말하다

나에게는 함께 배우고 성장하는 수업 친구가 있다

수업 안에서 학생들의 주도적인 참여를 이끌어 내고, 역량을 함양할 수 있는 수업 설계를 하기 위한 전문성을 갖추기 위해 '같이의 가치'를 믿어 보았다. 혼자의 힘으로는 많은 어려움이 있다는 것을 알기에, 동료 교사들과 함께하는 다양한 활동을 해 오며 교사 전문성을 신장하기 위해 노력과 실천을 했다. 지리과 특성상 한 학년을 혼자 맡아서 수업하거나, 작은 학교의 경우 전 학년을 혼자 수업하는 경우가 대부분이다. 그래서 수업을 함께 고민하고 나눌 친구가 항상 그리웠다.

전라북도 교육청에는 2018년도부터 수업 진담(수업에 대한 진솔하고 솔직한 대화) 연구회가 있었다. 희망하는 교사는 누구든 신청할 수 있었고, 수업에 대한 열정과 관심을 가지고 모인 교사들은 저마다 수업 대화에 굶주린 상태였다. 정해진 프로그램은 없었다. 교사들 스스로 기획하고, 학교에서 각자의 방식으로 수업에 담아내고, 그 결과물을 모아 필요로 하는 다른 교사들에게 베푸는 것이었다.

나는 그 연구회가 좋아서 현재에도 활동 중이다. 자연스럽게 수업에 대해 나누고 배우다 보니 수업 나눔에 대한 생각도 많이 바뀌었다. 교과를 넘어 여러 사람의 수업을 통해 배우는 것이 참 많았다. 수업을 볼 때도 잘못을 지적하기 위해 날카로운 시선으로 바라보는 것이 아니라, '그 수업에서 배울 점은 무엇일까? 내 수업에 적용해 볼 수 있는 것은 무엇일까? 학생들은 어떤 순간에 배움이 일어날까?'를 중심으로 바라보게 되었다.

나는 현재 근무하는 학교에서 수업 나눔을 가장 많이 하는 교사로 알려져 있다. 누가 시키지 않았는데 자발적으로 수업을 열고, 참관한 선생님들의 의견에 귀를 기울이고 있는 나를 발견한 것이다. 수업에 관심이 많다는 것이 알려지고 다양한 수업 모형을 적용하다 보니, 학교에서 수업에 새로운 시도를 해 보고 싶다고 조언을 구하는 동료들도 생겼다. 나 또한 새로운 시도를 할 때 교사들을 초빙해서 수업을 봐 달라고 자연스럽게 요청한다.

수업에 관해 스스럼없이 대화를 나눈 덕분에 서로에 대한 친밀감도 생기고, 내가 미처 발견하지 못한 장점을 그 누군가가 찾아주기도 한다. 특히, 동교과 교사들과 수업에 대해 함께 고민하는 과정에서 서로의 장점을 알게 되고 나누다 보니 같이 새로운 시도를 많이 하게 되었다.

2021년부터 재직하고 있는 전주여고에는 나를 포함하여 세 사람의 지리 교사가 있다. 한 분은 창의력과 지적 호기심이 무궁무진한 사람이고, 다른 한 분은 일을 두려워하지 않고 해 보자는 자신감이 가득하며, 똑똑하게 잘 처리

한다. 나머지 한 명인 나는 거기에 잘 맞춰 준다. 그래서 그 둘은 '장은희 샘은 무조건 함께 할 거야.'라는 생각으로 일을 벌였고, 우리 셋은 함께 많은 일을 했다.

지리 교사들로 구성된 연구회를 전북 내 교사 모임, 호남권 교사 모임에서 모두 함께하며 서로의 수업을 공유하고 나눈다. '환경과 인간생활'이라는 고시 외 교과를 개발했고, 전라북도 교육청 인정 교과서인 『환경과 인간생활』 집필자로 참여하여 환경 교육을 담당하는 교사들의 수업에 다양한 교육 자료를 제공하고자 노력했다. 또한, 전라북도 교육연수원에서 주관하는 원격 연수 개발에 참여하여 '우리가 알아야 할 환경 이야기'를 주제로 교사 대상 연수를 제작하여 생태·환경 교육의 중요성을 전하고, 생활 속에서 실천할 수 있는 다양한 사례들을 공유함으로써 교사들의 전문성 신장에 도움을 주었다.

나 혼자서는 도저히 엄두도 못 냈을 일들을 서로 가진 장점들을 모아 함께 해낼 수 있었다. 여러 일들을 같이 해 나가는 과정에서 서로가 가진 강점을 자기 자신보다 더 잘 알게 되었기 때문에, 프로젝트에 참여할 기회가 있거나 연수 강의 기회가 생기면 우리 셋은 자신 있게 서로가 서로를 적극 추천해 준다. 수석교사가 되고자 고민할 때도 이들에게 물었다.

"나, 수석교사 지원해 볼 건데 어때? 잘할 수 있을까?"

한순간의 망설임도 없이 이들은 입을 모아 대답해 주었다.

“선생님 같은 분이 수석교사 해야죠! 무조건 도전하세요!! 무조건~!!”

수업을 나누고 함께 고민하는 과정에서 든든한 수업 친구가 생겼고, 서로를 세워 주며 가치 있는 사람으로 만들어 주고 함께 성장해 왔다. 인생의 중요한 순간에서 그 누구보다 나를 믿고 지지해 주는 사람들이 곁에 있어서 나는 참 행복하다. 든든한 나의 수업 친구들처럼 수석교사로서 그 누군가에게 또 다른 수업 친구가 되어 주고 싶다.

42

변화를 즐기는 수석교사

조은희

행동 발달 및 종합 의견

추진력이 강하고 책임감이 뛰어남. 학교생활에 늘 주도적으로 참여하며 긍정적인 태도를 가지고 있음. 거절을 잘 못하는 성격으로, 협동심과 타인을 배려하는 마음이 두드러짐. 교사로서 수업 연구에 열중하고 동료들을 도와주는 모습으로 학교 커뮤니티 활성화에 큰 역할을 하고 있음. 항상 밝은 미소를 지으며 주변 사람들에게 긍정적인 영향을 주고, 살아있는 에너지로 동료 교사에게 모범을 보임. 앞으로 수석교사로서 큰 성장과 성과가 기대됨.

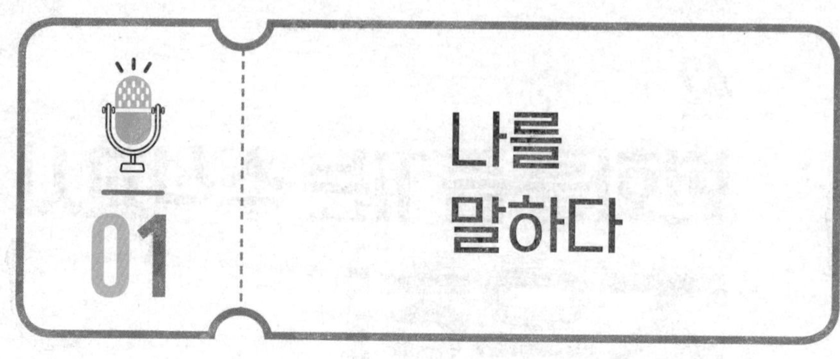

도전을 즐기다

대학교 4학년 겨울방학 때, 포항제철 교육법인에서 주관한 예비 교사 연수의 대상자로 초청을 받았다. 포철법인의 유치원, 초·중·고 방문을 계기로 사립 학교에서 교직의 길에 들어섰다.

1993년부터 1995년 3월까지 초등학교 영어 교과서 개발 위원으로 활동하면서 뜻하지 않게 초등학교에서 근무해 볼 수 있는 기회를 얻었다. 거기서 3년 2개월 동안 포항제철에서 개발한 영어 교과서를 1학년부터 6학년까지 시범 적용하면서 많은 경험을 쌓을 수 있었고, 학생들의 학습 동기 부여와 영어 능력 향상을 위해 최선을 다했다.

초등 영어 교과서 개발이 끝난 뒤 1995년 5월에 광양제철중학교로 복귀하여 5년간 근무했고, 2001년 3월에 사립 남고인 광주동성고등학교에 공개 채용되어 7년간 재직했다. 'ICT를 활용한 영어 수업', '영어로 진행하는 영어 수업' 등 연구 학교 주무를 담당하여, 학교 어학실 환경 개선 사업을 주관했다.

2008년 3월에는 공립 여고인 상일여자고등학교에 공개 채용되어 근무했다. 그 당시 학생들과 학부모들은 공립 학교보다는, 대학 진학률과 모의고사 성적이 우수한 사립 학교를 선호했다. 그래서 '사교육 없는 학교', '자율형 공립고' 등 굵직한 사업들을 추진하고, 학생들의 성적 향상을 위해 다양한 영어 교육 프로그램을 개발하며, 학생들의 열정과 성취를 지켜보면서 영어 교육에 대한 열망이 더욱 강해졌다.

2012년 3월에는 국립 학교인 전남대학교 사범대학 부설 고등학교에 공개 채용되어 남녀 공학의 학교 유형을 접했다. 그 이후로 송광중학교, 운리중학교에 발령이 나서 주로 1학년 부장을 맡아 자유 학년제 및 자유 학기제를 5년간 운영해 보았다. 늘 시험과 함께 도전을 즐기던 영어 교사인 나는 학생들이 영어를 즐기며 배울 수 있도록 지원하고, 그들의 성장과 발전을 위해 최선을 다하고 있다.

02 수석교사를 말하다

수업 역량으로 말하다
즐거운 영어 수업을 위하여

영어 교사로서 나는 학생들의 흥미와 참여를 유도하는 즐거운 영어 수업에 방점을 둔다. 그래서 수업을 진행할 때 학생들이 수업에 참여하기 쉽고 편안하게 느낄 수 있도록 친밀한 분위기를 조성한다. 학생들이 자신감을 가지고 영어를 사용할 수 있도록 독백, 짝 활동, 모둠 활동, 토론 등 다양한 참여 방식을 도입하여 수업을 설계하고 진행하고 있다.

영어 연극 동아리를 운영하여 학생들이 자유롭게 영어로 대화하고 표현하는 기회를 제공하고 있기도 하다. 학생들은 자신이 원하는 역할을 맡고 영어로 대사를 외워 공연을 진행하며, 이를 통해 영어 실력뿐만 아니라 창의성과 표현력을 발휘한다. 시 교육청에서 주최한 영어 연극 발표 대회에서 영화 〈웰컴 투 동막골〉을 패러디한 〈Welcome to Dongsung Village〉로 은상을 수상했고, 전주대학교에서 주관한 영어 연극제에 〈The Sound of Music〉을 출품하기도 했다.

학생들에게 영어 말하기의 중요성과 자신감을 심어 주기 위해 영어 말하기 대회도 추진하고 있다. 자신의 의견을 영어로 표현하고 발표하는 기회를 제공하는 것이 목적이다. 시 교육청에서 Speech Contest를 실시했을 때는 매번 최우수상을 휩쓸었다. 대회 출전하는 학생과 4~5개월을 함께 하면서 주제를 정하고 대본을 작성하여, 말하기 연습과 심층 면접 질문을 매일 진행했다. 밀착 지도가 매번 수상을 하게 된 비법(?!)이다.

또한, 광주 영어방송과 전남대학교가 공동 주관하는 제2회 전국 고등학교 의회식 영어 토론 대회에 참가하여 우수한 성적을 거두었다. 토너먼트로 진행되는 이 대회를 준비하기 위해 6명의 여학생과 밤 11시까지 다양한 주제에 대해 함께 토론하고 논술을 작성하며 학교에서 많은 시간을 보냈다. 토론 대회는 학생들이 영어로 자신의 주장을 명확하고 확신 있게 전달하는 데 큰 도움이 된다.

마지막으로, 영자 신문이나 영어 원서를 활용하여 수업을 진행한다. 학생들은 영어로 작성된 기사나 소설을 읽고 이해하며 자연스럽게 영어를 습득하고 응용할 수 있게 된다. 읽기와 동시에 문장 구조, 어휘, 문법 등을 학습하여 영어 실력도 올릴 수 있다.

나는 학생들이 학교에서 다양한 방법과 매체를 활용하여 영어를 적극적으로 사용하는 경험을 쌓을 기회를 제공하기 위해 늘 고민하고 있다. 학생 개개인의 필요와 흥미에 부합하는 수업을 제공하고, 영어를 즐기며 배울 수 있도록 지속적으로 고민하고 노력할 것이다.

생활 교육으로 말하다
긍정 훈육과 '나 전달법', 경계 세우기

30년의 교직 생활을 하면서 학년 부장과 담임으로서의 생활 교육 경험을 적어 본다. 우선, 학년 부장으로서 신학년 초에 오리엔테이션을 실시한다. 여러 담임 선생님들과 협의하여 학년 생활 교육 실천 사항 세 가지(인사 잘하기, 경청, 수업 1분 전 준비)를 정하여, 학생들에게 지속적으로 안내하고 교육하여 3월 한 달 안에 안착시키려고 노력한다. 모든 담임 선생님들이 한마음이 되어 같은 목소리로 전달하기 때문에 생활 교육이 비교적 수월해진다. 그리고 학년 담임들의 사이가 좋고 단합이 잘되면 자연스럽게 학생들의 생활 태도도 좋아진다. 믿거나 말거나(^^)인데 정말 그렇다!

담임으로서 나는 학급 특색 활동을 통해 학생들의 긍정적인 훈육과 자치 활동을 강화하며, 칭찬과 격려를 통해 관계를 맺고 생일 파티로 즐거운 추억 만들기를 한다. 또한, '수요 아침마당'이라는 5분 주제 발표 시간을 통해 여러 사람 앞에서 발표하는 능력을 키우고 경청 태도를 연습시킨다.

그리고 긍정 훈육을 통해 학생들의 성장을 도모한다. 따뜻한 관심과 이해를 바탕으로 학생들의 강점과 잠재력을 인정하며, 잘한 점을 칭찬하고 격려하는 것이다. 이때 일관성을 유지하는 것이 관건이다. 칭찬이 어색하다며 칭찬하지 말라는 학급의 VVIP도 끝내는 칭찬을 받아들이며 미소 짓는 모습을 보일 때, 정말로 내가 생활 교육을 잘한 것 같아 우쭐해진다. 물론 VVIP 때문에 속이 뒤집힐 때가 더 많긴 했었다.

학급 반장을 중심으로 부장들의 자치 활동을 강화하여 학생들의 주도적인 참여와 책임감을 기를 수 있도록 노력하고 있다. 학급 부장들은 학급 회의를 통해 학급 운영에 대한 의견을 제시하고, 학급 특색 활동이나 축제, 생일 파티 등을 기획하고 추진한다. 나는 학급 자치 활성화를 위해 학급 운영비 및 기타 학급 예산을 학생들에게 투명하게 공개한다.

그런가 하면 학생 생활 상담을 수시로 하고 있다. 주로 점심시간에 실시하며, 학생들의 올바른 성장과 안녕을 위해 소중한 시간을 보내고 있다. 상담을 통해 학생들의 감정을 살피고, 자신이 직면한 문제에 대해 스스로 해결책을 찾을 수 있도록 따뜻한 지지를 해 준다.

한편, '나 전달법(I-message)'을 지속적으로 훈련시킨다. 가정에서 부모와 자녀 간에 '나 전달법' 사용은 어렵지만, 학교에서 교사와 학생 간, 학생과 학생 간에는 도움이 된다. 1인칭 시점으로 사실, 감정, 희망사항을 말하도록 훈련시키면 생각보다 간단하게 문제가 해결되는 사례가 많아, 지속적으로 생활교육에 사용하고 있다.

마지막으로, 생활 교육에서는 경계 세우기가 중요하다. 교사와 학생 간에 적절한 거리와 경계를 유지하여 상호 간의 존중과 신뢰를 강화하고, 학생들의 독립성과 자기 주도성을 존중하며 보호하기 위해서이다.

교사 성장으로 말하다
나를 성장시킨 다양한 영감들

교사로서 나의 성장을 이룬 주요한 영감들은 영어 교육과정과 수업 및 평가에 대해 연구하게 만든 빛고을 영어 수업·평가 지원단, 사랑하는 나의 딸, 그리고 선배 수석교사였다.

첫째, 빛고을 영어 수업·평가 지원단은 나에게 수업과 평가를 개선하도록 동기 부여를 해 주었다. 2019년부터 2023년까지 나를 포함한 5명의 고정 단원과 7~8명의 신입 단원이 영어 수업과 평가에 관해 고민하고 연구한 결과를 토대로, 일선 학교로 나가 수업이나 평가에 대한 컨설팅을 실시했다. 빛고을 영어 수업·평가 지원단은 나에게 교육 분야에서의 연구 능력을 향상시키는 계기가 되었으며, 앞으로도 영어 교육의 질을 높이기 위해 계속해서 활동할 것이다.

둘째, 사춘기를 지독하게 겪은 딸은 나에게 인내와 이해심, 그리고 돌봄의 중요성을 가르쳐 주었다. 딸의 성장 과정을 지켜보면서, 나는 어려움을 극복하고 성장할 수 있는 힘이 인간 모두에게 있다는 것을 배웠다. 이를 통해 나는 다른 학생들의 어려움을 이해하고 도움을 줄 수 있는 능력을 키웠다. 결과적으로 딸 덕분에 나는 교사로서나 부모로서 더 바람직한 모습으로 성장할 수 있었다.

마지막으로, 우리 학교 선배 수석님이 나에게 좋은 본보기와 멘토가 되어 주셨다. 교직 생활이 30년이 넘었지만 여전히 학교에 기댈 수 있는 어른이 있다는 것이 큰 위로가 되었다. 언제나 든든한 지지와 격려를 아끼지 않으셨던 선배 수석님 덕분에, 나는 교사로서의 역량을 향상시킬 수 있었다. 나에게 경험과 전문적인 지식을 공유해 주셨고, 자신감을 키워 주셨다. 선배 수석님의 도움으로 나는 교육 분야에서 더 나은 성과를 이룰 수 있었다.

내가 성장하고 발전할 수 있었던 이러한 다양한 영감들은 나에게 큰 가치를 주었고, 앞으로의 도전과 성공에도 큰 힘을 줄 것이라 믿는다. 이러한 영감들을 토대로 나는 지속적인 성장과 발전을 추구할 것이며, 나의 경험을 통해 다른 사람들에게도 영감을 주고자 한다.

13기 수석교사가 된 지금의 나! 2024년 따뜻하고 좋은 사람, 수업에 열정이 넘치는 사람, 동료를 성장시키는 근사한 사람, 늘 함께하고 싶은 사람, A-ha moment를 빨리 깨우칠 수 있는 사람이 꼭 되고 싶다.

woo-hoo! Go go go!

43

도전하는 수석교사 조현정

행동 발달 및 종합 의견

뭔가를 배우고 싶다는 마음이 들면 기꺼이 도전해 보고, 혼자서 해외여행을 갈 정도로 담대함. 일 처리가 꼼꼼하고 정리정돈을 잘하며, 기타나 드럼 연주, 활동적인 운동을 좋아함. 다양한 수업 방식을 적용하여 학생들의 잠을 깨우고 몸을 움직이게 하는 특기가 있음. 학교에서 서로 소통하고 존중하며 따뜻하게 연결될 수 있도록 회의나 행사를 기획하고, 친절함과 부드러움으로 동료 교사들을 세우고 그들의 성장을 돕고자 하는 열정이 있음.

교사로 산다는 것

어린 시절 손글씨로 꾸미기, 새로운 것을 만들어 보기, 분해하고 조립하기 등을 좋아했던 나는 제어계측공학과를 선택하여 대학에서 즐겁게 공부했다. 초등학생 때에는 산수를 잘해서 경시대회에 나가기도 하고, 중·고교 시절에 수학과 물리를 좋아한 덕분에 대학교에 가서도 전자기학, 전기회로, 전자회로, 제어 공학, 인공지능 등 어려운 공학을 공부하는 게 재미있었고 오히려 더 깊이 배우고 싶다는 생각에 대학원 진학을 목표로 준비하고 있었다. 그러던 중 4학년 1학기에 교생 실습을 하면서 교사라는 직업에 반해 방향을 전환하게 되었고, 임용고시에 도전하게 되었다. 시험 공부를 할 수 있는 기간은 짧았지만 다행히 그해 바로 합격의 기쁨을 맛볼 수 있었다.

첫 발령을 받은 공업계 고등학교 전기과. 내가 가르쳐야 하는 과목은 전자 이론, 기초 전자 실습, 전기 설비. 1학년 학급당 학생 수 56명. 당시 8월 말로 퇴직하시는 선생님 자리로 발령을 받아서 담임 업무는 없었고, 수업 시수는 적은 편이었으나, 3개 과목을 위해서는 수업 준비에 많은 시간이 필요했다. 그때 사용했던 교무 수첩을 펼쳐 보니, 첫 출근과 첫 수업에 대한 느낌이 써 있었는데 좋아서 자꾸 웃음만 나왔다고 했다.

하지만 인문계고를 나와서 공업계고의 상황에 대해 알 리가 없는 나는 상상 이상으로 전혀 다른 학교생활에 적응이 쉽지 않았다. 공부에 무관심하고 무기력하게 앉아 있는 아이들, 의욕이 없는 교실에서 가르치는 게 버겁고 힘들었다. 아이들에게 배움이 의미 있고 즐거운 수업을 해 주고 싶다는 갈급함이 컸는데, 기독교 교사 모임과 협동 학습 연구회를 통해 교사로서 힘을 얻고, 모둠 세우기 활동과 다양한 구조를 수업에 적용했다. 그러자 학생들이 즐겁게 수업에 참여하는 기적 같은 상황이 일어났고, 모둠이 함께 협력하며 해결해 가는 모습을 보면서 수업에 자신감이 생겼다. 학생들을 더 잘 가르치기 위해 꾸준히 학교 안팎의 전문적 학습 공동체에 참석했고, 함께 수업에 대해 고민하고 실천하며 교사로서 성장할 수 있었다.

어느새 20여 년이 훌쩍 넘어간 교직 생활을 돌아보며, '나는 행복한 교사였나?' 스스로에게 물어보았다. 나의 대답은 '교사여서 행복하고 감사하다.'이다. 물론 부끄럽고 후회되는 모습도 있었다. 그러나 실패를 통해 배우고 가르칠 수 있는 용기를 회복하여 다시 교단에 설 수 있다는 것, 그리고 여전히 수업이 좋은 것을 보니 나는 행복한 교사라는 생각이 든다. 교사로 산다는 것! 그것은 내 인생 최고의 선물이다.

02

수석교사를 말하다

수업 역량으로 말하다

가르칠 수 있는 용기

2024년 2월, 공업과 신규 교사 30명을 대상으로 3시간 동안 수업 실천 사례 나눔 강의를 했다. 그동안 내가 실천해 왔던 수업들을 담은 동영상, 학생들의 활동 사진, 학습 결과물들을 보여 주었고, 각 모둠에서 함께 활동하며 에듀테크를 활용한 수업을 경험할 수 있도록 진행했다. 어떤 선생님께서 이번 신규 연수에서 가장 재미있는 시간이었다고 피드백을 해 주셔서 참으로 기쁘고 감사했다.

강의를 마치고 선생님들에게 무엇이 의미 있었을지 생각해 보았다. 수업에 교수·학습 방법을 어떻게 적용했는지보다는 수업에서 묻어나는 교사의 신념과 철학, 내가 가르치는 교과와 학생들에 대한 이해가 그들에게 고스란히 전해졌길 바란다. 그리고 내가 처음부터 수업을 잘했던 것이 아니라, 끊임없이 도전하고 실패하면서 시행착오를 겪으며 배우고 성장한 것을 알아주었으면 한다.

처음에 교사가 되었을 때는 수업을 어떻게 해야 할지 막막했다. 교사라면 선생님의 가르침에 몰입하고, 교과에 호기심과 재미를 느끼면서 적극적이고 주도적으로 공부하는 아이들의 모습을 상상할 것이다. 하지만 수업을 하고 나서 나는 절망감과 좌절감이 더 컸었다. 열심히 수업을 준비해 가도 아이들은 나와 다른 세상에 있었고, 무엇인가 잘못됐다는 것을 알면서도 그 원인을 찾지 못해 방황했었다.

주로 강의식이었던 내 수업은 '협동 학습 연수'를 계기로 바뀌기 시작했다. 물론 처음에는 생각처럼 잘 안 됐지만, 교과 내용에 어떤 활동을 넣어야 배움이 잘 일어나고 학생들의 참여를 이끌어 낼지 고민하면서 수업 준비를 했다. 강의식 수업을 할 때에는 교과서가 가장 중요했다면, 나만의 수업을 하기 위해 교과서를 내려놓고 새롭게 재구성하며 학습지와 활동지를 만드는 데 많은 시간을 투자했다. 그리고 수업 방식도 다양하게 적용하면서 나 자신부터 수업이 즐거워지기 시작했다.

그로부터 10년이 지나고 20년이 훌쩍 지났음에도 여전히 수업은 어렵기만 하다. 가끔 텔레비전에서 〈생활의 달인〉을 보면 눈감고도 해내는 모습이 나오고는 하는데, 교사는 왜 경력이 쌓여도 수업의 달인이 될 수가 없을까? 그것은 수업이라는 것이 단순히 눈에 보이는 화려한 테크닉으로 설명할 수 없는, 교과를 통해 교사와 학생이라는 존재와 삶이 만나는 장(場)이기 때문이라는 생각이 든다.

나는 전기·전자 교과를 가르치는 교사이다. 전기·전자 교과는 전기와 전자, 전자기의 연구 및 응용을 다루는 공학에 바탕을 둔 교과로, 수학과 자연과학의 기초적인 내용을 실생활에 활용하는 학문이다. 이를 내 나름대로 정의하자면, '자연의 질서에 대한 지적 호기심과 창의성의 산물'이라고 할 수 있다.

내가 가르치는 아이들은 공업계고를 선택한 학생들이다. 학교에서 전공 이론과 실습을 배우고 자격증을 취득하여, 졸업한 후 대부분 취업 전선에 뛰어

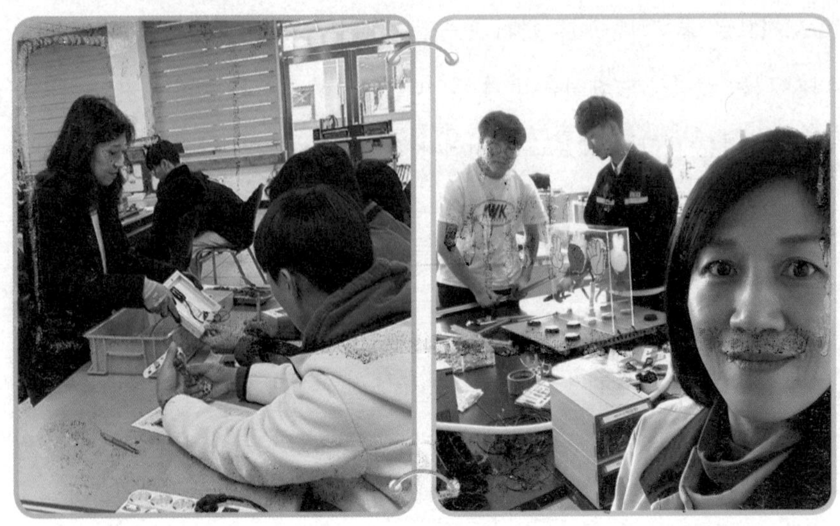

든다. 그렇기 때문에 나는 전기·전자 교과를 통해 아이들이 배움의 즐거움을 경험하고 세상을 이해하며, 스스로 공부할 수 있는 힘을 기를 수 있도록 수업을 디자인하느라 고군분투하고 있다.

프로젝트 수업을 통해 역할을 분담하고 아이디어를 내고 서로 협력하여 문제를 해결하는 과정을 경험하면서 아이들이 배우고 성장하는 것을 발견할 수 있었다. PLC를 활용한 가위바위보 게임기, 아두이노를 활용한 자율 주행 스탠드, 전동 모션 책상 등을 제작하는 모습을 보면서 우리 아이들이 이런 것을 만들 수 있다는 것이 대단하고, 평소에 보지 못했던 성향과 특기를 새롭게 보게 된다. 또, 학생들 스스로 탐구하고 싶은 주제를 선정하여 개념, 원리, 특징, 구조, 전기 법칙, 실생활과 연관된 제품 등을 조사하여 발표하는 수업을 진행한 결과, 그들의 지적 재능을 다시금 확인할 수 있었다.

좋은 수업이 이루어지려면 교사 못지않게 학생도 중요하다. 힘들게 하는 학생들로 인해 수업이 무너지고, 마음의 상처를 받아 용기를 잃는 교사들이 적지 않다. 하지만 우리가 또다시 일어설 수 있는 이유도 그 학생들 때문이다. 매일 무너지면서도 다시 가르칠 수 있는 용기를 회복하는 것, 그것이 바로 진짜 수업 역량이라 생각한다.

생활 교육으로 말하다
아무것도 하지 않으면 아무 일도 일어나지 않는다

우리가 함께 살아가면서 중요하게 여겨야 할 가치들이 있다. 존중, 배려, 이해, 협력, 나눔, 소통, 평화…. 내 안에 이러한 가치들을 품고 담임으로서 아이들과 함께했던 활동들이 자연스럽게 생활 교육으로 연결되었던 것 같다.

학기 초에 '꿈은 크게, 공부는 열심히, 노는 것은 화끈하게'라는 학급 구호를 만들어 종례 시간에 인사 대신 구호를 크게 외치게 했다. 구호를 통해 공동체 의식을 갖고, 자신의 삶을 포기하지 않고 성실하게 살아가면서, 즐거움을 누릴 수 있기를 바랐기 때문이다.

그리고 수업 시간에는 '빛나는 열정과 최고의 기술로'라는 구호로, 직업계고 아이들에게 열정을 가지고 살아가고, 우리가 배우는 기술 분야에서 최고가 되자는 의미를 부여했다. 처음엔 모기 소리만큼 작게 시작한 구호가 시간이 갈수록 힘차게 바뀌는 것을 보았고, 현장 체험학습 때 주변에 사람들이 많았는데도 마지막에 아이들이 주먹을 쥐고 큰소리로 신나게 구호를 외치며 헤어졌다. 전혀 부끄러워하지 않고 자신감이 넘치는 것을 느낄 수 있었다.(우리도 다 같이 구호 시작!)

담임을 하면서 가장 의미 있었던 것은 가정 방문이었다. 신규로 발령 받은 학교에서 첫 담임을 할 때부터 가정 방문을 시작했다. 3월 초 학부모님께 가정 방문 편지를 보내고 날짜를 정해서 돌아다녔다. 하루에 두세 명의 아이들을 데리고 함께 저녁을 먹으면서 이런저런 이야기를 나누고 나서, 학부모님을 만나 자녀에 대해 알아가는 시간을 가졌다. 학부모님도 처음에는 왜 가정방문을 하는지 부담스러워했지만, 막상 만나고 나면 오히려 친밀감과 신뢰가 생겨서, 이후에는 편하게 진로에 대한 고민이나 자녀 문제에 대한 어려움들을 나눌 수 있었다. 그리고 그렇게 가정 방문한 아이들이 오래오래 기억에 남았다. 이제는 어느 동네를 지나가게 되면 그곳에 살던 아이가 떠오른다.(얘들아, 잘 지내고 있지?)

아침마다 지각을 하는 학생이 있었다. 몇 차례 훈계를 하다가 결국 종례 시간에 남으라고 해서 두 시간 넘게 이야기한 후 보냈다. 그런데 다음 날부터 그 아이의 행동이 달라졌다. 나중에 들으니, 자기가 지금까지 학교 다니면서 선생님과 그렇게 오랫동안 이야기한 적이 처음이었다고 했다. 그 아이는 졸업 후 해군 부사관에 지원했고, 휴가 때 하얀 제복을 입고 찾아오기도 했다. 교사의 진심을 알아차리는 그 아이가 고맙기도 하고 눈에 선하다.(오늘 남아서 이야기할까?)

학급 활동 중의 하나로, 한 달에 한 번씩 정기적으로 단체 사진을 찍어 교실 게시판에 전시했다. 처음에는 아이들이 쑥스러워하면서도 사진 속 서로의 모습을 보며 너무나 즐거워했다. 사진 찍는 것이 부끄러워서 얼굴을 가리고 숨다가도 어느새인가 멋있게 찍으려고 폼을 잡는 아이들. 정말 사랑스럽다. 그 사진들을 모아서 학급 앨범을 만들거나 사진으로 현상해서 한 장씩 종업식 때 나누어 주기도 했다. 기억은 사라져도 기록은 남는다고 했다.(열심히 찍자!)

학급 구성원들에게 1인 1 역할을 정하여, 한 사람도 소외되지 않고 모두가 함께하는 학급으로 소속감과 책임감을 가질 수 있도록 했다. 학생들은 각자가 크든 작든 자신의 역할을 통해, 서로 협력하고 더불어 살아가는 공동체를 경험함으로써 민주 시민으로 성장할 수 있을 것이다. 그리고 학생들의 역할을 학교생활기록부에도 적어 줄 수 있으니 일석이조이다.(네가 우리 반이 되어서 너무 좋아!)

이렇게 나는 14번의 담임을 하면서 다양한 학급 활동과 그 속에 사회적 기술을 적용하여 아이들과 즐겁게 잘 지냈고, 좋은 추억을 쌓았다. 아무것도 하지 않았다면 아무 일도 일어나지 않았을 것이다.

시간이 갈수록 학교 현장은 생활 교육에 대한 어려움을 많이 겪고 있다. 특히, 코로나 시기를 지나면서 원격 수업 기간 동안 학생들의 사회성이 단절되어, 갈등을 잘 해결하지 못하고 관계가 깨지는 등 많은 문제가 발생하고 있다. 이러한 상황에서 교사는 아이들에게 의도적이고 체계적으로 사회적 기술을 가르쳐야 한다. 아이들이 살아갈 세상에서 선한 가치관을 가지고 다른 사람과 함께 더불어 살아갈 수 있도록 하기 위해서 말이다.

교사 성장으로 말하다

나 - 교과 - 학생 - 공동체와의 연결

교사는 어느 누구보다도 성장하고 싶은 마음이 강한 사람이다. 교사로 성장하기 위해 필요한 것이 무엇일까? 나의 교직 생활을 돌아보며 보고 듣고 깨달은 것을 정리해 보았다.

첫째, 교사 자신에 대한 성찰이다.

파커 J. 파머는 가르치는 행위도 좋든 나쁘든 인간의 내면에서 흘러나오는 것이며, 나 자신을 안다는 것은 학생과 학과를 아는 것만큼이나 중요한, 훌륭한 가르침의 필수 사항이라고 했다. 교사로서 자신의 교육 철학과 신념이 무엇인지 끊임없이 질문하며 나의 모습을 찾아갈 때, 비로소 교사로서의 정체성을 회복하고 용기를 가지고 수업을 펼칠 수 있게 된다.

나는 의도치 않게 수업 공개를 여러 차례 하게 되었다. 수업을 공개한다는 것은 교사의 민낯을 보이는 것과 같다고 했다. 그만큼 부담스러운 일이지만, 나 자신의 수업을 성찰할 수 있는 좋은 계기가 되었다. 그리고 수업 나눔을 통해 고민을 해결하고, 내가 보지 못했던 나의 모습을 알아차리며, 학생의 배움에 대해 깊이 살필 수 있게 되었다.

둘째, 교과에 대한 전문성이다.

교사는 국가로부터 주어지는 교육과정과 교과서의 틀에서 벗어나 학생의 배움과 성장을 위해 교육 기획력과 역량을 발휘할 수 있어야 한다. 그리고 단순히 지식을 전수하는 것이 아니라 지식을 삶으로 연결할 수 있는 살아 있는 수업을 위해 다양한 수업 방식을 배우고, 학생들의 성장을 평가하고 기록할 수 있도록 연구하고 실천하기 위한 노력이 필요하다.

내가 가르치는 전문 교과는 이론과 실무로 이루어져 있다. 따라서 전공 분야의 지식뿐만 아니라 산업 발전에 따른 최신 기술 동향을 모니터링하고, 그에 따른 정보와 실습 기자재 활용, 실기 능력 향상을 위해 교과를 깊이 연구하는 한편, 수업 자료집을 제작하여 학생들이 쉽게 이해하고 배울 수 있도록 노력하고 있다. 또한, 특성화고 학생들에게는 취업과 연결된 국가 기술 자격증 취득도 매우 중요하다. 자격증 지도를 하기 위해서는 먼저 교사인 내가 잘 알고 있어야 하기에 전기·전자 분야에 해당하는 전기 기능사, 승강기 기능사, 전자기기 기능사, 전자캐드 기능사 등 다수의 자격증을 취득하기도 했다.

셋째, 학생들을 잘 알기 위해 노력해야 한다.

학생들을 아는 만큼 교사는 더 잘 가르칠 수 있고, 수업에서뿐만 아니라 그들의 삶에까지 영향을 미치게 된다. 교사는 삶의 안내자로서 학생들을 인격적으로 대하고, 그들의 이야기에 공감하며 깊은 애정을 가지고 다가가야 한다고 생각한다. 학생들과 친밀하고 따뜻한 관계를 만들어 가기 위해 나는 이야기를 많이 들어 주고 수용하며 소통하기 위해 노력하고 있다. 그런 관계를 통해 아이들이 밝고 건강하게 자라며, 원만한 대인 관계를 형성하고 행복한 학교생활을 할 수 있게 된다. 나태주 시인의 「풀꽃」이라는 시에서 말하듯, 학생들을 자세히 보고 오래 보자.

넷째, 공동체와 연결되어야 한다.

신규 때부터 지금까지 '기독 교사 모임'에 참여하여 각자 학교에서의 삶을 이야기하면서 지치고 힘들었던 마음을 회복하고 가르칠 수 있는 용기를 얻을 수 있었고, 교육과 관련된 다양한 독서와 특강을 들으며 도전을 받았다. 교직 경력 10년 차가 되었을 때에는 '협동 학습 연구회'를 통해 학급 운영과 수업에서 협력적 배움을 촉진하는 원리와 구조화된 기법을 열심히 실천했다. 15년차에는 '수업 코칭 연구소'에서 주관하는 워크숍에 참여하게 되면서 수업 친구와 수업 나눔, 수업 성찰에 대해 배우고 경험했다.

이 외에도 학교 밖의 전문 모임, 교사 모임에 참석하여 다른 교사들과 친밀한 관계를 맺었다. 그러면서 수업에서의 고민을 나누며 격려하고, 배움과 가르침의 즐거움을 누리면서 베이스캠프와 같은 공동체를 통해 성장할 수 있는 기회를 가질 수 있었다.

교사와 학생이 서로를 환대하고 협력하며 온전한 인간으로 성장하여 더불어 행복하게 살아갈 수 있는 교육 생태계! 이를 함께 조성해 가기 위해 삶에서, 수업에서, 관계에서 동료 교사들과 함께 실천하는 학교를 만들어 가는 것이 성장의 진정한 모습이라 생각한다.

44

크리에이티브한 수석교사 진연자

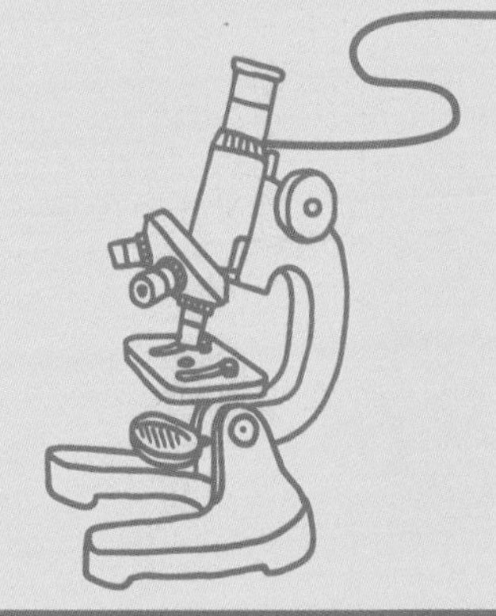

행동 발달 및 종합 의견

겉으로는 무심해 보이지만 알고 보면 속이 따뜻하고, 말과 행동에 재치가 있어 주변 사람들과 제법 잘 어울림. 여행, 사진, 운동이 취미이며, 한글과 파워포인트 등 문서를 깔끔하게 제작함. 교실에서는 천장을 뚫고 나갈 만한 텐션으로 학생들에게 웃음을 선사하는 과학 교사임. 에듀테크와 인공지능을 수업에 적절하게 접목하여 과학 교과의 본질을 경험할 수 있는 역동적인 수업 디자인으로 학생들의 수업 호응도가 높은 편임.

크리에이티브한 과학 교사

나는 17년 차 과학 교사로 학생 참여형 수업, 학생 주도형 수업, 프로젝트 수업, 과학 실험, 영재 교육, 지질 탐사, 에듀테크, 인공지능, 메이커 코딩, 교육과정 등에 관심을 갖고 활발하게 활동하고 있다. 대범한 것 같지만 때로는 소심하고, 활발한 것 같지만 때로는 조용한 카멜레온 같은 매력을 가지고 있다. 가족들과 휴양지 여행을, 혼자 있을 때는 운동을, 친한 사람들과는 삼겹살 파티를 즐기는 수수한 성격의 소유자이다. 교사로서 나 자신을 크리에이티브하게 만들어 준 세 가지로 나를 소개하고자 한다.

먼저, '발명 대회'를 꼽을 수 있다. 경기 북부의 중학교에 신규 발령을 받아 근무하던 중, 2년 차에 발명 대회에 나가는 학생을 담당하게 되었다. 그 당시에는 생소한 MBL이라는 새로운 도구를 탐구 활동에 접목하여 학생을 지도했다. 어찌하다 보니 전국 대회에 진출하게 되었고, 수상까지 하는 영광을 얻었다. 초임 시절 수상이라는 짜릿한 경험은 무엇이든 할 수 있다는 자신감을 갖게 해 주었다.

다음으로 '연구회 활동'이다. 첫 학교에서는 나의 교직에 관한 정체성이 정립되지 않는 시기라 다양한 연수나 활동에 참여했는데, 우연히 참여한 지질 탐사 연수에서 훌륭하고 좋은 선생님들을 만나 연구회 활동을 시작했다. 연구회 선생님들과 함께 자료를 만들고, 국내외에서 지질 탐사를 하고, 학생을 지도하는 과정에서 함께 연구하는 즐거움을 경험할 수 있었다. 저경력 교사 시절에 외부 학생과 교사를 대상으로 강의할 기회도 있었는데, 그때 강의를 준비하면서 체화된 노하우와 경험은 나의 교직 생활에 큰 자산이 되었다.

끝으로 '영재 교육'이다. 두 번째 근무한 학교에서 영재 학급 운영 업무를 맡게 되었다. 영재 학급의 수업을 준비하면서 수학, 정보, 기술, 역사, 사회 등의 다양한 영역을 아우르는 주제 중심의 융합 수업을 자연스럽게 하게 되었다. 이는 수업 시간에 하고 있는 배움 중심 수업, 학생 주도형 수업, 학생 참여형 수업, 프로젝트 수업의 근간이 되었다.

한마디로 발명 대회, 연구회 활동, 영재 교육, 이 세 가지 키워드가 지금의 나를 만드는 초석이 되었다. 이 활동에 다른 활동이 더해져 새로운 것을 만들어 나갔다. 과정이 순탄하지만은 않았지만, '지금 여기에서 최선을 다하자.'라는 삶의 모토와 '할 수 있다!'라는 긍정적인 생각을 바탕으로 끊임없이 새로운 것을 배우려고 노력한 것이 지금의 크리에이티브한 수석교사인 나를 만든 것이 아닐까 싶다.

02

수석교사를 말하다

수업 역량으로 말하다
학생 주도형 과학 수업과 에듀테크 활용

나는 초임 때 한글을 이용하여 학습 활동지를 수업 순서와 스타일에 맞게 재구조화하는 데 집중했다. 그리고 실험 수업의 기틀을 마련하기 위하여 교과서 실험, 키트 활용 실험 등 기본에 충실했다. 그러다 영재 학급 수업을 준비하면서 수업을 디자인하는 스타일이 바뀌기 시작했다. 하나의 주제를 중심으로 수업을 엮어 나가는 방식, 학생이 주도적으로 실험을 진행하는 방식으로 수업을 변화시켜 온 것이다.

하나의 주제를 중심으로 수업을 엮어 나가는 방식은 요즘 많이 하는 프로젝트 수업, 융·복합 수업과 일맥상통한다. 영재 학급에서 했던 수업의 예를 들자면, '시간'이라는 주제를 중심으로 시간, 일, 계절이 바뀌는 원리 알아보기(과학), 역사 속 시간 측정 도구 자격루 원리 탐구 및 제작해 보기(역사, 과학, 수학), 해외여행 시간 계산해 보기(사회, 수학), 표준 시계 만들기(기술, 과학, 수학) 등과 같이 시간과 관련된 다양한 활동을 10차시 이상으로 진행했다.

영재 학급에서 했던 수업의 일부를 선별, 또는 축소하여 교과 수업에 적용해 볼 수 있었기 때문에 수업 디자인에 큰 도움이 되었다. 평창 동계올림픽이 개최된 해에는 동계 스포츠 속 힘과 운동으로 산출물을 제작하여, 평창 동계 올림픽 조직 위원회에 학생들이 제작한 자료를 전달하기도 했다. 그리고 토론 수업을 진행하는 동 학년 국어 선생님의 수업을 참관한 후, 우주 개발에 관한 디베이트(debate, 자유 형식이 아닌 자신의 역할을 정하여 토론하는 방식) 수업도 진행해 보았다. 디자인 싱킹 기법을 적용하여 모둠별로 원하는 키트를 구입하여 전기와 자기 프로토타입도 제작해 보고, 세이펜을 이용하여 학생 개인별로 '오감 만족 우주 조작북'도 제작해 보았다.

이처럼 영재 학급 수업을 만난 이후 나의 수업은, 수업 방식이 복잡해지고 수업 주제가 확장되었으며, 학생들이 주도적으로 문제를 인식하고 해결하는 과정으로 바뀌어 나갔다. 수업을 디자인한 것은 교사이지만, 수업의 주인공은 학생이 되는 순간이었다. 동 학년 다른 교과의 선생님이 볼멘소리로 이렇게 말씀하실 정도였다.

"여기 과학 중점 중학교인가요? 애들이 쉬는 시간과 수업 남는 시간에 왜 이렇게 과학 프로젝트 산출물만 제작하려고 해요?"

이 말을 들었을 때 나는 매우 기뻤다. 아이들이 즐겁게 과학 수업에 몰입하고 있다는 증거였으니까.

학생이 주도적으로 실험을 설계하고 수행하여 보고서를 작성한 예는 '증발 실험'이다. 이는 교과서에 있는 실험으로, 증발이 잘 일어나는 조건을 탐구하는 것이다. 보통은 교과서에 있는 것을 그대로 사용하거나 조금 변형하여 수업에 적용한다.

하지만 영재 학급에서는 학생들이 준비물을 선택하여 실험을 설계하고, 설계한 대로 실험을 진행하여 결론을 도출하는 과정으로 수업을 진행한다. 이 방식은 과학자가 탐구 활동을 하는 과정과 동일하다. 이러한 과정을 거치면서

과학적 사고력, 과학적 탐구 능력, 과학적 문제 해결력 등 교과의 역량이 자연스럽게 증진되고, 교과의 본질을 경험할 수 있다.

그런가 하면 평소 내가 마시는 음료의 성질(산과 염기)을 알아보기 위해 모둠별로 실험을 설계하여 분석해 보기도 하고, 자신이 만든 양파 뿌리 표본을 현미경으로 관찰하고, 스마트폰으로 촬영하여 체세포 분열 과정을 찾아보기도 했다. 샤프심과 연필심을 이용하여 전류를 측정한 뒤 저항도 계산해 보았고, 실내화, 빨래판, 교과서, 수건 등 실생활 속 물건을 이용하여 마찰력 실험을 설계해 보기도 했다. 스마트폰을 이용하여 거리에 따라 빛의 세기 변화를 측정하여 분석도 해 보았고, 축구공과 같은 물체의 운동도 분석해 보았다. 실시간 지진 데이터의 지진 발생 경향성도 파악해 보았다.

영재 학급의 수업을 디자인하는 과정을 통하여 수업의 주제를 선정하는 시야가 넓어지고, 다양한 분야의 지식, 과정 기능, 가치 태도 등을 연관 지어 수업을 디자인하는 습관이 생겼다. 이는 2022 개정 교육과정에서 강조하는 주도성, 깊이 있는 탐구의 방법으로, 나는 이미 2022 개정 교육과정의 수업을 하고 있었던 것이다.

이처럼 우연한 기회에 만난 영재 학급 수업이 나의 수업을 업그레이드하는

데 큰 역할을 했다. 이 책을 읽는 여러분이 만약 교사라면, 수업과 학급 운영이나 업무에, 학생이라면 공부 습관 형성, 성적 향상, 시험 합격 등에 변화를 일으킬 만한 활동을 주변에서 잘 찾아보기를 바란다.

최근에는 학생 주도형 실험 및 프로젝트 수업에 에듀테크와 인공지능이 가미되어 수업의 방식, 산출물의 형태 등이 또 한 단계 업그레이드되고 있다. 에듀테크와 인공지능은 수업의 목표 달성, 학생의 성장을 위해 효율적으로 사용해야 할 도구이다. 수업 활동에 적절한 도구를 선정하고 그것을 학생들이 잘 이용할 수 있도록 안내하는 것이 교사의 역할이다. 그렇게 하기 위해서는 교사가 다양한 도구를 경험하는 것이 중요하다고 생각한다. 새로운 도구들을 두려워하지 말고 에듀테크, 인공지능 관련 활동에 적극적으로 참여해 보면 좋을 것 같다.

2023학년도에 소리와 파동 수업을 진행할 때, 실생활 속 소리의 과학적 분석을 주제로 학생 주도형 실험과 프로젝트의 형태로 수업을 진행했다. 크롬북에 소리 분석 애플리케이션을 설치하여 실생활 속 소리를 직접 녹음하여 분석하는 과정으로 활동을 전개했다.

학생별로 자신이 관심이 있는 소리를 선정하여 소리의 크기, 높이, 맵시 등을 비교·분석하게 했다. 어떤 학생은 A사와 B사의 키보드 소리 크기를 비교했고, 집에서 키우는 강아지의 소리의 맵시를 알아본 학생, 자신이 좋아하는 가수 노래의 하이라이트 부분의 진동수를 분석한 학생도 있었다. 프레젠테이션을 제작하던 학생 중 한 명이 "벌써 끝났어요?"라고 할 정도로 열정적으로 참여했으며, 발표를 듣는 친구들도, 평가를 하는 교사도 발표를 듣는 내내 흥미로웠고 과정과 결과가 궁금했다.

학생 주도형 과학 수업과 에듀테크 및 인공지능 활용 수업에서 가장 중요한 점은 무엇일까? 바로 '주도성'이다. 학생들이 수업에 잘 참여할 수 있도록 수업을 작은 단계로 나누어 성공의 경험을 갖게 하면 학생들은 자연스럽게 수업에 몰입하게 된다. 몰입은 학생들이 수업에 주도적으로 참여할 수 있게 하는 바탕이 되며, 주도적으로 수업에 참여하는 과정을 통해 삶의 문제를 해결하는 능력이 증진된다. 과학 수업이 실험, 탐구를 넘어 삶과 연계되는 과정 그 자체인 것이다.

학생 주도형 과학 수업을 위해 기존의 수업에 에듀테크, 인공지능, AI 코스웨어, AI 디지털 교과서, 메이커 코딩 등을 연계하여 깊게 연구하고, 현장에 적용해 보고 싶다.

생활 교육으로 말하다

생활 교육의 핵심은 경청(敬聽)

예나 지금이나 생활 지도, 학급 운영은 쉽지 않다. 이는 서로 다른 환경 속에서 살아온 다양한 성향의 학생들이 하나의 시스템 속에서 생활하기 때문일 것이다. 한 학급에서 30명의 학생이 친구들의 의견을 들어 보고 맞추어 나가는 과정 자체가 삶을 살아가는 방법을 알아 가는 것이리라.

생활 교육을 할 때 중요하게 생각하는 '경청(敬聽)'이라는 가치에 관해 이야기하고자 한다. 교육 관련 영상에서 리포터가 어느 교사에게 "모둠 활동을 왜 하세요?"라는 질문을 했다. 이에 그 교사는 이렇게 대답했다.

모둠 활동을 하면 갈등이 빈번하게 발생하게 됩니다. 갈등을 회피하는 것이 아니라, 직면하여 갈등을 해결해 나가는 과정을 경험하게 해 주고 싶었어요.

모둠 활동에서 '협력'을 주로 강조했었는데, '갈등 조정'이라는 이야기를 들으니, 망치로 머리를 세게 맞은 듯했다. 모둠 활동을 3인칭 전지적 작가 시점에서 보면 어떨까? 학생들이 어떤 문제를 해결하기 위해서는 의견이 다양할 것이고, 의견을 조율하는 과정이 순탄하지는 않을 것이고, 그 와중에 모둠 활동에 적극적으로 참여하지 않는 학생도 있을 것이다.

생각해 보니 모둠 활동은 신호등의 초록불과 같이 원활하기보다는, 빨간불이나 노란불과 같이 잘되지 않거나 주춤하는 순간들이 더 많을 것이다. 수업 시 모둠 활동, 학급에서 의견을 결정하는 순간에 갈등을 조정하는 과정이 필요함을 알게 되었고, 이 과정에서 '경청'의 중요성을 인식하게 되었다. 협력과 갈등 해결의 첫걸음은 '경청', 즉 다른 사람의 이야기를 듣는 것이다. 여기서 경청은 '그냥 듣는다'가 아니고 '주의 깊게 듣는다'의 의미이다.

그래서 학급 운영, 모둠 활동에서 경청을 매우 중요한 가치로 두고, 아이들과 함께 경청하는 연습을 했다. 다른 사람의 이야기를 듣고 요약하여 말하기, 다른 사람의 이야기를 듣고 질문하기, 다른 사람의 이야기를 듣고 객관적으로 평가하기, 순서대로 말하기 등 다양한 연습을 통해 아이들이 친구와 교사의 이야기를 주의 깊게 들을 수 있도록 했다. 경청한다는 것은 그 사람의 의견과 생각을 존중한다는 것이며, 다른 사람의 의견과 생각을 존중함으로써 학급 분위기가 평화로워지고, 수업에서 모둠 활동이 원활해졌다. 생활 교육을 하면서 '말하기'도 중요하지만, 그에 못지않게 '듣기'도 중요하다는 것을 알게 되었다.

교사 성장으로 말하다

칭찬, 학교 시스템, 끊임없는 도전

나를 성장하게 한 세 가지 요소는 '칭찬, 학교 시스템, 끊임없는 도전'이다. 이 세 가지는 뛰틀의 도움닫기와 같이 교사로서 성장할 수 있게 해 준 원동력이며, 수석교사의 길로 가는 바탕이 되어 주었다.

첫째, 칭찬에 대한 이야기이다.

나는 특출난 것이 없는 평범한 교사였다. 첫 발령지에서 자연과학부에 배정되면서 20, 30년 차 부장 교사 분들이 나의 사수가 되어 학교 업무, 학급 운영 등 학교에 관한 부분을 알려 주셨다. 나는 그곳에서 작은 것 하나하나에 열과 성을 다해 일했고, 그분들은 나를 매일매일 칭찬해 주었으며, 칭찬 받는 것이 기분이 좋아 더 열심히 일하게 되었다.

이와 같은 과정이 반복되다 보니 어느새 일을 잘하고, 긍정적이고, 능력이 있는 사람이 되어 있었다. 실제 능력이 달라진 것은 아니었다. 하지만 사람을 믿어 주고 칭찬하는 것이 얼마나 중요한지 몸소 체험했고, 지금의 나의 모습을 만드는 데 밑거름이 되었다.

둘째, 학교 시스템에 대한 이야기이다.

세 번째 근무지에서 3학년 담임을 맡게 되었다. 담임 교사로서 학생을 관리하고 학급을 운영하는 것이 주된 업무였다. 체계적이고 효율적인 업무 시스템 속에서 공강 시간에 동료 교사와 협력하여 수업을 연구하기 시작했다. 동료 교사와 매일 수업 이야기를 하며 수업을 새롭게 설계하고, 수업 후 피드백하며 개선하고, 다시 또 수정하기를 반복했다. 이 과정에서 나만의 수업 설계 방식을 구축하고 정교화했으며, 수업 중에 학생들이 몰입하여 탐구를 즐기는 모습을 통해 이 수업 방식에 대한 확신을 얻을 수 있었다. 그리고 동료 교사와의 협력의 중요성을 깨달았다.

셋째, 끊임없는 도전에 대한 이야기이다.

특별한 능력 없이도 17년간 꾸준하게 도전한 결과, 강의와 출간, 수상 등 생각지도 못한 스펙을 가질 수 있었다. 돌이켜보면 성공보다 실패가 많았다. 실패하더라도 좌절하지 않고 오뚝이처럼 일어나 또다시 도전했다. 아무것도 모르는 상태에서 도전하는 무모함도 있었다. 그렇게 새로움을 추구하는 과정을 즐겼다. 성공과 실패의 반복되는 과정을 통하여 수업, 학급 운영, 업무에 있어 다양한 것을 수용하는 개방적인 자세를 갖게 되었고, 나의 경험에 새로운 경험을 결합하여 융합적인 사고로 수업을 구성하고 업무를 추진하게 되었다. 나 자신은 물론이고, 내가 가르친 학생, 나와 같이 근무한 동료 교사가 동반 성장을 경험했으며, 학교 시스템과 환경을 더 나은 좋은 방향으로 개선해 나갈 수 있었다.

어느 책에서 본 구절로 교사 성장에 관한 글을 마무리하고자 한다.

"배를 만드는 법을 가르치고 싶다면 조선술을 가르치기보다는
바다를 향한 그리움을 갖게 하라." - 아리스토텔레스

이제 나는 수석교사가 되어 선생님과 학생들에게 직접 무엇인가를 가르치려고 하기보다는 더 큰 꿈을 꾸고 그것을 실현할 수 있도록 돕는 도우미, 서포터, 멘토 등의 역할을 할 것이다. 이를 위해서 다른 사람들의 장점을 본받고

칭찬할 줄 아는 사람, 좋은 시스템을 구축하는 데 도움이 되는 사람, 긍정적인 마인드로 도전할 수 있도록 북돋아 주는 사람이 되어 같이 가치를 실현하는 교육 현장에 생동감을 불어 넣는 창의적인 교육 전문가가 되고 싶다. 언제나 그렇듯 지금 여기에서 최선을 다해서 달릴 것이다.

저와 함께 가실래요? 오케이, 렛츠 고!!!

45

꽃의 힘을 나누는 수석교사

강근원

행동 발달 및 종합 의견

다양한 분야에 관심을 가지고 딴짓을 즐겨하며, 사람 관찰하는 것을 좋아함. 배움에 대한 열정과 좋아하는 것을 공유하고 싶은 마음이 남다르고, 다른 사람의 이야기를 듣고 공감하여 고민을 함께 나누는 등 소통에 관심이 많음. 독창적인 창의력과 왕성한 지적 호기심을 꽃과 나무, 식물, 책과 연계하여 끊임없이 정진하며 살아감. 말의 힘, 꽃의 힘, 교육의 힘을 믿으며, 앞으로도 특성화고에서 무궁무진한 에너지를 나눌 준비가 되어 있는 수석교사임.

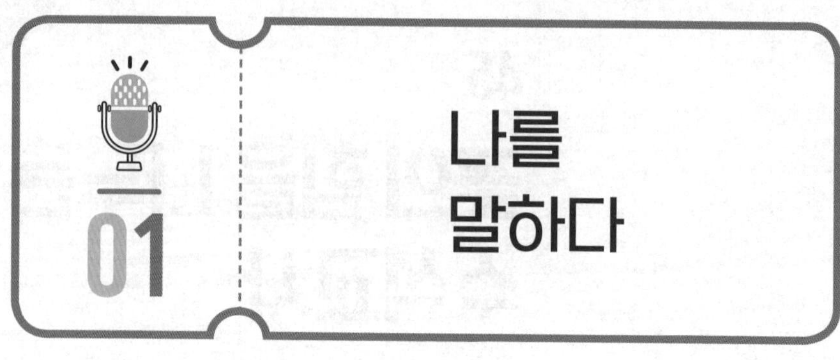

01 나를 말하다

사람은 열 번 된다, 마음가는 대로 된다

"사람은 열 번 된다."라면서 항상 나를 격려해 주셨던 할머니, 서예와 책 읽기를 즐기셨고 필체가 아름다웠던 아버지, 언제나 전축을 틀어 놓고 집안일을 하시며 손으로 직접 만들어 보여 주셨던 어머니의 영향 덕분에 자연스럽게 다양한 놀잇거리를 찾아 놀며 하루가 금방 사라지는 마법 같은 어린 시절을 보냈다. 이 시기에 책을 읽고 동네 동생에게 이야기를 들려주거나, 그림을 그린 편지지에 내 마음을 전하며, 지리산과 섬진강의 꽃과 나무들과 함께 감성을 풍부하게 키워 나갔다.

학창 시절, 선생님들은 최고의 롤 모델이자 멘토였다. 그림 그리기에 빠져 조용히 지내던 나를 눈여겨보시다 자신을 그려 달라고 하신 초등학교 6학년 담임 선생님은, 그 그림을 칠판 앞에 전시해 주심으로써 내 작품을 세상에 꺼내 주셨다. 중학교 때는 자신에 관한 이야기로 재미있게 수업을 해 주신 선생님이 계셨고, 고등학교 3학년 때 담임 선생님은 농업 분야의 중요성을 강조하며 원예학과와 조경학과에 대해 설명해 주시며 진로 지도를 해 주셨다. 이 모든 경험이 지금의 나를 만드는 데 큰 영향을 미쳤다.

나는 4번의 하고 싶은 일로 4번의 인생 경험을 얻어 교사가 되었다. 첫 번째 직업으로 세무사 사무실에서 여러 업종의 세무 서비스 및 세무 신고 관련 업무를 맡았다. 이 일은 나에게 맞지 않는 옷처럼 느껴졌다. 그럼에도 불구하고 1년 동안의 경험은 나를 성장시키는 소중한 시간이었다.

이후 두 번째 직업으로 학습지 방문 교사로 일하게 되었다. 유아부터 고등학생까지 다양한 학생들의 학습 수준을 점검하고 일주일에 한 번씩 방문하여 일대일로 관리해 주었다. 가르치는 일은 매우 재미있었으나, 학생들과의 스케줄 조정과 불규칙한 생활 패턴으로 인해 피로가 쌓이면서 직업에 대한 비전을 고민하게 되었다.

세 번째로, 고등학교 기간제 교사로 근무하며 학교라는 새 환경을 만나게 되었다. 이 경험은 많은 영감을 주었고, 교육에 대한 열정을 다시 불러일으켰다.

결혼 후에는 기능직 공무원 시험에 응시하여 네 번째 직업인 농림원으로 산림박물관에서 근무하게 되었다. 이곳에서의 경험은 자연과 사람을 연결하는 중요한 역할을 하게 해 주었고, 나의 경력에 또 다른 의미를 더해 주었다.

'내가 하고 싶은 일인가?, 내가 좋아하는 일인가?, 내가 정말 원하는 일인가?' 이 세 가지 질문을 스스로에게 던지며 교사의 길을 선택했다. '내가 선택한 일은 사계절을 겪어 보고 이야기하자. 진짜 나를 찾는 일을 하자. 항상 준비하고 도전하는 삶을 살아 보자.'는 마음으로 하루하루를 보내며 지금의 수석교사가 되었다.

삶은 누구에게나 다르게 흘러간다. 모든 사람을 변화시킬 수는 없지만, 단 한 사람이라도 변화시킬 수 있다면 교사, 그리고 수석교사의 꿈을 꾸고 도전해 보라고 말씀드리고 싶다.

02 수석교사를 말하다

수업 역량으로 말하다
수업을 하니까 참 좋구나

수업은 끝없는 배움이고, 실습은 기능 숙련으로 말한다

수업: 1. 끊임없이 배운다.
2. 미리 연습해 본다. 계속 연습한다.
3. biophilia(생명애)를 느끼게 한다.

나는 식물 자원·조경 교과를 맡고 있다. 농학과, 임학과, 조경과, 원예과 4개 학과 학생을 지도하므로 학생들에게 "식물과 선생님"을 비롯한 여러 교과의 담당 교사로 불린다. 지금까지 가르쳤던 '농업 이해, 농업 정보 관리, 디자인 일반, 농업기초 기술, 재배, 생활 원예, 화훼 장식 기술 1·2, 조경, 조경 기술, 원예 기술 1·2, 조경 식물 관리, 조경 설계, 성공적인 직업 생활, 원예, 스마트농업의 이해, 화훼 장식 기초, 화훼 재배, 화훼 장식' 등의 20개 과목을 소화하기 위해 분주했던 기억이 떠오른다.

전공 특성상 수업을 위한 전담 실습장인 '포장'을 맡고 있다. 야외 실습 수업을 위한 포장은 담당 교과목에 따라 바뀌며, '포장'은 학생들과 함께하는 생명의 공간이자 수업의 장이다. 방학 동안에도 식물을 재배하고 유지·관리하며, 새로운 재배 신기술을 연마한다. 신규 교사 시절부터 교재 연구에 많은 시간을 할애했고, 학기 중에는 선배 교사 및 전공 관련 전문가, 농장주들에게 수시로 질문하고 실습해 보며 시행착오를 겪었으며, 지금도 계속 -ing이다.

특히, 화훼 장식 교과는 유행에 민감한 꽃을 다루기 때문에, 새로운 트렌드와 고객 니즈를 분석하고, 실습 수업 전에 미리 작품을 제작해 학생들이 어려워할 지점을 파악하여 수업에 적용한다.

학생들에게 전공 교과 수업의 핵심은 실습이다. 노작 교육의 중요성을 강조하고, 수업 전 안전 교육을 실시한 후 실습을 진행하며, 전공 관련 자격증 취득까지 연결하여 진로 지도를 한다. 교사인 내가 먼저 자격증을 취득하고 학생들을 지도하려고 노력하는 이유는, 그래야만 학생들의 고민을 이해하고 공감할 수 있기 때문이다.

씨앗에서 씨앗으로 돌아오는 과정을 경험하면서 바이오필리아(biophilia, 생명애)를 자연스럽게 스며들게 하여 모든 생명체가 소중한 존재임을 깨닫도록 지도한다. 3년 동안 반복하여 직접 씨를 뿌리고 물을 주고 꽃을 피워 본 학생들은 기능 숙련뿐만 아니라 작은 것의 아름다움을 알게 되고, 공을 들인 만큼 돌아온다는 것, 자연은 정직하다는 것을 몸으로 체험하게 된다. 앞으로도 학생들이 '농업계 고등학교에 참 잘 왔다.', '수업을 하니까 참 좋다.'는 것을 깨닫게 해 주고 싶다.

둘째, 수업은 멘토 - 멘티 활동이다. 농업계 고등학교는 특수 학생과 일반 학생, 복학생 등 다양한 배경을 가진 학생들로 구성되어 있다. 수업 첫날, 수업 규칙과 함께 멘토 - 멘티 활동을 안내하고, 서로 상호 보완할 수 있는 짝꿍 만들기를 진행한다. 다양한 수업 상황에서 서로 소통하고 협력할 수 있도록 수업을 설계하며, 짝꿍 평가, 모둠 평가, 개별 평가, 포트폴리오 평가 등에 학생들이 다채롭게 참여할 수 있도록 한다. 농업 관련 실습은 개별 실습뿐만 아니라 공동 실습이 많아, 자신의 과제를 수행한 후 모둠별 작업을 함께 마무리하도록 구성하여 공동체 의식과 협동심을 기르게 한다. 수업으로 맺어진 멘토 - 멘티 관계는 학급 활동으로 자연스럽게 녹아 들어갔다.

셋째, '讀書爲貴人(독서위기인)'이다. 전공 관심 도서를 찾고, 한 달에 한 권의 전공 도서를 읽은 후 독후감을 쓰며 이야기를 나눈다. 다양한 농업 정보와 전공 기본 지식을 익히는 데 책만큼 좋은 것이 없다고 생각한다. 여러 가지 대중 매체와 미디어의 등장 속에서 정보를 올바르게 활용하고 문해력을 키울 수 있는 독서 교육과 미디어 리터러시 교육을 연계하여 지도하고 있다.

생활 교육으로 말하다

꽃과 나는 같구나! 꽃을 키우니 꽃이 된다

19년 경력의 담임으로서, 학교 업무 중 가장 좋아하는 것은 담임 업무이다. 첫날 학급에 들어가면 내 소개와 함께 학급 운영에 대해 안내한다. 한 명씩 이름을 부르며, "1년 동안 잘 부탁한다. 서로 존중하며 잘 지내 보자."라고 악수하며 인사한다. 그리고 학급에서 자신의 역할과 1년 동안의 버킷 리스트를 작성하여 희망차게 출발하도록 이끌어 준다.

나는 항상 '너희들은 모두 꽃이다.'라고 마음에 새기며 전념을 다하려고 노력했다. '생활 지도가 잘되면 수업은 절로 된다.'라는 믿음으로, 학생 개개인을 온 마음을 다해 지도했다. 담임 교사의 가장 중요한 업무는 학생 상담과 가정 방문(코로나 이전), 생활 지도와 학급 행사, 눈 맞춤과 마음 읽기라고 생각한다. 나는 생활 지도에서 이 3가지에 주안점을 두고, 다음 4가지 실천 사항이 꾸준히 이루어지도록 지도했다.

첫째, 아침 긍정 노트 작성하며 마음 밭 가꾸기

새 학기 학생 맞이로 학급 학생 수를 파악한 후, 아침 긍정 노트를 만들었다.

1. 좋은 글 따라 쓰기, 2. 오늘의 감사한 일 찾기, 3. 나의 칭찬거리 찾아 쓰기

이러한 내용으로 구성하여, 등교하면 긍정적인 하루를 계획하고 감사와 칭찬으로 아침을 시작하는 분위기를 조성했다. 일주일에 한 번 댓글을 달아 주며 소통의 시간을 가졌고, 이를 통해 학생들은 고등학교 3학년 때 자기소개서 작성과 면접 준비에서 긍정적인 변화를 경험했다.

둘째, 기초 생활 습관을 형성하여 인성 꽃피우기

'학급 규칙 준수하기, 존중하며 인사하기, 시종 시간 지키기' 등을 통해 올바른 기초 생활 습관을 형성하도록 지도했다. 미디어 과몰입으로 인한 부정적인 언행에 신경을 썼으며, 특수 학생과 일반 학생 간의 이해와 배려를 위해 상담 시간을 마련했다. 또, 다양한 프로그램을 운영하여 학생들이 서로 격려하고 감사할 줄 아는 삶을 살도록 지도했고, 변화하는 학생들의 모습을 보며 큰 힘을 얻을 수 있었다.

또한, 다양한 프로그램들을 운영하여 학생들이 서로 격려하고 감사할 줄

아는 삶을 살 수 있도록 지도했다. 척박한 마음 밭에 꽃씨를 뿌리고 가꾸는 일은 결코 쉬운 일이 아니었다. 하지만 조금씩 변화하는 학생들의 모습을 보며 큰 힘을 얻을 수 있었다.

셋째, 1인 1역할 하기로 소중한 나 찾기

각자 자신의 역할을 정하고, 학급 임원 선출이나 청소 구역 배정 등을 통해 학교에서의 자기 자리 찾기를 지원했다. 청소 시간에는 자신 있게 구역을 마무리하도록 지도했고, 그 결과 학년 초 가장 힘들었던 반이 학년 말에는 가장 들어가고 싶은 반으로 인정받았다. 학생들은 자부심을 느끼고, 깨끗하고 정돈된 학급을 자랑하게 되었다.

넷째, 나를 찾아 떠나는 여행으로 꿈 찾기

학년 초 버킷 리스트와 학년 말 설문지를 통해 자신을 돌아보게 하고, 자기 소개서를 작성하며 자신의 장단점, 특기, 인생 롤 모델 등을 정리하게 했다. 학기 말까지 자신을 찾지 못한 학생은 방학 동안 탐색의 시간을 갖도록 했다.

교사 성장으로 말하다
꽃 이야기를 만들다

첫 번째 성장 원동력: 밤에 피는 꽃이 더 화려하다 – 교학상장(敎學相長)

전공 자격증반, 창업 동아리 압화쟁이, 전공 동아리 화훼 장식, 농업직 공무원반 지도는 방과 후에 이루어졌다. 방과 후 활동 예산이 한정되어 있어 식사가 가장 큰 문제였는데, 집에 있는 여유분의 전기밥솥과 김치를 가져오고, 학생들에게 각자 반찬을 지참하게 하여 지도를 시작했다.

학생들은 초롱초롱한 눈으로 인생의 첫 배움을 시작했고, 나는 틈나는 대로 책을 읽고 자료를 수집하며 먼저 배웠다. '일단 시작하자'는 마음으로 연습하고 작품 제작을 하며, 학생들과 함께 아이디어를 찾고 식물 채집 등 다양한 작품을 제작했다. 그 결과 동아리 전시 및 체험 부스를 운영하면서 웬만한 동아리 부스 운영은 '뚝딱' 쉽게 할 수 있는 경지에 올랐다.

학생들과 함께 하는 활동은 언제나 절로 '흥' 나게 하고 '힘' 나게 하는 일이었으며, 방과 후 학생들의 고민을 자연스럽게 들어 주면서 밤에 만난 학생들과는 끈끈한 정으로 함께 성장하는 사이가 되었다.

두 번째 성장 원동력: 쉼 없는 자기 연찬 – 불광불급(不狂不及)

'필요하면 어디든 달려가서 배운다'는 마음으로 전공 실기를 연마했다. 첫 실기 연습은 조경 설계, 조경 시공이었는데, 1년 동안 다른 학교 조경 담당 선생님을 찾아가 지도 받으며 실기를 익혔다. 조경 관련 서적, 산업기사, 기사 교재를 반복해서 보며 중요한 부분은 메모하고 적용했다. 그리고 나만의 방법을 체계화하기 시작했고, '기본에 충실한 것이 최고'라는 믿음으로 연습했다. 화훼 장식 관련 자율 연수도 가리지 않고 참여하며, 한번 하고 싶은 것은 끝까지 하는 성향과 의지를 불태웠다. 대학교 때부터 배운 꽃꽂이를 바탕으로 프레스 플라워, 레칸 플라워, 입체화, 꽃차, 부케 재현 디자인, 업사이클링 캔아트 등의 실기 연수로 계속 성장하고 있다.

또한, 화훼 장식 기사, 종자 기능사, 유기농업 기능사, 조경 기능사, 산림 기능사, 실내 건축 기능사 필기 합격, 웹 디자인 기능사 필기 합격 및 기타 민간 자격증을 보유하고 있으며, 종자 기술사를 준비 중이다. 나에게 자격증은 경쟁력이자, 또 다른 삶의 원동력이 되어 주고 있다.

세 번째 성장 원동력: 교사 동아리로 소통과 나눔하기

'다독다독 독서, 달달한 수업 수다, 토닥토닥 원예 치료' 등의 교사 동아리를 운영하며 배움과 성장의 기회를 마련했다. 같은 생각을 가진 동료 교사들과 동행하면 서로 든든하게 나아갈 수 있는 힘을 얻었다. 앞으로도 교사 동아리와 전문적 학습 공동체를 통해 선생님들의 마음을 읽고 공감하며 희망찬 성장의 시간을 보내고 싶다. 교육은 꽃을 키우는 일이라고 생각하며, '작물은 농부의 발걸음 소리를 듣고 자란다.'라는 글귀를 마음에 새기고 있다.

꽃을 피우고 열매를 맺기 위해서는 충실한 씨앗, 따뜻한 공기, 충분한 햇빛, 넉넉한 수분, 기름진 토양, 좋은 환경, 농부의 '보살핌'이 필요하다. 농부의 땀과 정성, 끈기가 모여 꽃이 진 자리에 열매가 드러나듯, 학생 한 사람 한 사람이 미래와 희망이라고 여기며 지금도, 내일도 정성스럽고 행복한 농부인 수석교사의 길을 걷고 싶다. 비바람과 벌레들의 공격 속에서도 꿋꿋이 꽃을 피우고 열매를 맺는 꽃의 힘을 믿듯, 교육의 힘과 수석교사의 힘을 믿는다.

강인한 정신력을 지닌 당신.

근면성실함으로 나날이 발전하는 그대.

원대한 꿈을 향해 멋지게 도전하는 사람.

나는 교육의 힘을 믿고 꽃의 힘을 나누는 수석교사, 강근원이다.

46

한 편의 영화보다 수업 나눔이 즐거운 수석교사

김미연

행동 발달 및 종합 의견

학적, 교무 기획, 방송, 자유 학기, 연구부를 맡은 적이 있으며, 특히 학교 비전을 담은 교육과정 계획 수립과 실천 과정에서 보람을 느꼈고, 많은 것을 배울 수 있었음. 동료와 대화하기를 좋아하고, 경청하며 들으려고 노력하기에 대인관계가 좋은 편임. 학생들이 별로 좋아하지 않는 사회 교과를 친구와의 협력과 탐구로 함께 소통하며 배우는 수업으로 이끎. 더 나은 수업을 위해 연구하고 학생들의 삶과 연결된 배움을 디자인하기 위해 늘 고민함.

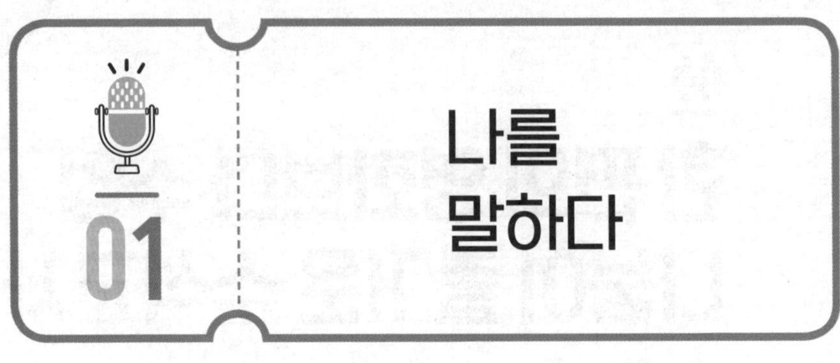

경청을 실천하게 해 주셨던 선생님

교사이신 아버지의 영향으로 초등학생 때부터 학교생활기록부의 진로 희망은 늘 '교사'였다. 그렇게 고등학교 3학년까지 교사를 생각하다가, 원서 작성 전에는 다른 진로를 고민하기도 했다. 평소에 관심이 있었던 패션 디자인, 인테리어 관련 학과를 가고 싶기도 했으나, 진로를 변경하는 데 선뜻 용기가 나지 않아 사범대에 진학했다. 특히, 관심이 더 많았던 인테리어와 관련된 것은 현재 취미로 즐기면서 관련 잡지를 꾸준히 본다거나 스크랩을 해 두고, 살고 있는 공간에 변화를 주고자 할 때 열정을 쏟아부어 실행하고는 한다. 아마 퇴직 후에 제2의 직업을 꿈꾼다면 인테리어 분야에서 알바라도 하고 싶은 욕심이 있다.

학창 시절 가장 기억에 남고 영향을 주신 선생님은 초등학교 5학년 담임 선생님이시다. 시골에서 초등학교 1학년을 보내고 2학년 때 도시로 전학을 와서 자신감 없이 조용히 생활하던 나에게 초등학교 5학년은 걱정으로 시작되었다. 전교에서 가장 무섭기로 소문난 담임 선생님, 첫날부터 교실에서 꼭 지켜야만 하는 규칙들, 어기면 바로 벌칙을 받아야 했기에 소심한 나는 선생님이 하라는 대로 교실 생활을 했다.

여러 규칙 중에 지금도 생각나는 몇 가지를 소개한다. 선생님이 말씀하실 때는 눈을 맞추고 손을 움직이지 않으며 필기하지 않기, 선생님께서 필기할 때 동시에 필기하기, 그날 배운 내용 자습서나 문제집에 밑줄 쳐서 다음 날에 검사 받기, 자리에서 나갈 때는 의자를 꼭 밀어 넣기 등이었다. 규칙을 어기면 매우 무섭게 혼이 나기 때문에 꼬박꼬박 지키기 위해 노력했는데, 이상하게도 나의 월말고사 성적이 점점 오르는 것이었다. 5학년이 되고부터 처음으로 성적이 높은 상위권을 계속 유지했다.

뒷날 교사가 되고 나서 학생들에게 수업 시간에 경청하는 방법을 설명하다가, 우연히 초등학교 5학년 때가 생각이 났다. 돌이켜보니 선생님께서 강제로 시키신 규칙이 수업 시간에 경청하는 습관이 되었고, 매일 내 주시던 과제는 복습하는 시간과 습관을 갖게 하셨던 것이다.

지금도 매 학기 첫 오리엔테이션 때 학생들에게 5학년 시절 이야기를 해 준다. 물론, 그 옛날 담임 선생님처럼 엄격하게 벌을 주며 할 수는 없다. 학생들에게 강제로 시킬 수는 없지만, 한번 노력하거나 시도해 보라고 말해 준다. 항상 자신감 없고 소심했던 나에게 '나도 잘할 수 있구나!', '나도 반장을 하다니!'와 같은 변화가 생겼고, 선생님께서 써 주신 생활기록부의 마지막 문구는 마음 한켠에 뿌듯함을 느끼며 늘 간직하고픈 말이었다.

"… 앞으로가 더 기대되는 학생임."

02 수석교사를 말하다

수업 역량으로 말하다
공개 수업이라는 터닝 포인트

교육 경력이 20년이 넘었지만, 나를 교사로서 가장 성장하게 한 동력은 '공개 수업'이다. 2017년 활동하던 연구회에서 개최한 수업 세미나가 첫 시작이었다.

교사라면 공개 수업에 대해 크든 작든 부담감을 갖게 마련이다. 과거의 공개 수업은 교사의 발언과 제스처, 교수·학습 단계, 시간에 맞게 수업을 잘 진행했는지 등을 점수로 체크하고, 잘못된 점을 찾아 개선해야 한다는 평가 방식이 주를 이루었다. 그렇기 때문에 준비된 과정안에 따라 매뉴얼처럼 순서대로 진행해야 하며, 정해진 수업 시간 내에 잘 마무리해야 좋은 수업으로 느껴졌다. 지금은 수업을 바라보는 관점도 바뀌었고, 공개 수업에서 체크 리스트로 평가하는 방식도 거의 사라졌다. 그럼에도 여전히 수업을 공개하는 것에 거부감이나 부담감을 갖는 경우가 많다.

이러한 생각을 달라지게 한 계기는 연구회에서 진행한 수업 공개와 협의회였다. 교과의 본질('사회 교과는 무엇을 배우는 교과인가?'), 교육과정과 성취기준 분석('이번 시간의 궁극적인 배움은 무엇인가?'), 수업 디자인(학생들에게 제시하는 질문과 제공하는 텍스트의 내용, 수업 중 학생들의 배움)을 공개 수업에서 관찰한 사실을 바탕으로 협의하는 방식으로 수업 나눔이 진행되었다.

수업 공개와 협의회를 매년 거듭하면서 수업의 본질, 수업 디자인, 수업자 성찰을 통해 스스로 성장하고 있는 자신과 옆에서 격려해 주는 동료 교사가 있다는 것을 깨달을 수 있었다. 수업을 참관한 교사는 수업에서 잘못된 점을 지적하기보다 학생들이 진지하게 배우고 있는지, 알고 있는 것을 말하는 단순한 대화가 아니라 서로 모르는 것을 물어보며 알아가는 탐구적인 대화를 나누는지, 교사가 제시한 자료는 적절했는지, 수업에서 어려워하는 학생은 모둠에서 어떻게 협력하는지, 또는 교사의 돌봄은 잘 되었는지에 대해 관찰한 사실에 근거하여 배운 점을 말하는 것이다.

수업을 공개한 교사의 경우, 수업 시간에 미처 보지 못한 장면과 학생들의 배움 과정 등을 협의회를 통해 피드백 받고, 자신의 수업을 다시 돌아보게 된다. 이후 공개 수업 때 촬영한 수업 영상을 다시 보면서 기록하고 정리하는 과정은 자신의 수업을 성찰할 수 있게 하는 또 하나의 방법이 되었다. 연구회에서는 이러한 활동을 지속적으로 함께했다. 2023년에 공개했던 '수업 - 수업 나눔(협의회) - 수업자 성찰' 과정을 사례로 제시하여 이해를 돕고 싶다.

1학년 사회 중 IX. 일상생활과 법 단원, 성취 기준은 "[9사(일사)05-01] 법의 의미와 특성을 이해하고, 사례 분석을 통해 법의 목적을 탐구한다"이다.

수업 주제 안내는 "법령 개선 의견을 제안해 볼까요?"이며, 수업의 흐름은 Hop(기초 과제): 개인형 이동장치와 관련된 교통사고 현황 분석하기, Step(기본 과제): 개인형 이동장치 관련 법령 개정 전과 개정 후 비교 분석, Jump(심화 과제): 개인형 이동장치 관련 법령에 대한 개선 의견 제안하기, 총 3개의 과제로

수업이 진행되었다.

수업 협의회 과정을 보면, 수업자의 수업 소개로 "법의 목적을 주제로 개인형 이동장치에 대한 소재를 가지고 수업을 주제를 정했습니다. Hop에서는 개인형 이동장치의 교통사고 실태 분석, Step에서는 관련 법령 비교, Jump에서는 법령 개선안 제안하기로, 실제 국민참여입법센터에 개선 의견을 제안하기로 디자인했습니다. 오랜 시간 수업 주제를 가지고 고민을 많이 했었는데, 학생들의 삶과 연계된 주변에서 경험할 수 있는 사례로 흥미롭게 수업에 참여하지 않을까 하고 기대해 보았습니다. 수업자의 고민은 학급 분위기가 아직 경청이나 공감이 잘 되지 않아 신경을 쓰고 있는 부분입니다. 오늘 수업에서 협의회를 통해 더 배우도록 하겠습니다."라고 시작한다.

수업 참관자의 대화로 이어지는데,

□□교사: 사회과는 민주시민으로서의 역량을 기르는 교과이며, 이런 역량을 길러 주기 위해서는 데이터와 자료에 의한 탐구가 기본적으로 필요합니다. 교사가 과제에 제시한 통계 자료, 그래프 분석, 신문 기사 내용을 통해 자신의 삶과 연계된 문제를 탐구하고 해결 방안을 직접 제안하도록 디자인한 부분이 인상적입니다. 학생들이 주변에서 흔히 볼 수 있는 전동 킥보드 문제를 깊이 있게 알아보고 법령까지 분석함으로써 자신들의 생각을 나누는 모습에서 많이 배웠습니다. 교사의 수업 디자인이 매력적이라고 느꼈습니다.

○○교사: 저 자신에 대해서 많이 생각해 보았습니다. 학생들한테 토론을 하라고 하고 교사는 학생들의 배움의 과정을 단편적으로 일부만 보지 않았나 싶었습니다. '학생들이 배우는 과정을 내가 면밀히 관찰했었나?' 하고 뒤돌아보았습니다. '이렇게 심도있게 고민했었나?' '항상 결과만 따지지 않았나?' 발표를 잘 해야만 학생들이 잘 해낸 것이라고 생각했었는데, 말을 하지 않았어도 점프 단계에서 학생들이 모두 참여하는 모습에서 스스로를 다시 돌아보았습니다. 배움의 공동체 책을 읽었는데, 역시 책만 읽어서는 안 되는 것 같습니다. 직접 수업을 볼 수 있어서 좋았습니다.

◇◇교사: 두 가지 말씀드립니다. 하나는, 수업 초반에 전동 킥보드를 아이들에게 봤냐고 물어봤을 때 학생들이 굉장히 많이 손을 들었습니다. 교사가 수업 주제를 정할 때 학생들에게 깊이 다가가 있구나 라고 느꼈고, 학생들의 삶과 연계된 주제를 제시한 점에서 교사의 통찰력을 느꼈습니다. 다른 하나는 4모둠에서 가장 말이 없었던 남학생이 Hop 과제부터 다른 걸 기록하고 있었는데, 짝이 한 번씩 알려 주고 도와주는 모습을 보았고, 점프 과제에서 처음 말문을 열었는데, 구체적인 제안 내용을 말하는 중 "업체 이야기에 벌금을 내게 해야지."라고 할 때 자신의 생각을 제시하는 모습이 인상적이었습니다. 진정한 공감을 하고 듣고 있었으며 잘 배울 수 있었을 거라고 생각했습니다.

△△교사: Hop이나 Step 단계에서 쓰는 활동을 하는데, 친구 것을 보고 쓰는 게 아니라 자신의 생각을 쓰고 있는 부분이 인상적었습니다. 학생이 듣고 공감해 주면서 자신의 배움을 기록하는 모습과 대화와 경청의 분위기가 좋았으며, 주도적인 아이가 다른 아이로 바뀌기도 하고. 잘하는 아이만 주도하지 않고 모둠에서 모든 학생들이 협력하는 모습을 관찰했습니다. "왜 그럴까?

왜 그렇게 생각했어요?"와 같이 학생들이 발문법을 체득한 느낌이 들었습니다. 조급하지 않고 천천히 경청하면서 수업하는 모습에서 제 수업을 돌아보게 되었습니다.

다음으로 수업자의 수업 성찰이다.

법 단원을 공개 수업 해야겠다고 마음을 먹었을 때, 판례도 많고 드라마 소재도 많으니 재미있는 수업이 되겠다고 막연히 생각했다가 막상 수업을 디자인하려고 하니 고민이 되었다. 법의 의미와 목적을 가지고 소재를 찾다가 요즘 학생들이 많이 타고 다니며 사고 발생률도 높아지고 있는 전동 킥보드로 정하게 되었다. '수업은 상황과의 대화이다.'라는 생각을 더 하게 되었는데, 그 이유는 오늘 공개 수업에서 학생들이 많이 긴장해서 평상시보다 대화를 많이 하지 못하는 모습을 발견했기 때문이다. 수업자 또한 모둠 대화가 활발하지 못하다고 느껴서 발표로 공유를 늘리며 수업을 진행했다. 평상시 매우 활발했던 상황과 달랐기에, 교사는 그때그때 상황에 맞게 수업을 진행해야 한다는 것을 또 한번 깨달았다.

평소 수업 참여에 소극적인 ○현, ○혁이도 배움에서 벗어나지 않게 하기 위해 ○현이는 읽기를 시키고, ○혁이는 생각을 물어보는 질문으로 참여하도록 했다. 수업 후에 ○혁이가 사이트에 올리는 것에 관심을 가지고 "이렇게 하면 달라져요? 의견이 반영돼요?"라고 질문하는 모습에서 놀라움을 느꼈다. 평소 수업에 소극적이었던 학생이 수업 후에 집에 가서도 사이트에 올려보겠다고 했을 때, 학생들의 배움은 수업 시간뿐만 아니라 그 이후의 모습도 중요하다는 생각을 하게 되었다. 학생들이 삶과 연계된 주제를 가지고 탐구할 수 있도록 늘 고민하고, 교사가 조급해하지 말고 학생들의 배움 과정을 차분하게 관찰하고 이끌어 가야 한다는 생각이 들었다.

이후 수업 동영상을 보면서 내용을 전사하고 기록하는 과정에서 또 다른 성찰을 하게 되었다.

학생들의 대화가 활발하지 않다며 걱정할 게 아니라, 그것이 학생들이 끙끙대며 진지하게 고민하는 시간이라면 그 시간을 교사가 끊어서는 안 된다. 교사는 교실에서 침묵의 시간을 굉장히 어려워하는 경우가 많다. 학생들에게 질문을 하고도 생각할 여유를 주지 않고 바로 시키거나, 어려워하면 교사가 설명하고 끝내려 한다. 영상을 보면서 학생들이 자료를 분석하고 고민하느라 대화가 적다가 이제 알아낸 사실들을 이야기하려고 하는데, 교사가 그 시간을 충분히 주지 못하고 다음 단계로 진행하거나 발표시키고 마무리하려고 하는 모습을 관찰하고 자신을 반성했다.

이러한 성장의 과정은 2017년 이후 거의 매해 공개 수업을 통해 이루어진 것이다. 수석교사가 되기로 마음먹은 것 또한, 공개 수업으로 성장한 과정을 동료 교사에게도 공유하고 나누고 싶은 마음이 컸기 때문이다. 교사는 혼자서는 성장하기 어렵다. '동료 교사와 수업 임상을 통해 전문가로 함께 성장한다.'는 마음으로 그 역할을 하고 싶다.

교사 성장으로 말하다
한 명도 소외되지 않는 교실을 꿈꾸게 한 배움의 공동체

수석교사가 되고 난 지금 돌아보면, 내가 성장할 수 있게 도와준 분들은 당연히 동료 교사들이다. 그중 배움의 공동체 연구회는 내 교직 생활의 중요한 전환점이 되었다. 연구회 활동을 통해 교실에서 학생들을 코믹한 유머로 웃기지 않아도, 한 시간 내내 목소리를 높여 열강을 하지 않아도, 학생들은 나의 수업을 기대해 주었다. 쉬는 시간에 미리 들어가 있는 교사를 싫어하지 않았으며, 2학기 말에 다음과 같은 수업 피드백을 적어 주었다.

"수업 시간에 소외되는 학생이 없도록 수업을 기획해 주시고, 생각하는 힘과 심층적으로 탐구할 수 있는 과제를 제시해 친구들과 의견을 나누며, 다른 의견도 존중해야 한다는 것을 알려 주신다.", "사회 시간에 학습할 내용을 친구들과 함께 소통하거나 모둠 활동을 할 수 있게 수업을 진행해 주시는 점이 너무 좋다. 나 혼자서만 생각하기에는 힘든 내용인데, 친구들과 함께 나누는 시간이 주어져서 너무 좋은 것 같다. 사회 시간에만 앉는 새로운 자리 배치를 통해 대화할 수 있는 분위기를 만들어 주셔서 좋다." 등등.

연구회에서 동료 교사들과 함께 교육과정 분석을 통한 깊이 있는 수업 디자인, 수업으로 학생과 관계 맺기, 질문과 대화·경청으로 친구들과 함께 배우는 교실 만들기, 수업 촬영과 분석, 컨설팅, 협의회, 독서 토론 등으로 10년 동안 매월 1~2회 모여 활동을 이어 갔다.

학생이 수업 주제에 궁금증을 가지고 탐구하며 표현함으로써 방청객이 아니라 수업의 주체, 즉 주인공이 되는 것과 대화와 경청으로 협력하는 교실, 모르는 것을 편하게 물어볼 수 있는 교실을 만들고 싶었다. 가르치는 교사에서 학생들의 배움을 촉진하는 교사로, 수동적인 학습자에서 능동적이며 협력적인 배움으로 상호작용하는 학습자로의 변화를 위해 배움의 공동체 연구회는 나를 도전할 수 있게 했다. 또, 지금도 도전하고 실천하며 성찰하고 있다.

기본적으로 질문과 대화로 탐구하는 수업을 위해, 수업을 시작하는 첫 만남에서 가장 중요하게 생각하는 부분은 '오리엔테이션'이다. 과제에서 제시한 질문을 통한 배움은 항상 정답만을 찾는 과제가 아니고, 친구들의 다양한 의

견과 생각을 듣고 표현하기 위한 '주제 탐구 수업'이라는 취지를 소개한다. 수업이 잘 진행될 수 있도록 학생들과 함께 수업 약속(잘 배우기 위한 시작은 경청이다. 모르는 것은 친구에게 적극적으로 묻고, 친절하게 알려 준다. 서로 협력하면서 함께 배운다. 자신의 생각을 공유하고 표현 활동에 적극 참여한다. 모둠 활동 시 조용한 목소리로 말한다. 등)을 정한다.

학생들의 좌석은 서로 마주 보는 'ㄷ자 구조'로 배치한다. 그 이유는 학생이 발언할 때 교사를 향하는 것이 아니라 친구를 바라보고 이야기할 수 있고, 모르는 것이 있을 때 가까운 친구에게 물을 수 있으며, 친구의 배움을 관찰하기 좋은 구조이기 때문이다. 모둠 활동 시 인위적으로 역할을 부여하지 않고 동등한 관계에서 협력하며, 누구에게서도 배울 수 있는 관계가 형성될 수 있도록 안내한다.

이렇듯 '한 명의 아이도 배움에서 소외되지 않는 교실'을 꿈꾸며 배움의 공동체 철학을 녹여 내기 위해 용기를 내 수업을 공개하고, 기꺼이 수업을 참관하고, 성장을 위한 제언을 통해 나는 성장할 수 있었다. 의사가 수술을 하기 위해 전문가와 모여 여러 번 임상 회의를 거쳐 진행하듯이, 교사 또한 수업을 임상으로 연구하며 성장해야 한다.

그러기 위해서는 반드시 동료 교사가 필요하다. 혼자 뚝 떨어진 섬과 같은 교실, 누구에게도 열고 싶지 않은 닫힌 교실이 아니라, 공공성을 기반으로 교실을 열고 학생의 배움을 관찰하고, 어려움을 나누고 소통하면서 함께 성장할 때 교사로서 보람을 얻고, 교실에서 진정으로 행복한 교사가 되지 않을까 싶다. 여러 동료 교사들이 해 준 말 중에 '수석교사가 되어야겠다'라고 마음먹게 한 것은 "함께 수업 이야기할 때가 그리워요.", "수업에 대해 진지하게 대화할 때가 좋았어요."였다.

그리고 같은 학교에서 근무하며 전문적 학습 공동체를 활용하여 수업 공개와 나눔을 흔쾌히 함께 해 준 동료 선생님들, 먼저 본인의 수업도 참관해 달라고 말해 준 선생님들, 자칫 게으름 피우고 그날 그날 안주하며 살았을 나에게 수업 혁신 연구 대회 도전이나 수업 나눔 지원단 활동 신청을 권하며 옆에서 계속 독려해 주시고 응원해 주셨던 교장 선생님, 수업에 대한 고민과 의문에 대해 산책하며 조언해 주신 연구회 회장님, 수석님들, 동료 교사들 덕분에 지금의 내가 이 자리에 있을 수 있었다.

함께 성장하고 소통하는 동료 교사가 있기에 고민과 어려움을 나눌 수 있고, 성장을 도울 수 있는 디딤돌이 된다는 것을 느꼈다. 교사는 혼자보다 함께일 때, 교실에서 학생과의 배움이 즐거울 때가 가장 행복하지 않을까.

47

친절한 수석교사 김선녀

행동 발달 및 종합 의견

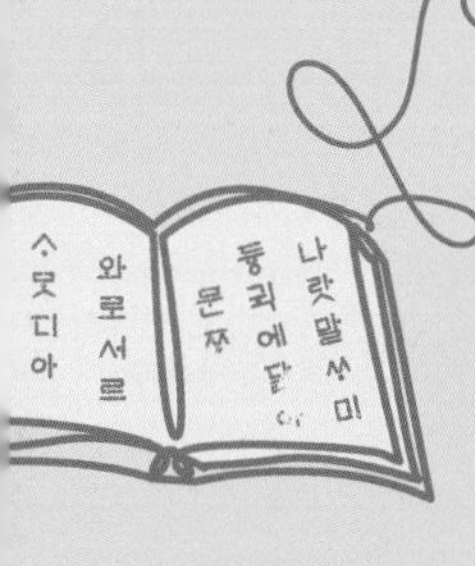

늘 주변을 살피고 분위기를 따뜻하게 만드는 긍정적 에너지가 많음. 숫자에는 약하지만 학교 예산 쓰는 일을 재미있어 함. 책 읽기를 즐기고, 글쓰기에 관심이 많아 관련 분야 책을 스스로 찾아 읽으며, 퇴직 후 일상의 이야기를 기록하는 작가가 되고 싶다는 꿈을 키우고 있음. 재미없는 수업을 싫어해 늘 재미와 의미를 찾으며, 학생의 성장도 놓치지 않는 '배움이 있는 수업'을 위해 노력함. 동료들과 수업 관련 대화를 나누는 데 진심임.

나를 말하다

가르침과 배움은 하나

1990년 대학 신입생 시절, 교내의 다양한 동아리 활동을 뒤로하고, 야학에서 검정고시를 준비하는 사람들을 가르치고 함께 공부하는 지역 연합 동아리에 가입했다. '교육의 도시'라 불리던 청주 지역의 대학에 재학 중이거나, 고향이 청주인 휴학생들, 정말 다양한 구성원들이 함께 꾸려 가던 야학은 나에게 가르치는 일에 대한 방향을 제시해 준 소중한 공간이었다. 여러 이유로 배움의 기회를 미룬 10대부터 마흔이 훌쩍 넘은 직장인 아저씨, 가정 주부로 살아가는 인생의 선배님들에게 갓 스물이 된 내가 더 많은 것을 배우던 시절이었다.

1학년 때 시작한 야학 활동은 대학을 졸업할 때까지 계속되었다. 가르치는 일과 배우는 일은 별개의 동떨어진 것이 아니라 동시에 일어난다. 교사가 된지 30년이 다 되어 가는 지금도, 교사인 나는 계속 가르치며, 동시에 배운다. 사람을 배우고, 세상을 배우고, 변화와 유연함을 배우고, 신념과 철학의 중요성을 배운다.

교사가 되어 좀 더 나은 사람으로 인생을 살 수 있었다. 실수도 많았지만 그 실수를 인정하고, 학생들 앞에서 부끄럽지 않은 좋은 어른의 모습을 보여주기 위해서 성찰하는 삶을 살게 되었다. 무엇보다 어린 학생들을 만나면서 그 순수함과 열정, 배움을 통해 성장하는 모습을 통해, 과거를 사는 사람이 아닌 현재와 미래를 꿈꾸고, 그것에 기여하는 삶의 가치를 잊지 않는 어른으로서의 긴장감을 유지할 수 있었다.

앞으로도 교사로서 가르치는 동시에 배우며 살고자 한다.

老子安之 늙은이로부터는 편안하게 느껴질 수 있으며

朋友信之 친구들로부터는 믿음직스럽게 여겨지며

少子懷之 젊은이로부터는 그리움의 대상이 되는 사람이 되다.

- 논어(論語), 제5편 공야장(公冶長)

02

수석교사를 말하다

수업 역량으로 말하다

수업에 대한 상상력으로 풍성한 수업을 만들다

영화감독처럼 한 편의 수업을 계획할 때는 제일 먼저 성취 기준을 확인한 후 수업을 설계한다. 예를 들어, '매체로 의사 소통하기' 단원 수업을 진행할 경우, 성취 기준을 분석하고 전체적인 흐름을 설계한다. 학생들이 이전 학년에서 배운 내용을 먼저 확인하고 나서 필요한 보충 활동을 투입한다. 아이들이 1학년 때 자신들이 만든 공익 광고 영상을 함께 감상하며, 영상 매체의 특성을 공부한다.

그리고 현대 사회의 주된 매체를 중심으로 다룬 도서를 선정해 '온책 읽기 활동'을 한다. 책을 다 읽으면 모둠별로 매체를 정해, 매체의 특성을 정리하고, 추가 보충 자료를 찾아 학급 내 발표 자료를 만들어 공유한다. 그리고 나서 앞선 단원에서 수행한 '설명하는 글쓰기'의 내용을 이번에는 '매체를 사용하여 발표'하는 수업을 한다. 그리고 마무리 활동으로 함께 읽은 책의 저자를 출판사를 통해 섭외하고, 저자 특강을 듣는 것으로 하나의 프로젝트를 정리한다.

그동안의 수업과 다르게 매체의 특성을 이해하고 지필 평가로 평가하는 것이 아니라, 실제 매체를 활용하여 자신의 생각을 효과적으로 표현하는 경험을 할 수 있도록 수업을 만들어 간다. 교과서의 텍스트를 분석하고, 도달하고자 하는 학습 목표 달성의 근거를 고려하여 충분한 연습과 시범을 통해 '아는 것이 할 수 있는 것, 나아가 실천 역량'으로 확인할 수 있게 학습의 경험을 구체화해 왔으며, 이러한 노력들이 교사로서의 자부심이 되었다.

교과서 글의 저자를 섭외하기 위해 인터넷을 뒤지고 출판사를 통해 연락을 취하고, 일정을 조율하고, 작가에게 편지를 쓰거나 질문을 만드는 일은 힘들지 않았다. 상상한 것이 실현되는 것을 보는 즐거움이 훨씬 크기 때문이다. 교육과정을 분석하고, 도서를 선정하고, 작가를 섭외하고, 작가에게 던질 질문을 함께 만드는 과정은 품이 많이 드는 번거로운 일이며, 성취 기준과는 관계없는 일처럼 보이기도 한다. 하지만 달리 생각하면, 단순한 교과 지식을 습득하는 일보다 더 중요한 일이 될 수도 있다고 확신한다.

이렇게 배움이 일상으로 들어오는 시도를 하게 된 것은 언제부터인지 곰곰이 생각해 보았다. 아마도 2014년에 2년 연속 '100대 교육과정 보고서'를 작성하면서부터인 것 같다. 보고서를 작성하면서 경험한 가장 큰 변화는 학교 교육과정의 핵심은 일회성이 아니고, 일부 우수 학생을 대상으로 한 행사도 아니라는 것을 깨달은 것이다. 학교 교육과정의 핵심은 수업이고, 수업의 중요성을 인식하는 데 있다. 이러한 깨달음과 함께 학교 교육과정의 변화를 담은 보고서로, 재직 중이던 중학교는 2014년 '전국 100대 교육과정 최우수 학교'로 선정되었다.

국어 교사로서 학생들이 '자신을 설명할 수 있는 언어를 가진 사람'으로 성장하도록 돕고 싶다. 자신의 삶 속에서 자신을 정확히 이해하고, 자신을 설명할 수 있는 사람이 되는 것은 생각처럼 쉽지 않다. 아이들은 다른 사람의 시선을 신경 쓰고, 다양한 매체 속에 등장하는 왜곡된 타인의 삶에 자신을 투영하기 쉽다. 진짜 '나'를 찾기보다는 다른 사람의 눈에 비칠 자신의 모습에 지나치게 얽매이기 쉬운 것이다. 자신을 사랑하지 않고서는 누구도 사랑할 수 없다. 자기 삶의 주인은 자기를 정확히 알고 이해하는 사람이다. 앞으로도 이러한 일에 최선을 다하려고 한다.

생활 교육으로 말하다
마음밭을 가꾸다

배움은 학교의 모든 공간에서 이루어진다. 그렇게 믿고 교실 밖에서도 아이들의 마음밭을 풍요롭게 하는 일에 진심을 다했다. 학생들의 무기력함을 일깨워 배움의 즐거움과 자신의 미래에 대한 꿈을 꾸게 하는 것이 내가 할 일이라고 생각했다. 학교에서 보내는 교과 공부의 시간과 자기 삶의 목표가 연결되어 있음을 모르는 학생들이 많다.

어떻게 가르치고 배워야 할 것인지 고민하며, 어른이 되어서도 가장 중요한 일은 교과의 단편적인 지식이 아니라, 자신을 사랑하고 시련이나 힘든 일에도 자신을 잃지 않고 포기하지 않는 풍요로운 마음밭을 가꾸는 일이라는 것을 깨달았다. 배움으로부터 도망치지 않고, 자극적이고 폭력적인 매체의 소비자로 전락하지 않으며, 차별과 혐오의 세상에 한 줄기 빛을 던져 주는 멋진 어른으로 성장하도록 이끌어 주고 싶다.

현재 근무하는 중학교에는 400평의 텃밭이 교육 공간으로 딸려 있다. 코로나 19 이전에는 모든 학급에 이랑을 분양하고, 학부모님과 함께 가꿔 왔다고 했다. 그런데 코로나 19로 모든 것이 멈추자, 잡초들은 그 끈질긴 생명력으로 밭을 점령하기 시작했다.

나는 2021년에 학교 텃밭 관리 업무를 맡았다. 가장 먼저 한 일은 꽃이 핀 등굣길을 확보하는 것이었다. 텃밭 한가운데 커다란 길을 만들고 양옆에 코스모스 씨앗을 뿌렸다. 한련화와 11월까지 꽃이 핀다는 세이지를 심었다. 학교로 오는 길이 잡초 더미가 아니라, 잘 정리된 널찍한 길에 꽃이 피어 반겨주길 바라는 마음이었다. 텃밭 운영에 필요한 예산은 농업기술센터가 주관하는 사업에 공모하여 확보했다. 농촌 지도사님의 도움을 받아 1학년을 대상으로 생태 텃밭 수업도 함께 실시했다.

텃밭 도우미 봉사대를 조직하여 아이들과 함께 텃밭에서 더욱 많은 시간을 보냈다. 아침 등굣길에 물을 주고, 수확한 상추로 삼겹살을 구워 먹는 저녁 밥상을 공유했다. 고구마도 심고, 감자도 심었다. 텃밭 자율 동아리 학생들은 딸기를 심었다. 친환경 텃밭에서 딸기는 사치스러운 작물이었다. 그럼에도 손톱만 한 크기의 딸기를 들고 흥분하던 남학생의 표정은 오래 기억에 남았다. 돌보는 만큼 쑥쑥 자라기도 하고, 무관심한 만큼 각종 병충해에 시달리며 텃밭은 계절과 자연의 변화를 고스란히 보여 주었다. 거름기 없는 밭에서 생명들은 본연의 모습으로 성장하기 힘들다. 아이들의 마음밭도 그러하리라 생각하고, 그 마음밭을 가꾸는 일에 정성을 쏟았다.

마음밭을 잘 가꾸며, 11월 말, 텃밭에서 얻은 무로 깍두기 만들기에 도전했다. 학부모님과 함께 무를 썰고, 고춧가루 양념을 만들어 버무린 깍두기는 마을의 복지 시설에 전달했다. 수확량이 많지 않아 무보다 아이들 숫자가 더 많다고 웃으면서 함께한, 나눔을 실천한 그 순간은 오래도록 학생들의 마음밭에 남을 것이다.

학교에서의 배움은 매우 다양한 측면에서 일어난다. 교과 지식을 배워 앎이 확장되는 즐거움 못지않게 중요한 일은 바로, '풍요로운 마음밭에서 자라는 미래에 대한 희망과 자신을 사랑할 줄 아는 마음'이라고 믿는다.텃밭에서 시작된 나의 생활 지도는 텃밭에서 작지만 의미 있는 열매를 맺었다.

교사 성장으로 말하다

책이 말을 걸어 오는 기적

돌이켜 생각해 보면 그동안 가장 많이 활용한 학습 자료는 '책'이었다. 설명하는 글을 쓰기 위해서는 과학책을, 반어와 역설을 활용한 창작시를 쓰기 위해서는 100여 권의 시집을, 매체의 특성을 이해하는 단원에서는 매체를 다룬 전문가의 도서를, 인물의 성장과 갈등의 해결 과정을 탐구할 때는 청소년 문학 작품을 들고 교실에 들어간다.

이러한 도서들은 이미 개발된 학습 자료이다. 학급 인원 수보다 많게, 도서관에서 빌리기도 하고, 집에 있는 책꽂이를 쓸어 담기도 한다. 그리고 가능하

면 독후 활동으로 소설가와 만나고, 글쓴이를 만나 질문하고, 편지를 쓰며 책을 통해 배움을 확장했다.

수업을 위해 자료집도 만들었다. 필요에 따라 학습 자료를 인쇄하여 활용하기도 한다. 아이들이 좋아하는 연예인, 운동선수들의 성장 이야기를 담은 수필을 엮어 수필 쓰기 활동의 길잡이 자료로 삼기도 했다. 바른 글씨 쓰기 습관을 키우기 위해 좋은 글귀들을 모아 필사 공책을 만들고, 짧은 글에 자신의 글을 덧붙이며 생각을 키우는 '생각 공책'을 만들어 사용한다. 전문적인 연구의 결과물은 아니지만 그때그때 필요에 따라, 교실에서 만난 학생들의 상황에 따라 만들고 있다. 아이들과 호흡하며 여백을 채워 나가는, '책이 말하는 기적'의 순간을 함께하고 있다.

개인적으로도 살면서 힘든 일이 있으면 책을 펼치곤 한다. 힘들고 괴로운 일이 있어도 그 감정을 명징한 표현으로 설명하지 못해 괴로워하다, 시집을 뒤져 가장 적확한 표현을 찾아내야 안심하고는 했다. 책은 더할 나위 없이 훌륭한 학습 자료 그 자체이며 동반자이다. 학생들의 삶에서도 이와 같은 일들이 일어나리라 기대한다.

"애들아, 살다 보면 어떤 노래 하나가, 영화의 한 장면이, 그리고 책 한 권이 넘어진 우리를 일으켜 주고, 손을 건넬 수도 있어. 너희들 곁에 책을 두면 책이 말을 걸어 오는 기적이 일어날지도 몰라. 나는 국어 쌤이니까 책이 하는 말을 들을 수 있도록 도와줄게."

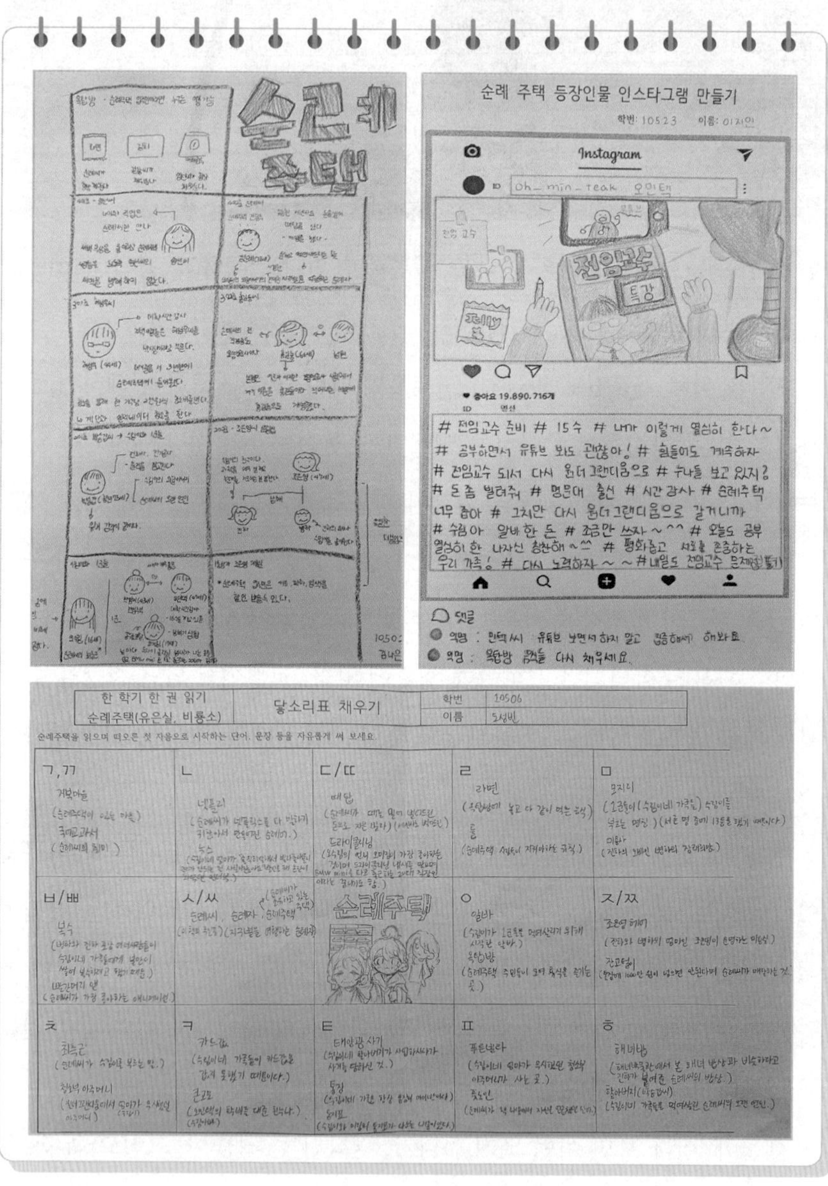

48

춤추는 수석교사 김정섭

행동 발달 및 종합 의견

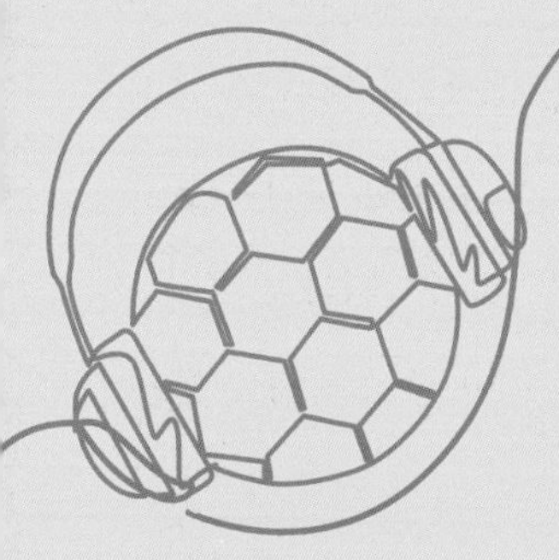

어린 시절부터 에너지가 남달라 각종 운동을 섭렵했음. 특히, 기계 체조, 농구, 웨이트 트레이닝, 댄스를 기반으로 스포츠에 자신만의 개똥철학을 담은 수업을 개발했고, 많은 체육 선생님들에게 수업 철학과 방법 등을 공유하고 있음. 항상 긍정적인 마인드로 동료들과의 관계가 좋으며, 19년간 학생부 업무를 맡은 바 있음. 특화된 친화력과 추진력을 바탕으로 10년 연속 학교 친목회장을 역임하며, 교직원들 간의 화합과 수업 연구에 탁월한 성과를 보임.

나는 진정한 예체능의 교사다

1980년 1월 눈이 내리던 어느 겨울날, 서울 노량진에서 태어나 유치원을 독학하고 초·중·고·대학교를 모두 서울에서 다녔다. 1999년 동국대 사범대학 체육교육과에 입학하여 2003년 임용고시에 합격했다. 유치원 시절 과잉 행동을 보일 만큼 가만히 있지 못하는 체질에, 평생 무용 학원을 운영하시던 어머니의 우수한 DNA를 받아 초등학교 시절에 기계 체조 선수를 했다.

하지만 안타깝게도 심한 부상으로 운동을 포기해야 해서 일반 학생으로 중학교에 입학하게 된다. 하늘의 운명인 듯 3년간 같은 담임 교사인 장교 출신의 체육 선생님을 만났고, 크나큰 영향을 받아 체육 교사의 꿈을 키우게 되었다. 당시 담임 선생님께서는 학교생활기록부 진로란에 쓸 직업을 작성해 보라고 하셨다. 그래서 '우리 담임 선생님보다 과한 열정을 갖고 학생들에게 미친 에너지를 심어 줄 대한민국 최고의 체육 교사'라고 작성하여, 방과 후 선생님에게 불려 가 상담을 받은 경험이 있다. 혹시 장난으로 작성한 것이냐는 질문에 절대 그러한 일이 없다고 나의 포부와 꿈을 상세히 말씀드렸다.

"선생님! 저는 선생님처럼 아이들에게 무한 열정을 쏟아 주시는 장교 출신의 체육 선생님이 되는 것이 꿈입니다. 언젠가 꿈을 이루고 말겠습니다.”

결국 사범대에 입학하고 임용고시에 합격했으며, 군대를 가야 하는 상황에 임용 발령 대기를 신청하고 ROTC를 통해 해병대 장교로 임관했다. 2년간의 군 생활을 마치고 2월 말에 전역하자마자, 3월 1일 자로 경기도 과천중학교에서 첫 근무를 하게 되었다. 모든 것이 새로웠고 아는 것은 없는, 군대를 막 전역한 아저씨일 뿐이었다. 무엇을 어떻게 해야 하는지, 어떤 것을 공부하고 고민해야 하는지 막막했다. 그저 해병대 정신으로 ‘무에서 유를 창조하자!’라는 마음이었다. 경력이 쌓이면 나아지겠지 했지만, 몇 년 동안은 실패를 거듭하는 시행착오의 연속이었다. 누구나 겪었을 학생들과의 갈등, 생각하지도 못했던 동료 교사의 오해, 예상할 수 없는 빌런 학부모의 등장은 교직을 더욱 생동감 있게 경험하도록 해 준, 지금은 고마운 추억들이다.

특히, 춤을 비롯하여 활동적인 각종 스포츠에 미쳐 있던 나는 다양한 동작을 연결하여 작품을 만들어 발표했고, 남들은 이를 현대 무용 작품이라 불렀다. 우연히 만난 창작가들과 협업하여 수많은 작품을 함께했다. 그러다가 교직 10년 차에 스스로 큰 도전을 해야겠다는 생각으로, 교사 최초로 한국예술종합학교 무용원 예술전문사 창작과에 입학했다. 체육 교사인 나에게 춤은 움직임의 시작이었고, 예술적 감수성을 더하여 각종 수업에 인문적 철학과 예술적 감수성, 그리고 피지컬적 움직임을 가미하게 되었다. 그리하여 지금은 청소년들에게 움직임을 통해 건강과 더불어, 세상을 바라보는 새로운 시각을 선보이려 노력하고자 한다.

02

수석교사를 말하다

수업 역량으로 말하다

스포츠'를' 가르치는 것이 아니라 스포츠'로' 가르치다

내 담당은 체육 교과이다. 다행히 많은 학생들이 체육을 좋아하고 사랑한다. 체육 시간이 수업 교환 되어 수학 시간으로 바뀌면 그 반은 화가 가득해진다. 과거에는 일명 '아나공'이라 불리는 체육 수업 방식이 있었다. 체육 교사가 "아나~! 공!"이라고 외치고 아이들에게 공을 주면서 그냥 자유 시간을 보내게 하는 것이다. 드라마나 영화에 체육 시간이 나올 때면, 남학생은 축구를 하고 여학생은 벤치에 앉아 수다를 떠는 모습이 자주 묘사되고는 했다.

체육 교사들이 재미 위주의 수업보다는 의미와 재미 그리고 흥미가 넘치는 체육 수업을 고민하고, 교육과정에 적용하여 각양각색의 흥미 넘치는 수업을 선보이기 시작한 지는 그리 오래되지 않았다. 초창기에는 계획된 수업을 한다고 하자 아이들의 불만이 넘쳐났다. "선생님! 왜 남의 자유 시간을 뺏는 거죠?"라는 의견이 난무했다. 체육 시간에 자유 시간이 많던 시절, 체육 수업은 운동을 좋아하는, 아니 축구를 좋아하는 소수의 몇 명을 위한 것이었다. 다수는 체육의 진정한 재미를 모르고 있었고, 그 재미를 깨닫는 순간 새로운 세계를 경험할 수 있게 된 것이다.

수업에 대한 고민들 중에 한 가지 해결되지 않은 점이 있었다. 농구라는 종목을 가르칠 때 학생들이 농구를 잘하면, '정말 내가 잘 가르친 것인가?'라는 의문이 시작된 것이다. 예의 없고 공격적인 성향이며, 평소 수업 시간에도 제대로 참여하지 않았는데, 농구 평가를 하면 이상하게 잘하는 학생들이 있었다. 제자리멀리뛰기를 평가하면 가르친 적도 없는데 선천적으로 잘 뛰는 아이도 있었다. 또한, 체육교육을 전공한 내가 아닌, 아무나 평가할 수 있는 평가 방법을 적용하는 것에 크게 반성하게 되었다.

'어떠한 아이가 진정 우수한 아이인가? 내가 가르친 학생이 스포츠 종목의 대가가 된 것이 진정 내가 우수한 아이로 가르친 덕분인가? 그런 평가에서 높은 점수를 받은 학생은 과연 훌륭한 아이인가?'

결론부터 말하면 '아니다'이다.

교육과정을 반영하고 나만의 수업 철학을 담아야 하며, 그에 따른 수업 준비와 가르친 것을 평가하는 것이 정답이었다. 그중에서도 가장 어려운 것은 나만의 수업 철학이었다. '내가 왜 가르치고 있고, 아이들에게 무엇을 위해 가르치고 있는가?'를 고민했다. 스포츠 강사와 체육 교사의 가르치는 방법은 같다면, 굳이 체육 교사가 농구를 가르치는 것보다 농구 강사가 가르치는 것이 더 훌륭한 방법일 것이다.

나는 내 교육 철학을 '스포츠를 가르치는 게 아니라 스포츠로 가르친다.'라고 정의해 본다. 체육 시간에 다양한 스포츠를 가르친다면 해당 종목은 단지 수단일 뿐, 그 자체가 아니다. 물론, 해당 종목을 잘해서 스포츠로 즐기며 건강하게 사는 것이 지니는 의의를 부정하지는 않는다. 하지만 그것은 당연한 것일 따름이다. 그 종목을 통해 배울 수 있는 큰 가치를 함께 가르치고 그것을 평가하는 것이 올바른 방향이라 믿으며 진정한 수업 연구가 시작되었다.

예를 들어, 농구의 드리블, 패스, 슛을 가르친다면, 과거에는 드리블을 빠르고, 패스를 정확하게, 슛을 많이 넣는 것이 수업의 최종 목표였다. 하지만 지금의 농구 수업에서는 과거의 목표에 하나를 더하여 나만의 수업 철학을 가미해 본다. 슛 넣는 것을 통해 '목표 의식'을 높이고, 패스를 통해 상대방이 잘 받을 수 있는 '배려심'을 갖게 하며, 드리블은 빠르게 하는 것도 중요하지만, 정확하게 하는 조절 능력을 통해 '신체 조절'뿐만 아니라, '감정 조절'까지 해야 한다고 강조한다. 살아가는 데 필요한 삶의 가치를 담고, 진정 우수한 아이는 이러한 아이가 되었으면 하는 바람으로 가르치려 한다. 스포츠를 잘하도록 이끌어 주는 것은 당연하고, 스포츠를 통해 삶의 스킬을 깨달아 세상 살아가는 데 필요한 역량을 길러 줄 수 있도록 수업의 방향을 바꿔 보고자 한다.

스포츠를 잘하는 테크닉을 가르치는 체육 교사가 아니라, 스포츠를 통해 세상을 더 잘 살아갈 수 있도록 도와주는 체육 교사, 그것이 내가 나아가고자 하는 방향이다.

생활 교육으로 말하다

이제는 인성이 리스펙(respect)이다

학교라는 공간에서 이루어지는 작은 세상에서는 해도 되는 행동이 있고, 하지 말아야 할 행동도 있다. 규칙과 예의 그리고 질서가 존재하고, 그 안에서 누구나 상처 받지 않아야 하는 것은 당연한 일일 것이다. 이곳에서 학생들은 분명 실수도 하고 잘못도 한다. 어느 누군가는 자신의 생각대로 되지 않아 잘못이 개선되지 않고 반복되는 문제 행동을 저지르기도 한다. 따라서 학교에서의 생활 교육은 모든 교육 활동의 기본이고, 다양한 교과 수업을 통해 학생들이 실천해야 할 것이다.

세상이 변했다. 드라마 주연 배우가 과거의 학교폭력과 연관되어 뉴스에 나오는 순간, 바로 하차해야 하는 그런 세상이다. 과거의 스펙이 좋은 대학, 좋은 직장이었다면, 지금은 '인성'이 스펙이다. 그래서 나는 아이들에게 이렇게 말한다. "인성이 리스펙(respect)이다."라고!

인성이 존중되어야 하고, 우수한 사람의 기본은 무엇보다 인성을 갖추는 것이라는 점을 부정하는 사람은 없을 것이다. 그렇다면 인성이란 무엇일까? 인성을 정의하는 방법은 다양하다. 딱 한마디로 정의할 수 없는, 수많은 인성 요소가 존재한다. 존중, 배려, 협력, 소통, 공감, 격려, 응원 등 인성을 보여 주는 단어들은 다양하다. 그중에서도 학생들에게 강조하고픈 몇 가지를 간추려 본다.

첫째, '긍정적인 마인드'이다. 부정적인 사람 중에는 창의적인 사람이 없다는 것을 다양한 사례를 통해 안내한다. 긍정적인 생각과 실천을 인성에서 가장 강조해야 할 부분으로 뽑았다.

둘째, '인내와 배려'이다. 살아가면서 참아야 할 것이 상당히 많다. 어떻게 자기가 하고 싶은 대로만 할 수 있을까? 다른 사람도 생각해야 하므로 절대 하지 말아야 할 행동이 있고, 상황에 따라서 참고 인내하는 것이 필요하다고 강조한다. 그리고 인내와 연관 지어 배려를 설명한다. 왜 인내하고 참아야 하는가에 대한 해답은, 세상은 혼자 살 수 있는 곳이 아니라는 것이다. 그렇기 때문에 나보다는 남을 생각하는 배려의 실천을 강조한다.

셋째, '감사하는 마음'이다. 감사하는 마음 안에 존중과 공감, 격려와 응원이 존재하기에 이 모은 것을 하나로 표현할 수 있는 뜻에서, 감사하는 마음을 강조하며 인성의 중요성을 설명한다.

마지막으로 '안목과 책임감'이다. 세상에 필요한 중요한 것을 바라볼 수 있는 안목을 갖추어야 한다. 또, 단지 부정과 비판만 할 것이 아니라 부정에 대한 대안과 그에 따른 실천을 해야 하며, 이를 책임질 수 있는 것이야말로 이 시대에 필요한 중요한 인성 덕목이라 생각한다.

학생들에게 꼭 말하고자 한다. 얘들아, 인성이 너희들의 스펙이 되는 사회가 되었다. 아무리 공부를 잘하고 경험이 많고 우수한 역량을 갖추고 있어도, 인성이 부족하다면 그 누구도 인정해 주지 않는다. 따라서 반드시 실천해야 할 것이 바로 '정직'이다. 양심을 속이지 말고 무엇보다 정직을 우선으로 생각해야 한다. 자신의 이익만 추구하는 사람은 사회에서 더 이상 용납하지 않는다.

자신의 인생에 있어서 다음의 단어는 삭제해 보도록 하자! 요령, 꼼수, 편법, 거짓, 속임수 등등. 이러한 것은 자신의 인생을 망치는 지름길이다. 부끄럽지 않게 떳떳하게, 그리고 당당하게 살기 위해서는 정직을 우선으로 하자! 인성이 존중이다. 인성이 실력이다. 그리고 인성이 리스펙(respect)이다.

정직을 우선으로 갖춘 인성이 되었다면, 이제는 선택이다. 모든 선택을 스스로 해 보자! 물론 그에 따른 책임은 자신에게 있다. 기회에 선택을 하고 책임을 지는 것이 자신의 인생을 개척하는 첫걸음이다. 도전해 보고 선택해 보는 것, 다양한 선택을 통한 경험은 삶의 재산이 된다. 그러한 경험 속에 엄청난 배움이 일어나게 될 것이다.

'기회에 도전하기', '잘 선택하기', '경험하고 후회하기', '실수와 잘못에 책임지기', 그리고 '재도전하기'!

항상 자신의 인생에 필요한 행동이다. 아무리 인성이 우수한 역량을 갖춘 인재라도 기회에 도전하지 않는다면 소용이 없다. 또한, 실수와 실패에 좌절하여 다시 도전하지 않는다면 큰 성공을 이루기 힘들 것이다. 훌륭한 인성을 갖추도록 노력하고, 자신에게 주어진 기회를 잘 살펴 항상 도전에 도전을 거듭하도록 하자!

교사 성장으로 말하다

나를 변화시키고 성숙시키는 다섯 가지 방법

자신의 성장을 위해 노력하는 것은 누구나 다 할 수 있다. 단지, 아는 것을 실천할 수 있는가에 달려 있다고 본다. 지금보다 더 나아지기 위해서는 자신만의 철학과 방법을 구체적으로 정리하는 것이 중요하다. 지금까지 나를 성장시키기 위한 철칙, 생각, 철학 등을 다섯 가지로 정리해 본다.

첫째, 시간은 화살이다.

학창 시절 담임 선생님께서 해 주신 말씀이다. 인간은 태어나는 순간 활과 같이 높이 날아간다. 잘못 쏜 화살은 화살을 당기자마자 땅에 떨어지기도 하고, 방향을 잘못 잡아 시작부터 목표 지점이 아닌 다른 곳으로 날아가는 경우도 있다. 대부분의 화살은 포물선을 그리며 앞을 향해 날아가는데, 절대 하지 못하는 것이 바로 '멈추는 것'이다.

시간은 상당히 빠른 속도로 흘러간다. 왜 이렇게 안 갈까 하다가도 어느새 1년이라는 시간이 순식간에 지나가고, 3년이 금세 흘러가며, 5년 그리고 10년이 빨리 지나가 버린다. 활처럼 빠르게 날아가는 화살은 지나가고 후회할 수 없는 일이다. 시간을 소중히 여기고 최대한 많은 사람들과 함께 시간을 보내며, 주어진 시간에 할 수 있는 것들이 무엇인지 계획하고, 이를 실천하는 습관이 나를 성숙하게 만드는 첫 번째 일이다.

둘째, 건강은 노력이다.

"세상에서 가장 어리석은 두 가지는 자신의 건강을 믿는 것과 소홀히 하는 것이다."라고 학생들에게 말한다. 체육을 전공하고 아이들에게 체육 수업을 하며 건강을 강조하고 있지만, 내 스스로 건강을 챙기는 경우가 별로 없었다. 적당히 해야 할 운동을 너무 과하게 하고, 선을 넘어선 과욕으로 몸을 상하게 만드는 일들이 허다했다. 남들에 비해 운동을 많이 하고 있지만, 건강을 위한 운동은 하지 않은 것이 가장 큰 실수이다.

건강을 위한 운동과 단지 재미를 위한 운동은 엄연히 다르다. 자신의 몸과 마음을 인지하고 항상 균형을 위해 몸을 유지하는 것은 쉽지 않은 길이다. 아픈 만큼 성숙한다고 하지만, 너무 심하게 아픈 상태에서 성숙을 위한 회복의 길은 상당히 험하다. 운동은 좋아하지만 건강을 위해 하지 않았던 나의 실수! 준비에 실패하는 것은 곧 실패를 준비하는 지름길임을 알면서도 준비된 몸으로 운동하지 않았다. 결국 수많은 부상과 수술의 반복으로 성숙보다는 아픔만이 더 컸던 과거의 나였다. 이제는 건강을 위해 노력하고자 다짐해 보며, 그것이 가장 나를 성숙시키는 방법이라 믿는다.

셋째, 친구는 방향이다.

학부모님 중에는 간혹 자신의 자녀를 이렇게 소개하는 분이 있다.

"우리 아이는 착한데, 친구를 잘못 만나서 그렇게 되었어요."

공감되고 방향이 맞는 사람과 친해지고, 그들과 또래 집단을 형성하며 어울리는 것이 인간의 특화된 능력이다. 내 친구가 나쁜 친구라면 나 역시 나쁜 놈이라는 뜻이다. 내가 나쁜 사람이라면 주변의 사람도 나쁜 사람일 가능성이 높다. 거꾸로 말하면, 내가 괜찮은 사람이라면 주변의 사람도 괜찮을 가능성이 높다는 결론이다.

그럼에도 불구하고 나쁜 친구와 좋은 친구를 구분하고 싶다면 한번 생각해 보면 된다. 그 친구와 함께 있을 때마다 좋은 일이 생기고 선한 영향력을 주거나 받았다면 좋은 친구일 것이고, 만날 때마다 좋지 않은 방향으로 간다면 나쁜 친구일 것이다. 나를 성장하게 만든 것은 대부분 친구들의 덕이다. 어려울 때 같이 있어 준 친구, 힘들 때 나를 더욱 응원하던 친구가 있었기에 나도 성장할 수 있었다. 그것은 내가 그러한 사람이 되도록 노력하고 있다는 증거이기도

하다. 내가 좋은 사람이 되도록 노력한다면 좋은 친구는 자연스럽게 만들어진다고 믿는다. 그러면 나도 성장하고, 나의 친구 또한 함께 성장할 것이다.

넷째, 긍정은 힘이다.

"부정적인 인간 중에 창의적인 인간 없다."라고 학생들에게 말한다. 부정적인 마인드를 지니면 이래서 싫고, 저래서 싫고, 그러다 항상 기회를 놓친다. 무엇이든지 긍정적으로 생각하고, 안 좋은 점이 있다면 그때 가서 후회하는 태도가 나를 성장시켜 주었다.

다섯째, 음악은 에너지이다.

음악의 음률, 흐름, 리듬, 그리고 가사는 3~4분의 강력한 메시지가 된다. 나는 과거에 좋아했던 추억의 음악을 반복해서 듣고, 계속 새로운 신곡들을 찾아서 들으려 노력한다. 음악은 그 무엇보다 강력한 나의 에너지이며 성장의 원동력이다.

감수성이 많은 10대에는 음악의 리듬과 박자, 그리고 메시지와 함께 가사 한 줄의 의미까지 가슴에 확 와닿는다. 나이가 들수록 음악이 잘 들리지 않는다. 감흥도 떨어지고 감수성도 줄어드는 듯하다. 하지만 과거의 옛 음악을 다시금 들으면 추억과 그 당시의 향수가 느껴지고는 한다. 이것이 음악의 힘이다. 음악은 삶의 에너지를 더해 주는 묘한 매력이 있다. 마음을 움직이는 가사와 멜로디로 메시지를 전해 준다. 시간이 허락하는 한 음악을 듣고, 그 음악의 메시지에 귀를 열어라!

49

자유를 사랑하는 수석교사

김혜성

행동 발달 및 종합 의견

신학을 전공하고 철학과 정치, 경제학으로 관심 분야를 넓혀 감. 각 공동체의 전통적 가치를 인정하면서 여러 공동체가 공통으로 갖는 보편적 가치의 중요성도 함께 강조하는 윤리 교사임. 수업에서 교과 전문 지식을 갖추려고 애를 쓰면서도 일상의 삶에 의미가 있어야 한다고 말하며, 가르침에서 자연스럽게 나오는 교사의 권위가 중요하다고 강조함. 반대로 학생들에게는 끊임없이 의심을 가지며, 이에 대해 질문하는 비판적 자세를 잃지 말라고 가르침.

합당한 선택?! 교사, 그리고 수석교사

교사가 되기로 결심한 계기는 경기도 ○○교회에서 성직자로 나아가다 막다른 길에 직면했기 때문이다. 성직은 인간의 욕망에서 가장 멀리 떨어져야 할 존엄한 길이지만, 교회를 확장하기 위해 인간적인 방법을 동원해야 한다는 것에 대해 점점 어려움을 느꼈다. 그럼에도 불구하고 계속해서 그 길을 따라가고 있었다. 아니, 따라갈 수밖에 없었다. 나 자신이 물질적인 안정을 유지하기 위해 어떠한 압력에 굴복하는 모습이 점점 싫어졌다.

그랬다. 나는 제도나 타인에 의해 자유가 억압되는 것을 극도로 싫어하는 사람이었다. 교회에서 봉사하면서 임금을 받지 않고, 다른 직업에서 필요한 물질적인 지원을 받으며 자유로운 사람이 되기로 결심했다. 그래서 선택한 직업이 '교사'였다. 2004년 3월, 37살의 나이로 수능에 도전하여 부산대 윤리교육과에 합격하고 윤리 교사가 되었다. 이후 주말에는 작은 교회 공동체에서 봉사하며 사례를 받지 않았고, 주중에는 교사로서의 길을 걸어 왔다.

자유롭고 싶어서 교직의 길로 들어섰지만, 한편으로는 내가 살아가는 곳이 정의로운 공동체이기를 바랐다. 그러다 『정의론』을 썼던 존 롤스를 운명처럼 만났다. 당시 윤리학회와 서양 철학회에서 존 롤스는 매우 '핫한' 인물이었다. 여기에 더욱 불을 지핀 책이, 존 롤스를 소개하며 비판한 하버드대 철학과 교수 마이클 샌델의 『정의란 무엇인가』였다. 롤스는 정의는 공정한 것이라고 보았다. 개인의 자유를 최우선의 가치로 삼는 동시에, 자유로운 개인의 성공과 부는 사회적 약자에게 피해를 주지 않고 그들의 이익을 증대할 때만 정당화될 수 있다고 주장했다. 롤스의 주장에 매료된 나는 그가 주장한 '공정으로서의 정의'를 변형해 '정치적 합당성 연구'라는 제목으로 졸고를 발표하여 2010년 학위를 취득했다.

이후 학교 공동체에서 줄곧 삶의 가치는 '나와 우리의 선택이 합당한(reasonable) 선택인가?'라는 물음에 초점을 맞추었다. 사람들의 자유를 보장하는지, 약자를 배려한 선택이었는지, 공동체에 필요한 변화인지 등의 질문을 던지며 교직 생활을 해 왔다. 어느새 2024년, 수석교사가 되었다. 그렇더라도 나의 삶은 지금까지와 별반 다르지 않을 거라고 생각한다. 다른 선생님들이나 학생들 앞에 설 때 합당한 자유와 정의의 가치를 잃지 않으려 노력하겠다고 다짐해 본다.

02

수석교사를 말하다

수업 역량으로 말하다
가르침의 권위와 배움의 권리

처음 들어간 인문계 고등학교에서 기억에 남는 선배 윤리 선생님을 만났다. 그분은 10년 가까이 학년 부장을 하면서 지근거리에서 학생들과 수업하고 야간 자율학습과 진학 지도를 하셨다. 수업 시간이 매우 인상적이었는데, 선생님이 교실에 들어오지 않았는데도 수업 종이 치면 모든 학생이 정자세로 앉아 10분 동안 명상을 하고 있었다. 그러고는 수업이 시작되면 학생들이 몰입하는 모습을 자주 보았다. 모의고사를 보면 그 선생님의 과목은 여타 모든 과목보다 성적이 훨씬 잘 나왔다.

그래서 용기를 내어 비는 시간에 그 선생님을 찾아갔다. 어떻게 수업을 하면 학생들이 그렇게 몰입을 잘하고 성적이 잘 나오는지를 물었다.

"글쎄, 수업 전에 명상을 시켰더니 조용히 명상을 하더라고. 중요한 것을 수업한 다음, 그저 세상 사는 이야기를 좀 하다가 마치는 게 전부야."

명상 이외에는 별다른 게 없어 보였다. 여전히 의문이 풀리지 않은 나는, 관찰을 바탕으로 그 선생님만의 특별함이 무엇인지 분석했다. 아직도 그것이 무엇인지는 구체적으로 표현하기 어렵다. 아마도 그 선생님이 가지고 있는

카리스마적 권위이지 않을까 생각한다.

언제나 그분의 말씀은 도덕적 상식에 근거했고, 단호했으며, 행동은 언제나 자신의 말과 어긋나지 않으셨다. 그리고 약자 편에 서면서도 동시에 학교 공동체를 위해 언제나 솔선수범했다. 그래서 대부분의 선생님들은 교장 선생님보다 그분을 존경했고 그 권위를 인정했다. 학생들 역시 그런 선생님의 권위를 직관적으로 느끼며, 자발적으로 인정하여 따랐던 것이 아니었을까 싶다.

예순이 넘어가는 나이에도 부임한 학교에서 여전히 학년 부장과 친목회장을 맡으셨다는 이야기를 들었다. 나 역시 그분을 만나고 나서 학년 부장만 10년 넘게 맡았다. 자꾸 보면 서로 닮아 간다는데, 그럼에도 그분이 보여 주셨던 가르치는 자의 권위를 따라가기에는 여전히 역부족이다.

나는 비판적인 수업을 좋아한다. 그래서 항상 학생들에게 "교과서나 사상가들의 말이 무조건 옳다고 생각해서는 안 된다. 선생님의 말조차 무조건 믿어서는 안 된다."라고 이야기한다. 그래서 수업을 마칠 때쯤 되면 항상 학생들에게 질문을 하도록 유도했다. 사물과 인간의 차이는 질문하느냐 그렇지 않느냐이며, 질문을 한다는 것은 내가 살아 있고 자유로움을 증명하는 것이라고 강조했다. 그래서 수업 중 다른 관점을 이야기하거나 질문해서 나를 당황하게 만드는 학생들을 좋아한다.

우리 학과에 존경 받는 교수님이 계셨다. 강의 중에 교수님과 다른 관점을 주장하면서 질문을 던졌다. 만일 내가 주장한 것을 받아들이게 되면 전체 강의의 틀이 흔들릴 수 있는 중요한 반론이었다. 나의 질문과 주장에 반박하기 위해 10여 분을 애를 쓰며 설명하셨지만, 자신의 대답과 설명이 설득력이 떨어진다는 것을 그 강의실에 있는 사람은 누구나 알 수 있었다.

결국 교수님은 설명 도중에 말문이 막히셨는지 잠시 침묵이 흘렀다. 나를 비롯한 모든 학생들은 교수님이 어떤 말씀을 이어나가려는지 초집중했다. 그러더니 그 교수님이 칠판에서 얼굴을 돌려 우리를 향해 이렇게 말씀하시며 웃으셨다.

내가 질문한 학생을 이겨 먹으려고 애쓰는 게 보이죠?

우리 모두도 함께 웃음을 지었다. 모르겠다는 표현을 유쾌하게 말씀하시고는 다음 강의를 이어가셨다. 그리고 3년이 흘러 대학원에 진학하고 얼마 안 되어서 한 교수님이 나를 부르셨다.

"자네가 김혜성인가? 모 교수님께서 자네를 특별히 추천해서 어떤 학생인지 만나고 보고 싶었네."

질문으로 당황스럽게 만들었던 교수님이 벌써 3년이나 시간이 지났지만 나를 기억하시고 전공 교수님에게 추천하신 것이다. 시간이 많이 흘러 나 역시 강단에 서 있다. 학생의 질문을 소중히 여기시고 혹 모르는 것이 있을 때는 '모른다'고 흔쾌히 인정하시면서, 새로운 물음을 던진 후학을 아끼시는 교수님을 여전히 나의 롤 모델로 삼고 있다. 그래서 오늘도 나는 나를 당황시킬 번뜩이는 학생들의 질문을 기대하며 교실로 들어간다.

생활 교육으로 말하다

진정한 가르침은 위기 상황에서 날개를 펼친다

은주(가명)라는 학생이 우리 반이 되었을 때 모 선생님은 이렇게 말씀하셨다.

"반항기가 많고 수업 시간에 늘 자는 아이입니다. 좀 힘드실 겁니다."

은주는 대부분의 수업 시간에 줄곧 책상에 엎드려 자기만 했다. 자기를 깨우는 선생님에게 대들다가 담임인 내게 끌려오는 일이 자주 있었다. 여러 번 주의를 주었지만 수업 시간에 자는 모습은 바뀌지 않았고, 선생님에게 버릇없이 대하는 것은 여전했다.

하루는 나에게 와서 조퇴하고 싶다고 말했다.

"어디 아프니?"

"아니요. 그냥 공부하기 싫어서요."

"그런 사유로는 조퇴가 안 된다."

"무단 조퇴할게요."

그 길로 은주는 가방을 싸 들고 집으로 갔다.

다음 날 은주를 불러 조퇴에 대해 꾸중 같지 않은 꾸중을 하고는 물었다.

"밤에 무얼 하길래 수업 시간에 계속 자니?"

"작곡해요."

여전히 반항기 어린 목소리로 짧게 대답했다.

"그럼 작곡한 곡은 있니?"

"몇 곡 있는데요."

"쌤한테 하나 보내 줄래? 니가 작곡한 곡을 듣고 싶다."

"알겠어요."

그날 저녁 은주에게서 받은 곡을 들어 보았다. 흔히 듣는 음악이 아니라, 자이언티의 〈양화대교〉 같은 느낌이 나는 세련된 곡이었다. 은주에게 톡을 보냈다.

"이야, 음악 괜찮네. 세련된 힙합 냄새가 난다. 선생님은 특히 두 번째 곡이 좋더라."

"고맙습니다. 좋게 평가해 주셔서요^^"

처음으로 은주는 나에게 웃음 이모티콘의 메시지를 보내 주었다. 그 뒤로 불만 어린 은주의 얼굴이 서서히 바뀌어 갔다. 물론 수업 시간에 자는 모습은 바뀌지 않았지만.

졸업식이 끝나고 나서 우리 반 학생들 몇 명이 부모님과 함께 나를 찾아왔다. 서울 모 예대 작곡과에 합격한 은주 역시 어머니와 같이 인사하러 왔다.

"선생님, 고맙습니다."

은주는 활짝 웃으면서 내게 꽃바구니를 주었다. 그 꽃바구니는 시들고 나서도 1년간 책상 위에 놓아두었다.

"선생님, 꽃바구니 이제 버릴 때가 되지 않았나요?"

"글쎄요. 그게 참… 버리기가 싫네요^^;"

지애(가명)는 성격이 활발하지만 감정을 주체하지 못해 병원에서 주는 약을 먹는 학생이었다. 9월 모의고사를 보던 날, 평소 공부는 잘하지만 탐탁지 않게 보아 왔던 반장과 크게 싸우고, 가방도 놓아두고 교실 바깥으로 뛰쳐나갔다. 얼굴이 새파랗게 질린 담임이 학년 부장이었던 나에게 지애의 가출(?)을 알려 주었다.

"얘가 어디로 갔는지 모르겠어요. 별일이 없어야 하는데."

걱정하는 마음으로 급히 학교 운동장으로 뛰어갔다. 교문 밖으로 나가려는 차에 울고 있는 지애를 발견했다. "왜 화가 많이 났니?"

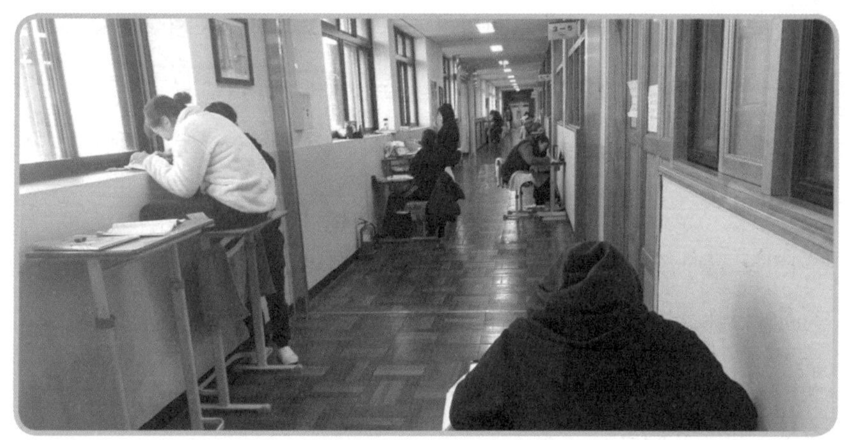

반장도 싫구요. 교장 선생님도 싫구요. 그리고 어른들이 싫어요. 너무 위선적이에요. 우린 공부 잘하는 애들의 들러리에 불과해요. 선생님도 걔들 좋은 대학에 보내려고 교장 선생님이 부른 거잖아요.

지애는 평소에 품었던 불만들을 속사포같이 퍼부었다.

지애의 말을 요약해 보면, 교장 선생님이 중학교에서 공부 잘하는 아이들을 서울대에 보내 주겠다고 설득하여 우리 학교에 지원하게 했고, 선택 받은 아이들만을 위해 특별 강사를 초빙하여 전담하여 가르치게 했다. 그리고 교내의 상을 그 아이들에게 몰아주었고, 다른 아이들은 들러리일 뿐이라는 것이다. 이 일을 주도한 교장 선생님이 싫으며, 이 입시 제도를 만든 학교와 어른들이 싫다는 말이었다.

계속 듣다 보니 지애와 비슷하게 생각한 학생들이 많이 있다는 것도 알게 되었다. 지애는 그들과 출발선이 다르다고 생각했다. 지애 말로는 우리 학교 3학년은 특혜 받은 아이들과 학교의 관심을 받지 못한 아이들로 나뉘어 있다는 것이다. 이런 부조리한 교육을 경험한 자기로서는 절대 대학에 가지 않겠다고 말했다.

지애의 말에 상당한 충격을 받았다. 우리 학교 학생들은 지애를 포함해서 대부분 선생님에게 예의 바르며 밝은 모습이었다. 하지만 밝은 그들 중 상당수가 선생님과 학교로부터 관심을 받지 못하고 차별 받는다고 생각한다니 못내 마음이 아팠다.

아마도 그때 지애에게 다음과 같은 변명을 했던 것 같다. 나를 비롯한 어른들도 완벽한 존재가 아니다. 교장 선생님 또한 열심히, 잘하고 싶으셔서 그러셨을 게다. 나는 적어도 차별하지 않으려 노력했는데, 너에게 그런 상처를 주었다니 미안하다 등등.

어느 정도 감정이 풀린 지애는 다시 교실로 들어갔으며, 그 뒤로 정신없으면서도 밝은 예전 모습으로 돌아갔다. 그리고 그해 수능을 치지 않았다. 여전히 지금도 지애의 말이 생각나고, 가슴 한켠 상처로 남게 되었다.

진영(가명)이는 교직 생활에서 만난 가장 똑똑한 학생이었다. 학년실에 계시는 젊고 잘생긴 수학 선생님을 좋아했다. 한 번씩 교실에서 어디서도 못 본 이상한 춤을 추며 반 학생들에게 웃음을 주기도 했다. 대부분의 학생이 선생님의 수업을 듣지 않고 잠을 잘 때, 선생님이 민망해하실까 봐 자기 혼자 수업을 들었다고 했다. 면접 특강을 할 때 지도하던 선생님들이 모두 진영이를 비슷하게 칭찬했다. 말을 조리 있게 하고, 편안하고도 적절한 단어를 사용하며, 논지를 정확하게 전달하는 능력을 갖추었다고 했다. 실제로 내가 모의 면접을 지도할 때 진영이는 감탄을 금치 못할 정도로 막힘없이 대답을 잘했다.

자소서는 또 어떠한가? 이제까지 경험한 서울대를 노리는 학생들의 자소서는 완성도가 그리 높지 않은 경우가 대부분이었다. 그러나 진영이는 첨삭이 거의 필요 없을 정도로 완성도 높은 자소서를 보여 주었다. 며칠 동안 나와 함께 자소서 기반 면접 연습을 하면서 사적인 이야기를 할 수 있는 기회가 생기게 되었다.

"1학년 때부터 매일 야자 9시에 마치면 11시까지 도서실에 남아 공부하고 하교했어요. 부족한 수학은 주말에 몰아 개인 과외를 했어요. 1학년 때 저는 제 주장을 많이 하고 공부 잘하는 아이라 친구들이 나를 좋아하지 않는다는 것을 알았어요. 그때 많이 힘들었어요. 그래서 공부 이외는 약간 바보 콘셉트로 지내자고 결심했어요. 선생님께 모나지 않게 보이려고 무척 노력했어요. 아마도 1학년 때가 제 인생에서 가장 힘들었고, 그래서 포기하고 싶다고 생각하곤 했어요. 그래도 어찌 꾸역꾸역 3학년까지 왔고, 지금은 친구들과도 웬만큼 사이가 좋아진 것 같아요."

무심하게 내뱉는 진영이의 말에 어린 나이에 감당해야 했던 부담감이 눈에 선했다. 부모님의 기대, 학교 선생님들과 교장 선생님의 기대, 자신에게 주어지는 특혜(?)를 바라보는 친구들의 질투 어린 시선 등등.

수능 보기 전날, 응원 동영상을 보고 대부분의 학생들이 눈물을 흘렸다. 대다수는 동영상에 등장한 부모님 격려의 말에 눈물을 흘렸다고 했다. 그러나 진영이는 눈물 흘리는 포인트가 여느 학생과 달랐다. 동영상 처음에 나오는 자막 "하루 평균 공부량 전체 학생은 8시간 1분, 고3은 11시간 3분"에서 눈물이 왈칵 쏟아졌다고 했다. 11시간 3분이라는 시간에 3년을 보낸 힘듦의 시간이 오버랩되었나 보다.

대학을 가지 않았던 지애에게도, 누구나 선망하는 대학에 진학한 진영이에게도 주례여고는 그들 인생의 한 부분이었으리라. 치열하게 살았던 삶의 조각. 그들을 포함해서 내가 만난 모든 학생들은 내 삶의 기억으로 깊이 각인되어 있다.

2년이 지난 9월 어느 날, 지애가 오랜만에 학교에 찾아왔다. 수능 원서를 접수하러 왔단다. 이제는 대학에 갈 마음이 생겼나 보다. 진영이도 오랜만에 학교에 찾아왔다. 밝고 한결 가벼워진 얼굴이었다.

"잘 지냈니?"

"예, 덕분에 잘 지내고 있어요."

서울에 있는 은주도 보고 싶다. 잘 지내고 있겠지.

50

수업을 사랑하는 눈물~핑 수석교사

김혜진

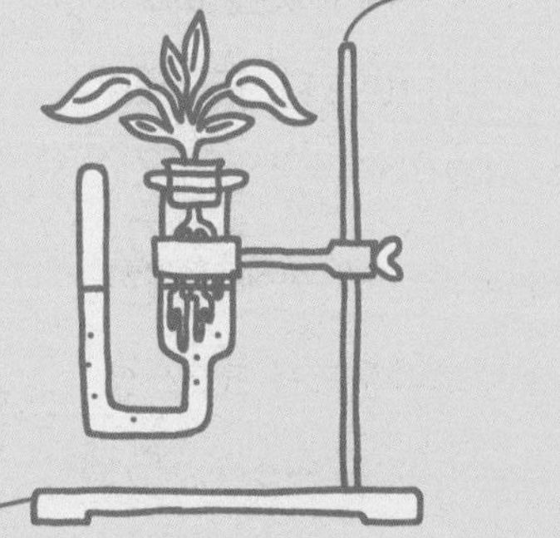

행동 발달 및 종합 의견

늘 새로운 일에 도전하는 것을 좋아하여 23년간의 교직 생활에서 다양한 수업을 즐겁게 실천하고 있음. 교사 공동체에서 무거운 엉덩이 힘으로 꾸준히 함께 연구하고 공유하며 교육하는 자로서의 통찰력을 키우고자 노력함. 틈틈이 미술관의 낯선 작품을 찾아가, 그 앞에서 혼자 대화하는 특이한 습관이 있음. 학생들의 고민과 성장을 지켜보며 남몰래 눈물 흘리고 기도함. 만나는 아이들마다 가진 잠재력을 믿어 주고 응원하는 정이 많은 성격임.

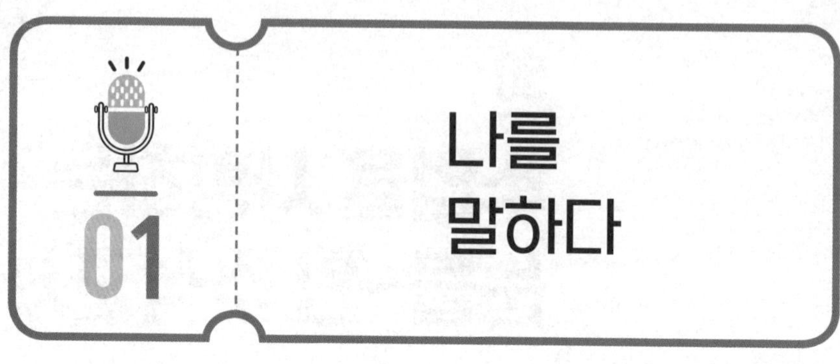

실패의 연속, 교사가 나의 길인가

나는 어려서부터 무슨 일이든지 안 하고는 못 배기는 '하고집이'였다. 그렇게 하고 싶은 것도 많았고, 한번 하면 잘하고 싶었다. 중학교 시절 친구의 영향을 받아 프로이트를 알게 되면서, 사람의 몸과 마음을 다루는 정신과 의사가 멋있었다. 그리고 분쟁 지역에서 밤낮없이 아픈 사람들을 치료하는 '국경없는 의사회' 소속 의사의 모습이 막연히 멋있어 보였다. 그 뒤로 의대에 가기로 마음을 먹었지만, 의대 입시에 실패했고 망설임 없이 재수를 시작했다. 당시에는 너무나도 의대에 가고 싶은 생각이 간절하여, 응급차의 사이렌 소리만 들려도 그곳에 내가 있어야 할 것 같았고 심장이 벌렁거렸다.

치열한 공부를 했어도 수능 날 극심한 불안으로 재수에도 실패했고, 부모님의 권유로 부산대 생물교육과에 입학했다. 의대에서 배우고 싶었던 생명에 대한 공부를 사범대에서 배우려니 무엇인가 답답하고 아쉬웠다. 다시금 뇌과학을 공부하고 싶어 카이스트에 도전했다. 결과는 또 실패!

실패의 연속에서 내가 탈출할 수 있는 방법은 뭘까 하는 고민 속에서 대학 생활이 이어졌다. 그러다 이제 내가 가진 사범대라는 백그라운드를 100% 활용해야겠다는 다짐으로 교사의 길을 가기로 결정했다. 4학년까지 열정적으로 공부했고, 임용고시를 앞두고는 더 이상 실패하고 싶지 않았다. 드디어 임용고시에 우수한 결과로 합격했고, 졸업하는 해에 엄궁중학교로 발령 받았다.

하지만 합격의 기쁨은 잠시였고, 남자 중학생들만 모여 있는 학교에서 신규 교사로서의 시작은 절망에 가까웠다. 아이들은 나를 만만하게 생각했고, 수업 태도가 좋을 리 없었다. 그러던 어느 날, 한 학생이 수업 시간에 나의 지도에 발끈하여 언쟁 끝에 의자를 집어던지고 교실을 박차고 나가는 일이 발생했다. 이 일을 어떻게 감당할지 나는 가늠이 되지 않았고 무력감으로 힘들었다. 하지만 그 누구에게도 마음을 열 수 없었다.

그렇게 교사가 나의 길인지 고민할 때, 전국 기독 교사 모임에 참여하게 되었다. 마지막 날 '하나님은 당신을 교사로 부르셨습니다.'라는 대형 화면의 글이 내 마음속에 한 글자 한 글자 들어왔고, 뜨거운 눈물이 주체할 수 없이 흘렀다. 나를 교사로 부르셨구나.

그 이후 난 좋은 교사가 되기로 다짐하고 한 해 한 해 나의 수업을 되돌아보며, 배우고 연구한 것을 토대로 새로운 도전을 실천해 왔다. 23년의 세월이 지났지만, 단 한 해도 지루할 틈이 없었다. 매년 새로운 아이들을 만나 설렘과 긴장, 눈물과 어려움을 경험하며 나도 성장하고 있었고, 학생들의 성장을 지켜볼 수 있는 교육 실천가가 되는 삶을 사랑하게 되었다.

02 수석교사를 말하다

수업 역량으로 말하다
교육의 꽃은 수업! 어게인 에듀카레

교육이란 무엇일까? Education은 Educare에서 유래되었는데 '에(e-)'는 '밖으로'라는 뜻이고, '듀카레(-ducare)'는 '끌어내다'라는 뜻이다. 교육은 학생이 원래 가지고 있는 것을 밖으로 끌어내 주는 것이다. 우리가 평소 생각하는 교육의 의미, 다시 말해 교사가 알고 있는 지식을 학생 안으로 밀어 넣는 일이 아니라는 말이다.

그렇다면 좋은 수업이란 무엇일까? 학생에게 늘 일방적으로 지식을 주입하려는 시도나, 학생들이 빠르게 독자적으로 지식을 습득할 것을 요구만 해서는 안 된다. 수업을 통해 다양한 타자와 상호작용하며 학생들의 경험, 자기만의 생각, 질문, 지식을 끄집어 내면서 개인만의 독특한 성장과 발전의 서사를 가지도록 코칭해야 한다.

나는 과학 교사이다. 과학은 '만물의 근원은 무엇인가?'라는 탈레스의 질문으로부터 시작한다. 이 질문에 소크라테스, 플라톤, 아리스토텔레스, 그리고 라부아지에, 보일 등 많은 철학자, 과학자들이 답하면서 과학은 논쟁하고 변화하고 발전하고 성취해 왔다. 질문이 있는 곳에 과학이 있었다. 따라서 과학 수업도 질문으로부터 시작해야 할 것이다. 교과서에 나오는 결과들보다 과학자들이 했던 질문의 위대함을 깨닫고, 나도 질문하고, 질문에 대한 생각을 끄집어내고, 의심하고 검증하며 실험하고, 토론하면서 배우는 수업이고자 한다.

과학은 단순히 답이 정해져 있어서 암기하면 끝인 과목이라는 오해가 많다. 과학 지식을 죽처럼 만들어서 떠 먹여 주는 인강에 익숙한 학생들일수록 질문하고 생각하기가 어려워진다. 학교 수업에서 학생들이 서로 간에 팽팽한 생각의 교차를 경험하게 하고 싶다.

그래서 학기별로 사회·과학 이슈 토론 수업을 진행하고 있다. 미래를 살아가야 하는 우리 학생들은 학교를 다닐 때만 배우는 것이 아니다. 이제는 평생학습자로서 내가 살아가는 사회의 여러 문제에 대해 자신의 생각을 표현하고, 타인을 설득하고, 타협하며 가장 좋은 대안을 찾아가야 할 것이다. 그래서 과학 수업 시간에 사회적으로 이슈가 되는 과학 문제들에 대한 토론을 하며, 치열하게 자신의 의사를 결정하기 위해 조사하고, 경청하고, 전략을 세우고, 주장하고, 문제 해결의 방법을 고민한다.

예컨대, 학생들은 '소화' 단원을 배운 후에는 우리 학교 채식 급식 문제에 대해 토론한다. 음식물 소화의 지식을 활용하여 건강한 삶을 위한 학교의 급식은 어떠한 방향으로 가야 하는지 생각을 펼치는 것이다. 이러한 토론 과정을 5차시 정도 하고 채식 급식의 날이 되면, 이미 채식 급식의 장단점에 대해 면밀히 토론해 보았기 때문에 그 음식들을 대하는 시선이 달라지며, 나름대로 가치를 부여할 수 있게 되는 것이다.

또, 신경계에 대해 배운 후에는 식물인간, 뇌사의 차이점을 생각하며 대한민국 안락사 도입 문제에 대해 토론하는 것이다. 'Memento Mori(메멘토 모리, 죽음을 기억하라)'라는 라틴어를 시작으로 죽음의 문제에 대해 깊이 생각하는

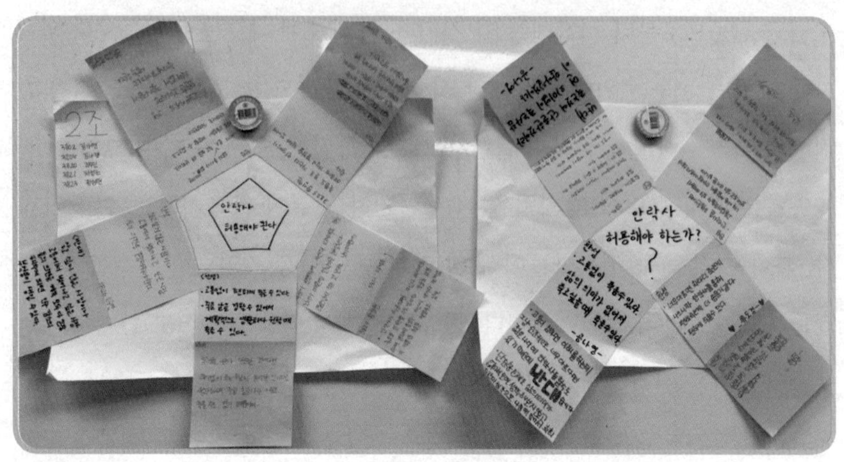

시간이 된다. '내가 스스로 나의 죽음을 결정해도 되는가?'라는 주제 의식은 아이들에게 인생의 주인으로 어떻게 살아가야 하는지에 대한 생각에까지 이르도록 하고 싶은 나의 의도가 있다.

하지만 모든 반의 수업이 나의 의도대로만 흘러가는 것은 아니다. 어떤 반은 토론을 위해 뭐 하나 작은 단계조차 진행하기가 어려웠고, 집중이 잘 안 되었다. '이 반은 안 되나? 5차시나 더 해야 하는데 포기할까?' 하는 마음속 갈등이 심했다. 그러나 이들도 나의 학생들이기에 끝까지 믿고 두세 배의 에너지를 쏟으며 진행했다.

마지막 대토론의 날에 학생들은 서로 놀라워했다. 우리 반의 고만고만했던 친구들의 날카로운 의견 제시와 팽팽한 생각의 교차는 너무나 수준이 높았다. 수업 종이 쳤지만 마칠 수 없는 열기가 교실 안을 가득 채웠다. 너무나 감동적인 순간이었다.

"선생님! ○○이도 토론에 발표했어요."(○○이는 늘 수업에 무관심하고 방해와 수면을 오가는 학생이다.)

"선생님! △△이가 예리하게 질문할 때 너무 멋졌어요."

수업이 마친 후 즐겁게 재잘거리는 아이들은 서로가 해낼 수 있다는 것을 몸소 느꼈다. 그것도 너무나 멋지게! 이러니 어찌 수업을 사랑하지 않을 수 있을까? 나는 변화의 가능성으로 꿈틀거리는 수업을 사랑하는 교사이다. 어게인 에듀카레를 꿈꾸며.

생활 교육으로 말하다
너의 잠재력을 믿고, 널 응원해

학교에서 담임 교사는 매우 중요하다. 학생들에게 많은 영향을 미칠 수 있지만, 그렇지 않을 수도 있다. 학교생활의 세세한 부분까지 학생들과 연결되어 있어 '담탱이'라는 뒷담화의 주인공이 될 수도 있고, 졸업 후 찾아와 그 시절이 그리웠고 감사했다는 추억의 주인공이 될 수도 있다. 수석교사를 준비하는 연수의 스트레스에 시달릴 때, 모르는 번호로 전화가 한 통 걸려 왔다. 연수 중이라 마치고 연락을 드리겠다는 문자를 남겼더니 긴 장문의 대답이 날아왔다.

지금 근무하는 중학교 첫 해에 담임을 했던 제자 현영이(가명)였다. 현영이는 특성화 고등학교에 진학해서 우수한 성적을 거두었고, 공군 부사관으로 임관하게 되었다는 기쁜 소식을 전하면서 담임이었던 나에게 감사의 마음을 표현해 주었다. 교사로 살면서 제자들의 감사 문자는 행복의 절정이자 보람의 극치이다.

2학년 때까지 교우 관계가 힘들었던 현영이는 3학년 때 나와 함께하면서 심각한 교내 규칙 위반으로 여러 가지 어려움을 겪었다. 그래도 식물 키우기, 소품 만들기, 야구, 쿵푸, 영상 편집 등 다양한 분야에 관심과 취미를 가지고 있어 늘 흥미롭게 세상을 대하고 탐색했으며, 반 전체 친구들의 선물을 준비할 정도로 마음이 따듯한 학생이었다.

그러나 성적으로 고등학교를 진학하는 현실에서 공부를 안 한 현영이의 고입 원서 작성은 고된 일이었다. 여러 학교에 합격 가능성을 알아보고, 학부모와 학생 상담으로 제일 적합한 학교를 같이 고르고 골라서 진학시켰는데, 이런 좋은 소식을 듣다니 참으로 보람이 느껴졌다. 호기심으로 방황하던 시절, 자신의 잘못을 솔직하게 인정하고 주위의 조언을 잘 수용하여 개선하고자 하는 의지가 강했던 현영이는 정말 발전하는 모습이 빛이 났다. 아이들은 변하기 때문에, 믿어 주고 기다려 줘야 한다는 것을 깨닫게 하는 경험이었다.

수석교사가 되기 전까지 나는 20년 정도 담임을 했다. 이젠 담임으로서 베테랑이라고 생각했지만, 최근 역대급으로 힘든 남학생 반을 맡게 되었다. 끊이지 않는 크고 작은 절도와 싸움으로 선도 위원회에 매달 참석하고, 무단결석으로 매일 아침마다 전화하고 찾아가고 상담해야 하는 아이들이 여럿이며, 교과 선생님들에게 불손한 행동으로 문제를 일으키는 아이들도 많았다.

힘겨움에 허덕일 때, 새로운 학생이 전학을 오게 되었다. 축구를 하는 △△이는 오자마자 학폭에 휘말리며 부모님도 나도 힘들었다. 운동한다는 생각 때문인지 수업은 소홀히 했고, 불손한 태도로 반 분위기는 더욱 나빠지기만 했다. 이 상태를 지켜볼 수만은 없었다. 잘못된 부분은 고치도록 강권하고, 작은 일이라도 잘한 부분이 있으면 놓치지 않고 세워 주고 칭찬해 주었다. 하지만 학년 말이 되도록 큰 변화는 보이지 않았다.

그런데 변화가 정말 없었던 것일까? 학년의 마지막 날에 가정통신문을 각 가정으로 발송한 후, 학부모들로부터 회신을 받았는데, 의외로 △△이가 제출을 하는 것이 아닌가? 교무실로 돌아와 찬찬히 읽으며 나도 모르게 주르륵 눈물이 흘렀다. △△이의 아버지께서 써 보내신 글 속에서 아이의 마음과 아버지의 마음이 따뜻하게 나를 비추고 있었다.

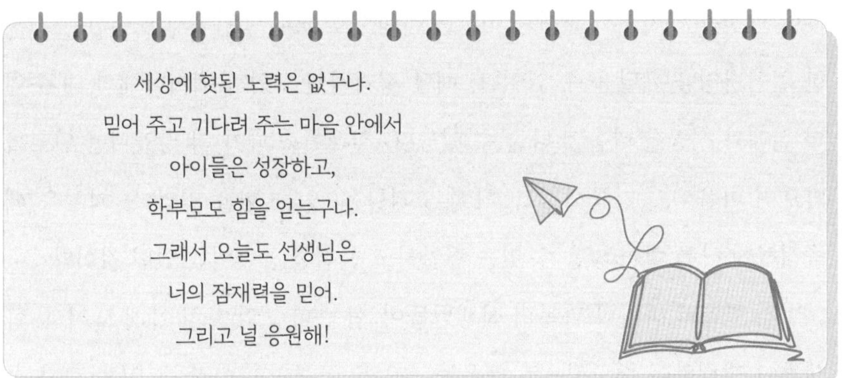

교사 성장으로 말하다
함께할수록 빛나는 교사 공동체

학교에서 오랜 시간을 근무하는 교사이지만, 수석교사와 함께 같은 학교에서 근무하는 것은 쉽지 않다. 교장, 교감 선생님은 한 학교에 1명씩 무조건 계시지만, 수석교사 제도가 시행된 후 십여 년의 세월이 흘렀어도 아직 '1학교 1 수석교사'는 정착되지 못하고 있기 때문이다.

그래도 나는 초임 시절부터 몸담아 왔던 부산 협동 학습 연구회에서 존경하던 선생님께서 수석교사가 되시고 멋지게 활동하는 모습을 뵐 수 있었다. 정 선생님은 수업에 관심이 많았던 나를 교사 연수의 강사로 세워 주시고, 방법과 자료를 알려 주시는가 하면, 나의 부족한 강의에도 응원과 격려를 아낌없이 보내 주셨다. 덕분에 연구회의 연구 방향에 같이 흐름을 타며 교육 철학, 수업 나눔과 교사 성장, 토의·토론 수업, 개별화 수업, 과정 중심 피드백

등 다양한 주제로 공부하며, 나의 수업에서 실천하고, 그 결과를 다른 교사들 앞에서 발표하고 공유할 수 있었다.

이 과정을 거치면서 교사는 이론을 바탕으로 교실 수업에서 도전하는 진정한 실천가임을 깨달을 수 있었다. 매달 정기적인 모임과 세미나에서 내 수업의 실패와 성공을 마음껏 나눌 수 있었다. 실패했을 때가 더 많았지만 위로를 받으며 마음이 홀가분해졌고, 다시 도전할 수 있는 힘을 얻었다. 지쳤을 때 솔직하게 나를 털어 놓을 수 있는 편안하고 안전한 공간이 있었던 것이다.

여러 학교와 다양한 과목의 선생님들이 '협동 학습'의 가치 아래 모여서, 학생들이 협력하여 주도적으로 배우는 수업을 꿈꾸며 나아갈 수 있는 교사 공동체, '함께 교육'의 '부산 협동 학습 연구회'는 나의 성장에 밑거름이 되었다. 개인의 성장은 공동체에서부터 시작됨을 몸소 깨달았다. 혼자 했더라면 벌써 지치고 포기하여 지속성이 없었을 것이다. 엉덩이가 무거워 계속 연구회에 소속되어 있다 보니, 나도 모르게 여러 가지를 도전하고 실천할 수 있었다.

교사 공동체 '함께 교육'은 부산뿐만 아니라 서울, 경기, 울산, 강원, 전북 등 여러 지역의 연구회가 같이 소속되어 있어 전국적인 교사 교류와 협력의 장이 되었다. 나는 '함께 교육' 선생님의 추천으로 유명 원격연수원의 교사 연수 프로그램 촬영 기회에 도전할 수 있었다. 처음으로 방송 스튜디오에서 전문적으로 교사 연수 영상을 찍는 경험은 새롭고 재미있었다. 무엇보다 이를 통해 원격 연수원 강의를 신청하는 전국의 선생님들과 동영상으로 만날 수 있는 기쁨이 컸다. 부산시 교육청의 필수 강의로도 지정되어 주변의 선생님들도 우연히 영상에서 나를 만나고 수업 네트워크를 뻗어 갈 수 있었다.

수석교사로서 근무하는 학교 내에서도 교사 연구 공동체를 뿌리내리게 하고 싶은 목표가 있다. 교사는 함께할수록 빛나는 존재들이기 때문이다.

51

꿈 많은 수석교사

박소영

행동 발달 및 종합 의견

엉뚱한 생각을 하거나 혼자 공상하는 것을 좋아함. 낯가림이 심하고 내성적인 성향이 있으나, 밝고 웃음이 많아 주변 사람들과 잘 어울리며 남들 앞에서 발표하거나 자신을 드러내는 일에 주저함이 없음. 혼자 조용히 연구하고 개발하는 것을 좋아하지만, 다른 사람과 교류하며 함께 배우고 성장하는 것 또한 즐김. 자신의 부족한 부분을 돌아볼 줄 알고, 이를 보완하기 위해 노력하고 도전하는 자세가 돋보임.

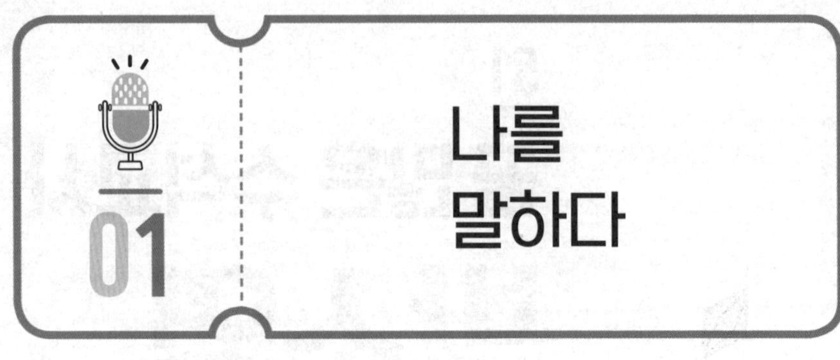

01 나를 말하다

수줍음 많은 활동가

어릴 적 나는 남들 앞에서 자신을 표현하고 발표하는 것을 좋아하는 아이였다. 그래서 한때 나의 꿈은 연극배우였다. 고등학교 시절, 진주에서 꽤 유명한 연극반에서 활동하며 부장까지 맡아 연극반을 이끌었다. 그러나 연극반에서 내가 맡는 역할은 '동네 아낙 3' 등 비중이 적은 역할이었고, 그 역할도 제대로 소화하지 못해 담당 교사에게 지적 받기 일쑤였다. 그때 나는 연극에 소질이 없음을 깨닫고 좌절했다.

이 시기에 나는 진로를 확신할 수 없어 연극배우 이외에도 변호사, 교사 등 여러 가지 직업을 두고 고민했다. 그러다 문득 공부할 때 학생들이 앞에 있다고 생각하고 남들을 가르치는 것처럼 공부하고 있다는 것을 깨달았다. 그리고 친구에게 모르는 내용을 가르쳐 주면 "소영아! 네가 설명해 주면 이해가 잘돼. 넌 꼭 선생님 같아.^^"라는 말을 듣기도 했다. 그래서 교사라는 직업을 나의 진로로 결정하게 되었다.

이렇게 진로를 정하고 나니 또 다른 고민이 생겼다 바로 '학과'였다. 여러 과목 중 나에게 가장 맞는 것은 무엇일까 고민하던 고3 여름방학에, 화학 과목 공부가 너무나 재미있다는 것을 느꼈다. '세상에 이렇게 재미있는 학문이 있구나.'라는 생각이 들 정도였다. 그렇게 나의 진로를 화학(과학) 교사로 결정하고, 한국교원대 화학교육과에 진학하게 되었다. 부모님과 처음 떨어져 기숙사 생활을 하게 된 나는 대학교의 자유로움에 흠뻑 취해 정말 열심히 놀았던 것 같다.

그러던 어느 날, 아무 목적도 의미도 없이 그저 놀기만 하는 것에 깊은 회의가 들었다. 무엇인가 의미 있는 일을 하고 싶었다. 그때 '사랑ᄒᆞ매'라는 동아리 하나가 눈에 들어왔다. 매주 보육원에 찾아가서 아이들을 돌봐 주고 공부를 가르치는 일을 하는 봉사 동아리였다. 1학년 2학기부터 시작한 동아리 활동은 처음에는 가벼운 마음으로 시작했다.

그러나 곧 그곳에서 만나는 아이들과의 시간이 소중해지고, 내가 하는 일에 점차 책임감을 느끼게 되었다. 그래서 일주일에 두 번 빠짐없이 보육원에 방문하게 되었고, 그렇게 동아리 회장까지 맡게 되었다. 대학 4년 동안 동아리 활동을 통해 많은 아이를 만나면서 세상을 조금 더 넓게 보는 눈을 가질 수 있게 되었고, 이때의 경험이 내가 교사가 되어 학생들을 이해하는 밑바탕이 되었다.

그리고 2002년 대한민국이 월드컵 열기로 가득했던 그해, 나는 드디어 교사가 되었다. 경기도 안산시 선부중학교에서 신규 교사 생활을 시작한 나는 두렵고 서투른 일 투성이였다. 그러나 열정 하나만은 누구에게도 뒤지지 않았고, 부족한 부분을 채우기 위해 끊임없이 노력하게 되었다.

02 수석교사를 말하다

수업 역량으로 말하다
스스로 탐구하고 생각하는 수업을 꿈꾸다

나는 과학 교사이며, 과학의 본질은 탐구, 실험이라고 생각한다. 그러나 내가 신규 교사로 발령 받았을 때 근무한 학교의 과학 교사들 대부분은 꼭 필요한 경우를 제외하고는 실험 수업을 잘 하지 않았다. 나는 과학은 탐구하는 학문, 실험하는 학문이라는 생각에 교과서에 나와 있는 모든 실험을 수업 시간에 하려고 노력했다. 그런데 생각보다 잘되지 않는 실험, 학생들이 재미없어하는 실험도 많았다. 그리고 실험이 없는 내용들은 어떻게 탐구 활동을 하거나 실험 활동을 해야 할지 몰라 어려움에 종종 부딪히고는 했다.

그러다 우연히 '참과학'이라는 과학 교사 모임을 알게 되었다. 그곳에서 활동하며 다양한 실험 자료들을 연구 개발하고, 그 자료들을 수업 시간에 활용할 수 있었다. 하지만 여전히 실험이나 탐구 활동을 하기 쉽지 않은 단원을 만날 때면 학생들이 지루해하는 수업이 되고 말았다.

2016년 어느 날, 과학 수업을 하고 나오던 그 순간을 아직도 잊지 못한다. 여느 때와 다름없이 강의식 수업을 마치고 나오는데 뒤통수가 너무 따갑게 느껴졌다. 수업 시간 내내 흐리멍덩하던 학생들의 눈동자, 수업을 마치는 순간 책상 위에 엎드리는 학생들. 그날 내 수업에서는 '배움'이 전혀 일어나지 않았다. 정말 낯 뜨거운 순간이었다. 그런 기분을 계속 가져가고 싶지 않았다.

나의 수업을 바꿀 필요가 있다고 절실히 느꼈고, 주변에 수업을 잘하는 선생님들을 찾아가 조언도 구하고 다양한 연수도 찾아 들으면서 나의 수업을 하나씩 바꾸어 나갔다. 강의식이었던 수업은 토의 위주의 수업으로, 실험 수업이 아니더라도 교실에서 주로 이루어지던 수업을 과학실에서, 쉽고 재미있게 가르치는 데 초점을 맞춘 수업에서 학생들이 스스로 탐구하고 생각하는 수업으로, 그렇게 나의 수업은 다양한 형태로 진화했다. 그 대표적인 방법 중 몇 가지만 소개하고자 한다.

첫째, 탐구가 있는 과학 수업이다.

학생들이 스스로 탐구하는 수업이 되기 위해 어떻게 하면 좋을까 고민하던 나는 다양한 형태의 탐구 수업을 진행했다. 1인 1 탐구 활동, 그림 자료를 통한 탐구, 접착식 메모지(에듀테크) 자료를 활용한 탐구 활동 등을 활용했다.

'1인 1 탐구 활동'은 모둠원들과 함께 생각하고 탐구하는 것도 중요하나, 스스로 탐구하고 문제를 해결할 수 있는 능력 또한 학생들에게 필요하다고 생각하여 도입하게 되었다. 특히, 모둠 활동이 이루어지기 어려운 코로나 19 상황에서도 탐구 활동을 수행할 수 있어 좋았다.

그리고 과학 관련 다양한 그림 자료를 통해 탐구 활동이 이루어지도록 했다. 때로는 그림이 글보다 더 많은 의미를 지니기도 하는데, 학생들은 그림을 통해 관련 정보를 추리하고 추론하여 해석하는 능력이 부족했다. 그래서 수업 주제와 관련된 그림 자료를 통해 학습 내용을 찾아 낼 수 있는 다양한 탐구 자료를 개발해 수업에 적용했다.

접착식 메모지를 통한 탐구 수업도 진행했다. 이 탐구 활동은 모둠 활동에서 한 명만 주도적으로 활동하고 다른 학생들은 조용히 있는 경우를 목격하고, 모두 의견을 나누고 싶다는 생각이 들어서 시작하게 되었다. 접착식 메모지를 이용하여 본인의 생각을 적고, 서로 돌아가며 읽어 보고, 이를 통해 생각을 교환할 수 있도록 했더니 모든 학생이 참여하는 탐구 활동을 진행할 수 있었다. 최근에는 접착식 메모지를 대체할 수 있는 다양한 에듀테크 자료를 활용하여 자신의 생각을 표현할 수 있는 탐구 수업을 진행하고 있는데, 전자 기기에 익숙한 학생들에게 더 호응이 좋았다.

둘째, 질문이 있는 수업이다.

질문을 하는 것은 중요한 지적 기술 중 하나이다. 질문하는 능력을 향상하기 위해 가치와 의미, 목적이 있는 질문을 하는 법을 교육해야 한다. 그런데 우리는 질문의 중요성을 알고 있으면서도 정작 학생들에게는 질문하는 방법을 교육하지 않고 있다. 나는 질문 만들기 활동을 통해 학생들이 스스로 학습한 내용을 돌아보고 부족한 부분을 채울 수 있도록 지도했다.

셋째, 프로젝트 수업이다.

살면서 문제를 해결할 때에는 단편적인 지식이 아니라 여러 지식을 결합하여 복합적으로 사고하는 자세가 필요하다. 이를 위해 나는 매년 다양한 프로젝트 수업을 하고 있다. 'Earth Hour', '빛 사진전', '화학 반응을 이용한 제품 개발', '행성 테라포밍', '환경 책 만들기', '화산과 지진 소개', '상태 변화를 이용한 제품 개발 ', '난타', '과학책 만들기', '소화기관 이야기' 등 그 주제도 다양했다.

프로젝트 수업은 여러 차시에 걸쳐 이루어진다. 그렇기 때문에 수업을 어

떻게 지도하고 구성할지 끊임없이 고민하면서 나의 교수·학습 역량은 향상되었다. 또, 학생들과 끊임없이 소통하면서 더 좋은 관계를 형성할 수 있었고, 학생들의 탐구력과 문제 해결력, 창의성 등도 눈에 띄게 향상되었다.

이제 나는 수업을 마치고 나오면 더 이상 뒤통수가 따갑지 않다. 수업 시간 동안 학생들의 눈은 살아 있고, 끊임없이 소통하고 대화하며, 서로 배운다. 그렇게 나의 수업은 진화했다. 긴 시간 동안 고민하고 좌절하고 연구하며 개발한 수업 노하우들을 동료 교사들과 나누기 시작했고, 그 과정에서 큰 성취감과 보람을 느낄 수 있었다. 이것이 내가 수석교사를 선택하게 된 이유이다.

생활 교육으로 말하다
진심은 통한다

처음 교단에 서게 되었을 때, 나는 교사도, 학생도 아닌 어중간한 위치였다. 교사로서 무엇을 해야 할지, 학생들을 어떻게 지도해야 할지 제대로 방향을 잡을 수 없었다. 그런 나에게 처음 만난 아이들은 참으로 친근하게 다가와 주었다. 그러나 내가 중심을 잡고 서 있지 않아서일까. 학생들은 나를 교사로 대하기보다 언니, 누나로 대하기 시작했다. 점점 나의 말은 교사로서의 권위를 잃었고, 우리 반은 말 그대로 교사를 힘들게 하는 문제반이 되었다.

힘든 순간은 혼자서 해결하기가 힘들다. 나는 주변 선배 교사들에게 도움을 요청했고, 집단 상담 연수도 들으면서 점점 교사로서의 위치를 잡아가기 시작했다. 학생들에게 교사로서의 권위를 내세우며 강압적으로 다가가기보다, '나 전달법'을 통해 나의 감정을 표현했다. 학생들을 다그치기보다 그들의 마음을 먼저 헤아려 주고 고민을 들어 주었고, 문제 상황을 스스로 직면하여 바라볼 수 있도록 도와주었다.

그리고 학생들과 교환 일기를 작성했다. 신규 때 근무하던 지역은 결손가정이 많은 곳으로, 아픔을 가지고 있는 학생들이 대부분이었다. 처음에 교환 일기를 작성할 때는 귀찮아하던 학생들이 시간이 지날수록 작성에 열심이었다. 교환 일기를 제대로 쓰지 않던 아이도 고민이 있거나 힘든 일이 있을 때 교환 일기에 적어서 제출할 정도였다. 그렇게 나는 학생들과 소통할 수 있었고, 우리 반은 문제반에서 우등반으로 변신할 수 있었다.

어느 해, 우리 반에는 자신감이 부족한 친구들이 유달리 많았다. 그 당시 우리 반뿐만 아니라 수업에 들어가는 반 학생들이 전반적으로 그러했다. 나는 학생들에게 자신감을 심어 주고 싶어서 수업 시간에 인사법을 바꾸어 보았다. "차렷, 경례"로 이어지는 인사가 아니라 구호를 외치는 인사였다. "아자! 할 수 있다!"라고 교사가 선창하면 학생들이 따라 하는 형태였다. 피그말리온 효과(정신을 집중해 어떠한 것을 간절히 소망하면 불가능한 일도 실현된다는 심리적 효과. 피그말리온은 그리스 신화에 나오는 키프로스의 왕인데, 상아로 조각한 여신상을 사랑하여 아프로디테가 이 상에 생명을 불어넣어 아내로 삼게 했음.)를 아이들에게 전하고 싶었다. 그리고 구호를 외치고 나면 매주 하나씩 명언을 알려주었다.

이렇게 구호와 명언으로 수업을 시작하자 학생들은 이 방식에 열광했고, 학생들은 나를 볼 때마다 '할 수 있다'를 외치고 다녔으며, 어느 날 진도가 급해 구호와 명언을 빠트리는 날에는 학생들의 원성을 들을 정도였다. 이것은 학생들과 나와의 톡톡함, 우리만의 의식이 되었고, 학생들과 좋은 관계를 형성할 수 있는 출발점이 되었으며, 학생들이 나를 믿고 따르는 작은 불씨가 되었다.

학급에서는 자신감을 향상하고 서로를 배려하는 행동을 촉진하기 위해, 매주 '칭찬합시다!'라는 프로그램을 진행했다. 교사가 이번 주 칭찬할 대상의 학생을 한 명 정하고, 그 학생이 누구인지 조·종례 시간에 학급 학생들에게 힌트를 주면 학생들은 그 학생을 추리하고, 금요일에 그 학생을 맞추는 형식이었다. 맞추는 학생들에게는 과자 등의 작은 선물을 주었고, '칭찬합시다!'의 주인공에게는 상장을 만들어 전달했다. '칭찬합시다!'의 주인공은 학급 학생들이 모두 한 번씩 돌아가도록 배정했고, 마지막에 자동으로 남는 학생들을 추리하는 것을 방지하기 위해 한번 칭찬했던 학생도 또 대상이 되도록 했다. 그리고 첫 주인공은 반에서 소외되는 학생들, 잘 어울리지 못하는 학생들 위주로 정했다. 이렇게 학생들의 장점을 부각해 주고, 그 학생이 누구인지 찾아내는 과정에서 학생들은 서로를 더 따뜻한 눈으로 볼 수 있었고, 미처 알지 못한 상대방의 장점과 자신의 장점을 알 수 있게 되었다.

교사 성장으로 말하다

'함께'의 힘을 배우다

신규 시절, 나는 열정만 가득한 교사였다. 무엇을 어떻게 해야 할지 알지 못했다. 그때 만난 '참과학'이라는 과학 교사 동아리에서 활동하면서 배운 것들은 지금의 나를 있도록 만든 밑바탕이다.

참과학 소속 교사들은 매주 모여 실험 개발을 하고 나누는 시간을 가졌다. 이러한 활동을 통해 개발한 내용들을 전국에서 열리는 다양한 과학 축전 뿐만 아니라 일본의 '동경 과학 축제', '오사카 과학 축전' 등에 참여하여 나눔을 실천했다. 나 또한 국내외의 여러 축전에 참여하는 과정에서 계속 성장할 수 있었으며, 함께 연구하는 것의 중요성을 알게 되었다.

경기도에서 교사 생활을 시작했던 나는, 결혼 후 경남에서 교사 생활을 이어가고 있다. 경남에서는 배움 중심 수업을 위한 교사 연구회 활동을 하게 되었다. 연구회 활동을 통해 프로젝트 수업, 하브루타, 직소 수업 등 다양한 수업 방법에 관해 연구하고 배울 수 있었다. 이는 나의 수업 방향을 '교사 중심'에서 '학생 중심'과 '배움 중심'으로 바꾸는 바탕이 되었다.

혼자서도 잘할 수 있다. 그러나 혼자서 잘하는 데는 한계가 있다. 한계를 넘어서 자신의 부족한 부분을 채우고 더 성장하기 위한 동력은 함께할 때 비로소 얻을 수 있다. 나 또한 동료 교사와의 동아리, 연구회 활동을 통해 더 많이 성장하고 나아갈 수 있었다.

수석교사는 교사들의 배움과 성장을 지원하는 역할을 한다. 그동안 나는 동료 교사들과 함께함으로써 배우고 성장할 수 있었다. 이제 그것을 주변의 동료 교사들에게 나누어 주고 싶다.

52

떨리는 지남철 같은 수석교사

양종인

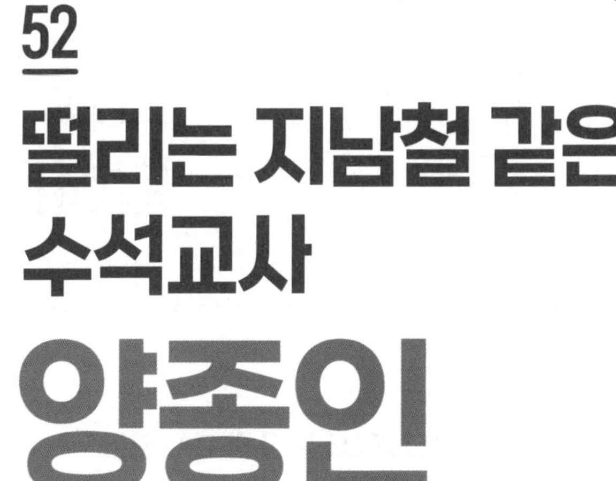

행동 발달 및 종합 의견

수학 교사임을 감안하여 TJ라고 예상하나, 규칙적, 계획적, 정리 정돈과는 거리감이 있는 미룬이임. 관심 있는 것은 꾸준히 파는 편이며, 호기심이 많음. 맡은 일을 소홀히 하거나 민폐 끼치는 것을 끔찍하게 생각함. 한적한 나만의 공간에서 충전 시간을 꼭 가져야 함. 사람들의 이야기에 잘 빠져들고, 웃음과 눈물이 많아 F라고 종종 생각함. 공동체에서 리더보다는 조력자 역할에 최적화되어 있으며, 오랜 기간 유지해 온 모임 자산에 대한 자부심이 있음.

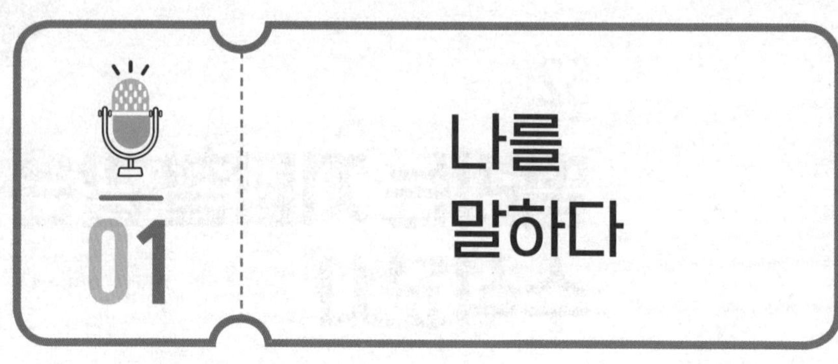

순응적인 나에서 알을 깨고 나오다

월드컵 4강 신화가 이루어진 2002년, 드디어 수학 교사가 되었다. 두 번의 임용고시에서 낙방하고 세 번째 시험에서야 겨우 합격했다. 당시 임용 교사 수는 요즘과 달리 많았으나, 번번이 쓴맛을 봐야 했다. 우수한 입학 성적과 학과 성적에 무난한 합격을 기대했던 교수님들은 나의 결과에 의아해하시며, 한 번은 안타까운 실수일 거라며 다독거리셨다. 하지만 나는 내 안에 극복하지 못하고 있는 큰 걸림돌이 있음을 알았다.

나는 1977년 1남 2녀 중 둘째 딸로 태어났다. 어렸을 때 다른 형제들과 달리 허약해 자주 병치레를 해서 걱정을 끼쳤다. 또, 비위가 약한 편이고 입이 짧아 먹는 것에 의욕이 없었다. 깨작깨작 먹는다고 밥상머리에서 혼도 많이 났었다. 성격이 둥글둥글하지 못했는지 '까탈스럽다'는 핀잔도 자주 들었다. 학창 시절에는 성적이 언니와 동생보다 낮아 부모님의 기대에 못 미치는, 집안의 골칫거리였다.

이러한 피드백 속에서 나의 특성, 기호가 남들과 달라서 표가 나지 않도록 살아야 하는구나 생각했다. 엄한 아버지의 말씀에 순응하려 노력해야 했고,

대학 진학도 그러했다. 부모님의 기대에 못 미치는 성적이었기에 나의 발언권, 아니 진로에 대한 뚜렷한 생각이라고는 없었다. 그저 처분대로 따를 뿐이었다. 그렇게 들어간 수학교육과였다.

입학해서 만난 동기들의 이야기가 내게는 충격이었다. 수학교육과 입학이 집안의 경사로 자기 마을에 현수막이 걸렸다는 이야기, 어려서부터 수학 교사를 꿈꿨는데 그 꿈을 실현할 수 있게 되어 기쁘다는 이야기. 그렇게 축하받았다는 친구가 부러웠고, 수학 교사를 꿈꾸는 친구의 모습에 아무런 생각 없이 입학한 나 자신이 부끄러웠다. 창피하지만 나는 대학에 들어가서야 '나'를 생각하기 시작했다.

내가 찾은 '하고 싶은 것' 첫 번째는 전체 동아리인 관현악반에 들어간 일이었다. 즉흥 연주를 하는 자유로운 모습과 서로 어울려 연주하는 조화로움이 멋있어 보였다. 동아리에 들어가면 나도 그리될 것 같았다. 동아리에 가입해 첼로를 배우기 시작했다. 대학 입학 축하 용돈을 탈탈 털어 첼로를 사고, 과외로 번 돈으로 레슨비를 충당했다. 내가 좋아하는 것을 위해 열심히 사는 내 모습이 뿌듯하고 좋았다.

하지만 아버지가 보시기에는 임용고시에 도움이 되지 않는 활동이었다. 엄한 아버지는 동아리에서 탈퇴하고 공부에 전념하라 하셨다. 아직 아버지에 맞설 용기가 없었던 나는, 아버지 앞에서는 그러하겠다 하고 이중생활을 시작했다. 오랫동안 몸에 배어 있는 순응의 습관은 장학금 받을 학점을 유지하며 아버지의 의심을 피하는 데 도움이 되었다. 축하해 주러 오는 가족도 없이 4차례의 연주회를 마치며, 아버지의 기준에 벗어나지 않으면서도 내가 하고 싶은 것을 잘 해냈다고 자축했다.

대학 3학년 때까지는 어쩔 수 없이 학교에 다녔다. 다른 것을 하겠다 말할 용기도 없었고, 뚜렷이 하고 싶은 것을 찾지 못한 상태이기도 했다. 그렇게 4학년이 되자 막막했다. 이대로 원치도 않는 수학 교사가 되어야 하는지 고민했다.

그러다 4학년 때 수학 교육론을 배우며 처음으로 수학 교사가 되는 일이 멋있겠다는 생각이 들었다. 수많은 학자들이 수학 학습에 관심을 갖고 연구하여 효과적인 수학 학습을 위해 노력했다는 사실을 알게 되자, 수학 교육이라는 것이 참 특별하구나 싶었다. 그 연구들 속에는 내가 어렸을 때 품었던 의문들, 어른들에게 이해 받지 못했던 생각들을 고려하는 노력이 있었다. 만약, 내가 수학 교사가 된다면 좋은 교사가 될 수 있을 것 같았고, 그러고 싶다는 열망을 갖게 되었다.

나름 완벽한 이중생활을 잘 해냈고 수학 교사가 되고자 하는 동기도 충분하다 생각했다. 그런데 임용고시를 앞두고 낮은 자존감이 고개를 들어 나를 괴롭혔다. 내가 나를 믿지 못했고 불안감이 컸다. 두 번의 시험에서 머리가 하얘지고 얼어붙어 아는 것도 쓰지 못하는 경험을 했다. 임용 합격까지의 기간은 쪼그라드는 나의 부정적 자아를 떨쳐내고, 나 자신에 대한 믿음을 키우고 내 진로에 대한 확신을 다지는 시간이었다.

내 안의 걸림돌을 넘고 나서야 교사가 될 수 있었다. 순응적 삶의 패턴을 깨면서 교사가 되었다. 좋은 수학 교사가 되기 위한 노력의 과정은 나 자신을 성장시키는 시간이기도 했다. 수석교사가 된 지금, 노력의 과정에 대해 후한 평가를 받았다고 생각한다. 이제 또 수석교사의 위치에서 나의 성장을 도모할 뿐만 아니라 다른 이의 성장을 도우며, 정년이라는 마지막 평가의 순간까지 잘 성장해 가겠다고 다짐해 본다.

02

수석교사를 말하다

수업 역량으로 말하다

나는 떨리는 지남철 같은 교사이다

신규 교사인 나의 롤 모델은 대학 4학년 때 만난 수학 교육론 교수님이었다. 수학 교육의 이론을 쫙~ 꿰고 계셔서 귀에 쏙쏙 들어오게 잘 설명해 주셨을 뿐만 아니라, 좋은 수학 교사가 되고 싶다는 열망도 심어 주셨다.

그러나 현장에서 수학을 가르치는 일은 내가 알던 수학 지식, 수학 교육의 이론과는 많이 다른 문제였다. 나의 부족함을 채울 수 있지 않을까 하는 막연한 기대를 걸고, 교수님 연구실에서 하는 교사 스터디 그룹에 들어갔다. 2주에 한 번씩 교수님의 연구실에 5~7명의 교사가 모여 논문과 NCTM(미국 수학교사 협의회) 저널을 읽으며 가르치는 관점, 학생들이 겪는 어려움이나 오개념, 가르치는 모델, 또는 고안된 수업 계획과 그 실천 결과들을 살펴보았다.

그렇게 배운 것을 고려해 수업 계획을 세우고 과제를 만들고, 또 수정하고 실행해 보았다. 하지만 아이들에게 외면당하기 일쑤였고 그런 아이들이 야속하기만 했다. 당시 나는 수업에서 교사만 생각했던 것 같다. 교사가 가르쳐야 할 지식을 잘 가공해 학생들에게 열심히 전달하면 학생들이 잘 배우게 될 줄 알았다.

그러나 잘 듣는 학생은 많지 않았다. 수업에서 제일 열심인 사람은 교사인 나였다. 학생들에게 수학 공부는 관심 밖이었고, 수학 시간은 힘든 시간이었다. 문제가 무엇일까? 그런 아이들을 보며 나 역시 수학을 가르치는 게 어렵고 행복하지 않았다. 교사인 나도, 아이들도 행복한 수업을 하고 싶었다. 간절했다.

일단 재미있고 즐거운 수학을 추구했다. 유머러스한 말재간이나 개인기도 없는 나였기에, 수업에서 재미 요소를 어떻게 넣어야 할까 고민했다. 수학 수업의 딱딱한 패턴을 깨면 아이들이 수업 시간에 살아날까 싶어 수업에 게임 요소를 도입하고, 협동 학습도 적용해 보았으며, 갖가지 체험 수학을 찾아 배우고 적용하는 등의 여러 가지 노력을 해 보았다. 전보다 학생들이 살아 움직이는 것 같아 좋았지만, 다른 한편으로 알맹이가 없다고 느껴졌다. 학생들의 반응은 그때뿐이었고, 게임이나 활동에서 느끼는 재미가 수학 학습에까지 전이되지 않았다.

다음으로 학생 스스로 생각하는 수학 수업을 추구했다. 도전적인 목표였다. 어떻게 하면 학생 스스로 생각하도록 할까? 획기적인 동기 유발 자료나 매력적인 과제를 찾기 위해 여러 참고 자료를 수집했다. 또, 학생의 배움에 주목하고, 학생들의 협력적 배움의 관계가 형성될 수 있는 방법을 배우고 익히려 노력했다. 참 오랜 기간을 헤매었다.

그 과정 속에서 학생들에게 매력적인 과제가 멀리 있지 않음을 알 수 있었다. 학생들은 자신들이 쉽게 접할 수 있는 친근한 소재와 너무 어렵지 않은 해 볼 만한 과제에 몰두했다. 교사의 말을 줄이고 과제로 아이들이 가야 할 길을 제시했다.

그리고 그 길을 가는 아이들의 이야기를 듣기 시작하니 학생 스스로 생각하고 서로 의견을 나누기 시작했다. 교사는 아이들의 이야기를 정리하여 되돌려 주고, 비교하게 해 주고, 다른 학생의 궁금증이나 누군가의 특별한 생각을 전달해 주기도 했다. 그러면서 점차 아이들의 성장이 느껴졌다.

끝으로 학생 스스로 배움에서의 성공 경험을 통해 '앎'에 대한 기쁨을 느끼는 수학을 추구하고 있다. 그러기 위해서는 교사가 학생들의 지식에 관심을 갖고 공부해야 함을 느꼈다. 학생들이 표현하는 생각들이 무슨 의미인지 교사가 이해해야 그들을 도와 성공에 이르게 할 수 있는 것이다. 교사가 학생의 지식에 대해 아는 바가 적을수록, 학생을 어떻게 도와야 할지 방법이 잘 서지 않는다. 그러면 그 아이는 배움에서 소외되고 수학에서 멀어진다. 학생들의

지식에 대해서 앞으로 꾸준히 공부해 나갈 계획이다.

나는 내가 떨리는 지남철 같다. '좋은 수학 교사 되기'라는 방향을 향해 고민을 담은 수많은 시도와 시행착오를 겪으며 흔들려 온 지남철 같다. 수업에서 탁월한 완성된 경지란 것이 있을까? 나는 그저 지금까지 해 온 것처럼 그 방향을 향해 끊임없이 흔들리는 모습이어야 하지 않을까 싶다.

생활 교육으로 말하다

생활 교육의 시작은 수업, 완성은 동료 교사와의 협업

생활 교육의 시작은 수업이라고 생각한다. 수업에서 학생들이 말할 수 있는 기회를 주고 기다리면서 그들을 관찰할 수 있게 되었다. 학생들을 관찰하는 시간이 늘자, 학생들 한 명 한 명에 대한 정보가 쌓였다. 각각의 학생들의 특성, 학업 성취 수준과 학생들 간의 관계 등을 알 수 있었고, 그들의 변화도 파악되었다. 그렇게 파악된 정보를 바탕으로 학생들과의 라포(상담자와 내담자 사이의 친근감과 신뢰감)를 형성해 나갔다.

중학교에서만 근무했던 나는 사춘기 아이들의 무서운 행동들을 겪으며, 학생들과의 관계 형성이 매우 중요하다는 것을 많은 시행착오 속에 깨달았다. 사춘기 특성상 불뚝거리거나 무기력한 아이들도 관계가 잘 형성된 선생님에게는 함부로 하지 않고, 자신의 잘못을 순순히 인정하고는 했다.

신규 교사 때는 이러한 관계 형성을 위해 수업 외적으로 많은 공을 들여야만 한다고 생각했다. 하지만 시간이 지날수록 수업 장면 속에서 이루어지는 관계 형성이 중요함을 느꼈다. 학생들은 교사가 각각의 학생을 어떻게 대하는지를 관찰하며 교사에 대한 이미지를 형성한다는 것을 알게 되었다. 또한, 자신의 행동과 발언에 대해 어떻게 반응하는지를 보며 자신의 행동 노선을 정한다는 것도 알 수 있었다. 그래서 학년 초 수업에서 좋은 관계 형성을 위한 활동들에 시간을 많이 투자한다. 원만히 잘 이루어진 관계는 1년을 편하게 한다.

학생 생활 지도에서 동료 교사와의 협업의 중요한 점은 일관성 있는 지도를 할 수 있다는 것이다. 내가 수업 시간에 파악한 학생의 정보에 대해 동료 교사와 의견을 교환하며 수정·보완할 필요가 있다. 내 수업 시간에 파악한 학생의 모습이 단편적이고, 지극히 주관적일 수 있기 때문이다. 또, 학생들의 분위기, 상태 변화 등에 대해 수시로 정보 교환을 해야 지도가 들어갈 적절한 타이밍을 선택할 수도 있다.

가장 중요한 것은 일관성 있는 지도가 가능하다는 것이다. 학생들을 지도하다 보면 흔히 듣게 되는 불만의 소리가, A 선생님과 B 선생님의 지도가 다르다는 것이다. 학생들은 귀신같이 그 지점을 파고들어 교사를 무력화시키기도 한다. 학년 초 동학년 담당 교사들이 모여 공동의 지도 방침을 정하고, 지도를 해 가는 과정에서 발생하는 사건들에 대해 함께 머리를 맞대어 해결책을 찾아야 한다. 사안에 따라서는 학년 생활 위원회를 열기도 하는 등 교사들이 끈끈한 단결력을 보였을 때 생활 지도가 잘 이루어지는 것을 경험할 수 있었다.

교사 성장으로 말하다
나를 성장시킨 수학 교사 공동체들

누군가 교사 성장에 있어 가장 필요한 것이 무엇이냐고 묻는다면, 나는 단연 교사 공동체라 말할 것이다. 나의 경우 교사 공동체가 없었다면, 지금 수석교사가 될 수 있었을까 싶다.

나의 첫 번째 교사 공동체는 신규 교사 때 교수님 연구실에 모여 공부하던 공동체이다. 교수님이 주시는 논문이나 저널을 미리 읽고 만나서 이야기 나누는 형태였다. 자료로 교육과정을 익히고, 교육과정을 전체적으로 보는 안목을 기를 수 있었다. 또한, 선배 교사들의 경험 이야기를 통해 학생 반응을 이해, 예측할 수도 있어 큰 도움이 되었다. 더불어 힘들고 어려운 점을 토로하며 위안을 얻어 계속 노력할 힘을 낼 수 있었으며, 교사로서 공부하는 습관을 형성할 수 있었다.

두 번째 교사 공동체는 정 선생님이 이끄는 수학 교사 공동체였다. 협동 학습, 체험 활동 중심 수업이라는 주제로 모여 공부했다. 수학 교육에 대해 열정적인 이들이 모여 가장 의욕적으로 배우고 활동했던 시기였다. 매년 겨울에 열리는 'Math Festival'에 함께 참여하며 역할을 분담하여 분과 강의를 듣고, 저녁에는 한 방에 모여 자신이 배운 것을 돌아가며 전달해 주고 익히느라 늦은 새벽까지 끝날 줄 몰랐다는 이야기는 전설처럼 남아 있다. 이때 연구자와 연결되어 처음으로 한 단원 수업을 촬영하여 분석해 보는 경험도 했고, '좋은 과제 워크숍'에 참여하며 수업의 설계와 분석에 집중할 필요성을 느끼게 되었다.

이후 수업의 설계와 분석을 집중적으로 해 보기 위해 함께 한 단원 수업을 촬영하고 수업 나눔을 했던 류 선생님과 2016년에 새로 수학 교사 공동체를 결성하여, 지금까지 활동해 오고 있다. 처음 몇 년간은 구성원 각자가 수업할 주제를 선정하고 과제를 만들어 왔다. 그러면 구성원들이 함께 과제를 다듬은 후, 그 과제를 투입하여 실행하는 수업을 직접 관찰하고 나누는 루틴으로 운영했다.

함께 과제를 만들어 투입해 보니 과제에 대한 학생 반응 예측도 쉽고, 과제 진행도 매끄러워졌으며, 과제의 목표도 명확해지는 등 장점이 많았다. 그리고 수업을 관찰할 때 공동으로 만든 과제가 투입된 수업이다 보니 수업에 대한 이해도가 높아지고, 함께 과제 개선을 하여 보완된 수업을 할 수 있었다. 함께 과제를 만들며 부족한 부분들은 함께 공부해 나갔다. 여기에서 한 발 더 나아가 최근에는 MQI라는 수학 수업 분석 도구를 이용해 수업을 분석하고 개선해 가는 노력을 하고 있다.

나를 되돌아보면 교사 공동체가 있었기에 '수업'을 끊임없이 생각하고 공부하고 개선하는 노력을 할 수 있었다. 혼자가 아닌 '함께'이기에 가능했다고 생각한다.

아마 나 혼자였다면 중간쯤에서 노력을 멈추고, 적당한 수학 교사의 모습으로 타협했을지도 모른다. 교사 공동체 속에 있었기에 나의 부족함을 비추어 알 수 있었고, 어렵고 힘든 점을 공감하며 함께 방법을 찾아보고 꾸준히 공부할 수 있었다. 함께여서 가능했다. 늘 좋은 교사 공동체를 만나 성장할 수 있었음에, 그리고 앞으로 성장할 수 있음에 감사하다.

53

티라미수 같은 수석교사

오진희

행동 발달 및 종합 의견

항상 걸음걸이가 힘차고 자신감에 찬 모습을 가지고 있으며, 매사에 긍정적이고 밝은 성향을 지님. 외유내강의 생활 태도로 본인이 결정한 일은 뒤돌아보지 않고 추진하며 성과를 내지만, 주변 사람들에게는 열린 마음으로 배려해 주는 따스함을 지니고 있음. 가끔 급한 성격으로 주변을 돌아보지 못하는 실수를 해서, 현재 '마음챙김(Mindfulness)'을 일상생활에서 실천하며 '지금, 여기'를 그대로 온전히 알아차리는 습관을 기르고자 노력 중임.

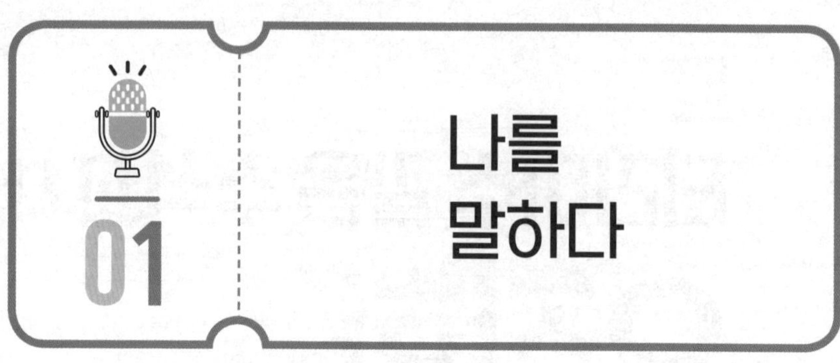

티라미수처럼 자신을, 주변의 에너지를 기분 좋게 하는 사람

티라미수는 이탈리아어로 'Tirare(당기다), me(나), sù(위)'가 합쳐진 말로, '나를 끌어올린다', 의역하면 '기분이 좋아진다'라는 뜻이다. 나는 항상 나를, 그리고 내 주변 사람들을 기분 좋게 하는 긍정의 에너지를 지닌 사람이고 싶다.

『2024 트랜드 코리아』라는 책을 읽다 보니, 스토리텔링(storytelling)이 아닌 스토리두잉(storydoing)이라는 용어가 신선하다. 요즘은 정말 많은 정보와 생각들로 인해 내 주변의 input들이 최대치로 올라가는 상황이다. 이럴 때 중심을 잡지 않고 이 많은 정보들을 쌓아두기만 한다면, 어느 순간 '나'라는 존재는 길을 잃을 수도 있다. 이 중에서 나만의 길을 분명히 찾아내고 행동으로 옮기는 과정들이 늘 필요하다. 이러한 변화의 행동들이 수석교사라는 또 하나의 변화의 꼭지를 찾은 듯하다. 지금까지 나의 인생을 지탱해 준 나만의 철학을 소개한다.

첫째, 내가 행복한 선택을 한다. 어렸을 때는 '이기적'이라는 단어가 무척 부정적이라는 생각을 했다. 이기적인 사람은 나쁜 사람이라고 단순하게 생각했던 것이다. 그런데 나이가 들다 보니, 가끔은 이기적인 것이 필요하다는 생각이 들었다. 물론, 이때의 '이기적'이라는 단어는 나의 행복을 위한 이기적인 일들이다. (단, 사회 규범상 남에게 피해를 주면 안 된다.) '미움 받을 용기'라 했던가? 가끔은 나의 행복을 위해 순간적으로 '아니오'라고 말할 줄도 알아야 하며, 이 선택은 결국 행복한 나로 인해 더 나은 상황을 만든다. 나의 행복한 빛으로 주변을 더 밝힐 수 있다면, 나의 행복은 가끔 이기적이어도 좋다.

둘째, 긍정적이고 따뜻한 언어는 나를 더 좋은 사람이 되게 한다. 내 주변의 사람들은 항상 이야기한다. 뭐가 그리 감사해서 "감사합니다."를 연발하느냐고. 그렇다. 어느 순간 나는 "감사합니다. 사랑합니다."를 참 많이도 이야기하고 있다. 어떻게 시작되었는지는 모르겠지만, 계속 이야기를 하다 보니 습관처럼 항상 나의 말 속에 들어 있다.

그런데 혹시 그걸 아는지? "사랑합니다. 감사합니다." 하고 말할 때마다 그 언어들을 처음 듣는 사람은 바로 내가 되는 것이다. 즉, 내가 더 좋은 사람이 되어 가는 것 같다. '내가 하는 말이 곧 나'라는 말은 참으로 옳다.

셋째, 기록은 기억을 이긴다. 나는 언제나 작은 수첩과 펜을 가지고 다닌다. 그러지 못할 경우를 대비해 핸드폰의 메모 기능을 사용하기도 한다. 기록해야 한다. 우리의 생각들은 생방송이다. 지나가면 다시 완벽하게 재현해 내기가 쉽지 않다. 그래서 매일 습관처럼 저녁 시간에, 나만의 성찰 의식을 갖는다. 작은 전등을 켜고 편한 소파에 앉아 오늘을 성찰하고, 적어 본다. 이러한 기록들이 쌓여 가고, 반복해서 읽다 보면 좀 더 큰 성찰의 시간이 오기도 한다. 오늘도 나는 기분 좋게 하루를 마무리하고 싶다.

02

수석교사를 말하다

수업 역량으로 말하다

언어의 한계는 세상의 한계

나는 영어 교과를 가르치고 있다. 고등학생 시절 진로를 고민할 때, 풋풋한 여고생의 마음으로 고려대 정치외교학과를 가려고 했다. 정치에 관심이 있어서는 아니었다. 그 당시에 여고생들에게 인기 있었던 '퀴즈 아카데미'라는 프로그램이 있었다. 대학생들이 나와서 퀴즈를 푸는, 소위 대학생용 장학퀴즈였다. 우연히 보게 된 프로그램에서 나의 시선을 단숨에 사로잡은 멋진 대학생 오빠들 팀이 있었는데, 고려대 정치외교학과에 다니는 오빠들이었다. 나의 진로가 결정되는 순간이었다. 이런 허무맹랑한 진로 선택에 부모님과 담임 선생님은 한심하다는 듯이 나를 꾸짖었다. 나의 마음은 진짜 순수했는데! 어쩔 수 없이 두 번째로 선택한 곳이 영어교육과였다(오빠들은 서울 가서 만나면 되니깐?!).

대학교에서 배우는 영어는 조금 달랐다. 『성문 종합 영어』만 달달 외우던 문법 번역식 교수법(GTM, Grammer Translation Method)에서, 영시를 외우고 영문학을 읽고 원어민 교수님과 회화 공부도 하니 영어 공부가 훨씬 재미있었다. 중·고교 때는 왜 이런 재미를 몰랐을까 약간 의아했다. 대학생이 되면 꼭 만나야겠다던 고려대 오빠들은 못 만났지만, 대신 영어 공부의 재미를 느꼈다.

그때 깨달았다. 사람은 다른 언어를 할 때 또 다른 인격체, 또 하나의 페르소나가 생긴다는 것을. 영어를 할 때의 나라는 사람은 한국어를 할 때의 나보다 더 자신감이 생기고, 목소리가 커지고, 얼굴에 미소가 자연스럽게 나오는 것이었다. '그래, 내가 영어 교사가 되면 우리 아이들에게 영어를 하는 또 다른 멋진 자신의 모습을 발견하게 해야지.' 하는 작은 소망으로 영어 교사를 시작했다.

경기도 일산에 신도시가 막 생길 때쯤, 그곳에서 새내기 교사 생활을 시작했다. 영어를 하면서 느꼈던 희열의 경험들을 우리 아이들에게도 느끼게 하고 싶었지만, 어느새 그 희열은 열심히 가르치는 나만 느끼고 있었다. 처음부터 잘못되었다. '수업은 내가 잘 가르치는 것이 아니라, 우리 아이들이 잘 배우는 것'이라는 수업의 기본 진리를 잊고 있었던 것이다.

성질 급한 나는 바로바로 방법을 바꾸어 나갔다. 수업의 구조화를 '나'에서 우리 '학생들'에게로 주도권을 넘기는 수많은 방법들을 시도했다. 성공하는 순간보다 실패하고 좌절하고 자신감을 잃는 시간들이 많았다. 하지만 시간이 지날수록 나만의 성공 방식들을 하나씩 찾아가는 것 같았다. 거꾸로 수업을 만나고, 코로나 19의 시간 속에서 온라인 플랫폼인 구글 클래스룸 등을 적용하며, 나만의 수업 루틴을 찾은 것 같다. 수업은 완벽할 때까지 기다리면 안 된다. 수업의 본질인 아이들의 배움을 중심에 두고, 계속 시도하고 다듬어 가면서 수업은 성장하는 것이다.

작년부터 2년 동안 고3 여학생들과 영어 수업을 하고 있다. 첫 수업에서는 항상 아이들과 마음 열기를 한다. 영어 공부를 하는 이유, 영어를 잘하면 하고 싶은 것들을 공유해 보면, 아이들은 우리보다 더 영어를 자신들의 삶과

연결시킨다. '수능 1등급'이라는 우리 예상과 다르게 아이들은 '외국인 친구 사귀기, 세계 여행하기, 다양한 외국어 드라마 보기, 외국에서 직업 구하기' 등등 영어를 통해 더 큰 세상과 소통하고 교류하고 싶어 한다. 이러한 아이들의 요구를 바탕으로 영어의 기본 실력을 기르며, 이를 활용하는 역량을 가지고 영어를 하는, '더 큰 나'를 길러 내는 다양한 수업을 오늘도 고민한다. 언어를 통해 우리는 더 큰 세상을 만날 수 있다.

언어 철학자 비트겐슈타인은 언어의 중요성을 이렇게 이야기한 바 있다.

"내 언어의 한계는 내 세계의 한계를 의미한다."

(The limits of my language are the limits of my worlds.)

생활 교육으로 말하다

교사는 한 번에 한 학생을 바꿈으로써 세상을 바꾼다

살면서 누구에게나 'A-ha Moment'가 있다. '바로 이거다!' 하는 순간이다. 나에게는 교사로서 아이들을 어떻게 바라보아야 할지를 안내한 책 한 권이 있다. 권영애 선생님이 쓴 『그 아이만의 단 한 사람』이다. 한 번도 뵙진 않았지만 교사로서 우리 아이들을 어떻게 바라보고 어떻게 다가가야 하는지를 마음속 깊이 전해 준 선생님께 존경과 감사를 표현한다.

교직 생활을 20년 넘게 하다 보면 수많은 아이들을 만나게 된다. 그들을 만난 그 순간순간에 나는 아이들을 품을 수 있는 따뜻한 한 사람이 되어 주었는지 항상 되묻게 된다. 우리 아이들은 한 사람에게 받은 깊은 존중과 사랑으로 평생을 살아낼 힘을 얻게 되는 것이다. 아이들을 마주하는 순간마다 이렇게 이야기해 준다.

첫째, 세상에는 두 가지 일이 있다. 내가 열심히 해서 바꿀 수 있는 일, 나의 의지와는 상관없이 정해진 일이 그것이다. 이 두 가지를 정확하게 파악하는 것이 처음에는 중요하다는 생각이 든다. 나의 에너지는 내가 변화를 줄 수 있는 일에 쏟아야 한다. 가끔은 포기도 필요하다. 선택과 집중을 하다 보면, 나의 색깔을 찾아가며 나의 인생을 그려 갈 수 있다.

둘째, 우리 인생에서 중요한 것은 '남보다'가 아닌 '전보다'이다. 요즘 부모님들과 상담하다 보면, 예전과 달리 자녀들의 특성을 제대로 보시고 그것을 인정하며 지켜 주려는 모습이어서, 부모님과 사회적인 인식의 변화가 눈에 두드러진다. 하지만 여전히 우리 아이가 무조건 모든 면에서 '일등' 하기만을 기대하시는 부모님도 가끔 보인다. 이와 같은 무조건적인 비교로 우리 아이들을 경쟁으로 몰아넣는다면, 그 결말은 우리 모두가 알고 있다. 우리는 모두 다르고, 인생의 출발점도 다르다. 인정해야 한다.

중요한 것은 서로 다른 출발점에서 어제의 나보다 나아지는 성장과 성숙의 하루하루를 만들어 가는 것이다. 인생의 의미는 어제보다 나아지는 현재의 나를 만들어 가는 작은 성공들의 연속에 있지 않을까 한다.

셋째, 현재는 선물이다. 며칠 전, 재미있는 그림 하나를 보았다. 행인이 말을 끌고 초원을 걷고 있었다. 말은 따스한 햇살 아래 바람 향기를 맡으며 어슬렁어슬렁 가고 있었다. 반면에 농부는 몸만 그곳에 있지, 여러 가지 생각들로 머리가 복잡한 모습이었다. 그 순간 말의 마음은 mindfulness(마음 챙김)이었고, 행인의 마음은 mindfullness(꽉 찬 생각들)이었다.

우리는 지금 현재의 소중함을 가끔은 잊고 산다. 어제의 일을 후회하느라, 내일의 일을 걱정하느라. 어제는 어제의 현재이고, 내일은 내일의 현재이다. 결국 우리의 인생은 현재의 합이다. 지금 주어진 현재에 100% 집중하고, 결과는 겸허하게 받아들이면 된다. 내가 집중한 100%의 현재의 삶으로 내 인생은 충분히 보상받을 수 있다.

교사 성장으로 말하다

'learn – unlearn – relearn'의 말랑말랑한 영어 교사

2023년 8월 영어과 1정 연수 첫날, '교사 철학 세우기' 오리엔테이션 연수를 진행했다. 연수 도중 쉬는 시간에 한 선생님이 반갑게 인사를 했다.

"선생님, 저 전주여고 박○○입니다. 남원 인월고에 근무하고 있어요. 선생님 이름 보고 바로 알아봤어요. 그때도 선생님이 영어 시간에 영자 신문 〈The Korea Herald〉를 매일 즐겁게 읽어 주시고, Jigsaw 활동도 하고."

한참 이야기를 나누면서 그때의 내 모습이 생각났다. 어느 순간부터 나는 수업에 대한 남다른 비전과 열정이 있어서 수석교사를 도전하는 오늘까지 온 것 같다. 애플의 창시자 스티브 잡스는 2015년 스탠퍼드 대학교 졸업식 연설에서, 인생은 돌아보면 '점들의 연결(Connecting the Dots)'이라고 했다. 내가 수석교사로 설 수 있었던 계기도 바로 이런 좋은 교사가 되기 위한 순간들의 합이라는 생각이 든다.

첫 번째 '큰 점'은 첫 발령을 받은 1994년, 경기도의 한 중학교에 근무할 때

이다. 나는 정말 영어를 잘 가르치는 교사가 되고자 매일 지도안을 수첩에 적고, 임용고시를 준비하면서 배운 내용에 맞게 도입부터 과제까지 정해진 시간에 맞게 수업을 진행했다.

어느 날, 본문에 나오는 내용을 아이들이 쉽게 이해했으면 해서 본문 내용을 스케치북에 그려서 갔다. 부푼 마음으로 스케치북을 여는데, 몇몇 아이들이 소리쳤다.

"선생님, 이게 뭐예요? 제가 그려도 더 잘 그리겠네요."

그 순간 나는 얼굴이 빨개지면서 여러 생각이 스쳐 지나갔다.

'그래, 수업의 주인공은 내가 아니야. 아이들이 주인공이지! 지금까지 나의 가르침만 생각했지, 아이들이 어떻게 배우는지는 생각하지 않았어. 아이들하고 소통하고 공감하고, 아이들 수준에서 준비해야지. 그냥 열심히 하는 것은 바보짓이야. 눈을 크게 뜨고 주변을 바라보며 우리 아이들이 원하는 것, 필요로 하는 것이 무엇인지를 찾아 출발선에 놓아야지.'

그 이후 나의 수업은 교사의 가르침이 아니라, '학생들의 배움'에 초점을 맞추게 되었다.

두 번째 터닝 포인트는 2014년, 우연히 시청하게 된 〈거꾸로 교실의 마법 - 천 개의 교실〉이라는 KBS 다큐멘터리였다. 나처럼 학생들의 수업 참여 방법 등을 고민하시는 교사들의 모습에 넋을 잃고 2시간을 집중해서 보았다. 그때 다시 '바로 이거다!'라는 생각이 들었다. 바로 그 주말에 경기도 안산에서 열리는 '거꾸로 교실 1박 2일 캠프'에 참여하여 거꾸로 교실의 마법에 빠졌다. 그 이후 지금까지 나의 수업 철학 'Why'의 큰 패러다임은 '거꾸로 교실'이며, 여러 가지 다양한 방법으로 시도하고 있다.

영어 교사로서의 성장은 멈추지 않는다. 배우고, 고치고, 또 배우고, 즉 'learn - unlearn - relearn'의 끊임없는 도전의 연속이다. 이제 수석교사로서 또 새롭게 배우기를 시작한다. 수석교사로서의 첫 수업도 다음을 고민하며 교실에 들어가려 한다.

"아이들과 마주하는 시간을 제일 잘 활용할 수 있는 방법은 무엇일까?"

(What is the best use of face-to-face time with students?)

54

다리 짧은 수석교사

우보영

행동 발달 및 종합 의견

고등학교 때까지 벚꽃이 유명한 진해에서 컸지만, 봄의 화사한 벚꽃보다 노을 진 가을의 벚나무 낙엽에 더욱 매료됨. 주인공뿐만 아니라 주변 인물, 핵심뿐만 아니라 디테일에도 관심을 가지는 계기가 됨. 두 아들 덕분에 7년간 수능 엄마로 생활하며 마음의 폭이 더욱 넓어짐. 따뜻한 가족과 다정한 친구들, 한국의 우수한 의료기술로 결핵, 뇌수막염, 암 모두를 이겨내고, 내일 지구가 멸망해도 교사이고픈 수석교사의 꿈을 이룸.

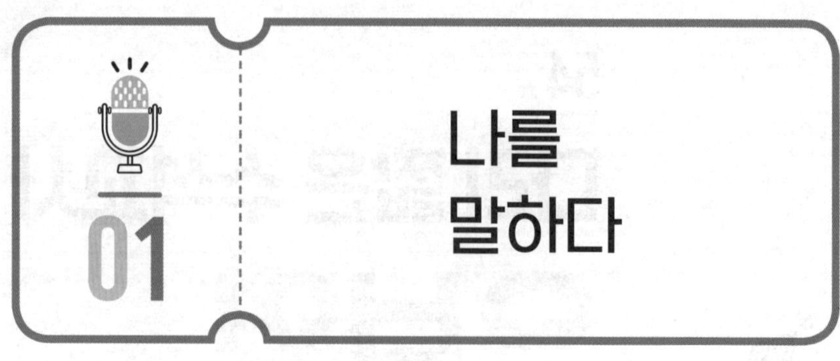

다리 짧은 도마뱀은 날개를 꿈꾼다

결핍은 나를 성장하게 한다. 아무 특별한 것도 없는, 지방 소도시의 보잘것없는 집안의 셋째. 운동도 공부도 빠릿빠릿한 기가 없어서, 뭐든 남들보다 조금 먼저 시작하고 꾸준히 해야 겨우 남들만큼 해낸다.

대여섯 살 때 매일 같이 놀던 친구 연정이. 어느 날 연정이가 오늘부터는 같이 못 논다고 한다. 오늘부터 발레를 배우러 간다고. 발레가 뭐지? 하얀 타이즈에 처음 보는 잠자리 날개 같은 망사 치마를 입은 연정이는 갑자기 딴 사람 같았다. 군인 가족, 1남 3녀 중 셋째, 감히 연정이를 부러워할 엄두도 나지 않았다. 그때부터 연정이는 발레에, 피아노에, 곧이어 유치원을 다니느라 나와는 자주 놀 시간이 없었다.

초등학교에서 같은 반이 되자 우린 다시 단짝이 되었다. 학교를 마치면 연정이는 여전히 바빴고, 나는 연정이네에서 빌려 온 책을 주로 읽었다. 소년소녀 명작 동화집이었다. 책 읽기는 얌전한 아이에게는 제격인 소일거리가 되었다. 5학년 때는 학교에 도서관이 생겼다. 고무줄 뛰기에서도, 술래잡기에서도 깍두기만 하던 아이는 책 세상에서 놀이의 주인공 노릇에 탐닉했다.

중학생이 되었다. 엄마는 빠듯한 살림에 보탬이 되고자 하숙을 치셨다. 졸지에 언니는 다락방으로 옮겨 가고, 여동생과 나는 거실이 공부방이 되었다. 열린 공간이다 보니 주로 책상 앞에 앉아 있을 수밖에 없었다. 책상에 앉아 4살 아래 여동생이 갖고 놀던 종이 인형의 옷이나 가구 같은 것을 매일 종이로 오리고 붙이며 시간을 보냈다.

중학교 1학년, 알파벳도 모르고 입학해서는 첫 시험에서 영어 16점을 받았다. 몇 점 이하부터는 교탁 앞으로 나가 손바닥을 맞았는데, 눈물이 핑 돌았다. 아프기도 하거니와 그렇게 낮은 점수를 받은 아이가 적어서 너무 부끄러웠다.

집으로 와서 책상 위의 종이 인형을 모두 치웠다. 교과서밖에 없었기 때문에 교과서로 공부를 시작했다. 2학년 때는 반에서 5등 이내가 되었다. 3학년 때는 전교에서 5등 이내가 되었다. 수학과 과학이 좋았다. 첫사랑의 실패처럼, 영어는 내내 힘겨운 공부가 되었다.

고등학교 1학년 학기 말이었다. 진로는 이과로 정해 두었다. 내년이면 맏이인 오빠가 군대 복무를 마치고 대학 3학년에 복학 예정이었다. 언니는 대학 4학년 졸업반이 될 참이었다. 빠듯한 형편에 내년이면 대학생이 둘, 고등학생이 하나, 중학생이 하나가 되는 셈이었다. 아버지의 호출이 있었다. 나의 진로를 정해 두신 듯했고, 셋째인 나에게는 선택지가 없었다. 국립대 사범대학이었다. 당시에는 졸업 정원제로, 사범대생도 졸업생이 넘쳐나서 졸업과 동시에 발령을 못 받는 경우가 많았다.

전공 학과는 국어와 영어 중에 골라야 했다.

'아버지, 저는 이과인데요.'

마음속으로 삼켜야 하는 말이었다. 잘못하다가는 대학 자체를 못 갈 수도 있다. 결론은 당연히 국어교육과. 첫사랑의 실패 때문에 영어를 할 수는 없었다. 그해 대입 고사는 국어가 쉽고 수학이 어려웠다. 자신 없었던 국어에서도, 자신만만한 수학에서도 좋은 점수를 얻어 다행히 국어 교사의 길로 접어들 수 있었다.

02

수석교사를 말하다

수업 역량으로 말하다

질문에 꽂히다

최근까지 10여 년 넘게 연속으로 고3 수업을 담당했다. 수업은 주로 EBS 수능 연계 교재를 다루었다. 당연히 강의식 수업이었다. 학생부 교과 세특 작성을 위해 최소한의 수행평가로, 학생들의 글쓰기나 발표를 조금 추가할 뿐이었다. 수업에 대한 학생들의 만족도가 높고, 수업 평가도 좋았다.

'귀에 쏙쏙 들어오는 설명, 시험 볼 때 쌤의 목소리가 들리는 듯해요.'

주로 이러한 평가에 힘입어 수업 준비를 철저히 하고, 수업 내용을 명확하게 전달하는 데만 치중했다. 이전의 학생 활동 중심 수업과는 차츰 멀어졌다.

그러다 코로나 19로 인해 갑자기 수업 동영상을 찍었다. 문법 수업이었는데, 눈 마주칠 학생도 없이 카메라만 보며 강의식 수업을 찍었다. 그러면서 처음으로 나의 수업을 찬찬히 들여다보게 되었다. 휴대 전화로 막 찍은 수업에 스스로 화들짝 놀랐다. 기술력이 부족해서가 아니라, 수업 내용 때문이었다. 지금까지 이런 수업을 하고 있었구나. 교사만 있고 학생은 없는 수업을 하고 있었구나.

"쌤, 저 절실해요. 저 수업 바꿔 보고 싶어요."

수업 - 평가 나눔 선생님들이 큰 힘이 되어 주었다. 혼자서는 엄두가 나지 않는 일도 함께라면 조심스레 한 발이 떨어진다. 특정한 수업 단원이나 수행평가에서가 아니라, 일상의 수업에서 학생이 수업의 주체가 되는 수업 모형을 모색했다. 이때 만난 책이 댄 로스스타인의 『한 가지만 바꾸기』이다. 부제는 '학생이 자신의 질문을 하도록 가르쳐라'이다. 막막한 어둠 속을 헤매다가 갑자기 개안(開眼)이 되는 기분이었다. 함께 읽고 함께 이야기 나누고 함께 구체적인 수업 모형을 구상했다.

마침 다음 해에는 수업 - 평가 나눔에 참여하는 선생님들과 같이 3학년을 담당하게 되었다. 이제 실천할 차례였다. 그해 우리가 함께 가르칠 내용은 EBS 연계 교재 중 '문학'이었다. 보통 수업은 한 시간에 한 작품을 다루었다. 수업 전에 선생님들과 함께 작품마다 질문 초점을 한 문장씩 마련했다.

수업이 시작되면 학생들에게는 4면으로 나누어진 빈 학습지를 배부한다. 학생들은 칠판에 제시된 질문 초점을 보고 각자 질문을 생성한다(1면). 질문하기가 완료되면 친구들과 질문을 공유한다. 이제 작품을 읽으며 자신의 질문에 답을 적는다(2면). 답안 작성이 완료되면 친구들과 답안도 공유하고, 미해결 질문에 대한 답안을 추론해 보기도 한다. 개인과 모둠 모두에서 답안을 찾지 못한 질문은 학급 전체에 공유하고, 전체가 함께 답안을 추론한다. 이제 각자 오늘의 학습 내용을 정리한다(3면). 마지막으로 오늘 가장 인상적인 단어를 하나 고르고 그 이유를 작성한다(4면).

이러한 질문하기 수업은 기대 이상이었다. 우선, 모든 학생이 수업에 적극적으로 참여했다. 조는 아이도 없었고, 고3을 핑계로 다른 과목 공부를 하는 학생도 없었다. 처음에는 몇 차례 주춤거리던 학생들도 수업에 곧잘 참여했다. 학업 성적과 상관없이 모두 자신의 질문을 잘 생성했다. 질문에는 위아래가 없었다. 더 중요한 질문도, 덜 중요한 질문도 없었다. 자신이 궁금하다고 여기고, 자신이 중요하다고 생각하는 모든 것은 질문이 되었다. 질문은 누구나 평등하게 수업에 참여하게 해 주었다.

더 큰 성과는 학생들의 수업 평가에서 확인할 수 있었다.

- "이제까지 공부는 교과서와 자습서를 따라만 갔었는데, 질문하기 수업은 내 자신이 수업의 주체가 되는 경험이었다."
- "처음에는 고3에게 왜 이런 수업을 하는지 의문이었는데, 지금은 질문하기를 진작 배웠더라면 좋았겠다는 생각이다. 자습실에서 다른 과목도 질문하기로 공부하고 있다."
- "학습지 마지막에 인상적인 단어와 이유를 작성하면서 나를 돌아보는 계기가 되었다. 그동안의 삶도 제 나름의 가치가 있었다는 생각이 들었다."
- "친구들의 인상적인 단어와 이유를 들으면서 많은 공감을 했고, 많은 위로를 받았다."

질문하기 수업은 수업 준비가 더 촘촘하다. 학생이라는 요리사가 무슨 재료로 어떤 요리를 만들든지 차질이 없도록 뒤에서 촘촘히 준비해 두는 게 교사의 역할이다. 학생들의 질문은 의외로 폭이 넓고, 때로는 깊이도 깊다. 단순한 작품 해설 정도로는 부족하다. 예전 같으면 "시험에는 주로 이런 유형을 다루니 이 정도만 이해하면 돼. 핵심 내용은 이거야. 이것만 꼭 기억해."라며 가르칠 내용만 명확하게 준비했다.

하지만 이제는 학생들의 삶과 연계 지점을 궁리한다. 작품마다 학술 자료 두세 편은 꼭 읽어 보게 된다. 자주 쓰는 어휘들도 의미가 모호하면 반드시 사전을 찾아본다. 수업에 앞장선 학생들과 더불어, 교사의 배움과 성장도 함께한다.

생활 교육으로 말하다

시로 나눈 대화

"선생님 반에 현석이(가명)이라고 있죠? 그 녀석 오늘도 지각했죠? 그리고 조퇴도 했죠? 조퇴한다고 교문에 왔길래, 너 오늘 지각하더니 조퇴도 하냐? 학교가 그렇게 다니기 힘드냐? 그랬더니 뭐에 그렇게 부아가 났는지 막 욕을 하더라구요. 너 누구 들으라고 욕을 하냐? 그랬더니 아주 **** 난리가 났어요. 교문 입구에 있던 생활 부장님 차 위로 뛰어올라 막 뛰고 난리도 아니었어요. 겨우 붙잡아 생활부에 보냈어요."

고3 문과반 담임을 할 때 학교 지키미 선생님께 전해 들은 이야기이다. 현석이는 나처럼 군인 자녀였다. 아버지 부임지에 따른 잦은 이사로 어릴 때부터 학교 부적응이 심했다. 고등학교 때는 대전에서 살았는데, 사춘기를 심하게 앓았는지 집을 나와 거의 친구 집에서 지냈다. 학업과 교우 관계를 걱정한 부모님은 환경을 바꿔 줄 요량으로 서울로 이사를 왔다.

그러나 이사가 능사는 아니었다. 머리가 다 큰 아이는 부모가 막는다고 교우 관계를 쉽게 정리하지 않았다. 평일에는 아르바이트로 용돈을 모아 주말이면 대전에서 친구와 지냈다. 주말마다 대전을 다녀오자니, 월요일은 거의 결석 아니면 오후 늦게 등교했다. 다른 날도 지각이 잦았고, 걸핏하면 몸이 아프다는 핑계로 조퇴를 요청했다. 현석이는 학급의 누구와도 이야기를 나누지 않았고, 담임이 묻는 말에도 최소한의 응답만 겨우 했다.

문과, 이과가 통합되기 전 고등학교 3학년에는 4개의 계급이 존재했다. 여자 이과반, 여자 문과반, 남자 이과반, 남자 문과반. 남자 문과반은 생활 지도할 사항이 참 많다. 단연 '1계급'이다. 딱딱한 볼링 핀은 딱딱한 볼링공으로 해결하기 어렵다. 담임이 볼링에 프로 기술이 있다면 물론 가능하겠지만 말이다. 마시멜로같이 말랑말랑한 시 감성은 어떨까? 벌점, 벌 청소, 벌금, 이런 건 싹 다 접어 두고, 시 외우기를 학급 운영의 핵심으로 삼았다.

> 나타샤를 사랑은 하고 / 눈은 푹푹 날리고
> 나는 혼자 쓸쓸히 앉어 소주를 마신다
> …(중략)…
> 산골로 가는 것은 세상한테 지는 것이 아니다
> 세상 같은 건 더러워 버리는 것이다
> – 백석, 「나와 나타샤와 흰 당나귀」 중에서

하하, 결론은 대성공! 고3 남학생이 하루종일 시 외우는 모습을 상상하시라. 얼마나 낭만적인가. 지각한 아이들은 거의 점심시간 전에 시 외우기를 완료한다. 종례 이후에 남는 건 있을 수 없는 일이다. 교복 착용이 잘 안 되다 보니, 매주 수요일은 교복 입는 날로 정해 두었다. 이날만큼은 거의 모든 아이가 교복을 완벽하게 입고 왔다. 시를 외우느니 작아서 불편해진 교복 착용을 감수하고야 만다.

현석이도 예외는 아니었다. 지각하는 날 시를 내밀면 차라리 결석이 낫겠다고 투덜거리면서도, 좀 짧은 시를 달라고 애교를 부리기도 했다. 지각이 연속되면 차츰 길이가 긴 시를 받게 되니 하루라도 지각을 멈추라고 달래 보기도 하며, 차츰 대화의 물꼬를 터 나갔다.

쌤, 이 시는 꼭 제 이야기 같아요. 이 사람 누구예요? 저 이 사람 시 더 읽어 보고 싶어요.

현석이는 백석의 시에 공감했다. 현석이가 다음으로 좋아한 시는 「남신의주 유동 박씨 봉방」이었다. 자기에게도 '갈매나무'가 있다고 했다. 그동안 많이 미워하면서도 닮고 싶은 사람이 '아버지'라고 했다. 이제 졸업하면 부사관에 지원하겠다고도 했다. 그러고도 많은 지각과 조퇴를 반복했다.

드디어 졸업식이었다. 부모님과 함께 졸업식에 참여한 현석이는 지난 겨울방학부터는 더 이상 대전에 가지 않는다고 했다. 부모님과 함께 식사하거나 대화하는 시간도 많아졌다고 한다. 유난히 어둡고 긴 사춘기의 끝자락에서 조금은 환해진 아이의 어깨를 다정히 두드려 주었다.

교사 성장으로 말하다

함께 가는 길

"선생님들, 지금 논술 열풍이 불고 있어요. 우리 학교도 논술 준비를 해야지 않을까요? 국어 선생님들이 먼저 나서 주시는 게 좋겠어요. 이번 논술 연수는 누구든 1명 이상 꼭 참석해 주세요."

2006년 12월, 겨울방학을 앞둔 국어과 협의회에서 들은 교감 선생님의 주문이었다.

이게 시작이었다. 수학을 좋아했던 국어 쌤이 드디어 재미와 자신감을 얻게 되었다. 논술을 만나기 전에는 국어 교사라는 옷이 늘 헐겁게 느껴졌다. 전문성 신장을 위해 여러 연수에 뛰어다녀 보기도 했지만, 하나같이 대단한 교사들을 보면서 왜소한 자신을 발견할 뿐이었다. 국어 교사로서 자신감이 위축되기도 하고, 이 길이 천직이 아닌 듯하여 전직을 고려해 보기도 했다.

그런데 논술을 배우면 배울수록 몸에 꼭 맞는 옷을 입은 듯 활력이 솟고 신이 났다. 논술 연수에서 만난 강사 선생님을 따라 서울 중등 독서 토론 논술 연구회에도 들어갔다. 연구회 선생님들과 함께 '읽기 - 토론하기 - 주장하는 글쓰기'를 체계적으로 공부했다. 서울시 교육청 주관 독서, 토론, 논술 행사를 연구회가 주최하여 성공적으로 진행했다. 독서 오거서, 고등학생 토론 대회, 대입 수시 논술 거점 학교 운영 등에 실무로 참여하여 개인적으로나 연구회

차원에서 양적·질적 성장을 경험했다.

무엇보다 큰 성과는 수업의 개선이었다. 독서, 토론, 논술을 기반으로 하는 학생 참여형 수업 모형을 함께 만들었다. 이를 교실 수업에 적용하고 실천 사례를 나누고 자료집을 몇 년간 발간했다. 이 자료집을 연구회 선생님들과 직무 연수에 참여한 선생님들께 보급하여 독서, 토론, 논술 교육이 현장에 안착하는 데 기여한 점이 큰 보람이었다.

최근 연구회는 연구회 활동과 함께, 각 지역청의 '수업 - 평가 나눔' 활동으로 녹아들었다. 독서, 토론, 논술 기반 학생 참여형 수업의 저변 확대를 모색하는 한 방법이었다. 2023년에는 내일신문사와 국어문화원의 후원으로 '쉬운 우리말 수업'을 함께 기획하기도 했다.

우선, 연구회 선생님들이 주축이 되어 과정 중심 평가 수업을 기획했다. 주제는 '시민의 알 권리를 보장하는 쉬운 우리말 쓰기'로 정했다. 교과별 관련 성취 기준을 확인하여 각 교과의 교수·학습 및 평가 계획을 작성했다. 관련 도서를 선정하고 다양한 수업 자료를 모았다. 수업에 곧바로 활용이 가능한 학습지 양식들도 개발했다. 토론 시나리오, 서술형·논술형 평가 예시 자료, 학생부 교과 세특 예시 자료까지 상세히 마련했다.

다음으로 각자가 소속된 수업 - 평가 나눔 선생님들에게 수업의 취지를 알리고 수업 실천을 권유했다. 연구회 선생님들이 공동으로 개발한 교수 - 학습 및 평가와 관련한 모든 자료를 공유했다. 각 학교, 각 학급의 상황에 맞게 수업과 평가를 실천한 후 그 결과를 나누기로 했다. 관련 도서와 수업에 필요한 교구는 내일신문사와 국어문화원에서 충분히 제공해 주었다.

역시 우리 선생님들은 대단했다. 수업 나눔은 이 수업에 참여한 모든 선생님이 함께했다. 다 같은 수업이지만, 한편으로는 다 다른 수업이기도 했다. 독서 기반 학생 참여 수업, 과정 중심 평가라는 수업 - 평가의 혁신은 당연한 결과였다.

이에 더하여 모든 학생이 수업에 적극적으로 참여한 수업이었다. 수업 소감에서 '쉬운 우리말이 시민의 기본권을 보장한다'는 내용이 많았으며, 향후 자신의 진로 분야에서도 쉬운 우리말 쓰기에 관심을 가지고 이를 실천해 보겠다는 다짐이 대다수였다. 수업 주제가 학생들에게 내면화되었음을 확인할 수 있었다.

이렇듯 더불어 가는 길, 함께 가는 길은 불안감보다는 설렘을 준다. 주저보다는 도전을 쉽게 한다.

55

마음을 잘 들어 주는 수석교사

임인경

행동 발달 및 종합 의견

방송국 어린이 음악 프로그램 관련 일을 하면서 가르치는 일에 재능이 있음을 알게 됨. 상상력이 넘치는 음악 수업과 2009, 2015, 2022 개정 교육과정 음악 교과서 개발에 참여함. 또, 학교 합창단과 오케스트라, 밴드부 활동을 열정적으로 지원함. 교무 기획 부장, 교육 연구 부장, 교육 혁신 부장, 교육과정 부장 등으로 활동하며 항상 다른 사람의 말에 귀 기울이고, 어려운 점을 지원함. 학교 구성원의 관계 개선 및 소통을 통한 관계 회복에 노력해 왔음.

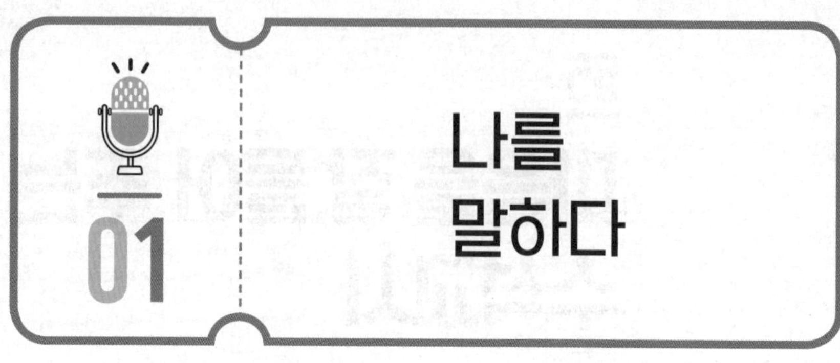

우리 모두는 특별하다

살리에리의 슬픔 1. 특별하지 않음을 처음 깨닫게 된 순간

5세 때 처음으로 피아노를 통해 음악을 접하게 되었다. 교사였던 어머니가 동료 음악 선생님께 하나뿐인 딸의 피아노 과외를 맡기면서부터였다. 딱히 피아노 연주가 즐거웠던 것은 아니었다. 엄마가 하라고 해서 그냥 시작했다. 이렇게 출발을 했으니 피아노 수업이 잘 될 리가 없었다. 지금 생각해도 너무하다 싶을 만큼 진도가 나가지 않았다. 결석하고, 혼나고, 다시 시작하고. 이러한 음악 수업은 초등학교 입학 때까지 계속 이어졌다.

초등학교 입학 후 정말 친한 친구를 만나게 되었다. 내가 피아노를 배운다는 말에 엄청 호기심을 가졌던, 그래서 바로 피아노를 시작했던 내 친구. 그 아이는 재능이 있었다. 한 달 만에 그동안 내가 배웠던 모든 연습곡을 끝냈고, 어느덧 베토벤의 문을 두드리고 있었다. 함께 피아노를 연주하며 뒤늦게 따라가려고 했지만, 타고난 재능이 없어서인지 나의 연주는 항상 부족했다. 결국 내 친구는 피아노를 전공했고, 피아노 연주 실력은 부족했지만 음악에 대한 관심과 애정이 많았던 나는 작곡과에 가게 되었다.

살리에리의 슬픔 2. 점점 멀어지는 나의 특별함

작곡과 필수 과목이었던 '시창과 청음' 시간이었다. 우리 교수님은 참 엄했다. 당시 대학생이었던 모든 아이들에게 좌석을 지정해 주고, 매시간 혹독하게 시창과 청음 훈련을 진행했다. 제대로 음악을 기보하지 못한 경우, 쉬는 시간에 교실을 나갈 수도 없을 정도로 엄청난 카리스마를 발휘하셨다. 조성음악 청음까지는 어떻게든 노력으로 따라갈 수 있었는데, 무조 음악에서 내 한계가 드러나기 시작했다. 아무리 집중해서 들어도 기보할 수 없는 한계와 슬픔이란!

반면, 같은 수업을 듣던 1년 후배는 딱히 노력을 하지 않아도, 그냥 듣기만 해도 모든 음들이 머릿속에 떠올라 기보가 머릿속의 음을 따라가지 못했던, 말로만 듣던 '절대음감'의 소유자였다. 상대평가였던 그 수업에서 나는 당연히 좋은 점수를 받을 수 없었다. 나중에 알게 되었는데 그 아이는 노크 소리, 자동차 소리도 모두 음으로 들린다고 했다.

살리에리의 슬픔 3. 그렇다고 내가 특별하지 않은 것은 아니었다

타고나지 않은 재능과 노력해도 따라갈 수 없는 내 음악 인생에서 돌파구가 마련된 것은 방송국 어린이 프로그램 관련 일을 하면서부터였다. 매주 어린이들이 나와 노래를 부르며 경쟁하는 프로그램에서 오케스트라 편곡을 하고, 사전에 진행된 리허설에서 주인공인 아이들이 노래를 잘할 수 있도록 지도

하는 일을 맡았다. 아이들에게 부족한 부분을 조언해 주고, 아이들이 원하는 지점에 대해 들어 주며 오케스트라 반주팀과 소통하는 과정에서 '음악을 가르치는 일'에 대한 꿈을 꾸게 되었다. 그래서 교육대학원 과정을 마치고 임용고시를 치른 후 음악 교사가 되었다.

내가 하고 싶은 일, 나의 재능을 찾을 때까지 정말 오랜 시간 돌고 돈 끝에, 나의 능력을 발휘할 수 있는 특별한 일을 드디어 찾게 되었다. 이후 음악 교사로 일한 15년은 정말 행복한 시간이었다. 많은 아이들이 내 수업에서 즐거움을 찾았고, 항상 재밌다고 칭찬해 주었고, 열정적으로 참여하면서 함께 공감하는 음악 수업을 만들어 나갔다. 그래서인지 음악 수업 관련 프로그램을 개발할 때도, 관련 교재를 집필할 때도, 오케스트라 동아리 아이들의 발표를 위해 새벽에 나가 시민회관 대관 신청을 하기 위해 줄을 서 있을 때도 피곤한 줄 몰랐다.

대부분의 사람들, 99%의 사람들은 살리에리에 가깝다. 하지만 내게 있는 특별한 그 무엇인가를 발견하고 노력할 때, 누구나 자신만의 무대에서 '1%의 모차르트'가 될 수 있다.

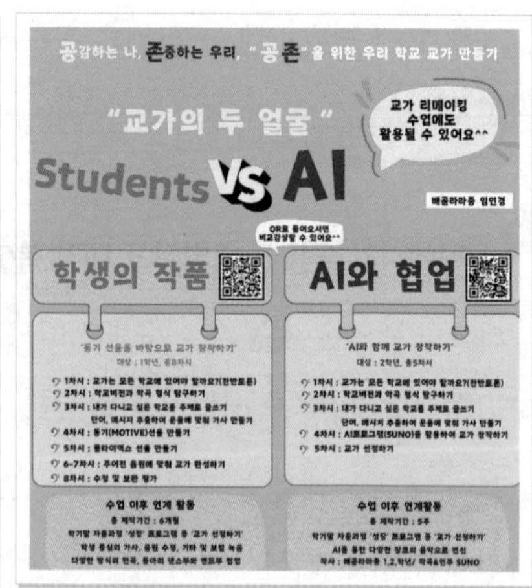

02

수석교사를 말하다

수업 역량으로 말하다
음악으로 꿈꾸는 마음 성장 스토리

공립학교 음악 교사가 5년이 지나 다른 학교로 전출을 가야 할 때, 새로 갈 학교에 바라는 조건이 있다. 목적 사업이 없는 학교, 그래서 오로지 음악 수업만 할 수 있는 학교, 그리고 방음이 되는 음악실이 있으면 좋겠고, 음악과에게 담임을 맡기지 않을 정도로 학급 수가 많아 인적 자원이 풍부한 학교였으면 좋겠고, 맞다! 오케스트라가 없는 학교였으면.

베네수엘라의 빈민층 아이들을 위한 무상 음악 교육 프로그램인 '엘 시스테마'의 영향으로, 오케스트라 교육은 교육부의 주요한 예술 교육 사업의 하나로 자리 잡았다. 그 결과 이제는 많은 학교에서 오케스트라를 운영하고 있다. 앙상블을 이루는 오케스트라 연주를 통해 아이들은 다른 교과목에서 배울 수 없는 '함께'의 가치를 배울 수 있는 등 수많은 장점이 있다. 하지만 학교 음악 교사에게는 음악 만들기와 강사 및 학생 관리, 예산 운영, 악기와 악보 관리 등 수많은 행정 업무가 존재하고 있어 기피할 수밖에 없다.

2013년에 부임한 경기도 광명의 중학교는 희망과는 반대로, 수많은 목적 사업들과 오케스트라 동아리가 있는 학교였다. 부임하자마자 1학년 담임에

오케스트라 동아리를 맡게 되었다. 오케스트라 운영 1년 차로 1회 정기 연주회에서 보여 준 놀라운 성과를 다시 한번 이어가 주기를 희망하는 학교 공동체의 요구가 컸다. 그래서 그해 3월은 담임으로서 학급 아이들과의 관계 맺기, 음악 수업 변화와 오케스트라 운영에 대한 고민으로 어느 해보다 부담감이 큰 상태에서 시작되었다.

사실 오케스트라는 동아리로 운영되고 있는 데다, 학급 담임 업무처럼 급하지도 않았고, 업무에 대한 사전 협의도 없는 상태에서 배정 받았기에 잘 운영할 생각도 별로 없었다. 그러던 4월의 어느 날, 3학년 오케스트라 아이들이 찾아왔다.

"선생님, 저는 악장이구요, 얘는 부악장이에요"

"저는 클라리넷 파트장이에요. 선생님 클라리넷 리드 사 주시면 안 돼요?"

"선생님, 저는 오보에 파트장인데요. 리드 깎아 주셔야 하는데, 어떻게 할까요?"

"올해도 연주회 꼭 하고 싶은데 도와주실 거죠?"

"작년에는 엘가의 〈위풍당당 행진곡〉과 쇼스타코비치를 했는데요, 올해는 드보르작 하면 안 돼요? 그리고 글린카의 〈루슬란과 루드밀라 서곡〉도 너무 좋더라구요. 이거 할 수 있어요?"

쏟아지는 질문과 아이들의 열정에 움직여야 할 시간이 왔다는 것을 알았다. 엘가와 드보르작, 쇼스타코비치, 글린카, 악장, 파트장 등의 오케스트라 용어를 쏟아 내는 아이들이 보낸 1년의 시간이 궁금하기도 했다.

첫 번째 합주 연습에서 아이들의 자부심과 자신감의 근거를 알 수 있었다. 그것은 바로 성인 오케스트라가 연주하는 어려운 곡목을 중학생 오케스트라가 무대에 올림으로써 얻는 뿌듯함과 성공 경험이었다. 학교 옆에 연주할 수 있는 홀이 있어 전교생이 연주회를 관람하는 형태로 교육과정을 운영하고 있어서, 학교 내 오케스트라의 위상도 대단했다.

아이들의 열정에 힘입어 운영 방향을 결정했다. 학생 오케스트라지만 더 좋은 소리를 낼 가능성이 커 보여서 전문 지휘자를 위촉했다. 음악 교사는 어려운 오케스트라 레퍼토리를 지휘하는 데 많은 공부가 필요할 뿐만 아니라, 오케스트라 행정과 아이들과의 소통, 그 외 담임 교사 업무와 교과 수업도 함께 진행해야 했다. 그렇기 때문에 음악을 잘 만드는 전문가를 활용할 필요가 있었다.

그리고 음악 수업과 동아리, 방과후 학교를 연계한 오케스트라 중심의 예술 중심 학교 교육과정도 함께 진행했다. 모든 아이들이 '1인 1악기'로 음악 시간에 바이올린 수업을 받을 수 있도록 음악 교과 교육과정을 구성했고, 자유 학기 예술 체육 선택 프로그램을 통해 오케스트라 각 파트의 수업을 전문적으로 진행하도록 자유 학기 운영 계획을 세웠다. 창의적 체험 활동과 동아리 시간까지 오케스트라와 연계될 수 있도록 학교 교육과정을 오케스트라에 집중시켜 운영했다.

결론부터 이야기하자면, 2013년부터 2018년까지 오케스트라 활동은 학교 교육과정 안에서 매우 성공적으로 이루어졌다. 물론 그동안 방학 없이 매일 출근하고, 학교 내 많은 구성원들과의 끊임없는 소통으로 개인 시간이 거의 없었으며, 끊임없이 음악 수업에 대해 고민해야 했다. 그렇지만 자신의 꿈을 오케스트라를 통해 이룬 아이들의 사례(첼로 파트가 부족해 중학교 1학년 때 첼로를 시작하게 된 제자가 오케스트라 활동을 통해 진로를 결정하고 경기예고에 가더니, 한국종합예술학교에 진학했다. 그리고 바이올린으로, 호른으로, 콘트라베이스로 많은 아이들이 현재 음악 진로를 꿈꾸며 '제2의 구스타프 두다멜'을 꿈꾸고 있다.)를 보면서 여느 예술 교육과 구별되는 즐거움과 몰입의 음악 교육의 잠재력을 확신할 수 있었다.

2024년 수석교사로 부임한 시흥에 있는 중학교는 음악실만 있고 피아노도, 칠판도, 책상도 없는 신설 학교였지만 예술 중점 학교이다. 그래서 다시 한번 '오케스트라'라는 새로운 도전을 고민하고 있다. 음악을 통해 우리 아이들에게 또 다른 기회가 열릴 것이라 확신하기 때문이다.

생활 교육으로 말하다

아이들을 변화시킬 수 있는 음악의 힘

음악은 아이들을 변화시킬 수 있는 강력한 도구이다. 음악은 감정을 표현하고 공유하는 방법으로서 아이들의 감정적·정서적 발달을 촉진할 수 있을 뿐만 아니라, 친구들과 함께하는 음악 활동을 통해 소통과 협력, 창의적 사고와 문제 해결 능력을 기를 수도 있다. 미래 사회에 필요한 많은 역량을 기를 수 있다는 점에서 음악 활동은 교육적 의의가 크다.

사춘기의 절정에 들어서는 중학교 아이들을 위해 음악 수업은 타악기 연주하기와 협력적 음악 활동 위주로 운영한다. 타악기, 즉 세트 드럼 혹은 카혼, 젬베를 연주하면서 자신을 적극적으로 표현하고, 친구들과의 협력 활동을 통해 서로를 이해하는 시간을 가짐으로써 함께 음악적 아이디어를 확장할 수 있기 때문이다. 본인의 스트레스를 음악으로 해소하며, 학교에서 사고를 덜 쳤으면 하는 마음도 내심 있기도 하다.

그런 마음으로 세트 드럼 연주 수업을 시작한 어느 날, 평소 항상 6교시에 등교하던 박○○이 수업에 참여하려고 음악실에 들어왔다. 교권 보호 위원회 2회, 다수의 생활 교육 위원회와 학교폭력에 연루되어 조사를 받았고, 친구들과의 관계도 힘들어하여 누구보다 사춘기를 호되게 앓던 아이였다. 이미 성인의 삶에 익숙해 과연 학교에 돌아올 수 있는지조차 고민하게 하던 아이였다.

그런 아이가 드럼 수업에는 꼬박꼬박 잘 참여했다. 초등학교 때 음악을 좋아했던 아이인지라 드럼도 곧잘 연주했고, 수행평가 점수도 좋았다. 반 아이들도 모두 의외라고 생각했다. 물론 드럼 수업이 끝난 후 다시 음악실에 들어오지 않았지만.

한 해가 지나고 3학년이 되던 학기 초, 박○○이 담임 선생님에게 심한 욕을 하여 다시 교권보호위원회에 들어왔다. 전학 조치까지 내려지지는 않았지만, 아이의 눈에는 분노와 자포자기 등 여러 가지 감정들이 보였다. 수없이 반복되는 상황에도 가장 존경스러웠던 것은 아이의 부모님이었다. 많이 힘든 상황이었으나 아이를 끝까지 놓지 않았고, 학교에서 다양한 방법을 찾고 싶어하셨다. 나는 그 방법의 하나로, 아이가 드럼을 좋아하니 밴드부에 참여할 기회를 달라고 제안했다.

음악 수업 시간에 배운 것으로 밴드부에서 자신의 몫을 해내기는 어려운 상황이었다. 하지만 많은 부서의 지원 아래, 교과 보충 프로그램과 방과후 학교 활동을 통해 전문 강사에게 배울 수 있는 기회와 밴드부 활동 기회를 주었다. 수업 후 음악 이야기를 함께하는 것과 더불어, 개별 드럼 수업과 밴드부 합주 수업을 이어 나갔다.

빠른 시간에 밴드부에서 자신의 역할을 다할 수 있을 정도로 연주 실력이 향상되었고, 무엇보다 아이의 눈빛이 달라졌다. 12월에 공연을 한다는 이야기만으로도 생기가 넘쳤다. 비록 예고 입시에는 실패했지만, 자신이 하고 싶은 것을 찾아서 그런지 친구들이나 선생님들과의 관계도 좋아졌고, 학교도 자주 나올 정도로 참을성도 생기는 것 같았다. 성공적으로 밴드부 연주회도 하고, 내년에 꼭 예고에 편입하겠다는 희망도 자신 있게 말하면서 해당 프로그램을 1년간 진행한 교사를 흐뭇하게 만들었다.

이러한 사례가 자신이 집중할 것을 찾았기 때문인지, 성장 과정에서 당연한 일이었는지, 포기하지 않았던 학부모와 담임 교사의 신념 때문인지 확실하지는 않다. 하지만 한 아이의 성장 과정에서 음악이 결정적인 역할을 했음은 분명하다. 많은 아이들의 삶 안에서 긍정적인 변화가 일어나도록, 음악 수업이, 음악 동아리가 그 역할을 충분히 할 수 있도록 학교 교육과정 내에서 열심히 지원, 지원, 또 지원하고자 한다.

교사 성장으로 말하다

듣기의 힘을 믿는다

유태인 속담에 "나이가 들수록 입은 닫고 지갑은 열어라."라는 말이 있다.

어른이란 쓸데없는 불필요한 참견보다 실질적인 도움을 주는 존재여야 한다는 뜻이다. 그런 면에서 나는 다른 사람의 말을 잘 들어 주는 교사이다. 실은 말주변이 없어서, 내가 한 말이 맞는지 확신이 서지 않아서, 아니면 용기가 없어서 '어쩔 수 없이' 들어야 하는 상황을 편하게 합리화했는지도 모른다.

그런데 다른 사람의 말을 잘 들어 주는 것은 생각보다 쉽지 않다. 맥락을 이해하고, 적절한 리액션을 하면서 형식적이지 않고 따뜻하게 대하는 것은 내가 말을 해야 하는 상황보다 더 어려운 일이기도 했다. 가끔은 의견이 없는 사람처럼 보이거나, 형식적인 리액션만 이루어지는 경우도 있어 나와 친한 동료들은 금방 알아채고 놀리기도 한다.

특히, 상대방이 흥분한 상황에서는 더욱 어려운 일이기도 했다. 하지만 상대방을 이해하면서 진심으로 잘 듣는 것만으로도 생각보다 많은 갈등이 풀릴 수 있다. 2012년 혁신 학교를 추진하고 싶어 하는 교장 선생님과 교사들 사이에 갈등이 일어났었다. 그때, 중간에 끼인 혁신 부장으로 교장 선생님과 선생님들의 이야기를 들어 주면서 서로 조율하고 의견을 맞춰 나가는 과정 자체만으로도 혁신 학교에 진입할 수 있었다. 그리고 성공적인 혁신 학교까지는 아니더라도 다툼이 없는 혁신 학교 문화를 정착할 수 있었다.

코로나 19 시절, 모두가 어려운 상황에서 교무 기획 부장을 맡으면서 변화가 많은 학사 운영을 무난하게 할 수 있었던 것도, 교장실과 교감실 및 학년실을 수없이 왔다갔다 하면서 다양한 이야기를 듣고 이해하고 소통하는 과정을 끊임없이 수행했기 때문이다.

학교에 화가 많이 난 학부모님들의 이야기를 들어 주는 것만으로도 상황이 저절로 해결되기도 한다. 중학교 아이들이 너무 화가 많이 난 상황에서 그들을 진정시키고, 하고 싶은 말을 하게 하고 들어 주는 것만으로도 아이 스스로 상황을 되돌아보게 할 수 있었다. 코로나가 종식되기는 했지만 감염을 우려하여 졸업식을 교실에서 하겠다고 결정을 내렸다가, 강당에서 하고 싶어 하는 아이들의 대규모 반대 시위(대자보도 붙이고, 음악실에 교실 졸업식 반대 문구가 도배를 하던 상황. 요즘 우리 아이들은 훌륭하게 의사표현을 한다.)를 마주했었다. 그때도 아이들이 학급에서 이야기를 나누게 하고, 그 이야기를 듣는 장을 마련하는 것만으로도 바람직한 의사 결정이 이루어졌다.

요즘처럼 누구나 자신을 끊임없이 적극적으로 표현하는 상황에서 상대방을 주인공으로 두고, 대화의 주도권을 주고 들어 주는 것만으로도 사람들에 대해 많은 공감과 이해를 할 수 있을 것이다.

그래서 앞으로도 나는 계속 말을 잘 들을 것이다. 우리 아이들의 말을, 우리 선생님들의 말을, 교장 선생님과 교감 선생님의 말을.

56

살아 있는 학교를 꿈꾸는 수석교사

장선희

행동 발달 및 종합 의견

이력서에 한 줄 더 쓰기 위해 교직 이수를 선택했으나, 오히려 컴퓨터 공학보다 교육학에 매료됨. 정보 교사로서 코딩 수업을 통해 학생들이 지능 정보 사회의 다양한 가능성을 발견하도록 돕고, 당면한 문제점에 대해 인문학적으로 접근하는 것을 좋아함. 학습자의 주도성과 자율성을 높이는 프로젝트 수업을 애정하여 꾸준히 도전하고 있음. 교사들이 수업에 대한 자기 철학을 발견하는 '수업 알아차림 대화' 모임을 조직하고 나누고자 노력함.

교육에 대한 열정으로 갖게 된 교사라는 꿈

5남매의 막내로 자란 나는 돌 지날 무렵 아버지를 여의었다. 어려운 가정 형편이었지만 사랑 많고 웃음 많았던 언니들과 오빠는 고단한 어머니를 걱정시키지 않기 위해 어린 막내를 늘 챙겨 주었다. 빠른 언니들과 오빠를 따라다니며 놀려면 주로 뛰어야 했고, 그래서 자연스럽게 가장 자신 있는 것이 달리기였던 것으로 기억된다. 체육 대회 계주에서 마지막 주자로 박수 갈채를 받았던 것이 어린 시절 가장 행복했던 기억 중 하나이다.

당시 88 올림픽 등으로 스포츠에 대한 대중적인 관심이 급부상하면서 잠시 육상 선수의 꿈을 꾸기도 했으나, 가족들의 권고로 평범한 학업의 길에 접어들었다. 가장 믿고 의지했던 오빠는 수학 과목을 가장 중요하게 여겼는데, 나는 오빠에게 인정받고 학교에서도 인정받고 싶은 마음에 지겨울 정도로 수학 문제를 풀어 댔다. 그 덕분에 학창 시절에 수학만큼은 상당한 자신감을 갖고 있었다.

하지만 중·고교 시절은 나에게 상당한 좌절감도 안겨 주었다. 1등을 해도 다음에 또 1등을 한다는 보장이 없었다. 늘 경쟁심과 열등감에 시달렸던 시절이었다. 특히, 고등학교 2학년 때 공부에 대한 의미를 찾을 수가 없어 많이 방황했다. 1년간 정신줄을 놓았다가 고3이 되어 다시 공부를 시작하려니 쉽지 않았다. 다시는 이런 입시 공부를 하지 않으리라는 마음으로 공부하여, 당시 가장 잘나간다던 컴퓨터 공학과에 진학했다.

막상 대학에 들어가니 공부는 어려웠고 적성에 맞는 공부가 무엇일까 고민되었다. 사실 대학에 진학할 때는 진로, 적성에 대한 고민은 전혀 없었고 오로지 '취업'을 잘하고 싶은 마음뿐이었지 교사가 될 생각은 추호도 없었다. 그러다 대학에서 교직을 이수할 수 있다는 공지가 떴다. 별생각 없이 이력서에 한 줄을 더 쓰면 취업에 유리하겠다 싶어 교직을 선택했고, 교사 자격증을 따 놓기로 했다.

그런데 이게 웬일인가? 교육학 공부는 할수록 너무나 재미있었다. 교육철학, 교육 심리학, 교육 사회학, 교육과정 등 배우는 과목들마다 정말 재미있었다. 교육에 대해 단 한번도 생각해 보지 않았던 나는 학창 시절 나의 배움과 공부 상처에 대해 돌아보게 되었고, 우리나라 입시 교육에 대해 안타까운 마음이 들었다. 그리고 급기야 학교 현장을 바꿔 보고 싶다는 마음까지 들기 시작했다. 교사가 되고 싶은 마음이 점점 커져 가면서 일반 기업에 대한 취업 준비를 내려놓고 임용고시 준비에 전념했다.

그러나 첫 번째 임용고시는 처참하게 떨어지고 말았다. 어린 시절의 공부 상처 때문이었을까, 떨어지고 나니 '시험'이라는 것 자체가 혐오스럽게 느껴졌다. 그래서 미련없이 여의도에 있는 회사에 취업을 했다.

회사는 학창 시절과 정말 달랐다. 모든 능력을 드러내야만 했고, 업적에 대해 엄중하게 평가 받았다. 당시 과장님이 너무 엄격해서 조금의 실수도 용납하지 않았기에, 꾸중을 듣고 눈물을 훌쩍이며 야근을 해야 했다.

고단했던 그 시절, 교회 신앙 생활을 하면서 인생의 향방을 위해 깊이 고민하고 기도했다. 그리고 친구의 권유로 교회 청소년부 교사를 시작했다. 내가 맡았던 반에는 여러 어려움을 겪고 있던 고등학생들이 많았는데, 그 학생들과 신앙과 삶의 이야기를 나누면서 많이 친해졌다. 회사 월급날이면 찾아와 함께 여의도 맛집을 가고 영화를 보기도 했다. 아이들을 만나면 만날수록 잊고 있었는데, 아니 정확하게 이야기하면 잊고 싶었던, 내 안의 교육에 대한 열정이 불쑥불쑥 튀어나왔다. 회사 생활 3년 차가 되면서 회사 업무가 몸에 익자, 임용고시 공부를 병행하기로 마음먹었다. 쉽진 않았지만, 확신은 있었다.

'나는 꼭 교사가 되어야겠다, 실패해도 다시 도전하리라.'

그리고 1999년 3월, 경기도 고양시의 중학교에 발령을 받아 꿈에 그리던 교사가 되었다.

02 수석교사를 말하다

수업 역량으로 말하다
학생 주도성과 융합적 사고력을 키우는 프로젝트 수업

어린 시절 꿈도 없이 입시에 대한 중압감에 힘겨웠던 때문이었을까. 정보 교사로서 입시를 벗어난 수업을 할 수 있다는 것이 참 좋았다. 그러나 중학교와 특성화 고등학교에서 15년을 지내면서, 수업보다 업무와 학생 생활 지도에 더 많은 에너지가 소모되었다. 특히, 특성화 고등학교에서 자격증 취득 위주의 수업에 지쳐 갔다.

그러다 인문계 고등학교로 옮기게 되어 드디어 수업다운 수업을 할 수 있으리라는 꿈에 부풀었다. 학기 초에 열심히 수업을 했는데, 아이들이 몇몇 찾아와 수업을 이렇게 하시면 안 된다고, 자습 시간이 필요한 고3에게 이런 수업은 너무 가혹하다고 했다. 눈물이 핑 돌았던 순간이다. 알고 보니 내가 부임하기 전에 계시던 정보 선생님은 고3 학생들에게 수업량을 줄이고 평소 자습 시간을 주셨던 것이다.

하지만 자습으로 때우며 수업을 포기할 수는 없었다. 배울 마음이 있는 학생들에게 가르치면 된다! 그리고 학생들이 보다 적극적으로 참여할 수 있는 수업이 무엇일까 계속 고민하고 공부했다. 특성화고에서 함께 근무했던 교사

들과 지역 연구회를 조직하면서 수업에 대한 고민은 탄력을 받기 시작했다. 다양한 수업 사례를 함께 공부하고 적용해 보면서, 특히 '프로젝트 기반 수업'(Project Based Learning)에 매료되었다. 학생들이 자기 주도성을 드러내어 스스로 주제를 선정하고 진행하고 발표하는 과정에서 배움이 일어난다는 것을 발견했다. 나는 학생들이 고민하고 있는 진로에 좀 더 도움을 주고 싶었다. 그래서 학생들의 관심 분야를 중심으로 정보 과학 기술이 몰고 올 세상의 변화가 어떻게 일어나고 있는지, 변화의 맥락이 무엇인지 내 수업을 통해 알려 주고 싶었다.

2015년, 잊을 수 없는 그해에는 이세돌과 알파고의 대전이 있었다. 대중적으로 소프트웨어, 인공지능에 대한 관심이 치솟기 시작하면서 학생들의 정보 교과를 보는 시선이 달라지기 시작했다. 관심을 갖고 있는 분야에서 정보 과학 기술이 어떻게 적용될 수 있는지 찾아보게 하고, 관심 분야의 앱을 살펴보고 직접 앱을 제작해 보는 시간도 가졌다. 로봇 코딩을 통해 어떻게 로봇이 움직이는지 원리를 이해하고 내가 꿈꾸는 로봇을 디자인해 보면서, 로봇이 어떻게 인간과 함께 살아갈 수 있을 것인지 독서와 융합하여 토론 수업을 진행했다.

고3 수업에 이 모든 것을 녹여내는 것이 쉽지 않았지만, 거의 대부분의 학생들이 적극적으로 참여했다. 그 결과 학생들의 입시에도 상당히 긍정적인 영향을 미쳤다. 고3 담임 교사들이 정보 교과의 중요성을 학생들과 학부모에게 대언해 주시는 쾌거를 얻기도 했다.

한편, 정보 교사로서 코로나 19로 인한 온라인 교육에 대한 경험은 정보 과학 기술과 교육에 대한 통찰을 몸소 깨달은 값진 시간이었다. 그것은 미래 교육이라고 생각했던 '디지털 기기'가 중심이 된 교육의 한계였다. 인간 교사와 친구가 있는 따뜻한 관계가 중심이 된 수업, 학생들의 배움을 관찰하며 피드백을 통해 학생들을 한 단계 성장시키는 수업, 학생들이 주도성을 발휘하면서 작은 성공의 경험을 얻을 수 있는 수업, 그러한 배움이 있는 수업을 위해 교사의 중요성이 얼마나 큰지 다시금 실감했다.

나는 앞으로도 프로젝트 활동을 통해 배움이 있는 수업을 구현해 가고 싶다. 그래서 4차 산업 혁명의 기능인을 길러 내는 수업이 아니라, 지속 가능한 사회를 만들어 가도록 코딩 안에 삶의 가치를 녹여내는 수업을 하고 싶다.

생활 교육으로 말하다
아이들의 삶을 마주하다

생활 교육의 시작은 학생들에 대한 '이해'이고, 완성은 '신뢰'라고 생각한다. 담임 시절, 한 학기 정도 지나면 그제야 파악되는 학생들을 좀 더 빠르게 파악하기 위해 생활기록부를 출력해서 꼼꼼하게 점검하고, 작년 담임 교사를 통해 학생에 대한 정보를 파악했다.

그리고 학기 초에 모든 보호자에게 전화를 돌려 아이들에게 어떤 어려움이 있는지 파악하려고 했다. 학급 상황에 대해 정기적으로 편지를 보내기도 했다. 요즘처럼 카톡이나 밴드 등으로 손쉽게 글을 올릴 수 있지만, 편지가 주는 따뜻함이 있다. 보낸 편지에 대한 답글로 자녀에 대한 이야기를 회신해 주거나, 고마움을 전해 주기도 하셨다. 학기 초에 보호자와 신뢰 관계를 확보해

놓으면, 학생들과의 생활 지도는 상당히 순탄해진다. 생활 교육은 결국 학교와 집에서 함께 이루어져야 하기 때문이다.

특성화고 재직 시절, 등교하지 않는 학생들이 너무 많았다. 얼마나 결석이 많았으면 무결석 반에 포상금을 줄 정도였다. 고3 담임을 주로 맡았던지라 학생들의 진로를 결정하도록 돕는 입장에서, 자기 관리를 하게 하는 것이 가장 중요한 역할이라고 생각했다. 잦은 결석, 지각, 조퇴는 자기 관리를 무너뜨린다.

당시 참여했던 좋은교사 모임에서 '가정 방문'을 통해 학생들의 삶을 알아가고 보호자와 신뢰 관계를 쌓아 가자는 활동을 추진했다. 나는 어린 시절에 학교를 자주 찾아오지 못했던 어머니를 기억하고, 어려운 형편에 있는 보호자에게 학교에 오라 가라 하는 것보다, 교사인 내가 직접 찾아뵙는 것이 좋겠다는 생각이 들었다.

그래서 개인적인 상황상 우리 반 모든 학생들의 가정을 방문하지는 못했지만 잦은 결석, 지각, 조퇴를 보이는 학생들의 가정을 찾아가기 시작했다. 가정을 방문하기 어려운 경우 가볍게 밖에서 차 한잔을 하거나, 공원을 걸으며 대화했다. 막상 보호자를 만나고 가정 방문을 해 보면 아이의 모든 것이 이해되었다. 보호자는 자신의 이야기를 귀담아 듣는 교사에게 아이의 과거, 가정의 어려움, 앞으로의 소망 등등 많은 것을 털어놓으셨다. 아이를 함께 키우자고 결의하고, 출결만큼은 엄격하게 지도하겠다는 것에 합의하셨다.

학급 아이들에게 보호자를 만난 사진을 보내거나 거실에 앉아서 찍은 사진을 보내면, 아이들은 정말 담임 선생님이 가정 방문이라는 것을 한다는 것을 알고 소문이 삽시간에 퍼졌다. 그리고 학생들은 자신을 이해해 주려고 노력하는 교사에게 마음의 벽을 허물고 마음을 내주었다.

가장 기억에 남는 가정 방문은 청각 장애가 있는 어머니를 둔 학생이었다. 낡은 빌라 꼭대기 층에 있었던 그 집 현관 앞에는 사발면이 쓰레기 봉투에 가득 들어 있었다. 평소 게임에 중독되어 출결이 엉망이었던 아이의 방에는 책상을 가득 채우는 커다란 모니터가 있었고, 식탁에는 라면을 먹은 흔적이 있었다. 나는 들고 간 노트를 꺼내 글을 쓰며 소통을 했다. 시간이 걸리긴 했지만 서로 웃으며 마음을 전하고, 아이에 대한 걱정과 어려움을 나누었다. 어머니는 내내 대접할 것이 없다고 마음에 걸려 하셨지만, '물 한 잔만 마시는 것이 나의 가정 방문의 소신'이라고 말씀드리면서 안심시켰다.

아이는 건강이 상당히 나빠져 있었다. 이후 상담 교사와 함께 특별 지원을 통해 병원 검진도 하고, 필요한 음식 등을 보내 주기도 했다. 집에 가 보지 않았다면 마냥 출결이 안 좋다고, 게임 중독이라고 꾸중만 했을텐데, 가정을 방문하여 보호자를 보니 아이가 보였다. 그리고 비로소 아이의 삶이 이해되기 시작했다.

물론 가정 방문이 생활 교육의 답은 아니다. 교사를 호락호락하게 보는 예사롭지 않은 보호자도 있었고, 지나치게 의존하는 보호자도 있었다. 그러나 대부분의 보호자는 열린 마음으로 다가갔을 때 열린 마음으로 다가왔다. 또, 충분히 이해하고자 다가간 교사에게 아이들은 마음을 내주었다. 마음이 연결되면 신뢰가 생기기 시작한다. 그리고 내가 비로소 아이들에게 '교사'가 되기 시작했다.

교사 성장으로 말하다
교사들과 함께 웃고 떠들고 꿈꾸다

인문계고로 옮기면서 수업도 어려웠지만, 교무실도 고립된 공간에 있어 상당히 외로웠다. 그래서 특성화고에서 친하게 지냈던 정보 교사들과 정기 모임을 가졌다. 우리는 매번 모일 때마다 지칠 줄 모르고 서로의 수업에 대해 이야기꽃을 피웠다. 그래서 이참에 우리끼리 수업 동아리를 만들어 보자 하여, 학교밖 정보 교사 동아리를 조직했다.

세상은 빠르게 바뀌어 가고 소프트웨어는 나날이 새로운 것이 출시되고 있던 터였다. 우리는 함께 새로운 소프트웨어를 배워 보기로 마음먹고 교사 연수를 추진했다. 참여하는 교사들이 하나둘씩 늘어 가면서 1년 새 조직이 20명 이상 늘어났다. 게다가 2015년 이세돌과 알파고의 대국 이후 교육부에서 소프트웨어 교육 선도 학교를 추진하고 있었다. 우리는 함께 선도 학교를 신청하고, 서로 도우며 운영을 시작했다. 이 과정에서 정보 교과 지역 연구회를 추진하고, 소프트웨어 교육과정을 함께 만들어 가기 시작했다.

정말 좋았던 것은 수업 활동지를 공유하고 한 학기가 끝나면 수업 사례 나눔과 평가회를 가졌던 점이다. 이러한 시간을 통해 수업을 개선해 나가고 함께 성장한다는 것이 무엇인지 오롯이 경험할 수 있었다. 지역 연구회는 점점 커져 인근 파주, 김포 지역까지 아우르는 모임으로 성장했다. 그리고 현재는 경기도 정보 교과 연구회를 후원하는 든든한 지역 연구회가 되었다.

한편, 지역 연구회를 통해 정보 수업에 대한 다양한 정보를 얻고, 새로운 분야를 알아 가며 공부할 수 있었다. 하지만 모임이 커지면서 수업에 대한 깊이 있는 고민을 나누기는 쉽지 않았다. 고민의 과정에서 만난 '수업과 성장 연구소'는 내가 교사로서의 정체성을 분명히 세울 수 있는 큰 버팀목이 되었다.

연구소 정기 모임을 통해 수업자의 평소 고민이 담겨 있는 수업 영상을 관찰하고, 수업자가 가진 고민을 중심으로 대화했다. 평소 내 수업에 대해 고민이 있었지만 막상 수업을 촬영해서 보니 새롭게 보였다. 참여하지 않는다고 생각했던 아이들이 수업에 중간중간 참여하는 지점이 있었고, 잘 배우고 있다고 생각한 아이들이 참여하지 않는 모습도 다시 볼 수 있었다. 내 수업을 다시 들여다보는 것만으로도 의미가 있었는데, 깊이 있게 관찰하고 보지 못한 부분을 짚어 주면서 내 고민에 대해 공감해 주고, 수업에 대한 아이디어를 나누어 주는 모임을 통해 나는 교사로서 한 단계 성장할 수 있었다. 가르칠 수 있는 용기를 얻었다고 해야 할까.

나에게 배움과 성장은 늘 교사들과 함께 시작되었다. 앞으로도 동료 교사들과 함께 웃고 떠들고 꿈꾸면서 살아 있는 학교를 만들기 위해 노력하리라 다짐한다.

57

엉뚱한 수석교사 조종현

행동 발달 및 종합 의견

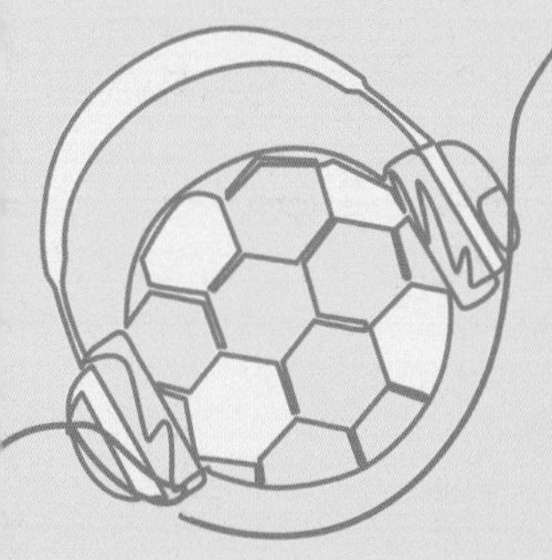

초등학교 시절 프로야구 덕분에 야구에 미쳐 보았고, 중학교 시절 백구의 대제전을 보며 배구와 사랑에 빠졌으며, 고등학교 시절 야금야금 발행되던 만화 「슬램덩크」를 통해 진짜 농구를 영접함. 아이디어가 엉뚱하고 기발하며, 교우 관계가 좋고, 추진력이 탁월함. '인성이 실력'이라는 철학에 크게 공감했으며, 스포츠 참여를 통해 좋은 사람으로 성장해 가는 다양한 과정에 큰 관심을 가지고 있음.

스쳐 간 듯했지만 모든 것이 그 나름의 의미가 있었다

1974년 2월 충남 당진에서 태어났다. 그 이듬해인 1975년 4월 홍성에서 남동생이, 1976년 11월에는 청양에서 여동생이 잇달아 태어났다. 어머니 고향은 조치원, 아버지는 보령. 가족 모두가 '했어유'다. 우리 삼 남매의 고향이 모두 다른 것은, 정미소에서 쌀가마니에 등급을 매겨 주던 막강 파워 공무원이셨던 아버지의 근무지 이동 덕분이다.

아버지의 또 다른 발령으로 수원 서울대 농과대학 옆 서둔동으로 이사 온 후, 우리 가족은 그제야 모두 한 곳에서 학교를 다닐 수 있었다. 오전반과 오후반으로 나뉘었던 서호천 옆 서호초등학교를 다녔고, 저녁 5시가 되면 길거리 곳곳의 스피커를 통해 울려 퍼지던 애국가를 들으며 가슴에 손을 올렸다. 유네스코 세계문화유산으로 지정된 화성의 방화수류정 옆에 있는 수성중학교(남중)을 다녔고, 수원 최초의 남녀 공학 공립 학교인 효원고등학교를 2회로 졸업했다. 체육 시간과 별도로 있었던 교련 시간에는 무겁고 차가웠던 M16 소총을 들고 이리저리 제식훈련에 임했으며, 매주 월요일 아침 교장 선생님의 훈화를 듣는 애국 조회를 통해 두발 단속, 복장 지도를 경험하게 되었다.

초등학교 시절에는 '푸른 지대'라고 불리던 우리 동네 딸기밭에서 딸기를 따며 자연 학습을, 서울대 농과대학 캠퍼스 안을 뛰어다니며 진로 진학 체험을 했다. 그리고 농촌 진흥청에서 땅콩을 캐고 서호천에서 물고기를 잡으며 흙과 물의 소중함을 알게 되었다. 자치기를 하며 각도와 거리의 중요함을, 구슬치기와 딱지치기를 통해 작전과 전술의 필요성을, 다방구를 하며 전력 질주의 소중함을, 정월 대보름 쥐불놀이의 준비물인 굵은 철사, 구멍 뚫을 대못, 분유통, 크기별 장작을 챙기며 준비의 당연함도 깨닫게 되었다. 초등학교 시절 앞 바구니에는 여동생, 중간 프레임에는 남동생, 뒷자리에는 나를 태우고, 한 손에는 도시락 가방을 들고 다른 손으로 자전거 핸들을 쥔 채 우리 삼 남매를 통학시켜 주셨던 어머니의 모습에서 밸런스의 중요성도 알게 되었다.

중학교 시절 버스 승무원 누나와의 회수권 전쟁을 통해 무수히 많은 과학과 수학적 도전으로 10장이 11장으로 탄생된다는 것도 지켜볼 수 있었다. 중학교 1학년 때 86 아시안게임, 중학교 3학년 때 88 올림픽을 보며 스포츠의 참 매력을 눈으로 실감했으며, 당시 건물마다 하나씩 있었던 한 판에 50원짜리 오락실의 모든 오락을 섭렵하는 한편, 탁구에서도 동네 원톱으로 자리매김했다.

고등학교 시절에 모아둔 LP판을 요즘도 들으며 추억에 빠지기도 한다. 대학 체육교육과에서는 운동만 가르쳐 주기에 정작 임용고시에 합격한 후배들이 학교 현장에서 맨땅에 아프게 헤딩하는 모습이 안타까워, 후배 교사들의 시행착오를 줄여 주기 위한 작은 노력들을 엉뚱하게 실현하고 있다.

02

수석교사를 말하다

수업 역량으로 말하다
엉뚱한 상상은 신박한 수업이 되고도 남는다

많이 망해 봤다. 말도 안 되는 수업을 해 보기도 했고, 폭망에 대한 학생 평가서를 리얼하고도 디테일하게 받아 보았다. 잘하는 것과 잘 아는 것, 잘해야 하는 것, 잘 알고 있어야 하는 것, 잘 실천하는 것에 대한 차이점도 몸으로 직접 치열하게 체험하며 알게 되었다.

아이들 앞에 선다는 것에 대한 의미와 누군가를 가르칠 수 있는 위치에 서려면 무엇을 해야 하는지를 알아 챈 순간, '무섭게 준비해야 한다'라고 크게 책상 앞에 붙여 둔 채 하루를 시작해야만 했다. 방심한 결과는 참혹하고 참담했으며, 자존감을 바닥으로 떨어뜨리기에 충분했다. '관심과 연구, 노력과 준비'가 해답임을 깨닫기까지는 그리 많은 시간이 걸리지 않았다.

기존과는 다른 방식으로 수업을 준비하고 계획하고 싶었다. '왜 준비 운동으로는 운동장을 뛰어야만 하는가? 축구 수업은 저렇게밖에 진행할 수 없나? 농구의 볼 컨트롤 수업 방법은 그것밖에 없나? 줄넘기를 아이들이 좋아하게 하는 방법에는 무엇이 있을까? 교과서에 있는 양궁 수업은 정말 학교에서 할 수 없는 것일까?' 등등. 나 스스로에게 던진 질문에 답을 찾는 과정들의 연속이 결국 수업의 준비였다.

'가지 않은 길'을 많이 걸었다. 그래서 뭐든 내가 만들어 내야 했다. 양궁에 대한 평가 척도안, 저글링에 대한 수업 지도안, 기발한 핸드볼(츄크볼)에 대한 수업 운영 계획서, 발목 줄넘기 영상 평가 계획안 등. 새롭게 도전하기 위해서는 나만의 교육과정 재구성 - 신박한 수업 운영 노하우 정리 - 의미 있는 평가의 진행 - 학교 생활기록부 알차게 기록해 주기 - 학교 스포츠 클럽과의 의미 있는 연계의 큰 축에 수업이 자연스럽게 자리 잡아야만 했다.

내가 걸은 '가지 않은 길'은 지금도 운영하고 있는 대한민국 체육 교사 6,000명 단톡방(지역별로 소그룹으로 연결되는 것까지 포함하면 10,000명 예상)에 공개했고, 그 확장 속도는 예전의 밴드와 카페에 탑재되어 전해지는 것과는 비교할 수 없었다. 고민하고 있었던, 용기 내지 못하던, 망설이고 있었던 누군가에게 힘을 주었고, 그 결과는 수업 개선과 더불어 개인적으로 자신만의 실천 결과를 캡처하여 전해 주는 감동적인 연락들이었다.

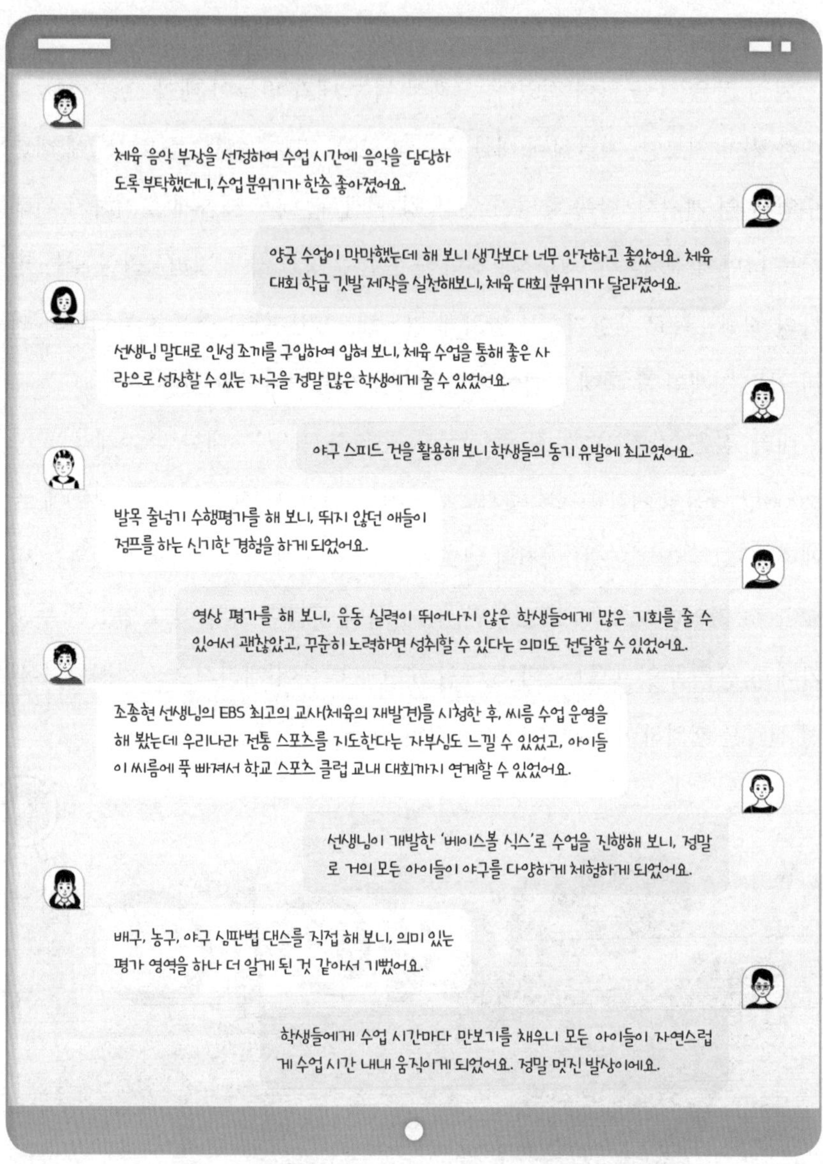

개인적인 연락이 카톡으로, 문자로, 메신저로 수없이 많이 왔다. 내 수업의 작은 첫걸음이 대한민국 전역의 다른 동료 체육 교사들에게 전달되어 그 수

업 방법이 많은 학교와 학생들에게 또다시 전해진다는 것이 신기할 따름이었다. 그래서 나는 더 잘해야만 했다. 부담이 아니고 사명감이었다. 또 다른 즐거움이었다. 대한민국 전역에 내 동료가 많이 생겨나고 있었다. 내가 경험해 본 시행착오도 알려 주고, 실패한 사례도 전해 주어 여러 체육 교사들에게 작은 기준을 마련해줄 수 있다는 것에 큰 보람을 느꼈다.

'하는 것'은 스포츠를 경험하는 한 가지 방식에 불과하다. 하기, 보기, 읽기, 듣기, 쓰기 등과 같은 방식으로 스포츠를 다채롭게 경험하는 것이 의미 있다. 학생들에게는 더더욱 그것이 맞다. 옳다. 당연하다. 한 가지 방식으로 수업을 고민한다는 것은 다른 영역에 대한 실패를 예측하고도 강행하는 것과 크게 다르지 않다고 본다. 준비에 실패하면? 실패를 준비하게 된다!

대한민국 체육 수업 전문가의 10가지 약속

1. 나만의 시그니처 체육 문화 수업 브랜드 제작에 도전하자.
2. 학생은 귀신이다. 수업으로 장난치면 귀신같이 알아챈다.
3. 수업 갑질은 그만하자. 수업으로 더 이상 상처주지 말자.
4. 퇴근 이후 수업 준비는 없다. 24시간 수업 준비 모드로 전환하자.
5. 수업 냉장고 속을 무엇으로 채워 놓을지 틈틈이 찾아보자.
6. 수업 재료는 모두에게 주어진다. 어떻게 요리할지 연구하고 고민하자.
7. 교사도 인성 교육 대상! 어진 마음, 멋진 행동, 밝은 표정, 고운 말씨를 실천하자.
8. 뻔한 수업이 아닌 늘 기대되고 기다려지는 수업 시간으로 자존감을 되찾자.
9. 잘 준비된 수업은 학생들을 다양한 문화로 입문시키는 마중물이 된다.
10. 체육 교과는 학교의 심장, 체육 교사는 교육의 기둥임을 마음에 새기자.

생활 교육으로 말하다

스포츠에 참여하면 스포츠 정신은 저절로 길러진다?

'스포츠는 좋은 것이기 때문에 하다 보면 알게 되고, 스포츠에 참여하기만 하면 스포츠 정신은 그냥 길러진다'는 말은 뻥이고 거짓말이다. 모진 마음이 형성되는 것은 물론이고, 후진 행동이 반복되며, 어두운 표정과 미운 말씨가 밖으로 자연스럽게 드러나게 되는 것이 바로 양날의 칼 스포츠이다. 좋지 않은 것들은 졌을 때만 표출되는 것이 아니라, 이겼을 때도 밖으로 스멀스멀 드러난다. 품격 있는 사람이 되기 위해서는 계획적인 곳에서, 잘 준비된 코치와 인성 좋은 선생님에게서 배워야만 한다. 잘못 배우면 못된 사람이 되고, 힘들게 준비한 많은 시간과 적지 않은 경비를 낭비하는 꼴이 되고 만다.

'인성이 실력이고, 인성이 전부'라고 모든 수업 시간의 처음과 끝에 매번 강조한다. 직접 말하게 한다. 자주 보게 한다. 여러 번 외치게 한다. 듣게 한다. 실천하게 한다.

그 중심에 내가 만든 '인성 1탄' 조인성 조끼(조종현 수석 선생님의 인성 조끼)가 있다. 나와 체육 수업을 함께했던 친구들은 모두 이 조끼를 착용한 경험이 있다. 문구별로 색깔이 구분되어 있고, 조끼에 쓰인 표현을 한 시간 또는 학교생활에서, 일상생활에서 실천하기 위해 스스로 노력할 것을 다짐해야 한다.

어진 마음, 멋진 행동, 밝은 표정, 고운 말씨를 '4덕(四德)'이라고 하며, 반대인 '4치(四恥)'는 모진 마음, 후진 행동, 어둔 표정, 미운 말씨를 말한다. 그 중요함을 모두 알기에 선생님인 나도 같이 입고 수업을 진행한다. 분명 효과가 있다. 같이 실천하자고 독려한다. 노력했는지 확인하거나 별도 검사를 하지는 않지만 "실천해 보자! 실천해 보니 어떠니? 같이 함께하자!"라는 표현으로 간략히 짚고 넘어간다.

인성을 길러 주는 수업? 어디 감히 해답이 있고 결론이 있겠는가? 선생님도 어렵다고 인정하고 같이 터벅터벅 걸어가는 것이 최선인 것 같다. 학기별로 학생들에게 받아 보는 학생 체육 일기에 가장 많이 등장하는 것이 바로 '인성 조끼'와 관련된 이야기이다. 별것 아닌 것이 '별것'이 되어 학급 분위기를, 자신을, 친구들을 움직이고 있으며, 가장 영향력 있는 수업임을 인정한다는 표현이 매우 많았다. 소비자인 학생들에게 받은 별점이니, 분명 효과가 입증된 것으로 봐도 될 듯하다.

현수막으로 정치를 하시는 분들이 많지만 나는 현수막으로 인성 교육을 한다. 운동장에, 농구 코트에, 체육관에 학생들이 직접 보고 수시로 마음가짐을 확인할 수 있도록 인성과 관련된 문구들을 여러 가지 적어 둔다(수시로 외쳐야 수시에 합격한다고 강요함!).

이것이 '인성 2탄', 현수막 인성 수업이다. 인성 조끼를 입어 보고, 다른 친구들이 입은 문구들을 직접 보면서 말해 보고, 현수막의 문구를 외쳐 보면서 직접 몸과 마음이 실천할 수 있는 자신감을 불러일으키고 싶었다. 다양한 상황을 부지불식간에 경험하면서 순간순간 자신을 돌아볼 수 있는 유연함을 지닐 수 있도록 해 주는, 아주 좋은 인성 수업이자 생활 교육 방안이다.

요즘에는 학생들이 수업 시간에 준비물을 들고 오도록 하지 않는다. 학교에서 다 준비해 주고 체육복만 입고 오면 된다. 그런데 나는 하나의 준비물을 꼭 강조한다. 꼭 가지고 와야 하는 것이 있다. 반드시 챙겨 와야 한다. 두고 왔다면 다시 집에 다녀와야 한다. 아주 간단하다. 체육 시간마다 챙겨 왔는지 꼭 확인하고 점검한다. 그것은 바로 '좋은 나'이다.

교사 성장으로 말하다

체육 수업 일기로 키워진 단단한 나

2002년, 나의 첫 체육 수업 일기는, 지금 보기에도 부끄러울 정도다. 무슨 생각을 적은 건지, 무슨 말을 하고 싶은 것인지…. 지금 봐도 얼굴이 붉어질 정도로 창피하다. 무모했고, 거칠었다. 하지만 지금은 그 시작에, 나 스스로에게 큰 박수를 보내 본다. 조금이라도 글을 덜 쓰고 싶은 마음에 수업 사진을 찍기 시작했고, 그렇게 사진을 찍기 위해서는 수업을 더 잘 구조화해야만 했다. 일주일에 한 장씩 적어 오던 기록들을 버리기 아까워 카페, 블로그, 밴드에 남기며 나의 수업을 반성하고 개선하기 위해 노력했던 것 같다. 게다가 기왕 잘 준비한 거 공개 수업을 한번 해 보기로 다짐도 해 보고, 어차피 하는 김에 수업 공모전인 수업 실기 대회에 나가 볼까 용기를 내보게 되었다. '예탈'도 해보고, 심사위원들의 말에 상처도 받아 봤다. 하지만 문제점을 파악한 후 다시 도전하여 낮은 등급부터 시작하여 결국 한국교총의 교육 자료전 등급과 전국 현장 교육 연구 대회에서 푸른 기장(1등급)까지 거머쥐게 되었다. 그 험난한 과정들을 잘 알기에 여러 가지 수업 공모전에 도전하시는 선생님들이 지금도 멋지게 보인다.

교과서에 나오지만 '씨름 수업'을 많이 하고 있지 않기에 용기 내서 수업 종목으로 선정한 후, 모래 1톤을 주문하여 씨름장을 '안전제일' 푹신푹신하게 만들고, 태양을 피하기 위해 천막을 치고 수업에 열중하고 있었다. 그런데 대학 은사님의 추천으로 한국 전통 스포츠인 씨름 수업 장면이 EBS 〈최고의 교사〉

에서 '체육의 재발견'이라는 제목으로 대한민국 전역에 방송되었다. 여러 해 동안 해 오던 '인문적 체육 교육과 하나로 수업'이라는 수업 방식으로 김홍도의 '씨름도'를 분석하고, 씨름 만화를 보고, 시를 써 보고, 시화를 만들고, 연예인들 씨름 경기 영상을 시청하고, 샅바를 가지고 다양한 놀이를 하고, 샅바를 매고 직접 경기도 하는 다양한 방식이 공중파를 탔으며, 이 영상이 재방송으로 수차례 방영되었다. 〈최고의 교사〉 프로그램 사상 유일하게 체육 수업이 방영되어 여러 대학의 체육 교육과 수업용 영상으로 많이 활용되었다고 한다. 1주일 동안 방송국 카메라가 내 수업을 밀착 취재했으니, 아주 디테일하게 수업의 준비 및 실천 과정이 영상으로 담긴 듯하다.

수업에 관한 나의 개똥철학은 '1년에 내가 해 보지 않은 종목 하나 꼭 실천해 보기'이다. 그래서 여러 가지 종목에 도전하며 이색적 경험들을 많이 해 본 것 같다. 종목별 준비 운동을 다르게 하고 싶었고, 같은 수업이라도 평가 방식에 변화를 주어 학생들이 조금 더 수업에 집중할 수 있도록 유도했다. 뻔한 공과 늘 보던 교구 대신, 조금 낯선 교구를 통해 수업을 준비하고 진행하고 싶었기에 여러 채널을 이용해 검색해 보고, 해당 교사와 연락해 보며 수업 적용 가능성을 타진해 본 것 같다.

그중 제일 의미 있었던 것은 직접 대면 연수 참가였다. 주말이나 방학을 이용하여 늘 내가 부족하다 생각되어 채워 보고 싶은 연수를 직접 자비를 내어 참여했으며, 직후에는 늘 수업에 변화를 줄 수밖에 없었다. 해 본 것이니 수업 개선이 얼마나 쉬웠겠는가? 아끼지 말고 시간과 경제적인 것을 지속적으로 투자하여 배우고 배워서, 여러 아이들에게 도움을 주기 위해 노력하길 바란다. 그게 자신을 위한 길임을 곧 알게 될 것이다.

노잼유죄, 유잼무죄

제자들과 용인배 생활체육 전국 배구 대회에 참가했다. 임용고시에 합격하여 체육 교사가 된 제자, 서울과 경기에서 경찰이 된 두 명의 제자, 고잔고와 평촌고를 졸업한 대학생인 제자들과 함께 유니폼을 맞추고, 연습 경기도 2회나 하면서 우승컵을 들어 올리기 위해 여러 날 땀을 흘렸다. 세 경기를 이기고, 4강전에 오르기 위한 경기에서 아쉽게 패배했다. 하지만 오가며 나눈 소중한 과거와 현재, 그리고 앞으로 다가올 미래에 대한 이야기들로 다 함께 많이 웃었다. 팀명도 '조종현쌤 제자들'로 제출하여 배구 동호인들이 '정말 제자들이구나, 부럽다, 대단하다'라며 응원해 주고 격려해 주었다. ['기능/지식/태도'를 하나로, '하기/보기/읽기/쓰기'를 하나로, 학교생활과 일상생활을 하나로, 서로 다른 사람을 하나로] 인문적 체육 교육과 하나로 수업의 네 가지 철학을 함께 공유하고 수업으로 만났던 제자들과의 생활체육 배구 대회 참가 경험은 나에게는 생각 이상의 감격이었다. 얘들아, '그 선생에 그 제자들' 문구대로 열심히 살다가 또 만나자~!

▲ 2024년 6월 19일 수업일기

하나하나 차곡차곡 수업에 대한 노하우가 쌓이면서 수업이 제일 편하고 쉬워졌다. 쉽다는 말은 우습게 본다는 것이 아니라, 상대적으로 준비에 시간을 많이 할애하지 않아도 된다는 의미이다. 여러 노하우가 축적되어 있음은 물론이며, 수업 개선에 대한 긴장감이나 위축되는 마음, 망설임이 이제는 거의 없어졌다는 것이다. Why not? 이제는 하고 싶은 것을 수업으로 만들어 낸다. 그러한 과정들을 모아 교육부에서 주관하는 대한민국 학교 체육 대상(학교 체육 교육 내실화 부문)에 응모하여 대상의 영광을 수여했다.

선배 교사로, 수업에 꾸준한 관심과 열정을 쏟는 교사로, 이제는 수석교사로 성장하는 과정에서 큰 힘이 되어 준 것은, 단연코 그 길에 동행했던 연구회의 동료 교사들이었다. 하나로 수업 연구회, 좋은 체육 수업 나눔 연구회와의 뛰박질이 없었다면, 지금의 결승선까지 감히 도착할 엄두도 내지 못했을 것이다.

58

고치 속에서 북극성을 찾은 수석교사

지윤경

행동 발달 및 종합 의견

어린 시절부터 초등학교 선생님인 아빠를 보며 교사의 꿈을 꿈. 잦은 이사로 불안감을 많이 느꼈던 학창 시절을 보내며, '고치를 뚫고 나와 언젠가는 나비가 되고 싶다.'라고 바라 옴. 1999년 교사가 되고 라이프 코칭 전문가가 된 지금에야 비로소 나비가 되었음을 느낌. 앞으로 많은 교사들이 고치에서 나와 나비가 되도록 돕는 교사가 되기를 바람.

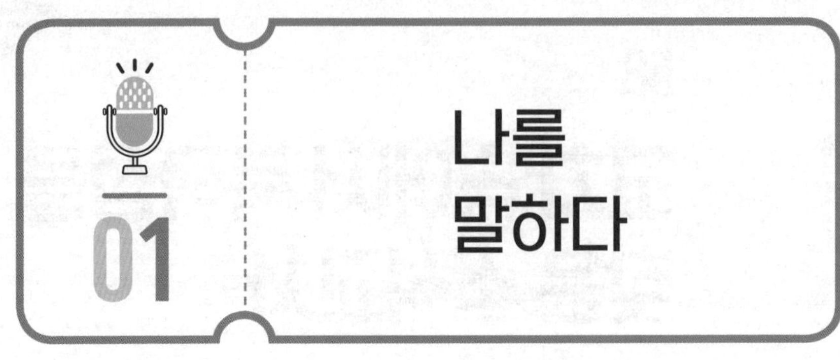

고치 속 고독과 고통에서 찾은 나의 북극성

나는 충남에서 초등교사를 하시던 아빠와 주부인 엄마 사이에서 1남 2녀 중 장녀로 태어났다. 충남 아산에서 초·중학교를, 천안에서 고등학교를 졸업한 후 대학교를 입학했다. 항상 책을 읽는 아빠의 등을 보고 성장하다 보니 자연스레 공부를 좋아하게 되었고, 성적은 늘 좋은 편이었다. 원래 한 왈가닥 하는 성격이었지만 초등학교 시절 세 번의 전학으로 친구를 깊게 사귀지 못했고, 점차 내성적으로 변해 가는 성격 탓에 새로 간 학교에서 왕따를 당하기도 했다. 하지만 나를 가장 내성적인 성격으로 내몰았던 것은 초등학교 때의 두 선생님이었다. 정성스레 색칠한 그림을 반 전체가 보는 앞에서 이게 뭐냐며 집어 던지던 1학년 때 선생님, 전교생이 보는 앞에서 거친 모래밭에 머리를 박게 한 6학년 때 선생님. 머리가 아파서 울고 창피해서도 울고. 초년 시절의 경험으로 인해 나는 스스로 고치를 만들어 그 속에 나를 꽁꽁 묶어 놓았던 것 같다. 그렇게 중학교와 고등학교를 보냈고 내성적인 성격, 낮은 자존감, 그리고 열등감투성이였지만, 내신과 수능 성적이 좋아 국립대의 영어영문학과에 입학할 수 있었다.

대학교를 입학한 이후, 나의 내성적인 성격이 답답해 그것을 깨고 나를 밖으로 끄집어낼 방안을 찾다가 영어 연극부에 들어갔다. 남 앞에 서는 것을 지독하게도 싫어했던 내가, 어쩌다 보니 셰익스피어의 Much Ado About Nothing에서 주인공 역을 맡았다. 다른 사람들 앞에서 목소리를 크게 내는 법을 끊임없이 연습했고 무대에도 올랐다.

1999년 임용고시에 합격하여 교사가 된 이후에는 싫어도 학생들 앞에서 나를 보여야만 했다. 고등학교에서 재직하던 시절, 자존감이 낮아 교실에 들어갈 때마다 죽고 싶었다. 이대로는 안 되겠다 싶어 학교를 휴직하고 2007년 미국으로 유학을 갔고, 2년 동안 석사학위(MA TESOL)에 논문까지 완성하고 돌아왔다. 그리고 2017년 두 아들을 데리고 중국 옌타이로 파견을 갔다 왔다. 쉽지 않았던 결정에 따라오는 작고 큰일을 해내면서 나에 대한 믿음이 차오르기 시작했다. 그리고 마침내 중국 파견 근무에서 돌아왔을 때 나는 더 이상 고치 속의 소녀가 아니었다. 펄럭펄럭 날갯짓할 줄 아는 나비의 자유로움을 느낄 수 있었다.

이렇게 지난 시절을 정리하고 보니 지금의 내가 왜 그리 동료 교사들의 마음 상태와 그 마음을 돕는 데 관심을 갖게 되었는지 이해가 되었다. 어린 시절의 고치 속 고독과 고통이 결국 내가 코칭하는 수석교사가 되도록 이끄는 북극성이 되었음을.

02 수석교사를 말하다

수업 역량으로 말하다
배움을 나누고 성장을 마중하다

중학교에서 영어를 가르치고 있다. 영어 수업을 좋아하는 학생이 많지는 않다. 가령, 체육 시간이 영어로 바뀌게 되면 교실에 들어가는 순간 진땀이 삘삘 날 정도이다. 나의 등장을 반기지 않는 40여 개의 째려보는 눈동자를 피할 공간이 있다면 얼마나 좋을까.

영어는 인기 있는 과목이 아니다. 그래서 영어를 싫어하는 학생들, 선행 학습으로 수업을 들을 필요가 없어 잠자기를 선택하는 학생들까지 접수하려면 뿅망치 정도는 등장해야 한다. 뿅망치로 하는 단어 게임, 태블릿 수업 등의 도구를 활용하는 것은 꽤 괜찮다. 하지만 매번 이와 같은 자극적인 도구가 등장할 수는 없다. 교사의 철학으로 교육과정을 재구성하고 실행할 수 있어야 한다. 다행히 나는 수석교사를 준비하면서 나의 수업을 위해 지키고 실행해야 할 것들을 정리할 기회가 있었다. 다음이 수석교사 업무수행 계획서를 작성하면서 만들었던 표이다.

배움을 나누고 성장을 마중한다는 철학 아래 네 가지 큰 개념을 포함한다. 핵심 역량을 키우는 수업, 나눔으로 성찰하게 하는 수업, 디지털 교육으로 미

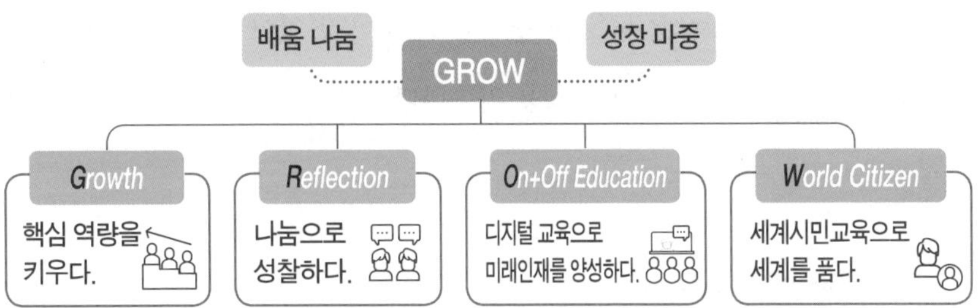

래 인재를 양성하는 수업, 세계시민교육으로 세계를 품는 수업을 하겠다는 것이다. 물론 이제껏 이렇게 해 오지 않았던 것은 아니지만, 2024년부터는 교육과정 재구성부터 이러한 철학을 마음에 두고 열심히 해 보겠다는 것이다. 여기에는 2022 개정 교육과정의 핵심 내용도 포함하여 다가오는 개정 교육과정을 반영했다.

나의 교육 철학에서 가장 중요한 개념은 역량을 키우는 것으로 삶과의 연계된 수업, 학습 과정 성찰, 교과 내·간 융합 등을 통해 깊이 있는 학습을 하게 하는 것이다. 이것을 이루는 도구로 디지털 교육은 빠뜨릴 수 없다. 이에 나만의 5대 수업 설계 원칙을 설정하고 수업 루틴도 만들었다. 5대 수업 설계 원칙으로는 목표 핵심 역량을 기반으로 수업을 설계할 것, 학생이 자신과 학습을 성찰하는 학습 구조를 설계할 것, 에듀테크 활용으로 학생 맞춤형 개별화 교육을 실현할 것, 수업 설계 시 교과 간 융합을 할 것, 마지막으로 학생이 마음에 세계를 품도록 수업을 설계한다는 것이다. 수업 루틴은 유영식 선생님의 배움 계단 수업 모형(『수업 잘하는 교사는 루틴이 있다』, 테크빌교육, 2020, 105쪽)을 참고했다.

나만의 수업 설계 원칙과 수업 루틴을 지키겠다는 약속은 그 누구와의 약속이 아닌 나 자신과의 약속이고, 그 길이 험난해도 한번 해 보겠다는 각오와 같다. 수석교사로서 나의 수업이 남에게 보여 줄 만큼의 완성도 있는 수업이라고 자신하지는 않는다. 하지만 앞으로 더 나아질 것이고, 2024년보다 1년 후, 10년 후에 더 나아지리라는 것을 약속한다.

생활 교육으로 말하다

학생 생활 지도에 코칭 철학을!

교사의 수업에서 수업 철학이 중요하듯 생활 교육을 잘 해내려면 교사 내면의 철학이 중요하다. 나는 그 핵심 철학을 내가 공부하는 '코칭'에서 찾았다. 생활 교육에서 내가 중요하게 생각하는 핵심 철학이 무엇이고, 그것을 어떻게 찾게 되었는지 그 이야기를 해 보고자 한다.

코칭(Coaching)은 원래 마부가 끄는 마차에서 유래한 것이다(Coaching Guide. (n.d.). (사)한국코치협회. http://www.kcoach.or.kr/02guide/guide01.html.). 학생 생활 교육 부분에서 코칭을 언급하는 가장 중요한 이유는, '고객은 늘 옳다'는 코칭의 핵심 가치가 생활 교육에서 중요하기 때문이다.

이 문구에 대한 오해가 있을 수 있다. 자칫 인간이 하는 모든 행위가 선한 의도에서 이루어진다고 해석될 경우, 살인도 이해가 되느냐는 반문을 일으킬 수도 있다. 나 또한 코칭 공부 초기에 이 문구의 해석에 있어서 혼란스러웠다. 이 문구의 가장 지혜로운 해석은 아마 이것일 것이다.

'인간의 행동에는 반드시 그 이유가 있다. 고객이 느끼는 모든 감정이나 행동은 고객의 상황에서는 있을 수 있는 일이다. 그러므로 고객을 이해하기 위해서는 코치의 입장이 아니라 고객의 입장에서 고객을 바라봐야 한다.'

학생을 대할 때 기본적으로 이 가치를 염두에 두면 학생 지도에서 대화가 훨씬 쉬워진다.

서두가 너무 길었다. 지난해 나에게 있었던 일을 상기해 본다. 그날은 전교생이 강당에서 학교폭력을 주제로 강연을 듣는 날이었다. 모든 학생이 제 자리에 앉아 조용히 강연을 듣고 있었지만, 유독 3학년생 한 명이 교사가 앉는 의자에 앉은 채 강연을 듣고 있었다. 그 학생은 3학년에서 생활 지도가 가장 힘든 학생으로 유명했고, 나는 그 학생을 가르친 적은 없었지만 소문으로 들어 알고 있었다. 그 상황에서 교사들은 그 학생에게 의자에서 일어나라고 말하는 것을 꺼렸다.

나는 누군가는 해야 한다는 생각에, 그 학생에게 다가가서 의자에서 일어나라고 지시했다. 그 학생이 일어나서 큰 키로 나를 내려다보며 무슨 상관이냐고 욕하며 큰소리로 따졌다. 나도 교사용 의자이니 학생은 학생 자리로 돌아가라고 되풀이해서 말했다.

그러자 그 학생이 나에게 말을 놓기 시작하더니, "너는 친구는 있냐?"라며 빈정거리다가, 내가 물러서지 않자 의자를 발로 차 버렸다. 끝도 없이 말꼬리 잡고 늘어지고 빈정대는 말투로 대치 상황이 길어졌다. 차라리 내가 한 대 맞고 상황이 끝났으면 하고 바랐을 정도이니, 키 큰 학생과 키 작은 여선생 사이의 갈등 상황이 얼마나 가관이었겠는가.

다행히 주변의 동료 교사들이 와서 말렸고, 그 학생은 교권 위원회에 올리기로 했다. 이때가 코칭을 공부한 지 1년 정도 되는 때였다. 놀란 가슴을 가라앉힌 후, 차분하게 생각해 보았다. 문득, 그 학생이 여러 번 반복해서 했던 '너는 친구는 있냐?'라는 말이 생각났다. 상황에 맞지 않는 말을 그 아이는 왜 여러 번 반복했을까? 그리고 그 학생의 상황을 이해하기 위해 대화가 필요했다. 용기 있는 대화가! 나는 학년 부장 교사에게 그 학생과의 대화를 주선해 달라고 요청했고, 교권 위원회 상정은 차후 생각해 보겠다는 의지를 전했다.

그로부터 일주일 후, 마침내 그 학생과 마주 앉게 되었다. 우선, 내가 그 학생에게 일어나라고 했던 이유를 설명했고, 그 학생 또한 그날 허리가 아팠는데 아무도 안 믿어 줘서 짜증이 나 있었다고 이야기했다. 나는 그런 줄 몰랐다고 말했고, 그 학생도 진심으로 사과하면서 대화가 사실상 쉽게 풀리자, 서로 이 이야기 저 이야기를 나누었던 것 같다. 교권 위원회가 열리지 않았음은 물론이다.

너무 뻔한 이야기 같지만, 진심 앞에는 장사가 없다. 진심으로 학생의 이야기를 들어 주려고 노력하는 교사의 마음, 그 마음 안에 '고객은 늘 옳다'라는 철학을 가지고 있으면 웬만한 상황에서는 일 크게 벌이지 않고 현명하게 잘 넘어갈 수 있었다.

위의 상황에서 나에게 그런 철학이 없었다면 어떻게 되었을까? 아마 교권 보호 위원회가 열렸을 것이고, 그 학생은 자신을 이해하려고 노력하는 한 명의 교사를 만나지 못했을 것이다. 나 또한 교권 보호 위원회를 열어 학생을 징계한 경험이 오래도록 마음에 시리게 남았을 뻔했다. 이 철학만으로 모든 생활 지도가 해결되는 것은 아니지만, 어려울수록 기본을 단단하게 다지는 것이 어떨까 한다.

교사 성장으로 말하다

교육과정과 나눔·성찰 수업, 라이프 코칭의 전문가

2024년 수석교사 선발에 지원 당시, 수석교사 업무 수행 계획서를 작성했던 부분을 활용하려고 한다. 나는 향후 10년을 바라보며 다음의 영역에서 전문가가 되고 싶다.

1. 교육과정 전문가

영어과 핵심역량 강화 수업 설계 및 구현	• 2022 개정 교육과정 영어과 성취 수준 분석 및 이해 • 교과 연구회 지식 나눔 활동을 통한 교육과정 문해력 개발 • 영어과 핵심 역량(의사소통 역량, 자기 관리 역량, 공동체 역량, 지식 정보 처리 역량) 향상을 위한 수업 모형 개발 및 적용 • 문제 해결력, 공동체 역량 등 다양한 역량 개발을 위한 교과 내, 교과 간 융합 수업 모형 개발 및 적용 • 배움 계단 수업 모형 적용으로 학생의 관심과 요구를 반영한 배움 중심 교육과정 설계 및 구현
과정중심 평가	• 명확한 학습 목표, 일관된 학습 경험을 주도하는 '교육과정 - 수업 - 평가 - 기록' 일체화 적용 • 자기 주도적 학습 능력을 키우는 『학생과 함께 만들어가는 평가 루브릭』 개발 • 학생의 학습 경로에 맞춰 개별 학습 지원하는 맞춤형 피드백 제공 방안 연구

2. 핵심 질문 및 코칭 적용 수업 전문가

핵심 질문 기반 프로젝트 수업	• 지식, 경험, 과정, 결과에 대한 피드백을 나누며 자신과 학습에 대한 성찰 경험 유도 • 예시) 행복을 파는 행복 상점 프로젝트

코칭을 접목한 수업	• 일반 교과에 적용 가능한 코칭 프로그램 개발 및 실천 • 예시) 관점 전환 카드를 활용한 청소년 갈등 해결

3. 라이프 코칭 전문가

교사를 위한 성찰 워크샵	• 교사 정체성 갖추기, 교육 목적 점검하기 등 다양한 성찰 활동 지원 • 월 1회 정기 모임, 모든 구성원이 주체가 되어 워크숍 진행 • 수업 강점 찾기, 이상과 현실의 온도 차, 수업에 대한 나의 마음과 태도 점검
동료 교사 코칭	• 코칭 자격증(KAC, KPC)을 활용해 교내·외 교사 코칭 지원 • 교육 갈등에 경청·공감, 해결책 공동 모색·지속적 실천 지원 • 감정·직장 내·라이프·학생 지도 갈등 분야 전문
컨설팅 지원	• 신규 및 저경력 교사 멘토 활동 및 컨설팅 지원 • 중견 교사 자기 관리·학생 지도·학급 경영 컨설팅 지원 • 학교폭력 예방 및 사안 발생 컨설팅 지원 • 교수·학습 방법 개선에 대한 컨설팅 지원

내가 이루고 싶은 것이 많아 보이지만 사실 단순하다. 사람과의 만남을 중시하고 그들의 성장을 지원하는 그런 수석교사가 되는 것. 그것이 내가 바라는 미래의 모습이다. 그리고 나는 이미 그렇게 되기 시작했고, 10년 후에는 더욱 빛나는 수석이 되어 있을 것이다.

TO. 윤경님
차분하면서도 명확한 표현안으로도 강인함과 부드러움을 모두 가진 분이라 느껴집니다.
북극성을 찾을 수 있도록 생각메이트가 되고 싶다고 하신 윤경님은
같은 분이시네요.
:)

59

사람이 궁금한 수석교사

차유화

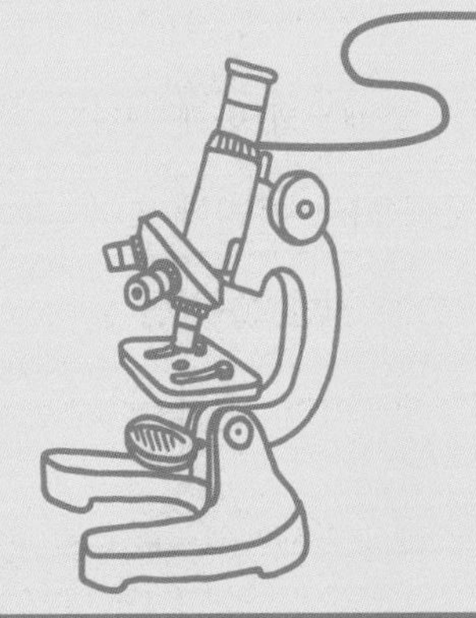

행동 발달 및 종합 의견

해야 할 일이 생기면 바로 실천하는 적극적인 실행력을 갖춤. 과학 동아리를 18년 동안 꾸준하게 운영하는 성실함을 보임. 국내외 다수 실험 발표에 참여했고, 제2회 올해의 과학 교사상을 수상함. 경기도 교과 연구회의 운영진으로서 '과학을 과학답게' 만들기 위해 노력하는 많은 동지들과 성공과 실패 사례를 나누며 배움의 즐거움을 깨달음. 2021년 '미래 교육 리더십 아카데미 3기'를 성실하게 이수하며 생애 두 번째 전환기를 맞이함.

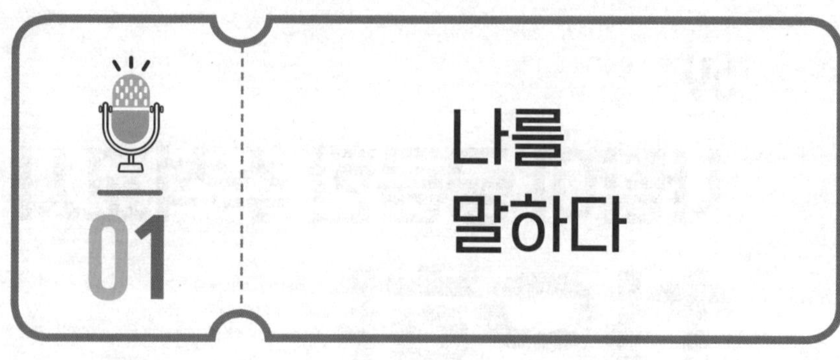

사람들을 소중히 생각하는 과학 교사

생애 첫 전환기: 8명의 S.F.S 과학 동아리 아이들과의 만남

어렸을 적부터 나의 꿈은 교사였다. 특히, 과학 교사는 적성과 너무 잘 맞았다. 그러나 교직 4년 차에 권태기를 맞이하게 되면서, 더 이상 학교 생활에 대한 환상은 사라졌다. 그러던 어느 날, 아이들이 말했다.

선생님, 우리 동아리 맡아 주세요!

이 한마디가 생애 첫 전환점이었다. 그렇게 아이들과의 방과후 과학 동아리가 시작되었다. 학생들의 열정적인 활동으로 전국 대회에서 수차례 수상했고, 다양한 과학 활동 도서도 발간했다. 그리고 10년 이상 일본 동경, 오사카, 도야마의 과학 축전에서 발표를 했다. 일본 과학 축전은 학생들과 함께 개발한 실험을 매년 업그레이드하면서 참가했다. 그러다 보니 미국 '물리학 교사 협회' 학술지에 실험 발표 자료가 게재되기도 했다. 그렇게 지난 20여 년 동안 꾸준한 자기 계발을 통해 성취라는 결과에 몰두했다. 하여 나는 주변 사람들의 이야기에 별 관심이 없었다. 다른 교과는 궁금하지도 않았고, 존엄이나 민주주의와 같은 철학적인 단어와는 거리가 멀었다.

생애 두 번째 전환기: 존엄, 인간을 소중하게 여긴다

나는 성공을 향해 나아가는 자기 개발가로서, 나의 유능함과 가치를 증명하기 위해 많은 시간을 할애해 왔다. 그러다 미래 교육 아카데미 파견 연수에서 만난 애니어그램을 통해 나의 장단점을 알게 되었다.

"성취를 통해 주목 받고자 하는 욕구가 있지만, 조심하지 않으면 자기만족에 빠질 수도 있다."

나를 알아가는 첫걸음이었다. 평소 효율성을 추구하지만, 일이 없을 때는 공허함을 느끼고 일을 찾아다니고는 했다. 이후 나를 솔직하고 온전하게 들여다보면서 다른 사람들의 다양한 사고방식을 인정하고 이해하는 법을 배웠다. 사회적 문제와 함께 가정, 교실, 학교에 대해 다시 생각하게 되었다.

이제는 가족, 학생들, 학부모, 동료 교사들 각각을 소중히 생각하며, 매 순간 선택을 하는 중이다. 학생, 학부모의 어려움과 고통을 당연시하지 않고, 깊이 이해하고 존중하기 위해 애쓰고 있다. 그리고 결과를 개인의 책임으로 돌리지 않고, 학생들이 살아온 삶과 환경을 이해하는 교사가 되고자 한다.

02

수석교사를 말하다

수업 역량으로 말하다

모두가 배움의 주인공인 수업, '과학을 과학답게'

모두가 배움의 주인공이 되는 과학 수업

내가 알고 있는 지식을 바탕으로 강의식으로 가르치는 것이 학생들에게 먹혔던 시절도 있었다. 하지만 10년이 지난 후, 그런 순간은 찾아오지 않았다. 『서울대에서는 누가 A+를 받는가』라는 책에서 미국의 어느 공대생에 대한 연구 결과를 보았는데, 그 연구는 학생들의 교감 신경을 조사한 것이었다. 그 결과는 꽤 충격적이었다. 수업 시간에는 교감 신경의 변화가 거의 없는 학생들이 있었는데, 오히려 실험과 숙제를 할 때에 교감 신경의 변화가 두드러지게 나타났다.

수업 철학으로부터 시작된 나의 교육 방식은 '나는 오늘 학생으로 하여금 무엇을 하게 할 것인가?'라는 질문에서 출발했다. 내가 근무하던 중학교는 학생들의 학업 성취도가 높지 않은 곳이었다. 학생들은 배우는 것을 피하려고 했고, 강의식으로는 자는 학생들을 깨울 수 없었다.

그래서 나는 유머와 분노의 반대인 조용한 태도로 학생들과 소통하고자 했다. 유머러스한 교사가 되지는 못하더라도 '분노하지 않는 교사'가 되기 위해

노력했다. 내가 배운 것들을 꾸준히 실천하면서 유연한 교사가 되기 위해 애를 썼다. 그리하여 모두가 배움의 주인공이 되는 과학 수업을 만들고자 했다. 주인공으로 만드는 수업이 아닌, '모두'라는 단어에 집중하여 각 단원을 프로젝트 수업으로 설계했다.

나발전 프로젝트(나도 발표 전문가 프로젝트)와 나실전 프로젝트(나도 실험 전문가 프로젝트)를 통해 학생들이 교과서에 나온 실험들의 전문가가 되기를 바랐다. 성공 여부에 상관없이 학생들이 실험에 참여하고 재미를 느끼며, 수업 속에서 자존감이 향상되기를 기대했다. 재미있는 수업을 위해 많은 고민을 했고, 학생들이 직접 준비하고 설계하며 마무리하는 학생 몰입형 수업을 구성했다. 이렇게 학생들이 교과서에 나온 실험들을 직접 경험하고 전문가가 되는 과정을 통해 학업에 대한 자신감과 자존감을 향상시키는 수업을 만들기 위해 계속 노력하고 있다.

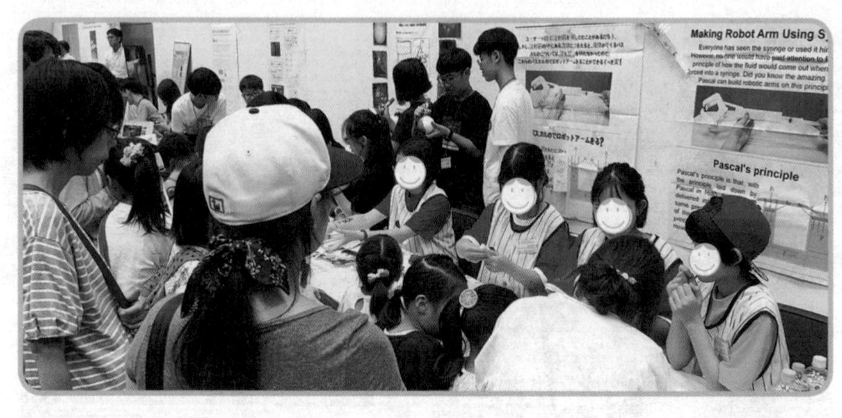

'과학을 과학답게'라는 목표

과학 동아리를 운영하면서 전국 대회를 준비하던 중, 경기도 과학 교육원의 한 연구사님을 만났다. 비평준화의 작은 시골 학교에서 근무하는 젊은 교사와 열정적인 아이들의 과학 동아리 활동의 가치를 중시하시던 분이다. 연구사님의 제안으로 ○○ 교육 연구회의 운영진을 맡게 되었다. 무엇을 하는지보다는 매사 합리적이고 혁신적으로 생각하는 연구사님과 함께 이야기를 나누고 운영하는 것만으로도 감사했다. 마음 한켠에는 연구회를 잘 꾸리고 싶은 열망이 있었지만, 유명하고 전문적인 강사를 섭외하는 것보다는, 선생님들 모두가 전문가로서 함께 고민하고 나누는 게 더 중요하다고 생각했다. 이러한 마음가짐으로 학교 현장에서 각자의 노하우와 수업에 대한 고민을 나누었다.

또한, ○○ 교육 연구회 운영진을 오래 동안 맡으면서 동 교과 선생님들과 현장 중심의 교원 연수를 운영하고 실천했다. 수업과 관련된 배움 중심 워크숍을 월 1회 꾸준하게 개최하여 함께 소통하고 협력하여 문제를 해결하는 시간이었다. 전문 강사로 이루어진 연수가 아니라, 연구위원들이 직접 강사로 활동하여 성공한 사례와 어려웠던 사례를 통해 교사들의 성장을 이끌게 되었다. 그리고 안전하고 소중한 공간에서의 연구위원과의 사귐이 배움으로 이어졌다. 이를 통해 언제든지 고민과 걱정을 나누고, 도움을 요청할 수 있는 동지가 있다는 것이 마음 든든했다.

마지막으로, '과학을 과학답게'라는 목표를 향해 많은 교사들과 수업에 대해 이야기하고 있다. 수업은 교사의 철학을 깊게 담은 예술이라고 생각한다. 그러기에 모든 수업은 의미 있는 배움의 과정이어야 한다.

생활 교육으로 말하다

두려움이 설렘으로 다가설 수 있도록

최근 "두려움이 설렘으로, 무기력이 신나는 열정으로, 고립감이 단단한 연대로"라는 문장이 내 주위를 맴돈다. 가만 곱씹어 보면 매 순간 수업도 생활 교육도 어렵고, 두렵다. 교사는 수업 속에, 교실 속에 혼자 갇히지 않도록 하기 위해 모든 문제의 원인을 자신에게 귀속시키려 하지 않고, 서로를 존중하는 태도가 필요하다.

학교 내에서 교사 - 학생 간 갈등은 수업 및 생활 지도 과정에서 주로 발생한다. 그럴 때 교사는 예상치 못한 학생 행동을 문제 행동이 아닌 낯선 행동으로 간주하고 대응해야 한다. 낯선 행동에 대한 '백신'은 학생들로 하여금 수업 속에서 자존감을 높이고, 학급 내에서 소속감을 갖게 하는 것이다. 이러한 방법을 통해 교사와 학생 간의 갈등을 조정하고 학생들의 학습과 성장을 촉진할 수 있다.

학교에서 만나는 다양하고 복잡한 어려움을 가진 학생들은 여러 사회적인

위험에 노출되는 경우가 많다. 이에 수석교사는 학생의 어려움을 조기에 발견하고, 시기적절하게 꼭 필요한 자원을 안내 받고 개입될 수 있도록 지원해야 한다. 그리고 "괜찮아, 잘될 거야. 너는 잘할 수 있어."와 같은 사제동행을 통해 아무런 조건 없이 건네는 따뜻한 말과 사탕(먹을 것)은 그 무엇보다도 중요하다.

학교 입장에서 학부모는 잠재적 민원인으로 보는 경향이 있다. 그러나 학생들을 향한 온전한 교육과 발달을 위해 교사 - 학부모 협력은 필수적이다. 학부모와의 소통, 교육, 가정 방문 등을 통해 학부모의 이해와 협력을 도모하여 학생들의 학교생활과 성장을 지원할 수 있어야 한다. 구체적으로 수업과 학급 안에서의 소극적이고 적극적인 낯선 행동들은, 학급 내에서 소속감을 갖게 하는 다양한 방법을 도입하여 지원한다.

학교는 평화롭고 안전한 공간이어야 한다. 평화로운 소통의 문화 안착을 위해서는 교사와 학생이 평등한 위치에서 이야기를 나누는 서클 활동을 출발점으로, '관계'가 공동체 형성의 중심임을 학생들이 인식하도록 해야 한다. 또한, 서로 존중하며 공감하는 교실 문화 조성을 위해 경청을 기반으로 한 적극적인 의사소통과 협력적 사고로 학급 생활 협약을 만들고, 이를 문제 해결 과정에 적용하고 실천한다. 더불어 다양한 공동체 놀이를 진행함으로써 서로에 대한 친밀감을 한층 높이고, 대화와 소통이 자유로운 교실 문화를 조성하도록 한다.

코로나 19로 인한 지난 3년간의 온라인 수업, 사회적 거리 두기 등의 여파로 학생들은 여전히 사회적인 접촉의 부족, 외로움, 불안, 우울 등의 정서적인 어려움을 겪고 있다. 학교에서 친구들과 교류하고 친밀한 관계를 형성하여 사회적인 성장을 이루어야 하는데, 학교생활이 제한되면서 학생들은 사회적인 교류와 친구 관계의 부족을 경험했다.

이로 인한 사회, 정서적 결핍을 회복하고 공감과 배려 등 공동체 가치를 지향하는 인성 교육에 대한 요구가 증가하고 있다. 학교와 교사, 가정은 먼저 학생들의 정서적인 필요를 이해하고 지원하기 위한 노력을 해야 한다. 1:1 맞춤형 통합 지원 프로그램, 선생님과 함께, 학급 굿프렌즈 활동, 관계 회복 프로그램, 회복적 대화 모임 등을 통해 학생들의 정서와 관계 형성에 보다 긍정적인 영향을 줄 수 있다.

수석교사는 위기 학생 발굴에 적극적으로 개입하고, 학생의 성장을 지원하기 위한 다양한 활동들을 구상해야 한다. 이를 통해 저소득층 학생들의 실질적인 교육 기회가 균등하게 확대될 것이며, 위기 수준이 높은 학생들을 위한 별도 특별프로그램을 운영하여 지원할 수 있을 것이다.

교사 성장으로 말하다
일상의 민주주의

"민주주의는 단지 정치 제도의 문제가 아니라 삶의 태도의 문제"라는 김누리 교수의 말을 되새겨 보았다. 민주 시민 교육이란 무엇일까? 강한 자아를 가진 시민성을 함양한 민주 시민으로 성장하게 한다는 것은 구체적으로 어떤 의미일까?

내가 존재하는 학교 현장에서부터 민주주의를 적극적으로 요구하고 실천하는 것이 중요하다. 민주주의를 내면화하는 것은, 각 영역에서 학교 구성원들이 자치적으로 운영하고 자율적으로 결정하는 문화를 형성하는 것이다. 그리고 자신보다는 사회의 이익을 위해서 선택하고 결정하여, 지속 가능한 민주주의를 실천하는 것이다. 예를 들어, 지금 우리가 처해 있는 기후 위기, 코로나 사태, 각종 쓰레기 문제들은 자본주의 소비 문화에서 비롯된 것들이 아닐까? 이와 같은 문제들을 올바로 인식하고, 그 해결 방안을 찾기 위해 자신의 이익을 '지속 가능한 민주주의'로 거듭날 수 있도록 실천하는 방법을 고민하게 되었다.

"우분투! 다른 사람이 모두 슬픈데, 어떻게 혼자만 행복해질 수 있나요?"

경쟁을 유도하는 인류학자에게 아프리카의 반투족 어린이가 한 말이다. 우분투(UBUNTU)는 반투족 말로 '우리가 있기에 내가 있다'는 뜻이다. 학교라는 공간도 절대로 혼자서는 온전히 서 있을 수 없는 곳이다. 학생, 학부모, 지역사회와 동료 교사와의 관계를 통해서 배우고 성장하는 곳이다.

아마도 노동자로 살아갈 확률이 높은 학생들에게 진정한 도움이 될 수 있는 일이 무엇일까? 스스로 생각하고 판단하며, 행동할 수 있는 인간으로 성장하게 할 수 있게 하려면 무엇이 필요할까? 수석교사로서 매시간 과학 수업 속에서 아이들이 자기 생각을 갖고, 표현하게 하고, 말하게 하고 자신의 해석을 논리적으로 표현하는 훈련을 하도록 해야겠다. 어떤 사건이나 현상의 이면을 깊게 들여다보는 안목을 가질 수 있도록, 확고한 자기 생각을 표현할 수 있도록 하는 구체적인 실천이다.

그리고 '우리 학교의 민주주의, 어디까지 할 수 있나?' 등의 주제로 함께 이야기를 나눠 보면 너무 의미 있을 것 같다. 가슴 뛰는 주제이다. 지금 처해 있는 현실에 순응만 하지 않고, 기존의 질서에 대한 비판적인 안목을 기르고 사유할 수 있는 경험을 통해 성숙한 민주 시민으로 성장할 것이다. 광장의 민주주의가 아닌 일상의 민주주의, 교실의 민주주의를 자각하고 성찰하여 교육으로 실천해야겠다.

일상의 민주주의가 교실과 교무실에서 정착되려면, 성숙한 시민의식을 지닌 구성원들이 옳은 판단력을 가지고 의사소통을 해야 한다. 자기 의견을 설득하는 것이 아니라 옆에서 보고 닮아 가는 것과 더불어, 이해와 공감을 넘어서 동료 선생님들과 온전한 의사소통이 중요하다.

직설적인 표현보다는 때로 넛지(nudge, 강압적이 아니라 부드러운 개입으로 사람들이 더 좋은 선택을 할 수 있도록 유도하는 방법)를 통해 우회적으로 말하고, 논리적이고 합리적이기보다 감성적으로 이해하고, 빠르고 단호한 결정보다 모호한 태도를 보이면서, 유머와 해학의 대화를 소화할 수 있는 그런 구성원으로 성장하려고 한다. 선배 교사로서, 학교의 중간 리더로서 좀 더 확신을 가지고 소통해야겠다. 학생 한 명 한 명이 빛날 수 있는 혁신 학교의 문화가 천천히 스며들 수 있도록!

매년 새로운 정책들이 생겨나고, 내 머릿속은 복잡해진다. 그 정책들을 내 것으로 만들어야 하는데, 올해는 또 무엇을 해야 하나? '미래 학교의 시작'과 같은 매년 새로운 타이틀이 아닌, 그냥 '학교'였으면 좋겠다. 모든 부분에서 그저 '학교란 무엇인가?'라는 본질적인 질문으로 시작하고 싶다.

관리자는 위치가 아니라 역할이라는 생각, 학생들 스스로가 처음부터 끝까지 기획하는 즐거운 수업, 남들과의 경쟁이 아닌 어제와 다른 오늘을 경험하는 학생들의 성장을 위한 평가, 집단 지성의 위대함을 몸으로 체득할 수 있는 학교 문화, 전문가를 찾아다니며 연수를 듣기보다는 곁에 있는 동료의 장점을 발견해 주며 성장의 동기가 옆에서 옆으로 퍼져 나가는 학교였으면 좋겠다. 새로운 콘텐츠와 방식이 아닌 그 나름의 교육 철학을 중시하는 학교 구성원들, 그리고 학생과 학부모와 교사가 모두 행복한 학교. 행복이란 무엇인지 또 협의를 해봐야 하겠지만 말이다. 비효율적이라 하더라도 치열하게 수다를 떨어야겠다.

60

안개꽃 같은 수석교사

최인선

행동 발달 및 종합 의견

몸이 약하지만 자신의 체질을 잘 알고 있으며, 이를 극복하기 위해 자신만의 루틴을 터득하여 주변 사람들에게 건강 관리에 유용한 정보를 제공하는 독특한 교사임. 부드러운 성격의 소유자로 주변 사람들의 이야기를 잘 들어 주며, 수용적인 자세가 돋보임. 특히, 수업에 진심이며, 수업 연구에 몰입하고 열정을 쏟는 교사임. 동료들에게 특유의 따뜻함으로 용기를 북돋아 주고, 업무적인 면에서는 냉철한 결단력에 바탕을 둔 외유내강의 리더십을 발휘함.

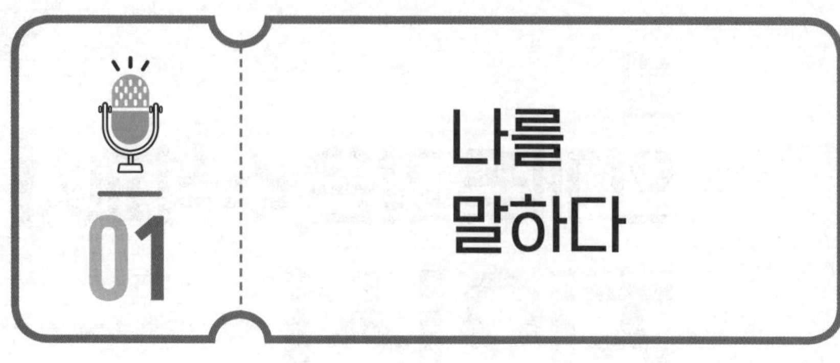

공부는 남 주려고 하는 거다

"공부해서 남 주냐"라는 말이 있다. 반어적 의미로 공부해서 남 주는 게 아니라 다 자식 잘되라고 하시는 부모님의 마음을 담은 말씀이다. 손녀를 많이 사랑하셨던 할머니께서는 내게 '선생'이 되라는 유언을 남기셨고, 그래서 무작정 교사의 꿈을 키웠다. 진짜 선생님이 될 기회가 왔을 때, '남 주려고 공부합니다'를 싸이월드 대문에 걸고 열심히 임용고시를 준비했다. 물러설 곳이 없는 28세 늦깎이 대학생, 세 살짜리 딸을 둔 아줌마로서 말이다.

중학교 3학년 때 일반계 고등학교 진학이 좌절되었다. 당시 사업에 실패하신 아버지께서 인문계 진학을 반대하셔서, 전문계 고등학교에 진학하여 졸업하고 바로 공기업에 취직했다. 당시 '황금알을 낳는 거위'라 불리던 공기업에 입사해 사기업으로 인수·합병되는 과정을 겪었고, 1997년 말 IMF 외환 위기로 살벌한 구조 조정 현장을 목격하게 되었다.

그 여파로 순천에 발령을 받게 되어 드라마틱한 '미생' 생활을 경험했다. 지금도 잊히지 않는 일화를 하나 소개한다. 나른한 오후, 중년의 남성 한 분이 영업 사무실에 들어오셨다. 손에는 휘발유 통을 들고 말이다. 바닥에 휘발유를 쏟으며 휴대 전화가 안 돼서 사업이 망하게 생겼으니 불 지르고 감옥에 가겠다는 거였다. 빼빼 마르신 팀장님이 뛰쳐나가 그분을 부둥켜 안고 말리던 장면이 15년이 지난 지금도 생생하게 떠오른다. 회계 업무를 하던 나는 불이 나면 어디로 피신을 해야 할지 생각하며 겁에 질려 있었다. 알고 보니 기지국의 문제로 통신 장애가 발생했고, 전화를 받지 못해서 당일까지 막아야 할 어음을 막지 못해서 부도가 나고 만 것이다. 회사 기밀상 빙산의 일각을 이야기했을 뿐이다.

결국 3년 9개월 만에 회사 생활을 정리하고 집으로 돌아왔다. 며칠 후에 통화 내역 업무를 의뢰하시던 경찰관 아저씨가 신창원의 팔짱을 끼고 뉴스에 등장했다. 역시 나와는 맞지 않는 일을 그만두길 잘했다 싶었다. 19세 어린 나이에 취직해서 약육강식의 정글 사회를 맛보면서, 결국은 미련이 남았던 공부를 하기로 마음먹었다.

퇴직금 받은 것으로 재수 학원에 등록했다. 전문계고를 졸업하고 수능 공부를 한다는 건 참 어려운 일이었다. 특히, 영어와 수학은 정말 따라가기가 힘들었다. 사범대에 진학하려면 수학을 포기할 수 없었다. 학원이 문을 여는 5시부터 밤늦게까지 열심히 공부했다. 그러나 수학 성적은 오를 기미가 없었다. 내성적이었지만 용기를 내서 수학 선생님께 질문을 했는데, '그것도 모르냐'는 눈빛으로 턱으로 선을 그리며 설명을 하던 모습이 눈에 선하다. 너무나 수치스러운 순간이었다. 그 선생님은 깊은 깨달음을 선물해 주셨다. 어떤 학생에게도 친절함을 잃지 않아야 하고, 말뿐만 아니라 눈빛과 태도, 손짓 하나에서도 마음이 묻어난다는 것이다.

그 사건 이후로 중고 서점에 가서 중학교 수학 교재를 샀고, 차근차근 단계를 밟으며 개념 이해와 다양한 문제 풀이가 가능할 때까지 반복 학습을 했다.

그땐 정말 꿈속에서도 수학 문제를 풀었다. 중학교 때 친구가 연세대에 다니고 있었는데, 주말에는 친구 자취방에 찾아가 수학 과외를 받고 왔다. 친구가 전주에 내려오는 날에는 학원 후미진 곳에서 수학을 가르쳐 주었다. 왜 수학을 공부해야 하는지 불퉁거리며 말도 안 되는 질문을 퍼붓는 친구에게 참 좋은 교사가 되어 주었다. 재수 학원 수학 선생님과 너무나 비교가 되었다. 6개월 후 9월 모의고사에서 수학 성적이 크게 올랐고, 수능에서는 80점 만점에 68점을 받고, 꿈에 그리던 사범대에 진학할 수 있었다.

2001년 3월 1일, 대학 입학식 전날 나는 결혼을 했고 신혼여행을 떠났다. 그리고 대학교 1학년 겨울방학에 큰아이를 품에 안았다. 나의 대학 생활은 밤이 허락되지 않았다. 대학생과 아내, 엄마라는 역할이 동시에 주어졌기에 낮에는 대학생, 밤에는 가정주부로서의 시공간이 허락될 뿐이었다. 늦깎이 아줌마 대학생으로서 마음이 급했다. 시간을 쪼개 쓰고 최대 학점을 이수해 가며 조기 졸업을 했다.

세 살짜리 어린 딸을 남편에게 맡겨 놓은 채 7월 졸업식이 끝나자마자 노량진 고시촌에 입성했다. 딱 한 번 집에 다녀왔는데, 아이를 떼어 놓고 오면서 마음이 너무 아팠다. 돌아와서도 일주일은 매일 눈물로 지냈다. 아이와의 통화도 괴로워서 녹음해 둔 목소리를 들으며 그리움을 달랬다. 빨리 임용고시에 패스하는 것만이 아이와 남편에게 보답하는 길이라 생각했다. 새벽 5시 인터넷 강의실을 예약하는 일과로 시작해서 밤 12시까지 쉬지 않고 임용 공부에 매달렸다. 그러나 결과는 불합격이었다. 최선을 다했기에 다시 준비할 자신이 없었다. 그만두기로 마음먹었다.

그때 사립 학교에서 전화가 왔다. 1년 기간제를 제안했고, 1년 후 정식 교사로 선발할 수 있다는 가능성을 말씀하셨다. 서류를 준비해서 보내고 면접

일정까지 잡아 주셨다. 이 학교에서 열심히 일하고 정교사가 되기로 노선을 수정했다. 그러나 면접일 즈음, 다른 사람을 채용했으니 올 필요가 없다는 연락을 받았다. 미안하다는 말 한마디 없는 일방적인 통보였다. 너무 서러웠고 화도 났다. 돈도 없고 빽도 없는 상황에서 오직 실력으로 임용고시에 합격하는 것이 복수라고 생각했다.

그리고 다시 전쟁 같은 생활이 시작되었다. 여전히 가정 생활과 공부를 병행해야 하는 상황은 변함이 없었기 때문이다. 더 이상 노량진에 가지 않기로 했다. 힘들지만 아이와 남편 옆에서 공부와 가정 생활을 잘 해내고 싶었다. 그리고 마침내 2006년 3월 1일, 역사 교사로 임용되었다. 공부해서 남에게 줄 수 있는 기회가 온 것이다.

어느새 19년 경력의 역사 교사로 아이들을 만나고 가르치고 있다. 누군가를 가르치려고 하는 공부는 가장 좋은 공부법이다. 단순히 지식을 아는 차원을 넘어서 '완전한 배움'이 일어나는 경험을 하게 된다. 그리고 그 경험은 지식을 넘어 행동으로 드러나며 삶으로 묻어난다고 믿는다.

교사는 자신이 가르치는 것으로부터 자유로울 수는 없으나, 살아 냄으로써 자유를 얻게 되는 역설적인 직업이다. 이것이 바로 내가 교사를 하는 이유이자 가장 큰 매력이다. 나이가 들고 많은 한계에 부딪힐 때, 세상과 타협하며 자연스럽게 내려놓는 인간으로서 도리를 고결하게 지켜 낼 수 있는 자리이다. 오랫동안 공부하고 가르치면서 자신의 생활 속에서 습관으로 만들어진 태도야말로 교사의 가장 큰 자산이 아닐까 한다.

02

수석교사를 말하다

수업 역량으로 말하다
단 한번이라도!

직업마다 주로 사용하는 언어가 다르다. 교사는 수업으로 모든 것을 말한다고 해도 과언이 아니다. 그리고 수업의 언어는 학생들의 유형에 따라 다양한 방법으로 디자인된다. 수업 언어의 다양한 표현이 필요함을 절감한 때는 한국 전통 문화 고등학교에 근무할 때이다. 한국 음악, 한국 회화, 공예 디자인, 조리 과학을 전공하는 학생들에게 '한국사'라는 과목을 어떻게 가르칠 것인가를 깊이 고민하게 되었다.

그도 그럴 것이 각 학과는 엄청난 양의 실기 수업이 있었고, 대학 진학에 한국사 과목은 중요하지 않았기 때문이다. 학교와 학원에서 대부분의 시간을 실기 능력을 키우는 데 초점을 맞추고 있었고, 그로 인해 학교 교과목 시간에는 피곤한 몸을 가누지 못하고 깊은 잠에 빠져드는 학생들이 대부분이었다.

인문계에서 강의식 수업을 기깔 나게 잘하면 되는 것으로 알고, 시험 끝나고 특별 수업으로 프로젝트 수업을 진행하던 나에게는 20명 중 5명만 살아서 수업을 들어 주는 상황이 너무나 충격적이었다. 그나마 몹시 재밌어서 5명이나 듣는 수업이라고 아이들이 위로해 주었다.

다시 인문계 고등학교로 회귀하고 싶은 마음과 특성화고에 맞는 수업에 도전할 마음은 50:50이었다. 갈팡질팡하고 있었으나, 피한다면 남은 교직 생활을 못할 것 같았고 비겁하다는 생각마저 들었다. 결국 수업 목표를 수정하고 어떤 환경과 학생들을 만나도 그들과 함께할 수 있는 수업을 디자인하는 역량을 키우기로 마음먹었다.

일단, 수업 목표는 '단 한 번이라도 20명이 모두 살아서 움직이는 수업을 하는 것'이었다. 학생들 스스로 학습에 참여하도록 매력적인 수업 목표를 설정하고, 창의적인 수업 기법을 도입하여 수업을 디자인하는 일에 몰두했다. 1년 동안 창의 인성 연수와 세계 시민 교육 연수 등 다양한 연수를 받으면서 배움 중심, 학생 활동 중심 수업을 연구했다. 그리고 각 학과에 맞는 융합 수업 모형을 개발하고 적용했다.

예를 들면, 독도 프로젝트 수업이 있었다. 동북아 역사 재단에서 제작한 '독도 바로 알기' 교재를 선택하고, 10개의 소주제를 모둠별로 나누어서 하브루타 기법으로 학습하는 형태로 수업을 진행했다. 4절지 앞면에는 비주얼 싱킹을 하고, 뒷면에는 노래 개사하기와 독도의 역사적 근거 3문장 영작하기를 수행하는 수업이었다. 공예 디자인과와 한국 회화과는 비주얼 싱킹에 주안점을 두고, 한국 음악과의 경우 개사하여 노래 부르기에, 조리 과학과는 특별히 독도 식량 자원 주제를 추가하여 국빈 대접 레시피 개발에 초점을 맞추도록 했다.

비주얼 싱킹은 독도 바로 알기 교재를 콜라주 기법으로 활용하도록 안내했고, 개사에 필요한 문학적 수사법은 국어 선생님께서, 독도 식량 자원을 활용한 국빈 대접 레시피 개발은 조리 선생님께서 함께 수업을 진행해 주셨다. 여러 선생님들과의 융합 수업을 통해 단 한 명도 졸지 않고 모든 학생이 깨어서 즐겁게 참여하도록 하는 데 성공하고 말았다.

교사 성장으로 말하다
마지막 수업이 최종 완성본!

역사는 내가 살고 있는 시공간에서 시작해야 한다. 그래서 디자인한 수업이 '조선왕조실록 인포그래픽' 제작 수업이다. 전주 한옥 마을에 주말마다 엄청난 관광객이 몰려오는데 정작 전주에 사는 우리는 잘 찾지 않으며, 경기전, 전동 성당, 어진 박물관, 전주 향교의 가치를 모르고 있다는 사실조차 인식하지 못한다. 내가 사는 고장의 문화재 하나쯤은 소개할 줄 아는 역사 교육을 하고 싶었다.

전주 한옥 마을에 있는 경기전 안에는 '전주 사고(史庫)'가 있다. 세계 기록

문화유산인 『조선왕조실록』을 임진왜란 중 지켜낸 유일한 곳이며, 손홍록과 안의 등의 선비들이 사비를 털어 내장산으로 실록을 옮겨 놓고 매일 불침번을 서면서 지켜낸 고귀하고 자랑스러운 문화재이다. 『조선왕조실록』과 전주 사고를 주제로 5가지 소주제를 분류하고, 직소(Jigsaw) 기법을 통해 함께 학습하고 인포그래픽 제작 수업을 진행했다. 망고 보드를 활용하거나 비주얼 싱킹으로 표현하고 발표했다. 그리고 한옥 마을 해설 투어를 예약하여 체험학습을 갔다. 이미 학습을 하고 해설사의 설명을 들으니, 아이들이 대답도 잘하고 매우 집중하는 모습을 볼 수 있었다. 해설사님도 신이 나서 설명하시던 모습이 떠오른다.

이렇게 나만의 수업 언어를 담아 디자인한 수업들은 지금도 진행 중이며, 매년 새로운 수업 기법을 더하여 계속 업그레이드되고 있다. 매년 새로운 수업 주제로 연구하고 한 학기 1개 이상의 수업안을 개발함과 동시에, 기존에 개발된 수업을 끊임없이 수정·보완하는 작업은 몹시 흥미롭다. 아마도 퇴직할 때 최종 완성본이 마무리될 것 같다.

그래서 나는 수석교사의 길을 선택했다. 수업에 진심이며, 연구하고 개발하는 것이 여전히 설레고 가슴 뛰기 때문이다. 교사를 길러 내는 교수가 되고 싶었던 가슴 깊은 곳에 묻어 두었던 꿈을 실현해 갈 수 있다니 정말 즐거운 인생이다.

방학이면 그림 전시를 보러 다니고, 역사 교과서에서 보던 곳으로 여행을

떠난다. 내 눈으로 직접 보고 내 발로 밟아 보며 온몸으로 체득한다. 그렇게 살아 있는 역사를 가르치고 싶기 때문이다. 그 길에서 만난 사람들과 인류의 발자취는 삶을 풍요롭게 해 주고, 실감 나게 가르칠 수 있는 내공을 선사해 주었다. 지금까지 여행한 나라만도 16개국이다. 난 부자가 아니다. 검소하게 생활하지만 아끼지 않고(실은 빚을 내서라도) 가장 많이 투자하는 분야는 자기 계발, 특히 교육과 여행 비용이다. 그만큼 배움과 여행은 나를 성장시키는 동력이자 삶의 이유이다.

교사는 배우는 과정이 즐거워야 하며, 새롭고 낯선 길을 가는 것을 두려워해서는 안 된다. 아니, 오히려 그 짜릿함을, 익숙한 낯섦을 즐길 줄 아는 사람이어야 한다. 오늘도 나는 17번째 나라로 여행을 준비하고 있다. 그곳에서 또 다양한 사람을 만나고, 자연과 역사를 만날 것이다. 가슴이 설레어 쉬이 잠들지 못할 듯하다. 수석교사로서 새로운 한 해를 맞이하는 기쁨을 안고 다시 도전!!!

61

함께 성장하길 꿈꾸는 수석교사

하미숙

행동 발달 및 종합 의견

학생들이 수학이 좋아지게 되는 마법의 순간을 맞이할 수 있도록 돕는 것을 목표로 부단히 노력함. 세계 시민 교육, 스마트 기기 선도 교사, 부산-시카고 수학·과학 교사 교류 프로그램 등을 이수하고, 학습 연구년제를 통해 이를 내면화함. '누구에게나 재미있는 수학 수업'을 만들기 위해 수업 나눔에 적극 참여함. 디지털 기반의 학생 활동 중심 수업, 놀이를 통한 게임 활용 수학 수업, 지속 가능 발전 융합 수업 등에 관심이 많음.

01 나를 말하다

가르치는 게 좋아서 교사를 꿈꾸다

시골에서 농사짓느라 교육을 받지 못해 전문직에 종사하지 못한 부모님은 작은 구멍가게를 하시며 조금이라도 더 벌기 위해 밤늦게까지 다양한 부업을 하셨고, 형제들도 다 함께 부모님을 도왔다. 부모님께서는 "너희는 열심히 공부해서 돈 잘 벌어야 한다."라고 하시며 4남매의 교육을 끝까지 뒷바라지해 주셨다. 하지만 우리 가족은 늘 "돈이 어디 있노?" 하는 걱정을 떨칠 수가 없었다.

중학교 1학년 때 '20년 후의 나의 모습'이라는 주제로 글쓰기 수업을 했다. 나는 너무나 현실적이라 다른 친구들처럼 화려하고 멋들어진, 또는 허황하기까지 한 미래를 상상해 낼 수 없었다. 그래도 나름대로 열심히 고민해서 34살이 된 나의 미래를 이렇게 그려 보았다.

'나는 상냥한 남편과 두 아이를 키우며, 어느 지역의 학교 교단에 서게 되었다. 어느 날 저녁, "엄마는 미국에 꼭 가 보고 싶어. 죽기 전에 책도 꼭 쓰고 싶어. 너희는 무얼 하고 싶니?" 하며 아이들과 도란도란 이야기를 나눈다.'

고등학교에 가서도 딱히 수학에 흥미가 있지는 않았다. 오히려 영어나 불어, 별자리나 천체에 관심이 많아 문과에 갈까, 이과에 갈까 고민하다 이과를 선택했을 뿐이었다. 그러던 어느 날, 고2 미적분 시간에 구분구적법의 설명을 듣는데, 갑자기 머릿속에 번개가 친 듯 깨달음의 순간이 왔다.

'아니, 꽃병의 부피를 재어 보지 않고 계산해서 구할 수 있다고? 이런 신박한 방법이?'

갑자기 수학이 재미있어졌다. 더구나 이처럼 멋진 수업을 해 주신 수학 선생님께서 나의 고3 담임이 되셨고, 나의 수학 사랑은 운명처럼 불붙어 버렸다. 고3이 되었을 때 수학은 20점이지만 매우 성실하게 공부하는 한 친구가 있었다. 나는 이 친구가 수학을 포기할 줄 알았다. 그런데 손때가 심하게 탄 수학 참고서를 가지고 와서 같은 문제를 자꾸만 물어보는 것이었다.

"내 설명이 이해가 안 되면 다른 애한테 물어보지?"

그랬더니 그 친구가 대답하기를, 짜증 내지 않고 풀어 주는 사람이 나밖에 없단다. 일곱 번을 설명해 준 후, 친구가 이제야 이해된다며 활짝 웃으며 인사했을 때, '아, 나는 가르치는 게 좋구나.' 하고 깨달았다. 나와 함께 공부하며 친구는 점점 성적이 올라서 마침내 원하는 4년제 대학에 합격했다. 친구를 도움으로써 나는 내 꿈을 찾을 수 있었고, 이 책을 쓰는 것을 마지막으로 중1 때 나의 꿈들은 모두 이루어졌다.

이제 새내기 수석교사로서 첫발을 내디디며 또 다른 꿈을 꾸게 될 것이다. 미래의 내가 오늘을 다시 돌아볼 때 어떤 꿈이 이루어져 있을지 정말 궁금하다.

02

수석교사를 말하다

수업 역량으로 말하다
우리 함께 성장해요

발령 첫해를 마치고 학부모가 찾아와서 특별히 감사 인사를 하는 경우는 드문 일이다. 그런데 종업식 날, 한 어머니가 찾아오셨다. 시장에서 장사를 하신다는 그분은 이렇게 말씀하셨다.

선생님, 우리 애가 수학이 재밌다더라구요. 우리 애가 수학 못하는 걸 내가 다 아는데 수학이 재밌다 하길래 하도 신기해서 선생님 찾아왔어예. 우짜면 수학이 재미있습니까?

신규 발령 첫해에 이런 칭찬을 듣다니, 날개가 없어도 날 듯한 기분이었다. 이후 나의 목표는 누구나 재미있는 수학 수업 만들기가 되었고, 수업 개선을 위한 배움에 목마르게 되었다.

협동 학습 연구회, 스마트 연구회, 수업 혁신 사례 연구 대회까지, 수업 개선을 위한 끝없는 마라톤이 시작되었다. 대학원에서 교육 방법을 전공하면서 어떤 교수법이 학습 흥미를 높일 수 있는지 다양한 이론적 배경도 배우고 논문도 썼다. 하지만 배움에 목마른 나에게는 실질적인 도움이 더욱 절실했다.

이때 나를 성장시킨 것은 부산 국제중에서 만난 국어과 전영숙 수석님이다. 늘 수학 교사의 시각으로만 수업을 바라보던 나에게 갤러리 워킹, 프로젝트 학습, 토의·토론 수업 등의 다양한 교수법을 소개해 주시며, 학생들의 시각으로 수업을 바라볼 수 있게 해 주셨다. 그분 덕분에 나의 수업이 달라지기 시작했다. 아마 이때부터 수석교사를 꿈꾸었던 것 같다.

이후 해마다 방학이면 전문성 신장 연수에 빠짐없이 참여하여 아이들이 깨어 있는 재미있는 수학 수업을 만들고자 노력했고, 능력자 선생님들의 수업 운영 비결을 하나씩 얻고, 새로운 에듀테크를 배우면서 나 홀로 수업 개선의 길을 걷기 시작했다.

수업 계획을 세우고, 수업 장면을 기록하여 수업 결과물을 분석하고, 수업 피드백을 쓰려니 자료의 정리가 어려웠다. 예전의 수업 자료를 찾기도 어렵고 다시 수정하는 일도 쉽지 않았다. 외장 하드의 자료가 날아가 버리기까지 하니 정말 대책을 세워야겠다 싶었다. 그때 대학원 지도 교수님이 "연구를 하려면 블로그를 쓰세요." 하시며 내 주신 '블로그 운영하기' 과제가 생각났다. 그래서 2016년부터 대학원 과제 업로드에만 사용하던 블로그를, 수업 개선을 위한 블로그로 운영하기 시작했다.

'수학 수업 블로그'라는 뜻에서 '수수블'이라고 지었는데 검색을 해 보니, 수수밭이나 옥수수만 나왔다. 그래서 '수수블을 검색하면 내 블로그가 나올 때까지, 자료를 올리자!'라는 목표를 세우고 수업 개선 블로그를 운영하기 시작했다. 블로그에 글을 쓰면서 수업 자료를 모으고, 수업 실행에 대한 반성과 함께 뿌듯함도 자라났다.

그러나 혼자서 아무리 열심히 새로운 교수·학습 방법을 연구하고 신기한 에듀테크를 적용하고 노력해 보아도 내 수업 어딘가에서 모자란 부족함을 느꼈는데, 그것은 바로 함께하는 동료의 부재였다. 늦게라도 문제점을 깨달은

이후, 중등 '라온하제' 수학 교육 연구회로 시작하여 통계로 세상과 소통하는 '세수통', 그리고 영혼의 짝인 심민혜 수석님과 함께라서 더욱 신나게 연구했던 '사인사색 통계놀' 모임까지 활발하게 참여했다. 그 결과 혼자서 연구하던 때와는 성장 속도 자체가 달랐다.

2024년은 94명의 전국의 수석 동기님들과 선배님들이 든든하게 지원하고 있으니, 새로 발령 받은 학교의 여러 선생님들과 함께 수업 개선 연구에 매진해 보려고 한다. 개인적인 목적으로만 운영해 왔던 허술한 블로그도, 수학왕라니님이 이끄는 수업 기록 모임을 통해 수준 높은 블로그로 업그레이드해 나갈 것이다. 넘쳐나는 '에너지 뿜뿜'의 우리 대한민국 교사들은 나에게 혼자가 아니라 함께할 때 더 크게, 더 높이 성장할 수 있다는 것을 마음으로 깨닫게 해 주었다.

주위를 둘러보라. 그러면 당신과 함께할 동료가 보일 것이다.

생활 교육으로 말하다

친교 활동을 통한 학습 활동의 구성

코로나 사태를 겪으면서 우리 사회는 커다란 격변을 갑작스럽게 겪게 되었다. 그중 가장 큰 변화를 가져온 곳은 무려 1세기 동안이나 바뀌지 않았다는 학교 교실이 아닐까 싶다. 갑작스런 전염병은 디지털에 능숙한 사람이든 아니든 무조건 원격 수업에 적응하도록 만들었다. 화상 수업으로 인해 의도치 않게 전국의 가정에 학교 수업이 공개되었고, 교사부터 학생까지 엉망인 수업부터, 시간과 공간의 제약에서 벗어나 기발한 에듀테크를 자유자재로 활용하는 수업까지 모두 참관(?!)할 수 있었다.

부산은 작년부터 '1인 1기기'가 전 학교에 보급되어, 본격적으로 수업 시간에 공학적 도구를 활용할 수 있게 되었다. 구글 클래스룸, 니어팟(Nearpod), 데스모스(Desmos) 클래스룸, 블루킷(Blooket), 캔바(Canva) 등 학생들의 적극적인 참여와 상호작용 및 평가, 피드백을 지원하는 플랫폼으로 태블릿을 활용한 다양한 수업을 시도했다.

실시간 화상 수업 초기에는 수업에 참여하지 않고 잠이 들거나 돌아다니면서 수업을 듣는 등 새로운 시스템에 적응하지 못한 학생들이 있었다. 마찬가지로 에듀테크 활용 수업에서도 문제 행동이 드러났다. 태어날 때부터 스마트 기기를 가지고 놀면서 자란 세대들은 디지털 기기를 학습에도 잘 활용할 것 같지만, 의외로 학습 도구로 인식하지 못하고 놀이 도구로 생각하는 경향이 있다. 그래서 에듀테크 수업을 하다 보면 가끔 몰래 유튜○를 보거나 딴짓을 하는 학생들이 있다.

교육과정 - 수업 - 평가 - 기록이 일체화된 요즘, 이렇게 수업 중에 딴짓을 하면 당연히 수행평가 점수도 못 받고 잘못된 행동에 대한 생활 지도도 받게 된다.

하지만 한창 사춘기를 지나는 중학생들 중에는 이러한 불이익에도 자제하지 못하고 문제 행동을 하는 학생들이 더러 있다.

학생 수가 많은 과밀 학급 상황에서 보조 교사나 제어 프로그램도 없이 교사 혼자 문제 행동을 지도해 가며 디지털 활용 교육을 진행하는 것은 결코 쉬운 일이 아니다. 한두 명의 일탈을 무시하고 수업만 할 수도 없는 일이다. 한두 명이 게임을 하게 되면 먹물이 번지듯 금방 여러 명으로 번지기 때문이다. 그렇다고 디지털 교육이 힘드니 다시 교과서와 분필만으로 수업을 할 수도 없는 노릇이다.

이에 우리 학교는 담임 교사들과 생활 지도부가 합심하여, 이러한 수업 방해 활동에 대해 그린 마일리지(상벌점제)를 활용하여 적극 지도에 나섰다. 다행히 문제 행동을 하는 학생들이 서로 조심하게 되면서 에듀테크 수업에 집중할 수 있었다. 그럼에도 점점 학생들의 집중 시간은 짧아지고, 교육 현장에서 해결해야 할 일들은 아직 많이 남아 있다. 앞으로 또 어떤 난관이 생길지라도 교육 공동체, 교사와 학생, 학부모가 함께 소통하고 협력하며 이러한 난관을 슬기롭게 해결해 나가야 할 것이다.

2023년에는 원격 수업으로 학교에 오지 못했던 아이들이 정상화된 학교에 등교하고 체험학습도 갈 수 있었다. 하지만 코로나의 후유증은 깊은 상흔을 남겨서 아이들은 사회성이 부족하게 되었다. 갑작스런 원격 수업으로 친구 사귀기가 힘들어진 아이들을 위해서 교사들이 더욱 신경 써서 준비해야 할 것은 친교 활동을 통한 학습 활동의 구성이다.

이를 위해 수업 시간에 짝 활동과 모둠 활동을 적극 구성해 보면 어떨까? 짝 하브루타로 짝에게 질문하기, 피라미드 토의하기, 모둠 문제 릴레이로 협력하여 문제 해결하기, 멘토-멘티 구성의 4인 모둠으로 프로젝트 운영하기 등, 이를 통해 갈등 상황을 해결하는 법을 배우고, 서로 다른 역량을 발휘하며 배려하고 협력하여 최상의 성과를 내기 위해 노력하는 등, 강의식 수업에서는 배울 수 없었던 공동체 의식 함양, 의사소통 역량의 향상 등을 이루도록 지원할 수 있다.

온종일 앉아만 있을 아이들을 위해 지루한 강의 시간을 20분 내외로 줄이고, 학습자 주도 학습 활동으로 20분 이상 구성해 보자. 핸드폰만 만지작거리는 아이들을 위해서 다양한 교구 및 체험 실습을 구성해 보자. 그러면 학교폭력도 조금은 더 줄어들 수 있을 것이다.

교사 성장으로 말하다
영어가 쉬운 수학 선생님

나는 영어를 좋아한다. 그래서 고3 때는 수학 문제집을 풀다 잠이 오면 영어 독해집을 올려놓고 잠을 깨고는 했었다. 대학에 가서도 영자 신문 사설을 공부하고, 원어민 회화 학원에 다녔다. 원서를 읽으면 재미있기도 하거니와, 다른 나라 사람들의 다양한 문화를 엿볼 수 있고,한 권을 다 읽으면 완독의 즐거움도 느낄 수 있다. 또, 책 한 권을 읽을 때마다 어휘가 쑥쑥 늘어난다. 자주 쓰는 단어가 계속 나오기에 책 한 권을 읽고 나면 새롭게 익힌 단어들도 매우

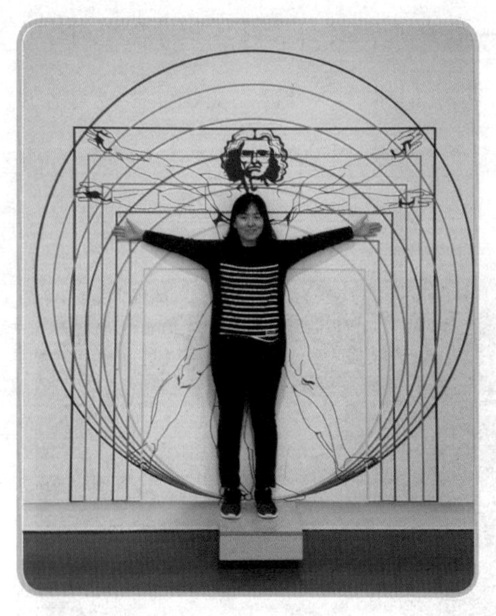

친숙해지기 때문이다. 발음을 정확하게 내는 것을 좋아해서 보통 낭독을 하는데, 그러다 보니 발음이 더 자연스러워졌다.

게다가 학교에는 원어민 선생님이 계신데, 보통 이 선생님들은 많이 외롭다. 영어과 선생님들은 업무 이야기만으로도 바쁘고 피곤해져서 대화를 피하는 편이고, 다른 과 선생님들은 영어가 안 되어서 피하는 편이다. 그래서 틈날 때마다 원어민 선생님들과 스몰 토크를 이어가다 보니 어느새 회화가 유창해졌다.

2007년에는 부산시에서, 중국 심천시에서 개최하는 청소년 포럼에 참여할 학교를 공모했었다. 생활 부장님이 신청하셨는데, 다른 학교는 아무도 신청을 안 해서 우리 학교가 참여하게 되었다. 11명의 학생과 통역이 가능한 교사 한 명만 가야 한다는 답변에 국어과인 생활 부장님이 좌절하셨다. 대신 통역이 되는 영어 교사를 찾았는데, 방학 중에 영어 교사는 모두 연수 중이라 해외 출장이 가능한 사람이 없었다. 그래서 회화 가능한 담임이 가기로 했는데 그게 바로 나였다.

2008년 영어 몰입 교육이 붐일 때, 지역청 단위의 공개 수업을 내가 하게 되었다. 공개할 수업 주제를 찾고 있었는데, 인근 지역에서 오실 선생님들께 일상적인 수업을 공개할 수가 없어서 교감 선생님께 여쭤 보았다.

"하 선생, 영어 잘하던데 영어로 수학 수업을 해 보지요."

처음에는 "무슨 그런 농담을 하세요, 못해요." 하고 손사래를 쳤다. 한 달, 두 달 시간이 가도 아이디어가 떠오르지 않았다. 궁지에 몰리니 '진짜 영어로 수업을 해 볼까?' 하다가, 망설일 시간도 없어서 결국 영어로 하는 수학 수업을 공개하기로 했다.

특이한 수업이라 교육청에서 공문을 보내, 영어 회화 전담 강사 필수 참석에 원어민 선생님까지 오게 되었다. 완전 나의 예상밖이었다. 학생은 30명인데 참관하러 오신 선생님이 60명을 넘어서, 교실이 아닌 시청각실에서 수업을 했다. 수준별 수업을 할 때라 심화반 수업을 하는데, 나도 아이들도 덜덜덜 떨면서 시나리오를 외우다시피 수업했던 기억이 난다.

수업 후 영어 선생님 한 분이 오셔서 수업이 정말 인상적이었다며 폭풍 칭찬을 하고 가시는 바람에 자신감이 상승했다. 이후 부산시 교육청과 시카고 교육청의 교사 교류 프로그램에 응시하여 5개월 파견의 기회를 얻었고, George B. Armstrong International Studies Elementary School에서 수업 참관 및 수업 시연, 연수 참여, 학생 지도 등 미국 공립 학교에서의 경험을 쌓을 수 있었다.

그리고 부산 수학 문화관의 설립을 위한 사전 조사로 해외 탐방을 가는데, 통역할 수 있는 수학 교사가 필요하여 내가 가게 되었다. 뉴욕의 MoMath와

Date	2009. 1. 20 Tuesday	Weather	Sunny, -12°C	Recorder	Ha, Misook
Main activities	1. CPS Transitional Bilingual Education Programs & Assessments by Patty Pernandez & Rosa Albarez a. Bilingual education process 1) Home Language Survey(HLS) a) No to Both questions : General Program of Instruction b) Yes to at least One question : W-APT Screener 2) Wida ACCESS Placement Test (W-APT) a) Scores at or above 4 : General Program of Instruction b) Scores below 4 : English Language Learner(ELL) 3) Bilingual education program a) Transitional Bilingual Education(TBE) b) Transitional Program of Instruction(TPI) 4) ACCESS(Assessing Communication and Comprehension in English from State to State) b. Support System 2. Watch the inauguration of 44th President of U.S.A., Barak Obama 3. Models of World Languages Programs in the United States by Robert A. Davis Jr a. Regular FLES(Foreign Language Education Sequential) b. Content-Based FLES c. FLEX(Foreign Language Education eXposure) d. Heritage e. Dual Language f. After School				
Daily meeting	Tomorrow there will be a meeting with principals of each school. Possibly we'll go to asigned school with them.				
Attendants	1. 25 members of Busan Metropolitan City of Education 2. P[illegible]				
etc	1. Inauguration day 2. Today it is relratively warm in Chicago. It gets better.				

독일의 마테마티쿰에 가서 관장님과 회의할 때는 정말 감격스러웠다. 그 후 영재원이나 교육청 사업으로 영어로 하는 수학 수업을 계속 진행했고, 부산 수학문화관의 영어로 하는 일요 수학 체험 프로그램의 운영 참여 등, 15년이 되도록 나와 영어의 인연은 계속 이어지고 있다.

만약, 이 글을 읽는 당신이 해외 프로그램 참여 기회를 얻고 싶다면 평소에 어학을 재미있게 공부하라. 충분한 준비가 되어 있다면, 기회가 왔을 때 언제든 잡을 수 있을 것이다.

62

꿈꾸는 수석교사 현선숙

행동 발달 및 종합 의견

침착하고 온순한 성격으로 남을 잘 이해하고 도우며, 공감 능력이 뛰어남. 매사에 연구적인 생활 태도로 모든 상황에 협조적이며, 맡은 일을 성실하게 수행함. 예리한 판단력으로 옳은 일에 앞장서고, 결과보다는 가치에 중점을 둠. 사람들의 장점을 잘 발견하고 칭찬을 아끼지 않으며, 어려운 일이 있을 때 마음을 살펴 묵묵히 응원하고 격려함. 조용한 성격이나 재치 있고 유쾌한 대화로 분위기를 부드럽고 즐겁게 만드는 재능이 있음.

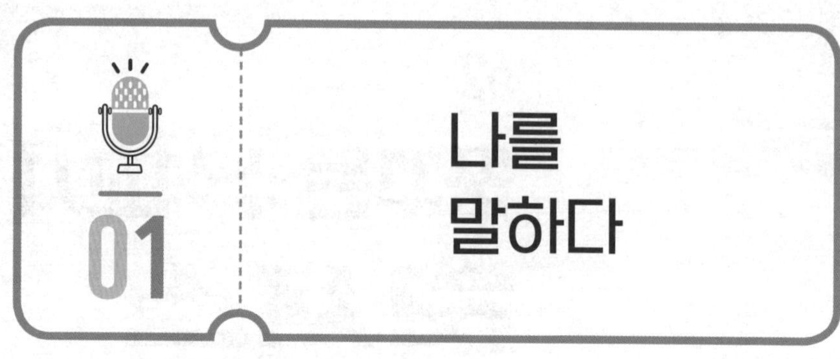

모두가 성장과 회복을 경험하는 행복한 꿈

어릴 적에 나는 한 선생님의 말씀을 듣고 화가가 되고 싶었다. 그러나 교사가 되기를 바라는 부모님의 마음 때문에 나는 사범대학에 진학하게 되었다. 학생들을 지도하는 것이 두려워서였을까? 교사가 된다는 것은 나에게 큰 용기가 필요했던 것 같다.

그러던 중에 대학 선배의 요청으로 오지에 있는 남자 중학교에서 기간제 교사를 2개월간 하게 되었다. 그곳에서 한 선생님을 만났다. 그분은 매주 목요일 점심시간에 찬양과 말씀을 나누며 학생들에게 꿈을 꿈꾸게 하셨다. 나도 그런 선생님이 되고 싶었다.

이후, 나는 마음속 깊은 곳에서부터 교사를 꿈꾸었다. 하지만 현실은 녹록지 않았다. 미술 교사를 뽑지 않아서 교대 편입, 특수 교육 대학원 등 교사가 될 수 있는 시험은 모두 봤지만 다 떨어졌다. 간절한 마음으로 다시 공부를 시작했고, 그해 "대~한민국!"을 외치며 공부를 시작한 지 일 년이 되지 않아 드디어 교사가 되었다. 마치 나를 위해 준비해 주신 것처럼.

생각해 보면 짧은 기간 공부를 한 것처럼 보였어도, 참 많은 공부를 차곡차곡 성실하게 간절한 마음으로 해 왔기에 교사가 될 수 있었다. 그런데 교사가 되면 꽃길만 걸을 줄 알았는데 그렇지 않았다. 위기의 아이들과의 끝이 보이지 않는 상담과 위협적인 부모님과의 면담. 때론 늦은 밤 그 아이들을 찾으러 경찰서에 간 적도 여러 번이었다. 그 아이들은 온전히 자신들의 말을 들어 주고 도움을 줄 수 있는 어른이 필요했기에 늘 나에게 먼저 전화를 걸었다. 그 덕분에 나는 밤 12시가 되어도 어린 자녀를 놔두고 경찰서로 그 아이들을 데리러 갔었다. 위기 학생에 대한 나의 진심을 알게 된 담당 학교폭력 경찰관의 추천으로, 경기도 경찰청장상을 받은 적도 있다.

그때만 생각하면 나는 지금도 눈물이 날 정도로 너무 힘들고 외로웠다. 혼자 이 모든 상황을 감당해 내야 했고, 그럴 능력이 충분하지 못해서 늘 자신을 채찍질하며 하루하루 버텨 내고 있었다. 당시 나는 주 23시간 수업과 학생 부장 업무를 2년 동안 하면서 극심한 스트레스와 수면 부족, 영양 불균형에 시달리고 있었다. 심지어 30대 후반에 나는 뇌출혈로 쓰러져, 20일간 중환자실의 집중 치료실에 입원해 치료를 받기도 했다. 죽음의 문턱까지 갔지만 하나님의 은혜로 아주 건강하게 다시 새로운 삶을 살 수 있도록 회복되었다. 그러나 그 후로 나는 더 이상 꿈을 꾸지 않았다.

나는 마음을 다해서 모든 일을 열심히 하는 사람이었다. 그 일이 가치 있는 것이라면 어렵더라도 묵묵히 최선을 다했다. 특히, 학생을 회복시키는 일이라면 시간이 걸리더라도 나의 몸과 마음이 힘들어도, 마음을 다해서 일을 해냈다. 위협적인 학생이라도 긍휼한 마음으로 내면의 상처를 보려고 노력했다. 이것이 내가 교사로서 꿈꿔 왔던 소명이었다. 그러나 죽음의 문턱까지 갔다 온 나는 더 이상 용기가 나지 않았고, 그렇게 번아웃이 왔다.

그러나 감사하게도 나를 돌봐 주시는 많은 분들을 만날 수 있었다. 건강을

되찾을 수 있도록 많은 분들이 나를 돌봐 주셨고, 나는 차츰 회복되어 다시 일어설 힘을 얻었다. 그렇게 10년의 세월이 지나고 나니 교사로 부르신 소명이 내 안에서 꿈틀거렸고, 나는 다시 꿈을 꾸고 싶어졌다. 어떤 꿈을 꿔야 할지 막연했다. 하지만 언제나 그렇듯 주어진 일들을 묵묵히 해 가며 그렇게 또 하루하루 열심히 살았다. 돌봄이 필요한 아이들을 돌봐 주었고, 번아웃을 겪고 회복이 필요한 선생님에게는 곁에 함께 있어 주었다. 이렇게 살다 보니 내가 한 번도 꿈꿔 보지 못했던 수석교사가 되었다. 하나님이 또다시 나를 위해 기회를 준비해 주신 것처럼 말이다.

지금, 새로운 시작을 앞두고 두려움과 설렘이 공존한다. 하지만 나는 하나님이 또다시 나에게 행하실 일들을 기대해 보며, 선생님과 학생 모두가 성장과 회복을 경험하고 기쁨을 누리는 행복한 꿈을 꾸려고 한다.

02

수석교사를 말하다

수업 역량으로 말하다

엉망진창 수업에서 수업 역량을 생각하다

나는 수업을 잘하는 역량 있는 교사가 되고 싶었다. 그러나 나의 수업은 엉망진창이다. 유난히도 코로나 19 이후 나의 모든 것이 소진되어, 더 이상 채워질 것도 없는 공허한 마음은 당연히 교실에도 그대로 투영되었다. 나는 무서운 선생님이 아니기에 스스로를 더욱 채찍질하며 괴롭혔다. 학생들에게는 친절한 선생님이었으나 나에게는 혹독한 교사였다. 특히, 코로나 19 이후 학생들의 수업 태도는 이루 말로 다 표현할 수 없을 정도로 규칙과 질서가 무너졌고, 교사의 권위도 함께 무너졌다.

나도 교사로서 무너졌던 날들이 너무 많았다. 도저히 교단에 설 수 없을 정도였다. 이대로는 더 이상 안 되겠다는 생각이 들어 두렵고 떨리는 마음으로 용기를 내어 그 원인을 찾고 싶었다. 그래서 '수업 코칭 연구소' 활동가 과정의 문을 두드렸다. 나는 살고 싶었고, 교사로 다시 회복되고 싶은 간절한 마음이 있었다.

수업 코칭 연구소에서 수업 코칭에 대해 배우고, 수업 공개와 수업 나눔을 통해서 내 수업을 스스로 성찰해 나갔다. 또한, 1박 2일 워크숍을 통해 깊이 있게 자신을 만나는 시간을 갖게 되었다. 너와 나의 돌봄을 통해서 교사 돌봄을 경험하게 되었다.

이 과정을 통해서 그동안 무너졌던 나의 마음이 차츰 회복되는 것을 느낄 수 있었다. 수업에 대한 역량을 발휘하기 위해서는 수업 방법에 대한 컨설팅이 아니라, 교사 자신을 돌보는 것부터 시작해야 한다는 것을 깨닫게 되었다.

나는 완벽한 수업을 위해서 다른 사람들의 시선을 의식하며 독창적인 수업 설계와 방법, 에듀테크를 활용하여 현란하게 준비된 수업을 디자인해 왔다. 그러나 정작 수업은 엉망진창이었다. 그럴 때마다 나를 채찍질하고는 했다. 무엇이 부족했는지 알 수 없었다. 수업 설계는 완벽했다. 그러나 한 가지 복병은, 늘 그렇듯이 학생들과의 수업 상황이었다.

나는 미술 교사이다. 나의 미술 수업은 모둠별로 이야기(토의)를 많이 하도록 디자인되어 있다. 학생들이 자신의 생각을 표현 활동에 담아낼 수 있도록 수업을 디자인하는 것이다. 보고 그리기를 하더라도 사실적으로 잘 표현하는 그림을 완성하기보다, 그 안에 자신만의 이야기가 담길 수 있도록 모둠별로 참 많은 이야기를 하도록 디자인하는 것이다. 그리고 친구들과 협업하여 함께 작품을 완성할 수 있도록 안내해 왔다. 그렇다 보니 늘 내 수업은 시끄럽고, 엉망진창이 될 수밖에 없었다.

학급 상황에 따라 내가 설계한 대로 수업이 진행되지 않아도, 학생들이 작품을 완성해 낼 수 있도록 친절하게 안내하며 학생들을 기다려 준다. 학생들이 그림을 그리고 완성해 내는 과정을 통해서 작은 성취감을 얻기를 바라기 때문이다. 나는 이를 '인고의 과정'이라 부른다. 작품을 완성하기까지 학생들과 서로 인고의 과정을 거쳐야 비로소 작품이 완성되고 수업이 완성된다.

그러나 너무 힘들었다. 학생들과 소통이 잘될 때는 재미있고 보람이 있었

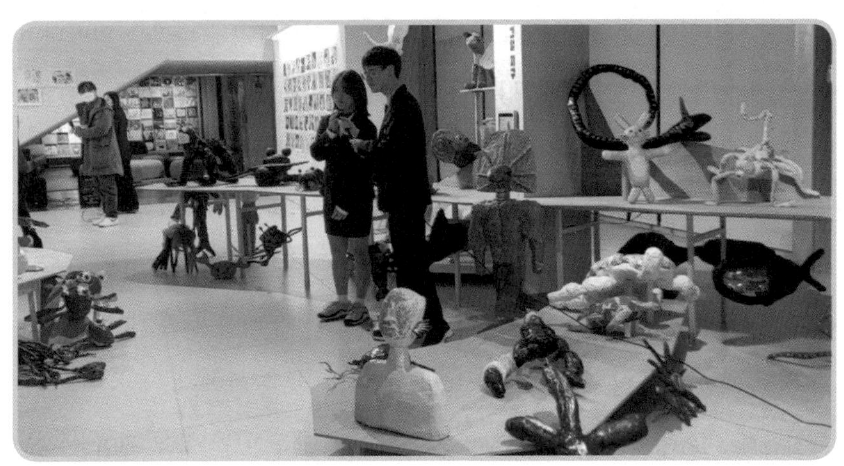

지만, 소통이 어려울 때는 힘들고 자괴감이 들었다. 코로나 19 이후로 이러한 경험이 늘어나고 있었다. 그러나 수업 코칭을 받으면서 나의 시선은 달라지기 시작했다. 나를 돌봐 주는 동료 교사가 있기에 힘을 내어 나 자신을 돌보게 되었고, 다른 사람들을 돌볼 수 있는 여유도 생겼다. 수업 공개를 통해 나의 수업을 들여다보고 문제를 직면하면서 수업의 민낯을 보고 부끄러웠다. 하지만 나를 바로 볼 수 있었고, 좀 아프더라도 다시 설 수 있는 용기가 났다. 내가 다시 설 수 있었던 이유는 나와 함께 나의 고민에 머물러 주었던 선생님들의 격려와 지지 덕분이다. 나의 민낯과 마주할 용기가 있을 때, 비로소 나만의 보배를 발견하게 된 것이다.

나는 내가 가진 보배를 보는 대신, 다른 사람의 보배만을 보고 부러워했다. 그러니 늘 가진 것이 없다고 여겨 스스로에 대해 자신이 없었다. 수업 코칭을 통해서 교사로서 내가 가진 보배를 발견했기에, 자존감을 회복할 수 있었다. 이전에 수업에서 만났던 학생들의 사소한 말, 행동 하나하나에 마음을 쓰고 그로 인해 자존감이 떨어졌던 나였다. 하지만 더 이상 그때의 내가 아니다. 마음 한켠에 숨어 있었던 나를 다시 회복한 덕분이다.

몇몇 학생들이 말을 잘 듣지 않아도 예쁘게 성장하기를 바라는 엄마의 마음, 문제 행동으로 상황을 어렵게 했던 학생들이 왜 그렇게 거칠게 표현했는지 그 아이들의 내면을 들여다 볼 여유와 긍휼히 여기는 마음을 가진 선생님이었다는 것을 알았다. 또, 이 아이들이 지금의 질풍노도 시기를 지난 후 예쁘게 성장할 것이라는 믿음을 가지고 있다는 것을 알았다. 여전히 수업 상황에서는 아이들이 말을 듣지 않아서 화가 나지만, 더 이상 화를 내지 않는다. 화가 날 때면 잠시 나는 그 아이를 위해 축복의 기도를 한다.

지난해 여름방학을 시작하면서 정년 퇴임을 앞둔 이전 학교 교감 선생님을 찾아뵈었다. 이분은 교장 선생님으로 승진하시면서 새 학교로 발령을 받으셨다. 함께 근무했던 교사로서 정년 퇴임을 축하해 드리고 싶었다. 먼 거리를 와 줘서 고맙다고 무엇인가를 주시고 싶으셨는지, 겉으로 보기에는 다 죽어 가는 것처럼 보이는 난 화분을 주셨다. 잘 돌봐 주면 꽃이 필 것이라고 하시면서 말이다. 꽃이 핀 것도 아니고 죽어 가는 것처럼 보여 별로 내키지는 않았으나, 주시는 것이라 받아왔다. 겉으로 보면 죽어 가는 화분이고 생기도 없고 볼품도 없었다. 그러나 교장 선생님의 말씀대로 나는 물을 주고, 바람도 쐬어 주고, 햇빛도 보게 하고, 가끔은 예쁜 말을 해 주며 먼지도 털어 주는 등 관심을 가져 주니 어느새 꽃을 피워 방 안이 난 향기로 가득 채워졌다.

나는 감히 이렇게 말하고 싶다. 수업의 역량은 수업에 대한 방법적인 기술이나 에듀테크를 잘 활용하는 것도 중요하지만, 교사가 존재 자체로서의 자신을 사랑하고 학생들 한 명 한 명의 존재 자체를 사랑하는 마음이 우선되어야 한다. 자신을 사랑할 수 있을 때 다른 사람도 사랑할 수 있는 여유가 생기고, 그 사랑이 충분히 상대방에게 전해질 때 비로소 진정한 수업, 진정한 교육이 이루어질 수 있는 바탕이 된다고 확신한다.

생활 교육으로 말하다

긍정의 언어로 삶을 변화시킨다는 믿음으로

나는 긍정의 언어가 우리의 삶을 변화시킨다는 믿음으로 학생들을 지도하고 있다.

저경력 교사 시절에 학생들의 비행 사실을 알게 되어, 사실 관계를 확인하고자 학생들을 상담했었다. 전혀 예상하지 못했던 학생들이라서 학생들의 말을 온전히 믿어 주며 이야기를 들어 주었다. 학생들의 잘못된 행동에 대해 먼저 다그치지 않고 학생들의 말을 온전히 들어 주고 난 후, 잘못된 행동에 대해서 정확히 알려 주었다. 또, 부모님이 얼마나 속상해 하시겠냐고 다독이기도 했었다. 그런데 나에게 돌아온 것은 학부모의 오해에서 온 민원이었다. 학부모의 거친 언어는 시간이 많이 흐른 지금도 나에게 상처로 남았다. 하지만 그 상처가 더 커지지 않았던 이유는, 시간이 지난 후 학부모들이 나의 진심을 알아 주었기 때문인 것 같다.

학생들이 졸업 후 간간이 편지를 보내올 때면, 항상 부드럽고 긍정의 언어로 잘 지도해 주셔서 너무 감사했다는 편지를 줄곧 받았었다. 질풍노도의 시기를 겪고 있는 학생들을 다그치지 않고 믿어 주었고, 긍정의 언어로 대했던 나의 지도 방법에 학생들은 시간이 지난 후에도 감사해 했다.

코로나 19가 시작되는 그때 나는 담임 교사를 오랜만에 하게 되었다. 너무 오랜만에 담임 교사를 하게 되어 사실 약간의 두려움도 있었지만 설렘이 더 컸다. 입학과 개학이 4월로 늦어지면서 한 달여 간의 공백이 생기게 되었던 그때, 비대면 화상 상담을 시작했다. 하루에 2명씩 학생을 정해서 화상 상담을 하며 학생들을 진심으로 만나고 싶었다.

또한, 조·종례 시간마다 좋은 글귀나 시를 읽어 주는 활동을 통해 긍정의 언어와 대화로 인하여 학생들의 태도가 달라지는 것을 느낄 수 있었다. 학생들이 긍정의 언어를 많이 듣기를 바라는 나의 생활 교육 철학이 담겨 있다. 담임 학급뿐만 아니라 교과 수업 시간에도 학생들의 강점을 찾아 칭찬하고 관심을 가져 주었다. 학생들이 긍정의 언어를 많이 들을수록 좀 더 자신을 사랑하고 친구를 존중하는 마음이 커질 것이라는 기대감에서 그렇게 해 왔다. 내가 듣는 긍정의 언어가 나를 세울 수 있고, 또 다른 사람도 이해하고 세워 줄 수 있다고 생각하기 때문이다.

생활 교육도 마찬가지라고 생각한다. 나 자신에 대한 사랑과 믿음이 있을 때 학생들을 사랑하고 존중해 줄 수 있는 힘이 생길 것이다. 우리의 모습에서 보여지는 사소한 것이라도, 학생들이 학교라는 작은 사회에서 경험한 것이 자신들의 삶으로 드러나지 않을까?

교사 성장으로 말하다

수업은 나의 인생이자 기쁨

나에게 수업은 곧 나 자신이고, 나의 인생이다. 나는 수업에서 나를 발견하고 성장하며 기쁨을 얻는다. 그러나 교실이 붕괴되고 교권이 무너진 지금의 교실 상황은 어떠한가. 수업이 무너지면서 교사인 나 자신도 무너져 교사 자체로서의 존재를 잃어버렸고, 어린아이가 되어 자신만의 굴속으로 들어가 버릴 때가 종종 있다.

그럼에도 나는 용기를 내고 싶었다. 학생들이 성장하는 모습을 볼 때 기쁨과 만족감을 느끼고, 내가 살아 있는 기분이 들기 때문이다. 나는 수업에서 나를 만나고 또 성장한다. 이를 통해 나는 기쁨을 얻는다. 또, 나에게 기쁨은

학생들이 성장하는 모습이다. 나는 수업이라는 삶의 여정을 통해서 경험해 보지 못했던 것들을 경험하고, 배우고, 함께 성장하기를 원한다. 수업은 혼자 할 수 있는 것이 아니라 학생과 교사가 함께 관계를 맺고 소통하면서 함께 만들어 가야 하는 것이다. 이럴 때 학생뿐만 아니라 교사도 함께 성장하게 된다. 그러나 항상 꽃길만 걸어온 사람은 아무도 없을 것이다. 고난이 있을 때 그 열매가 더욱 빛나고 값진 것이다.

나는 내 수업에 선생님들을 종종 초대한다. 수업에 초대된 교사들과 수업 나눔을 통해서 서로의 수업을 좀 더 촘촘하게 되돌아보고, 간과했던 것들을 함께 고민하고 공유하는 시간을 가지면서, 같이 성장하는 경험을 했다. 그렇다고 내가 수업을 잘하는 교사는 절대 아니다. 나도 수업을 공개하는 것이 두렵고 부끄러울 때가 많다. 나는 무섭고 엄한 교사가 아니기에 모든 학생이 수업에 열심히 참여하지도 않는다. 때로는 무례한 학생들로 인해 곤욕을 치를 때도 있다. 획일적이고 정형화된 시선으로 수업을 본다면, 나는 형편없는 교사일지도 모른다.

그렇지만 나는 교사가 저마다 가지고 있는 다양성과, 수업에서 독특하게 표현되는 역량을 존중해야 한다고 생각한다. 그럴 때 우리 안에서 성장이 일어난다. 나는 나만의 색으로 표현된 수업의 전문성을 가지고 있다고 자부한다. 교실 상황에 따라 그 역량이 더 크게 표현될 수도 있지만, 그렇지 못할 때도 있다. 같은 수업 상황이라도 학생이나 학급의 분위기에 따라 수업이 다르게 구현되기도 한다. 이 경우 교사 자신의 역량 문제라고 단정을 짓기보다는 그 상황에서 적절한 지지를 받지 못했거나, 학생과의 관계에서의 어려움이 역량을 충분히 끌어내지 못했을 가능성이 높다는 점을 감안해야 한다. 교사가 수업에서 무너지면 다시 혼자 설 수 있는 힘을 기르는 데 많은 시간과 노력이 필요하다.

그래서 나는 수업으로 마음을 열고 성장하기를 바란다. 안전하고 진실한 공동체가 있는 곳에서 자신만의 색이 담긴 수업을 디자인하고 나누며, 어떤 상황에서도 흔들리지 않는 내면의 힘을 기르는 등 그 안에서 다양한 형태로 함께 성장하고 싶다.

최근 의미있게 하고 있는 일은 좋은 선생님들과 함께 좋은 교육과정을 연구하고, 내 삶으로 실현해 가는 일이다. 내가 꿈꾸는 교육의 방향을 잃지 않도록 늘 고민하고 질문하며, 좋은 선생님이 되기 위해 오늘도 나는 한 걸음씩 걸어가고 있다.